왕비, 궁궐 담장을 넘다

_기억의 역사에서 기록의 역사까지 조선 왕비 이야기

왕비, 궁궐 담장을 넘다

_기억의 역사에서 기록의 역사까지 조선 왕비 이야기

초판 1쇄 발행일 2019년 5월 17일
초판 2쇄 발행일 2019년 11월 8일

지은이 김진섭
펴낸이 이원중

펴낸곳 지성사 출판등록일 1993년 12월 9일 등록번호 제10-916호
주소 (03458) 서울시 은평구 진흥로 68 정안빌딩 2층 (북측)
전화 (02) 335-5494 팩스 (02) 335-5496
홈페이지 www.jisungsa.co.kr
이메일 jisungsa@hanmail.net

ISBN 978-89-7889-415-9 (03910)

「이 도서의 국립중앙도서관 출판예정도서목록(CIP)은 서지정보유통지원시스템 홈페이지(http://seoji.nl.go.kr)와 자료공동목록시스템(http://www.nl.go.kr/kolisnet)에서 이용하실 수 있습니다. (CIP제어번호:CIP2019017206)」

왕비, 궁궐 담장을 넘다

기억의 역사에서 기록의 역사까지

조선 왕비 이야기

김진섭 지음

지성사

경복궁
경덕궁

창경궁
종묘
道峯
宗敎坊
建德坊
安岩洞
東部
蓮池洞
仁昌坊
普濟院

들어가는 글

어느 날 문득, '조선 왕비들에 대해 얼마나 알고 있을까?'라는 의문이 들었다. 기본적으로 27대 조선의 왕명을 외우는 사람들은 있어도 조선의 왕비가 모두 몇 명인지 정확하게 아는 사람은 찾아보기 힘들기 때문이다. 물론 이유가 없지 않다. 무엇보다도 가부장제 사회에서 정치가 남성의 전유물로 여겨지던 시기에 아주 특별한 경우를 제외하면 왕비는 결혼과 함께 궁궐 안에 갇혀 버렸고, 역사는 이들을 주목하지 않았다. 여기서 특별한 경우란 특정 정치적 사건이나 시기와 질투로 얼룩진, 소외되고 한 많은 여인의 삶을 말한다. 그리고 이러한 내용에 주목하다 보면 국왕의 정비보다 오히려 후궁들이 더 자주 등장하고 있다.

일반적으로 왕비들은 자신의 의지와 관계없이 조선의 왕실에 시집와서 구중궁궐에 갇혀 평생을 살아야 했고, 때로는 왕권 강화와 왕실의 존엄성을 지키기 위해 본인은 물론 친정이 희생되는 비운의 삶을 견디며 살았다. 그럼에도 권력에 대한 욕심을 드러내거나 왕의 관심을 얻기 위해 안간힘을 쓰는 여인들에 주목하다 보면 왕비들은 주변부에 머물기도 한다. 현대 사회에 들어서 출간된 단행본이나 드라마, 영화 등에서도 주목받는 왕비는 극히 일부에 지나지 않은 것도 이러한 이유 때문이다.

또한 조선의 역대 왕비들에 대한 기록 자체가 많지 않다. 그리고 조선을 개국한 태조 이성계의 첫째 부인 신의왕후 등 살아서 왕비 자리에 오르지 못하고 사망한 후 왕비에 추존된 경우도 있고, 연산군과 광해군의 경우 반정으로 쫓겨나 그들의 부인 역시 왕비의 명단에서 삭제되었거나 왕비의 자리에 올랐지만 폐서인이 된 폐비 윤씨와 희빈 장씨 등도 있다. 여기에 어린 나이에 병이나 출산 후유증으로 요절하는 등 역대 왕비들 중에는 젊은 나이에 요절한 경우도 적지 않다.

행장류 자료의 분석에 따르면, 46명의 조선 왕비들 중 출산과 관련하여 출산 후유증으로 세상을 떠난 왕비는 모두 4명이다. 문종의 비 현덕왕후는 단종을 낳은 지 하루 만에, 한명회의 셋째 딸로 예종의 비 장순왕후는 세자빈 시절에 인성대군을 낳고 5일 만에 산후병으로 17세의 나이에 요절했다. 또 중종의 제1계비 장경왕후는 훗날 인종으로 즉위하는 왕자를 출산하고 6일 만에 산후병으로 25세에 요절했다. 그런가 하면 인조의 비 인렬왕후는 25년의 결혼생활 동안 모두 6남 1녀를 낳았지만, 42세의 나이에 출산을 하고 4일 후에 세상을 떠났다.

그럼에도 이러한 부분들이 왕비에 대한 기록이 적은 것에 결정적 영향을 미치는 이유가 될 수는 없다. 조선 왕비의 평균 수명은 51세로 역대 왕의 평균 수명인 45세보다 평균 6년을 더 살았다. 따라서 정사에서 왕비에 주목하지 않은 이유가 분명 있을 것이다.

조선의 왕비들은 어떤 방식으로든 자신의 존재감을 지니고 있었다. 특히 왕비라는 자리는 그들이 살았던 시기의 정치적 영향권에서 벗어나지 못했다는 점에서 그들 역시 왕조 사회에서 엄연한 정치인이었다. 다만 그들이 어떤 정치적 영향 속에서 어떻게 행동했는가에 구체적으로 차이가 있을 뿐이다. 민간에서 왕비와 관련한 풍문이 지속적으로 전하는 것도 그 예라 하겠다. 달리 말하면 그들은 구중궁궐에 갇혀 있었지만, 민간에서는 이들의 삶에 지속적으로 관심을 기울였기에 왕비들과 관련한 이야기들이 궁궐 담장을 수시로 넘나들었다. 그리고 이 과정에서 사실 여부와 관계없이 살이 붙기도 했다.

따라서 조선의 왕비들을 새로운 관점에서 주목할 필요가 있다. 이 책에서는 왕비의 자리에 오른 인물들은 물론 왕비의 자리에 올랐다가 쫓겨난 왕비들, 그리고 세자빈의 자리에 올랐지만 본인이 요절했거나 배우자인 세자의 요절로 살아서 왕비의 자리에 오르지 못하고 후에 왕비로 추존된 소혜왕후와 신정왕후 등 모두 44명의 왕비를 살펴보았다.

이제까지 왕비들에 대해 같은 시대를 살았던 여인들과 다름없이 여필종부라는 유교적 잣대를 적용하여 '한 많고 기구한 삶'이나 또는 '질투와 욕심의 화신'이라는 관점에서 벗어나 왕비들의 인간적인 면에 초점을 맞추었다. 이와 함께 당시 사회에서 벌어졌던 정치적 관점 등을 살펴보기 위해 왕비를 중심으로 남편으로서의 왕과 왕실 종친 등에 대해서도 다양한 관점을 적용해 보았다.

이 책을 쓰기 위해 논문을 비롯하여 그동안 축적된 많은 자료들을 참고했다. 참고한 자료는 뒤에 별도 목록으로 정리해 놓았다. 지면을 빌려 선행 연구자들의 노력에 감사의 말씀을 전한다.

국왕의 정실부인(正宮)을 가리켜 중궁전 또는 준말인 중전中殿이라고 했고, 그 밖에도 국모國母, 내전內殿, 곤전坤殿, 곤위壼位, 곤극壼極, 성모聖母 등이 전하지만, 이 책에서는 왕비와 왕후의 호칭으로 통일했음을 밝혀둔다.

40명이 넘는 조선의 역대 왕비를 다루다 보니 이번에도 원고의 양이 많아졌지만, 왕비별로 꼭지를 나누었기에 읽기에 부담이 없으리라 생각한다. 왕비와 관련된 기본적인 내용은 뒤에 도표로 정리해 놓았다. 또한 새로운 왕이 즉위하게 되면 전前 왕은 과거가 되어 버리고 새로 즉위한 왕이 현재이자 미래가 되기 때문에 일정부분 역사가 단절된 느낌이 들기도 하지만, 왕비를 중심으로 살펴보면 좀 더 연속된 역사의 흐름을 읽을 수 있는 특징을 발견할 수 있다.

끝으로 이 책으로 나오기까지 수고를 아끼지 않은 지성사 이원중 대표와 직원 여러분께도 감사의 말씀을 함께 전한다.

김 진 섭

차례

4장

꺼져가는 불씨를 살리기 위해……

일러두기

- 본문의 왕과 왕후의 생몰년(음력 기준)과 이름 등은 『조선왕조실록』을 기준으로 했다. 다만, 태조의 계비 신덕왕후와 예종의 계비 안순왕후의 생년은 종친의 기록, 성종의 비 폐비 윤씨는 국립고궁박물관에 소장된 태실의 기록을 기준으로 했으며, 고종의 비인 '명성황후'에서 실록에는 9세 때 아버지를 여의었다고 했으나 실록에 기록된 명성황후의 출생 연도와 아버지의 사망 연도를 따져 '8세'로 했다.
- 본문에서 왕비 아버지와 관직, 주요 용어와 혼동하기 쉬운 이름 등은 한자를 함께 표기했다.
- 본문에 소개된 왕후와 왕의 능은 '문화재청 궁능유적본부 조선왕릉'(http://royaltombs.cha.go.kr/cha/idx/SubIndex.do?mn=RT)을 참고로 했다.
- 본문에 실린 「한양도」는 1744년 이후부터 1760년 사이의 18세기 중반기에 제작된 것으로 추정되며, '서울역사박물관 소장유물정보'에서 서비스되는 이미지를 활용했다.
- 본문에 사용한 문양('원삼용 봉황문 목판' '원삼용 수복자 화보문', '당의용 수복자 화보문' '당의용 수복자 도류화보문' 탁본)은 국립고궁박물관(http://www.gogung.go.kr/main.do)에서 소장한 이미지를 활용했다.
- 이 책 끝에 실린 정식 시호는 고종 연간(1864~1906)의 종부시宗簿寺 편을 근거로 했다. 『열성황후왕비세보列聖皇后王妃世譜』는 숙종 7년(1681) 3책을 처음 작성하기 시작한 것을 기본으로 여러 차례 수정 보완되었다. 이 과정에서 태조의 정비 신의왕후의 시호 '承仁順聖神懿高皇后'가 '孝仁順聖神懿高皇后'으로 잘못 필사되기도 했다. 마지막으로 작성된 것은 일제 강점기인 1933년 본으로, 당시 영친왕 비를 수록하기 위해서였다.
- 『열성황후왕비세보列聖皇后王妃世譜』는 조선 왕비 43명의 부모에서 시조까지 직계의 세계世系를 수록한 보첩이다. 여기에는 폐비된 성종의 계비이자 연산군의 생모인 윤씨, 폐위된 연산군과 광해군의 두 왕비, 한때 왕비 자리에 올랐던 희빈 장씨는 올라 있지 않다. 반면, 추존된 5명의 왕비가 올라 있다. 곧 세조의 아들이자 성종의 아버지인 덕종(의경세자)의 비 소혜왕후, 선조의 아들이자 인조의 아버지 원종(정원군)의 비 인헌왕후, 영조의 장남이자 사도세자의 형 진종(효장세자)의 비 효순왕후, 영조의 차남이자 정조의 아버지 장조(사도세자)의 비 헌경왕후(혜경궁 홍씨), 순조의 아들이자 헌종의 아버지 익종(효명세자)의 비 신정왕후이다.

1장

조선 500년 역사의 뿌리를 내리다

- 태조의 정비 – 신의왕후 한씨
- 태조의 계비 – 신덕왕후 강씨
- 정종의 정비 – 정안왕후 김씨
- 태종의 정비 – 원경왕후 민씨
- 세종의 정비 – 소헌왕후 심씨
- 문종의 정비 – 현덕왕후 권씨
- 단종의 정비 – 정순왕후 송씨
- 세조의 정비 – 정희왕후 윤씨

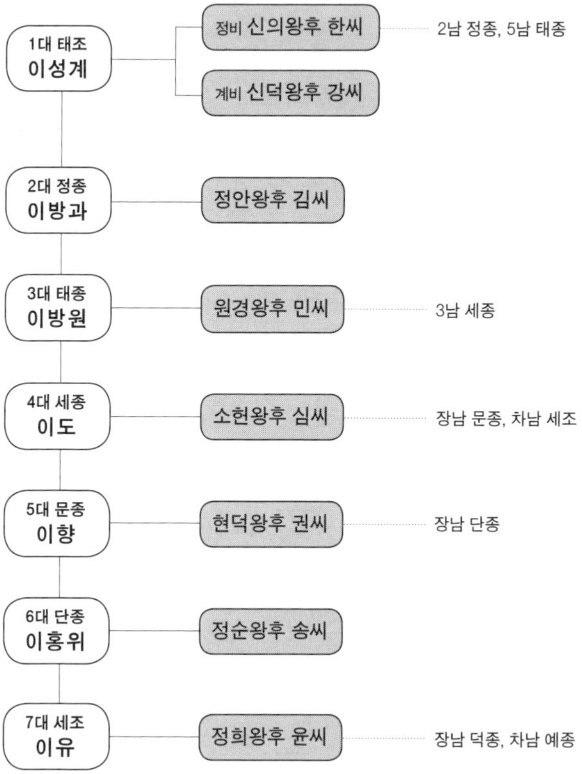
1대 태조
이성계
정비 신의왕후 한씨
2남 정종, 5남 태종
계비 신덕왕후 강씨
2대 정종
이방과
정안왕후 김씨
3대 태종
이방원
원경왕후 민씨
3남 세종
4대 세종
이도
소헌왕후 심씨
장남 문종, 차남 세조
5대 문종
이향
현덕왕후 권씨
장남 단종
6대 단종
이홍위
정순왕후 송씨
7대 세조
이유
정희왕후 윤씨
장남 덕종, 차남 예종

조선 500년 역사의 뿌리가 되다

신의왕후 한씨 神懿王后 韓氏

태조의 정비

고려시대를 살다간 조선의 왕비

신의왕후는 조선의 역대 왕비 명단에서 가장 앞에 자리하고 있어 조선의 초대 왕비를 의미한다. 하지만 그녀는 살아서 왕비 자리에 오르지는 못했다. 그녀가 이성계의 첫 번째 부인인 것은 사실이지만 조선의 건국을 불과 10여 개월 앞두고 사망했기 때문이다. 그리고 그녀에 대한 구체적인 기록도 찾아보기 힘들다.

그녀의 사망에 대한 기록조차 그녀의 죽음에 주목하기보다는 당시 급박하게 돌아가는 정국에 더 주목하고 있다. 즉, '이성계가 사냥을 나갔다가 말에서 떨어져 중상을 입었고, 이 기회를 놓치지 않고 반대파들이 적극적인 공세에 나서서 이성계 측이 위기에 처하게 되었다'는 상황을 강조하고 있다. 한평생 말을 타고 전장을 누빈 이성계가 하필 사냥을 하다가 말에서 떨어졌다는 것도 대단히 의외의 사건이지만, 당시 이성계는 부인, 즉 신의왕후가 사망하여 상중에 있었고, 이성계를 보좌하던 다섯째 아들 이방원은 어머니의 묘에서 3년 상을 치르고 있었다. 당시 이방원이 아버지 이성계를 보좌하겠다고 건의했지만, 이성계가 어머니의 묘를 지키라고 명한 것으로 전한다. 때문에 이성계 측의 위기는 더욱 심각했고, 결국 여막廬幕에서 나온 이방원의 극적인 활약으로 이성계는 위기를 모면하고 마침내 권력의 중심에 서게 된다.

이처럼 신의왕후는 비록 조선이 개국하기 전에 사망했지만, 그녀의 죽음은 조선 개국과 무관하지 않았으며, 개국 후에도 그녀의 존재감은 결코 가볍지 않았다. 그녀는 조선을 건국한 이성계를 있게 했고, 두 아들이 이성계의 뒤를 이어 정종과 태종으로 즉위했다. 그리고 조선의 역대 왕들도 그녀로부터 비롯된 후손들이다.

그럼에도 그녀가 특별히 주목받지 못한 이유가 있었다. 조선이 건국하고 왕실의 주인공으로 주목을 받은 인물은 모두 남성이었고, 그 중심에는 조선의 왕이 자리하고 있었다. 그렇다면 왕비는 어떠할까?

당시 남성 중심의 지배 구조 속에서 왕비들은 정치적인 사건·사고 또는 시기와 질투 등으로 인한 사회적 일탈과 직접적인 관련이 있는 경우를 제외하면 특별히 주목받지 못했다. 달리 말하면 왕비는 당시 여성으로서 최고의 자리였지만, 그저 지아비를 받들고 자식을 보살피는 여느 여인들과 다름없는 지극히 당연하고 평범한 존재에 지나지 않았다.

조선 역사에서 시기와 질투가 심했던 왕비나, 자신의 모든 것을 희생해서 왕을 내조하며 왕실을 지켜낸 왕비 이야기가 주로 전하는 것도 이러한 이유 때문이다. 그러나 이마저도 왕비 자신의 목소리가 아닌, 관찰자의 증언과 설명으로 각색되는 과정에서 남성적 언어와 정서가 담긴 기록으로 전하고 있어 왕비의 존재감이 현실감 있게 전달되기에는 한계가 있다.

신의왕후가 조선을 건국한 이성계의 첫 번째 부인이면서도 고생만 하다가 좋은 대우 한번 제대로 받지 못하고 생을 마감한 여인으로 연상되는 것은 어쩌면 당연한 일인지도 모른다. 심지어 그녀는 이성계에게 사랑받지 못했다거나 조선 개국과는 관련이 없는 고려 말기의 어느 시기에서 시간이 멈춰버린 듯한 느낌이 들 정도로 조선 역사에서 소외된 경향이 있다.

현대 사회에서도 조선의 건국을 전후한 시기는 드라마나 소설 등으로 많은 사람들의 주목을 받고 있지만, 신의왕후의 존재에 대해서는 인색하다. 2014년 인기를 끌었던 KBS-1TV 드라마 「정도전」에서도 그녀는 실제로 등장하지 않고 잠깐 언급되었을 뿐인데도 극의 흐름에 무리가 없을 정도다.

특히 신의왕후의 존재감은 조선 건국으로 이성계의 두 번째 부인 신덕왕후가 왕비의 자리에 오르면서 더욱 위축된다. 남성 중심의 신분제 사회에서 "영웅의 소실은 행복할지 몰라도, 정실은 입이 없는 붙박이 장롱에 불과하다"는 이야기는 그녀에 빗댄 말이라는 생각이 들 정도다. 더구나 성격에서부터 출신 가문 그리고 정치력 등 모든 면에서 신덕왕후보다 열악한(?) 여건이었다고 평가할 정도로 신의왕후는 신덕왕후와 모든 면에서 비교되기도 한다.

때문에 사람들이 신덕왕후보다 신의왕후에게 더 호의를 갖게 되고,

때로는 그녀에게서 박탈감이나 소외된 약자라는 감정이 느껴지기도 한다. 이러한 후대인들의 평가를 신의왕후는 어떻게 생각할지 자못 궁금해진다. 비록 그녀와 관련한 자료가 부족하긴 하지만, 그녀는 고려 말기의 격변기를 국경지역에서 이성계라는 역사적 인물과 40여 년을 살았고, 이러한 그녀의 삶은 일반적으로 우리가 상상하는 것과는 어느 정도 거리가 있기 때문이다.

정실은 입이 없는 붙박이장인가?

신의왕후는 고려 말 충숙왕 복위 6년(1337) 안변安邊 지역에서 한경韓卿과 부인 신씨申氏의 딸로 태어났다. 그녀의 본관은 안변으로, 이곳 남쪽에 위치한 풍류산風流山에는 그녀의 3대조가 묻혀 있는 등, 그녀의 집안은 이 지역에 뿌리를 둔 호족 출신이었다.

안변은 1946년 9월 행정구역 개편으로 강원도에 편입되기 전까지 함경남도에 속했다. 동쪽으로는 통천군과 경계를 이루고, 서쪽은 법동군, 남쪽은 고산군과 회양군을 경계로 하고 있으며, 북쪽으로는 동해와 인접해 있다. 따라서 고려시대에는 북방 경계지역에 해당했지만, 예로부터 '산천이 신령스러움을 지닌 상서로운 곳'이라는 이야기도 전한다. 특히 이곳 풍류산은 원래 청학산靑鶴山이라고도 했는데, 그녀가 태어날 때 "풍류지음風流之音이 3년이나 끊이지 않았다"고 하여 풍류산으로 부르게 되었다는 유래담도 있다.

또한 그녀의 고향에서는 '이성계가 왕으로 즉위할 것을 예언했다'는 다음과 같은 유명한 일화도 전한다.

어느 날 이성계가 꿈을 꾸었는데 '닭이 만집(萬家)에서 일제히 울고, 다듬이 소리가 천집(千家)에서 동시에 나고, 몸은 무너진 집에 들어가 서까래 세 개를 지고 나왔는데, 꽃이 휘날리고 거울이 떨어졌다고 한다. 잠에서 깨어난 이성계는 이상한 생각이 들어 수소문 끝에 무학대사를 만나 해몽을 부탁했다. 무학대사는 처음에 사양하다가 말하기를, "길몽이요. 만집에서 닭이 고귀위(高貴位), 즉 '꼬끼요'라고 울었으니 장차 높은 자리에 오른다는 뜻이며, 천집에서 다듬이 소리가 일제히 났으니 만백성 천벼슬들이 임금 된 경사를 알리는 풍악소리요, 서까래 셋을 등에 지었으니 임금 왕王 자요, 꽃이 날렸으니 필경 열매를 맺을 것이요, 거울이 떨어졌으니 깨지면서 반드시 큰 소리가 날 것이니 임금 될 꿈이요, 이 꿈을 간직하고 설봉산에 사찰을 짓고 기원하면 소원 성취할 것이오'라고 해몽해주었다.

「석왕사 연기설화」로 전하는 이 이야기는 이성계가 조선을 건국하기 8년 전의 일로, 무학대사의 해몽을 들은 이성계는 석왕사를 짓고 길주 땅 천불사에서 5백 나한을 배로 실어와 이곳에 안치하는 과정에서 나한 하나를 물에 빠뜨려서 499 나한만 전하게 되었다는 이야기도 함께 전한다.

이처럼 신의왕후의 신성한 탄생담과 이성계가 왕으로 즉위할 것이라는 예언이 그녀의 고향에서 함께 전하는 이유는 두 사람의 결혼이 신성혼으로 하늘이 정해준 천생연분이라는 의미도 있지만, 이 지역은 이성계의 증조부인 이행리가 두만강 지역에서 이주하여 정착한 곳이었기 때문이다.

또한 그녀의 집안은 벼슬길에 나가지 못한 한미한 가문으로 전한다.

그러나 이성계가 후에 고려의 관직을 받아 중앙정계에 진출했을 때와 그녀의 집안을 비교하면 차이가 컸지만, 이는 이후의 일이다. 당시 같은 지역 출신으로 그녀가 이성계와 혼인할 수 있었다면, 이 지역에서 두 집안의 가세가 그렇게까지 큰 차이가 없었을 것으로 볼 수 있다. 충정왕 3년(1351) 15세였던 그녀와 두 살 연상인 이성계가 혼인할 당시 이성계는 벼슬에 오르지 못했던 시기였고, 이후 영흥으로 시집간 그녀가 함흥의 운전리에서 살림을 시작해 자주 이사했다는 기록으로 보아 한 곳에 정착하여 터전을 일구며 안정된 생활을 하지 못했던 것도 그 예라 하겠다.

조선의 뿌리가 되다

그녀가 결혼하던 시기에 북방지역은 여진 등 이민족의 침입이 잦았고, 남쪽 지역은 왜구의 침입에 시달렸다. 당시 무장이었던 이성계는 이들과의 전투에 자주 참여했고, 이 과정에서 능력을 인정받아 중앙정치 무대에서 주목받기 시작했다. 이후 조정에서 호출이 잦아지자 이성계는 집안을 자주 비워야 했고, 이사도 자주 다녀야 했다. 따라서 그녀는 주로 변경 지역에서 생활하며 무장이었던 이성계를 40년 동안 뒷바라지해야 했다.

뿐만 아니라 남편을 따르던 사병들과 집안일을 거드는 노비 등 적지 않은 식솔들을 통솔하고, 방우·방과(정종)·방의·방간·방원(태종)·방연과 경신·경선 등 6남 2녀의 자녀 교육까지 맡는 등 크고 작은 집안일을 챙겨야 했다. 심지어 우왕 대에는 영흥집에서 이성계의 개인 농장이 있던 포천의 재벽동滓甓洞을 오가며 관리하고 감독하는 것도 그녀 몫이었다.

그럼에도 그녀는 집안을 무리 없이 이끌었고, 자식들 또한 장성하게 키워냈다. 이후 아들들은 아버지를 따라 전장을 누비며 공을 세우기도 했다. 다만 막내아들 덕안대군 이방연이 젊은 나이에 세상을 떠나는 슬픔을 겪기는 했지만, 그 역시 우왕 11년(1385) 문과에 급제하여 성균박사成均博士를 지낸 것으로 전한다.

이후 공민왕 13년(1364) 이성계가 삼선三善·삼개三介의 난을 진압한 공으로 봉익대부밀직부사奉翊大夫密直副使에 오르며 '단성양절익대공신호端誠亮節翊戴功臣號'에 봉해졌을 때 그녀의 공로도 인정되어 원신택주元信宅主에 봉해져 국가의 예우를 받았다. 당시 고려에는 정부인이라는 호칭이 없어 본가가 있는 지역이나 거주지의 지명을 붙여 부인을 공식적으로 예우했던 것이다. 즉, 그녀에게 부여한 '원신元信'이라는 두 글자는 지명을 의미했다. 뒤의 택주宅主는 왕실 여인의 칭호 또는 큰 공을 세우거나 고위직의 부인들에게 부여하는 작위였다. 따라서 이 호칭에는 말 그대로 집안의 주인이라는 의미를 담아 국가에서 그녀를 공신의 부인으로 높이 예우했음을 의미했다.

이후에도 그녀는 우왕 14년(1388) 이성계가 요동 정벌군의 장수로 출병했다가 위화도 회군을 단행하자 식구들과 함께 풍찬노숙風餐露宿을 하며 포천 농장에서 동북면으로 피난길에 오르는 등 목숨이 위태로운 시기를 슬기롭게 극복하며 이제까지 해왔던 것처럼 모든 일을 감당하며 집안을 굳건하게 지켰다.

하지만 남편 이성계가 나라에서 인정을 받을수록 그녀와 거리가 멀어지는 듯했다. 특히 이성계가 개경에서 두 번째 부인을 맞이하면서 그녀의 위상에 커다란 영향을 미치게 된다. 당시 고향에 있는 본처를 향처鄕妻라 했고, 개경에서 새로 얻은 처를 경처京妻라 할 정도로 지방의 호족들이 중앙에 진출하여 고향에 있는 본처 외에 고려의 수도 개경에서 새롭게 부인을 맞이하는 일이 흔했다. 그러나 이성계의 두 번째 부인 신덕왕후는 집안의 권세는 물론 재산도 있었고, 정치적 야망을 지닌 여인이었다. 신덕왕후는 이성계와의 사이에서 2남 1녀를 낳았고 첩이 아닌 처로서 자신의 위상을 굳혔다.

신의왕후는 1391년 정국의 동요에 상심하여 병을 얻어 그 해 9월 23일에 사망하고 말았다. 이때 그녀의 나이 55세로, 그녀가 앓았던 지병은 위장병이었다고 한다. 위장병은 먹고사는 데 지장이 없는 사람들보다는 생활이 불규칙하거나 궁핍하게 살면서 몸은 물론, 마음고생이 심한 사람들이 주로 걸리는 병이라는 점에서 말년에 그녀의 삶이 어떠했는지 미루어 짐작해볼 수 있다.

아들에 의해 역사에 존재감을 남기다

신의왕후의 능은 경기도 개풍군 상도면 풍천리, 즉 지금의 개성직할시 판문군 지동에 조성되었다. 이후 동쪽 마을에 재궁齋宮을 지어 능에 제사를 올리는 초경사肖慶寺를 두었다. 그녀의 능은 둘째 아들 정종과 며느리 정안왕후 부부가 묻힌 후릉과 함께 북한에 있는 유일한 조선 왕릉이기도 하다. 그녀의 능이 조선의 수도인 한양이 아니라 고려의 수도 개경에 조성된 이유는 그녀가 고려시대에 사망했기 때문이다.

제릉은 처음부터 왕비 능으로 조성된 것이 아니었다. 규모도 제대로 갖추지 못했던 제릉이 왕비의 능으로 확장된 것은 그녀의 다섯째 아들 태종의 명에 의해 태종 7년(1407) 공조판서 박자청의 감독으로 왕비 능의 규모를 갖추게 된다. 제릉은 현재 북한 보존급문화재 제556호로 지정되어 있으며, 외관은 공민왕릉을 모방하였으나 일부 석물들의 조형미가 뛰어나다는 평가를 받는다.

그녀는 조선이 개국한 다음날 절비節妃라는 시호를 받았고, 그녀가 묻힌 묘에 제릉齊陵이라는 능호를 올려 왕비의 예우를 받았다. 이후 조선시대에는 태조의 건원릉을 제외하고 왕과 왕비는 물론, 추존된 왕과 왕비의 능陵에 모두 한 글자를 붙여 제릉·헌릉·소릉 등으로 능호를 올렸다. 시호란 왕과 왕비를 비롯해서 벼슬을 지낸 사람이나 학식과 덕망이 높은 선비들이 죽은 후에 그 행적에 따라 국왕으로부터 받는 칭호를 말한다. 조선 초기에는 왕과 왕비 그리고 왕실 종친과 정2품 이상의 문무관과 공신에게만 주어졌으나 이후 기준이 완화되어 대상자가 확대된다.

그러나 개국한 지 하루 만에 왕실에 대한 예우를 정할 수 없었던 조선은 일정기간 고려의 예를 따랐다. 따라서 절비는 조선이 개국하고 초대 왕으로 즉위한 이성계의 부인으로서 자격을 인정한 것일 뿐 공식적으로 조선의 왕비에게 부여한 호칭은 아니었다. 조선에서 그녀를 주목한 사람은 많지 않았음을 의미했다. 오히려 조선 건국으로 그녀의 존재감이 사라지는 듯했다.

신의왕후가 조선이 건국된 후 국가에서 공식적으로 왕비의 예우를 받으며 역사에 이름을 남기게 된 것은 그녀의 아들들의 극진한 효성이 있었기에 가능했다. 태조 7년(1398), 이른바 왕자의 난으로 태조가 물러나고 그녀의 둘째 아들 정종이 즉위한 후 비로소 왕후로 승격되었고, 다섯째 아들 방원이 정종의 뒤를 이어 왕위에 올라 태종 5년(1405)에야 제릉에 비문이 세워졌다.

당시 태종은 제릉의 비문에서 "타고난 성품이 현숙하고 아름다우며 왕비의 덕(坤德)이 유순하고 올발라서 일찍이 용연龍淵에 빈嬪이 되어 왕업을 도와 이루게 되었으며, 성인과 철인 또는 만사에 통달하고 사리에 밝은 사람을 낳아서 대통을 끝없이 전하니 신이한 공과 아름다운 예의범절(儀範)이 옛 사람과 비교하여 부끄러울 것이 없다"라고 어머니의 후덕한 인품과 조선 왕실의 대통을 잇게 한 공을 극찬하며 그녀의 존재를 역사에 공식적인 기록으로 남겼다.

태종 8년(1408)에는 왕후보다 위상이 높은 왕태후로 격상하여 '승인순성 신의왕태후承仁順聖神懿王太后'라는 시호를 올렸다. 비록 그녀는 살아서 왕비의 자리에 오르지는 못했지만 태조의 조강지처였음을 기정사실화하여 왕위에 대한 정통성을 강화하려는 아들 태종의 정치적 의도가 담겨 있었다. 물론 이러한 조치가 그녀에게 얼마나 위로가 되었는지는 확인할 수 없다.

이처럼 훗날 그녀에 대한 예우와 평가가 격상되었지만, 그녀의 삶을 돌아보면 무언가 부족함이 느껴진다. 온갖 산전수전을 겪으면서 대가족을 이끌며 가정을 지켜냈던 그녀의 삶뿐만 아니라 그녀에게서 투박한 함경도 사투리와 더불어 카리스마 넘치는 중후한 무게감 등, 이제까지 우리가 만나지 못했던 여장부의 모습이 떠오르기 때문이다.

조선 왕비 가운데 아들 두 명이 왕위에 오른 예는 신의왕후와, 문종과 세조를 낳은 세종의 비 소헌왕후뿐이다. 하지만 조선의 역사에서 그녀의 존재감은 소헌왕후와는 비교가 되지 않는다. 다시 말해, 조선 왕실이 27대 왕위와 519년 역사를 이어간 것은 바로 그녀에게서 비롯되었기 때문이다. 특히 단일 성씨의 혈통으로 500년이 넘는 왕조국가는 세계사에서 조선 왕조가 유일하며, 현재 500만 명에 가까운 전주 이씨 종친 가운데 왕조 개국 이후의 왕실 후손이 300만 명에 이르는 것으로 추산하고 있다.

이러한 의미를 기리기 위해 조선 말기인 순조 24년(1824) 한철제의 주청으로 신의왕후의 출생지인 안변 지역에 그녀의 탄생을 기념하는 비각이 세워졌고, 광무 3년(1899) 고종 황제는 이성계를 '태조고황제', 그녀를 '신의고황후'로 추봉했다.

하지만 그녀가 사망한 후 좋은 일들만 있었던 것은 아니다. 조선 건국 후 왕실에는 주기적으로 불행한 가족사가 이어졌다. 그녀의 아들들이 왕위에 오르는 과정에서 왕자의 난이 두 차례 일어나 형제들이 피를 부르는 전쟁을 치렀고, 이후에도 정치적 이유로 왕실 혈육들이 죽음을 불러오기도 했다. 그리고 다음 왕위를 이을 세자를 비롯해 왕자와 공주들이 성인이 되기 전에 요절하는 불행이 이어지기도 했다.

조선에서 자녀를 낳은 왕비는 모두 28명으로, 이들 중 25명의 왕비가 자식의 죽음을 지켜보아야만 했다. 세종의 비 소헌왕후는 세 명의 자식을 자신의 손으로 장사지냈고, 세조의 비 정희왕후와 그녀의 큰며느리이자 덕종의 비 소혜왕후 역시 세 명의 자녀를 앞서 보내야 했다. 연산군의 비였던 폐비 신씨는 일곱 자녀를 모두 자신보다 앞서 보냈고, 순조의 비 순원왕후는 다섯 자녀를, 고종의 비 명성황후는 다섯 자녀 중 네 명의 자녀를 첫돌이 되기 전에 땅에 묻었다.

조선 왕실에서 이러한 불행을 당하지 않은 왕비는 태조의 계비 신덕왕후, 예종의 비 장순왕후 그리고 중종의 비 장경왕후뿐이었다. 하지만 장순왕후와 장경왕후는 17세와 25세의 젊은 나이에 출산 후유증으로 세상을 떠났고, 신덕왕후는 자신이 세상을 떠난 뒤에 두 아들이 모두 왕자의 난 때 비참하게 살해되었다. 그나마 다행이라면 그녀가 사망 후에 벌어진 일이라 이런 불행을 직접 목격하지 않았다는 점이다.

살아서 모든 것을 성취했으나, 죽어서 모든 것을 잃어버리다

신덕왕후 강씨 神德王后 康氏

태조의 계비

어찌 내 몸에서 나지 않았는가?

조선 건국을 전후한 시기의 역사에서 가장 많이 거론되는 여성으로는 단연 신덕왕후를 꼽을 수 있다. 그러나 그녀는 이성계의 두 번째 부인으로, 자신이 낳은 아들을 세자에 책봉하려는 일련의 과정에서 정치적인 욕심이 지나친 여인으로 평가받을 뿐이다. KBS-1TV 드라마 「개국」(1983)을 비롯해 KBS-1TV 「용의 눈물」(1996~1998)과 「정도전」(2014) 그리고 SBS-TV 「육룡이 나르샤」(2015)에서 신덕왕후가 등장하지만 모두 그녀에 대한 새로운 해석이나 특별한 존재감을 보여주지 못하는 것이 그 예이다.

비록 죽은 자는 말이 없지만, 신덕왕후로서는 억울한 면이 없지 않을 것이다. 무엇보다도 이성계의 첫 번째 부인 신의왕후는 조선이 개국되기 전에 사망했고, 신덕왕후는 조선이 개국한 뒤 명나라에서 추인을 받은 공식적인 조선의 초대 왕비였다. 그녀는 이성계와 결혼한 후에도 세간의 주목을 받을 정도로 존재감이 분명했다.

신덕왕후는 남편 이성계와의 나이 차가 스물한 살이었다. 그럼에도 그녀는 남편 이성계의 내조자 역할을 넘어서 동지적 관계를 유지할 정도로 적극적으로 활동했다. 그녀는 이성계를 지원하며 거센 소용돌이가 몰아치던 고려 말의 정국에 적극 관여했고, 조선이 건국된 후에는 왕비 자리에 올라 조선의 건국에 참여했던 핵심 인물들과도 교유관계를 유지했다. 이 과정에서 이성계의 첫째 부인 신의왕후의 장성한 다섯 아들들을 제치고 자신의 어린 아들 방석을 왕세자에 책봉시킬 정도로 뛰어난 정치력까지 행사했다.

후대 사람들은 이러한 그녀를 "한번 세운 목표는 반드시 실행에 옮겨 성취해내는 능력을 지니고 있었다"거나 "미모와 지략이 뛰어났으며, 이성계가 난관에 부딪힐 때마다 조언을 아끼지 않았고, 정치적 야심도 대단히 컸다"고 평가하기도 한다. 뿐만 아니라 그녀는 냉정한 판단력과 강단도 지니고 있었다.

「태조실록」에 따르면, 이방원이 정몽주를 격살했다는 소식을 듣고 이성계가 불같이 화를 내자, 이방원이 "(정)몽주 등이 우리 집을 모함하려고 하는데, 어찌 앉아서 망하기를 기다리겠습니까? 그를 살해한 것이 곧 효도가 되는 까닭입니다"라고 해명했다. 하지만 이성계가 화를 가라앉히지 않자 이방원은 옆에 있던 신덕왕후에게 "어머니께서는 어찌 변명해주지 않습니까?"라며 도움을 청했다고 한다.

조선 후기의 학자 이긍익이 지은 『연려실기술燃藜室記述』에는 당시 그녀가 얼굴빛을 가다듬고 이성계에게 "공이 항상 대장군으로 자처하였는데, 어찌 놀라고 두려워함이 이렇게까지 합니까?"라며 이성계에게 과단성 있는 사후 수습을 독려했다는 이야기도 전한다.

또한 조선이 건국되기 몇 달 전인 1392년 3월, 이성계가 해주로 사냥을 나갔다 말에서 떨어져 큰 부상을 당한 사건으로 이성계 측이 최대의 위기를 맞았을 때 생모 신의왕후의 묘를 지키던 이방원에게 사람을 보내 이성계를 개경으로 안전하게 옮기도록 지시하는 등, 신속한 상황 판단으로 위기를 기회로 삼은 것도 그녀였다.

민간에서는, 이방원의 능력과 야심을 알고 있었던 그녀가 어느 날 이방원의 글 읽는 소리를 듣고 혼자 말하기를 "어찌 내 몸에서 나지 않았는가?" 하며 대단히 아쉬워했다는 이야기도 전한다.

하지만 그녀와 관련한 이야기들은 야사野史에 전하는 내용이 많아 모두가 사실로 보기에는 무리가 있다. 다만 민간에서도 이미 정치와 권력에 대한 그녀의 야망에 주목하고 있었다는 사실만은 확인할 수 있다.

신덕왕후는 조선 개국의 공을 인정받아 태조 1년(1392) 8월 개국공신에 올랐고, 왕비의 자리에 올라 현비顯妃에 봉해졌다. 그러나 이후 이방원에 의해 차기 왕권을 노려 "정도전과 정치적 연대를 꾀했다"는 비판을 받는 등 최고의 정적이 된다. 특히 후대 사람들이 '이성계의 본처를 제치고 본처 역할을 했던 여인' 또는 '정치적 욕심이 지나쳤던 여인'으로 인식하게 된 이유도 신덕왕후와 이방원의 관계 변화와 무관하지 않다. 그럼에도 신덕왕후는 이방원이 함부로 하지 못할 정도로 존재감이 대단했다. 물론 여기에는 그녀를 진심으로 사랑한 이성계가 있었기 때문이지만, 한편으로는 그녀의 가문도 한몫했다. 그녀와 이성계의 결혼이 대단히 정략적이었다고 해석하는 것도 이러한 이유에서였다.

이성계의 마음을 빼앗다

민간에서는 이성계가 신덕왕후와 처음 만났을 때 다음과 같은 이야기가 전한다.

어느 날, 호랑이 사냥을 나갔던 이성계가 목이 말라 우물을 찾았다. 때마침 한 여인을 발견하고 마실 물을 청하자, 여인은 바가지에 물을 뜨고 나서 버들잎 한 줌을 물 위에 띄워서 건넸다. 이에 이성계가 "이 무슨 고약한 짓이냐?"며 화를 냈지만, 여인은 "갈증으로 급히 냉수를 마시면 탈이 날 것 같아 천천히 마시라고 일부러 그리했다"고 침착하게 대답했다. 이 말을 듣고 내심 감탄한 이성계가 여인을 유심히 살펴보며 지혜와 미모에 한동안 넋을 잃었다고 한다.

이 이야기의 사실 여부는 확인할 수 없다. 다만 고려를 건국한 왕건과 장화왕후莊和王后의 만남과 내용이 비슷하다는 점에서 주목할 만하다. 고려의 장화왕후와 조선의 신덕왕후는 각각 나라를 세운 시조의 두 번째 부인이며, 지방에 세력을 지니고 있는 호족의 딸이라는 공통점이 발견된다. 따라서 이 이야기는 지방에서 전해내려 오는 비슷한 이야기 구조인 '버들잎과 관련한 설화'가 결합된 것으로, 이들의 만남이 정치적 의도라기보다는 인간적 인연을 강조하고 있다. 즉 이성계는 이미 결혼하여 장성한 아들이 여섯 명이나 있었고, 부인 한씨가 생존해 있음에도 두 사람의 만남이 대단히 특별했다는 의미를 담고 있다.

일반적으로 고려에서 유력한 가문 사이에 이루어지는 통혼은 정치적 기반을 강화하려는 의도가 담겨 있다. 물론 최고의 혼인 상대는 왕실이었고, 귀족과 권문세가의 통혼이 그 뒤를 이었다. 따라서 왕실과 권신들은 대단히 복잡한 혼맥으로 얽혀 있었다. 특히 신분제도가 무너진 무신 집권기 이후, 사회적 위상을 높이기 위해 한미한 가문 출신들 사이에서 정략결혼이 활발해지면서 왕실을 포함해 사회 지도층은 더욱 복잡한 혼맥으로 얽히게 된다. 여기에 부를 축적한 양민까지 재물로 정계의 유력자들에게 줄을 대면서 결혼을 통해 유대를 강화하는 것을 최고의 방법으로 삼았다. 상인商人과 공장工匠들이 권력의 비호 없이는 살아남기 힘들었던 탓에 이들의 결탁은 당연한 것으로 받아들였고, 어떤 이들은 재물로 관직을 얻은 뒤 유력자들과의 혼맥 기회를 엿보기도 했다.

당시 가장 대표적인 인물은 왕실은 물론, 권신들과도 중첩된 혼인관계를 맺은 권신 이인임이었다. 그리고 이인임의 측근들도 정략결혼에 적극 나섰다. 이인임의 측근 염흥방이 사돈을 맺자는 임견미의 제안을 받아들인 것도 신분이 미천한 임견미와의 통혼으로 그의 정치적 위상을 높여주고 그 대가로 권력을 확장하겠다는 의미였다.

이성계 집안 역시 신의왕후를 포함해 이러한 의미가 담긴 혼맥으로 해석할 수 있는 여지를 발견할 수 있다. 그의 장남 방우는 충주 지씨 집안 지윤池奫의 딸과 혼인했다. 이성계와 지윤의 인연은 공민왕 19년(1370) 동녕부 정벌에 참여하여 공을 세우면서 비롯되었다. 『고려사』에 따르면, 어머니가 무녀인 지윤은 군졸에서 출발해 재상의 자리까지 오른 입지전적 인물이었다. 그의 인척들도 무공으로 고위직에 오른 무인 집안으로 성장해 한때 이인임과 함께 막강한 권력을 누리기도 했다.

지윤은 권력 유지를 위해 개혁파였던 정도전과 박상충 등을 적극적으로 탄압했고, 관직을 팔거나 옥사를 이용해 뇌물을 받아 재산을 모으고 심복들을 대간에 배치하여 자신의 위세를 더욱 공고히 했다. 그러나 이인임이 그의 아들 지익겸을 왜구 토벌의 지휘관으로 내보려고 하자 지윤이 반발하면서 두 사람 사이가 벌어졌고, 이인임이 지윤의 심복들을 정부 비방죄로 체포하며 숨통을 죄어오자 김윤승과 공모하여 이인임과 최영을 제거할 계획을 세우게 된다. 하지만 이 시도는 실패로 돌아갔고, 그의 가족과 세력이 모두 제거되고 만다.

이성계의 둘째 아들 방과는 경주 김씨 집안 김천서金天瑞의 딸과 결혼했다. 김천서의 선조는 신라 마지막 왕 경순왕 김부金傅였다. 김부가 사촌누이를 왕건에게 소개하자 왕건은 그 답례로 맏딸 낙랑공주를 김부에게 소개하면서 고려 왕실과 인연을 맺었다. 이후 고려 4대 왕 광종 때 그의 친족 상당수가 등용되는 등 김부를 중심으로 고려 초기에 경주 김씨 집안은 문벌을 형성했다. 그러나 고려 말기에는 정치적으로 유력한 인물을 배출하지 못해 권력의 중심에 속하지는 않았지만 어느 정도 가세를 유지했던 명문가에 속했다.

이처럼 이성계가 중앙정계에 진출했던 초기에 맺은 혼인관계는 한때 강력한 권력을 소유했으나 당대의 권세가에는 속하지 못한 가문들이었다. 이후 넷째 아들과 다섯째 아들이 고려의 대표적 명문가 여흥 민씨 가문과 혼인하면서 혼맥이 확장된다. 당시 여흥 민씨 집안은 이성계 집안과 비교되지 않을 정도로 고려의 대표 명문가였다. 또한 이성계와 신덕왕후 사이에서 태어난 경순공주는 권신 이인임의 조카로 성주 이씨 집안의 이제李濟와 혼인했다. 마침내 이성계가 권력의 중심에 서면서 고려 왕실과도 사돈 관계를 맺게 된다.

이렇듯 여흥 민씨·순흥 안씨·진주 유씨·경주 김씨·청주 한씨·밀양 박씨·충주 지씨·성주 이씨 등이 이성계 집안과의 혼인관계로 밀착도가 높았고, 위화도 회군 이후 조선의 개국 과정에서 이성계와 협력한 가계로는 평양 조씨·청주 정씨·한양 조씨·의령 남씨·무송 윤씨 등이 있다. 그리고 조선 건국에 적극 참여한 가계로는 순흥 안씨·남양 홍씨·문화 류씨·파평 윤씨·광주 김씨·여흥 민씨·경주 이씨 등이 꼽힌다. 이 가문들은 이성계 외에도 서로 혼인관계를 맺어 정치적으로 결집력을 강화하기도 했다. 물론 이들의 중심에는 이성계와 신덕왕후가 있었다.

새로운 삶이 시작되다

『고려사』에 따르면, 신덕왕후는 본관이 신천信川으로, 고려 충혜왕 때 황해도 곡산에서 세도를 떨친 권문세가의 집안에서 태어났다. 그녀의 집안은 8대조인 고려 고종 때 문하시중 신성부원군信城府院君 강지연이 가문을 일으켰고, 증조부 강숙재가 동북면 일대에서 활동하며 세력을 확장해 나갔다. 그리고 조부 강서 대부터 중앙 무대로 진출하게 된다.

특히 강지연의 6세손으로 신덕왕후의 할아버지 강서는 상산부원군에 봉해지면서 곡산 강씨의 시조가 되었으며, 그녀의 아버지 강윤성康允成은 강서의 둘째 아들이다. 그녀의 숙부 강윤휘의 아들 상장군 강우는 이성계의 큰아버지인 쌍성총관부의 쌍성만호 이자흥의 사위로 두 집안은 겹사돈 관계였다.

그녀의 집안은 아버지 강윤성 대를 전후해서 원나라와의 관계에서 신흥 부원세력으로 급속하게 성장했고, 특히 충혜왕·충목왕·공민왕 초기까지 가문의 위세가 대단했다.

공민왕 3년(1354) 원의 사신으로 고려에 파견된 강순룡은 그녀의 오빠로, 신흥 사대부들에게서 '임금과 백성을 기만하고 천하의 공론도 꺼리지 않으며 천하의 법도도 두렵게 여기지 않는 자'로 비판받았다. 그녀의 아버지 강윤성과 숙부 강윤휘는 공민왕 6년(1357) '채하중 역모 사건'에 연루되어 이듬해에 유배되는 등 각종 정변으로 가세가 크게 기울었다.

이후 공민왕 10년(1361)을 전후해서 홍건적과의 전투에서 공을 세워 공신을 배출하면서 그녀의 가문은 되살아나 공민왕 12년(1363) 김용이 '흥왕사興王寺의 변'을 일으켰을 때 공민왕이 그녀의 오빠 강득룡의 집에서 기거할 정도로 권력의 중심에 서게 된다. 다시 말해 강득룡의 집이 왕이 기거할 정도로 규모가 컸고, 국왕의 신변을 의탁할 정도로 신임을 받고 있음을 의미했다.

이성계가 신덕왕후와 결혼한 시기가 바로 이 무렵이었다. 따라서 공민왕이 강득룡의 집에 기거할 때 그의 누이와 이성계와의 혼인을 주선했을 가능성이 충분하다.

신덕왕후의 가문은 충혜왕과 충목왕 대에 폐행 권신의 일족으로 꼽혔던 영산靈山 신씨辛氏 가문과도 사돈관계였다. 신귀의 부인이 신덕왕후의 언니로, 이성계는 신귀의 손아래 동서가 된다. 신귀의 형 신예는 충목왕 대에 인사를 좌우하여 '신왕辛王'이라고 불릴 정도로 막강한 권력을 행사했다. 이후 신귀는 채하중 역모 사건으로 유배에 처해졌으나 신돈이 기용되자 같은 신씨라는 이유로 판서로 임명되어 정계에 복귀했다. 이후 강원보가 신돈을 제거할 계획을 그에게 말하며 동참할 것을 권하자, 이를 신돈에게 고변하여 부귀영화를 누리다가 신돈이 숙청될 때 참살되었다. 신귀의 동생 신우와 아들 신극공·신극람·신극례·신극경은 모두 조선의 개국에 참여하여 원종공신에 올랐으나 제1차 왕자의 난 때 이방원에게 신덕왕후의 오빠 강순룡과 함께 일족이 참살되어 가문이 몰락하고 만다.

이처럼 고려 말기에 신덕왕후의 집안 사정을 감안하면 신덕왕후와 이성계의 결혼은 일종의 모험이기도 했지만, 동시에 그녀에게는 새로운 출발을 의미했다.

최후의 승자가 되는 듯했지만……

어린 신덕왕후가 이성계를 직접 남편으로 선택한 것은 아니었지만, 그녀와 이성계의 부부 관계는 대단히 좋았고, 이성계의 집안에서도 그녀의 존재감은 남달랐다.

이성계는 자신의 가문을 격상시키기 위해 고려 왕실의 정양대군定陽大君 왕우王瑀의 딸을 신덕왕후 소생의 첫째 아들 방번과 혼인시켰고, 공양왕의 초청으로 왕실 잔치에 참석했을 때에도 첫째 부인이 아니라 신덕왕후가 동행하는 등, 그녀는 이성계와 결혼한 이후 국가에서도 본처 대우를 받았다.

『연려실기술』에 따르면, 위화도에서 회군하는 과정에서 남은과 조인

옥 등이 이성계를 왕으로 추대할 것을 논의한 뒤, 이방원에게 이 사실을 알리자 "큰일을 가볍게 말해서는 안 된다며 강씨(신덕왕후)에게 먼저 아뢰어 전달하였다"고 한다. 아들 이방원도 아버지와 관련된 중요한 내용은 그녀에게 전할 정도로 당시 정국에서 신덕왕후의 역할과 위상을 잘 보여주는 예였다.

이러한 관계는 신덕왕후와 이성계가 건국에 성공한 뒤 조선 초대 왕비와 왕의 자리에 오름으로써 대미를 장식하는 듯했다. 하지만 신덕왕후의 야망은 이것으로 끝이 아니었다.

「태종실록」에 따르면, 태조가 공신들과 세자 책봉을 논의하는 자리에서 배극렴 등이 "시국이 평온할 때는 적장자를 세우고, 세상이 어지러울 때는 공이 있는 자를 세워야 한다"며 이방원을 의미하는 듯한 발언을 하자 이 말을 몰래 엿듣던 신덕왕후의 우는 소리가 밖에까지 들렸다고 한다.

이 일이 있고 난 뒤 태조가 다시 배극렴 등을 불러 세자 책봉 문제를 의논했을 때는 '적장자는 물론 공이 있는 자를 세자로 세워야 한다'고 말하는 사람이 아무도 없었다. 당시 대신들이 자리에서 물러나 의논하기를 "신덕왕후가 반드시 자기 아들을 세자로 세우려고 하니, 방번은 성격이 광망하고 둘째인 방석이 조금 낫겠다"고 의견을 모았고, 같은 달에 태조가 서둘러 방석을 세자로 책봉한다.

이처럼 신덕왕후는 대성통곡하는 방법으로 공신들에게 자신의 의중을 확실하게 전달함으로써 공신들이 한마디도 못하고 방석을 세자로 책봉할 정도로 국가의 중대 사안에 영향력을 행사했다. 그러나 이것으로 모든 것이 마무리된 것은 아니었다.

그녀에게는 넘어야 할 큰 산이 하나 있었다. 다름 아닌 한때 동지였던 이방원이었다. 그녀는 조선의 개국으로 모든 것을 얻은 듯했지만, 이방원만은 완전하게 극복하지 못했던 것이다. 그리고 그 결과 그녀는 조선의 왕비로 인정받지 못하게 되었고, 역사에서 그녀는 왕비가 아닌 후처로 취급받는가 하면, 심지어 '강비' 또는 '강씨'로 기록된다. 조선의 왕비 가운데 왕비의 자리에 올랐음에도 이렇게 불리는 인물은 그녀와 함께 고종의 정비 명성황후를 '민비'라고 부르는 것이 유일하다.

한편, 조선시대에는 왕비를 한 명만 인정했다. 이를 정비正妃 또는 원비元妃라고 한다. 정비가 있는 상태에서는 아무리 명문가의 딸을 들여도 왕비가 될 수 없었고, 아이를 낳지 못하는 왕비를 대신하여 후궁의 아들이 세자가 되어도 왕비가 될 수 없었다.

다만 왕비가 사망하거나 지위가 박탈될 경우 새로운 왕비를 맞이할 수 있었다. 이렇게 맞아들인 왕비가 계비繼妃였다. 즉, '왕비가 있었으나 공석이 되었을 때 그 자리를 잇는다'는 의미로 '이을 계繼'를 붙인 것이다. 따라서 계비에 오르면 후궁과 달리 왕비와 같은 예우를 받았지만, 왕이 재임할 때 선발되었기에 계비의 간택 과정은 당시의 정국 상황과 맞물리는 등 정치적으로 민감한 존재이기도 했다.

예를 들면 계비 선정을 두고 왕실과 대신 또는 대신들 사이에 정치적 연대나 갈등과 대립이 발생하기도 했고, 뒤늦게 계비가 출산한 왕자가 세자 책봉에 커다란 변수로 작용하기도 했다.

계비의 존재는 조선시대의 특징이기도 했다. 고려 왕실은 왕비의 서열이 분명하지 않았고, 수적으로도 제한이 없어 왕비를 여러 명 둘 수 있었다. 그러나 고려에 성리학이 들어온 이후 공양왕 3년(1391) 8월에 왕의 여인에 대한 호칭을 정리하면서 정비만을 왕비로 규정하게 된다.

유학을 숭상한 조선시대에는 이러한 규정이 강화되었고, 세종이 왕비 이외의 궁궐 여인들의 관등체제를 정리할 때 후궁에게 왕비를 보좌하는 임무를 부여함으로써 후궁은 단순히 왕의 첩妾이 아니라 왕비의 통제를 받는 군신관계로 정비되었다. 이후 성종 대에 명나라로부터 폐비 윤씨와 정현왕후가 각각 계비로 책봉되면서 계비에 대한 인식이 자리 잡았고, 왕비 자리가 공석이 되었을 때 정식으로 계비의 간택 절차도 관례화가 된다.

반면, 왕비는 왕과 함께 별도의 지위로 존재하여 조선 말기까지 법전에 왕비와 관련한 조항이 없었지만, 계비의 존재는 유교 이념의 확산과 주자·성리학의 도입으로 일부일처제가 강화된 것과 관련이 있었다. 당시 가족 구성에는 한 명의 배우자만 존재했다. 다만 부인이 사망하면 부모를 봉양하고 조상의 제사를 받들며 집안의 대를 이을 자식을 낳기 위해 새로운 아내를 맞아들일 수 있었다.

물론 왕실도 예외는 아니었다. 특히 왕실의 가족 구성은 나라의 모범이었고, 음양의 조화 차원에서 왕에게 왕비는 필수적인 존재였다. 그리고 왕비는 만백성의 어머니인 국모國母라는 상징성도 지니고 있어 하루도 비워둘 수 없는 자리였다. 왕비는 한 명만 인정했지만, 왕비가 사망하거나 폐출될 경우 왕비의 지위를 잇는 계비를 허용한 것도 이러한 이유에서였다.

그러나 조선 건국 초기에는 왕비는 물론, 공석이 된 왕비 자리에 오를 후임자를 간택하는 절차가 없었다. 조선 건국 후 처음으로 왕비의 자리에 오른 신덕왕후는 이성계가 왕위에 오르기 전에 결혼했기에 왕비의 간택 절차를 밟지 않았고, 이후 정종·태종·세종 역시 모두 차기 왕권과 관계없었을 때 혼인하여 왕비의 간택 절차를 밟지 않았다. 그리고 태조·태종·세종·문종은 왕비가 먼저 세상을 떠났지만, 계비를 간택하지 않았다.

조선에서 공식적으로 계비의 간택 절차를 밟은 것은 예종 때였고, 신덕왕후를 포함하여 조선에는 모두 15명의 계비가 있었다(48쪽 참조). 조선의 계비 명단에서 신덕왕후가 제일 앞에 있는 까닭은 태종 이방원과 밀접한 관련이 있었다.

계모도 아니다

이방원은 비록 신덕왕후의 친아들은 아니었지만, 조선이 개국되기 전에는 그녀를 어머니로 예우하며 따른 것으로 전한다. 두 사람은 정치적 야망도 있었고, 누구보다 뜻이 통하는 동지이기도 했다. 하지만 조선이 건국되자 두 사람은 태조의 뒤를 이을 차기 왕권을 놓고 정적政敵으로 변했다. 특히 신덕왕후의 둘째 아들이 세자에 책봉되자 이방원은 자신에게 돌아올 자리를 빼앗겼다는 생각에 분노가 극에 달했고, 절치부심하며 기회를 노렸다.

왕	즉위 (나이)	혼인	계비	나이 (왕/계비)	자녀	비고
태조	1392(58)	?	신덕왕후 강씨 (1356~1396)	58 / 37	2남 1녀	개국으로 즉위
예종	1468(19)	1463	안순왕후 한씨 (1445~1498)	14 / 19	1남 1녀	세자 소훈昭訓(1463)
성종	1469(13)	1476	제헌왕후 윤씨 (1455~1482)	20 / 22	1남	숙의(1473) 연산군 출산(1474) 폐비(1479) 사사(1482)
		1480	정현왕후 윤씨 (1462~1530)	24 / 19	1남 2녀	숙의(1473)
중종	1506(19)	1507	장경왕후 윤씨 (1491~1515)	20 / 17	1남 1녀	숙의(1506)
		1517	문정왕후 윤씨 (1501~1565)	30 / 17	1남 4녀	수렴청정(명종)
선조	1567(16)	1602	인목왕후 김씨 (1584~1632)	51 / 19	1남 1녀	영창대군 출산(1606)
인조	1623(28)	1638	장렬왕후 조씨 (1624~1688)	44 / 15	—	
숙종	1674(14)	1681	인현왕후 민씨 (1667~1701)	21 / 15	—	폐위(기사환국, 1689) 복위(갑술환국, 1694)
		1689	희빈 장씨 (1659~1701)	29 / 15	2남	숙원(1686) 경종 출산(1688) 강등(갑술환국) 사사(1701)
		1702	인원왕후 김씨 (1687~1757)	42 / 16	—	
경종	1720(33)	1718	선의왕후 어씨 (1705~1730)	31 / 14	—	세자빈(1718)
영조	1724(31)	1759	정순왕후 김씨 (1745~1805)	66 / 15	—	
헌종	1834(8)	1844	효정왕후 홍씨 (1831~1903)	18 / 14	—	
순종	1907(34)	1907	순정효황후 윤씨 (1894~1966)	34 / 14	—	황태자비(1907) 황후(1907)

마침내 그녀가 사망하고 2년 뒤, '제1차 왕자의 난'으로 10대의 어린 나이였던 그녀의 두 아들과 사위가 모두 살해된다. 당시 그녀의 딸 경순공주는 태조가 직접 머리를 깎아 비구니가 된 것으로 전한다. 신덕

왕후의 야망이 하루아침에 물거품이 되고 만 것이다.

뿐만 아니라 태종은 즉위한 후 신덕왕후를 계모로도 인정하지 않을 정도로 그녀의 존재 자체를 부정했다. 「태종실록」에 따르면, 태종이 "계모繼母란 무엇을 말하는 것인가?"라고 대신들에게 물었다. 이에 유정현이 "어머니가 죽은 뒤에 이를 계승하는 자를 계모라고 합니다"라고 답하자, 태종이, "그렇다면 정릉(貞陵, 신덕왕후)이 내게 계모가 되는가?"라고 다시 물었다. 유정현이 "그때에 신의왕후神懿王后가 승하하지 않았으니, 어찌 계모라고 할 수 있겠습니까?"라고 답하자 태종은 "정릉은 내게 조금도 은의恩義가 없었다. 내가 어머니 집에서 자라났고 장가를 들어서 따로 살았으니, 어찌 은의가 있겠는가? 다만 부왕父王이 애중愛重하시던 의리를 생각하여 기신忌晨의 재제齋祭를 어머니와 다름없이 하는 것이다"라며 신덕왕후를 부정했다고 한다.

태종의 이 같은 발언은 개인적인 감정만이 아니라 정치적 의도가 담겨 있었다. 태종은 신덕왕후를 부정함으로써 자신이 처형한 그녀의 두 아들, 즉 이방번과 이방석에게 정통성의 여지조차 남기지 않았던 것이다. 이후 조선의 왕실에서는 이러한 인식이 굳어지게 된다.

신덕왕후는 태조와 함께 묻히지도 못했다. 태조는 사망한 뒤 그녀 곁에 묻히고 싶어 했지만, 태종은 이를 따르지 않고 별도로 태조의 능을 조성했다. 그리고 태종 10년(1410) 태조의 신주와 생모인 신의왕후의 신주를 태묘太廟에 함께 모셨다. 반면, 신덕왕후의 능은 존재감마저 사라지게 된다.

태조는 신덕왕후가 사망하자 그녀를 잊지 못해 정성을 다해 도성 안에 조선 최초의 왕릉을 조성했고, 능호를 정릉貞陵이라고 했다. 그러나 태종은 즉위한 해에 태조가 생존해 있음에도 "정릉이 도성 안에 있고, 너무 광대해서 백성들에게 피해를 준다"는 이유로 능역 100보 밖에 주택지를 허락하는 파격적인 명령을 내렸다. 이에 조선의 공신 등 권세가들이 정릉의 숲을 베어내고 집을 지으며 능 주변을 훼손했다.

뿐만 아니라 태종은 태조가 사망하자 "능이 도성 안에 있는 것이 옳지 못하다"며 이장을 명해 정릉을 도성 밖으로 이장했다. 이어서 봉분을 깎은 뒤 묘로 강등해 버렸고, 신덕왕후는 정식 왕비가 아니라며 제사 의식도 후궁으로 격하시켰다. 이렇듯 신덕왕후와 그녀의 소생에 대한 분노는 훗날 태종이 서얼 금고령 등 적서 차별을 제도적으로 세우는 원인이 되었고, 태종의 아들 세종은 신덕왕후의 제사를 그녀의 친족에게 맡겨 버렸다.

이처럼 신덕왕후 능은 태종 이후 왕실로부터 철저히 외면당했다. 때문인지 민간에서는 "그녀의 묘소가 파헤쳐지던 날, 많은 비가 쏟아졌으며 하늘에서는 울음소리가 들렸다"는 이야기가 전한다.

260년 만에 종묘에 봉안되다

신덕왕후는 태조 5년(1396) 8월 세상을 떠났다. 그녀는 태조의 첫째 부인 신의왕후보다 겨우 5년을 더 살았지만, 조선의 건국으로 최고의 자리에 올랐고 모든 것을 다 가질 수 있을 만큼 행복한 시간을 누렸다. 그녀에 대한 사랑이 각별했던 이성계는 그녀가 사망하자 몹시 애통해하며 공신을 파견하여 3년 동안 그녀의 능을 지키게 했고, 능 옆에 작은 암자를 지어 매일 아침과 저녁에 향차를 바쳤으며, 1년에 걸쳐 흥천사

興天寺를 지어 그녀의 명복을 비는 등 정성을 다했다.

흥천사는 170여 칸의 대규모 사찰로, 현재 정릉에서 북악터널 쪽으로 가는 도로 왼쪽에 자리하고 있다. '하늘을 일으켰다'는 의미인 흥천사는 조선의 개국 과정에서 신덕왕후의 공을 기린다는 의미가 담겨 있을 정도로 그녀는 사망한 뒤에도 태조에게 각별한 예우를 받았다. 이러한 인연 때문인지 흥천사는 조선의 마지막 왕비인 순정효황후가 불교에 귀의해 법명을 받는 등 조선이 시작되던 시기와 막을 내리던 시기의 왕비들과의 각별한 인연도 전한다.

흥천사가 완공되자 태조는 그녀의 능과 절을 둘러보는 일을 일상으로 삼았고, 이후에는 신덕왕후의 소생들과 함께 저녁시간을 보내다 그녀의 능에 재를 올리는 절의 종소리를 듣고 나서야 잠자리에 들었다고 한다. 태조는 식사를 할 때도 신덕왕후의 명복을 비는 불경 소리를 듣고 난 후에야 비로소 수저를 들 정도로 그녀를 잊지 못했다. 그러나 그녀에 대한 예우는 태조가 왕위에 있을 때까지만 가능했다. 그녀의 위상은 정종의 즉위로 흔들리기 시작했고, 태조가 사망한 이듬해인 태종 9년(1409)부터 본격적으로 그녀에 대한 예우가 깎이기 시작했다.

현재 서울 성북구 정릉동에 있는 정릉은 다른 왕비의 능에 비해 규모가 작고 초라한 편이다. 처음에 조성된 정릉의 정확한 위치도 전하지 않는다. 일반적으로 왕릉을 옮기더라도 처음에 능을 조성했던 지역을 일반인들이 사용하지 못하게 봉분은 남겨두지만, 태종은 그곳에 있던 정자각을 헐어 명나라 사신을 접대하는 숙소인 태평관 북쪽 누각을 새로 짓는 데 사용했고, 봉분의 흔적도 없앴다. 또 태종 10년(1410), 광통교가 홍수로 무너지자 옛 정릉에 남아 있는 병풍석과 난간석 등을 광통교를 보수하는 데 사용하여 백성들이 밟고 다니게 했다. 현재 정릉에는 병풍석이 없고 무인석만 능을 지키고 있다. 이러한 사연은 기록으로만 전해오다가 현대에 이르러 청계천을 복원하는 과정에서 조선 최초의 병풍석과 방울·방패 조각이 발견되면서 사실로 밝혀졌다.

원래 정릉이 있었던 자리는 능의 이름을 따서 현재 서울 중구에 정동貞洞이라는 지명만 전할 뿐, 정릉이 처음에 조성되었던 위치는 그동안 막연하게 지금의 영국 대사관 자리나 경향신문사와 문화체육관 근처로 추정해왔다. 당시 "문·무인석은 그대로 묻어두라고 명했다"는 기록으로 보아 조선 최초의 문·무인석은 이 지역 주변에 묻혀 있을 것으로 추정해오다가 현대에 들어서 신덕왕후의 능을 조성할 때 사용된 석물로 보이는 문인석이 서울 중구 정동의 주한 미국대사관 영내에서 발견되면서 이곳을 정릉의 최초 위치로 추정하고 있다.

또한 옮긴 그녀의 능에도 관심을 두는 사람이 없어 모두의 기억 속에서 사라져 갔다. 그 후 172년이 지난 선조 14년(1581) 덕원에 사는 강순일이 왕의 행차 앞에 나아가 상소를 올려 양주군 사한리(현재 성북구 정릉동)에 있는 정릉이 비로소 세상에 알려지게 되었다. 강순일은 신덕왕후의 친정 집안 후손으로 "조선 최초의 왕비 묘를 돌보고 있으니 군역을 면제해달라"며 그녀의 복위를 제청했고, 삼사에서도 "신덕왕후의 시호와 존호를 복귀하고 정릉을 회복해야 한다"는 의견을 올렸다.

당시 대신들은 태조의 건원릉 비에 신의왕후와 신덕왕후가 열거되어 있고, 신덕왕후가 차비次妃, 즉 태조의 두 번째 왕비로 서술된 점, 그리고 태조가 신덕왕후의 시책을 칭송하고 있다는 점에서 "그녀의 신주를 모시지 않고 능을 옮긴 것은 천리에 어긋난다"는 이유를 내세웠다.

이후 현종 10년(1669) 송시열 등이 정통 명분주의 원칙에 따라 유교 이념을 강조하면서 신덕왕후의 복위를 주장했고, 마침내 그녀의 능을 보수하는 한편 신주를 종묘에 봉안한다. 하지만 신하가 왕의 잘못을 따질 수 없었기에 현종은 송시열의 상소를 받아들이는 형식을 취하면서 '태종의 잘못된 조치를 바로잡는다'는 의미가 아니라 당시 태종을 보필했던 신하들의 죄를 물었다. 그녀의 능을 옮긴 지 260여 년만이었다.

동시에 두 명의 처를 둘 수 없는 법에 따라 신의왕후가 정비正妃로, 그리고 신덕왕후는 신의왕후의 뒤를 이은 계비로 정리되었다. 민간에서는 신주를 종묘에 안치하던 날, 정릉 일대에 소나기가 쏟아졌다고 하여 '신덕왕후의 원한을 씻어주는 비'라는 뜻에서 '세원지우洗冤之雨'라 했다는 이야기도 전한다.

한편, 태조가 정릉을 도성 안에 조성한 것과 태종이 도성 밖으로 정릉을 옮긴 이유에는 정치적 의도가 크게 작용했다. 태조가 도성 안에 정릉을 조성한 뒤 각별한 관심을 기울였던 이유는 단순히 사랑하는 부인을 먼저 떠나보내고 슬픔을 이기지 못했기 때문만은 아니었다. 비록 신덕왕후가 사망했지만, 왕이 직접 각별한 관심을 기울임으로써 신덕왕후의 위상은 물론 그녀의 아들인 세자의 정치적 위상을 높이고자 배려했던 것이다. 정릉을 법궁인 경복궁 정면의 육조거리가 끝나는 지점 오른쪽 구릉에 조성하고 태조가 지속적으로 행차하여 관심을 기울임으로써 백관百官들 또한 정릉을 통해 신덕왕후와 세자의 존재를 의식할 수밖에 없었기 때문이다.

이를 정확하게 꿰뚫고 있던 태종은 도성 안에 조성된 정릉을 도성 밖으로 내치고 훼손을 묵인했다. 뿐만 아니라 왕비로서 그녀의 정통성을 인정할 수 없었던 태종은 그녀가 태조와 함께 묻히는 것도 용납할 수 없었다. 따라서 신덕왕후 곁에 묻히기를 원했던 태조의 희망은 이루어지지 않았고, 그녀는 역대 왕비들과는 달리 왕실 제삿밥도 제대로 얻어먹지 못한 채 홀로 떨어져 잠들게 된 것이다.

정릉 : 서울 성북구 아리랑로 19길 116(정릉동 508)

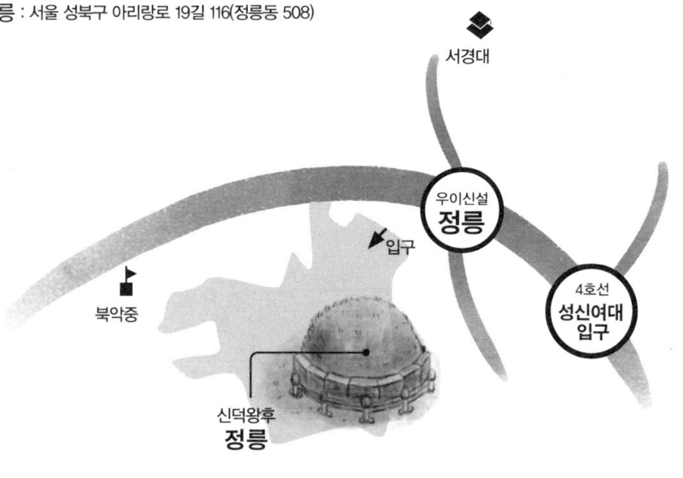

- 우이신설도시철도 정릉역 2번 출구(도보 15분)
- 4호선 성신여대입구역 6번 출구 → 1014, 2115번 버스 이용
  버스정류장 이름 : '정릉 입구' 하차(도보 15분)
- 4호선 성신여대입구역 6번 출구 → 22번 마을버스 이용
  버스정류장 이름 : '세계문화유산 정릉'

권한 대행 왕비 자리도 부담스러워하다

정안왕후 김씨定安王后 金氏

정종의 정비

하루빨리 궁궐을 벗어나고 싶다

정안왕후는 조선의 2대 왕으로 즉위한 정종의 정비이지만, 요즘 말로 하면 얼굴 마담 또는 권한 대행에 지나지 않았다. 달리 말하면 그녀와 남편 정종의 즉위는 시동생 이방원에게 왕권이 넘어가는 과도기에 이른바 정국의 숨 고르기 차원인 징검다리 역할이었다.

정종이 왕위에 올라 동생 이방원을 후계자로 책봉하는 과정에서도 정안왕후 부부의 위상을 확인할 수 있다. 당시 이방원은 정종의 동생이었으니 세제世弟로 책봉되든가, 아니면 정종의 양아들로 입적한 뒤 세자世子로 책봉되는 것이 원칙이었다.

그러나 이방원은 두 가지 방법 모두를 선택하지 않았다. 이방원이 정종의 양자로 입적하지 않고 곧바로 세자에 책봉되기를 원한 것은 조선 건국 과정과 정권 창출에 직접 참여한 자신이 개국시조 이성계의 뒤를 이어 조선의 건국을 완성한다는 의지에서였다. 따라서 태종의 세자 책봉과 즉위에는 정안왕후 부부의 존재 자체를 인정하지 않는다는 해석도 가능했다. 이러한 사실을 잘 알고 있었던 정안왕후 부부는 왕위에 오른 지 2년 2개월 만에 이방원에게 왕위를 물려주고 대비와 상왕으로 물러났다.

이후 정안왕후 부부는 건국 초기의 정치 현장에서 멀리 떨어져 있었고, 덕분에 정치적 사건에 연루되지 않고 오래도록 자유를 누리면서 살 수 있었다. 하지만 역대 왕 가운데 정종에게만 묘호가 없을 정도로 여전히 존재감은 미약했다. 공정대왕으로 불리던 정종은 260년이 지난 숙종 7년(1681) 영의정 심수항 등의 상소로 비로소 의문장무懿文莊武라는 시호와 함께 정종定宗이라는 묘호를 올렸고, 정안왕후에게는 '온명장의溫明莊懿'라는 시호를 올렸다.

정안왕후는 시동생 방원이 태종으로 즉위하면서 그녀에 대한 평가가 완성된다. 그녀가 '인자하고 후덕했으며, 정종에게 선위할 것을 권하여 오래도록 잘 살 수 있게 내조를 잘했다'거나 '정치적 판단력과 현명함을 갖추고 있는 왕비'라며 이방원이 순조롭게 왕위에 오를 수 있게 한 공을 인정받은 것이 대표적 예라 하겠다. 민간에서도 정종이 왕위에 오르기는 했지만 동생의 눈치를 볼 수밖에 없었고, 언제 목숨이 위험할지도 모르는 불안감 때문에 동생에게 하루빨리 왕위를 물려줄 것을 정종에게 조언한 사람이 바로 정안왕후였다는 이야기가 전한다.

이처럼 정안왕후에 대한 평가는 왕권과 맞물린 지극히 정치적인 해석이 주를 이루고 있다. 이유야 어떻든 태조가 왕위를 내놓고 정치 일선에서 물러났을 때 명분상 뒤를 이을 적임자가 정종이었음에도 정안왕후와 정종은 과욕을 부리지 않았다. 태조가 정치에 회의를 느껴 왕위를 내놓게 된 이유는 권력을 놓고 형제 사이에 칼을 겨누고 피를 부른 왕자의 난 때문이었고, 이방원이 그 중심에 서 있었다는 사실을 직시하고 있었던 것이다.

하지만 장남이 아버지의 뒤를 이어 권력을 물려받는 봉건왕조 사회에서 다섯째 아들 방원이 태조의 뒤를 이어 곧바로 왕위에 오르기에는 정치적 대의는 물론, 개인적으로도 명분이 약했고, 주변의 여론도 의식해야 했다. 물론 이성계의 장남은 방우였지만, 그는 "고려의 신하로서 두 임금을 섬길 수 없다며, 조선과의 인연을 끊었다"고 전한다.

다섯째인 방원에게는 맏형 외에도 형이 세 명 더 있었다. 더구나 형들은 모두 일찍부터 아버지 이성계를 따라 전장을 누비며 조선 건국을 전후한 시기에 공을 세우기도 했다. 때문에 이방원은 판을 만들어 놓고도 스스로 한발 물러났고, 둘째 형 부부에게 왕과 왕비의 자리를 양보했던 것이다. 이러한 상황에서 이방원이 즉위하는 데 정치적 대의와 명분을 마련해준 인물이 바로 정안왕후였다.

정치적 대의와 명분을 마련하다

정안왕후는 경주 김씨 집안에서 공민왕 4년(1355) 김천서金天瑞와 담양潭陽 이씨李氏 사이에서 태어났다. 그녀의 집안은 신라 왕실 혈통을 지닌 명문가였지만, 그녀가 언제 정종과 혼인했는지는 확실하지 않을 정도로 이 두 사람은 주목받지 못했다.

그녀는 이방원이 일으킨 '제1차 왕자의 난'이 평정되고 난 뒤 태조 7년(1398), 남편 영안군永安君과 함께 세자와 세자빈으로 책봉되었고, 같은 해 9월 남편이 정종으로 즉위하면서 왕비의 자리에 올랐다. 2년 뒤인 1400년 11월, 이방원이 왕위를 물려받자 왕대비로 물러나면서 순덕왕대비順德王大妃의 존호를 받았다. 따라서 그녀는 조선 최초의 왕대비이기도 하다.

정안왕후와 정종은 왕비와 왕의 자리에 올랐어도 항상 조심스럽게 생활했다. 불안의 그림자가 늘 주위를 맴돌고 있었기 때문이다. 정안왕후 부부는 왕자의 난에 참여하지도 않았고, 자신들의 의지와는 상관없이 정국이 돌아갔던 터라 아무리 왕권에 욕심이 없다고 해도 또 다른 정변이 일어나지 않는다고 확신할 수 없었던 것이다.

정안왕후는 왕실 최고 어른으로 군림하기보다 덕으로 자신의 위상을 유지했다. 그녀가 '사려 깊고 공손한 성품의 여인이며, 덕행으로 아랫사람을 다스리고 마음에서 우러나오는 우애로써 친족과 친교를 두텁게 했다'는 평가를 받은 것이나, 이방원에게 왕위를 물려주고 난 뒤에 받은 순덕왕대비의 존호 그리고 사망한 뒤에 올린 '정안왕후定安王后'라는 시호에 '정치적인 위기 상황을 잘 극복하고 방원에게 왕위를 물려주는 수순을 잘 마무리하여 정국을 안정시켰다'는 뜻이 담겼을 만큼 후한 평가를 받은 것도 모두 그녀의 처신과 관계가 있었다.

하지만 정안왕후와 정종은 유약한 인물이 아니었다. 정종은 아버지 이성계의 무인 기질을 가장 많이 물려받은 전형적인 무골로 전한다. 그는 체구가 곰처럼 건장했고, 용맹과 지략 또한 뛰어나 20세를 넘기면서 아버지를 따라 전장을 누비며 공을 세우기도 했다. 다만 정치에 관심이 없었던 그는 조선 건국에 동생 방원이 더 공이 크다는 사실을 인정했고, 끝까지 의리를 지켰다.

왕위에 오른 정종이 정무에 관심을 기울이기보다는 격구 등 오락에 탐닉한 것도 이러한 이유에서였다. 그리고 그는 자신의 에너지를 후사를 두는 데 쏟는 듯했다. 정종은 정안왕후를 포함하여 부인 8명과의 사이에 모두 15남 8녀를 두어 역대 조선의 왕 가운데 다섯 번째로 부인이 많았고, 두 번째로 많은 자식을 두었다. 조선 역대 왕 가운데 태종이 열 명의 부인에 12남 17녀를 두었고, 성종은 12명의 부인에 16남 12녀를 두었다. 그리고 중종은 12명의 부인에 9남 11녀를 두었다. 반면 광해군은 부인이 10명이었으나 자식은 1남 1녀로 가장 적었다.

정종은 대단한 애처가로 전할 정도로 부부 관계가 좋았지만, 정안왕후와의 사이에는 자식이 없었다. 정종이 상왕으로 물러나 있을 때 태종이 원경왕후와 이혼하려 한다는 이야기를 듣자 태종을 만나 "나는 아들이 없어도 젊은 날의 정으로 삽니다. 주상은 아들도 많으면서 왜 또 장가를 들려 합니까?"라며 만류하기도 했고, 정안왕후가 사망했을 때 태종이 위로 잔치를 열어주자 정종은 잔치 도중에 "먼저 간 정안왕후를 생각하면 더 놀지 못하겠다"며 잔치를 파한 일도 있었다. 평소 태종의 결정에 토를 달지 않았던 정종의 태도로 보아 그가 얼마나 정안왕후를 사랑했는지 알 수 있다.

그런데 묘하게도, 이 부부 사이에 자식이 없었던 것이 이들이 천수를 누릴 수 있었던 이유이기도 했다. 다시 말해, 정종이 동생 방원에 의해 태조의 뒤를 이어 왕위를 물려받을 수 있었던 것은 정안왕후와의 사이에 자식이 없었기 때문이며, 이후에도 왕위 계승에 대해 특별한 의심이나 경계를 받지 않고 방원과 형제의 우애를 유지할 수 있었던 것이다.

부부가 개경에 묻힌 까닭은?

정종은 즉위한 다음해인 1399년, 뭇 까마귀가 모여서 울고 들까치가 와서 깃들고, 불길한 징조가 여러 차례 나타나자 수도를 다시 개경으로 옮기기로 결정한다. 정종 2년(1400) 1월, '제 2차 왕자의 난'이 일어난 후 2월에 세자로 책봉되어 정종의 뒤를 이어 즉위한 태종이 한양으로 다시 천도한다. 따라서 개경은 개국 초기인 1399년에서 1405년까지 약 6년 동안 조선의 수도였다.

그러나 정안왕후와 정종은 왕위에서 물러난 후 태종이 한양으로 재천도한 후에도 끝까지 한양으로 돌아가지 않았다. 정치에 대한 부담에서 벗어나고 싶었던 이 두 사람은 개성의 송악산松岳山 아래 인덕궁에 머물렀다. 인덕궁은 고려시대부터 국왕이 거처하며 집무를 보던 정궁으로 명당 터로 전한다. 정안왕후는 개성에서 평안한 말년을 보내다 태종 12년(1412) 8월 58세로 남편보다 먼저 세상을 떠났다.

그녀의 능은 황해북도 개풍군 영정리에 조성되었고, 능호는 후릉厚陵이다. 8년 뒤인 세종 2년(1420) 63세로 사망한 정종도 그녀의 옆에 묻혀 조선 최초로 왕과 왕비가 함께 잠들어 있는 쌍릉으로 조성되었다. 조선 초기의 불안정한 정국에서 한발 물러나 있었기에 애틋한 부부애를 키울 수밖에 없었던 두 사람은 죽어서까지 조선의 수도 한양과 거리를 둔 개경에서 서로를 위로하며 함께 누워 있는 듯하다.

후릉은 태조의 건원릉과 그의 정비 신의왕후의 제릉, 계비 신덕왕후의 정릉 그리고 태종의 헌릉을 조성한 당대의 뛰어난 건축가 박자청의 작품이다. 그래서인지 후릉은 태종의 헌릉과 쌍둥이처럼 닮았다는 평가를 받는다. 후릉은 남편 정종보다 먼저 사망한 정안왕후 능호였지만, 정종이 사망한 뒤 이곳에 함께 묻히면서 부부의 능호가 되었다.

한편, 조선 왕릉은 현재까지도 왕과 왕비의 능이 모두 보존되어 있을 정도로 완전한 형태를 갖추고 있어 문화유산으로도 커다란 가치를 지니고 있으며, 2009년에는 유네스코 세계유산으로 등재되어 국제사회에서도 그 가치를 인정받았다. 그러나 현재 북한 보존급문화재 제551호로 지정된 후릉과 함께 태조의 정비 신의왕후의 제릉은 개경에 위치하고 있어 유네스코 세계유산에 포함되어 있지 않다.

조선 왕릉은 강원도 영월에 있는 단종의 장릉, 경기도 여주의 영릉英陵과 영릉寧陵을 제외하면 40기의 왕릉이 조선의 도읍 한양을 중심으로 대부분 반경 28킬로미터, 즉 70리 안에 분산되어 있다.

이처럼 조선 왕릉은 지리적·공간적으로 신라나 고려 왕릉이 특정 지역에 모여 있는 것과 차이가 있으며, 중국의 송·명·청대의 황제릉이 도성과 멀리 떨어져 있는 것과도 차이가 있다. 이러한 특징은 우리의 풍수지리 해석에 따른 차이이기도 하다. 즉, 한반도의 지리적 특성과 자연에 대한 인식을 반영한 것으로, 중국처럼 지리적 약점을 인공적인 구조물로 보완하는 방식 대신, 자연 지형 그대로를 최대한 살리면서 그 조건에 맞추어 구조물을 조성하는 자연친화적인 방식을 택하는 우리식의 풍수지리를 말한다.

도심과의 거리	능호
0~4킬로미터(10리 안)	①정릉貞陵
4~8킬로미터(10 - 20리)	②의릉, ③창릉 · 경릉敬陵 · 익릉 · 홍릉弘陵 · 명릉(서오릉)
8~16킬로미터(20~40리)	④건원릉 · 현릉 · 목릉 · 휘릉 · 숭릉 · 혜릉 · 원릉 · 경릉景陵 · 수릉(동구릉), ⑤태릉 · 강릉, ⑥선릉 · 정릉靖陵,⑦온릉, ⑧헌릉 · 인릉, ⑨희릉 · 효릉 · 예릉(서삼릉),
16~20킬로미터(40~50리)	⑩사릉, ⑪홍릉洪陵 · 유릉
20~24킬로미터(50~60리)	⑫공릉 · 순릉 · 영릉(파주 삼릉), ⑬장릉章陵, ⑭광릉
24~28킬로미터(60~70리)	⑮장릉長陵, ⑯융릉 · 건릉
28~40킬로미터(70~100리)	⑰영릉英陵 · 영릉寧陵
40킬로미터 이상(100리 이상)	⑱장릉莊陵

꿈은 이루었으나 남편을 잃다

원경왕후 민씨 元敬王后 閔氏

태종의 정비

분명한 존재감을 남기다

원경왕후는 자기 의견이 분명했고, 자신이 옳다고 생각한 일은 반드시 실천에 옮기는 등 대단히 적극적이고 활달한 성격을 지닌 인물로 전한다. 그녀의 이미지가 갑옷을 입은 여인이 말을 타고 산과 들판을 누비고 다니는 모습이 연상될 정도로 남성 중심 사회에서 여장부로 주목받는 것도 이러한 이유 때문이다.

일반적으로 조선에서 성공한 왕비라고 하면 크게 두 가지를 꼽을 수 있다. 즉, 어린 나이에 즉위한 왕을 대신하여 대비 또는 대왕대비의 자격으로 수렴청정을 통해 정치를 안정시켰거나, 모든 것을 희생하면서 남편을 내조하는 순종적인 여인상이다.

하지만 원경왕후는 이러한 모습과 거리가 멀다. 그럼에도 그녀는 고려 말기에서 조선 초기라는 격동의 시기에 남편 이방원의 내조자이자 정치적 동지로 활약했고, 남편이 조선 3대 왕으로 즉위하는 과정에서도 결정적인 공을 세웠다. 또한 그녀는 조선은 물론 우리 역사에서 최고의 성군으로 인정받는 세종의 어머니였으니 역사적으로 최고로 성공한 여인이었다.

그러나 그녀의 성공 뒤에는 인간적으로 깊은 좌절과 시련이 자리하고 있다. 비록 자신의 의지로 최고 권력을 획득하는 과정에 참여하여 성공했지만, 이후 그녀는 엄청난 대가를 치러야 했다. 그런 점에서 그녀의 삶은 시아버지 이성계의 계비였고, 그녀에게는 시어머니였던 신덕왕후의 삶이 연상되기도 한다. 두 여성은 뛰어난 판단력과 추진력을 지녔고, 정치적 야심 또한 컸다. 그리고 남성 중심 사회에서 정치에 적극 참여함으로써 스스로 존재감을 발휘했고, 마침내 남편을 왕위에 올려놓음으로써 여성으로서 최고의 자리인 왕비의 자리에 오르는 등 적지 않은 공통점을 발견할 수 있다.

왕비의 자리에 오른 이후 두 사람의 삶은 상당히 대조적이다. 신덕왕후는 왕비가 된 뒤에도 태조의 사랑과 적극적인 지원으로 자신의 둘째 아들 방석을 세자 자리에 올려놓음으로써 태조 이후의 권력까지 보장받는다. 여기에 다수의 개국공신들이 뜻을 같이하여 특별히 정치적인 불안 요인도 없었다. 하지만 신덕왕후는 자신이 죽자마자 자식들이 모두 죽음을 당하는 등 모든 것을 잃어버리고 만다. 그녀의 모든 것을 부정한 사람은 이방원이었고, 이방원은 바로 원경왕후의 남편이었다.

원경왕후 역시 조선 건국과 왕권 획득이라는 정치적 목적을 달성할 때까지 남편과 함께했다. 그러나 남편이 왕위에 오른 뒤 왕권 강화에 집중하면서 소외되기 시작하자 그녀는 남편 태종에게 맞섰지만, 오히려 폐비의 위기에 몰리기도 했다. 다행히 그녀는 아들이 세자로 있었기에 위기를 넘길 수 있었고, 효자로 알려진 셋째 아들 충녕대군이 태종의 뒤를 이어 왕위에 오르자 성군의 어머니로 역사에 영원히 이름을 남기게 된다.

원경왕후와 신덕왕후는 시어머니와 며느리로 동시대를 살며 같은 길을 걸었지만, 역사적 평가는 달랐다. 그렇다고 원경왕후에 대한 역사적 평가가 우호적인 것만은 아니다. 그녀가 시기와 질투심이 강하고 이해심이 없는 여인으로 평가받는 것이 대표적 예이다.

이러한 평가는 근거가 없는 것은 아니지만, 주로 남편인 태종에 의해 전해졌다는 점에서 객관성에 의문이 들기도 한다. 당시 사회에서 정치는 남성의 전유물이었고, 원경왕후와 남편 태종과 관련한 내용은 비록 부부 사이에 벌어진 일이었지만 한편으로는 국가 최고 권력자인 왕과 관련한 대단히 민감한 문제였기 때문이다.

반면, 당사자인 원경왕후는 자신과 관련한 내용을 스스로 기록으로 남기지 않았고, 남편에 순종하는 아내를 최고의 가치로 여긴 것은 조선 전기를 넘어서면서 정착되었기에 그녀와 관련하여 현재 전하는 내용들을 참고할 수는 있지만, 완전한 객관적 사실이라고 보기에는 무리가 있다. 달리 말하면 원경왕후는 남편에게 순종적인 평범한 여인이 분명 아니었다고 해도 당시 사회에서 그녀의 언행이 모두 규범에 어긋난 것은 아니었다.

무엇보다도 고려에서 태어나고 성장한 원경왕후에게 순종적인 여인상을 기대하는 것은 무리였는지도 모른다. 그녀는 성격이 개방적이고 활달한 고려 여인이었기 때문이다. 고려시대에는 여인들도 본인이 원하면 말을 타고 활발하게 활동하는 등 여성에 대한 제약이 조선처럼 심하지 않았다. 물론 고려 여인들이 모두 이러한 품성을 지녔던 것은 아니지만, 원경왕후에게서 고려 여인의 기질을 발견할 수 있었던 것은 사실이다. 이러한 그녀의 성격은 남편 이방원이 왕위에 오르는 과정에서 그녀의 친정과 함께 든든한 기반이 되었고, 태종 역시 그녀의 공을 인정할 정도였다.

대표적인 예로 「태종실록」에 따르면, 태종이 즉위 직후 『고려사』에서 왕건의 부인 류씨柳氏의 일화를 읽고 세종에게 "너의 모후母后의 공功이 류씨와 비교하면 더욱 중하다"라고 말했고, 태종 2년(1402)에는 원경왕후의 친정, 즉 처가에 가서 "잔치를 벌이고 춤추며 즐거워했다"는 기록도 있는 등 태종은 즉위 초기에 부인 원경왕후의 공에 대한 배려와 함께 그녀의 친정에 대한 예우에 각별한 관심을 기울였다.

적폐청산을 위한 가문의 선택으로 인연을 맺다

원경왕후는 공민왕 14년(1365) 송도(개경) 철동에서 민제閔霽의 딸로 태어났다. 민제의 7대조인 민영모는 고려 인종 때 문하시랑평장사를 지냈고, 충선왕 때에는 대대로 이어온 공신과 재상을 배출한 가문으로 왕실과 혼인할 수 있는 '재상지종宰相之宗'으로 지정되는 등 고려 말기에 들어서면서 그녀의 집안은 중앙정계에서 개경 지방의 명문가로 인정받았다.

충렬왕과 충선왕 때 뛰어난 성리학자로 인정받은 민지도 여흥 민씨 가문이 배출한 인재였다. 민지는 충선왕의 사부로 원나라와의 외교문서를 전담하면서 원나라 세조 쿠빌라이의 신임을 받아 한림학사로 복무했고, 뛰어난 학문을 바탕으로 우리나라의 역사서 가운데 최초의 강목체 사서로 평가받는 『본국편년강목本國編年綱目』을 편찬하기도 했다.

원경왕후의 이복 종조부 민사평은 충숙왕 때 "성품이 강직하여 세속에 아부하지 않고 거리낌 없이 남의 선악을 밝혀 윗사람의 신망을 사지 못하여 출세에 파란이 많았다"고 평가받는 최해와도 깊은 교유를 나누면서 개혁적인 신진사대부들의 지지를 받았다. 민사평은 원경왕후의 아버지 민제에게 큰 영향을 준 인물이기도 하다.

고려 말기에 대사헌을 지낸 원경왕후의 숙부 민개는 이성계의 위화도 회군과 공양왕 옹립을 찬성했고, 이방원이 정몽주를 제거하자 "정몽주에게 협력한 신료들을 논죄해야 한다"고 주장한 개혁적인 인물이었다. 하지만 민개는 성리학적 의리관에 입각하여 역성혁명에는 반대했다. 실록에 따르면, "국새國璽를 받들고 태조의 저택邸宅에 나아가니 사람들이 마을의 골목에 꽉 메어 있었다. 대사헌 민개가 홀로 기뻐하지 않으면서 얼굴빛에 나타내고, 머리를 기울이고 말하지 않았다"고 해서 이성계의 측근 남은 등이 그를 죽이려고 했지만 이방원의 제지로 무사할 수 있었다.

뿐만 아니라 원경왕후의 집안은 민지의 손자 민선의 딸이 이성계의 넷째 아들 이방간과 혼인하여 겹사돈을 맺을 정도로 이성계 집안과 밀접한 관계를 유지했다. 그녀의 집안이 조선 개국에 동참할 수 있었던 것은 성리학에 조예가 깊었던 집안 분위기와도 관련이 있었다. 즉, 그녀의 가문 출신들은 사회의 적폐를 청산하고, 성리학에 기반하는 새로운 질서의 구축이라는 개혁적 성향을 지니고 있었던 것이다.

반면 이성계는 무인으로서 뛰어난 능력을 발휘하며 신흥무장으로 성장했지만, 주로 국경지역 등 중앙과 멀리 떨어진 전쟁터에서 활동한 탓에 중앙정계의 인맥이 미약했다. 이러한 이성계가 중앙정계에 뿌리내리는 과정에서 원경왕후의 집안은 대단한 영향을 미쳤다.

특히 '부귀를 탐하지 않고 지조가 높다'는 평가를 받았던 그녀의 아버지 민제는 권문세족의 후예이면서도 경사經史에 통달할 정도로 성리학에 조예가 깊었다. 민제는 이단異端과 음란하고 방탕한 행동을 배척하며 성리학을 적극 수용했던 청렴한 학자형 관리로 평가받았고, 젊은 신진사대부들에게 두터운 신망을 받는 등 학식과 덕망으로 사회적인 존경을 받았다. 따라서 조선 건국 과정에서 민제는 존재감만으로도 커다란 힘이 되었다.

그녀의 집안은 다수의 개국공신을 배출할 정도로 조선 개국과정에도 적극 참여했다. 그녀의 아버지 민제는 국가 경제의 핵심 문제이면서 조선 건국의 이유이기도 했던 토지제도의 개혁과 관련하여 과전법 제정과 『경제육전』의 편찬 그리고 수도의 건설과 문묘제도를 감수하는 등, 크고 작은 의례 정비에 참여하여 건국의 기틀을 다지는 데 기여했다는 평가를 받고 있다.

이처럼 원경왕후는 고려 시기부터 중앙정계에 뿌리내린 여흥 민씨 집안에서 태어난 권문세족이면서도 신진사대부들이 신봉하는 성리학적 이념과 개혁적 정치성향 등을 일찍부터 접했다. 이러한 경험을 바탕으로 정치 흐름과 대세를 읽는 안목을 지니게 되었을 것으로 보인다.

다만 그녀의 아버지 민제와 그의 집안에 대한 평가에서 "성리학을 철저하게 신봉하며 예의범절을 갖추었고, 성품이 온화하면서 검소하고 절제력을 지녔다"는 학자적 성품을 강조하고 있고, 민제가 평소 자식 교육은 물론 주변 사람들과의 관계에서도 "겸손과 신중하게 처신할 것을 강조했다"는 사실을 감안하면, 원경왕후와 민제의 아들 4형제가 모두 활동적인 무인 기질을 지니고 있었다는 점은 대단히 흥미롭다.

아마도 이러한 성품은 난세였던 고려 말기의 정국과도 무관하지 않은 듯하다. 즉, 조선의 건국 과정은 목숨이 달려 있는 문제였고, 누군가 앞장서서 난제를 해결하며 나아가지 않으면 안 되는 절체절명의 시기였기 때문이다.

특히 원경왕후는 신흥무장인 시아버지 이성계와 남편 이방원을 친정과 함께 지원하면서 좀 더 직접적이고 구체적인 정치력이 필요하다는 사실을 인식했을 가능성도 충분했다. 구체적으로 말하면, 모든 것이 불확실한 상황에서 사회의 적폐를 청산하고 새로운 질서를 구축하기 위해 목숨을 걸고 조선 건국 과정에 참여했다는 점에서 두 사람의 혼인은 이제까지와는 전혀 다른 힘든 여정의 시작을 의미했다.

원경왕후의 남편 이방원이 왕위에 오르는 과정에서 여흥 민씨 가문과 결혼했던 두 대군 부인의 운명을 바꾸어놓은 것도 그 예였다. 즉, 태조의 넷째 아들이자 이방원의 바로 위의 형 이방간의 부인은 민선의 딸로, 이방간이 동생 이방원에게 반기를 들었던 '제2차 왕자의 난'에서 패해 토산으로 부부가 귀양을 떠남으로써 여흥 민씨 가문의 두 여인은 전혀 다른 인생을 살게 된다.

전혀 다른 여정이 시작되다

원경왕후는 고려 우왕 8년(1382) 18세의 나이로 두 살 아래인 이방원과 혼인했다. 남편 이방원은 혼인한 이듬해 과거에 급제하여 집안에 경사를 맞기도 했다. 당시 이성계는 집안에서 유일한 문과 급제자가 나오자 눈물을 흘리며 임명장을 반복해서 읽을 정도로 기뻐했다고 한다. 이때가 조선이 건국되기 10년 전이었다. 이후 그녀는 신흥무장의 며느리이자 정치가의 아내로 시아버지와 남편의 정치적 성공을 위해 내조에 적극 나섰다. 그녀의 활동과 관련해서는 조선 개국 후부터 태종이 즉위하기까지의 이야기들이 주로 전하고 있다.

이 시기는 비록 조선의 개국에는 성공했지만, 남편 이방원에게는 시련이 이어졌다. 그는 공신에 책봉되지 못했고, 세자 책봉 과정에서도 이름조차 거론되지 않을 정도로 권력에서 소외되었다. 뿐만 아니라 사병 혁파로 위기에 몰리게 된다. 이러한 시기에 원경왕후는 남편을 적극 지원하여 마침내 이방원이 왕위에 오르는 데 성공함으로써 이방원의 평생 반려자이자 정치적 동지로서의 존재감을 유감없이 발휘했다.

두 사람은 결혼한 이후부터 이루려는 목표가 분명했고, 특별히 두 사람 사이에 의견 충돌이 있을 만한 장애가 없었다. 부부 사이도 원만했다. 두 사람 사이에 7남 4녀를 낳아 아들 셋을 유아기에 잃는 아픔을 겪기도 했지만, 모두 격변기였던 조선이 건국되기 이전의 일이었다. 조선이 건국 된 이후 태조 3년(1394) 장남 양녕대군讓寧大君 이제가 태어났고, 2년 뒤인 태조 5년(1396) 둘째 아들 효령대군孝寧大君 이보가 태어났다. 그리고 이듬해인 태조 6년(1397) 셋째 아들 충녕대군忠寧大君 이도가, 막내아들 성녕대군誠寧大君 이종은 태종 5년(1405)에 태어났다. 그리고 정순貞順·경정慶貞·경안慶安·정선貞善 등 네 명의 공주가 태어나 조선 건국 이후 4남 4녀를 두게 된다.

특히 셋째 아들이 태어나던 해, 본인은 물론 아이들의 목숨까지 위험할 수 있는 '제1차 왕자의 난'이 일어나자 그녀는 아이들을 친정에 맡긴 뒤, 상황이 어떻게 변하는지 정확히 파악하여 남편 이방원에게 위급한 상황을 알려주었고, 친정의 도움을 받아 무기와 병사를 지원하는 등 적극적으로 남편을 지원했다. 이때 남편이 왕으로 즉위하는 기반을 마련했고, 이후 다시 '제2차 왕자의 난'이 일어났을 때도 남편의 승리에 중요한 역할을 하여 이방원이 마침내 왕위에 오르게 된다. 따라서 당시 원경왕후의 역할에 관해 다양한 이야기가 전하고 있을 정도로 오래도록 사람들의 주목을 받았다. 여인의 몸으로 비범한 활약상을 담은 다음과 같은 이야기는 대표적 예이다.

태조 7년(1398) 8월, 제1차 왕자의 난이 일어났을 때였다. 태조가 몸이 불편하다는 이유로 남편 이방원 등 왕자들을 궁궐로 호출하자 위험을 감지한 그녀는 자신이 아프다는 핑계로 남편을 궁궐에서 몰래 불러내어 각별히 주의하라고 일렀다. 10여 일 전 왕자들이 거느린 사병을 혁파하고 무기를 모두 불태웠을 때 친정 형제들의 도움으로 무기를 친정에 숨겨 두었던 그녀는 마침내 때가 왔다고 판단하고, 세력을 잃은 남편 이방원이 망설이자 무기를 내놓으며 남편을 독려했다. 마침내 이방원이 정도전 등을 기습하여 거사에 성공하는 데 결정적인 역할을 해냈다.

당시 자료에 따르면, 여러 가지 정황으로 보아 '정도전 등이 방원을 군사력을 동원하여 제거하려고 했다'는 것은 사실이 아닐 가능성이 충분하다. 따라서 일종의 정도전 음모론에 대응하기 위해 '방원이 어쩔 수 없이 군사를 일으켰다'는 명분을 만들도록 계략을 짠 사람이 원경왕후였을 가능성도 없지 않다.

그녀는 거사 당일, 이방원의 휘하에 있던 목인해가 탄 말이 화살에 맞아 피를 흘리며 집으로 돌아오자, 남편의 군대가 패배한 것으로 판단하고 "남편과 함께 죽겠다"며 전장으로 뛰쳐나가려고 했다. 이에 시녀 김씨 등 다섯 사람이 그녀를 말렸지만 듣지 않을 정도로 강경했다. 그때 이웃에 사는 정사파라는 노인이 "이방원이 싸움에서 이겼다"는 소식을 전하자 비로소 집으로 들어갔다고 한다. 원경왕후는 이처럼 목숨이 걸려 있는 전장에 나가는 것도 꺼리지 않을 정도로 당찬 여장부였음을 알 수 있다.

같은 길을 걸어왔지만, 다른 생각을 하다

『연려실기술』에는 제1차 왕자의 난과 관련하여 다음과 같이 기록하고 있다.

> 원경왕후가 아우 민무질과 모의해 김소근을 방원에게 보내서 자신이 갑자기 배가 아프다고 고하니, 태종이 곧 집에 돌아와서 원경왕후와 처남 민무질과 더불어 한참 동안 이야기하는데 그녀가 울면서 옷깃을 잡고 궐내에 가지 말라고 하였다. 그러나 태종이 대궐로 향하자 그녀가 문 밖까지 따라 나와서 "조심하고 또 조심하세요"라고 말하

며 곧 민무구와 민무질과 함께 모의해 병기와 말을 몰래 준비해 태종을 응원할 계책을 세워 놓았다.

이 내용에 따르면 제1차 왕자의 난은 마치 원경왕후가 주도한 것처럼 보일 정도로 적극적으로 나섰고, 마침내 그녀의 정치적 도전은 성공하게 된다. 그 결과 남편 이방원이 정종 2년(1400) 2월 왕세자에 책봉되면서 그녀 또한 세자빈으로 정빈貞嬪에 봉해졌고, 같은 해 11월 정종의 뒤를 이어 이방원이 즉위하면서 왕비에 책봉되어 정비靜妃의 칭호를 받았다.

이때까지도 두 사람은 최고의 관계를 유지했다. 하지만 "세상에 영원한 동지는 없다"는 말을 증명이라도 하듯 원경왕후와 태종 사이가 점차 벌어지기 시작한다. 그 원인은 크게 두 가지를 꼽을 수 있다.

정치적으로는 왕권에 대한 태종의 태도였고, 개인적으로는 태종의 여성 편력이었다. 원경왕후는 태종에게 불만을 숨기지 않았다. 그러나 조선이 건국된 후 여성들에게 '남편이 하는 대로 따라주는 것' '남편의 일은 모르는 것이 도와주는 것'을 미덕으로 강조하기 시작했고, 왕실의 여인들도 예외는 아니었다. 하지만 원경왕후에게 남편이자 한 나라의 왕을 받들면서 평생을 순종하며 살아야 한다는 것을 기대하기에는 무리가 있었다.

그녀는 이성계의 집안으로 시집와서 목숨을 걸고 함께 혁명에 참여했고, 남편이 왕위에 오르는 과정에도 적극 참여했다. 그리고 그 결과에 대해 권력의 분점分點까지는 아니더라도 최소한 정치적 동지 관계의 유지를 원했던 것이다. 그러나 그녀의 바람과는 달리, 그녀에게 돌아온 것은 오로지 왕으로서의 이방원만 남은 듯했다.

이방원에게는 왕권 강화로 왕실을 보존하고 통치 질서를 세우는 것만이 최대의 관심사였다. 대표적인 예로 사병 혁파는 왕자의 난이 일어나게 된 원인 중 하나로, 이때 이방원은 무장 해제를 당하는 치욕을 겪기도 했다. 그러나 왕위에 오른 뒤에는 입장이 바뀌어 공신이나 재상이 거느리던 사병을 혁파해 군사권을 장악했고, 전국의 지방제도인 8도 체제를 정비하여 국가체제를 다져나갔다. 이러한 과정에서 왕권에 도전하거나 도전할 가능성이 있는 세력까지 차례로 제거해 나갔다.

태종에게는 왕권을 그 누구도 넘볼 수 없게 하는 것이 지상 최대의 과제였던 것이다. 즉, 왕권은 그 누구와도 나눌 수 없는 것이었고, 부인 원경왕후도 예외일 수 없었다. 심지어 원경왕후가 하찮은 직책의 인사권을 행사하는 것까지 제지할 정도로, 태종은 궁궐 안에서 정치력을 발휘하거나 권력을 행사하는 것에 대단히 민감하게 반응했다.

정치를 작은 생선 굽듯 했던 남편 이방원

태종은 왕권을 획득한 후 정치를 마치 작은 생선 굽듯 했다는 평가를 받기도 한다. 즉, 작은 생선을 불에 구울 때 섣불리 뒤집다가는 살이 대부분 떨어져 나가거나 타버리기 때문에 태우지 않고 골고루 익히려면 대단히 조심해서 뒤집어야 한다는 뜻으로, 태종의 정치 스타일이 그러했다.

권력의 속성을 누구보다 잘 알고 있었던 태종은 왕권 강화와 왕실의 보존을 위해 여흥 민씨 집안을 제물로 삼았다. 특히 여흥 민씨 집안은 자신의 처가이기도 했지만, 건국 과정에서 생사고락을 함께했던 정치적 동지였다. 그러나 태종이 즉위한 뒤에는 왕실을 위협하는 외척 세력에 지나지 않았다. 이러한 희생을 토대로 태종에서 세종으로 평화적인 정권 교체가 이루어졌고, 세종의 치세 기간 동안 그야말로 조선 최고의 안정기를 누렸다. 이때가 조선이 건국된 지 겨우 30여 년만이었다.

원경왕후는 남편이자 정치적 동지인 태종에게서 엄청난 좌절을 느꼈다. 게다가 남편 태종의 여성 편력으로 그녀의 배심감은 더욱 커져만 갔다.

왕위에 오른 태종에게 직첩을 받은 후궁은 6명이었고, 직첩을 받지 못한 후궁도 5명이나 더 있었다. 이들 가운데 원경왕후의 여종이었던 김씨는 효빈이라는 후궁 직첩을 받아 경녕군을 낳았고, 신빈 신씨는 함녕군(공녕군)과 정신옹주를 포함하여 3남 7녀를 낳았다. 선빈 안씨는 익녕군과 옹주 두 명을 낳았고, 의빈 권씨는 정혜옹주, 소빈 노씨는 숙혜옹주, 숙의 최씨는 희령군을 낳았다.

태종은 직첩을 내리지 않은 후궁들 사이에도 많은 자식을 두었다. 궁인 안씨는 혜령군, 김씨는 숙안옹주, 이씨는 후령군을 낳는 등 11명의 후궁에게서 모두 8남 13녀를 두었다. 여기에 원경왕후와의 사이에서 태어난 자식까지 합치면 모두 12남 17녀로, 태종은 조선의 왕 중에서 가장 많은 자녀를 두었다.

태종은 단순히 여성 편력만 있었던 것이 아니라 이를 정치적으로도 활용했다. 자손을 많이 둠으로써 왕실을 보존하고, 왕실 외척을 여럿 둠으로써 외척의 권력이 한곳으로 집중되는 것을 막아 궁극적으로 왕권 강화라는 대의를 굳건히 한 것이 대표적 예였다. 물론 여기에는 원경왕후의 친정에 대한 견제도 포함되어 있었다. 태종은 외척이 궁중에 들어와 일하는 것은 궁중에서 일하는 궁인들의 잘못 때문이라며 궁궐 안의 청소를 환관으로 대체했고, 궂은일을 담당했던 무수리를 궐 밖으로 나가지 못하게 함으로써 궁중 일이 밖으로 새나가지 못하게 통제했다.

태종은 '제후는 9명의 부인을 둔다'는 중국의 고사를 인용하면서 계속 후궁을 맞아들였고, 예조와 춘추관에 명해 중국의 고사와 여러 법전에서 근거를 찾아 후궁과 관련한 법을 만들어 왕비가 더 이상 이 일에 관여할 수 없게 했다. 당연히 태종의 이러한 조치들은 원경왕후의 화를 부추겼지만, 태종의 의지를 꺾기에는 역부족이었다.

어찌 옛일을 잊을 수 있습니까?

태종은 원경왕후의 친정 형제인 민씨 형제의 행동을 문제 삼았다. 민씨 형제의 방약무인한 행동이 왕권에 위협이 될 수도 있다고 판단했던 것이다. 태종 2년(1402), 민무구·민무질 형제가 '왕이 창종瘡腫으로 심한 고통을 받고 있을 때, 시녀를 끼고 왕의 병세를 염탐하며 은근히 집권 기회를 노렸다'면서 왕과 왕실에 대한 불충죄로 몰기도 했다.

태종 6년(1406) 8월, 태종이 느닷없이 왕위를 세자에게 물려주겠다며 선위파동禪位波動을 일으켰다. 갑자기 왕위에서 물러나겠다고 선언한 태종의 의도를 알 수 없었던 대신들은 당황했고, 정국이 어수선할 수밖에 없었다. 물론 태종이 왕위에서 물러날 마음이 있었던 것은 아니었고, 대신들의 동태를 살피고자 했던 것이다. 그런데 여기에 원경왕후의 친정 형제들이 걸려든다.

태종의 선위파동은 한바탕 소동이 일어난 뒤 철회되었지만, 이듬해 왕실 종친인 이화를 비롯한 몇몇 대신들이 '원경왕후의 남동생 민무구와 민무질 형제가 세자 양녕을 끼고 돌면서 태종의 선위 표명을 내심 반겼다'며 다음과 같이 태종에게 고했다.

> "지난해 전하께서 장차 내선內禪을 행하려 할 때, 온 나라 신하와 백성들이 마음 아프게 생각하지 않는 이가 없었으나, 민무구 등은 스스로 다행스럽게 여겨 기뻐하는 빛을 얼굴에 나타냈으며, 전하께서 많은 사람들의 요구로 복위하신 후 온 나라 신하와 백성이 기쁘게 여기지 않는 이가 없었으나, 민무구 등은 도리어 슬프게 여겼습니다."

이 내용에 따르면, 태종이 물러나겠다는 선언에 민씨 형제의 신중하지 못한 처신을 문제로 삼았다. 태종은 교묘하게 이들의 언행을 국가적 반역죄에 해당할 수 있는 민감한 문제로 연결시켰다. 이에 대신들이 민씨 "형제를 처벌하라"고 주장하고 나서면서 민씨 형제는 위기에 몰렸다.

이에 노련한 태종은 한발 물러나 "왕실의 인척으로 국가에 공이 있는 민씨 형제를 처형하는 것은 옳지 않다"며 대신들의 주장을 받아들이지 않았다. 그러나 이것으로 사건이 종결된 것은 아니었다. 이미 반역죄로 거론된 민씨 형제의 일을 없었던 일로 하는 것도 부담이었지만, 왕권과 관련한 일이라면 사소한 일에도 민감했던 태종이 특별한 이유도 없이 왕위를 세자에게 물려주겠다는 것부터가 상당히 정치적인 행위에 해당했기 때문이다.

결국 태종 7년(1407) 7월, 민무구 형제에게 죄를 물어 옥에 가두었고, 4개월 뒤에는 원경왕후가 법을 어기고 친정과 내통한 사실이 드러나 상황이 더욱 악화되었다. 당시 민무구 형제의 직첩職牒을 모두 거두어 평민으로 내칠 정도로 태종은 격분했다. 하지만 민무구 형제는 원경왕후의 친정 형제였고 장인 민제와 장모 송씨가 살아 있어 "부모 앞에서 자식을 처벌할 수 없다"는 이유로 겨우 생명을 보전할 수 있었다.

그럼에도 조정에서는 민씨 형제를 처형해야 한다는 주장이 이어지자 태종은 어쩔 수 없이 이들의 주장을 받아들이는 형식을 취하며 민씨 형제의 처벌 절차에 들어갔다. 그러나 태종은 결코 서두르지 않았다. 태종 8년(1408) 9월, 장인 민제가 사망하자 다음 달에 민씨 형제의 열 가지 죄를 열거한 교서를 반포했다.

태종 9년(1409) 10월, 이들의 투옥과 관련하여 죄가 없다고 거론했던 이무를 처형했고, 1년 뒤 제주도로 귀양 보낸 민무구 형제에게 스스로 목숨을 끊으라는 명을 내렸다.

원경왕후는 친정 형제가 비록 불경한 죄를 지었다 해도 이러한 태종의 조치를 수용하기 힘들었다. 더구나 이들은 조선 건국은 물론, 태종의 즉위 과정에 누구보다 적극적으로 참여했고, 자신의 친정 집안을 대표하기도 했다.

때문에 원경왕후는 "주상께서는 어찌 옛일을 잊으셨습니까? 제가 주상과 더불어 환난을 이기고 비로소 나라를 얻게 되지 않았습니까? 오늘날 잊음이 이렇게 심할 수가 있습니까?"라며 태종이 현재의 자리에 있기까지 자신과 친정의 지원을 상기시키며 강하게 반발했다.

그러나 태종의 반응은 원경왕후의 폐출 의사까지 내비칠 정도로 강경했다. 물론 '세자의 생모이고 조강지처를 함부로 내칠 수 없다'는 대신들의 반대로 실행에 옮기지는 않았지만, 이 일로 원경왕후는 남편의 정치적 성공을 위해 적극 지원한 결과가 친정의 몰락과 자신에 대한 폐출까지 거론되었다는 점에서 상당한 배신감을 느꼈다.

그럼에도 태종은 부인의 심경을 조금도 헤아리지 않는 듯했다. 오히려 태종은 궁궐 안의 일이나 내명부의 일을 옆에서 거들기 위한 명목으로 후궁을 간택하는 빈첩제도를 두기까지 했다. 태종 11년 11월, 판통례문사 김구덕의 딸을 빈으로 간택하여 명빈明嬪으로 봉했고, 전 제학 노구산의 딸과 전 지성주사 김점의 딸을 후궁으로 간택하여 각각 소혜궁주昭惠宮主와 숙공궁주淑恭宮主로 봉했다.

이후 마음의 병이 깊어진 원경왕후가 병석에 눕게 되자, 민무휼과 민무회 두 동생이 누나를 위로하려고 대궐에 드나들면서 또 하나의 사건이 터진다.

민씨 형제가 누나의 병문안을 왔다가 세자 양녕대군을 만났다. 때마침 양녕대군 혼자였다. 반가운 마음과 서러운 마음이 교차했던 민씨 형제는 "우리 형 무구와 무질이 어찌 모반하는 일이 있었겠습니까? 세자께서는 우리 집에서 자라셨으니, 은덕을 잊지 않기를 바랍니다"라며 하소연했다.

양녕대군은 어린 시절 외갓집에서 자랐던 터라 외숙부 민씨 형제들과 가까이 지냈다. 따라서 그때의 정을 생각해서라도 장차 왕위에 오르면 억울하게 죽은 두 형을 신원시켜달라는 의미와 함께 자기 집안이 보전될 수 있게 신경을 써달라는 은밀한 부탁도 담겨 있었다. 그런데 궁궐 안에는 비밀이 없었다. 민씨 형제의 말이 태종의 귀에 들어가자 태종은 이 발언을 문제 삼았다. 태종은 자신의 뒤를 이어 세자가 즉위하면 외가의 민씨 형제들로 인해 왕권이 약화될 수 있다고 우려했던 것이다. 결국 민무휼과 민무회 형제는 유배형에 처해졌다. 이때가 태종 15년(1415) 7월이었다.

폐비까지 거론되는 수모를 겪다

원경왕후는 친정 일로 태종에게 거침없는 말로 왕의 분노를 사기도 했다. 심지어 그녀는 조선 최초로 폐비에 거론되는 수모까지 겪는다.

태종은 그해 12월 15일, 갑자기 의정부 참찬 황희, 이조판서 박은, 지신사 유사눌을 대전으로 불러들여 원경왕후와 그 동생들이 지난날 자신의 핏줄을 잉태한 효빈 김씨를 죽이려고 했다는 사실을 공개하며 분노했다. 당시 태종은 교하에서 온 경녕군敬寧君 이비의 유모에게서 이야기를 전해 들었다며 구체적인 근거까지 밝히면서 "경녕군이 아무리 비천한 몸에서 태어났어도 왕의 핏줄을 이어받은 왕자인데 원경왕후와 민씨 형제들이 여러 가지 잔꾀를 동원하여 죽이려 한 것은 참으로 극악하고 음흉한 일이므로 마땅히 그 처분을 역사에 남겨 외척들에게 경고하겠다"며 원경왕후와 처가를 공개적으로 비난하고 나섰다.

이틀 뒤인 12월 17일부터 사헌부와 사간원을 필두로 '민씨 일문을 척결하라'는 상소를 올리기 시작했고, 태종은 12월 21일 의정부 참찬 최이와 우부대언 서선을 내세워 민무휼과 민무회 형제가 경녕군 이비

모자를 죽이려고 한 죄와 세자 양녕대군에게 저지른 불경한 죄를 밝히라고 명했다.

태종의 추상같은 어명이 떨어지자 위관들은 민씨 집안의 노비 삼덕과 화상 그리고 상좌 세 사람을 체포하여 심문한 다음 의금부에 가두었다. 또한 유배지에 있던 민씨 형제를 다시 압송하여 국문했다. 국문 과정에서 민씨 형제는 앞서 죽은 민무질·민무구 형제가 무고하다고 항변함으로써 태종의 심기를 건드려 결국 민씨 형제는 가혹한 형벌을 받은 뒤에 다시 유배형에 처해져 원주와 청주로 이송되었다.

원경왕후는 남은 두 동생의 목숨이 위태로워지자 식음을 전폐하고 태종에게 저항했다. 즉, 단식투쟁을 벌인 것이다. 당시 장모 송씨도 충격을 받고 자리에 누웠지만, 태종은 요지부동이었다. 해가 바뀐 태종 16년(1416) 1월부터 의정부·공신·육조·대간들이 '민씨 형제를 극형에 처하고, 그들의 처와 딸들까지 유배하여 앞으로의 후환을 없애야 한다'는 상소문을 올렸다. 이에 태종은 의금부도사 이맹진을 원주로, 송인산을 청주로 보내 두 사람을 처형하라고 명했다. 다음날 유배지로 향하던 두 사람이 도성으로 돌아와 민무휼과 민무회가 자결했다고 보고함으로써 사건은 종결되었다.

이로써 원경왕후의 친정 형제 모두가 사망했고, 그 충격으로 병석에 누워 있던 그녀의 친정어머니까지 세상을 떠나 집안이 몰락하게 되었다. 조선 초기의 유력 가문을 기록한 『동국여지승람東國輿地勝覽』「인물조」에 그녀의 친정 출신 인물들이 보이지 않는 것은 이러한 이유 때문이다.

이처럼 원경왕후와 그녀의 친정에 닥친 불행은 비정한 정치 세계를 보여주는 예이지만, 이를 지켜볼 수밖에 없었던 원경왕후에게는 피눈물이 나는 일이었다. 그녀가 남편을 도와 왕권을 손에 넣기까지 보여주었던 여걸의 이미지는 찾아보기 힘들 정도로 그녀에게는 아무런 대안이 없었고, 태종의 완벽한 승리로 끝났다.

아직은 세자가 있다

원경왕후의 분노가 아무리 크다 해도 상대는 남편이기 전에 왕이었다. 더구나 태종은 남편으로서의 역할보다 왕실의 보존과 왕권의 강화에서만큼은 한 치의 양보도 없었다.

태종은 후궁 가운데 숙공궁주를 특별히 총애했지만, 그녀의 아버지 김점이 평안도 관찰사 시절에 많은 뇌물을 받은 사실이 알려지자 "탐학을 저지른 관리의 딸을 궁궐에 둘 수 없다"며 숙공궁주를 강제 출궁시키기도 했다.

당시 대신들은 "비록 김점은 죄가 있지만 숙공궁주는 관계가 없는데 쫓겨나면 의지할 곳이 없으니 마땅히 후궁으로 들어오게 해야 한다"며 반대했다. 하지만 태종은 다시 궁에 들이지 않았고, 결국 갈 곳이 없던 숙공궁주는 머리를 깎고 비구니가 되었다.

이러한 상황 속에서 원경왕후 또한 태종에게 시종일관 강경한 행동만 취한 것은 아니었다. 특히 그녀에게는 최후의 카드가 하나 남아 있었다. 즉, 누구보다 정치적 감각과 상황 판단력이 뛰어났던 그녀는 남편보다 차기 왕권에 주목했다. 그녀는 태종의 왕비이기도 했지만, 다음 왕위를 이을 세자의 어머니라는 점에서 명분이 충분했다.

원경왕후가 폐비의 위기에 처했을 때 그 위기에서 벗어난 것도 그녀가 세자를 포함해 왕자들의 생모라는 사실이 결정적으로 작용했다. 더구나 세자 양녕대군은 어린 시절에 외가에서 자랐으니 자신의 원통함을 이해해줄 것으로 믿었다. 목숨을 걸고 조선 건국에 참여하는 과정에서 원경왕후는 아들의 신변 안전을 염려하여 장남을 친정에 맡겼고, 친정에서도 급박한 상황에서 외손주 양녕대군의 양육을 맡았던 탓에 그 누구보다도 각별한 애정을 쏟았다.

그런데 태종과 양녕대군의 관계가 원만하지 못했다. 양녕대군은 세자에 책봉된 후 시간이 지나면서 점점 아버지 태종과의 사이가 벌어져 태종의 눈총을 받았다. 그래서인지 민무구 형제의 사건과 관련하여 양녕대군은 "두 외숙이 자신에게 외가를 잘 부탁한다"는 말을 했다고 태종에게 미리 고하기도 했다. 아마도 민씨 형제의 은밀한 부탁이 밖으로 알려지면 '왕권을 노린다'는 이유로 자신에게도 화살이 돌아올 수 있다는 우려를 사전에 차단하려는 의도로 해석된다.

양녕대군은 누구보다 아버지를 닮았지만, 두 사람은 왕과 왕세자의 자리에 오르기까지의 과정이 너무나 달랐다. 태종은 변방에서 태어나고 자란 일개 장군의 아들이었다. 따라서 목숨을 걸고 온갖 시련을 극복하며 불가능했던 세자 자리를 거쳐 왕위에 오르기까지 스스로 정치적 역경을 이겨내야 했다. 그러나 양녕대군은 조선이 건국된 이후 왕자로 태어났고, 정식 절차를 밟아 세자 자리에 올라 제왕 교육을 받으며 성장했다. 세월이 흐르면 태종의 뒤를 이어 왕위에 오르게 되어 있었다.

이렇게 과정이 다르다 보니, 태종의 눈에는 세자의 부족한 면이 더 많이 띨 수밖에 없었다. 태종은 세자를 더욱 군왕답게 키우고 싶어 했지만, 양녕대군은 사사건건 아들을 통제하려는 아버지에게 반발심만 늘어갔다. 두 사람 사이에 왕과 세자의 관계는 물론, 아버지와 아들 사이의 갈등과 대립이라는 복합적인 이유가 작용했던 것이다.

시간이 지나도 두 사람의 상황은 좋아지지 않았고, 결국 칼자루를 쥐고 있었던 태종은 세자를 셋째 아들 충녕대군으로 전격 교체하는 강수를 두게 된다. 이때가 태종 18년(1418) 6월이었다. 이로써 원경왕후의 기대감은 다시 한 번 무너져 버리고 만다. 당시 원경왕후는 형제간의 분란을 우려해 세자 교체를 끝까지 반대했지만, 오히려 태종은 세자를 교체한 지 4개월 만에 충녕대군에게 전격적으로 왕위를 물려주고 상왕으로 물러나 버렸다. 원경왕후 또한 왕대비가 되어 후덕왕대비厚德王大妃라는 존호가 올려졌다. 마지막까지 남편 태종과의 힘겨루기에서 밀려난 그녀의 심정이 어떠했을지 궁금하다.

모든 것을 내려놓고 세상을 떠나다

말년에 막내 성녕대군이 세상을 떠나자 불교에 귀의할 정도로 큰 충격을 받았던 원경왕후는 성녕대군의 묘 옆에 대자암을 크게 짓고 막내아들의 명복을 빌며 여생을 보냈다. 어쩌면 그녀가 살아오면서 얻었던 그 모든 것을 이곳에 모두 내려놓고 가기 위해 자신의 생을 정리했는지도 모른다. 하지만 그녀가 세상을 떠나면서 남편 태종을 이해하고 용서했는지는 알 길이 없다.

경기도 고양군 벽제면 대자리(현재 경기도 고양시 덕양구 대자동 561) 대자산

大慈山에 자리한 대자암은 이후 세종과 그의 왕비인 소헌왕후를 비롯해 문종·안평대군·수양대군 등 그녀의 아들과 손자들이 인연을 이어갔다. 그러나 임진왜란 때 폐허가 되었고, 다시 중건되지 않아 지금은 흔적만 남아 있을 뿐이다. 마치 원경왕후의 삶을 보듯 허망함이 느껴지기도 한다.

사람으로 태어나 부귀영화를 누리거나 한 많은 삶을 살기도 하지만, 결국 누구나 죽기 마련이다. 그리고 어떤 삶을 살았든 시간이 지나면 살아왔던 시간들은 덧없이 짧은 순간이 되고, 끝내 사람들의 기억에서 사라진다. 간혹 역사적인 평가를 받는 등 사람들의 기억 속에 오랫동안 남는다 해도 한 줄 또는 상징적인 단어로 지극히 짧은 평가가 이루어지는 것이 고작이다. 원경왕후도 예외가 아니었다.

그녀는 젊은 시절에 남편을 위해 군사를 기르고 갑주와 보검을 챙겨주던 여장부였고, 한편으로는 정치인이었다. 그리고 세종이 충녕대군 시절에 책을 너무 많이 읽자 건강을 해칠 것을 우려하여 책 몇 권만 남겨두고 자신의 처소에 갖다놓을 정도로 아들을 살뜰하게 챙긴 성군의 어머니였고, 막내아들 성녕대군이 어린 나이에 세상을 떠나자 눈물이 마를 날이 없었던 평범한 어머니이기도 했다.

그러나 그녀는 남편과의 불화로 마음고생이 심했던 불운한 아내였고, 남편에 의해 친정이 몰락하는 과정을 지켜보아야 했던 죄 많은 딸이기도 했다. 그래서일까, 세종이 즉위한 뒤 지극한 효성으로 모셨지만, 강철 같기만 하던 그녀는 끝내 병마를 이겨내지 못했다.

세종 2년(1420) 5월, 그녀가 학질에 걸려 자리에 눕자 세종은 어머니를 위해 탕약과 음식을 반드시 먼저 맛보고 올리는 등 지극정성으로 간호했다. 태종 역시 안타까운 마음에 원경왕후의 손을 꼭 잡고 눈물을 흘렸다고 한다.

원경왕후는 자리에 누운 지 두 달 만인 7월에 수강궁 별전에서 56세의 나이로 세상을 떠나고 말았다. 수강궁은 세종 1년(1419) 원경왕후와 태종 부부를 위해 창덕궁 동쪽에 지은 궁궐로, 세종의 지극한 효성이 담겼던 곳이기도 하다.

세종은 그녀가 세상을 떠나자 옷을 갈아입고 머리를 풀어헤친 뒤 맨발로 거적 위에 엎드려 통곡했는데 주위 사람들이 그 소리를 듣고 가슴을 저밀 정도로 몹시 슬퍼했다고 한다. 당시 날씨가 무더워 바닥에서 습기가 올라오자 신하들이 몰래 기름 먹인 종이를 거적 밑에 깔았다가 세종이 이를 알고 몹시 노여워했다는 이야기도 전한다.

그녀의 능은 경기도 광주군 대모산(현재 서울시 서초구 내곡동)에 조성되어 있으며, 능호는 헌릉獻陵이다. 헌릉은 원경왕후와 태종이 1미터가량 간격으로 나란히 누운 쌍릉으로 조성되었다. 두 사람이 무덤에서 만나 화해는 했는지 모르겠다.

헌릉을 조성하면서 불교 의식을 혁파하는 등 비로소 고려의 유습에서 벗어나기는 했지만, 조선 왕릉이 대부분 한양의 북동쪽과 북서쪽에 조성된 것과 달리, 조선 최초로 한강 이남에 조성되었다는 점도 특이하다. 대부분 도성에서 행차나 관리가 유리한 곳에 왕릉을 조성하지만, 도성 남쪽은 한강이 흐르고 있어 육로 교통에 장애가 되어 능의 입지 조건에 제한 요인으로 작용했기 때문이다.

그럼에도 헌릉이 왕릉으로 조성된 것에는 풍수지리가 커다란 영향을 미쳤다. 그래서인지, 원경왕후는 비록 유아기에 사망한 세 아들과 셋째 딸 경안공주 그리고 막내아들 성녕대군 등 네 아들과 딸 하나를 앞서 보냈고, 넷째 딸 정선공주가 5년 뒤 21세로 요절했지만, 세종은 32년이라는 오랜 기간 동안 나라를 통치했고, 양녕대군은 69세까지 살았다. 그리고 효령대군은 무려 91세까지 장수했고, 첫째 딸 정순공주는 76세, 둘째 딸 경정공주는 69세까지 사는 등 나머지 자녀들은 대부분 장수했다.

원경왕후 부부가 묻힌 헌릉 가까이 23대 왕 순조와 왕비 순원왕후가 합장된 인릉이 조성되어 있어 이 두 능을 합쳐 '헌인릉'이라고도 한다.

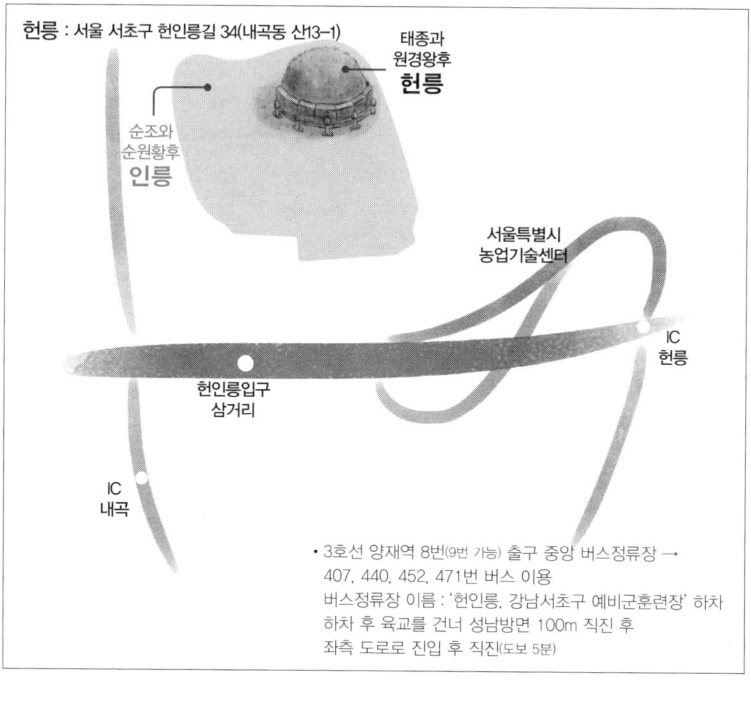

준비되지 않은 왕비, 조선을 대표하다

소현왕후 심씨昭憲王后 沈氏

세종의 정비

현모양처의 모범을 왕실에 남기다

소현왕후는 유교사회에서 가장 이상적인 여성상을 상징하는 현모양처로 꼽힌다. 요즘 말로 하면 내조의 여왕이었다. 그럼에도 그녀와 관련하여 현대의 사극이나 영화에는 가끔씩 등장하면서 대부분 인자하고 후덕한 인물로 충실하게 묘사될 뿐이다.

물론 그녀가 자신의 속마음을 좀처럼 드러내지 않았고 끝까지 인내하는 삶을 살았던 것은 사실이다. 게다가 유교 국가인 조선에서 내외법에 따라 여성의 언행을 제한한 것도 그녀가 이처럼 간단명료한 이미지로 전하는 데 영향을 미쳤다. 여기에 건국의 기틀을 다져가던 조선 초기에는 기록으로 전하는 자료의 한계가 더욱 뚜렷해 소현왕후에 관한 기록 역시 매우 제한적이다.

그럼에도 그녀는 세종과의 사이에 8남 2녀를 두어 왕실을 번성하게 했고, 유교를 정치·문화·사상의 지도적 근본이념으로 하는 조선에 각종 의례의 정비와 보급 단계에서 여성에 대한 덕목 정착에 커다란 족적을 남겼다는 평가를 받고 있다. 남편 세종을 잘 이해하고 내조하여 조선 역사상 내명부를 가장 안정적으로 다스린 '조선 최고의 국모'이며 '인자한 성품으로 왕실 여인들을 통솔하면서 왕실을 가장 안정적으로 이끌었다'는 평가를 받는 것이 그 예이다.

그녀의 남편 세종 또한 보통 성군이 아니라 "나의 시대에 굶어 죽는 자가 없었다"고 자부할 정도로 조선시대는 물론 우리 역사를 대표하는 하늘이 내린 성군이었다. 따라서 평생 이런 남편과 함께 살아야 했던 그녀의 속마음은 어떠했을지 궁금하다. 다만 분명한 것은 그녀 역시 이러한 남편을 감당할 수 있는 능력을 지니고 있었기에 평생을 함께 할 수 있었다는 점이다.

소헌왕후는 세종의 후궁들과 이들이 낳은 자녀들을 차별하지 않았고, 심지어 자신이 낳은 8남 2녀 중 막내인 영응대군의 양육은 신빈에게, 6남 금성대군의 양육은 태종의 후궁 의빈에게 맡겼고, 손녀와 손자인 문종의 소생 경혜공주와 단종의 양육은 혜빈에게 맡겼다. 이러한 며느리의 품성에 여인의 시기와 질투심에 민감하게 반응했던 시아버지 태종도 칭찬을 아끼지 않았다.

그러나 그녀는 자녀 교육에서만큼은 단호했던 것으로 전한다. 세종 21년(1439) 넷째 아들 임영대군이 궁녀들과 사통한 사건이 벌어지자 그녀는 아들을 감싸지 않고 남편 세종에게 알려 관련자들에게 벌을 내리고 임영대군의 직첩을 빼앗은 일도 있었다. 뿐만 아니라 왕실에서는 보기 드물게 수차례에 걸쳐 며느리들이 쫓겨나기도 했다.

소헌왕후는 태조 4년(1395) 청송 심씨 집안의 심온沈溫과 순흥順興 안씨安氏 사이에서 3남 6녀 중 장녀로 경기도 양주에서 태어났다. 그녀의 집안은 할아버지 심덕부가 고려 말기에 최고위직인 문하시중을 지내는 등 고려 사회에서도 권문세가에 속했다. 그리고 그녀의 집안과 조선 왕실의 인연은 이미 조선이 개국하기 이전부터 시작될 정도로 오랜 인연을 유지해왔다.

특히 그녀의 할아버지 심덕부는 이성계의 선배 무인으로 예우받았고, 고려 말기에 이성계와 함께 왜구를 토벌하여 공을 세우기도 했다. 이후 위화도 회군을 단행한 이성계를 지원하는 등 일찍이 이성계와 정치적 입장을 함께하며 조선의 개국 과정에 심덕부를 포함한 집안 식구들이 적극 참여하여 다수의 공신을 배출했다.

조선이 개국한 뒤에는 심덕부의 아들이자 소헌왕후의 작은아버지 심종이 태조 2년(1393) 태조의 둘째 딸이자 태종의 누이 경선공주와 혼인하여 왕실과 각별한 관계를 이어갔고, 개국을 주도한 가문들과도 폭넓은 혼인관계를 맺으며 조선 사회에서도 일찌감치 명문가로 뿌리를 내렸다.

이후 그녀의 집안은 태종이 집권하는 과정에도 적극 참여했다. 특히 그녀의 아버지 심온은 태종이 관심을 기울이는 정책을 적극적으로 추진하며 태종의 두터운 신임을 받아 요직을 두루 거치면서 정치는 물론, 군사적으로도 기반을 다져 나갔다. 소헌왕후와 충녕대군의 혼인 역시 이러한 집안의 인연이 영향을 미쳤다.

그녀는 태종 8년(1408) 나이 14세에 자기보다 두 살 어린 태종의 셋째 아들 충녕대군과 혼례를 올려 경숙옹주敬淑翁主에 봉해졌고, 태종 17년(1417) 삼한국대부인三韓國大夫人에 봉해졌다. 일반적으로 왕비의 소생을 공주, 후궁의 소생을 옹주라고 하지만, 세종 대에 내명부의 칭호가 정리되기 전까지는 왕의 후궁이나 대군의 부인에게도 옹주라는 칭호가 주어졌다.

혼례를 올린 소헌왕후 부부는 궁궐 밖에서 살림을 차리고 자식을 낳아 길렀다. 이때까지도 이 부부가 왕과 왕비의 자리에 오를 가능성은 거의 없었다. 당시 양녕대군이 세자에 책봉되었고, 세자에게 무슨 일이 생긴다 해도 둘째 형 효령대군이 있었기 때문이다. 게다가 이 부부는 왕권에 욕심이 있었던 것도 아니었다.

평생 할 일 없는 배우자와 혼인하다

양녕대군이 세자 시절, 후계 구도를 안정적으로 유지하려면 '충녕대군이 공부에서 손을 떼고 조용히 소일하며 여생을 보내야 한다'는 주장도 있었다. 이에 태종은 충녕대군이 12세가 되자 결혼을 서둘렀고 궁 밖에 살림을 차려 내보내면서 "너는 할 일이 없으니 편안히 놀기나 해라"며 글씨·그림·꽃·수석·비파 등, 놀면서 즐길 만한 물건들을 마련해주기까지 했다.

충녕대군은 공부를 포기하고 예능과 놀이에 몰두했고, 워낙 영민했던 그는 5년 뒤 양녕대군에게 비파를 가르칠 정도로 예능 방면에 두루 능통하게 되었다. 이후 더 이상 관심을 기울일 분야가 없었는지 충녕대군은 19세가 되자 다시 공부에 전념하기 시작했다. 그가 공부를 열심히 한 이유는 왕권에 대한 욕심이 있어서가 아니라 세자 양녕대군이 왕위에 올랐을 때 크게 돕겠다는 생각에서였다.

소헌왕후 역시 결혼한 뒤 이러한 남편 충녕대군을 내조하며 생활했다. 그런데 태종 18년(1418) 소헌왕후 부부의 의지와는 전혀 상관없이 인생에 대반전이 일어났다. 시아버지 태종이 양녕대군을 세자에서 폐하고 남편을 세자로 교체하는 결단을 내린 것이다. 이에 따라 그녀도 세자빈으로 책봉되었고, 4개월 후 태종이 전격적으로 왕위를 이양하여 22세에 왕위에 오른 세종과 함께 왕비의 자리에 올랐다. 이때가 그녀의 나이 24세로, 혼인한 지 10년 만이었다. 따라서 소헌왕후는 왕비 교육을 전혀 받지 않은 채 궁궐 생활을 시작한, 전혀 준비되지 않은 왕비였다.

한편, 그녀의 친정에도 연이어 경사가 겹쳤다. 소헌왕후가 왕비 자리에 오르자 영의정에 제수된 그녀의 아버지 심온이 사위 세종의 즉위를 알리기 위해 명나라에 사신으로 가게 되었다. 이로써 조선이 건국된 이후 일찍이 권문세가를 이루었던 청송 심씨 집안은 더욱 사람들의 주목을 받았다.

심온이 명나라에 사은사로 떠나던 날, 그를 배웅 나온 사람들과 구경 나온 사람들로 한양이 떠들썩할 정도였다. 이 소문이 태종의 귀에 들어갔고, 왕권에 대단히 민감했던 태종이 왕실 외척의 세도가 커지는 것을 그냥 지나칠 리 없었다. 어쩌면 태종은 이미 왕실 외척이 된 심온의 집안을 예의주시하고 있었는지도 모른다. 여기에 또 하나의 사건이 터지면서 정국을 뒤흔들게 된다.

태종은 비록 세종에게 왕위를 물려주고 상왕으로 물러나 있었지만,

아직 나이가 어리고 경험이 없는 세종에게 병권까지 물려주기에는 걱정이 되었는지 병권만은 여전히 자신이 쥐고 있었다. 따라서 병권과 관련하여 상왕인 태종의 명을 따라야 했던 대신들은 현직 왕과 상왕인 태종의 눈치를 모두 보아야만 했다. 당연히 이러한 상황에 불만을 지닌 대신들도 생겨났다.

이에 태종이 이 문제를 거론하면서 소헌왕후의 친정을 직접 겨냥했고, 태종의 의도를 알아차린 대신들이 차례로 그녀의 친정을 대표하는 심온을 비롯하여 관련자의 처벌을 주장하고 나섰다. 이른바 '강상인의 옥사'라고도 하는 이 사건은 여전히 권력을 쥐고 있는 태종이 직접 나섰으니 누군가 이 문제에 대한 책임을 져야만 했다. 결국 사건의 배후로 심온이 지목되었고, 심온은 명나라에서 사신의 임무를 마치고 귀국길에 올라 국경을 넘자마자 압송되었다.

당시 국왕이자 심온의 사위인 세종과 딸 소헌왕후는 아무런 손도 쓰지 못하고 그저 지켜볼 수밖에 없을 정도로 태종의 의지는 단호했다. 심온은 수원에서 문초를 받는 과정에서 스스로 자결하라는 어명에 따라 사약을 받고 세상을 뜨고 말았다. 소헌왕후의 남동생 세 명을 비롯해 친정 남자들은 양민으로, 소헌왕후의 어머니와 어린 자매들은 관의 노비로 삼되 부역은 면하게 했다.

불행은 여기서 끝나지 않고 그녀에게 화살이 돌아왔다. 대신들이 소헌왕후를 역적 집안의 딸이라는 이유로 폐출해야 한다고 주장하고 나선 것이다. 여기에는 소헌왕후가 계속 왕비의 자리에 있으면, 태종이 사망한 뒤 심온의 처형을 주장했던 자신들이 복수를 당할지도 모른다는 두려움이 작용했다. 그리고 태종의 의도를 잘못 읽은 대신들도 있었다. 태종이 사건을 마무리하면서 외척 세력이 한 곳에 집중되는 것을 제도적으로 막으려고 후궁을 들이라고 명하자 이를 소헌왕후를 폐하고 새로 왕비를 간택하려는 의도로 이해했던 것이다.

이에 태종은 소헌왕후가 내조의 공이 크고 왕자를 세 명이나 출산했으며, 당시 안평대군을 출산한 지 얼마 되지 않는다는 이유로 그녀를 보호하고 나섰다. 태종의 설득으로 소헌왕후는 무사할 수 있었지만, 그녀의 친정이 왕실에 위협적인 요인으로 지목되어 몰락당하는 비극을 맞이한 것은 순전히 태종의 의지에서였다.

이처럼 소헌왕후의 친정 역시 시어머니 원경왕후의 친정과 같은 길을 걸었다. 당시 생존해 있었던 시어머니 원경왕후가 동병상련의 아픔을 겪은 며느리에게 어떤 위로를 해주었을지 궁금하지만, 안타깝게도 이와 관련하여 전하는 자료는 없다.

며느리들의 일탈과 비운의 가족사가 이어지다

조선의 후궁 제도는 세종 10년에 이르러 내명부가 정립되면서 왕비 이외에 빈·귀인·소의·숙의·소용·숙용·소원·숙원 등 후궁 품계가 자리잡게 된다. 후궁의 품계는 왕의 총애를 받은 정도와 자녀 출산, 특히 왕자의 출산 여부 등에 따라 결정되었다. 이때 품계는 왕자들 가운데 세자의 자리에 오르는 것이 최고의 기준이었다.

따라서 소헌왕후는 왕비이자 세자의 어머니로 폐비의 위기를 면했지만, 이전의 왕비들과는 달리 후궁들과 그들이 낳은 자식들까지 통솔해야 하는 임무가 더해졌다. 시어머니 원경왕후와는 달리 그녀는 이러한 왕비의 역할을 충실하게 수행하며 위상을 다져 나갔다.

소헌왕후는 자식 복도 남달랐다. 그녀는 남편이 왕으로 즉위한 해에 이미 3남 2녀를 둘 정도로 다복한 가정을 꾸리고 있었다. 세종의 뒤를 이어 문종으로 즉위한 장남 이향은 세자 시절에 군왕의 자질을 인정받을 정도로 능력이 출중했고, 이후 세조로 즉위한 둘째 아들 수양대군 이유는 유교 경전은 물론, 불교에 조예가 깊었고 병법과 풍수지리 등에도 뛰어난 실력을 갖추고 있었다. 또한 셋째 아들 안평대군 이용은 명나라 황제가 감탄했을 정도로 시·글씨·그림에 모두 뛰어나 삼절三絶이라 불리는 등, 삼형제 모두 조선 초기의 역사를 살펴볼 때 빠지지 않고 등장할 정도로 뛰어난 능력을 인정받았다.

그녀는 왕비의 자리에 오른 뒤에도 세종 2년(1420) 4남 임영대군 이구와 세종 7년(1425) 5남 광평대군 이여를 출산했고, 이듬해에는 6남 금성대군 이유를 출산했다. 그리고 세종 9년(1427) 뚜렷한 행적이 전하지 않는 7남인 평원대군 이임에 이어 세종 16년(1434) 8남 영응대군 이염을 낳는 등 모두 8남 2녀를 두어 역대 조선의 정비 중에서 가장 많은 아들을 두었다. 반면, 후궁으로는 처음으로 영빈 강씨가 광평대군이 태어난 해에 왕자를 낳을 정도로 소헌왕후와 세종의 부부관계는 대단히 각별했다.

세종은 대군 시절부터 그녀가 들어오고 나갈 때면 반드시 일어나서 예를 표했고, 자신이 집을 비웠을 때 급한 일이 생기면 부인의 명령을 받아 일을 처리하라고 지시하는 등, 평소에도 존경과 신뢰를 바탕으로 부인을 예우했다. 또한 왕에 즉위한 직후 대신들이 소헌왕후의 폐비를 주장하면서 왕비를 새로 간택할 것을 요청했을 때도 세종은 이를 단호하게 물리치며 부인에 대한 의리를 지켰다.

이후에도 세종은 소헌왕후를 자신의 배우자이자 왕실의 안주인으로 더욱 각별하게 배려했다. 그녀가 병이 나면 자주 문안을 했고, 치료에 차도가 있으면 기뻐하며 의원과 의녀에게 상을 내리기도 했다. 세종 4년(1422)에는 병이 난 소헌왕후를 위해 신하들에게 여러 차례 불공을 드리도록 명하기도 했고, 태종이 세상을 떠난 세종 8년(1426), 세종은 소헌왕후의 어머니 안씨를 관비에서 삭제하고 직첩을 돌려준 뒤 소헌왕후와 함께 친정집에서 어머니를 위해 연회를 베풀어 위로하기도 했다. 뿐만 아니라 세종은 다음 대의 왕이 선왕의 합장릉을 결정하는 관례를 깨고 소헌왕후가 사망하자 자신이 죽으면 소헌왕후와 함께 합장하라고 직접 명했으며, 소헌왕후가 세상을 떠나고 나서도 새 왕비를 간택하지 않았다.

소헌왕후는 남편 세종의 배려에 왕비로서의 소임을 다하는 것으로 답했다. 그녀가 금성대군을 임신하던 세종 8년(1426), 세종이 외지로 나간 사이 화재가 나자 한양의 문무백관들에게 '종묘와 창덕궁을 최선을 다해 구하라'는 전교를 직접 내리는 등 역대 왕실의 조상을 섬겨야 하는 국모이자 왕비로서의 역할을 누구보다 충실하게 수행했다.

제도 정비 등으로 왕실의 질서가 자리 잡아가던 시기에 그녀는 '백성들에게 왕비로서의 위엄을 보여주는 데 부족함이 없었다'고 평가받을 정도로 조선 왕비의 위상을 정립했다. 비록 그녀에게 친정의 몰락이라는 씻을 수 없는 상처를 안겨준 악연이 있음에도 조선의 왕실을 대표하는 최고의 왕비로 평가하는 것도 이러한 이유에서다.

하지만 그녀는 먼저 세상을 떠난 자식들로 심한 마음고생을 겪기도 했다. 소헌왕후 부부의 각별한 사랑을 받았던 장녀 정소공주가 세종 6년(1424) 13세에 요절했고, 세종 26년(1444) 12월에 다섯째 아들 광평대군이 창진瘡疹에 걸려 20세의 젊은 나이로 세상을 떠났다. 그리고 한 달이 지난 이듬해 세종 27년(1445) 1월 일곱째 아들 평원대군이 천연두로 20세를 넘기지 못하고 요절했다.

그녀는 며느리 복도 없었다. 넷째 아들 임영대군은 궁녀들과의 성 추문으로 물의를 빚을 정도로 여색을 좋아했는데, 그의 첫 번째 결혼부터 순조롭지 않았다. 임영대군의 첫 번째 부인은 개국공신 남은의 손자로 예조 우참판 남지南智의 딸이었다. 기록에 따르면, 그녀는 정신질환을 앓았던 것으로 전한다. 이에 혼인한 지 한 달 만인 세종 15년(1433) 6월, 세종이 영의정 황희, 좌의정 맹사성, 우의정 최윤덕 등을 불러서 "임영대군의 아내 남씨는 나이가 12세가 넘었는데 아직 오줌을 싸고 눈빛이 바르지 못한데다가 혀가 심히 짧고 행동이 놀라고 미친 듯한 모습이기에 내쳐야 되겠다"며 이혼 사유를 직접 밝히기도 했다. 그리고 다섯째 아들 광평대군이 영순군을 낳은 지 5개월 만에 천연두로 세상을 떠났다. 그 충격으로 그의 아내 신씨가 머리를 깎고 비구니가 되자 세종 부부는 손자를 궁으로 데려다 키웠다.

또한 세종 부부가 각별하게 아꼈던 여덟째 아들이자 막내 영응대군은 송복원의 딸을 배필로 삼았지만 그녀에게 병이 있어 세종의 명에 따라 결혼 4년 만에 쫓겨났고, 다시 정충경의 딸을 며느리로 맞아들였다. 영응대군의 첫 번째 아내 송씨의 병에 대해서는 구체적인 내용이 전하지 않지만, 당시 막내며느리를 내치고 새 아내를 맞아들인 것은 순전히 세종의 뜻으로 전한다. 그러나 영응대군의 두 번째 결혼생활 역시 순탄하지 않았다. 영응대군은 세종이 세상을 떠난 뒤 정씨를 내쫓고 첫 번째 부인 송씨와 다시 결합하여 구설수에 오르기도 했다.

소헌왕후 부부의 장남이자 세자인 문종 또한 결혼생활이 원만하지 못해 두 번씩이나 며느리가 쫓겨났다. 세 번째로 맞이한 며느리는 왕실에서 그토록 기다리던 적장자를 낳았지만 출산한 다음날 사망하여 왕실에 큰 슬픔을 안겨주기도 했다.

비록 소헌왕후가 사망한 뒤에 벌어진 일이지만, 왕권을 차지하려고 둘째 아들 수양대군이 조카인 단종은 물론, 안평대군과 금성대군 등 친동생들을 죽이는 불행한 사건이 이어지기도 했다. 그나마 다행이라면 수양대군을 지지했던 임영대군과 영응대군이 생존했고, 요절한 광평대군의 아들 영순군의 자손들이 번창해 가장 많은 후손을 두게 된다.

한편, 소헌왕후가 세상을 떠난 뒤 장남 향이 문종으로 왕위에 올라 외할아버지 심온을 신원해주었다. 이러한 뒤늦은 조치들이 억울한 영혼에게 얼마나 위로가 되었는지는 알 수 없다.

우여곡절 끝에 최고의 명당에 잠들다

소헌왕후는 왕비 자리에 있는 동안 언제나 침착함을 유지했고, 죽을 때까지 친정의 몰락과 관련하여 어떤 반응도 보이지 않았다. 그녀는 이 모든 것을 가슴에 안고 한평생을 살았던 것이다. 여기에 연이은 불행을 겪은 충격으로 몸이 허약해진 탓인지 자리에 누운 그녀는 끝내 일어나지 못하고 세종 26년(1446) 4월 52세로 수양대군의 저택에서 세상을 떠났다.

그녀의 능은 처음에 서초구 내곡동에 조성되었고, 세종이 즉위 32년(1450) 만에 사망하자 합장하게 된다. 이들의 능은 격실 두 개 사이에 창문을 뚫어 왕과 왕비의 혼령이 통하는 조선 최초의 합장릉으로, 조선 전기 왕릉 제도의 기본으로 평가받는다. 하지만 소헌왕후 부부의 능은 현재 경기도 여주시에 영릉英陵으로 옮기기까지 우여곡절을 겪기도 했다.

세종은 아버지 태종 곁에 묻히기를 원했다. 따라서 소헌왕후가 먼저 사망하자 태종의 헌릉 가까이에 소헌왕후의 능을 조성한 뒤 자신도 함께 합장하라고 명했다. 이에 지관들이 풍수지리상으로 불길하다는 이유로 능의 자리를 철회할 것을 강력하게 주장했다.

당시 조선 초기 대표적인 풍수 전문가 최양선은 "대모산 자락은 태종이 묻혀 있는 헌릉만 주혈이고, 나머지는 곁가지에 불과하다"고 주장하면서 '손님과 주인이 다투는 형상이고, 맏아들을 잃고 손이 끊어질 형세'라며 이곳에 능을 조성하는 것을 반대했다. 하지만 세종은 "다른 곳에서 복지福地를 얻는다고 해도 조상의 곁에 묻히는 것만 하겠는가?"라며 고집을 꺾지 않아 결국 태종의 능 옆 능선에 묻혔다.

이후 세조 대에 다시 능을 옮겨야 한다는 주장이 강력하게 대두되었으나 당시 서거정은 "이는 복을 얻기 위함인데, 왕이면 되었지 다시 더 무엇을 바라겠습니까"라고 반대해 실행에 옮기지는 않았다. 그러나 세종의 아들 문종과 손자인 단종 그리고 세조의 장남 의경세자 등이 차례로 요절하자 다시 풍수지리와 관련한 논란이 일어났고, 세조 대에 지관들이 "지금 영릉 터에 자리 잡고 있는 고개가 지맥을 끊는 형세라 후사가 끊어질 위험이 있다"는 이유로 능을 옮길 것을 주장했다.

세조는 안평대군과 함께 영릉 터를 직접 선정했다는 책임감 때문인지 능을 옮기지는 않았다.

예종 또한 영릉을 옮기는 것에 소극적이었고 관심도 없었다. 그러나 남이의 옥사 등으로 경색된 정국을 전환하려는 의도에서 예종 1년(1469) 전격적으로 천릉이 이루어지게 된다. 당시 여주로 능을 옮길 때 천장도감에서 석물石物을 함께 옮기자고 했지만 왕명으로 그 자리에 묻었고, 이후 1973년에 석상·장명등·망주석·문인석·무인석·세종대왕 신도비 등 석물들을 발굴하여 청량리 영휘원永徽園 북쪽에 세운 세종대왕 기념관 앞뜰로 옮겼다.

영릉을 옮기면서 인근에 있는 신륵사를 영릉의 원찰로 삼았고, 세조비 정희왕후가 시아버지 세종의 은혜에 감사한다는 의미를 담아 보은사報恩寺로 이름을 바꾸었다. 이후 성리학이 자리 잡으면서 왕릉의 원찰제도가 사라져 신륵사라는 옛 이름을 되찾았다.

영릉은 정종 부부와 단종의 능을 제외하고 도성에서 가장 멀리 떨어져 있다. 그러나 뱃길로 하루 거리일 정도로 교통이 좋고, 산세는 모란꽃 봉오리가 둘러싼 형상에 용이 돌아와서 정남향으로 영릉을 쳐다보고 있으며, 주위의 산세는 봉황이 날개를 펼치고 알을 품은 듯 능을 감싸고 있어 풍수지리상으로 최고의 명당으로 전한다. 그래서인지 "영릉 덕분에 조선 왕조의 국운이 100년은 더 연장되었다"는 이야기도 전한다.

아무튼 소헌왕후 부부가 사망한 뒤에도 불행한 가족사는 멈추지 않았다. 세종의 사망으로 왕위를 물려받은 장남 문종은 2년 3개월 만에 39세의 젊은 나이에 세상을 떠났고, 문종의 장남이자 외아들 단종은 계유정난으로 숙부인 수양대군에게 왕위를 빼앗기고 17세에 사망했다. 안평대군과 금성대군은 각각 36세와 32세에 형 세조에게 죽음을 당했다. 뿐만 아니라 세종의 둘째 아들 세조는 평생 피부병으로 고생했고, 세종의 손자이자 세조의 장남 의경세자는 20세에 급사했다. 그리고 세조의 둘째 아들 예종은 즉위 14개월 만에 20세의 나이에 요절했고, 예종의 장남 인성대군은 3세에 사망했다.

왕이면 되었지, 무엇을 더 바라겠습니까?

왕릉을 옮기는 것을 천릉遷陵이라고 한다. 천릉은 명·청대 황릉에도 사용되지 않은 특수한 용어로, 조선시대 이전에는 찾아볼 수 없다.

본래 왕릉을 옮기는 작업은 자연재해나 도굴 등 외부 요인에 따라 이루어졌다. 그러나 이단을 배격하고 오직 성리학적 지배 질서를 통치이념으로 삼은 조선시대에 풍수지리상으로 문제가 있다는 이유로 천릉에 대한 논란이 주기적으로 벌어졌고, 때로는 왕실이 주도적으로 풍수지리를 내세워 천릉을 단행하기도 했다.

풍수지리는 유교를 국시로 천명한 조선의 이념적 지향과 모순되지만, 다분히 정치적 의도가 작용했던 것이다. 특히 풍수지리를 동원한 왕릉의 조성은 현실정치에서 살아 있는 왕권과 왕실의 존엄성을 강화하는 수단으로 활용되는 등 이미 사망한 능의 주인과는 직접적으로 관련이 없는, 당대 정치권력의 역학관계가 투영되어 있었다. 달리 말하면, 풍수지리는 정치권력의 강화를 논리적으로 뒷받침하거나 정당화는 등 이데올로기적 공간 담론으로 기능했다. 따라서 천릉을 결정하여 시행할 때마다 대규모의 인력과 물자가 동원되는 등 국가적으로 부담이 컸음에도 주기적으로 천릉에 대한 논란이 벌어졌고, 이 과정에서 처음 능 조성과 관련한 고위 관리들에게 책임을 물어 탄핵하기도 했다.

조선에서 가장 먼저 천릉을 단행한 것은 신덕왕후의 능을 옮긴 태종이었다. 물론 여기에는 정치적 의도가 포함되어 있었고, 이후 조선 역대 왕릉의 천릉에는 다양한 정치적 의도가 작용했다. 특히 조선 전기를 넘어서면서 풍수지리를 내세운 천릉에 정치적 의도가 더 구체적이고 깊이 개입되었다. 예를 들어 정국 전환이나 정계 개편 등과 연계되어 왕권이나 신권을 강화하는가 하면, 정적의 제거에 활용되기도 했다.

예종 집권 초기에 한명회 등이 진행했던 소헌왕후 부부의 능을 천릉한 것 역시 왕권 강화와 왕실의 존엄성과 관련이 있었다. 그런 점에서 소헌왕후는 죽어서도 왕실의 위상을 강화하는 데 중요한 역할을 했다. 소헌왕후 이후에도 그녀의 가문은 왕실과 인연을 이어갔다. 13대 왕으로 즉위한 명종(이환)의 비 인순왕후는 심온의 6대 손, 20대 왕으로 즉위한 경종(이윤)의 비 단의왕후는 심온의 12대 손으로 조선에서 세 명의 왕비를 배출했다.

양민으로 전락했던 심온의 아들과 손자는 세조 대에 다시 등용되었고, 이후 파평 윤씨와 청주 한씨가 정국을 주도한 문종 대에서 성종 대에 중앙정계에 진출했다가 연산군 대에 갑자사화로 사림 세력과 함께 큰 화를 입기도 했다. 그러나 심온의 후손들은 중종반정 이후 사림과 교류하며 그들의 정계 진출을 지원하기도 했고, 이를 기반으로 중종 대 후반 명종의 비 인순왕후를 배출하면서 정계의 핵심으로 떠오르기도 했다. 그 후손들은 심연원·심달원·심통원·심의겸 등으로, 이들은 모두 국왕의 두터운 신임에 힘입어 재상의 반열에 올랐다. 그러나 이들이 모두 주변의 지지를 받으며 올바른 정치를 한 것은 아니었다. 특히 심통원은 "용렬하고 비루하며, 무식하고 심술이 바르지 못했고, 뇌물을 달게 받는 등 사적인 이익에 몰두했다"고 비판받을 정도였다.

소헌왕후의 별호는 공비恭妃였으나 세종 14년(1432), 예조에서 '왕세자 빈이나 중전에게 아름답게 이르는 말(美稱)을 올리는 것은 옛날에도 없었던 일'이라고 세종에게 청하자 휘호를 덧붙이지 않고 그저 왕세자빈이나 왕비로 일컫기로 하고, 이에 따라 근정전에서 왕비 책봉식을 올리기도 했다.

영릉 : 경기도 여주시 능서면 영릉로 269-50(왕대리 901-3)

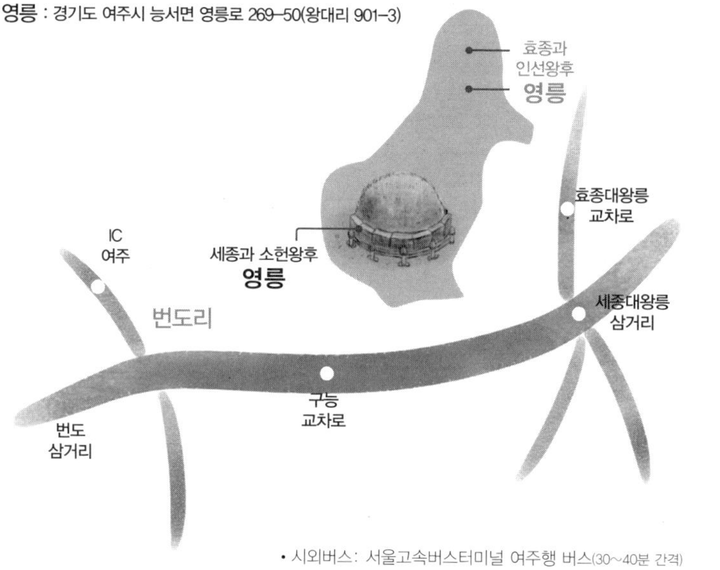

• 시외버스: 서울고속버스터미널 여주행 버스(30~40분 간격)
• 시내버스: 여주 버스터미널에서 이천 방향 좌석버스 111번, 여주 버스터미널 ↔ 세종대왕릉 시내버스
• 지하철 경강선(판교~여주) 세종대왕릉역 하차

우여곡절 끝에 왕비가 탄생했지만……

현덕왕후 권씨顯德王后 權氏

문종의 정비

왕자 출산 하루 만에 사망하다

현덕왕후는 살아서 왕비 자리에는 오르지 못했지만, 세상을 떠난 뒤 왕의 어머니이자 왕비로 우리의 기억 속에 남아 있다. 그녀의 삶은 문종의 불운했던 결혼생활과도 밀접한 관련이 있었다.

문종은 비록 부모가 궁궐 밖에서 살던 시절에 태어났지만, 조선 건국 후 처음으로 세자 교육을 제대로 받은 적장자로서 왕위를 물려받았다. 그는 조선을 통틀어 가장 가정적이고 훌륭한 부모에게서 태어나 성장했고, 정치적으로도 안정적인 시기에 들어서던 세종 3년(1421) 세자에 책봉되었다. 이후 성실한 성품과 학문을 좋아한 문종은 체계적인 제왕 수업을 받으며 뛰어난 군왕의 자질을 갖추게 된다.

특히 아버지 세종에게 상당히 수준 높은 세자 교육을 받았던 그는 세종 27년(1445) 병으로 정무를 보기 어렵게 된 세종을 대신한 대리청정에서 실전 수업도 충분히 쌓았다. 당시 문종은 문무 관리를 고르게 등용하고, 언로言路를 자유롭게 열어 민정 파악에 힘쓰는 등 이미 왕의 자질을 검증받았다.

그러나 문종은 조선에서 최장수 세자로 꼽힐 정도로 30여 년 동안 세자 자리를 지켜야 했고, 이미 세자 시절에 두 번이나 이혼했을 정도로 부인 운도 지독히 없었다. 이 때문에 문종은 조선 개국 이후 처음으로 왕비 없이 혼자 왕위에 올라야 했다.

문종은 세자 시절 세종 9년(1427) 14세에 네 살 연상인 김오문의 딸과 첫 번째 혼인을 했다. 그녀가 바로 휘빈 김씨로, 당시 두 사람 사이는 좋지 않았던 것으로 전한다. 그들 사이에 어떤 문제가 있었는지는 구체적으로 알 수 없지만, 여색을 가까이 하지 않고 학문을 좋아했던 세자의 성품과 무관하지 않을 듯하다. 더구나 낯가림을 하던 문종은 새로 맞은 세자빈보다 어렸을 때부터 함께 지내던 중전의 시비를 더 가까이했다는 이야기도 전한다.

이에 세자빈은 남편의 사랑을 찾으려고 민간에서 전하는 일종의 비방까지 동원했다. 그녀는 세자가 좋아하는 여자의 가죽신을 잘라 불에 태운 뒤 술에 타서 세자에게 몰래 마시게 했고, 봄에 교접하는 두 뱀이 흘린 정기를 수건으로 닦아서 허리에 차고 있기도 했다. 그러나 이러한 민간요법은 아무런 효과가 없었고, 오히려 그녀의 행위가 발각되어 '국모로서 자질이 없다'는 이유로 혼인한 지 2년 3개월 만인 세종 11년(1429) 7월 궁궐에서 쫓겨나고 말았다.

장성한 세자를 혼자 둘 수 없었던 세종 부부는 이틀 만에 금혼령을 내리고 세자빈 간택 절차에 각별한 관심을 기울여 3개월 만에 종4품의 종부소윤 봉여奉礪의 딸을 두 번째 세자빈으로 맞아들였다. 하지만 이들의 사이도 좋지 못했다. 순빈 봉씨는 성격이 거침이 없었고, 술을 먹고 궁인들을 심하게 구타하는 등 술주정까지 했다.

두 사람의 관계는 왕실의 법도에도 영향을 미쳤다. 특히 문종이 두 번째 혼인을 하던 시기는 앞으로 왕위에 오를 세자빈 간택 절차와 함께 후궁을 들이는 방식이 제도로 점차 자리 잡고 있었다. 이에 따라 문종이 두 번째 세자빈과 혼인하면서 왕실 예법에 따라 후궁도 함께 맞아들였다. 이때 문종은 세자빈보다 후궁에게 마음을 주었다고 한다.

이 일로 자존심이 강한 세자빈 봉씨가 마음에 상처를 심하게 받았고, 궁궐에서 음주가무를 즐기는 등 그녀의 행동이 점차 거칠어진 것으로 전한다. 이에 세종 내외가 세자빈을 불러 몇 번이나 타일렀지만 소용이 없었다. 심지어 세자의 마음을 얻는 데 실패한 세자빈은 궁녀들과 가까이 지내면서 조선 왕실 최초로 동성애 스캔들을 일으켰고, 급기야 세종 18년(1436) 10월에 쫓겨났다.

죽어서도 시련이 이어지다

아들 문종이 두 번이나 결혼에 실패하자 심리적 부담이 컸던 세종 부부는 문종의 세 번째 세자빈을 맞아들이기에 앞서 결단을 내린다. 외부에서 세자빈 간택 절차를 밟지 않고, 문종의 후궁 중에서 세자빈을 간택하기로 결정한 것이다. 당시 간택 절차를 밟기 위해 또다시 금혼령을 내려 혼기에 찬 딸이 있는 집안에 번거로움을 끼치는 것이 부담스러웠지만, 그런 절차를 거친다고 훌륭한 배우자를 간택한다는 확신도 없었다. 이미 두 번이나 이러한 절차를 거쳐 세자빈을 간택했지만, 실패를 경험했기 때문이다. 따라서 세종은 검증되지 않은 규수를 간택하기보다는 이미 궁에 들어와 생활하며 검증받은 후궁 중에서 문종의 배우자를 선택하기로 했다.

당시 대신들은 명문가 출신으로 일찍이 궁에 들어와서 생활하며 검증받은 후궁 권씨와 홍씨 중에서 문종의 배우자를 선택할 것을 청했다. 그런데 두 사람을 두고 세종과 문종의 의견이 달랐다. 문종은 후궁 홍씨에게 더 마음이 있었지만, 세종은 '두 사람의 덕과 용모는 같지만 권씨의 나이가 조금 많고 관직이 높으며 이미 딸을 낳았다'는 이유로 후궁 권씨를 적임자라고 판단했다.

그녀가 바로 현덕왕후로 '정숙하고 총명하며, 효성과 부덕이 아울러 미흡함이 없었다'는 평을 받았고, 세종은 왕실 혈통을 출산한 현덕왕후에 대한 의리를 중요하게 여겼다. 세종의 이러한 선택은 이후 후궁 중에서 계비를 선발하는 전례를 남기게 된다.

현덕왕후는 안동安東 권씨權氏 집안에서 태종 18년(1418) 권전權專과 부인 최씨崔氏의 딸로 태어났다. 그녀의 집안은 명문가였지만, 아버지 권전을 포함해 할아버지에 대한 구체적인 기록은 확인하기 어렵다. 따라서 그녀의 가문은 조선의 개국에 직접 관여하지 않았을 것으로 추정되며, 그녀의 집안과 조선 왕실과의 인연은 그녀가 문종과 혼인하면서 시작된다.

이후 그녀는 세종 23년(1441), 그토록 기다리던 왕자를 낳아 왕실에 커다란 경사를 안겨주며 장차 왕비로서의 위상을 굳히는 듯했다. 하지만 그녀는 기쁨을 누릴 여유도 없이 왕자를 낳은 지 하루 만에 산후병으로 사망하고 말았다. 그녀의 나이 겨우 24세였다. 당시 그녀는 자신이 일어나지 못할 것을 예감했는지 세종의 후궁 혜빈 양씨에게 '아들을 부탁한다'는 유언을 남긴 뒤 숨을 거두었다.

당시에는 그녀의 죽음으로 왕실은 물론, 조선 역사에서 상상을 초월하는 비극을 불러오게 될 줄은 아무도 예상하지 못했다. 그녀의 아들이 아버지 문종의 뒤를 이어 단종으로 즉위하지만, 단종은 숙부 세조에게 왕위를 빼앗기고 결국에는 죽음을 당하는 초유의 사건이 일어났기 때문이다. 심지어 그녀가 사망한 지 16년이 지난 세조 3년(1457) 7월, 성삼문 등이 일으킨 단종 복위 운동으로 그녀의 어머니와 동생 권자신이 연루되어 친정이 몰락하고, 이미 사망한 그녀는 물론, 그녀의 아버지까지 연좌되어 서인으로 격하되는 시련이 이어졌다.

끝까지 함께하지 못하다

현덕왕후의 기구한 삶에 대해 민간에서는 여러 이야기가 전한다. 왕위를 빼앗기고 비명횡사한 아들 단종의 복수를 위해 그녀가 세조의 꿈에 나타나 저주를 퍼부으며 세조의 얼굴을 향해 침을 뱉었다는 이야기가 대표적인 예이다. 비록 꿈이었지만 세조가 몸을 돌려 피하려다 등에 침을 맞았는데 그때부터 침을 맞은 부위에 피부병이 생겨서 평생을 고생했다고 한다.

뿐만 아니라 단종이 사망한 뒤 어느 날, 세조의 꿈에 현덕왕후의 혼령이 나타나 세조에게 퍼부은 저주로 세조의 장남 의경세자가 젊은 나이에 갑자기 사망하자 이에 화가 난 세조가 안산에 있는 현덕왕후의 소릉을 파헤쳐 관을 강에 버리는가 하면, 종묘에서 그녀의 신주를 제거해 버렸다고 한다.

물론 민간에서 전하는 이야기들이 모두 사실은 아니다. 기록에 따르면, 의경세자는 세조 3년(1457) 9월 20일에 사망했고 단종은 같은 해 11월 7일에 사망했으니, 실제로는 의경세자가 단종보다 먼저 사망했다. 그럼에도 민간에 전하는 이야기에는 조카를 죽이고 왕위에 오른 세조에 대한 분노와 함께 한편으로는 그녀의 원한을 위로하는 의미가 담겨 있었다.

그녀의 능은 경기도 안산군에 왕세자빈 묘로 조성되었고, 1450년 문종이 왕위에 오른 뒤 왕후의 능으로 소릉昭陵이라는 능호를 올렸다. 이후 문종이 사망하고 3년 상을 치른 뒤 현덕왕후는 문종의 신주와 함께 종묘에 봉안되었다. 하지만 세조 3년(1457), 현덕왕후의 동생과 어머니가 단종 복위 사건에 연루되자 현덕왕후도 폐출되어 종묘에서 신주가 철거되었고, 소릉이 파헤쳐져 안산 바닷가로 옮겨지는 수난을 겪어야 했다.

이후 55년 만인 중종 7년(1512) 그녀의 복위 문제가 처음으로 거론되었지만 실현되지는 않았다. 이듬해 중종 8년(1513) 종묘에 벼락이 치는 괴이한 일이 벌어지자 다시 본격적으로 그녀의 복위 문제가 논의되기 시작했다. 특히 이 시기는 중종반정을 주도한 대신들이 사망한 직후로, 소릉의 복원은 중종의 정계 개편과 함께 사림파가 정계에 등장하는 신호탄이기도 했다.

당시 논의의 핵심은 "종묘에 역대 왕들의 신주가 모두 짝을 이루고 있는데, 문종의 신주만 혼자 있으니 짝을 이루어야 한다"는 것이었다. 현덕왕후의 신주를 종묘에 다시 모시려면 먼저 능을 복원하는 것이 순서였다. 원래의 소릉으로 복원할 것인가, 바닷가에 있는 무덤 그대로를 복원할 것인가를 놓고 살펴본 결과, 두 곳 모두 적합하지 않다는 결론에 따라 문종이 묻힌 현릉에 합장하기로 결론을 내렸다.

당시 현덕왕후의 무덤은, 그녀가 폐위되어 무덤을 안산 바닷가로 옮길 때 관을 석회·황토·가는 모래를 섞어 반죽한 회삼물灰三物로 다지지도 않고 그대로 묻었던 탓에 그녀의 시신을 제대로 수습할 수 없었다. 이에 의녀醫女들에게 예를 갖춰 현덕왕후의 유골을 수습하게 했고, 마침내 문종이 묻힌 현릉 동쪽 언덕에 안장한 뒤 종묘에 신주를 모셨다.

처음에는 문종 부부의 능 사이에 소나무가 우거져 있어 두 능이 서로 바라볼 수 없었는데, 나무들이 저절로 말라버려 서로 바라볼 수 있게 되었다고 한다.

현덕왕후와 문종의 능이 조성된 동구릉은 조선을 건국한 태조의 건원릉이 있는 곳으로, 태조가 생전에 서울의 가까운 곳에 자신이 묻힐 능을 물색하다가 발견한 명당으로 전한다. 민간에서는 태조가 생전에 무학대사에게 명해 자신은 물론 후손들이 묻힐 명당을 찾다가 선정한 곳이라는 이야기가 전하는 등, 건원릉은 명나라 사신들도 찬탄할 정도로 풍수지리상으로 대단히 좋은 명당으로 꼽힌다.

애초에 건원릉 주변으로 후대 왕들의 능을 조성할 계획은 아니었지만 이곳에 현덕왕후 부부의 능이 조성되면서 조선의 대표적인 왕릉 군을 이루는 계기가 된다. 이곳을 동구릉東九陵이라 부르게 된 것도 태조의 능 건원릉이 조성된 이후 현덕왕후와 문종의 능 현릉, 제14대 선조와 그의 정비 의인왕후와 계비 인목왕후의 능 목릉, 제16대 인조의 계비 장렬왕후의 능 휘릉, 제18대 현종과 명성왕후의 능 숭릉, 제20대 경종의 비 단의왕후의 능 혜릉, 제21대 영조와 계비 정순왕후의 능 원릉, 제24대 헌종과 정비 효현왕후 그리고 계비 효정왕후의 능 경릉에 이어 제23대 순조의 원자 효명세자가 익종으로 추존되어 조성된 수릉이 아홉 번째로 들어서면서 철종 6년(1855) 이후 동구릉이라는 이름을 붙이게 되었다. 동구릉이라고 부르기 전에는 음수陰數인 짝수를 호칭으로 사용하는 것을 꺼렸기 때문에 홀수로 능을 조성하여 동오릉東五陵, 동칠릉東七陵이라고도 했다.

현릉 : 경기도 구리시 동구릉로 197(인창동 산6-3)

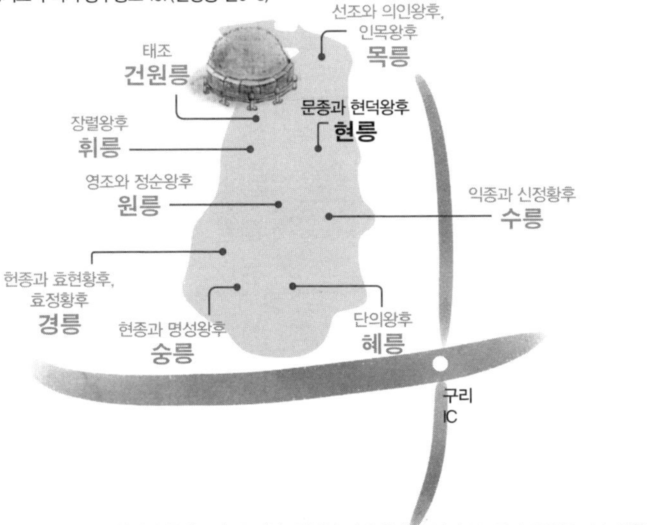

- 청량리 현대코아, 중랑역, 상봉역, 망우역에서 경기 88, 경기 202번 버스 이용
- 강변역에서 1, 1-1, 9-2번 버스 이용
- 경의중앙선 구리역에서 마을버스 2, 6번 버스 이용
  버스정류장 이름 : '우리나라 최대왕릉군인 동구릉'

기억과 기록 사이를 넘나들다

정순왕후 송씨定順王后 宋氏

단종의 정비

영원한 왕비로 백성들의 기억에 남다

정순왕후는 계유정난 때 희생된 비련의 여인으로 우리의 기억 속에 남아 있을 뿐, 그녀에 대한 기록은 찾아보기 힘들다. 세조가 왕위에 오른 뒤 그녀에 대한 흔적들이 대부분 삭제되기도 했지만, 한편으로는 계유정난과 관련하여 단종과 세조 그리고 세조를 지원한 세력과 이들을 인정하지 않았던 사육신과 생육신 등 남성 중심의 이야기가 주로 전하기 때문이다.

따라서 그녀의 존재는 남편 단종의 폐위에 묻혀 버렸고, 이후 계유정난이 일어난 지 200여 년이 더 지난 숙종 대에 복위에 대한 이야기가 고개를 들면서 그녀의 흔적들이 조금씩 드러나게 된다. 이처럼 그녀에 대한 공식 기록은 숙종 대에 논의가 시작되면서 200여 년의 침묵을 깨고 호출되었기에 기억의 일부분만이 파편처럼 전하고 있다.

더구나 이러한 이야기들은 호출한 당사자들의 정서와 사회 분위기에 따라 각각 다른 의미들이 담기게 된다. 그럼에도 그녀와 관련한 이야기는 다음과 같이 세 가지 특징으로 구분할 수 있다.

첫 번째는 『조선왕조실록』과 같은 국가에서 주도한 공식적인 기록을 위해 기억들을 호출했고, 두 번째는 사대부들에 의해 유교적 이념을 덧씌워 교훈적 내용으로 전하고 있다. 그리고 세 번째는 민간에 구전되는 과정에서 오래된 기억들이 다양하게 지속적으로 재정리되기도 했다.

예를 들면 혼재된 기억들이 기록으로 정리되는 과정에서 그녀의 삶과 관련한 부분은 언제나 세조를 의식했고, 때로는 그녀의 삶에 유교적 이념이 의도적으로 덧씌워지기도 했다. 특히 국가에서 주도했던 기록에는 과거 역사를 재정립하면서 세조와 관련된 부분은 여전히 침묵하는 분위기 속에서 그녀의 삶과 맞물려 신하들의 충절을 강조하면서 왕권을 강화하려는 의도가 담겨 있었다.

숙종 대에 정순왕후에 주목한 이유 역시 세 차례의 환국이라는 정치적 사건들을 거치면서 궁극적으로 왕권의 신성함과 존엄성을 강조하려는 의도가 담겨 있었다. 당시 숙종은 "세조가 비록 조카를 죽이고 왕위에 올랐지만, 세조의 본심은 아니었다"며 세조를 비판의 대상에서 제외하면서 단종과 정순왕후 그리고 사육신을 통해 신하들의 충성심을 유도했다. 반면, "김종서 등 대신들의 권력 남용이 계유정난의 원인이 되었다"고 강조했다.

이후 영조 대에는 왕이 신하들을 견제하면서 왕권 강화와 탕평정책을 시행하는 과정에서 '군신의 의리'를 강조했고, 정조 대에도 이러한 의도가 이어져 단종과 관련한 사적 정비가 이루어졌다. 이처럼 남성이 주도하는 사회에서 그녀를 통해 정치적 발언의 수위를 조절하기도 했고, 사대부들이 세조를 우회적으로 비판하는 과정에서 그녀를 매개자로 이용하기도 했다.

반면, 민간에서 전하는 기억들은 좀 더 현실적이었다. 비극적 사건의 심리적 충격과 안타까운 마음을 다양하게 담아내기도 했고, 그녀를 애달픈 사랑의 주인공으로 하여 한 많은 삶을 이야기에 담아 죽은 넋을 위로하기도 했다. 따라서 정순왕후와 관련한 이야기는 역사와 설화가 뒤섞여 모두 사실로 수용하기에는 무리가 있다.

정순왕후가 살았던 곳으로 전하는 정업원淨業院이 사료의 내용과는 다른 이야기가 전하는 것이 그 예라 할 수 있다. 실록에 따르면, 정업원은 왕실이나 양반 가문의 과부들이 불가에 귀의하여 비구니(女僧)가 모여 살던 창덕궁 근처 도성 안의 암자를 가리킨다.

또한 단종과 헤어진 정순왕후는 당시 사회에서 재가再嫁 등의 다른 삶을 절대 선택할 수 없었음에도, 남편 단종에 대한 일편단심을 강조함으로써 '충'이나 '신의'를 교묘하게 덧씌우기도 했다. 또 세조가 그녀를 죽이지 않았던 이유에는 정치적 의도가 포함되어 있었다. 정치를 남성들이 전유하고 있는 현실에서 그녀의 생존은 아무런 위협이 되지 않았고, 오히려 그녀를 죽인다면 세간의 비난이 더 거세질 것을 우려했던 것이다.

반면, 『금계필담錦溪筆談』과 『장릉지莊陵誌』에는 공식기록과는 달리, 정순왕후를 내세워 세조와 그에게 협조한 인물들을 비판하면서 세조를 바라보는 사대부의 불편한 시선을 그대로 담고 있다. 예를 들면,

「세조실록」에는 "임금이 금성대군을 사사賜死하자, 노산군이 이 소식을 듣고 스스로 목매어 죽으니 예절을 갖추어 장사지냈다"고 기록하고 있지만, 『장릉지』에는 "세조 3년(1457) 10월 24일 유시酉時에 공생貢生이 활 끈으로 노산군의 목을 졸라 숨지게 하였다. 노산군의 옥체를 청령포의 강물에 던져버린 것을 영월호장 엄흥도嚴興道가 몰래 거두어 영월군 북쪽 5리쯤의 동을지冬乙旨에 매장했다"고 기록하고 있다.

또한 사료에 정순왕후는 관비가 된 일이 없었고, 신숙주가 "정순왕후를 종으로 달라고 했다"는 기록을 찾아볼 수 없음에도 『장릉지』에는 "정순왕후가 노비로 전락하자 신숙주가 자신의 종으로 달라고 청했으나 세조가 허락하지 않았다"고 기록하고 있다.

오히려 신숙주는 왕실에서 정순왕후를 지원하는 데 찬성했음에도 이러한 이야기가 전하는 이유는, 세종의 당부를 무시하고 동료들을 배신한 신숙주에 대한 반감과 함께 정순왕후의 처지에 대한 안타까운 마음이 더해진 결과였다.

이후 중종 재위 초기 사림파인 조광조 등이 정순왕후의 복위를 주장했지만, 중종은 이를 거부했다. 이어서 현종 대에 송시열과 김수항 등이 "세조가 단종을 살해한 것은 세조 측근들의 잘못된 판단에 휘둘린 것으로, 세조의 본심은 단종 살해에 있지 않았다"고 주장하며 단종과 그녀의 복위를 거듭 건의했다. 마침내 그녀는 숙종 24년(1698) 단종과 함께 복위되어 정순왕후라는 시호를 받고 종묘 영녕전에 신주가 모셔지게 되었다.

가장 완벽한 배우자와 혼인하다

정순왕후의 남편 단종은 조선의 왕 중에서 가장 완벽한 조건에서 태어나고 성장했다. 조선이 개국한 뒤 최초로 적장자 출신인 그의 아버지 문종은 궁궐 밖에서 태어났고, 그가 태어났을 때는 큰아버지 양녕대군이 세자 자리에 있었다. 따라서 문종의 탄생은 국가적인 경사로 예우받지는 못했다.

반면, 세자였던 문종의 뒤를 이을 적장자로 태어난 단종은 국가 최고의 예우를 받았다. 따라서 단종이 왕위에 오른 뒤 혼인하여 배우자가 된 정순왕후에게도 왕비로서의 최고의 출발이 기다리고 있어야 했다. 하지만 그녀의 혼인은 결코 희망적이지 않았다.

정순왕후의 혼인은 계유정난으로 정권을 장악한 수양대군의 기획이었다는 이야기가 전할 정도로 그녀의 간택에는 수양대군의 의지가 적극 반영되었다. 그녀의 간택이 이루어진 시기는 단종이 아버지 문종의 죽음으로 슬픔이 채 가시기 전이었고, '국상國喪 중에는 3년 동안 혼인할 수 없다'는 법령도 있었다. 이에 따라 대신들은 단종의 혼인에 반대하는 등, 정상적인 혼례 절차에 마찰이 벌어졌다. 단종은 수양대군을 비롯한 종친들의 혼인 요청에 극심한 스트레스를 받을 정도였다.

단종은 종친들의 협박에 가까운 이러한 간청에 "나는 아직 나이가 어리니 때를 놓치는 일은 없을 것이다"라며 거부했지만, 수양대군은 몇 달 뒤 전국에 금혼령을 내리고 창덕궁에서 왕비 간택 절차를 서둘렀다. 이후 후보가 좁혀지자 수양대군은 정인지, 한확과 함께 경복궁으로 왕을 찾아가 "왕비를 맞을 채비가 끝났으니 이제 허락을 받아야겠습니다"라고 통보했다.

당시 계유정난으로 영의정 자리에 오른 수양대군, 좌의정 정인지, 우의정 한확은 혼인관계로 맺어진 '형제들'이었다. 정인지는 수양대군의 딸 의숙공주의 시아버지였고, 한확은 수양대군의 장남 도원군 이장의 장인이었다. 이에 단종은 '불가하다' '따를 수 없다' 등을 반복했고, "모두가 원할지라도 내 마음을 움직이지는 못할 것"이라며 완강하게 거부 의사를 밝혔다. 이렇듯 단호한 의지와 상관없이 단종은 며칠 뒤 근정문으로 나가 혼례를 치러야 했다. 이때 신부가 바로 정순왕후였다.

정순왕후는 여산礪山 송씨宋氏 집안에서 송현수宋玹壽의 딸로 전라북도 정읍군 태인면에서 태어났다. 이후 그녀는 아버지를 따라 한성부로 이사했고, 14세인 단종 1년(1453) 간택 절차를 밟아 이듬해 1월에 자신보다 한 살 어린 단종과 혼인했다. 그녀의 아버지 송현수는 세조의 오랜 친구로 전하며, 한명회와는 사촌 동서간이기도 했다.

즉, 그녀의 어머니는 여흥 민씨 가문 민소생의 딸로, 민소생에게는 민대생이라는 형제가 있는데 민대생의 딸이 한명회의 부인이었다. 그리고 세종의 막내아들 영응대군의 첫 번째 부인 대방부부인帶方府夫人 송씨는 그녀의 고모였다.

그녀의 아버지 송현수는 하위직인 궁중에 바칠 곡물을 관리하는 종6품 풍저창豊儲倉 부사副使 직에 있었고, 딸이 왕비의 자리에 오른 이후 주로 왕의 장인이 맡았던 돈녕부의 수장인 영돈녕부사로 추증되었다는 기록 외에는 구체적인 내용은 찾아보기 힘들다. 그럼에도 세조가 그를 '옛 친구'로 대우했던 이유는 단종에게 도움이 되지 못하는 힘없는 가문을 선택했음을 의미했다.

즉, 그녀가 왕비로 선택된 이유에 대해 "성품이 온순하고 검소하며 부모에 대한 효도와 형제에 대한 우애(孝友)가 있어 가히 종묘를 영구히 보존할 수 있는 품성을 지니고 있다"는 사료의 평가에는 수양대군이 '그녀와 그녀의 가문은 자신의 앞날에 방해되지 않을 것으로 판단했다'는 의미가 담겨 있었다.

결과적으로 그녀의 삶을 불행으로 이끌었던 왕실과의 인연은 단종과의 혼인에서 시작되었고, 그녀가 단종과 혼인하는 과정에는 세종 부부가 내쳤던 막내며느리인 영응대군의 첫 번째 부인 송씨와의 인연도 영향을 미쳤다.

송씨 집안과 왕실과의 인연

세종의 막내아들 영응대군의 첫 번째 부인 송씨는 결혼 4년 만에 내쫓겼다가 영응대군과 다시 재회하게 된다. 그러나 영응대군이 34세의 나이로 사망하자 송씨는 홀로 된다. 영응대군은 늦게 낳은 막내아들을 사랑한 아버지 세종의 유언으로 내탕고의 모든 보물을 물려받은 엄청난 거부였다. 따라서 영응대군이 세상을 떠나자 부인 송씨가 그의 막대한 유산을 물려받았다. 이후 그녀는 뛰어난 수완을 발휘하며 단종·세조·예종·성종·연산군·중종 등 여섯 왕과 각별한 관계를 유지하면서 호화로운 삶을 살았다.

송씨 부인은 정순왕후와 단종의 혼인과도 밀접한 관련이 있었다. 송씨가 쫓겨난 후에도 영응대군은 세조의 주선으로 그녀와 몰래 만났고, 두 사람 사이에서 두 딸이 태어났다. 세종이 세상을 떠난 뒤 3년 상을 치른 영응대군은 마침내 왕위에 오른 조카 단종의 재가를 얻어 두 번째 혼인한 부인과 이혼하고 전처인 송씨와 재결합하게 된다. 이러한 인연으로 두 사람은 단종의 혼인에 관여했고, 송씨 부인의 친정 조카가 왕비로 간택된다. 물론 송씨 부부의 뒤에는 세조가 있었다.

세조는 아버지 세종이 각별하게 사랑했고, 또 자신에게 부탁했던 막내동생 영응대군이 사망하자 송씨와 그녀의 딸 길안현주吉安縣主를 극진히 보살피며 많은 재물을 내려주었다. 세조는 길안현주의 배우자 선택에도 직접 나섰다. 그가 바로 구수영으로, 영응대군과 부인 송씨의 사위이자 세조의 조카사위가 된다. 이후 구수영은 세조의 후원으로 관직 생활을 하면서 승승장구한다.

송씨는 세조는 물론 이후까지 역대 왕들의 비호를 받았고, 대신들을 자기 집으로 불러 잔치를 베풀 정도로 권세도 점차 높아졌다. 예종 1년에 그녀는 온갖 진수성찬으로 잔치를 벌이면서 궁정 옷을 입힌 여종 수십 명을 좌우로 늘어서서 시중을 들게 했고, 화려한 병풍으로 두른 특별한 자리에 사위 구수영을 앉혀 잔치에 참가한 대신들에게 젊은 구수영을 받들도록 했다. 사가에서 이른바 '궁정놀이'를 한 것이다. 이 일로 뒷말이 많았지만 문제가 되지는 않았다.

송씨는 궁궐에도 자유롭게 출입했다. 뿐만 아니라 그녀가 진상進上한 비婢들이 궁중 곳곳에 깔려 있어 궁중의 내밀한 정보를 활용하기도 했다. 당연히 대신들의 눈에 거슬렸던 그녀를 두고 왕과 논쟁을 벌이기도 했다. 성종 대에 성종이 외출했다가 환궁하면서 송씨 집으로 행차하여 곡식 50석을 하사한 일로 경연에서 논란을 벌인 일도 있었다.

대신들이 "구수영은 일개 어린 신하인데, 전하께서 무엇 때문에 몸을 가벼이 하여 가서 보십니까?"라고 문제 삼자, 성종은 "구수영을 위한 것이 아니고, 세조 대부터 대군의 부인을 매우 후하게 대우했기 때문이다. 또 지나다가 들른 것이지 일부러 간 것은 아니다"고 답했다.

그러자 대신들이 "부인을 위한 것이라면 더욱 잘못입니다. 부인을 보기 위하여 일반인의 집으로 행차함이 옳은 일이겠습니까? 전하의 모든 행동은 사관史官이 반드시 기록을 하니, 이렇게 경솔하게 움직일 수는 없습니다"라고 따졌다. 결국 성종은 "내가 참으로 실수를 했으니, 앞으로는 마땅히 삼가겠다"며 한 발 물러섰다. 그러나 이후에도 송씨에 대한 성종의 비호는 그치지 않았고, 송씨는 이를 활용하여 사사로운 이익까지 챙겼다.

성종 22년(1491)에 대사헌을 움직여 송사가 일어난 재산·전답·노비 등을 가로채는가 하면, 성종 24년(1493)에는 "왕이 송씨 소유의 암태巖泰 목장을 호조에 명해 사주라고 했다"는 기록도 있다. 당시 호조에서는 "물과 풀이 부족하여 말을 먹이기에 적당치 않은 허허벌판인 땅을 어디에 쓰겠습니까?"라며 반대했지만, 결국 그 목장을 전례에 따라 적당하게 헤아려 값을 치렀다. 이에 대신들은 "왜 이렇게까지 지나치게 하는지 모르겠다"며 불만을 표시했지만, 왕은 "어찌 연유가 없겠는가"라고 답할 정도로 그녀는 왕실과 각별한 관계를 이어갔다.

또한 그녀는 왕과 통 큰 거래를 시도하며 재산을 늘리는 데 남다른 재주가 있었다. 요즘 말로 하면 국왕을 사업 협조자로 삼았고, 필요하다면 거금을 먼저 내놓을 정도로 목적을 이루기 위해 투자와 재투자를 할 줄 알았다. 성종이 왕위에 오르자 송씨 부인은 자신의 저택인 연경궁延慶宮을 기증했고, 연산군이 즉위했을 때는 축하 선물로 온갖 보물과 노리개를 바쳤다. 당시 대신들은 "이러한 물건은 주는 사람도 받는 사람도 이치에 어긋난 일이다"라며 반대했지만, 왕은 듣지 않았다.

이외에도 송씨가 자신의 재물로 세운 절에 수시로 드나들자 '영응대군 부인 송씨가 중 학조와 사적으로 정을 통했다'는 방榜이 동대문에 걸리기도 했다. 나이 70세를 바라보는 송씨에게 이러한 추문은 그녀의 탐욕이 빚은 결과였다. 하지만 연산군은 이를 고한 신하를 옥에 가두었고, 사관에게 송씨에 대한 소문을 기록에서 삭제하라고 명했다. 그러나 당시 사관들은 연산군의 이 말까지 기록으로 남겼다.

그럼에도 송씨 부인과 연산군의 거래는 계속되었다. 그녀는 연산군 6년(1500) 경기도 양주군 석도石島의 뽕나무 밭 7결結을 바친 뒤에 쌀 80석을 하사받았고, 몇 달 뒤에는 은銀을 진상하자 왕은 그 대가로 면포 1천1백 필을 하사하기도 했다.

이처럼 왕실을 상대로 한 송씨의 거래는 그녀가 생을 마감할 때까지 이어졌고, 그녀가 세상을 떠나자 중종은 송씨의 죽음을 애도하며 고기를 먹지 않는 소선素膳을 하면서 예우했다. 그러나 대방부부인 송씨를 통해 왕실과 인연을 맺은 정순왕후는 전혀 다른 삶을 살았다.

역사에 공백으로 남겨지다

수양대군의 정치적 계산으로 궁궐 생활을 시작한 정순왕후는 비록 왕비였지만, 자유롭지 못했다. 더구나 왕비 자리에 오래 있지도 못했다. 그녀가 단종과 혼인한 이듬해인 1455년, 단종은 수양대군에게 왕위를 물려주고 상왕이 되었고, 그녀 역시 왕비가 된 지 겨우 1년 6개월 만인

16세에 의덕왕대비懿德王大妃로 봉해졌다. 조선 역사에서 가장 어린 왕대비가 탄생한 것이다. 그러나 불행은 이것으로 끝이 아니었다.

세조 3년(1457), 성삼문·박팽년·하위지 등 사육신이 추진하던 단종 복위 운동이 발각되어 상왕 단종은 노산군魯山君으로 강봉되어 영월로 유배되었고, 그녀는 군부인으로 강봉되어 4년 동안의 궁궐 생활을 접고 도성 밖으로 쫓겨났다.

그녀의 친정도 안전하지 못했다. 친정아버지 송현수는 처음에 반역을 도모한다는 고변이 들어왔을 때 세조의 배려로 목숨을 건질 수 있었지만, 이후 금성대군이 주변 인물들을 포섭하여 거사하려 한다는 정보가 세조에게 알려져 결국 금성대군과 함께 처형되고 말았다. 이 사건으로 단종도 17세의 어린 나이에 영월에서 죽음을 맞이했다. 어린 정순왕후와 단종의 생이별이 영원한 이별로 이어진 것이다. 그나마 다행이라면 친정어머니와 남동생은 연좌되지 않아 친정은 가문의 대를 이을 수 있었다.

정순왕후가 궁궐에서 쫓겨난 뒤 어떻게 살았는지 전하는 자료가 없어 역사에는 공백으로 남아 있다. 그럼에도 단종 복위와 관련하여 죽음을 맞이한 사육신을 다룬 소설 『육신전六臣傳』 등이 비밀리에 사람들 사이에서 읽히면서 소설이 역사를 대표할 정도로 단종 부부를 둘러싼 이야기들이 꼬리를 물고 이어졌다. 민간에서는 그녀가 도성 밖 연미정동燕尾亭洞에서 초가 두어 칸에 남편 단종의 죽음을 애도하는 의미로 평생 흰 옷만 입고 살면서 생선과 고기는 입에 대지 않았다는 이야기가 전하는 등 여러 이야기들에서 그녀의 불행한 삶을 위로하고 있다.

영조 47년(1771), 영조는 정업원 옛터를 찾아 '정업원 구기淨業院 舊基'

라는 비석을 숭인동 청룡사 바로 옆에 세웠다. 또 친필로 '앞산 뒷바위 천만년을 가오리. 신묘년 9월 6일 정업원 옛터에 눈물을 머금고 쓰다' 라는 내용을 담은 비각을 세워 정순왕후의 넋을 위로하기도 했다. 이 때문에 학자들 사이에서는 영조가 고증을 잘못했다고 지적하는가 하면, 정업원이 중종 대에 공식적으로 철폐되었음에도 정업원의 주지와 비구니들이 계속 존재했다는 이야기가 전하는 이유는 조선 중기 이후 정업원이 어느 한 곳이 아니라 복수로 존재했다고 보는 견해도 있다.

영조는 그녀가 정업원 동쪽에 있는 바위에 올라 남편 단종이 유배된 영월 쪽을 바라보며 죽은 남편의 명복을 빌었다고 해서 '동망봉東望峰' 이라는 글씨를 새겨 넣기도 했다. 그러나 일제 강점기 때 동망봉 인근 지역이 채석장으로 바뀌어 이 바위가 깨졌고, 2011년 종로구 낙산 근처의 동망봉 남쪽에 동망정이라는 정자가 들어섰다.

정순왕후의 궁핍한 생활을 통해 세조를 우회적으로 비판하면서 그녀의 지조를 기리는 이야기도 전한다. 궁궐에서 쫓겨난 그녀는 시녀들이 동냥해온 음식으로 끼니를 해결하는 등 궁핍하게 생활하면서 꿋꿋하게 버텨냈다. 이 소식을 들은 세조는 정순왕후에게 거처할 곳과 식량 등을 지원하려 했지만 그녀는 이를 거절했다.

이런 사연을 알게 된 마을 여인들이 줄을 설 정도로 모여들어 그녀를 위해 사립문 위로 쌀과 푸성귀 등 반찬거리를 던져 놓고 갔다. 이를 보고받은 세조가 부녀자들이 정업원 가까이 다가가는 것을 금지시켰다. 이에 동네 여인들은 관리의 눈을 피해 그녀의 집에 먹을 것을 건네주려고 채소시장을 열었다. 당시 채소시장은 남자들의 출입을 허용하지 않는다는 의미로 '금남시장禁男市場'이라고 했다. 즉, 시장을 감시하는 관리들을 접근할 수 없게 한 다음, 사람들이 북적거리는 틈을 타 곡식과 채소를 담 너머로 던져 정순왕후를 도왔던 것이다. 현재, 당시 시장이 섰던 곳에 '여인시장터'라는 안내판이 있다.

또한 정순왕후가 생계를 위해 옷감에 물을 들여 팔았다고도 하고, 정업원에 머물며 바깥세상과는 인연을 끊고 기도로 생활하면서 댕기·저고리·깃·고름·끝동 등 옷감에 자주색 물을 들여서 내다 팔았다는 이야기도 전한다. 당시 한양의 아낙네들은 이 옷감을 기꺼이 사서 일부러 자주 끝동을 달아 입었고, 그녀가 빨래터에서 샘물로 빨래를 하면 신기하게 자주색으로 염색이 되었다는 '자주동샘'의 유래담과 함께 샘 옆에 '자지동천紫芝洞泉'이라는 글이 새겨져 전하고 있다. 또한 그녀가 자줏물을 들여 바위 위에 널어 말렸던 바위를 '자주바위'라 했고, 그 마을을 '자주동' 또는 '자주골'이라 불렀다고 한다.

이외에도 불심이 깊었던 정순왕후가 출가하여 허경虛鏡이라는 법명을 받았고, 그녀와 함께 온 일행 다섯 명 모두 비구니가 되었다는 이야기도 전하며, 동망정의 동쪽 아래로 청계천이 흐르는 영도교永渡橋는 18세 소녀 정순왕후와 영월로 유배를 떠나야 했던 17세의 소년 단종이 이 다리에서 이별한 이후 다시는 만나지 못했다고 해서 '영영 이별한 다리'라고 부르게 되었다는 유래담도 전한다.

신분 차이를 극복하며 백성과 가까워지다

정순왕후는 단종과 사별한 후 64년이라는 오랜 시간 동안 자신의 불행을 감내하며 살았다. 이러한 그녀의 삶은 현대에 들어서 춘원 이광수가 소설로 담아냈고, 1956년 이 소설을 극작가 유치진이 각색하고 배우 엄앵란이 정순왕후 역을 맡은 전창근 감독의 「단종애사」라는 영화가 세상의 주목을 받았다. 1963년에는 배우 전계현이 정순왕후 역을 맡은 이규웅 감독의 「단종애사」가 제작되기도 했다.

이처럼 정순왕후와 관련한 이야기들이 오랫동안 사람들의 기억 속에 살아 있었다는 것은 그만큼 그녀의 삶을 애타게 바라보며 위로하는 이들이 많았음을 의미한다. 따라서 민간에서 구전으로 전하는 그녀와 관련된 이야기들은 역사적 사실에 충실하기보다는 사람들의 생각이나 소망이 깊게 투영되어 있었다. 일반 백성은 국가나 사대부와는 달리 '충절'이나 '신의' 등 정치적 지배 이념보다는 어린 나이에 남편을 잃고 궁궐에서 쫓겨난 정순왕후의 삶에 주목했기 때문이다.

예를 들면 그녀의 '한恨 많은 삶' '애절한 이별' '궁핍한 생활' 등을 이야기하면서 사실 여부와 관계없이 자신들의 생각을 자연스럽게 끼워 넣음으로써 더 현실처럼 전승되었다. 이러한 과정에서 최고 지위에 있던 왕비가 비극적 사건으로 인해 궁핍한 생활과 연결된 '자지동천'이나 '여인시장' 등의 유래담에는 신분의 차이를 넘어 그녀가 일반 백성과 특별히 다르지 않은 '노동하는 여성' '가난한 과부' 등으로 그려짐으로써 정서적으로 더욱 가까워지기도 했다.

따라서 그녀의 사연을 담은 이야기들은 사실을 확인하기 어려운 내용들이 적지 않다. 단종과 이별한 사연이 전하는 영도교도 그 예이다. 영미교永尾橋로도 불린 이 나무다리는 정순왕후와 단종이 이곳에서 영원히 이별했다고 해서 영도교永渡橋가 되었다고 전한다. 이후 돌다리로 바뀌었고 훗날 흥선대원군이 경복궁을 중건하면서 이 다리의 돌을 가져다 석재로 사용하면서 사라져 버렸고, 지금의 영도교는 청계천 사업으로 복원되어 사연만 전할 뿐 완전히 새로운 다리다. 조선 중기 문신 성현成俔의 『용재총화慵齋叢話』에 따르면, 이 다리는 성종의 명으로 '영도교'라는 이름을 갖게 된 것으로 전한다. 따라서 영도교라는 이름은 정순왕후와는 직접적인 관련이 없다.

실록에 그녀가 "친정에서 물려받은 재산을 경혜공주의 아들 정미수에게 유산으로 남겼다"는 기록으로 보아 끼니를 거를 정도로 궁핍하게 살았다는 이야기 역시 사실이 아닌 것으로 보인다. 경혜공주는 단종의 누이로, 단 하나뿐인 혈육이었다. 그녀의 남편 정종鄭悰은 단종의 두터운 신임을 받았다. 그러나 단종 3년(1455) 금성대군의 단종 복위 사건에 연루되어 이 부부도 유배생활을 하게 된다. 당시 주변에서 정종을 처형해야 한다고 주장했지만, 세조는 문종의 유일한 사위라는 이유로 양근, 즉 현재 경기도 양평으로 유배하여 목숨만은 살려주었다.

하지만 세조 2년(1456) 사육신 사건으로 죄가 가중되자 수원과 통진을 거쳐 전라도 광주光州에 안치되었다가 세조 7년(1461) 승려 성탄 등과 반역을 도모했다는 죄로 능지처참을 당했다.

당시 경혜공주는 유배지 광주에서 아들을 낳았는데 그가 바로 정미수이다. 문종의 유일한 혈육이기도 했던 정미수는 아버지가 처형되자 세조 비 정희왕후의 청으로 어머니 경혜공주와 함께 한양으로 올라와 생활하게 된다. 이때 세조가 '미수'라는 이름을 지어주었다고 한다.

이후 정미수는 성종이 왕위에 오르기 전 궁궐 밖에서 생활할 때 그의 시중을 들기도 했고, 성종이 왕으로 즉위한 후 성종 4년(1473), 돈녕부 직장에 제수했다. 당시 대신들은 죄인의 자손으로 관직에 오른 그를 파직하라고 여러 차례 청했지만 성종의 두터운 신임으로 무사할 수 있었다. 이후 정미수는 중종반정에 참여하여 공신에 오르기도 했다.

80 평생의 한을 품고 잠들다

정순왕후는 중종 16년(1521) 7월, 82세로 한 많은 생을 마감했지만, 조선 왕비 가운데 가장 오래 살았다. 그녀의 묘는 대군부인의 예로 경기도 남양주시 진건면 사릉리에 조성되었다. 이곳은 단종의 누이 경혜공주의 시댁 해주 정씨 종중산宗中山, 곧 문종의 외손 정미수의 문중 산이었다. 그녀의 묘가 이곳에 조성된 것은 묘를 돌봐줄 그녀의 혈육이 전혀 없었기 때문이다.

단종과 혼인한 정순왕후는 자식을 두지 못했고, 친정도 단종 복위 사건에 연루되어 몰락한 탓에 그녀의 장례를 치를 후손이 없었다. 따라서 정순왕후는 정미수 집안에 자신이 사망한 뒤의 일을 부탁했고, 양주 남쪽 군장리에 있는 단종의 누이 경혜공주 시댁인 해주 정씨 집안에서 장례를 주도하여 해주 정씨 종중산의 가족 묘역에 안장하고 제사를 지냈다.

이러한 정미수 집안과 정순왕후의 인연에는 정치적 이유도 있었다. 정순왕후는 죽음을 앞두고 자신의 노비와 재산을 이미 세상을 떠난 정미수를 대신하여 정미수의 아내에게 상속하는 것을 허락해 달라는 상소를 올렸다. 그녀가 남편 단종과 생이별을 한 지 60여 년 만에 자신의 존재를 공식적으로 세상에 알린 것이다. 당시 중종은 그녀의 상소를 허락했고, 정순왕후는 문서로 남겨 상속 절차를 밟았다.

『해주 정씨 고문서』에 따르면, 그녀가 남긴 문서에는 "자네 남편(정미수)은 문종대왕의 유일한 외손으로 노산군의 가장 가까운 친족이고 자네 또한 이 몸에게 잠시라도 마음을 거스르는 바가 없이 항상 정성껏 보살펴주었다"라는 글이 실려 있다. 즉, 어린 조카의 왕위를 찬탈하고 결국 죽음으로 몰고 간 세조의 계유정난을 연상시키는 '문종의 유일한 외손' '노산군의 가장 가까운 친족' 등의 표현을 글로 남긴 것이다. 이때가 단종이 사망한 지 61년이 지난 중종 13년(1518)이었다.

어쩌면 단종이 목숨을 잃은 뒤 평생 동안 가슴에 한을 품고 살았던 정순왕후가 재산 상속을 기회로 단종에 대한 기억을 공론화하려고 시도했는지도 모른다. 그녀의 이런 마음이 통했던지 조정에서 열린 회의에서 정언 김정국은 "정미수의 아내마저 죽으면 노산군의 제사가 끊어질 것이니, 노산군의 후사 문제를 논의해야 하지 않겠느냐"고 건의했고, 중종은 노산군의 제사를 지내는 것을 허락했다. 그나마 정순왕후가 편하게 눈을 감을 수 있게 된 것이다.

그녀가 사망한 지 177년이 지난 숙종 24년(1698) 11월, 단종이 복위될 때 그녀 또한 정순왕후로 복위되어 종묘에 신주가 모셔지고 '사릉思陵'이라는 능호를 받았다. 사릉은 '억울하게 죽은 남편을 사모思慕한다'는 뜻이 담겨 있다. 그래서인지 그녀의 능 뒤편에 심은 나무들이 단종의 능이 있는 장릉 쪽, 즉 동쪽을 향해 고개 숙여 자란다고 해서 화제가 되기도 했다.

사릉이 왕릉으로 조성되면서 주변에 있는 정씨 문중의 묘들을 옮겨야 했지만, 그녀의 죽은 영혼이 편치 않을 것이라는 이유로 그대로 두었다고 한다. 이후 정씨 문중의 후손들은 집안 조상의 제사와 더불어 정순왕후의 제사를 지내고 벌초하면서 사릉을 보살폈다.

정조의 시문집인 『홍재전서』에는 훗날 정조가 정씨 묘역에 잠들어 있는 정순왕후 묘소를 찾아가 다음과 같은 제문을 직접 지어 올리며 넋을 위로했다는 기록이 전한다.

> 정업원이 있던 곳을 동망봉東望峯이라 하네 / 여기서 무엇이 보이나? 영월의 높은 산일세 / 소자가 와서 보니 장릉莊陵에 절하는 듯하네 / 비석을 세우고 제사 올리며 / 그 자손에게 나의 작은 정성을 펴노니 / 내려와 임하소서, 제사가 잘 갖추어졌나이다.

사릉은 일반인들에게 잘 알려져 있지 않았다가 1986년부터 일반인들에게 공개되면서 점차 알려지기 시작했고, 유네스코 문화유산으로 등재되면서 능을 찾는 발길이 늘어나고 있다.

한편, 현대 사회에서도 정순왕후의 이야기는 계속되고 있다. 그녀가 거처했던 정업원 인근 지역에서는 지금도 정순왕후를 위한 제사를 지내고, 무속에서는 송씨 부인으로 모시며 굿도 벌인다. 영도교의 이야기에 착상하여 작가 김별아는 정순왕후를 주인공으로 『영영이별 영이별』이라는 소설을 발표했고, 이 소설을 원작으로 한 연극도 무대에 올렸다. 뿐만 아니라 1999년에는 그녀가 묻혀 있는 사릉의 소나무 정령송精靈松을 장릉에 옮겨 심는 행사도 열렸고, 그녀의 출생지 정읍에서는 2016년 정순왕후의 일대기를 그린 「하늘 연인」이라는 서사 무용극이 선보이기도 했다.

이처럼 현대의 이야기에는 모두 왕에 대한 충절이나 절의 등이 사라지고, 그녀의 한 많은 삶에 주목한 애처로운 시선 등이 주요 소재로 활용되고 있다.

물론 그녀가 어떻게 살았는지 구체적으로 전하지 않아 그녀의 삶에 대해 파편적으로 접근할 수밖에 없고, 여기에 예술적 감성을 담아 비극적인 이야기로 진행함으로써 작품 완성도를 높일 수밖에 없다. 따라서 당시 그녀가 겪어야 했던 복잡 미묘한 내면세계를 제대로 다루지 못하는 등의 한계가 있는 것이 사실이다. 이러한 이야기들을 정순왕후는 어떻게 생각할지 궁금하기도 하다.

사릉 : 경기도 남양주시 진건읍 사릉로 180(사능리 107)

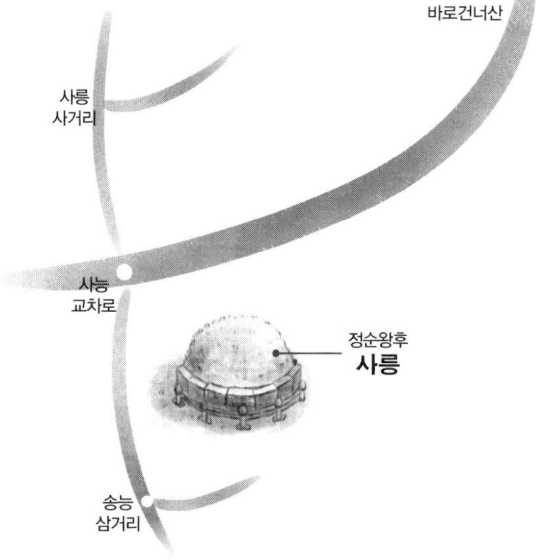

• 경춘선 금곡역 하차, 건너편에서 23, 55, 55-1, 77번 버스 이용
버스정류장 이름 : '세계유산 조선왕릉 사릉, 송능 2리, 적성골 입구'

집안을 나라로 바꾸다

정희왕후 윤씨 貞熹王后 尹氏

세조의 정비

정치가 남성의 전유물이 아님을 증명하다

정희왕후는 신덕왕후와 원경왕후를 능가하는 정치력과 판단력 그리고 추진력을 갖춘 여장부였다. 또한 그녀는 계유정난에서부터 성종 대의 수렴청정에 이르기까지 세조·예종·성종 3대에 걸쳐 남성들의 전유물이었던 통치 행위에 다양한 방식으로 참여했던 정치인이기도 했다. 그녀는 왕비의 자리에 오른 뒤 군사 관련 행사나 사냥 등에 참석하기 위해 세조와 함께 공식적으로 궁궐 밖으로 나갈 정도였다.

당시 왕이 궁궐 밖으로 행차하려면 엄청난 재정이 들어갔고, 준비 단계부터 복잡한 절차를 밟아야 했기 때문에 대신들이 왕의 출타에 반대하기도 했다. 그럼에도 왕의 출타는 왕의 존재감을 대외적으로 과시하는 특별한 의미가 있었다. 게다가 여성의 정치 참여는 물론, 궁궐 밖 출입 자체를 자제했던 시기에 왕비가 국왕과 함께 공식·비공식적으로 궁궐 밖으로 나간다는 것은 단순한 외출이 아니라 백성들에게 왕실의 존엄성과 국왕 부부의 권위를 세우는 등의 정치적 의미가 강했다.

정희왕후는 평소 조용한 성격으로 전하지만, 강단과 결단력 등 범상치 않은 권위도 지니고 있었다. 『국조보감』에는 중종 13년(1518), 조광조가 왕이 참석하는 자리에서 "우리나라의 경우 임금과 신하가 만날 때 예禮가 너무 지나치니, 대개 정희왕후가 수렴청정을 할 때 신하들이 감히 우러러보지 못한 데서부터 비롯된 관습이 오늘에 이른 듯합니다"라고 지적할 정도로 그녀는 어린 성종이 즉위할 당시 국왕과 왕실의 권위를 강화하려는 정략적인 태도를 보여주기도 했다.

그녀의 존재감은 그녀가 살아온 삶에 대한 평가를 담은 시호에서도 확인할 수 있다. 그녀는 세조 3년(1457) '자성慈聖', 예종 1년(1469) '흠인경덕선렬명순원숙휘신혜의欽仁景德宣烈明順元淑徽愼惠懿' 그리고 성종 2년(1471) 정식 시호는 '자성흠인경덕선렬명순원숙휘신혜의신헌 정희왕후慈聖欽仁景德宣烈明順元淑徽愼惠懿神憲貞熹王后'로, 여느 왕비들과 비교되지 않을 정도로 최고의 정치적 의미와 더불어 대단히 화려하면서 길다.

뿐만 아니라 그녀의 존재감은 남편 세조와의 관계에서도 발견할 수 있다. 그녀와 세조는 평소 부부 사이도 좋았지만, 세조는 자신이 왕위에 오르는 과정에서 보여준 그녀의 공을 인정해 평생 동안 의리를 지켰다. 즉, 세조에게 정희왕후는 부인이자 가장 신뢰하는 동지였던 것이다.

「세조실록」에는 "내가 본래 색色을 좋아하지 아니해 술을 마시고 싶으면 너(예종)와 여러 장군과 재상 등과 더불어 술을 마시고 절대로 궁첩宮妾과 더불어 술을 마시지 아니했다"고 스스로 밝혔듯이, 세조는 평소 무절제한 술자리를 용납하지 않았다. 그럼에도 대신들과 밤늦게까지 이어진 술자리로 인해 새벽 5시에 시작되는 왕의 일과가 종종 오전 11시로 미루어지기도 했다. 당시 세조는 대신들과 함께 술을 마시면서 그들의 의중을 파악하고 길들이는 기회로 삼았다고 한다.

따라서 세조가 술자리에 참석하는 것 자체를 삼갔던 것이 아니라 진심으로 마음을 열고 대했던 사람은 바로 정희왕후였음을 의미한다. 세조가 말년에 정희왕후와 함께 왕위에 오르기 전에 살았던 궁궐 밖의 옛집을 찾아 자주 술자리를 했다는 일화가 전하는 것이 그 예이다.

세조는 여색을 가까이하지 않는 금욕적인 면도 있었다. 그는 왕위에 올라서도 후궁 한 명만 두었는데, 근빈 박씨였다. 음악과 춤에 뛰어났던 그녀는 연산군 대까지 살았고, 80세의 나이에 머리를 깎고 비구니가 되어 자수궁에 거처했다. 하지만 그녀는 연산군이 술에 취하면 함께 춤을 추자고 할 때마다, 늙어서 춤추기가 힘들었지만 연산군의 후환이 두려워 어쩔 수 없이 춤을 추었다고 전한다.

그녀의 둘째 아들 창원군은 어려서부터 방탕한 생활을 하면서 남의 노비를 함부로 죽이고, 궁중 예법을 따르지 않는 등 나라의 법을 자주 어겼다. 뿐만 아니라 재상들은 물론, 지방 여행을 다니면서 수령들을 능욕하는 등 폐단이 끊이지 않아 그 죄로 노비들을 몰수당하기도 했다. 때문에 정희왕후가 나서서 책망했으나 뉘우치지 않아 근빈 박씨의 마음고생이 대단히 심했다.

한편, 세조는 후사를 많이 두지 못했다. 세조는 정희왕후와의 사이에서 훗날 덕종으로 추존된 장남 의경세자와 세조의 뒤를 이어 왕위에 오른 차남 예종 그리고 의숙공주 등 2남 1녀를 두었고, 근빈 박씨와는 덕원군과 창원군 등 2남을 두었다. 그런데 조선 후기의 문인 서유영이, 미담이나 역사서에 실리지 않았지만 후손들에게 반드시 알릴 필요가 있다고 생각되는 내용들을 선별하여 편찬한 문헌설화집 『금계필담』에는 정희왕후와 세조의 장녀로 세희世熺라는 이름의 공주가 등장하는 다음과 같은 흥미로운 이야기가 전한다.

친조카 단종을 죽인 아버지 세조에게 반발한 세희공주는 궁궐에서 쫓겨나 왕실 족보인 『선원록璿源錄』에도 이름을 올리지 못했다. 정희왕후는 쫓겨난 딸을 불쌍히 여겨 유모와 함께 충청북도 보은으로 피신하게 하여 살게 했는데, 세희공주는 이곳에서 한 청년을 만나 사랑에 빠졌고 마침내 결혼하게 되었다. 그러던 어느 날 두 사람은 서로의 신분을 이야기하다가 세희공주가 세조의 딸이고, 청년은 세조의 손에 죽은 김종서의 손자라는 사실을 알게 된다. 이 사실을 알게 된 세조가 이들을 찾았지만, 두 사람은 세조의 눈을 피해 동굴 속에서 살았다.

『금계필담』은 제왕·왕비·문신·이인異人·양반층 여인·기생·하층 여인·무인 및 장사壯士 등 다양한 계층의 인물과 관련된 이야기를 기록하고 있다. 단종 대부터 순조 대에 걸쳐 등장하는 주인공은 하층민보다 상층민이 더 많은 비중을 차지하고 있으며, 문제를 해결하는 인물보다 현실에서 소망을 이루지 못한 인물에 특별한 관심을 보이고 있다는 점에서, 사실 여부를 떠나 일반인들의 주요 관심사를 엿볼 수 있다. 따라서 세희공주에 대한 이야기 역시 민간에서 세조 자녀들의 삶에 주목했음을 알 수 있다.

이러한 관심은 현대 사회로 이어져 2011년 KBS-2TV에서 세희공주를 주인공으로 하는 「공주의 남자」라는 드라마가 방영되기도 했다. 이 드라마는 20퍼센트 대의 높은 시청률과 시청률 1위를 차지하며 세조와 김종서의 자식에 대한 관심을 불러일으키기도 했다.

하지만 『조선왕조실록』에는 세희공주에 관한 기록은 찾아볼 수 없고, 김종서의 본관인 순천 김씨 문중에도 『금계필담』에 등장하는 이야기가 전하기는 하지만 문서 등으로 기록된 내용이 없어 사실이 아닌 것으로 보고 있다. 그럼에도 역사적으로 대체로 후한 평가를 받았던 김종서를 기억하면서 세조를 비판하려는 의도에서 창작된 이야기로 추정된다.

우연한 호기심으로 인생이 바뀌다

정희왕후는 파평坡平 윤씨 집안에서 윤번尹璠의 딸로 태어났다. 세종 즉위년(1418) 아버지가 강원도 홍천에서 지방관을 지내던 시기에 태어난 그녀는 이후 아버지가 한양으로 올라오면서 한양 생활을 시작했고, 세종 10년(1428) 11세에 세종의 차남 진평대군과 혼인하여 낙랑부대부인樂浪府大夫人에 봉해졌다. 진평대군은 그녀와 혼인한 뒤 수양대군首陽大君으로 개명했고, 1455년 왕으로 즉위한 세조이다. 소헌왕후와 세종의 둘째 며느리인 그녀는 총명하기도 했지만, 며느리들 때문에 마음고생이 심했던 시부모의 사랑을 받았다고 한다.

정희왕후와 수양대군의 혼인은 우연한 기회에 이루어진 것으로 전한다. 조선 중기 이기李墍가 지은 『송와잡설松窩雜說』에 따르면, 궁궐의 감찰상궁과 보모상궁이 수양대군의 배필을 찾아 정희왕후의 집을 방문했는데, 당시 왕실에서 수양대군의 배필로 염두에 둔 여인은 정희왕후의 언니였다. 궁궐에서 사람이 나왔다는 말을 듣고 어린 그녀가 어머니 뒤에 숨어서 어른들의 이야기를 듣다가 감찰상궁의 눈에 띄게 되었다. 어린아이였지만 행동거지가 남달랐던 그녀는 감찰상궁의 질문에 당차고 야무지게 대답했고, 감찰상궁이 궁궐로 돌아와 이를 보고하자 언니를 대신해서 그녀가 왕실과 인연을 맺게 되었다.

정희왕후의 집안과 왕실과의 인연은 이때가 처음은 아니었다. 파평윤씨 가문은 조선 개국에 적극 참여하면서 왕실과의 인연이 시작되었고, 그녀의 큰아버지 윤규는 태종과 과거에 함께 급제한 동문으로 태종의 각별한 예우를 받았다.

그녀의 가문은 조선 전기에만 정희왕후를 비롯해 성종의 비 정현왕후, 중종의 계비 장경왕후와 문정왕후 등 네 명의 왕비와 후궁 두 명을 배출하며 왕실 외척으로서의 위상을 확고하게 구축했다.

뿐만 아니라 태종 18년(1418) 윤향의 아들 윤계동이 정신옹주와 혼인했고, 정희왕후의 둘째 큰아버지 윤보로의 손자이자 윤수미의 아들 윤우는 세종 7년(1425) 숙녕옹주와 혼인했다. 그리고 윤태산의 아들 윤암은 세종 14년(1432) 숙경옹주와 혼인했고, 윤창의 아들 윤평은 세종 18년(1436) 숙순옹주와 혼인하는 등 태종의 네 딸을 포함해 모두 일곱 명의 부마駙馬를 배출하여 부마지가駙馬之家로도 명성을 떨쳤다.

왕의 사위를 뜻하는 부마는 부마도위駙馬都尉의 줄임말로, 고대 중국에서 천자의 말을 돌보는 황제의 최측근 관직이었다. 이후 후한의 명제明帝가 여동생을 당시 부마도위 한광에게 시집보내면서 부마가 '공주의 남편'이라는 의미로 사용되기 시작했다.

이외에도 그녀의 집안은 청주 한씨와 남양 홍씨 등 조선 개국에 적극 참여했던 공신 가문과도 혼인관계를 맺으면서 조선에서 일찌감치 명문가로 뿌리내렸다. 정희왕후의 친정아버지 윤번은 사위 수양대군의 즉위를 보지 못하고 사망했지만, 그녀의 집안은 세조 대에 많은 공신을 배출할 정도로 수양대군을 적극 지원했다.

성종 12년(1481)에 노사신·강희맹 등이 편찬하여 간행한 『동국여지승람』「인물조」에 따르면, 파평 윤씨 가문은 공신을 배출한 가문 중에서 두 번째로 많은 열 명의 공신을 배출했고, 이 시기에 재상 네 명을 배출할 정도로 당대 최고의 명문가를 이루었다.

그녀가 수양대군과 혼인할 당시, 남편은 왕위와는 거리가 먼 둘째 아들이었고, 그녀 역시 대군부인으로 왕비의 자리와는 거리가 있었다. 하지만 그녀는 다시 한 번 인생의 전환기를 맞이하게 된다.

남편의 야망을 현실로 이루다

정희왕후의 시아주버니 문종은 어린 단종을 남겨두고 일찍 세상을 떠났다. 당시 왕실에는 왕비는 물론 왕대비도 없었던 상황이라 수양대군이 왕실의 어른이었다. 그 이후 정치적 야망이 컸던 수양대군이 조카 단종의 정치적 후원자가 아니라 왕권에 대한 의지를 드러내자 그녀 역시 뛰어난 정치력과 판단력 등으로 남편을 적극적으로 지원했다.

대표적인 예로 단종 1년(1453) 수양대군이 황보인·김종서 등을 제거하기 위해 군사를 일으키려던 계획이 누설되어 손석손 등이 거사를 만류했다. 이에 망설이던 수양대군에게 정희왕후가 갑옷을 입히고 군대를 일으키도록 독려하여 계유정난이 성공하게 되었다는 이야기는 현재까지 유명한 일화로 전하고 있다. 워낙 상황이 급박하여 더 이상 방법이 없다고 판단한 그녀가 결단을 내린 것이다. 또한 그녀는 세조의 뒤를 이어 즉위한 예종이 일찍 세상을 떠나자 전격적으로 성종을 왕위에 올리는 결단력을 발휘하는 등 결정적인 순간마다 존재감을 발휘했다.

예종은 신하들의 의견을 존중하는 등 원만한 성품을 지닌 것으로 전하지만, 즉위한 지 1년 2개월 만인 1469년 11월 왕위를 이을 후계자를 정하지 못하고 갑자기 사망함으로써 왕실에 다시 위기가 찾아오는 듯했다. 당시 그녀는 왕실의 최고 어른이었지만, 왕실을 지원할 종친과 대신들의 세력이 미약했다. 세조가 즉위한 이후 왕실 종친들이 대거 제거되었고, 조정에는 세종 대부터 세조 대에 이르기까지 관료로 성장한 노련한 대신들이 자리 잡고 있었기 때문이다.

더구나 남편 세조는 문종이 어린 단종을 남겨두고 갑자기 사망하자 계유정난으로 왕권에 대한 의지를 실행에 옮겼던 전례를 남긴 장본인이기도 했다. 따라서 대신들 중에 세조의 왕위 찬탈을 비판하며 반발이 일어날 가능성 등 왕권에 대한 도전을 우려하지 않을 수 없었다.

이러한 상황에서 정희왕후는 다시 한 번 정치력을 발휘하며 위기를 기회로 바꾸어 놓았다. 예종에게는 비록 어린 나이였지만 적장자가 있었다. 바로 제안군齊安君이었다. 비록 제안군이 세자에 책봉되지 않았다 해도 관례에 따라 그가 왕위를 이어받는 것이 순리일 수 있었다. 하지만 그녀는 다음 왕위를 이를 후계자 선택에 순리를 따르지 않았다. 예종의 갑작스러운 사망으로 나라가 위급한 상황에서 네 살배기 제안군이 왕위에 오르기에는 너무 무리라고 판단한 그녀는 자신과 세조의 장남으로 세자 자리에 올랐다가 일찍 사망한 의경세자의 아들 자산군(者山君, 또는 자을산군者乙山君)을 즉위하게 한 것이다. 그가 바로 성종으로, 정희왕후의 선택은 여러 가지 면에서 의외였다.

왕이 사망하면 닷새째 되는 날 입관을 마치고 그다음 날 새 왕이 즉위하는 것이 관례였다. 하지만 성종의 즉위는 예종이 사망한 날 전격적으로 이루어졌다. 게다가 제안군이 어리다는 이유로 제외했다고 해도, 의경세자의 장남 월산군月山君을 제치고 당시 13세의 둘째 아들 자산군을 선택한 것도 의외였다. 장남이 왕위를 잇는 명분에도 어긋나지만, 12세의 어린 나이에 왕으로 즉위했다가 비운에 간 단종을 떠올리면 13세의 자산군 역시 왕위가 불안하기는 마찬가지였다.

물론 자산군을 선택한 이유에 대해 정희왕후는 "의경세자의 장남 월산군의 건강이 좋지 않고 세조가 일찍부터 주목했다"고 설명했다. 하지만 월산군의 건강은 물론 그의 성품 등에 특별한 문제가 있었다는 근거는 찾아보기 힘들다. 게다가 세조가 자신의 뒤를 이어 즉위한 예종이 그렇게 일찍 사망할 것을 예상하고 자산군을 주목했다고 해석하는 것도 무리가 없지 않았다. 따라서 세조를 거론한 것은 정치적 핑계일 가능성이 컸고, 정희왕후의 선택에는 당시의 정국을 반영한 정치적 판단이 더 크게 작용했음을 알 수 있다.

당시 조정에는 세종 대부터 관료 생활을 시작하여 정계에 뿌리를 내린 원상院相 등 당대의 권세가들이 건재했다. 따라서 예종의 뒤를 이어 즉위하는 왕에게 확실한 지원 세력이 없을 경우 대신들이 또 다른 왕실 종친을 내세워 반발할 가능성을 배제할 수 없었고, 이러한 불안감은 궁극적으로 정치적 혼란으로 이어질 수도 있었다.

정희왕후는 예종의 장남이자 어린 제안군이 왕위에 오르기에는 무리가 있다고 판단했다. 네 살이라는 나이는 정치를 가르치고 배우기에는 너무 어렸기 때문이다. 반면, 의경세자의 장남 월산군은 16세로 이미 사가에서의 생활이 익숙했던 터라 제왕 교육을 받기에는 시간이 많지 않았다. 결국 남은 후보는 자산군뿐이었고, 13세는 제왕 교육을 받기에 적당한 나이이기도 했다.

이미 정희왕후는 자산군에게 자질이 있음을 확인했고, 자산군의 생모 소혜왕후와도 의견 교환이 이루어졌을 가능성도 충분했다. 다만, 소혜왕후와 정희왕후가 비록 생모와 친할머니라 해도 여인의 의견을 공식적으로 내세울 수 없는 상황임을 감안하여 "세조가 자산군을 주목했다"며 선왕의 유지를 앞세웠고, 이러한 조건이라면 원상 등 권세가와도 타협이 가능할 것으로 판단했던 것이다. 마침내 제왕 교육을 전혀 받지 못한 13세의 어린 자산군이 왕위에 올랐고, 정희왕후는 조선에서 최초로 수렴청정을 하면서 다시 한 번 주목받는다.

노련한 대신들을 상대하며 정치를 펼치다

조선시대에는 미성년자가 왕위에 오르면 왕실의 가장 큰 어른인 왕대비나 대왕대비가 국정을 돌보는 수렴청정垂簾聽政 제도가 있었다. 이 제도는 왕이 성년이 될 때까지 국정을 보좌하여 정치적 능력을 함양하고 왕실을 보전한다는 목적에서 시행되었다. 하지만 수렴청정으로 외척이 발호하는 등 부정적인 요인도 적지 않았다. 이 때문에 '외척이 어진 것은 나라의 복이 되지만, 어질지 못하면 나라의 화가 된다'며 외척은 왕실과 국가의 안녕을 해치는 경계의 대상이기도 했다.

그럼에도 수렴청정은 어린 왕을 대신하여 정사를 돌본다는 점에서 최고 통치권자에 해당했고, 노련한 대신들을 상대해야 하는 등 정치력이 필요했다. 그러나 정치 경험이 없던 왕대비나 대왕대비는 친정에 의지할 수밖에 없었다. 정희왕후를 비롯해 다음의 표와 같이 모두 여섯 명의 대비가 일곱 차례 수렴청정을 할 시기에 이들을 지원한 친정 식구들이 부상했던 것도 이러한 이유 때문이다.

왕王	왕후王后	즉위 당시 왕의 나이	철렴 당시 왕의 나이	수렴청정 기간	청정 당시 왕후의 나이	관계
성종成宗	세조 비 정희왕후 윤씨	13세	20세	8년	52세	친손자
명종明宗	중종 비 문정왕후 윤씨	12세	20세	9년	45세	친아들
선조宣祖	명종 비 인순왕후 심씨	16세	17세	8개월	36세	조카뻘
순조純祖	영조 비 정순왕후 김씨	11세	14세	4년	56세	증손자
헌종憲宗	순조 비 순원왕후 김씨	8세	14세	7년	46세	친손자
철종哲宗	순조 비 순원왕후 김씨	19세	21세	3년	61세	먼 인척
고종高宗	익종 비 신정왕후 조씨	12세	15세	4년	56세	먼 인척

이외에도 『증보문헌비고增補文獻備考』에 따르면, 정희왕후가 예종이 즉위했을 때도 수렴청정을 했다는 기록이 전한다. 세조가 병으로 상왕의 자리로 물러났다가 사망하자 예종이 미성년자인 19세에 즉위했기 때문이다. 예종은 당시 성년에 가까운 19세였고, 당시까지 수렴청정이 제도적으로 정착되지 않아 왕이 미성년자라 해도 당연하게 시행되는

것은 아니었다. 대신들 역시 군이 대비에게 수렴청정을 요청할 필요가 없다고 판단했고, 「예종실록」에도 정희왕후가 수렴청정을 했다는 기록을 찾아볼 수 없다.

관례에 따르면, 대신들이 대비에게 수렴청정을 청하면 대비가 몇 차례 사양하다가 마지못해 수락하는 절차를 밟았다. 따라서 「예종실록」에 이러한 절차를 밟았다는 기록이 보이지 않는 것은 수렴청정이 이루어지지 않았음을 의미한다.

위 도표를 살펴보면 새로 즉위한 왕과 대비의 혈연관계와 수렴청정 기간이 관련 있음을 알 수 있다. 즉, 친아들이나 친손자의 경우 상대적으로 기간이 길고, 혈연관계가 멀수록 기간이 짧다. 성종의 친할머니 정희왕후와 헌종의 친할머니 순원왕후는 각각 8년과 7년, 그리고 명종의 친어머니 문정왕후는 9년 동안 수렴청정을 했다. 반면, 혈연관계가 가깝지 않았던 명종 비 인순왕후와 영조 비 정순왕후 등은 상대적으로 기간이 짧다.

성종의 즉위 과정에서 보여준 할머니 정희왕후의 행동은 상당히 구체적이다. 그녀는 예종이 사망하자 관례에 따라 적장자가 왕위를 물려받아 즉위하는 정상적인 절차를 생략하고 바로 그날로 성종이 즉위하는 것으로 한명회와 신숙주 등 당대의 세도가들과 의견을 조율했다.

당시 월산군은 병조판서 박중선의 딸과 결혼한 상태였으므로 월산군이 왕위에 오르면 자신의 입지가 약화될 것을 우려했던 한명회는 원상들을 동원해서 정희왕후와 대타협을 벌였고, 원상들도 정통성이 부족한 자산군이 즉위하면 오히려 자신들의 지위를 유지할 수 있다는 실리적 판단이 작용했던 것이다. 여기에 한명회의 딸이 자산군과 혼인한 것도 이들의 결단에 영향을 미쳤다. 이어서 대신들이 수렴청정을 요청하는 절차를 밟아 정희왕후가 수렴청정에 들어감으로써 공식적으로 정치에 참여하게 된다.

이처럼 정희왕후와 권신들의 판단으로 실시된 수렴청정에서 그녀는 권력자를 내조하는 보조적인 역할이 아닌 정치 주체로 나섰다. 그녀는 특별히 정치 수업을 받은 적이 없지만, 1469년에서 1476년까지 정치에 깊이 관여하면서 조선의 역대 왕들과 비교해도 손색이 없다는 평가를 받을 정도로 때로는 강력한 권위와 한편으로는 여인의 섬세함으로 정치에 참여했다.

당시 주요 국정 과제로 호패법號牌法 폐지와 관수관급제官收官給制의 시행과 같은 민생안정책, 왕실 종친인 구성군龜城君 이준李浚 처리와 장남인 의경세자의 추존 문제, 그리고 성종을 잘 보필한 공으로 내리는 좌리공신佐理功臣의 시행 등 왕권 확립 작업이 집중적으로 이루어졌다. 그녀가 왕실 종친의 정리 작업에 적극적인 관심을 기울인 것은 왕실 종친들이 왕의 지원 세력이기보다 왕위를 넘보는 위험 세력으로 바뀌는 것을 우려했기 때문이다.

특히 그녀는 세종의 넷째 아들 임영대군의 아들로, 이미 28세에 영의정을 지내면서 뛰어난 능력을 인정받는 등 왕실 종친 가운데 가장 주목받았던 구성군을 귀양 보냈고, 왕실 종친이 관리로 등용되는 것을 법으로 금지하는 등 왕권을 위협할 요인을 미리 차단하는 것으로 종친들에게 강력한 경고를 보냈다. 그리고 월산군과 제안군을 각각 월산대군과 제안대군으로 책봉하여 왕위 계승권에서 밀려난 왕자들의 불만을 위로하기도 했다.

이 때문인지 이들은 이후 정치에 관여하지 않고 자신을 낮추며 살았다. 제안대군은 노래와 악기를 잘하는 예술가로 살면서 정치와 담을 쌓았고, 월산대군 역시 풍류가로 자처하며 천수를 누렸다.

정희왕후는 예종의 사망으로 홀로 궁궐에 남은 안순왕후와 성종의 생모인 소혜왕후 등 왕실 여인들에 대해서도 각별한 관심을 기울였고, 한편으로는 단종의 비 정순왕후 송씨를 위로하고 도와주려는 뜻에서 의식을 공급하라고 일러 단종의 영혼과도 화해를 시도했다.

수렴은 하지 않고 청정만 이루어지다

수렴청정은 왕대비 또는 대왕대비가 왕의 뒤에 발을 치고 앉는 수렴垂簾과 정사에 참여하는 청정聽政을 말한다. 하지만 정희왕후의 경우 발을 설치하는 수렴은 하지 않았고, 정사에 참여하는 청정만 이루어졌다. 당시 '발을 설치할 것인가'에 대한 논의도 없었고, 정희왕후는 왕의 뒤에 앉지도 않았다. 이때까지 수렴을 한 사례가 없어 수렴이라는 절차가 상당히 낯설기도 했지만, 주로 그녀가 정사에 간접적으로 참여했기 때문이다.

정희왕후는 국정 전반에 걸친 논의에 관여했고, 국왕과 같은 위상으로 국정을 주도했다. 이 과정에서 세조 대 이후 새로운 권력 집단으로 떠오른 훈구 대신들의 발언권이 확대되었지만, 정희왕후는 한명회와 신숙주 등 원로대신들의 원만한 협조를 이끌어냄으로써 정치적 혼란을 막고, 성종의 안정적인 통치 기반을 마련했다는 평가를 받았다.

정희왕후가 수렴청정 과정에서 보여준 정치 참여 형태는 크게 두 가지로 나뉜다. 첫 번째는 공식적으로 대신들과 정책을 논의하면서 전교傳敎나 전지傳旨 형식으로 정책을 지시하는 직접적인 정치 참여 방식이었고, 두 번째는 대신들과 국왕이 논의했지만 결론이 나지 않은 사안을 성종이 정희왕후에게 의견을 물으면 그녀가 의견을 제시하거나 국왕을 통해 하교하는 식의 간접적인 참여 방식이었다.

정희왕후의 정치 참여는 성종 3년을 시점으로 변화가 나타나기 시작한다. 성종의 즉위와 함께 시작된 초기의 청정 기간은 비정상적인 즉위 과정에서 일어날 혼란을 예방하기 위해 적극적으로 정치에 참여했다면, 즉위 3년을 넘어서자 특별한 의미가 있거나 중요한 사안은 그녀가 직접 논의에 참여하여 처리했지만, 일상적인 사안은 성종에게 결정권을 미루고 뒤에서 지원했다. 성종에게 서서히 정치적 주도권을 넘겨주면서 자신은 후원자 또는 보조자로서의 역할로 정치 참여를 축소한 것이다.

그녀는 특별한 정치적 이념이나 철학적 신념을 지녔던 것은 아니지만, 왕권과 왕실의 보존에서는 투철한 사명감을 지니고 있었다. 그녀가 자신의 아들이자 성종의 아버지 의경세자를 덕종으로 추존하는 데 적극적인 관심을 기울인 것도 성종의 왕권을 강화하려는 의도와 함께 세조 대의 정치 운영 방식을 계승함으로써 정통성을 확립하려는 의도에서였다. 이렇게 해서 '조선의 건국 기틀을 완성했다'고 평가받는 명군 성종이 탄생하게 된다.

한편, 세조가 살아 있을 때부터 불교에 관심을 보였던 그녀는 장남 의경세자의 요절과 뒤이어 남편 세조가 세상을 떠났고, 둘째 아들 예종까지 젊은 나이에 사망하자 심리적 불안을 치유하기 위해 불교에 더욱 의지했다. 특히 수렴청정에서 물러난 후 불교에 더 적극적으로 관심을 기울이는 등 그녀는 마치 불운한 가족사와 함께 또 다른 업보를 떨쳐 버리려는 듯했다.

대표적인 예로 그녀는 요절한 의경세자의 묘 근처에 정인사正因寺를 짓고 불공을 드리며 아들의 극락왕생을 빌었다. 이를 통해 자신의 심리적 충격을 치유하며 위안을 찾으려고 노력했지만, 한편으로는 "죽은 현덕왕후가 세조의 꿈에 나타나 저주를 퍼부어 세조의 가족들이 갑자기 사망했다"는 민간에서 공공연하게 나도는 소문과도 싸워야 했다.

불교에 대한 그녀의 태도는 당연히 유교 정치체제를 지향하며 국왕 중심의 통치 질서 확립을 꾀했던 신료들의 비판을 받았다. 그럼에도 숭유억불 정책을 내세웠던 조선에서 불교가 명맥을 유지할 수 있었던 것은 이처럼 왕실 불교의 전통이 중요한 역할을 했다.

나는 문자를 몰라 국정을 결정하기 어렵다

성종이 20세 성년이 되어 정희왕후가 섭정에서 물러날 시기에 뜻하지 않은 사건이 일어났다. 이 사건은 조선 건국 후 최대의 추문으로 평가할 정도로 정국에 큰 파장을 몰고 왔고, 정희왕후가 수렴청정을 거두는 원인이 되기도 했다.

정희왕후는 한문은 물론 한글도 모르는 까막눈으로 전한다. 신숙주를 비롯한 조정의 중신들이 왕실의 최고 어른인 그녀에게 수렴청정을 요청했을 때 그녀는 "나는 문자를 몰라 국정을 결단하기 어렵지만, 주상의 생모인 수빈粹嬪은 문자도 알고 사리도 알아 감당할 만하다"며 사양했다. 당시 정희왕후가 말한 수빈 한씨는 그녀의 큰며느리로 성종의 생모였다. 하지만 성종이 예종의 양자로 입적한 뒤 즉위했기 때문에 법적으로 예종의 계비 안순왕후가 어머니였다. 반면, 수빈 한씨는 남편 의경세자가 왕위에 오르지 못하고 세자 시절에 세상을 떠나 대비의 자격을 갖추지 못해 궁궐 안에서 공식적인 위상에 한계가 있었다.

당시에는 정희왕후가 글을 모른다는 사실이 중요한 것이 아니라 대신들의 요청을 형식적으로 사양하는 의미가 컸으므로 수렴청정에 걸림돌로 작용하지는 않았다. 그러나 수렴청정이 시작되자 한문으로 작성된 문서는 그녀에게 커다란 부담이었다. 따라서 글을 아는 누군가의 지원이 필요했지만, 궁궐 안에서 한문을 아는 사람들은 대부분 남성이라 부담 없이 상의할 상대를 구하기가 쉽지 않았다. 일반적으로 대비나 대왕대비는 한글로 작성된 언문 교지를 내렸지만, 정희왕후는 한글도 몰랐기에 문제가 간단치 않았다.

당시 정희왕후의 주변에는 한문에 능숙한 여성이 두 명 있었다. 한 명은 수빈 한씨였고, 또 한 명은 조두대曹豆大라는 여종 출신 궁녀였다. 하지만 궁궐에서 존재감이 애매했던 수빈 한씨가 정희왕후를 보조한다는 것이 어색했다. 정희왕후를 보조하려면 수시로 환관과 승지들을 만나야 했기에 왕실 여인으로는 부담스러운 일이었다. 따라서 정희왕후는 수족처럼 믿고 부릴 수 있는 궁녀인 조두대를 선택했다.

정희왕후가 수렴청정을 하는 기간 동안 조두대의 공식 직함은 '대비의 말씀을 관장하는 궁녀'를 뜻하는 종7품 전언典言이었다. 신분상 정희왕후를 보조하는 역할이라 공식적으로 정치에 나설 수 없었다.

그럼에도 정희왕후에게 올리는 모든 문건이 조두대를 거치게 되자 그녀 역시 주목을 받았다. 그녀는 비록 천민 출신이었지만 신분제를 근간으로 하는 왕조 사회의 중심인 궁궐 안에서 권력이 어떻게 움직이는지 정확하게 꿰뚫고 있었다. 심지어 정희왕후의 정치 감각이 뛰어난 것이 아니라 조두대의 능력이 뛰어났다고 평가할 정도였다. 그러나 조두대는 권력의 맛을 보게 되자 과욕을 부리기 시작했다.

조두대와 왕실의 인연은 세종 대로 거슬러 올라간다. 그녀는 본래 세종의 다섯째 아들 광평대군의 여종이었다. 세종 7년(1425)에 태어난 광평대군은 12세 되던 해에 신자수의 딸과 혼인하여 궁궐 밖으로 나가 살림을 차렸다. 이 시기에 세종은 광평대군을 태조와 신덕왕후 사이에서 태어난 무안군 이방번의 양자로 하여 제사를 모셔 왕자의 난 때 처형된 무안군의 혼령을 위로하고 당시까지 생존해 있던 고려 왕족 출신 무안군의 부인 왕씨를 봉양하게 했다.

이후 광평대군은 부인 신씨와 함께 양어머니 왕씨를 모시고 살았고, 20세 되던 해 첫아들 영순군永順君을 낳았다. 그러나 영순군이 태어난 지 5개월 만에 광평대군이 갑자기 세상을 떠나자 충격을 받은 부인 신씨는 머리를 깎고 비구니가 된 것으로 전한다. 당시 세종은 갓 태어난 손자 영순군을 궁궐로 데려오면서 홍씨라는 유모와 함께 유모의 몸종으로 조두대가 입궁하면서 왕실과의 인연이 시작된다.

조선 최고의 추문이 일어나다

조선 왕실에서 왕비가 새로 태어난 아이에게 직접 젖을 물리는 일은 거의 없었다. 따라서 유모는 비록 천인이었지만 아기의 양육에 대단히 중요한 역할을 담당했다. 특히 다음 왕위를 이을 적장자라면 유모의 역할은 더욱 중요했다.

세종은 자신의 유모 유씨를 봉보부인奉保夫人으로 봉해 유모를 예우하는 제도를 선례로 마련했고, 성종 역시 유모 백씨를 봉보부인에 봉해 예우하면서 부와 권력이 따르기도 했다. 이 때문에 의도적으로 유모에게 접근하는 자들까지 생겨나게 되었다.

성종의 유모 백씨의 경우 '평소 따르는 자들이 문 앞에 가득했고', 궁궐을 출입할 때면 '추종하는 자들이 길에 가득했다'고 하며, 노비와 전토를 뇌물로 바치기도 했다. 이와 관련하여 「성종실록」에는 조선시대 최고의 이론 천문학자로 평가받는 세종 대의 유명한 역법학자 이순지의 아들 이공李拱에 대해 다음과 같이 비판하고 있다.

> 처음에 이공이 봉보부인 백씨의 조카딸을 첩으로 삼고 백씨 부부를 부모처럼 섬겼다. 순천부사가 되어서는 몰래 뇌물을 들여 백씨와 깊이 사귀었다. (……) 백씨의 아들이 혼인하는 날에는 이공이 백씨의 집안일을 마치 늙은 종처럼 맡아보아 사람들이 다 비루하게 여겼다. 하지만 이공은 권세와 이익을 달게 여겨 스스로 좋은 계책이라고 생각하였다. 이공은 안주목사가 되어서는 더욱 부지런히 섬겨 뇌물을 땅으로 나르고 바다로 날라 바쳤다.

심지어 유모 백씨는 자신이 왕의 유모라는 배경을 믿고 성종에게 개인적으로 누군가에게 관직을 내려줄 것을 청했다가 성종에게 혼이 나기도 했다.

이처럼 유모의 권세가 대단한 것으로 보아 유모의 몸종에게도 떡고물 정도는 떨어졌을 가능성은 충분했다. 더구나 세종의 지극한 사랑을 받으면서 성장한 영순군은 어린 시절부터 장차 왕위를 이어받을 단종과도 친하게 지냈다. 어느덧 성년으로 성장한 영순군이 궁 밖으로 나가게 되었고, 영순군이 핏덩어리 시절부터 유모의 시중을 들었던 조두대는 궁녀로 궁궐에 남았다. 이후 총명했던 그녀는 세종·문종·단종·세조·예종·성종 등 6대에 걸쳐 궁궐 생활을 하면서 영순군과 왕실을 이어주는 다리 역할을 하기도 했다.

세조는 아버지 세종의 유언에 따라 영순군에게 왕실의 최고위직에 제수할 정도로 조카 영순군을 친아들처럼 아꼈다. 덕분에 조두대 또한 세조의 신임을 받았지만, 세조가 사망하고 영순군도 성종 1년(1470) 27세의 나이로 세상을 떠나자 조두대에게도 위기가 찾아오는 듯했다. 하지만 정희대비가 남편 세조를 대신하여 조두대를 가까이 두고 중용했다. 이후 문자는 물론 역사와 고사에 능통하고, 정치 감각이 탁월했던 조두대는 왕실 종친과의 인연을 토대로 능력을 발휘하며 인간관계를 넓혀 나갔다.

당시 조두대는 "탐학하고 사치를 좋아하며 전횡이 심하다"며 대간의 탄핵을 받은 정희왕후 여동생의 아들 이철견과 사귀었다는 이야기도 전하며, 성종의 생모 소혜왕후, 즉 인수대비와도 가까이 지냈다. 이처럼 조두대의 영향력을 알게 된 자들이 그녀에게 접근하려고 줄을 섰고, 욕심이 많은 조두대는 이러한 상황을 이용해 막대한 부와 권력을 누렸다. 조두대의 여동생이 길에서 대신들도 피해가는 사간원 관리와 몸싸움을 벌이는가 하면, 노골적으로 "뇌물을 받고 관직을 올려주었다"고 비판받을 정도로 그녀는 물론 가족까지 권세가 대단했다.

그녀는 궁궐에서 생활했던 자신을 대신하여 조카 조복중을 내세워 각종 이권에도 개입했다. 실록에는 "본래 부상대고富商大賈로서 면포綿布 바치는 일을 업으로 하고 있음은 나라 사람이 아는 바입니다"라며 상업에 종사했던 조복중이 고모 조두대를 배경으로 막대한 재산을 축적했다고 기록하고 있다.

불명예를 남기다

조두대는 이미 세조 대부터 막대한 돈을 시주해 '영감암靈鑑庵'을 중창할 정도로 일찍이 부를 축적했고, 더 큰 이익을 위해 투자할 줄도 알았다. 영감암은 오대산 상원사 주변에 있는 암자로 고려 말에 나옹대사가 도를 닦은 곳으로 유명했지만, 조선이 건국된 후 퇴락한 사찰이었다. 이후 세조 12년(1466) 국왕의 상원사 행차에 동행했던 조두대는 영감암의 사연을 듣고 중창하기로 결심한다. 물론 그 목적은 본인의 입신양명과 함께 부모의 극락왕생을 빌고, 한편으로는 세조의 만수무강을 기원하기 위한 투자이기도 했다.

중창 공사는 이듬해인 세조 13년(1467) 봄부터 예종 1년(1469) 가을까지 2년 반이나 걸린 대공사로, 막대한 투자가 이루어졌다. 성종 5년(1474)에는 암자에서 수도하는 승려들의 생활을 지원하기 위해 무려 1만 6천 평, 즉 논 10섬지기를 시주하기도 했다. 이러한 과정 속에서 부와 권력을 쌓은 그녀는 정희왕후의 수렴청정을 지원하게 되면서 더 이상 숨은 실력자가 아니었다. 그녀는 지나친 욕심 탓에 수차례 구설수에 오르기도 했지만, 모두 무사히 넘겼다.

성종 6년(1475) 11월에는 '조정 중신들이 작당하여 역모를 꾀한다'는 내용의 괴문서가 승정원 문에 붙는 사건이 발생했다. 당시 출처가 분명하지 않은 익명서는 문제 삼지 않고 바로 소각하는 것이 관례였다. 하지만 괴문서의 내용이 이미 소문으로 널리 퍼졌고, 구체적인 이름까지 거론되었던 탓에 관련된 조정 중신들이 사퇴 의사를 밝혔다.

이에 성종은 "만약 주모자가 자수하면 면죄해주고, 모의에 참여한 자가 고발하면 천인은 면천하며, 양인은 3품계 올려 관직에 임명하고 상품으로 받기를 원하는 자는 면포 4백 필匹과 함께 범인의 재산을 함께 준다"는 파격적인 조건을 내걸며 주모자 색출에 나섰다.

한 달도 채 지나지 않아 승정원에 친군위 권즙의 고발장이 접수되었다. 고발장에는 최개지라는 사람이 누군가와 노비 소송을 벌였는데, 정희대비의 친정 식구와 조두대에게 뇌물을 쓴 자가 소송에서 이겼고, 이에 패배한 최개지가 분개해서 괴문서를 붙였다는 내용이 담겨 있었다. 당시 권즙은 이러한 내용을 인척인 박윤형에게 들었고, 박윤형은 최개지에게 직접 들었다고 했다.

이 고발장으로 익명서 사건은 궁중의 최고 어른 정희왕후와 관련된 사건으로 비화된다. 특히 정희왕후의 친정과 측근 조두대가 뇌물을 받고 노비 소송을 왜곡했다면 그것은 곧 그들이 내알內謁을 통해 국정을 농단했다는 뜻으로 정희왕후도 자유로울 수 없었다. 내알이란 궁궐에서 생활하는 여성이나 환관이 정치에 관여하는 것을 말한다. 당시 이러한 부조리가 심해서 이를 막기 위해 '엄내치嚴內治'라는 제도를 두기까지 했다.

익명서 사건은 주모자 색출에서 정희왕후와 관련된 언급을 최초로 발설한 자를 찾는 데 초점이 맞춰졌고, 의금부에서는 최초 발설자인 박윤형과 최개지를 체포하여 사실 여부를 조사했다. 하지만 박윤형은 권즙에게 그런 말을 한 적이 없다고 주장했고, 최개지는 이 말을 박윤형에게 한 것이 아니라 박윤형이 먼저 자신에게 말했다고 주장했다. 의금부에서는 다시 권즙을 체포해 조사했지만, 그는 사실무근이라고 강력하게 부인했다.

결국 정희대비를 최초로 언급한 자가 누구인지 오리무중에 빠졌고, 오히려 그 발언이 사실인지에 관한 논란으로 이어지면서 정희대비의 수렴청정이 정상적으로 이루어지고 있는지를 따지는 것으로 확대되었다.

조사가 진행됨에 따라 곤란해진 정희왕후는 승정원에 이르기를, "처음에 주상이 어리고 대신들이 나의 수렴청정을 요청하기에 나는 사양하지 못하였다. 그 후 매사에 조심하고 노력했는데, 지금 최개지의 말에 '전언 조두대가 정희대비에게 아뢰지도 않고 제멋대로 판단하여 소송 판결을 내렸다'는 내용까지 있다. 이것은 나의 수렴청정으로 나타난 결과이니, 정치는 부인의 일이 아니고, 또 이제 주상이 총명하니 어찌 결단하기 어렵겠는가?"라며 스스로 수렴청정에서 물러나겠다고 선언한다. 이에 성종과 조정 대신들이 만류했지만 정희왕후가 뜻을 굽히지 않자 결국 8년 동안의 수렴청정이 막을 내리게 된다. 이때가 사건이 일어난 지 두 달 만인 성종 7년(1476) 1월 13일이었다.

이처럼 정희왕후가 수렴청정을 거두면서 최개지 사건의 조사는 더 이상 이루어지지 않았다. 이로써 최개지의 패소가 국정 농단 때문인지, 아니면 최개지 본인의 잘못 때문인지를 끝내 밝히지 못하고 사건이 마무리되었다. 물론 덕분에 조두대는 무사할 수 있었고, 이후에도 그녀는 국정 농단의 주범으로 비판받을 정도로 영향력을 행사했다.

세조와 함께 광릉에 잠들다

정희왕후는 뛰어난 정치 감각과 판단력으로 정국을 주도했음에도 측근에 대한 지나친 신뢰로 국정을 농단하는 사태가 벌어졌다는 오점을 남겼고, 더 나아가 비대해질 대로 비대해진 권신의 권력을 통제하지 못하고 오히려 키워준 결과, 권력 누수 현상을 초래했다는 평가로 이어졌다. 그럼에도 그녀는 수렴청정에서 물러난 뒤 행복한 말년을 보내다가 성종 14년(1483) 4월 온양 행궁에서 66세의 나이로 세상을 떠났다. 그녀의 능은 경기도 남양주시 진접읍 부평리에 있는 광릉光陵으로, 남편 세조와 함께 잠들어 있다.

광릉은 이전의 왕릉과는 건축 방식이 다른 것으로도 유명하다. "내가 죽으면 속히 썩어야 하니 석실과 석곽을 사용하지 말 것이며 병풍석도 쓰지 말라"는 세조의 유언에 따라 능에 병풍석이 없고, 봉분 안에는 석실 대신 관을 구덩이 속에 내려놓고 그 사이를 석회로 메워서 다진 회격灰隔으로 조성되어 있다.

그 결과, 조선 최초로 같은 산줄기에 좌우 언덕(岡)을 달리하여 왕과 왕비를 각각 따로 모시고, 능 중간 지점에 하나의 정자각을 세우는 형식인 동원이강릉同原異岡陵이 탄생하게 되었다. 동원이강릉은 세조의 광릉을 시작으로 세조의 두 아들이 묻힌 경릉과 창릉 그리고 손자 성종의 선릉까지 집중적으로 나타난다. 그러나 이후 선조의 목릉 외에는 제대로 된 동원이강릉은 역사에서 자취를 감추게 된다.

면적 249만 4800제곱미터의 대규모로 조성된 광릉과 숲은 풍수가들에 따르면 쌍룡농주형雙龍弄珠形, 즉 두 마리 용이 여의주를 가지고 노는 형상에 해당하는 명당으로 손꼽힌다. 그래서인지 세조의 능은 풍수지리와 관련하여 다양한 이야기들이 전한다. 예를 들면 세조는 직접 자식들이 묻힐 자리를 살펴볼 정도로 풍수지리에 상당한 지식이 있었다고 한다. 세조는 자신의 왕위가 사육신과 생육신 등 신하들에게 계속 도전받는 것은 풍수지리상으로 자신의 집안에 왕의 기운(王氣)이 부족한 것으로 판단하여 왕의 기운이 큰집인 문종의 가문으로 더 이상 넘어가지 못하게 하고, 작은집인 자신의 가문으로 돌려서 자신의 후손에서만 후대의 왕들이 나오도록 조치했다고 한다. 그 덕분에 세조 이후 400여 년간 그의 후손이 조선을 통치했다는 이야기도 있다.

광릉은 환경과 생태학적으로도 매우 중요한 곳으로 주목받고 있다. 광릉 숲은 다양한 식물과 곤충 그리고 새들이 살고 있어 2010년 유네스코 생물권 보전지역으로 지정되었으며, 단위 면적당 식물종 수가 설악산과 북한산보다 훨씬 더 많은 것으로 집계되고 있다. 또한 우리나라에서만 살고 있는 천연기념물 제11호 크낙새와 천연기념물 제218호 장수하늘소, 산림청 선정 희귀 및 멸종위기 식물 흰진달래 등이 서식하고 있다. 게다가 왕릉에는 대체로 소나무가 주류를 이루지만, 광릉에는 특이하게도 소나무가 능침 뒷면에만 있을 뿐 넓은 산역에는 발견되지 않는다.

사람들의 활동이 집중되었던 중부지역의 광릉에 이처럼 다양한 생물이 서식하는 이유는 장기간 숲이 보전되었기 때문이다. 광릉은 본래 세종 때 중추부사를 지낸 정흠지와 성종 때 영의정을 지낸 그의 아들 정창손의 선산으로 관리되다가 왕릉으로 조성되면서 선산의 무덤을 모두 이장했다. 이후 광릉 숲은 왕릉의 부속림으로 일반인의 출입을 엄격하게 통제했고, 일제 강점기에도 임업 시험림으로 지정되어 개발과 훼손을 피할 수 있었다.

하지만 현대에 들어서면서 전쟁의 참화를 피하지는 못했다. 6·25 전쟁으로 세조와 정희왕후 능침의 석물과 정자각을 올린 정면 석대에 수많은 총탄 자국이 남아 있는 것이 그 예이다.

광릉 : 경기도 남양주시 진접읍 광릉수목원로 354(부평리 246-5)

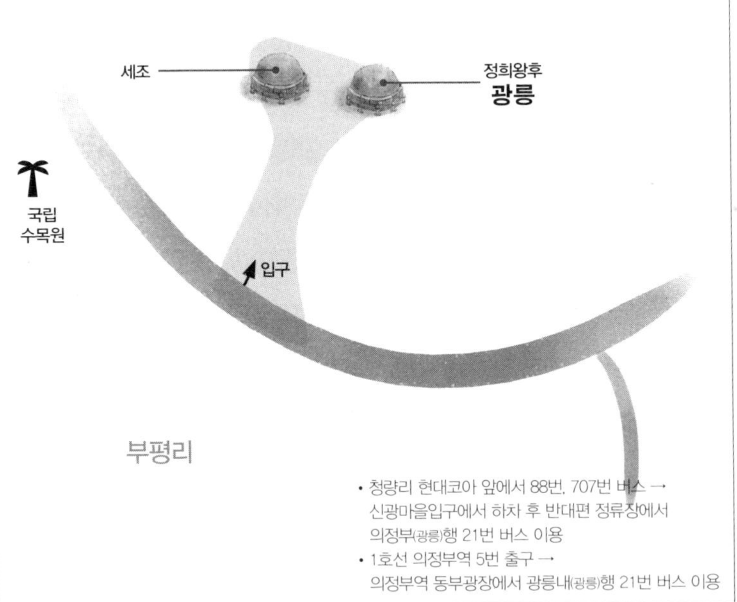

2장

행복과 불행은 영원한 것이 아니다

- 예종의 정비와 계비 – 장순왕후 한씨와 안순왕후 한씨
- 덕종의 정비 – 소혜왕후 한씨
- 성종의 정비 – 공혜왕후 한씨
- 성종의 제1계비 – 제헌왕후 윤씨
- 성종의 제2계비 – 정현왕후 윤씨
- 연산군의 정비 – 거창군부인 신씨
- 중종의 정비 – 단경왕후 신씨
- 중종의 제1계비 – 장경왕후 윤씨
- 중종의 제2계비 – 문정왕후 윤씨
- 인종과 명종의 정비 – 인성왕후 박씨와 인순왕후 심씨
- 선조의 정비 – 의인왕후 박씨
- 선조의 계비 – 인목왕후 김씨

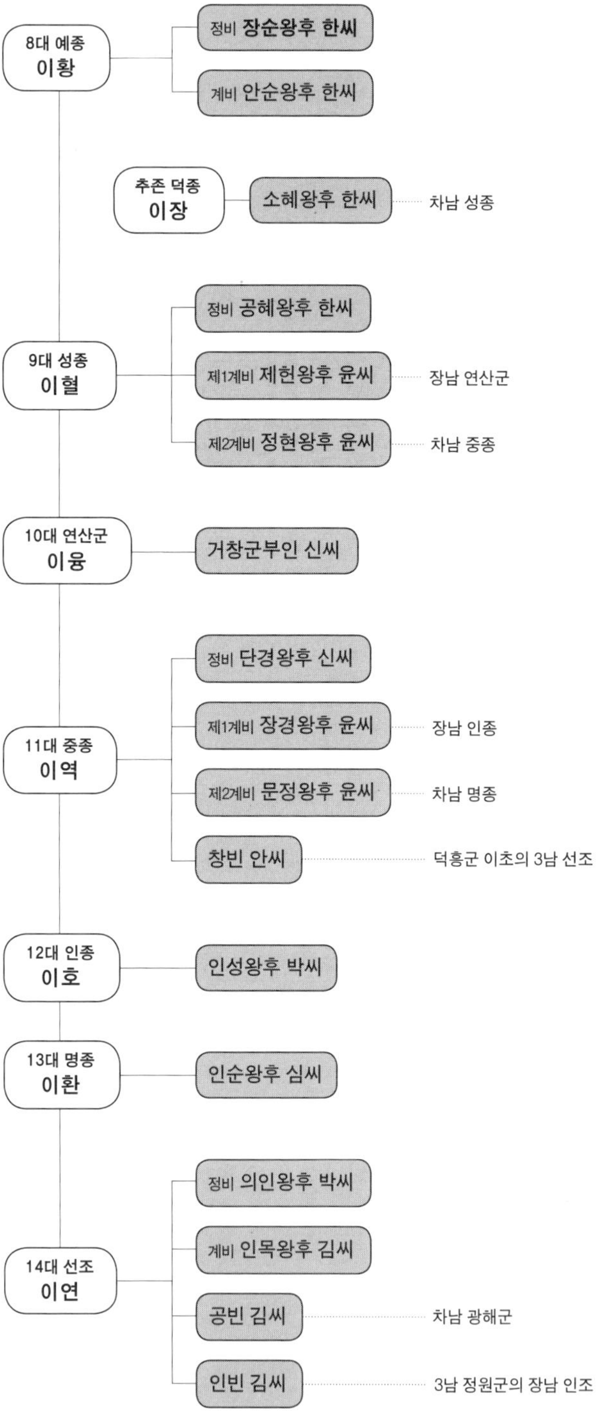
8대 예종
이황
정비 장순왕후 한씨
계비 안순왕후 한씨
추존 덕종
이장
소혜왕후 한씨
차남 성종
9대 성종
이혈
정비 공혜왕후 한씨
제1계비 제헌왕후 윤씨
장남 연산군
제2계비 정현왕후 윤씨
차남 중종
10대 연산군
이융
거창군부인 신씨
11대 중종
이역
정비 단경왕후 신씨
제1계비 장경왕후 윤씨
장남 인종
제2계비 문정왕후 윤씨
차남 명종
창빈 안씨
덕흥군 이초의 3남 선조
12대 인종
이호
인성왕후 박씨
13대 명종
이환
인순왕후 심씨
14대 선조
이연
정비 의인왕후 박씨
계비 인목왕후 김씨
공빈 김씨
차남 광해군
인빈 김씨
3남 정원군의 장남 인조

아버지의 정치적 야망에 가려지다

장순왕후 한씨章順王后 韓氏와 안순왕후 한씨安順王后 韓氏

예종의 정비와 계비

기대를 받았지만 불행으로 끝나다

장순왕후는 어린 나이에 요절하여 왕실 여인의 불행을 다시 한 번 보여준 왕비였다. 그럼에도 사람들은 그녀의 죽음으로 아버지 한명회의 정치적 야심이 꺾였다는 사실에 더 주목한다. 세자 시절의 예종과 결혼하여 그녀가 왕실과 인연을 맺은 것은 한명회의 정치적 의도가 크게 작용했기 때문이다. 그녀는 비록 준비되지 않은 왕비였지만, 한명회는 그녀를 준비된 왕비로 만들고 싶었는지도 모른다.

장순왕후는 세종 27년(1445) 청주 한씨 집안에서 한명회韓明澮와 여흥 민씨閔氏의 셋째 딸로 태어났다. 이때까지도 그녀의 집안은 세도가에 속하지 않았다. 이후 한명회가 세조의 즉위 과정에 적극적으로 참여하여 권력의 중심에 서면서 권세가의 반열에 오른다. 이러한 집안을 배경으로 그녀는 세조 6년(1460) 16세의 나이에 세자 예종과 혼인하여 세자빈 자리에 올랐다. 당시 세자는 그녀보다 다섯 살이나 어렸다.

성격이 조용하고 차분했던 그녀는 정숙한 성품과 아름다운 용모로 시아버지 세조의 총애를 받았고, 결혼한 이듬해인 세조 7년(1461) 인성대군의 출산으로 왕실은 물론, 나라가 경사로 들썩였다. 특히 세조의 장남 의경세자가 20세로 요절한 후 뒤를 이어 세자 자리에 오른 예종의 적장자가 탄생했으니 그 기쁨은 더욱 클 수밖에 없었다.

뿐만 아니라 그녀의 남편은 이미 8세에 세자로 책봉되어 차분하게 제왕 수업을 받았고, 국왕의 자질을 갖추었다는 평가를 받고 있었다. 여기에 그녀의 친정 청주 한씨 가문은 개국을 주도한 가문들과도 혼인 관계를 맺으며 조선에서 세도가로 뿌리내렸고, 친정아버지 한명회는 세조의 최측근으로 최고의 권세를 누리고 있었다. 따라서 장순왕후는 때가 되면 왕비 자리에 오르고, 남편의 뒤를 이어 아들이 왕위에 오르면 자신은 대비가 되는, 왕실의 정통 과정이 기다리고 있었다.

하지만 기쁨은 잠시였다. 장순왕후가 왕자를 출산하고 한 달여 만에 산후병으로 사망한 것이다. 이때가 세조 7년(1461) 12월로 그녀의 나이 겨우 17세였고, 왕실에 시집온 지 2년도 되지 않은 때였다. 그리고 3년 뒤에는 인성대군이 사망하는 불운까지 연이어 일어났다. 나라의 국모와 왕실의 대를 이을 적장자를 모두 잃은 것이다. 잠깐의 기쁨 뒤에 찾아온 슬픔치고는 너무나 큰 충격이었다.

그러나 불행은 여기서 끝나지 않았다. 그녀의 남편 예종 역시 왕위에 오른 지 1년 2개월 만에 세상을 떠났고, 그녀의 친동생이자 성종의 정비 공혜왕후가 요절하는 등 세조의 직계 가족이 연이어 세상을 떠났다. 민간에서 단종을 죽인 세조에 대한 현덕왕후의 저주 때문이라고 수군거리는 등 여러 가지 소문들이 나돌았다. 물론 이러한 이야기들은 사실 여부를 떠나 민간에서는 세조가 왕위에 오르는 과정을 여전히 기억하고 있음을 의미했다.

세조와 정희왕후는 자식들의 갑작스러운 죽음에 충격이 컸지만, 민간의 이러한 분위기도 곤혹스러웠다. 특히 이야기의 당사자인 세조는 자신의 혈육들이 사망할 때마다 뒷수습을 감당해야 했기에 부담이 더욱 컸다. 어쩌면 그가 벌인 일에 대한 업보였는지도 모른다.

세조는 며느리이자 세자빈의 죽음을 비통해하며 예를 갖추어 장례를 치렀고, '온순하고 너그럽고 아름다운 것을 장章, 유순하고 어질고 자혜로운 것을 순順'이라 하여 세자빈에게 '장순章順'이란 시호를 내렸다. 이후 그녀의 동생 공혜왕후와 혼인한 제부이자 시조카인 성종이 '휘인소덕 장순왕후徽仁昭德章順王后'라는 시호를 내려 왕비에 추존되었다.

그녀의 능은 공릉恭陵으로, 경기도 파주시 조리읍 봉일천리의 '파주 삼릉三陵' 안에 있다. 공릉은 장순왕후로 추숭되면서 왕후의 예에 걸맞게 제사를 지냈다고 하지만, 본래 세자빈의 묘로 조성되어 다른 왕후들의 능보다 소박하다. 파주 삼릉에는 공릉 외에도 성종의 원비 공혜왕후의 순릉 그리고 영조의 아들 효장세자와 비 효순왕후의 영릉이 조성되어 있다. 이곳에 세 개의 능이 있다는 뜻으로 '삼릉'이라고 한다.

적장자까지 낳았지만 소외되다

장순왕후 모자의 죽음은 분명 왕실의 큰 슬픔이었지만, 왕실에는 법도가 있었기에 다음 왕으로 즉위할 세자의 배우자 자리를 비워둘 수 없었다. 세조 9년(1463), 세자빈을 새로 간택하지 않고 당시 사옹별자 한백륜韓伯倫의 딸을 종5품 소훈昭訓으로 맞아들였다. 이처럼 세자빈을 새로 간택하지 않고 후궁을 간택한 이유는 문종의 세자 시절에 세자빈이 두 번이나 폐출되면서 배우자의 됨됨이를 살펴야 한다는 전례에 따른 것이다. 그녀가 바로 안순왕후로, 청주 한씨 문정공파 족보에 따르면 장순왕후와는 동갑이라고 한다.

안순왕후는 세조 12년(1466) 세자였던 예종의 뒤를 이을 건강한 아들 제안군을 낳았고, 왕비 책봉을 받을 당시에도 만삭의 몸이었다. 남편 예종도 젊은 나이라 왕실 후손에 대한 걱정은 없었다. 그녀는 또한 세조의 장남으로 세자 시절에 사망한 의경세자의 부인 소혜왕후와도 같은 청주 한씨 집안 출신인 친척관계였다.

청주 한씨 집안은 세조의 즉위 과정에서 한명회를 비롯하여 한확과 한계미 등 다수의 정난공신과 좌익공신을 배출하여 권문세가로 급부상하고 있었다. 따라서 왕비로서의 그녀의 위상을 의심하는 사람은 아무도 없었다. 하지만 시간은 그녀를 기다려주지 않았다. 남편 예종이 즉위한 지 14개월 만에 갑자기 세상을 떠나자 왕비로서 안순왕후의 운명도 거기에서 멈췄다.

그녀에게 왕통을 이을 적장자가 있다는 희망이 남아 있었지만, 당시 왕실과 정국은 그녀를 완전히 외면했다. 왕실 법통을 따르는 일보다 당시의 정국을 고려하여 예종의 뒤를 이을 후계자로 앞서 세상을 떠난 의경세자의 둘째 아들이 선택된 것이다. 이유는 간단했다. 안순왕후의 아들이 4세로 너무 어렸기 때문이다. 이제 25세에 청상과부가 된 안순왕후 모자의 앞날은 누구도 보장할 수 없었다. 더구나 왕실 보존과 왕권 강화를 위해 왕실 종친들까지도 하루아침에 목숨을 잃는 전례가 있었다. 특히 왕위에 오를 자격이 있음에도 왕이 되지 못했다는 사실은 왕위에 오른 집권자에게는 위협이 될 수도 있었기에 그녀의 불안감은 더 클 수밖에 없었다.

그나마 다행이라면 예종의 뒤를 이어 즉위할 성종을 안순왕후의 양자로 입적했다는 사실이다. 이에 따라 그녀는 1469년 성종이 즉위하면서 선왕先王, 즉 예종의 왕비이자 법적으로 성종의 어머니 자격으로 인혜왕대비仁惠王大妃에 올랐다. 그런데 상황이 그녀에게 유리하지만은 않았다. 성종 1년(1470) 1월, 의경세자를 의경왕으로 추숭하면서 성종의 생모 수빈 한씨도 왕비 자리에 올랐기 때문이다. 그녀가 바로 소혜왕후로, 왕실에 법적인 어머니와 생모가 존재하는 기이한 현상이 벌어진 것이다. 성종이 즉위한 직후 생모 소혜왕후는 법적인 자격이 없다는 이유로 성종의 문안인사를 받지 못했지만, 이제는 궁궐 안에서 안순왕후의 위상이 흔들릴 수도 있었다.

왕실 법도가 아닌 사가의 서열을 따르다

조정의 분위기는 성종이 예종의 뒤를 이어 왕위에 올랐기에 왕실 법도에 따라 생모보다는 법적인 어머니 안순왕후에게 기울어 있었다. 당시 사관史官이 성종에게 아뢰길 "예종의 비 인혜왕대비는 당시 왕비였고, 생모 소혜왕후는 세자빈으로 군신관계에 있었으니 마땅히 인혜왕대비를 웃전으로 해야 한다"고 주장했다. 그러나 원상 신숙주는 "소혜왕후도 이미 왕후의 존호를 받았으니, 마땅히 형제의 서열을 적용해야 한다"며 소혜왕후의 손을 들어주었다.

이에 안순왕후와 소혜왕후의 서열에 대한 열쇠를 쥔 왕실 최고 어른 정희왕후는 "세조대왕께서 항시 소혜왕후에게 명하여 예종을 보호하게 했고, 집안에도 순서가 있으니, 소혜왕후의 서열은 마땅히 인혜왕대비 위에 두어야 한다"며 신숙주의 주장을 윤허하는 형식으로, 두 여인의 서열을 왕실의 법도가 아닌 사가의 법도에 따라 형제의 서열을 앞세웠다. 결국 소혜왕후는 세자빈 출신이었지만 정희왕후에 이어 왕실 서열 2위가 되었고, 인혜왕대비는 왕비를 거쳐 현직 왕의 법적 어머니임에도 왕실 서열 3위로 결정되었다.

성종 6년(1475) 1월 의경왕을 의경대왕으로 추숭하였고, 소혜왕후는 공식적으로 인수왕대비仁粹王大妃로 진봉되었으며, 그해 10월 의경대왕의 묘호를 덕종으로 올렸다. 이미 대비에 올라 있던 인혜왕대비의 서열 문제가 다시 거론되었지만, 인수대비를 웃전으로 하는 것으로 간단하게 결론이 났다. 연산군과의 일화로 우리 역사에서 잘 알려진 인수대비는 이렇게 탄생했다. 이에 앞서 안순왕후의 아들 제안대군은 성종의 정통성에 위해가 된다는 이유로 성종 5년(1474), 세종의 일곱 번째 아들 평원대군의 제사를 받드는 양자로 입적되었다.

이처럼 두 대비의 시어머니 정희왕후는 번번이 인수대비의 손을 들어주었지만, 인수대비 역시 평범한 여인이 아닌 당찬 면모를 지녔을 뿐만 아니라 가문의 위세도 대단했다. 반면, 안순왕후에게 새로운 기회가 찾아올 가능성은 거의 없었다. 훗날 성종이 사망하고 연산군이 즉위한 후 연산군 2년(1496)에 그녀는 인수왕대비와 함께 대왕대비로 진봉되어 '명의明懿'라는 존호를 받았지만, 대왕대비의 자리에 잠시 오른 것 외에는 특별히 존재감을 찾아볼 수 없다. 그녀는 세조와 정희왕후의 맏며느리이자 성종의 생모 그리고 연산군의 친할머니 인수대비의 그림자에 가려 평생을 살았던 것이다.

안순왕후는 예종과의 사이에서 2남 1녀를 낳았지만, 제안대군과 현숙공주 등 1남 1녀만 생존했다. 하지만 그녀는 남편 복은 물론 자식과 며느리 복도 없었다. 사촌인 성종에게 왕위를 빼앗기는 불운을 겪은 제안대군은 어머니에게 효심이 깊었던 것으로 전하지만, 안순왕후는 두 번씩이나 며느리를 내쫓아야 했다. 아들이 화목한 가정을 꾸리고 살기를 원했지만, 그녀의 생각대로 되지 않은 듯하다.

안순왕후의 첫 번째 며느리 김씨는 간질을 앓아 제안대군이 싫어했고, 손자를 보기 어렵겠다는 생각에 쫓아낸 것으로 전한다. 두 번째 며느리 박씨도 제안대군과 사이가 좋지 않았다. 따라서 첫 번째 부인과 재결합하고 싶어진 제안대군이 여종을 몰래 두 번째 부인의 이불 속으로 들어가게 해서 동성애자로 모함하는 자작극까지 벌였고, 결국 불손하다는 이유로 두 번째 며느리를 쫓아냈다. 박씨는 얼마 뒤에 병으로 사망했고, 재결합한 김씨 부인 사이에 후손을 두지 못했다.

이후 제안대군은 어머니 안순왕후가 사망하자 평생 여색을 가까이 하지 않고 음악을 즐기며 혼자 살았다. 연산군이 네 차례나 음률音律을 아는 여자를 궁중으로 맞아들여 그에게 내렸으나 따르지 않을 정도였다. 이러한 제안대군의 태도에 대해 『패관잡기稗官雜記』에는 "성품이 어리석다"고 평하면서도 "진실로 어리석은 것이 아니라 몸을 보전하기 위하여 스스로를 감춘 것"이라고 덧붙이고 있다.

안순왕후의 딸 현숙공주顯肅公主 역시 삶이 평탄하지 못했다. 그녀는 간신의 대명사로 역사에 이름을 남긴 임사홍의 아들 임광재와 결혼했지만, 남편의 여자 문제로 사이가 좋지 않았다. 그녀의 남편은 결국 성종 25년(1494) 진천의 양민집 여인 존금存今을 첩으로 삼았다는 죄로 의금부에서 추국을 받고 유배에 처해졌다. 조선에서 공주의 남편은 부인 이외에 첩을 둘 수 없었기 때문이다. 이후 이 두 사람은 별거생활을 하다가 후손을 두지 못하고 세상을 떠나 대가 끊기고 말았다.

이처럼 안순왕후는 비록 왕비의 자리에 올랐지만, 재위 기간이 너무 짧아 특별한 이야기도 없이 불행한 가족사만 전한다. 현대에도 안순왕후가 등장하는 사극은 찾아볼 수 없고, 간혹 등장한다 해도 그야말로 왕실 여인들의 머릿수를 채우는 수준이라 할 수 있다.

이승에서 짧은 인연을 죽어서 이어가다

안순왕후는 연산군 4년(1498) 창덕궁에서 불운한 생을 마감했다. 그녀는 남편 예종과 함께 창릉昌陵에 묻혀 비록 이승에서는 짧은 부부의 인연이었지만, 죽어서 영원히 함께 잠들게 되었다. 창릉은 경기도 고양시 덕양구 용두동의 서오릉西五陵 안에 조성되어 있다. 일설에 따르면, 세조가 큰집에 해당하는 문종과 할아버지 태조가 묻혀 있는 동구릉에 왕기王氣의 흐름을 차단하고 자신의 집안으로 돌리려고 동구릉과 반대 방향인 한양의 북서쪽에 가족 무덤을 조성한 것이 서오릉의 시작이라는 이야기가 전한다.

서오릉에는 모두 다섯 기의 왕릉이 있다. 세조 3년(1457), 장남 의경세자가 사망하자 풍수지리를 참조하여 세조가 직접 답사한 뒤 조성한 경릉敬陵을 비롯해 의경세자의 빈으로 훗날 왕후로 추존된 소혜왕후, 즉 인수대비가 함께 잠들어 있다. 이후 숙종 7년(1681) 숙종의 비 인경왕후의 익릉翼陵이 조성되었고, 경종 1년(1721) 숙종과 계비 인현왕후의 쌍릉과 제2계비 인원왕후의 단릉을 합한 명릉明陵이 조성되었고, 영조 33년(1757) 영조의 비 정성왕후의 단릉인 홍릉弘陵이 들어섰다. 그리고 왕릉은 아니지만, 명종의 장남 순회세자의 순창원과 사도세자의 어머니 영빈 이씨의 수경원이 있으며, 숙종의 후궁으로 유명한 일화를 남긴 희빈 장씨의 묘가 1970년 이곳으로 이장되는 등, 서오릉은 조선 왕릉 중에서 동구릉 다음의 큰 규모로 왕족들이 잠들어 있다.

창릉은 정자각을 중심으로 왕과 왕비의 능이 한 언덕의 다른 줄기에 별도로 동원이강릉으로 조성되었다. 인조 3년(1625)과 4년(1626) 봉분이 불에 타 잔디를 다시 입혔고, 영조 32년(1756)에는 정자각에 불이 나 중건했다. 그리고 고종 33년(1896)과 38년(1901)에도 봉분에 불이 나는 등 유난히 화재가 자주 일어났다.

일부 풍수가들에 따르면, 창릉은 지리적으로 청룡이 높고 백호가 낮다는 지적을 받는다. 청룡의 어깨 부분이 푹 꺼져 있어서 사람에게 모진 해를 끼치는 '황천살黃泉煞'이 낀 매우 꺼림칙한 땅이라고 한다. 따라서 조선의 왕릉은 기본적으로 명당을 선택했지만, 창릉은 역풍수로 해석하기도 한다. 즉, 풍수로 후손에게 복을 가져다주기도 하지만, 거꾸로 특정 후손이 단절되는 등 몰락을 가져온다는 뜻이다.

즉, 세조가 친히 나서서 장남 의경세자는 명당을 찾아 극진히 장사 지냈지만, 차남 예종은 왕위에 올랐음에도 명당은 고사하고 국장 처리가 졸속하게 일사천리로 진행되었다는 지적을 받기도 한다. 예종의 능을 이곳에 조성할 당시 대신들이 의도적으로 반대하지 않았다는 이야기가 전하는 것이 그 예이다. 즉, 홍윤성 등이 예종의 능을 조성할 자리를 살펴보고 돌아와서 "그 땅은 의심할 만한 것이 없습니다"라고 보고하자, 정인지가 "그곳은 청룡이 높고 백호가 낮아 그다지 사용에 적합하지는 않으나, 다만 한양에 가까운 점만 취할 뿐입니다"라고 문제를 제기했다. 정인지는 대학자로, 세종의 명으로 집현전에서 풍수학을 연구했고 여러 왕릉의 선정에 관여하는 등 풍수 이론과 실무에도 능통했지만 당시 대신들은 귀담아듣지 않았다고 한다.

심지어 예종의 갑작스러운 죽음에 대해서 '독살되었다'는 등 말이 많았다. 조선 후기의 학자 이긍익의 『연려실기술』에는 다음과 같이 기록되어 있다.

> 예종이 세자 시절, 세조가 병환이 생겼을 때 수라상을 보살피고 약을 먼저 맛보며 밤낮으로 곁을 지키며 한잠도 못 잔 지가 여러 달이 되었다. 세조가 돌아가시자 슬픔이 지나쳐 한 모금의 물도 마시지 않아 마침내 건강을 해치게 되어 이해 겨울에 세상을 떠났다.

이처럼 효성이 지극했던 예종이 부왕 세조가 세상을 떠난 것에 충격을 받아 건강을 해쳤고, 결국 사망 원인이 되었다고 기록하고 있다. 그럼에도 민간에서는 젊은 예종의 갑작스러운 죽음과 관련해 권신들에게 의혹의 눈초리를 보냈던 것이다.

공릉 : 경기 파주시 조리읍 삼릉로 89(조리읍 봉일천리 산4-1)

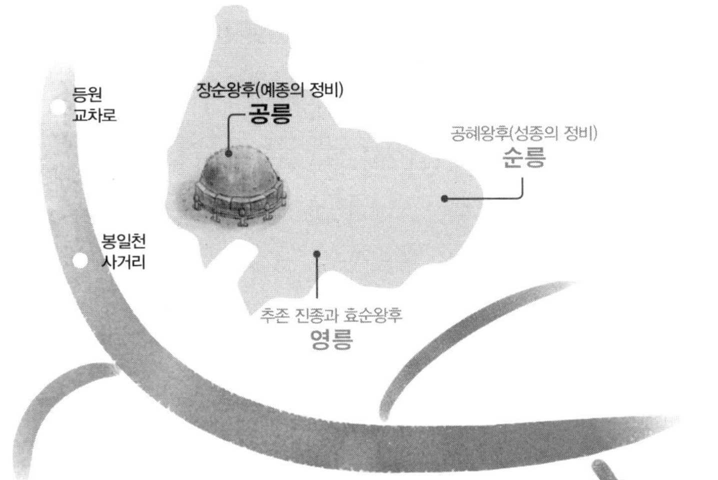

- 3호선 구파발역 2번 출구 → 17, 30, 31, 99번 버스 이용
- 3호선 구파발역 3번 출구에서 구파발역 입구 정류장까지 이동 → 760, 9709, 9710번 버스 이용
- 3호선 홍제역 2번 출구 중앙 버스정류장 → 9709, 9710번 버스 이용
  버스정류장 이름 : '파주삼릉 입구' 하차(도보 10분)

창릉 : 경기도 고양시 덕양구 서오릉로 334-32(용두동 산30-1)

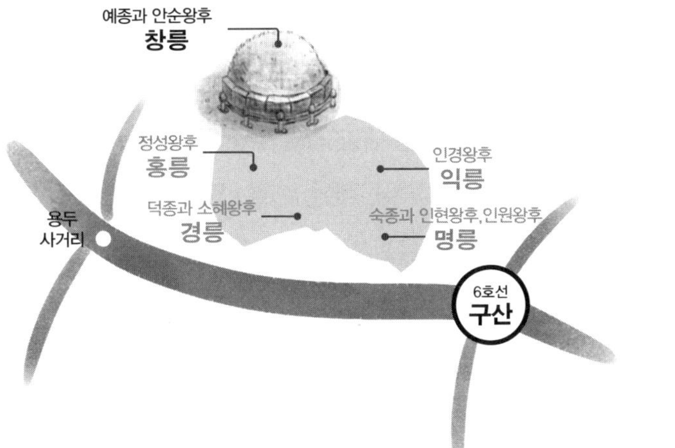

- 3호선 홍제역 2번 출구 중앙 버스정류장, 녹번역 4번 출구 은평구청 방향 → 702A, 9701번 버스 이용
- 3호선 원당역 3번 출구 서울 방향 → 9701번 버스 이용
- 6호선 역촌역 2번 출구, 구산역 1번 출구 → 9701번 버스 이용
  버스정류장 이름 : '서오릉 입구'

반전을 거듭하며 왕실과 인연을 이어가다

소혜왕후 한씨昭惠王后 韓氏

덕종의 정비

철의 여인이 탄생하다

소혜왕후는 세조의 비이자 시어머니 정희왕후의 정치적 동반자로 평가하는가 하면, 그녀의 정치 역정에 주목하여 '철의 여인'으로 평가하기도 한다. 또한 소혜왕후라고 하면 낯설지만, 인수대비仁粹大妃로 더 잘 알려졌을 정도로 그녀는 대비 시절의 삶이 더 주목받고 있다. 그녀는 비록 공식적으로 왕비 자리에는 못 올랐지만, 대비로서 그녀 삶이 그야말로 파란만장했기 때문이다.

소혜왕후는 한때 시아버지 세조의 사랑을 받았던 왕실의 맏며느리이자 의경세자의 부인으로 그녀의 앞날은 이미 보장된 듯했다. 하지만 남편이 세자 시절에 갑작스럽게 세상을 떠나자 모든 것을 내려놓아야 했다.

이후 그녀와 왕실과의 인연은 세조의 뒤를 이
형수라는 사실뿐이었고, 이러한 관계는 공
아니었다. 따라서 그녀는 불운한 삶을 살아야 할
않았지만, 그녀의 아들이 뜻밖의 선택으로 왕위에 오르
모이자 피의 보복을 불러일으킨 연산군의 할머니, 그리고 며느리를 폐위한 시어머니로 역사에 이름을 남기게 된다.

이처럼 반전을 거듭하며 왕실과 인연을 이어간 소혜왕후는 삶 자체가 드라마틱했기에 얽히고설킨 왕실의 사건·사고와 관련하여 현대의 사극에도 자주 등장한다. 다음은 그녀가 등장한 현대의 주요 영화와 드라마를 도표로 정리한 것이다. 소혜왕후 역할은 모두 연기력을 인정받은 중견 배우들이 배역을 맡아 강한 인상을 남겼다.

연도	제목(방송국)	배우	비고
1962년	연산군	전옥	영화
1972년	사모곡(TBC)	황정순	드라마
1984~1985년	설중매(MBC)	고두심	드라마
1987년	연산군	정혜선	영화
1988년	연산일기	한은진	영화
1994년	한명회(KBS)	김영란	드라마
1995년	장녹수(KBS)	반효정	드라마
1998~2000년	왕과 비(KBS)	채시라	드라마
2005년	왕의 남자	윤소정	영화
2007~2008년	왕과 나(SBS)	전인화	드라마
2011~2012년	인수대비(JTBC)	함은정/채시라	드라마
2017년	역적(MBC)	안문숙	드라마

이외에도 소설에서 신봉승의 『인수대비』와 『왕을 만든 여자』 그리고 이수광의 『인수대비』 등도 독자들의 주목을 받았다.

소혜왕후는 명문가 청주 한씨 집안 출신으로 세종 19년(1437) 좌의정을 지낸 한확韓確과 남양 홍씨洪氏 사이에 여섯째 딸로 태어났다. 이후 문종 즉위년인 1450년 14세에 수양대군의 장남 도원군 이장李暲과 혼인하여 군부인에 봉해졌다.

당시 시아버지 수양대군은 왕위와는 관계없는 왕자 신분으로 궁 밖에서 살고 있었고, 그녀 역시 궁궐 밖의 시댁에서 신혼생활을 시작했다. 이후 그녀는 단종 2년(1454)에 첫아들 월산군을 낳았고, 이듬해인 단종 3년(1455) 수양대군이 이른바 계유정난에 성공하여 왕위에 오르면서 궁궐 생활을 시작하게 되었다. 장남인 그녀의 남편이 세자에 봉해지면서 그녀 역시 세자빈에 올라 새로운 세상을 맞이한 것이다.

자진해서 궁궐을 떠나다

세자빈으로 궁궐에서 생활을 시작한 해에 그녀는 딸 명숙공주를 낳았고, 2년 후인 세조 3년(1457) 자산군을 낳아 2남 1녀를 두었다. 따라서 세조의 뒤를 이어 왕위를 물려받을 남편과 남편의 뒤를 이을 적장자까지 두었던 그녀의 위치는 확고했고, 가정 또한 다복했다. 세종 때부터 중용된 친정아버지 한확은 수양대군이 단종을 내쫓고 왕위에 오르는 과정에 적극 가담하여 정난공신 1등에 올라 "나는 새도 떨어뜨릴 수 있다"고 할 만큼 친정 또한 든든했다. 이처럼 그녀는 차기 왕비로서 거칠 것이 없었다.

그녀는 '사리에 통달했다'는 평을 받을 정도로 세상 돌아가는 이치를 읽을 줄 알았고, 중국의 『열녀전列女傳』, 『소학小學』, 『여교女敎』, 『명감明鑑』 등에서 내용을 가려 뽑아 조선시대 사대부 여인들의 수신서이자 여성 교육의 기본서인 『내훈內訓』을 편찬할 정도로 당시 여성으로서는 드물게 유학에도 조예가 깊었다.

이러한 학문적 식견을 바탕으로 몸소 효를 실천하며 시부모 세조와 정희왕후를 극진하게 섬겨 세조는 그녀에게 효부孝婦라는 칭찬을 아끼지 않았고, 두 아들 월산군과 자산군의 자그마한 실수에도 절대 감싸는 법 없이 정색을 하고 꾸짖는 엄격한 어머니였다. 세조와 정희왕후는 농담 삼아 이러한 그녀에게 폭빈暴嬪이라는 별명을 붙이기도 했다.

그러나 그녀의 삶을 시기라도 하듯 불행이 연이어 일어났고, 심지어 궁궐 생활마저 오래가지 못했다. 세조 3년(1457) 친정아버지 한확이 객사했고, 뒤이어 남편 의경세자가 20세의 나이로 요절하면서 하루아침에 모든 것을 잃게 된 것이다. 21세에 청상과부가 된 그녀는 갓 태어난 막내아들 자산군을 포함해 아이들과 함께 궁을 떠나야 했다.

당시 그녀를 각별히 총애했던 세조는 연이은 불행을 안쓰럽게 여겨 궁궐에서 살 수 있도록 허락했지만, 그녀는 스스로 사양했다. 며느리의 고집을 익히 알고 있었던 세조는 그녀와 아이들을 위해 궁궐 밖에 특별히 집을 지어주었다. 훗날 선조가 왜란 당시 의주에서 돌아와 궁궐로 삼은 '정릉동 행궁貞陵洞行宮' 또는 '정릉 행궁'이다.

이후 그녀와 아이들은 사저에서 생활하면서 세조 부부와도 지속적으로 관계를 이어갔다. 세조 내외는 손자들을 '우리 아들'이라며 각별하게 대했고, 그녀의 시동생, 즉 해양대군이 남편의 뒤를 이어 왕세자에 책봉되었을 때 세조는 그녀에게 정빈이라는 작호를 내려 형식적으로나마 세자빈의 위상을 유지할 수 있었다.

세조 11년(1465)에 세조가 교지를 내려, 태종 이방원이 세자에 오를 때 부인 원경왕후를 세자빈 정빈으로 책봉한 작호와 겹친다고 하여 며느리의 작호를 수빈粹嬪으로 고쳤고, 세조 13년(1467)에는 그녀가 병을 얻어 둘째 언니이자 세종의 며느리 계양군부인 집에서 요양할 때 세조가 직접 문병한 뒤 병조兵曹에 명하여 군사 10명을 보내 집을 호위하게 했다. 한 달 뒤에는 정희왕후와 함께 문병하기도 했고, 이듬해에는 엄청난 양의 곡물과 땅을 하사하는 등 각별하게 보살펴주었다.

이처럼 시부모 세조 부부의 관심과 배려는 남편 없이 아이들을 보살펴야 했던 그녀의 삶에 대한 위로였다. 당시 사회에서 남편의 사망으로 그녀는 사회적으로 더 이상 어떤 것도 기대할 수 없었기 때문이다. 일반 양반가였다면 아들이 과거에 급제하여 관직에 나가 출세하는 길이 있었지만, 왕족에게는 이러한 기회가 차단되어 있었다. 따라서 하루하루를 살다가 삶을 마치는 길뿐이었다.

그런 그녀에게 뜻하지 않은 반전의 기회가 찾아온다. 왕위에 오른 시동생 예종이 14개월 만에 세상을 떠난 날, 그녀의 둘째 아들 자산군이 예종의 양자로 입적되어 왕으로 즉위한 것이다. 이때가 1469년으로, 궁궐을 떠나 사저에서 생활한 지 12년 만에 그녀는 아들과 함께 다시 궁궐로 돌아오게 된다. 이후 사저는 큰아들 월산군이 물려받았고, 그녀는 왕비에 추존되어 소혜왕후라는 시호가 올려졌다.

그녀는 예종의 비 장순왕후와 안순왕후보다 가족관계에서 서열이 위였지만, 왕비에 봉해진 것은 그녀들보다 뒤에 이루어졌기에 왕실에서의 서열은 아래였다. 그럼에도 그녀는 시어머니 정희왕후의 지원에 힘입어 왕실에서 자신의 위상을 되찾기 시작했다. 하지만 그녀의 존재감은 아들의 즉위와 함께 궁궐 생활을 시작하면서 느닷없이 생겨난 것은 아니었다.

사저에서 무슨 일이 있었나?

소혜왕후가 왕실을 떠났다가 다시 궁궐로 돌아올 때까지 어떻게 살았는지에 관한 구체적인 기록은 전하지 않는다. 하지만 그 기간 동안 그녀가 단순히 아이들을 키우며 살림만 하지는 않았을 것으로 보인다. 그녀가 권신 한명회와 사돈관계를 맺은 것으로 보아 시댁인 왕실과 친정을 배경으로 한명회는 물론 신숙주 등 당시 권세가들과 교류하면서 정치적 기반을 다졌을 가능성이 충분했기 때문이다.

소혜왕후가 궁궐에서 나온 이후 세조 내외는 물론, 왕위에 오른 시동생 예종 역시 "수빈에게 대군의 예에 따라 수행원을 지급하라"고 병조에 명할 정도로 예우했다는 기록에서도 그녀의 존재감을 확인할 수 있다. 심지어 이 시기에는 엽관운동獵官運動, 즉 권문세가를 찾아가 관직 등을 청탁하는 분경奔競이 만연하자 예종은 "신분을 막론하고 엄벌에 처한다"는 교지를 내리면서 "만약 숨기는 자가 있으면 족친까지 멸하겠다"며 강경하게 대응했음에도 예종 1년(1469) 교지에서 "대비(정희왕후)와 중궁(안순왕후), 그리고 수빈(소혜왕후) 이외에 벼슬을 자청하는 자는 그 직첩을 거두고 영원히 서용(敍用, 죄를 지어 면관免官된 사람을 다시 벼슬자리에 등용함)하지 말라"고 엄명을 내리기도 했다.

그녀는 아들 성종의 즉위식에 수많은 왕실 종친과 공신들의 호위를 받으며 시어머니이자 대왕대비 정희왕후와 함께 숭은전崇恩殿에 당당하게 참여했다. 따라서 자산군의 즉위를 표면적으로는 정희왕후와 한명회의 정치적 결탁으로 해석하지만, 이는 정희왕후가 왕실을 대표했다는 의미일 뿐 소혜왕후의 의지가 어떤 방식으로든 작용했을 것으로 보인다. 즉, 예종의 뒤를 이을 후계자 선택이 정희왕후의 개인적인 판단이 아니라 며느리이자 자산군의 생모 소혜왕후와 함께 상의했을 가능성을 말한다. 한명회 역시 성종과 결혼한 자기 딸의 시어머니, 즉 소혜왕후와도 교감했을 가능성도 충분했다.

또한 대신들이 대비에게 수렴청정을 간청하자 정희왕후는 글을 아는 소혜왕후가 적임자라고 말하기도 했고, 그녀가 궁궐에서 거처할 공간을 그녀의 별호를 따서 수빈궁粹嬪宮으로 했다는 사실에서도 그녀의 존재감을 미루어 짐작할 수 있다.

이러한 과정에서 그녀의 친정도 영향을 미쳤다. 소혜왕후의 집안은 친정아버지 한확의 두 누이가 명나라에 공녀로 갔다가 황제의 후궁이 된 특이한 내력을 지녔다. 명나라에 공녀로 갔던 큰고모는 3대 황제인 영락제의 후궁 여비 한씨麗妃 韓氏로, 영락제의 황후 인효문황후가 사망한 뒤 명나라 내명부를 다스리기도 했다. 이후 그녀는 1424년 영락제가 사망하자 순절한 것으로 전한다. 세종 9년(1427)에 공녀로 뽑힌 작은 고모는 언니의 절개를 높이 평가한 선덕제가 그녀를 후궁으로 삼았다. 그녀가 바로 명나라의 공신태비恭愼太妃이다. 공신태비는 선덕제가 사망한 후에도 57년간 4대 황제를 섬기며 74세까지 장수했고, 성종 14년(1483) 병으로 세상을 떠났다.

그녀의 친정아버지 한확은 청렴결백한 성품으로 전하지만, 일부에서는 권력에 대한 욕심으로 두 누이를 명나라 공녀로 보냈다고 비난받기도 했다. 그럼에도 명나라와의 관계를 중요하게 여겼던 조선에서 한확의 존재는 각별했다. 당시에는 명나라 환관宦官만 되어도 조선을 상대로 갖은 억지를 부리며 영향력을 행사하곤 했다. 조선은 이들을 통해 명나라의 동향을 파악하고 원만한 외교관계를 이어가기 위해 그들의 요구를 들어줄 수밖에 없었다.

조선에서 농사를 짓다가 명의 환관이 된 윤봉이 대표적인 예이다. 그는 명나라에 보내는 금과 은의 세공稅貢을 면하게 하는 등 조선의 현안을 해결하며 조선과 명의 관계를 원활하게 유지하는 데 공헌했지만, 한편으로는 끝없는 탐욕으로 조선에 큰 폐해를 입히기도 했다. 세종 12년(1430), 그가 조선에 사신으로 왔을 때 뇌물을 주지 않는다며 횡포를 부려 하는 수 없이 윤봉의 동생에게 당상관의 벼슬을 내리는 등 그의 친족 50여 명이 관직에 오른 일도 있었다.

조선에서 중추원사中樞院使와 명나라에서 광록시소경光祿寺少卿의 작위를 하사받은 한확은 명나라의 두터운 신임을 바탕으로 건국한 지 얼마 되지 않은 조선과 명나라에 외교적으로 민감한 문제가 발생할 때마다 중요한 역할을 수행하며 조선 최고의 세도가로 자리 잡았다.

뿐만 아니라 소혜왕후의 둘째 언니가 세종의 둘째 서자인 계양군과 혼인하여 일찌감치 그녀의 집안은 왕실과 사돈을 맺었다. 소혜왕후가 수양대군의 장남과 혼인할 즈음, 수양대군이 비록 대군 시절이었지만 정략결혼이라는 성격이 짙었다. 정치적 야망이 컸던 수양대군에게 당대 최고의 중국 통이었던 한확이 자신의 앞날을 위해 반드시 필요한 인물이었기 때문이다.

이후에도 청주 한씨 가문은 왕실과 각별한 인연을 이어갔다. 넓게 보면 조선의 초대 왕비로 추존된 신의왕후 한씨를 비롯하여 소혜왕후, 8대 예종의 정비 장순왕후와 계비 안순왕후에 이어 9대 성종의 정비 공혜왕후 그리고 16대 인조의 정비 인렬왕후 등 조선에서 가장 많은 여섯 명의 왕비를 배출한다.

유학자이자 지식인으로서의 한계를 보이다

소혜왕후는 시어머니 정희왕후를 모시며 왕실 여인들과 관계를 이어가는 과정에서 자신의 학문적 식견을 적극 활용하는 등 조선 사회에서 유학자이자 지식인으로서의 역할을 했다는 특이한 이력도 전한다.

당시 궁궐 안에는 왕실 최고 어른인 시어머니 정희왕후를 비롯해 이전과는 달리 왕실 여인들의 관계가 복잡했다. 따라서 소혜왕후는 궁궐에 들어온 이후 많은 책을 읽고 왕성한 저술활동을 하는 등 학문과 교육에 집중하여 궁궐 안의 질서를 세우는 역할을 수행했다. 성종 6년(1475) 39세의 나이에 왕대비로 책봉된 해, 그녀가 여성들을 교육하기 위한 책으로 『내훈』을 편찬한 것이 대표적 예이다.

『내훈』은 한문 원전에 한글로 풀어쓴 책으로, 세종 때 발간된 『삼강행실도三綱行實圖』와 함께 '조선 최초로 유교 윤리를 바탕으로 여성에 의한 여성을 위한 저서'로 평가받고 있다. 이후 『내훈』은 영조 13년(1737) 무신자戊申字 활자본으로 개간되어 오늘날까지 전하고 있으며, 조선에서 오랫동안 주목을 받는 귀한 자료이기도 하다.

그녀는 부인들을 위한 모범적인 사례로 부부의 도리와 형제와 친척 간의 화목 등 가정의 질서유지에 필요한 여성의 덕목을 갖추기 위해 유교적 도리의 실천을 강조하면서, "나라나 집안의 치란治亂과 흥망興亡은 일차적으로 남자의 능력에 달려 있지만, 부인의 덕성 또한 중요한 변수이므로 여자를 가르치지 않을 수 없다"며 교훈서의 편찬 의도를 분명하게 밝혔다.

그녀는 『내훈』에서 "여자들은 길쌈만 하지 말고 수신修身할 줄 아는 인간이 되어야 하며, 이를 위해서는 글을 배워야 한다"면서 "『예기禮記』에도 여덟 살이 되면 비로소 글을 가르치고 열다섯 살이 되면 학문에 뜻을 두게 한다고 했는데 어찌 딸에 대해서만은 이를 따르지 않는 것인가? 그래도 되는 것인가?"라며 여성들도 공부해야 한다고 강조했다.

이러한 사상을 바탕으로 그녀가 편찬한 『내훈』은 "아내는 남편을 하늘로 떠받들어 공경해야 한다"는 조선시대의 남존여비 사상을 담고 있으며, "며느리가 잘못하면 가르칠 것이고, 가르쳐도 말을 듣지 않으면 때릴 것이고, 때려도 고치지 않으면 쫓아내야 한다"거나 "여자는 아버지와 남편 그리고 아들을 따라야 한다"는 삼종지도三從之道로 요약되는 유교적 여성관을 받들면서 스스로 실천에 옮겼다. 그녀가 성종에 대한 태도를 문제 삼아 왕비인 며느리를 내쫓은 것이 대표적인 사례라 하겠다.

관점을 달리하면, 그녀는 조선의 모든 여성을 대상으로 "아녀자의 부덕婦德을 전파함으로써 조선 여성들의 사표가 되기로 결심했다"고 평가받을 정도로 사대부들이 만들어놓은 남성 중심의 지배 이념을 최고 덕목으로 세우는 데 일생을 바친 셈이다.

이처럼 그녀가 궁궐 안에서 여인들의 질서유지에 신경 썼던 나름의 이유가 있었다. 궁궐 안에서 비빈을 비롯한 여성들의 생활은 고려 말에 이르러서도 일정한 규범을 갖추지 못했고, 특히 고려 말기에는 여성들의 생활이 자유분방하여 궁중 여성들 사이에 퇴폐적인 분위기까지 감돌았다. 이러한 분위기는 조선으로 이어져 유교 이념을 실현하려는 관료들의 신랄한 비판을 받았다. 여기에 성종 대에는 건국 초기와는 견줄 수 없을 만큼 수많은 여인들이 다양한 직분을 수행하며 생활했던 궁궐 안의 분위기도 영향을 미쳤다.

조선이 건국된 이후 태조 대부터 문종 대까지 왕보다 왕비가 먼저 세상을 떠났기에 왕실에 대왕대비는 물론, 대비가 없었다. 더구나 조선 건국 후 일정기간 동안 왕실 외척까지 왕권 강화의 희생양이 되었던 탓에 혈연적으로 새로 즉위한 왕보다 서열상 어른이 거의 없었고, 후궁들의 존재감도 미약했다. 그러다가 태종 대에 이르러 왕은 물론 세자까지 후궁을 정식으로 맞아들이는 제도가 마련되기 시작했고, 특히 세 명의 후궁까지는 명문대가의 규수들로 간택했다.

특히 세조 이후 예종과 덕종이 단명하자 궁궐에는 많은 왕의 여인들이 생존하게 되었다. 여기에 공식, 비공식적으로 궁궐에서 일하는 궁녀들도 적지 않았다. 따라서 궁궐 여성들의 생활을 바로잡고, 질서를 유지해야 할 필요성이 생겨나게 된다. 대표적인 예로 궁중에서 봉직하던 빈嬪·귀인貴人·소의昭儀·숙의淑儀 등의 여관女官을 모두 일컬어 내명부라는 명칭이 『경국대전經國大典』에 명시되었고, 이후 조선 말기까지 수정 없이 이어진 것이 건국의 기틀이 완성된 성종 대였다.

여성들에게 엄격한 사회적 규범을 적용하는 것에는 역대 왕들보다 성리학으로 무장한 사대부들이 더 강경했다. 조선이 건국되고 23년이 지난 태종 15년(1415) 사헌부에서 "재혼한 과부가 아름답고 음란함이 늙을수록 더하여 처벌하려 했으나 유배형에 처해지는 정도에 그쳤으니 추가로 벌을 주어야 한다"고 보고한 일도 있었다. 이에 태종은 "아내가 없는 홀아비와 남편이 없는 과부가 혼인하는 것을 어떻게 하라는 말이냐. 다시는 보고하지 말라"고 명할 정도로 과부가 재혼하는 문제를 바라보는 왕과 사대부의 시각 차이를 확인할 수 있다.

특히 성종 대에 이르러 사림의 진출이 늘어나면서 이러한 분위기는 더욱 강화되었다. 따라서 평소 소혜왕후의 성격으로 보건대, 질서유지를 위해 왕실 여인이 먼저 솔선수범해야 한다는 책임감을 느꼈을 가능성이 충분하다.

학문으로는 유교를, 신앙으로는 불교를……

소혜왕후는 유학의 가르침을 스스로 실천하면서 주변의 여인들을 엄하게 가르쳤다. 따라서 그녀는 유교적 지식인으로 평가할 만하다. 하지만 그녀의 삶을 돌아보면 21세에 청상과부가 되어 궁궐에서 나가 세 아이들을 키워야 했고, 우여곡절 끝에 둘째 아들을 왕위에 올리기까지 자신의 삶에 대한 보상 심리가 작용한 것이 아닌가 하는 의문이 든다. 그녀가 유학을 공부하고 스스로 유학의 가르침을 실천했음에도 불교에 기울인 관심과 태도에서 이러한 이중성을 발견할 수 있기 때문이다.

소혜왕후의 정신세계에는 독실한 불교 신앙이 자리 잡고 있었다. 그녀가 그토록 철저하게 신봉했던 유학은 지극히 합리적이고 현실적인 학문이라 삶과 죽음 등 내면세계의 갈등까지 해소하기에는 한계가 있었던 것이다. 그녀의 불심佛心은 불교 교리 등 관련 자료를 체계적으로 정리하는 등 개인 차원의 신앙을 넘어설 정도로 이제까지의 왕실 불교와는 차원이 달랐다.

그녀는 세자빈 시절부터 시아버지 세조를 도와 불경 관련 사업에 참여한 것으로 전한다. 성종 2년(1471) 전국에 흩어진 불경 목판을 수집하여 모두 29편 2815권이라는 방대한 불경을 간행하는 등, 다시 궁궐로 들어온 성종 즉위 초부터 불교에 각별한 관심을 기울였다. 뿐만 아니라 범어(梵語, 산스크리트어), 한어漢語, 국어國語 등 3자체三字體로 서술한 불경을 손수 작성할 정도로 불경에 조예가 깊었던 그녀는 보물 제1108호인 『불정심경언해佛頂心經諺解』를 비롯하여 『오대진언집五大眞言集』, 『육조대사법보단경언해六祖大師法寶壇經諺解』의 편찬을 직접 주도하여 후대에 귀중한 연구 자료를 남겼다.

그녀는 또한 시어머니 정희왕후가 맏아들 의경세자의 명복을 빌기 위해 지은 정인사를 성종 2년(1471)에 재건축했다. 정인사는 세조가 단종을 죽이고 왕위를 찬탈한 시기에 최대한 검소하게 지은 사찰로, 소혜왕후가 대대적인 재건축에 나선 것이다. 마침내 성종 4년(1473) 석가탄신일에 맞춰 거행된 정인사의 낙성식 때 모여든 승려만 1만 명이 넘었고, 한양에 있는 부녀자들이 몰려와 인산인해를 이룰 정도로 공식적인 기념행사가 성대하게 열었다.

이처럼 소혜왕후가 불교에 각별한 관심을 기울인 이유는 불행했던 가족사와도 관련 있다. 그녀는 요절한 남편 의경세자 등 뜻하지 않게 목숨을 잃은 가족의 명복을 빌면서 심리적인 위안으로 삼았던 것이다. 당시 사림들이 "궐 안의 법당을 철폐하라"고 주장하자 그녀는 세종과 세조가 불당佛堂에 출입한 전례를 들어 이들의 주장을 물리치기도 했다. 결국 궁궐에 설치한 불당은 선조 대에 이르러서야 철폐된다.

불교에 대한 그녀의 태도는 성종의 통치와 모순되었지만, 그녀는 불교를 비판하는 대신들의 반대에 강경하게 대처했다. 특히 성종은 즉위 직후 성리학적 왕도정치에 따라 길재·김숙자·김종직의 제자 등 길재 학파의 사류를 적극 등용했다. 이들은 왕도정치의 한 방법으로 불교·도교·무속 등의 종교행사를 부정하면서 미신 타파에 적극적으로 나섰다. 이에 소혜왕후는 불교 억압정책에 강력하게 반발했고, 조정 대신들과 격한 논쟁을 네 차례 벌이기도 했다. 당시 대신들은 끝내 그녀의 의지를 꺾지는 못했다.

그녀가 승려가 되는 것을 법으로 금하는 금승법禁僧法을 고치게 하고 봉선사 금자경金字經 간행 작업을 추진한 것이 그 예였다. 성종 23년(1492) 대신들이 도첩이 없는 승려들을 모두 환속시키는 등 엄중하게 단속할 것을 청한 후 승려의 수가 날로 줄어들자, 소혜왕후는 성종에게 "젊은 학자들에게 끌려 다니며 불교를 배척한다"며 몰아붙였다. 성종은 신하들의 강력한 반발과 자신의 의사를 교지로 내린 어머니 소혜왕후 사이에서 고민하다가 결국 도첩제를 완화하게 된다.

이렇듯 소혜왕후는 자신이 옳다고 생각하는 일에 적당히 타협하거나 양보하지 않았다. 그러나 유학에서 강조하는 효와 함께 의리를 중요하게 여겼던 그녀는 정희왕후의 수렴청정 기간 동안 비난받던 조두대를 다시 등용하여 사회적인 물의를 일으키기도 했다.

의리를 지켰지만, 사회적 물의로 이어지다

성종 22년(1491) 겨울, 명나라 황태자가 책봉되었다는 소식이 조선에 전해지자 조정에서는 이를 축하하는 진하사進賀使를 파견하기로 결정하고, 성종 23년(1492) 봄, 진하 정사에 정괄, 부사에 변처녕을 임명했다. 사신단에는 상인들이 동행하여 명나라와의 무역으로 큰 이익을 남겼기에 당시 사신단에 합류하기 위해 상인들 사이에 치열한 경쟁이 벌어졌다. 이때 고귀지와 조복중이 경쟁을 벌였는데, 고귀지는 정희왕후의 친정인 파평 윤씨 가문에 줄을 대고 있었고, 조복중은 조두대의 조카였다. 따라서 이들의 경쟁은 권세가와도 밀접하게 관련 있었다.

당시 진하부사에 임명된 변처녕은 처음에 고귀지의 아버지 고윤량을 수행군관으로 선발하여 사신 행렬에 합류하게 했다. 본래 수행군관은 사신을 호위하기 위한 무관이라 장사꾼이 맡을 자리가 아니었다. 그럼에도 고윤량은 돈과 인맥을 끌어들여 그 자리를 차지했던 것이다. 그런데 갑자기 수행군관이 조복중으로 교체되자 조두대가 관여했을 것이라고 의심한 고윤량은 조복중을 찾아가 따지는 과정에서 싸움이 크게 벌어지고 말았다. 결국 두 사람의 문제로 변처녕이 체포되어 조사를 받게 되었다.

사헌부를 비롯한 삼사에서는 "조복중은 궁중의 세력을 빙자하여 거리낌 없이 방자하게 굴면서 사가지고 온 면포綿布는 모두 조 전언(조두대)에게 바쳤고, 조 전언도 그것을 받아들여 비호하면서 심지어는 임금의 귀까지 속였으니, 변처녕에게 조복중을 청탁한 것은 조 전언이 아니고 누구이겠습니까?"라며 조복중의 배후에 조두대가 있을 것이라며 철저하게 조사해서 엄한 형벌로 다스려야 한다고 주장했다. 이에 의금부에서 고귀지와 조복중을 체포해 조사하게 된다.

그러나 민간에서는, 조복중은 조두대의 조카이니 '분명 죄를 받지 않을 것이고, 엉뚱한 나무들만 화를 당할 것'이라는 소문이 돌았다. '배후인 조두대를 처벌하지 않는 한 조복중의 처벌이 불가능하다'는 사실을 백성들도 이미 알고 있었던 것이다. 실제로 재상급이었던 변처녕이 진하부사에서 교체되고, 패가망신까지 당할 만큼 큰 사건이었으나 소문대로 조두대에 대한 조사는 이루어지지 않았고, 조복중도 무사했다. 정희왕후가 사망한 지 10년이 지난 뒤에 벌어진 이 사건은 조두대에게 또 다른 후원자가 있음을 의미했다. 바로 성종의 생모인 소혜왕후, 즉 인수대비였다.

인수대비가 이처럼 조두대의 후원자가 된 것은 나름 이유가 있었다. 정희왕후는 문자를 몰라 조두대를 중용했지만, 인수대비는 문자는 물론 여성으로서는 보기 드물게 학식도 갖추고 있었다. 따라서 인수대비는 조두대를 중용할 특별한 이유가 없었음에도 시부모인 세조와 정희왕후가 중용했던 사람을 며느리 입장에서 매정하게 내칠 수가 없었다. 부모에 대한 효도와 의리를 중요하게 여겼던 그녀는 시부모 등 왕실과 인연이 깊은 조두대를 내치기보다는 감싸안는 방법을 선택했던 것이다. 이후 영민했던 조두대는 세조 대부터 왕실과 관련한 많은 경험을 바탕으로 인수대비의 측근이 되었다.

이처럼 그녀의 삶에서 보여준 모순은 불교에 대한 태도와 조두대뿐만이 아니었다. 성리학을 공부하고 실천하는 데 적극적으로 나섰던 그녀는 억불정책에 맞서 직접 교지를 내릴 정도로 불교에 심취했지만,

불교의 '자비'를 스스로 실천하는 데는 거리가 있는 듯했다. 역사에서 폐비 윤씨로 전하는 며느리이자 성종의 계비 제헌왕후를 쫓아낸 역사적 사건이 그 예였다.

서로 다른 대비와 왕비가 만나다

한명회의 딸이자 성종의 정비 공혜왕후가 사망한 뒤 계비로 책봉된 제헌왕후齊獻王后는 초창기에는 시어머니 소혜왕후와 사이가 좋았던 것으로 전한다. 하지만 시간이 흐를수록 두 사람의 성격 차이가 뚜렷하게 드러났다. 소혜왕후가 지적이면서도 남성 중심적인 성리학적 질서를 중요하게 여기는 것으로 자신의 위상을 유지했다면, 제헌왕후는 남녀 사이의 사랑을 더 중요하게 여겼던 것이다.

따라서 『내훈』의 법도와는 다소 거리가 있던 자유분방한 성격의 제헌왕후는 시간이 지날수록 소혜왕후의 눈에 거슬리게 된다. 결국 대왕대비와 왕대비는 제헌왕후에게 속았다는 감정을 품게 되었고, 그 감정은 극심한 배신감으로 이어졌다.

또 제헌왕후는 대비들이 자신을 미워한다는 피해의식에 사로잡히면서 관계가 더욱 악화되었다. 특히 제헌왕후는 성종에 대한 시기와 질투심으로 점차 궁지에 몰렸다. 성종 10년(1479), 제헌왕후가 성종의 얼굴을 할퀴는 사건이 벌어졌다.

이 사건은 우연히 벌어진 일이었고, 다음 왕위를 이어받을 어린 세자의 어머니라는 점에서 제헌왕후를 향한 동정론도 적지 않았다. 대신들은 "원자의 친모인 제헌왕후를 처형한다면 장차 원자가 왕으로 즉위하였을 때 더 큰 문제가 발생할 수 있다"며 제헌왕후의 폐비만은 반대했다. 그러나 부덕을 갖추지 못한 여성은 비록 왕비라 해도 내칠 수 있다고 생각했던 소혜왕후는 "제헌왕후가 살아 있으면 오히려 왕과 왕실의 화근이 될 수 있다"며 제헌왕후의 처벌을 적극적으로 주장했다. 결국 제헌왕후는 폐출되어 궁궐에서 쫓겨났고, 이후 사약이 내려졌다.

소혜왕후는 제헌왕후가 낳은 세자가 왕위를 계승하는 것에도 부정적이었다. 그녀는 제헌왕후의 폐비로 공석이 된 왕비의 자리에 오른 정현왕후가 낳은 진성대군을 편애한 것으로 전한다. 그녀 역시 성종이 사망한 뒤의 일을 우려하지 않을 수 없었던 것이다.

그래도 성종은 세자를 교체하지는 않았다. 다만 성종은 임종 직전 "내가 사망한 후 100년 동안 이 사건을 공론화하지 말라"는 유언을 남겼다. 그러나 역사는 성종의 바람대로 진행되지 않았다.

1494년 성종이 즉위 25년 만에 사망하자 제헌왕후와 성종 사이에서 태어난 왕세자 융이 즉위한다. 그가 바로 연산군이다. 그리고 소혜왕후는 대왕대비에 진봉되었다. 당시 자숙慈淑이라는 휘호를 새로 올렸지만, 실록에는 휘호를 올린 당시에만 자숙대왕대비慈淑大王大妃라고 기록할 뿐, 인수대왕대비仁粹大王大妃로 계속 기록되었다. 역사에서 연산군이 일으킨 갑자사화로 폐비 윤씨와 함께 소혜왕후가 인수대비로 더 잘 알려지게 된 것도 이러한 이유 때문이다.

연산군은 어린 시절 할머니 소혜왕후를 잘 따랐고, 자신이 계비 정현왕후의 아들로 알고 있었다. 하지만 왕위에 오른 지 1년 뒤에 생모 폐비 윤씨의 사건을 알게 되면서 큰 충격을 받았다. 이후 연산군이 억울하게 쫓겨나 사약을 받은 생모를 위로하기 위해 '제헌왕후齊獻王后'로 추존하려 하자 당시 병상에 있던 소혜왕후가 이 사실을 듣고 연산군을 찾아가 꾸짖었다는 이야기가 전한다. 이에 화가 난 연산군이 그녀의 가슴을 밀쳤다고도 하고, 머리로 들이받아 그 충격으로 소혜왕후가 자리에 누워 얼마 뒤에 사망했다고 한다.

이로써 왕이 갖춰야 할 가장 큰 덕목이 효孝였던 조선에서 연산군의 행동은 패륜이라는 씻지 못할 오명을 남겼다. 이 사건은 훗날 중종반정의 명분이 되었고, 할머니와 어머니 그리고 손자가 모두 불행한 최후를 맞이하면서 소혜왕후와 제헌왕후의 악연도 역사적인 비극으로 막을 내렸다.

어쩌면 가문과 개인적인 가치관이 물과 기름처럼 결코 섞일 수 없는 배경을 지녔던 소혜왕후와 제헌왕후의 만남 자체가 불행의 시작이었는지도 모른다.

소혜왕후는 조선 왕실은 물론 명나라 황실과도 인척관계를 맺어 막강한 세력을 지닌 권세가이자 명문가 출신이었다. 그녀 역시 왕실에 들어와 모든 것을 누릴 수 있는 여건을 갖추었지만, 남편이 일찍 세상을 뜨자 21세에 청상과부가 되어 모든 것이 사라지는 듯했다. 하지만 그녀는 12년이라는 긴 시간을 버티며 끝내 절망을 희망으로 바꾸었다. 이러한 소혜왕후가, 아버지를 일찍 여의고 가난한 집안의 딸로 성장했음에도 남편에 대한 사랑만 중요하게 여기는 제헌왕후를 이해하고 너그러이 감싸기에는 무리였는지도 모른다.

세조의 후손들과 함께 선산에 잠들다

성종 19년(1488) 장남 월산대군이 35세, 둘째 아들 성종은 그녀보다 10년 앞서 1494년에 세상을 떠났다. 이처럼 소혜왕후는 남편과 자식들이 모두 먼저 세상을 떠나는 불행을 겪었다. 이후 그녀는 왕실 최고 어른으로 궁궐을 지켰지만, 원한에 가득 찬 손자 연산군의 폭정을 지켜보면서 노년을 보내다 연산군 10년(1504) 5월 68세로 세상을 떠났다.

그녀는 여느 왕비들이 지녔던 시책諡冊, 즉 국왕과 왕비가 사망한 뒤 시호諡號를 올릴 때 생전의 덕행을 칭송하여 지은 글을 새긴 책과 왕이나 왕비의 죽음을 애도하여 지어 올리는 애책哀冊은 물론, 죽은 사람의 이름과 태어나고 죽은 날, 행적, 무덤의 위치와 좌향坐向 따위를 적은 지문誌文 등이 전하지 않는다. 그녀는 죽어서도 대접을 받지 못했음을 의미했다.

그녀가 사망한 후 논란에 휩싸인 것도 그 예였다. 맨 처음 벌어진 논란은 그녀의 장례 문제였다. 당시 연산군은 왕이나 왕비의 격식이 아닌, 그보다 한 단계 아래인 "왕세자빈의 격식이 합당하지 않느냐"며 조정 대신들에게 의견을 물었다. 연산군은 그 이유를, 그녀의 남편이자 연산군의 할아버지 덕종이 왕세자의 지위로 장례를 치렀기 때문이라고 했다.

이에 좌의정 유순과 예조판서 김감 등이 "예문에 어긋난다"며 반대하자 연산군은 "덕종보다는 조금 높게 하고, 예종의 비 안순왕후보다는 조금 낮게 하라"는 타협안을 내놓았다. 이번에도 대신들이 "예문에 근거가 없다"며 반대하여 무산되고 말았다. 결국 소혜왕후의 장례는 안순왕후와 같은 상제에 따라 왕후의 격식으로 치르기로 했지만, 연산군은 다시 상제를 단축하여 시행하라는 어명을 내렸다. 그러자 성종의 계비 정현왕후, 즉 자순대비가 "예문에 근거가 없어 따르지 못하겠다"며 반발했다.

이에 연산군이 몹시 화를 내며 "여자는 남편을 잃으면 아들의 뜻에 따라야 한다"며 삼종의 예를 따를 것을 명하자 자순대비는 "내가 인수대왕대비에게 죄를 얻게 될 것이 분명하다"고 한탄했다고 한다.

「중종실록」에 전하는 이 내용은 연산군이 폐위된 이후에 작성된 것으로, 모두 심각할 정도의 문제로 받아들이기에는 무리가 있다. 성종 때 사망한 세조의 비 정희왕후의 상제를 한 달로 단축한 예도 있었고, 상제 기간 동안 왕이 국사를 돌볼 수 없다는 이유로 친아버지가 아닐 경우 국사를 돌보기 위해 상제를 단축하기도 했다. 그리고 소혜왕후가 사망하자 연산군은 27일 동안 상복을 입어 일반 상례보다 더 성의를 보이기도 했다.

더구나 소혜왕후는 먼저 사망한 안순왕후의 상례에 따랐고, 안순왕후의 경우 13일 만에 상복을 벗었지만 당시 그 누구도 이의를 제기하지 않았다. 또한 소혜왕후는 죽기 전에 자신이 사망한 후 "3일 이내에 왕이 고기를 들도록 하라"고 유언을 남길 정도로 손자인 연산군을 걱정한 것으로 전한다. 따라서 연산군이 할머니를 증오하여 상제를 단축했다는 내용은 연산군을 폄훼할 의도에서 작성되었을 가능성도 없지 않다. 이미 폭군으로 규정된 연산군에게 패륜적인 내용을 하나 더 추가한다고 큰 문제가 되지 않았기 때문이다.

소혜왕후의 능은 경기도 고양시 덕양구 용두동에 조성하여 경릉敬陵

이라는 능호를 올렸다. 경릉은 소혜왕후와 덕종이 함께 묻혀 'Y' 자 형태의 동원이강형으로 조성되었는데, 여느 왕릉과 비교할 때 예외에 해당하는 특이점이 있다. 살아 있을 때는 앉아 있는 사람을 기준으로 왼쪽이 상석이지만, 사망한 뒤에는 그 반대였으므로 조선 왕릉은 능침을 기준으로 오른쪽에는 왕이, 왼쪽에는 왕비의 능이 조성되었다. 그러나 경릉은 소혜왕후의 능이 오른쪽 높은 자리에 있고, 덕종의 능침과 소혜왕후의 능침이 뚜렷하게 구별될 정도로 차이가 있다.

경릉은 조선 왕릉 중 봉분이 가장 크지만 가장 소박하다. 또한 경릉은 의경세자가 덕종으로 추존되면서 왕릉으로 다시 조성되었기 때문에 조선 최초로 조성된 추존 왕릉의 표본으로 주목받고 있다.

경릉 : 경기도 고양시 덕양구 서오릉로 334-32(용두동 산30-1)

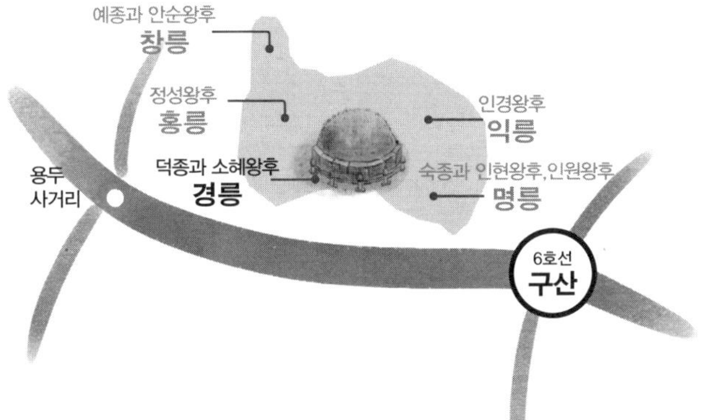

- 3호선 홍제역 2번 출구 중앙 버스정류장, 녹번역 4번 출구 은평구청 방향 → 702A, 9701번 버스 이용
- 3호선 원당역 3번 출구 서울 방향 → 9701번 버스 이용
- 6호선 역촌역 2번 출구, 구산역 1번 출구 → 9701번 버스 이용

버스정류장 이름 : '서오릉 입구'

짧은 생과 함께 왕실과의 인연을 끝내다

공혜왕후 한씨 恭惠王后 韓氏

성종의 정비

불가능을 가능한 것으로 바꿀 기회를 마련하다

공혜왕후는 왕비의 자리에 오르기는 했지만, 재위 기간이 대단히 짧아 왕비로서의 존재감은 매우 보잘것없다. 그럼에도 그녀가 역사에 거론되는 이유는 친정아버지 한명회와 관련 있다. 당시 최고 권세가였던 한명회는 자신의 두 딸과 왕실과의 혼인관계를 통해 정치적 야망을 숨기지 않았기 때문이다.

한명회와 왕실의 첫 번째 인연은 그의 딸과 세조의 둘째 아들 해양대군의 결혼이었다. 그녀가 바로 장순왕후이다. 장순왕후가 예종이 세자 시절에 왕자를 낳음으로써 한명회는 장차 국왕의 장인이자 그 뒤를 이어 즉위할 왕의 외할아버지 자격을 갖추게 된다.

따라서 이때만 해도 한명회는 물론, 그의 집안이 오래도록 권력의 중심에 설 수 있는 토대가 마련된 듯했다. 그러나 장순왕후는 왕비의 자리에 오르지 못하고 세자빈으로 17세의 나이에 요절했고, 손자 역시 어린 나이에 세상을 떠나 그의 꿈은 순식간에 물거품이 되어버렸다.

한명회는 다시 기회를 만들었다. 막내딸을 요절한 의경세자의 차남 자산군과 혼인시킨 것이다. 이후 자산군은 극적으로 왕의 자리에 올랐고, 막내딸 역시 왕비의 자리에 올랐다. 그녀가 공혜왕후로, 마침내 한명회는 국구國舅, 즉 임금의 장인이 되어 권력을 향한 꿈을 이루었다.

공혜왕후는 세조 2년(1456) 한양의 연화방蓮花坊에서 태어나 세조 13년(1467) 12세의 나이에 11세의 자산군과 혼인했다. 당시 이 두 사람은 왕권과는 거리가 있긴 했지만, 이들의 혼인은 세조와 한명회의 관계를 더욱 공고히 하는 정치적 맹약이라는 성격이 강했다.

그녀가 자산군과 혼인하던 해에 자산군의 형 월산군과 누이 명숙공주가 혼인을 했고, 한명회의 집에 예단을 보낸 것이 월산군이 혼례를 치른 지 5일만이었을 정도로 왠지 서두른 느낌이 들기도 한다. 이러한 오해(?)를 떨쳐버리기라도 하듯 민간에서는 공혜왕후와 자산군이 천생연분이고, 한명회와 수양대군의 각별한 인연을 강조하는 이야기가 전한다.

예를 들면 자산군의 배필로 공혜왕후가 선택된 것은 한명회와의 의리를 지키려는 세조의 의지가 반영되었다는 이야기와 더불어, 자산군의 어머니 수빈 한씨가 자산군과 함께 피접을 나갔다가 공혜왕후를 보고 매우 인상이 깊어 며느릿감으로 선택했다고 한다.

이러한 이야기에는 공혜왕후가 이미 국모로서의 자질 등 특출한 성품을 갖췄음을 강조하고 있으며, 자산군이 제안대군이나 월산대군을 제치고 왕위를 이어받은 것은 국왕으로서의 자질을 지녔기 때문이라는 이야기로 이어졌다.

대표적인 예로 그녀가 자산군과 결혼하던 시기에 "자산군이 12세 때인 어느 날 벼락이 내리치자 내관들이 기절할 정도로 놀랐지만, 자산군은 눈 한번 깜빡 하지 않았다"고 하며, 이를 지켜본 정희왕후가 "자산군을 왕으로 즉위시킬 것을 결심하게 되었다"고 한다. 당시 왕실에서는 문종과 의경세자 그리고 예종이 병약하여 단명했기 때문에 건강이 최고의 관심사였던 것이다.

관점을 달리하면, 이야기의 사실 여부를 떠나 자산군의 미래와 관련하여 공혜왕후의 존재감이 남달랐음을 의미했다. 물론 그녀 뒤에는 당대의 세도가인 친정아버지 한명회가 있었다. 따라서 왕위에 오를 가능성이 거의 없었던 자산군과 공혜왕후의 결혼은 '불가능을 가능한 것으로 바꿀 기회를 마련했다'고도 해석할 수 있다.

자식 복이 없는 왕비와 자식 복이 많은 왕이 만나다

조선 왕실에서 태어난 왕자와 공주들 가운데 요절한 이들이 적지 않다. 조선 왕비들이 출산한 자녀는 모두 109명으로, 나이를 구체적으로 확인할 수 없는 경우를 제외하면 104명이다. 이들 가운데 8명이 피살되었고 96명은 자연사했다.

이들의 평균 수명은 왕자는 28세, 공주는 26세로 평균 27세이다. 따라서 왕과 왕비의 평균 수명과 비교하면 무려 열일곱 살과 스물다섯 살이나 일찍 사망했다. 평균 수명에 큰 영향을 미친 영유아기 사망을 제외하면 15세를 넘겨 생존한 왕자는 67퍼센트, 공주는 58퍼센트로, 왕자들의 평균 수명은 41세, 공주들은 42세였다. 왕과 왕비의 평균 수명과 비교하면 각각 네 살과 아홉 살로 크게 줄어든다.

또한 의술이 발달하지 못한 전근대라는 시기적 특성이나 중국과 유럽의 왕가와 비교하면 조선의 왕자와 공주들이 상대적으로 더 오래 살았다. 뿐만 아니라 당시 조선의 양반가에서 태어난 여성보다도 생존율이 높았던 것으로 추정하고 있다.

그럼에도 왕자와 공주들이 왕과 왕비보다 일찍 사망했다는 사실은 왕실에서 태어나 왕자와 공주로 살아가는 것이 그리 편치 않았을 것으로 짐작되는 예이기도 하다. 특히 적장자로 태어나 세자에 책봉된 왕자의 경우 일거수일투족이 모든 이에게 주목받았고, 이들이 요절하면 왕실은 물론 정국이 긴장에 휩싸였으니, 하루하루의 삶이 무척 부담스러웠을 것이다.

왕 또는 세자의 갑작스러운 죽음은 누군가에게는 기회이기도 했다. 조선이 개국된 이후 처음으로 이러한 상황에 부딪힌 것은 세종의 장남 문종이었고, 수양대군이 이 기회를 노려 세조로 즉위했다. 세조의 장남 의경세자에 이어 차남 예종이 요절했고, 특히 예종은 후계자를 결정하지 못한 채 사망했으니 정국은 더욱 긴장될 수밖에 없었다. 이러한 배경으로, 당시 한명회는 세조의 비 정희왕후와 신숙주 등 왕실과 권신들의 지원을 이끌어내면서 사위와 함께 딸이 전격적으로 왕과 왕비의 자리에 올랐다. 이때가 1469년이었다.

공혜왕후는 어린 나이에 왕비의 자리에 올랐지만, 예의 바르고 효성이 지극했던 것으로 전한다. 당시 궁궐에는 세 명의 어른, 즉 시할머니이자 대왕대비인 세조의 비 정희왕후와 시어머니이자 왕대비인 덕종의 비 소혜왕후, 그리고 시숙모이면서 법적 시어머니이자 대비인 예종의 계비 안순왕후가 모두 생존해 있었다.

특히 며느리에게 무척 엄격했던 시어머니 소혜왕후는 중국의 현모양처들에 관한 이야기를 모은 『열녀전』을 읽게 하는 등 유교 윤리에 따라 철저히 교육했고, 공혜왕후는 이를 잘 따랐다. 그래서인지 공혜왕후는 성종의 후궁들에게 시기나 질투를 하지 않았고, 심지어 성종이 후궁을 들일 때면 그들에게 줄 의복을 손수 장만하여 하사하는 등 내명부의 질서를 바로잡는 왕비의 역할에 충실했다. 이러한 공혜왕후와 성종의 부부관계에 관한 구체적인 내용은 전하지 않지만, 두 사람 사이가 좋지 않았던 것으로 보는 견해가 우세하다.

성종의 부인은 무려 12명으로, 역대 조선의 왕 중에서 태종 다음으로 그의 아들 중종과 함께 가장 많은 부인을 두었다. 그들과의 사이에서 16남 12녀를 두었으며 자녀 수로는 12남 17녀를 두었던 태종 다음으로 많다. 당시 사회에서 중요하게 여겼던 아들은 태종보다 4명이 더 많았고, 역대 왕 중 17명의 아들을 둔 정종에 이어 두 번째였다.

성종은 숙용 정씨와 숙의 엄씨를 총애했고, 후궁 숙의 홍씨와의 사이에서 무려 7남 3녀를 두는 등 후궁들과 사이가 좋았다. 게다가 성종은 조선 최고의 성추문을 일으켰던 어우동과도 어울렸다는 이야기가 전할 정도로 여성 관계에서 활력이 넘쳤던 것으로도 유명하다.

그러나 공혜왕후는 성종과의 사이에서 자식을 두지 못했다. 조선에서 정비가 자식을 낳지 못한 경우는 성종 외에도 정종·단종·중종·인종·선조·정조·헌종·철종 등이 있지만, 정치적으로 특별한 이유가 있었던 정종과 단종을 제외하면 공혜왕후는 조선 개국 후 정비가 적장자를 두지 못한 최초의 왕비였다.

요절한 자매가 함께 잠들다

왕비가 적장자를 낳지 못하면 국가적인 불행일 정도로 당시 사회는 적장자를 중요하게 여겼고, 심지어 후궁들에게 은근한 괄시를 받기도 했다.

특히 성종 대에 들어서면서 왕실은 국왕을 중심으로 이른바 여인 천하를 이루면서 예전과 다른 현상들이 나타났다. 조선이 건국된 초기에는 대부분 정비가 적장자를 낳았고, 왕보다 왕비들이 먼저 사망했음에도 후임 왕비를 간택하지 않았다. 따라서 왕비는 오로지 한 사람뿐이었고, 적장자를 낳았기에 왕실 여인들 사이에 갈등 요인도 적었다.

그러나 공혜왕후는 여성 편력이 심했던 남편 성종과 후궁들 그리고 깐깐한 시어머니 소혜왕후 사이에 끼어 있는 처지였다. 더구나 후사를 두지 못하고 친정아버지 한명회의 정치적 야망에 눌려 지내던 공혜왕후는 심적 부담감이 컸던 까닭에서인지 왕비의 자리에 오른 지 5년 만인 성종 5년(1474) 19세의 나이에 요절하고 말았다.

성종 4년(1473) 여름부터 앓기 시작한 그녀는 병이 깊어지자 궁궐을 나와 친정으로 거처를 옮겼고, 성종이 하루걸러 한명회의 집에 들러 그녀의 상태를 살폈다. 다행히 오래지 않아 병마를 이겨낸 그녀는 궁궐로 돌아왔지만, 같은 해 12월에 다시 자리에 눕게 되었다.

공혜왕후는 자신의 죽음을 예감했는지 창덕궁 별실인 구현전求賢殿

으로 거처를 옮겨달라고 요청했다. 이후 성종과 세 대비, 즉 정희왕후와 소혜왕후 그리고 안순왕후가 날마다 구현전으로 문병을 왔고, 친정 아버지 한명회와 어머니가 입궐해 그녀를 돌보았으나 차도가 없었다. 이에 상심한 한명회와 부인이 며칠 동안 밥을 먹지 못하자 공혜왕후가 밥을 먹을 것을 권했다고 한다. 며칠이 지나 공혜왕후는 결국 숨을 거두고 말았다.

공혜왕후의 죽음은 왕실은 물론, 이후 정국의 흐름에도 적지 않은 영향을 미쳤다. 특히 성종은 태조와 세종에 이어 자신의 두 아들이 왕으로 즉위하는 기록을 남겼지만, 폐비 윤씨 사건과 연산군의 폭정 그리고 중종반정으로 이어지는 역사적 사건으로 정국은 한동안 피바람을 일으키는 비극이 되풀이되었다.

공혜왕후의 능은 경기도 파주시 삼릉에 조성되었고, 능호를 순릉順陵이라고 했다. 순릉은 그녀의 친언니이자 시숙모인 장순왕후가 묻힌 공릉과 길 하나를 사이에 둔, 직선거리로 30미터 정도의 가까운 거리에 있다. 순릉은 왕비의 능으로 조성되어 세자빈 신분으로 조성된 언니 장순왕후의 공릉보다 구성물이 더 많다.

이 자매는 나이 차가 열한 살이지만, 모두 조선 왕실에 시집가서 적통을 이을 자식을 두지 못하고 17세와 19세라는 한창 꽃다운 나이에 사망한 비운의 여인들이었다. 그래서인지 요절한 두 자매의 능은 마치 서로를 위로하며 함께 잠들어 있는 듯하다. 죽어서 만난 두 자매가 아버지 한명회에 대해 어떤 대화를 나누었을지 궁금하다. 한명회는 왕을 만드는 거사에 성공할 운명은 타고났는지는 몰라도 왕실과의 인연에는 한계가 너무도 분명했기 때문이다.

성종은 그녀가 사망한 뒤 '공경하고 유순하게 윗사람을 섬김을 공恭이라 하고, 너그럽고 부드러우며 인자함을 혜惠'라 하여 공혜왕후恭惠王后라는 시호를 올렸다. 여기에 연산군 2년(1496) '휘의신숙徽懿愼肅'의 존호가 더해졌다.

순릉 : 경기 파주시 조리읍 삼릉로 89(조리읍 봉일천리 산4-1)

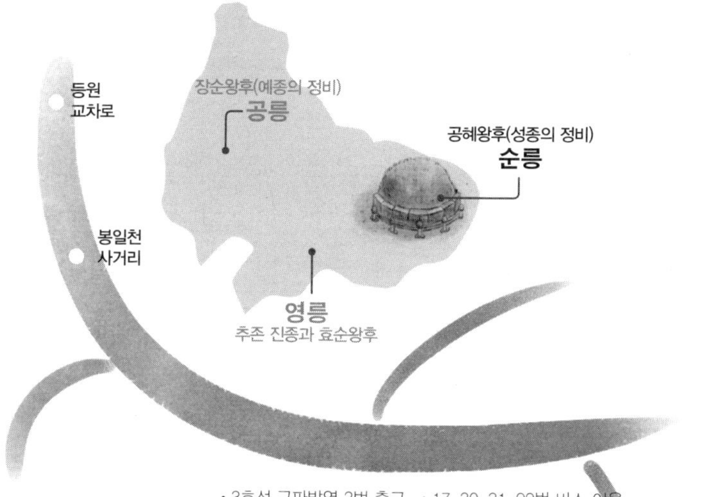

- 3호선 구파발역 2번 출구 → 17, 30, 31, 99번 버스 이용
- 3호선 구파발역 3번 출구에서 구파발역 입구 정류장까지 이동 → 760, 9709, 9710번 버스 이용
- 3호선 홍제역 2번 출구 중앙 버스정류장 → 9709, 9710번 버스 이용
  버스정류장 이름 : '파주삼릉 입구' 하차(도보 10분)

조선 최초로 왕비가 쫓겨나다

제헌왕후 윤씨 齊獻王后 尹氏

성종의 제1계비

날개 없는 말들이 궁궐 담장을 넘다

제헌왕후는 우리에게 낯선 호칭이지만, 우리 역사에서 시기와 질투심을 대표하는 여인으로 손꼽힌다. 왕에게 대들 만큼 심각한 질투심 탓에 결국 궁궐에서 쫓겨나고 사약을 받은 연산군의 생모이자 폐비 윤씨가 바로 그녀이다. 하지만 그녀가 성종 5년(1474) 공혜왕후의 사망으로 공석이 된 왕비의 자리를 놓고 벌어진 경쟁에서 최종 승자가 될 때까지만 해도 그녀로 인해 정국에 거대한 폭풍이 몰아치리라고는 아무도 예견하지 못했다.

제헌왕후는 왕비의 자리에 오르기 전에 이미 성종의 아이를 임신할 정도로 성종의 총애를 받았던 후궁이었다. 그녀는 왕비의 자리에 오른 지 4개월 만에 성종의 대를 이을 왕자 융을 출산했고, 후사를 기다리던 성종은 윤을 곧바로 원자에 책봉하여 왕비로서의 위상을 굳혀 나갔다. 그럼에도 그녀는 오로지 남편 성종의 사랑을 되찾으려고 안간힘을 쓴 시기와 질투의 화신으로 전하고 있을 뿐, 그녀에 대한 그 어떤 이해나 동정의 기록은 찾아보기 힘들다.

현대 사극이나 소설 등 그녀를 주목한 작품들 역시 경쟁적으로 이러한 이미지를 더욱 강화하고 있을 뿐이다. 1938년에 발표한 월탄 박종화의 소설 『금삼錦衫의 피』를 비롯해서 1990년대 이후 TV 드라마의 경우 KBS-2TV 「한명회」에서 장서희, KBS-1TV 「왕과 비」의 김성령, SBS 「왕과 나」의 구혜선, JTBC 「인수대비」의 전혜빈 등이 제헌왕후 역을 맡아 열연했지만, 모두 예외 없이 경쟁적으로 사랑과 증오, 시기와 질투, 모함과 복수, 성취와 상실, 인과응보 등 인간의 극단적인 감정들이 날카롭게 부딪히며 펼쳐지는 갈등과 대립의 결과, 처참한 최후를 맞이하는 비극의 주인공으로 막을 내리고 있다.

그녀가 자신의 인척과 측근들을 동원하여 부정과 부패를 저지르는 등 권력을 남용한 것과는 유형이 다른, 역사상 최악의 인물로 평가받는 것도 이와 무관하지 않다. 제헌왕후는 자신에 대한 이러한 평가에 대해 어떻게 생각할지 궁금하다. 죽은 자는 말이 없고 그녀에 대한 자료도 매우 한정되어 있어 구체적으로 알 수 없지만, 남녀에 대한 구별이 엄격했고 제약이 많았던 시대에 살아야 했던 그녀도 무언가 하고 싶은 말이 있지 않을까.

야사에 따르면, 제헌왕후가 성종과 다투다가 왕의 얼굴에 상처를 입혔고, 이 때문에 그녀가 왕비의 자리에서 폐위되어 궁궐에서 쫓겨나 결국 사약을 받았다는 이야기는 잘 알려져 있다. 그러나 「성종실록」에는 제헌왕후가 성종의 얼굴에 상처를 냈다는 내용이 전하지 않는다.

반면, 성종이 그녀의 뺨을 때린 사실은 그다지 알려지지 않았다. 사람들은 궁궐에서 일어나는 일들에 관심이 많았지만, 궁궐과 관련한 일들은 신성한 왕과 어떤 방식으로든 관련이 있어 아무리 관심을 갖는다 해도 정확하게 알기에는 한계가 있었던 것이다. 그럼에도 호기심을 자극하는 날개 없는 말들이 궁궐의 담장을 가볍게 넘었고, 백성들의 입을 거쳐 다양한 이야기들이 민간에 떠돌았다. 이러한 민간의 이야기들이 문자로 정리되는 과정에서 후대 사람들에게 교훈으로 남기려는 의도가 담겨 과장되거나 미화되기도 했다.

하지만 사람들은 여전히 정사로 전하는 내용보다 민간에서 전하는 이야기에 더욱 주목하고 무한한 신뢰를 보내기도 한다.

내가 더욱 그를 현숙하게 여겼다

제헌왕후는 공혜왕후의 뒤를 이어 왕비의 자리에 올랐기에 생전의 공혜왕후와 비교될 수밖에 없었다. 비록 공혜왕후가 젊은 나이에 세상을 떠났지만 그녀의 집안은 여전히 권세를 이어가고 있었고, 그녀가 평소 검소하고 성품이 어질었다는 사실은 여인의 부덕을 강조하는 사회에서 더욱더 아쉬움이 컸기 때문이었다.

반면, 제헌왕후는 자신을 지원해줄 친정도 없었지만, 처음부터 성격이 유별나지는 않았다. 그녀가 후궁으로 궁궐 생활을 시작할 무렵에는 시할머니 대왕대비 정희왕후와 시어머니 왕대비 소혜왕후를 잘 봉양하여 총애를 받았다. 성종 7년(1476) 7월 제헌왕후가 왕비의 자리에 오르자 왕대비인 소혜왕후가 대신들에게 다음과 같이 말하기도 했다.

"숙의 윤씨(제헌왕후)는 주상께서 중히 여기니 나 역시 그가 적당하다고 생각했다. 윤씨가 평소 허름한 옷을 입고 검소한 것을 숭상하며 매사에 정성과 조심성으로 대했으니, 큰일을 맡길 만하다. 윤씨가 나의 이러한 의사를 알고서 사양하기를, '저는 본디 덕이 없으며 과부의 집에서 자라나 보고 들은 것이 없으므로 사전四殿에서 선택하신 뜻을 저버리고 주상의 거룩하고 영명한 덕에 누를 끼칠까 몹시 두렵습니다'고 하니, 내가 더욱더 그를 현숙하게 여겼다."

이처럼 제헌왕후가 왕비의 자리에 오르던 시기에는 '검소함과 겸양의 미덕을 갖추고 있었다'는 사실을 확인할 수 있다. 그러나 시간이 지나면서 그녀에 대한 평가는 부정적으로 바뀌었다. 특히 순종하는 부녀자의 덕목을 중요하게 여긴 시어머니 소혜왕후와 달리, 비교적 자유분방하고 사랑을 중요하게 여겼던 그녀의 성격이 문제였다.

그녀에 대한 평가는 남편 성종은 물론, 궁궐에서 오로지 왕 한 사람만을 바라보고 살아야 하는 대비와 후궁 등 수많은 왕실 여인과도 관련이 있었다. 이들의 관계가 궁궐에서 생활하는 사람들의 평가에 적지 않은 영향을 미쳤기 때문이다.

궁궐은 모든 것이 왕을 위해 존재했다. 따라서 모든 해석은 왕을 중심으로 이루어졌다. 왕을 중심으로 모인 궁궐 사람들은 때로는 생존과 출세를 위해 다양한 인간관계를 형성했고, 이 과정에서 경쟁자가 나타나면서 많은 말들이 생겨났고, 왜곡되기까지 했다. 대표적인 예로 제헌왕후를 경쟁자로 여겼던 성종의 후궁들이 왕대비 소혜왕후에게 의도적으로 접근하여 이런저런 말들을 전하기도 했다.

이러한 상황에서 제헌왕후가 시기와 질투심으로 자신의 목숨을 재촉했다고 보는 이들은 그녀에게, 다음 왕위에 오를 세자의 생모라는 유리한 위치에 주목하여, 남편 성종의 관심보다는 왕비의 역할에 충실하면서 미래를 내다보는 안목이 부족했다고 지적하기도 한다. 그러나 그녀는 나라의 국모로서 자신에게 부여된 역할에 충실할 정도로 준비된 왕비는 아니었다.

제헌왕후는 후에 성종의 계비에 오른 정현왕후와 함께 공혜왕후가 생존했던 성종 4년(1473) 종2품 숙의로 궁궐에 들어온 것으로 전한다. 당시 이들이 후궁으로 책봉된 것은 공혜왕후가 아이를 갖지 못한 것과도 관련 있었다. 공혜왕후가 사망하자 집안 배경이 좋은 정현왕후를 제치고 제헌왕후가 왕비 자리에 오른 것도 성종의 총애와 함께 임신 중인 그녀에게 적장자를 낳을 수 있으리라는 기대감이 크게 작용했기 때문이다.

당시 왕실에서는 후손이 귀하기도 했지만, 현직 왕비가 최초로 적장자를 낳는다는 것은 역사적인 사건에 해당했다. 즉, 조선이 건국된 이후 부모가 왕과 왕비 자리에 있을 때 궁궐에서 태어난 적장자가 없었고, 단종을 제외하고 모두 사가에서 태어났던 터라 그 의미가 남달랐던 것이다. 하지만 당시 제헌왕후는 가문이 미천하고 성종과 나이 차가 많아 왕비의 위상이 확고하지 못한 것이 문제였다.

가문과 나이에 대한 의문이 남다

제헌왕후가 왕비 자리에 오르자 이미 사망한 그녀의 아버지 윤기견尹起畎은 의정부 영의정에 추증되고 함안부원군咸安府院君에 추봉되었다. 그리고 윤기견의 두 부인은 각각 정경부인 양성 이씨貞敬夫人 陽城 李氏와 장흥부부인 고령 신씨長興府夫人 高靈 申氏로 추숭되었다. 제헌왕후는 윤기견이 첫째 부인 이씨가 사망한 뒤에 재혼한 둘째 부인 신씨의 딸로, 세 명의 이복 오빠와 친오빠가 한 명 있었다. 친정오빠 윤구의 손녀사위는 훗날 명종 비 인순왕후의 외삼촌이자 권신인 이량이고, 두 번째 부인 신씨이자 제헌왕후의 어머니는 신숙주의 숙부 신편의 딸로, 그녀에겐 신숙주가 외당숙이 된다.

윤기견은 세종 21년(1439) 신숙주와 함께 생원시에 합격하여 이후 신숙주 등과 함께 집현전에 근무할 정도로 실력을 인정받은 인재였다. 윤기견이 「세종실록」 편찬과 같은 해에 김종서의 지휘를 받아 『고려사절요』 편찬에 참여한 것도 이러한 사실을 뒷받침해주고 있다. 뿐만 아니라 윤기견은 세조의 계유정난으로 원종 2등공신에 책봉되기도 했다.

이후 윤기견이 일찍 세상을 떠나 가세가 기울었지만, 한명회와 신숙주 그리고 정희왕후의 정치적 판단과 협조로 세조와 인연이 있던 윤기견의 딸을 계비로 책봉했을 가능성도 없지 않다. 즉, 왕실에는 이미 대왕대비와 왕대비가 있었고, 그들의 친정에서 왕실의 지원 세력을 형성하고 있었으니, 왕실 최고 어른인 정희왕후는 물론 권신 한명회와 신숙주 등의 입장에서도 윤기견이 이미 사망하여 외척 세력을 형성할 수 없었던 그의 딸을 왕비 자리에 올리는 것이 유리하다고 판단했을 것이다. 그녀가 주로 양반가의 규수 중에서 간택했던 종2품 고위직인 숙의에 바로 올랐다는 사실이나 당시 정희왕후의 수렴청정 후반기였다는 사실도 이러한 추론에 힘을 실어주고 있다.

그러나 제헌왕후에 대한 기록이 워낙 부족해서 아버지 윤기견에 대한 의문이 제기되기도 한다. 특히 윤기견은 탄생과 사망 등 기본적인 자료가 전하지 않을 정도이다. 실록에는 그녀의 아버지와 관련해서 윤기견 또는 윤기무라고 전하고 있어 혼동을 일으키기도 한다. 그럼에도 윤기무라는 이름이 드물게 등장하여 윤기견을 잘못 표기한 것으로 보는 견해가 우세하고, 드라마 「한명회」의 작가 신봉승은 '함안 윤씨 족보에 따르면 윤기무는 윤기견의 아우로 슬하에 자식이 없었다'는 사실을 밝혀내기도 했다.

제헌왕후는 세종 27년(1445)에 태어나 성종보다 열두 살이나 많은 것으로 전한다. 이처럼 성종과 나이 차가 너무 많기도 하고, 30세 가까운 나이에 후궁으로 궁궐에 들어왔다는 사실도 그대로 수용하기에는 무리가 있다. 따라서 성종이 왕위를 물려받은 예종의 정비 장순왕후가 1445년생인 것과 혼동했던 것으로 보기도 한다. 그녀가 성종 4년(1473) 종2품인 숙의에 봉해졌고, 당시 성종이 17세라는 점을 감안하면 성종보다 아무리 나이가 많다 해도 세 살 안팎의 후궁을 간택하는 것이 왕실의 일반적인 예였기 때문이다.

정종의 정비 정안왕후와 태종의 정비 원경왕후 그리고 세종의 정비 소헌왕후는 모두 남편보다 두 살, 단종의 정비 정순왕후는 단종보다 한 살 많았다. 반면, 왕비가 왕보다 세 살 이상의 연상은 찾아보기 힘들다. 물론 예종의 비 장순왕후가 있기는 하지만, 그녀의 경우 친정아버지 한명회의 존재와 역할을 감안하면 예외에 속한다. 국립고궁박물관에 소장된 태실에 그녀가 1455년 음력 6월 1일 태어났다는 기록과 함께, 성종보다 세 살 안팎의 연상으로 추정하면 1445년생이 아니라 세조 1년인 1455년에 태어난 것을 잘못 표기했을 가능성도 충분하다.

또한 그녀가 "아버지가 일찍 사망하여 집안 형편이 어려워 먹고사는 문제라도 해결하기 위해 궁녀로 입궁하게 되었다"는 내용에 주목하면 그녀가 상당히 품계가 높은 종2품 숙의에 봉해져 궁궐에 들어온 것이 아니라, 이미 어린 나이에 궁궐에 들어왔고 숙의가 되기까지 시간이 걸렸을 가능성도 있다. 일반적으로 궁녀는 10대 중반을 전후해서 궁궐에 들어오는 사례를 감안하면, 그녀 역시 성종이 즉위한 1469년 이후 10대 중반 무렵 궁궐에 들어와 생활했을 가능성이다. 이후 성종의 눈에 들어 10대 후반에 숙의에 봉해졌고, 성종 5년(1474) 왕비의 자리에 오를 때는 20대를 전후한 나이로 추산해볼 수 있다.

이처럼 제헌왕후의 가문과 나이를 구체적으로 살펴본 이유는 이제까지 전하는 그녀의 평판과 관련 있기 때문이다. 다시 말해, 그녀는 한미한 가문 출신에 시기와 질투가 많은 여인이라는 이야기 속에는 그녀가 20세 중후반의 나이에 후궁으로 궁궐에 들어와 30세가 넘는 나이로 왕비 자리에 오르는 영광을 누렸음에도 지나친 과욕을 부린 천박한 여인이라는 의미가 담겨 있기 때문이다. 뿐만 아니라 이러한 평판은 그녀의 폐비 과정에서 강력하게 변호하는 대신들이 없었던 이유로 이어졌다. 물론 그녀를 지원했던 대신들이 없었는지 몰라도 왕비의 폐위를 반대한 대신들이 적지 않았음에도 결국 그녀는 폐위되어 사약이 내려졌고, 그녀의 아들 세자 융, 즉 연산군이 폭군으로 지명되어 반정으로 쫓겨났다는 사실을 감안하면, 그녀에 관한 기록이 온전하게 남아 있을 가능성은 기대하기 힘들다.

위기를 모면했지만……

실록에 따르면, 제헌왕후의 시기와 질투는 그녀가 왕비 자리에 오른 뒤 성종이 후궁들을 총애하면서 더 심해졌다. 성종이 후궁 정씨와 엄씨의 처소에 자주 드나들자 이들은 제헌왕후가 후궁에서 왕비 자리에 올랐듯이 자신들도 성종의 총애를 받으면 왕비가 될 수 있다는 희망을 갖게 되었고, 이를 구체적으로 실현하기 위해 시어머니 소혜왕후에게 접근하는 등 성종을 사이에 두고 왕실 여인들의 갈등과 대립의 골이 더욱 깊어지게 된다. 심지어 상대를 견제하는 과정에서 온갖 유언비어와 민간에서 사용하는 주술과 독약까지 끌어들이는 등 목숨을 내걸 정도였다.

이러한 상황에서, 제헌왕후와 성종의 사이가 좋지 않다는 소문에 민감하게 반응했던 소혜왕후의 고민이 깊어지기 시작했다. 더구나 평소 효성이 지극한 성종은 어머니의 말을 잘 따랐기에 제헌왕후는 더욱 불리한 위치에 있었다. 실록에는 이러한 분위기에서 제헌왕후의 투기심이 발동해 후궁들을 제거하기로 결심하게 되었고, 자신의 계획을 실행에 옮기려고 유일한 의지처인 친정어머니에게 도움을 요청한 것으로 전한다. 그녀가 사용한 민간의 주술과 비방에도 친정어머니의 적극적인 지원이 있었다고 한다.

제헌왕후는 성종이 자주 찾았던 후궁들의 처소로 가는 길목에 죽은 사람의 뼈를 묻어놓기도 했다. 왕이 그것을 밟고 다니면 후궁들이 죽는다는, 이른바 '송장방사'라는 비방이었다. 물론 이러한 미신이 효과를 볼 리 없었다. 성종 8년(1477), "정씨와 엄씨가 내통하여 자신을 죽이려고 한다"는 투서와 함께 극약인 비상 약간과 굿하는 방법이 실린 서책을 상자에 담아 보자기로 싸서 감찰상궁 이름으로 덕종의 후궁 숙의 권씨 친정집에 던진 것을 숙의 권씨의 가족이 상자를 대궐의 숙의 권씨에게 전했고, 이 일로 궁궐이 발칵 뒤집히기도 했다. 당시 조사 결과, 숙용 정씨가 배후 조종자로 결론이 났지만, 정씨가 임신 중이라는 이유로 출산한 뒤에 죄를 묻는 것으로 일단락되었다.

같은 해, 성종이 제헌왕후의 처소에서 지난날 투서에 사용했던 것과 같은 종류의 종이와 함께 비상 그리고 '아들을 낳지 못하게 하는 방법', '반신불수가 되는 방법' 등 사람을 해치는 다양한 비방이 적힌 서적이 발견되면서 다시 문제가 불거졌다. 제헌왕후는 성종에게 "비방은 친정집 종인 삼월이가 주었다"고 말했지만, 분노를 참지 못한 성종은 그녀의 폐비까지 거론했다.

이에 대신들은 원자의 생모라는 이유로 반대했고, 성종 역시 갑자기 마음이 변했는지 다음날 "이 일은 삼월이가 한 것으로, 왕비도 모르고 왕비의 친정어머니도 모르는 일이다. 그리고 친정어머니의 종 시비도 삼월이 말대로 글을 쓴 것일 뿐이다"라며 삼월이는 극형에 처하고, 시비는 곤장 100대에 변방 노비로 보내면서 "친정어머니와 오라버니의 죄를 묻지 말라"고 명했다. 이로써 후궁인 빈으로 강등될 위기에 처했던 제헌왕후는 왕비 자리를 지킬 수 있었다.

이후 한동안 조용하게 시간이 흐르는 듯했고, 성종과 제헌왕후와의 사이가 다시 좋아졌는지 둘째 아들을 낳기도 했다. 하지만 두 사람의 화해는 오래가지 못했고, 결국 제헌왕후의 왕비 자격이 박탈되고 궁궐에서 쫓겨나는 사건이 벌어졌다.

한 가닥 희망을 안고 쫓겨나다

제헌왕후와 성종 사이에 다시 문제가 터진 것은 성종 10년(1479) 6월 1일이었다. 그날은 제헌왕후의 생일로, 성종은 국가적으로 열리는 하례연은 허락하지 않고 옷감만 바치게 했다. 실록에 따르면, 그다음 날 성종은 날이 밝기도 전에 영의정 정창손, 상당부원군 한명회, 청송부원군 심회, 우의정 윤필상 등 대신들을 불러놓고 다음과 같이 말했다.

> "지금 중궁의 행동은 길게 말하기가 어려울 지경이다. 일전에 내가 시첩의 방에 갔을 때 중궁이 아무 연고도 없이 들어왔으니, 어찌 있을 수 있는 일인가? 예전에 중전을 폐하고자 할 때 경들이 모두 반대해서 나도 중전이 뉘우치고 깨닫기를 바랐는데, 오히려 고치지 아니하고 나를 능멸하는 데까지 이르렀다. 이런 중궁에게 어찌 종묘를 받드는 중임을 맡길 수 있겠는가? 이제 마땅히 폐서인하려 한다."

그동안 대신들의 반대로 물러섰던 성종이 더 이상 왕비의 행동을 참을 수 없다며 단호하게 나왔다. 성종은 칠거지악까지 논하면서 "내가 만약 후궁들의 참소만 듣고 잘못 행동하는 것이라면 천지와 조종이 위에서 밝게 바로잡아줄 것이다"라며, 자신이 제헌왕후를 폐하려는 것은 감정적으로 판단한 것이 아니라는 점을 강조했다.

당시 성종의 말을 들은 한명회 등은 "일이 이리되니 어쩔 수 없사온데, 다만 사직의 근본이 되는 원자를 생각해주시기 바랍니다"라며 성종의 결단에 동조하는 태도를 보였다. 이때의 일을 기록한 사관들은 한명회 등의 말이 평소와는 달랐다는 사실을 지적하면서 "앞뒤가 어찌 이렇게 서로 어긋나는가? 대신으로서 국가를 위하는 염려가 이와 같아서는 안 된다"라며 비판하기도 했다. 대신들은 "왕비가 성종의 뒤를 이어 왕위에 오를 원자의 생모이며, 국모를 서인으로 삼는 것은 이치에도 맞지 않고 뒷날에 대한 생각도 해야 한다"며 폐비에 반대했다.

왕의 비서인 승지들은 성종에게 신중하게 판단할 것을 청하며, 대비에게 물어볼 것을 권하기도 했다. 하지만 성종은 승지들의 건의는 단순히 시간을 끌고 대비를 이용하여 폐비 문제를 거두어들이게 하려는 의도라며 이와 관련한 승지들을 모두 감옥에 가두라고 명했다. 이에 심회는 "태종께서 일찍이 원경왕후와 화합하지 못하여 한 전각에 벽처하게 하고 그 담장을 높게 하였는데, 이것이 선처하는 도리였습니다. 지금도 역시 별궁에 폐처하도록 하는 것이 좋겠습니다"라며 대안을 제시했다.

하지만 성종은 그 정도로는 왕비가 반성하고 그릇된 행동을 고치지 않을 것이라면서 "만일 비상한 변이 생기게 되면 경들이 비록 나를 비호하고자 하더라도 미치지 못할 것이다"라며 자신에게 위험이 닥칠지 모른다는 이유까지 내세웠다. 대비전에서도 "대비가 나무라면 성난 눈으로 노려볼 정도로 며느리의 도리마저 포기했다"며 언문 교지를 내려 "(제헌왕후가) 지금 주상의 사랑을 받고 있는데도 행동이 저 모양인데, 혹시 뜻대로 되지 않는다면 이보다 더한 행동도 할 수 있다"며 며느리의 과격한 행동을 지적했고, "내가 애초에 사람을 잘못 봤다"고 후회하면서 성종에게 결단을 요구하는 듯했다.

결국 성종은 투기죄와 궁인을 해치려 한 죄 그리고 실덕의 죄 등 그동안 제헌왕후의 잘못을 구체적으로 지적하면서 "뉘우쳐 고칠 마음은 갖지 아니하고, 덕을 잃음이 더욱 심해 일일이 열거하기가 어렵다"며 "윤씨를 폐해 서인으로 삼는다"는 교지를 내렸다. 이제까지 세자빈이 폐출된 사례는 있었지만, 현직 왕비가 폐출되는 역사상 초유의 사태가 벌어진 것이다.

제헌왕후가 쫓겨난 지 10일 뒤에 그녀가 낳은 둘째 아들이 사망했다. 당시 실록에는 "왕자가 사망했다"고 간단하게 기록되어 있을 뿐, 사망 원인 등은 전하지 않아 더 이상은 알 수 없다. 그녀에게 불행이 잇따른 것이다. 그나마 다행이라면 그녀에게는 세자라는 한 가닥 희망이 남아 있었다.

왜 그대들의 녹봉으로써 지급하지 않는가?

제헌왕후는 비록 폐서인이 되었지만, 세자의 생모라 여전히 정치적으로 민감한 존재였다. 대간과 성균관 유생 65명이 '죄도 명확하지 않은 왕비를 폐위하는 것은 있을 수 없는 일'이라며 반대 상소를 올렸고, '원자의 생모인 폐비를 다시 왕비로 복위시켜야 한다'는 시위가 이어지기도 했다. 그러나 성종은 제헌왕후의 복위를 거론한 조정 대신들을 파직하거나 유배에 처할 정도로 단호했다.

폐비의 혈육인 세자가 성장함에 따라 인심도 폐비를 동정하는 쪽으로 기울어졌다. 세자가 7세 때인 성종 13년(1482), 대신들이 "세자의 어머니를 일반 백성처럼 살게 해서는 안 된다"는 상소를 올렸고, "조정에서 따로 거처할 곳을 마련해주고 생활비 일체를 관에서 지급해야 한다"고 주장하기도 했다.

「성종실록」에 따르면, 성종이 "그대들이 만일 가난하고 헐벗음을 불쌍히 여기는 것이라면 어찌하여 그대들의 녹봉으로써 공급하지 않는가? 그대들은 윤씨의 신하인가? 이씨의 신하인가?"라며 신하들을 질타한 것으로 전한다.

이처럼 폐비의 처우 문제에 대해 성종이 단호하기도 했지만, 삼정승과 육조의 관원, 대간들의 논의가 무산된 이유는 폐비된 제헌왕후에 비판적이었던 소혜왕후, 즉 인수대비와 제헌왕후의 폐비에 앞장선 숙의 엄씨와 숙용 정씨 등의 반발도 영향을 미쳤다.

『연려실기술』에는 당시의 상황을 다음과 같이 기록했다.

> 윤씨는 폐위되자 밤낮으로 울어 끝내는 피눈물을 흘렸는데 궁중에서는 훼방하고 중상함이 날로 더했다. 임금이 내시를 보내 염탐하게 했더니 인수대비가 그 내시에게 시켜, 윤씨가 예쁘게 단장하고 자기 잘못을 뉘우치는 뜻이 없다고 대답하게 했다. 그리고 왕은 그 참소를 믿고 죄를 더 줬던 것이다.

심지어 숙의 엄씨와 숙용 정씨는 성종에게 "폐비가 10년 넘게 먹고 살 수 있는 금은보화를 궁에서 가지고 나갔다"며 모함에 가세했고, 내시 안중경에게 재물을 주어 성종에게 허위로 보고하도록 종용하기도 했다. 당시 안중경은 성종에게 "폐비 윤씨는 조금도 뉘우치는 빛이 없습니다. 내수사에서 보낸 음식도 독약이 들었다며 먹지 않았고, 또 곱게 화장한 후 원수를 갚겠다고 하면서 후일 원자가 자라면 궁중을 숙청하겠다고 했습니다"라고 보고했다. 결국 성종은 조정 대신들과 상의하는 절차를 밟아 제헌왕후에게 사약을 내리게 된다. 이때가 성종 13년(1482) 8월이었다.

성종은 폐비에게 사약을 내리면서 의정부에 다음과 같이 전지傳旨를 내렸다.

> 폐비 윤씨는 성품이 본래 흉악하고 위험하여서 행실이 사람으로서 마땅히 해야 할 도리에 어긋나고 순리를 거슬러 불순함이 많았다. 지난날 궁중에 있을 때부터 포악함이 날로 심해져서 이미 삼전三殿에 공순하지 못하였고, 과인에게도 흉악한 짓을 함부로 하였다. 심지어 과인을 경멸하여 노예와 같이 대우하며 '발자취까지도 없애버리겠다'고 말하였으나, 이러한 것은 다만 자질구레한 일들이니 더 말할 것도 없다.
>
> 그리고 폐비는 일찍이 역대의 모후들이 어린 임금을 끼고 정사를 마음대로 하였던 일을 보면서 스스로 기뻐하였고, 항상 독약을 지니고 다녔으니 비단 폐비가 시기하는 사람을 제거하려는 것뿐만 아니라 장차 과인에게도 해로운 것이다. 뿐만 아니라 항상 스스로 말하기를, '내가 오래 살게 되면 장차 할 일이 있다'고 하였다.
>
> 그럼에도 차마 단죄하지 아니하고, 다만 그를 폐비하여 서인으로

> 삼아 사제에 있게 하였다. 그런데 원자가 점차 성장하는 것을 보고는 사람들이 동정하며 이 사건을 말하는 이가 많다. 비록 지금은 크게 염려하지 않아도 되겠지만, 후일에 있을 화를 어찌 이루 다 말하겠는가? 원자가 왕위에 오르게 되면 비록 원자가 현명하더라도 흉악하고 위험한 성격을 지닌 폐비가 날로 더욱 방자해져서 결국 한나라 여후와 당나라 무후의 화를 당하게 될 것이니, 나의 생각이 여기에 미치면 참으로 걱정이다.
>
> 따라서 우유부단하여 큰 계책을 일찍이 정하지 못하면, 나라의 일이 구제할 수 없는 데까지 이르러 후회하여도 이미 늦었고, 나는 종묘와 사직의 죄인이 될 것이다. 옛날 구익부인鉤弋夫人은 죄가 없었지만 한 무제가 만세의 계책을 위해 그를 죽였는데, 하물며 이 흉악하고 위험한 사람은 용서하기 어려운 죄를 짓지 않았는가? 이에 금년 8월 16일에 그 집에서 사사한다.

이처럼 폐비가 살아 있으면 원자가 즉위한 이후의 일을 걱정했던 성종은 왕실의 명운이 걸려 있는 문제라며 제헌왕후에게 사약을 내렸고, 중국의 고사까지 동원하며 이를 전국에 알리라고 명한 그의 결단에 비장함마저 느껴진다.

후일에 있을 화까지 어찌 다 말하겠는가?

성종이 비유한 한나라 여후와 당나라 무후는 황제의 자리에 올라 권력을 전횡했다고 비판받는 등, 한 시대를 풍미한 여인들이었다. 구익부인은 한나라 무제의 후궁으로, 무제와의 사이에서 낳은 아들 유불릉이 황태자에 책봉되었을 때 한무제가 "국가에 혼란이 발생하는 원인은 황제가 무능하거나 나이가 어리기 때문이니, 내가 죽은 뒤에도 젊고 힘이 있는 유불릉의 어미가 살아 있게 되면 외척의 발호와 폐단이 있을 것이니 이를 미연에 예방해야 한다"는 이유로 구익부인을 역모로 몰아 처형했다.

당시 세자, 즉 연산군은 나이가 어려 생모가 폐비되고 사약을 받아 죽었다는 사실을 알지 못한 채, 성종의 두 번째 계비인 정현왕후의 아들로 입적되어 성장했다. 1494년 성종은 세상을 떠나기 전 "100년 동안 폐비의 일을 거론하지 말라"는 유언을 남겨 후폭풍에 대비했다. 하지만 성종의 불길한 예감은 적중하고 말았다.

세자가 19세의 나이로 성종의 뒤를 이어 즉위하자 성종의 유언은 힘을 잃었고, 세상에 비밀이란 없는 법이었다. 「연산군일기」에 따르면, 연산군이 성종의 묘지문에 왕비의 아버지가 윤기견이라고 쓰여 있는 것을 발견하면서 비롯되었다.

당시 연산군은 자신이 친어머니로 알고 있던 정현왕후의 아버지 윤호尹壕를 잘못 쓴 것이 아니냐고 물었고, 왕의 질문에 거짓 보고를 할 수 없었던 승지들이 비로소 폐비 윤씨에 관한 일을 보고했다. 이에 연산군은 '비로소 생모가 폐위되어 사망한 사실을 알고 수라를 들지 않았다'고 할 정도로 큰 충격을 받았다. 이때가 연산군 1년(1495) 3월이었다.

하지만 연산군은 피의 숙청을 곧바로 일으키지 않았다. 사건의 구체적인 사실을 알기까지 시간이 걸렸고, 어린 연산군이 즉위한 초기에는 대신들을 통제할 수 있을 만큼 왕권이 강하지 않았던 것도 이유였다.

시간이 흘러 연산군 10년(1504), 마침내 사건이 터졌다. 권력을 좇으며 온갖 정치적 술수를 기획하던 임사홍이 폐비의 어머니, 즉 연산군의 외할머니와 연산군의 만남을 주선한 것이다. 이후 성종 때 폐비 논의를 주도한 인사들을 구체적으로 입에 올리면서 연산군이 생모의 복수를 위해 벌인 갑자사화甲子士禍의 서막이 열린다. 당시 제헌왕후의 폐위에 앞장섰거나 복위에 동참하지 않았던 대신들이 유배되거나 처형되었고, 이미 사망한 경우 무덤을 파헤쳐 관을 꺼내 시신을 다시 한 번 처형하는 등 무자비한 보복이 행해졌다.

폐비를 모함했던 숙의 엄씨와 숙용 정씨도 무사하지 못했다. 연산군은 이들을 내전으로 끌어내 직접 철퇴로 내리쳐 죽인 뒤, 시체를 찢어 젓갈로 만들어 야산에 뿌리게 했다. 그리고 정씨의 두 아들도 잔인하게 죽여버렸다.

연산군은 할머니 인수대비에게도 "왜 나의 어머니를 죽였느냐"며 소리를 지르는 등 그때의 일을 격렬하게 따졌다. 인수대비는 그 충격으로 쓰러져 끝내 일어나지 못하고 사망한 것으로 전한다.

반면, 폐비의 복위를 주장하다 유배되었거나 파직된 대신들은 복직하여 부귀영화를 누렸다. 이때가 폐비가 피를 토하고 죽은 지 22년 만이었다. 이처럼 살아 있는 사람들에게 생지옥을 연상케 하는 피바람을 일으킨 연산군의 복수로, 폐비 윤씨의 원한이 풀렸는지는 알 수 없는 일이다.

아들까지 최초로 쫓겨나다

제헌왕후는 폐서인이 되었기에 사망한 후 묘지명도 없이 경기도 장단長湍에 일반 묘로 조성되었다. 이후 성종 19년(1488) 당상관 김석산이 상소를 올려 "풍수서 가운데 당나라 일행 선사가 쓴 38장법에 의거하여 폐비 윤씨의 묘가 잘못 조성되었다"고 주장했다. 겉으로는 풍수지리와 관련한 논란에 지나지 않았지만, 성종이 묘비도 세우지 않을 정도로 민감한 문제를 김석산이 공개적으로 거론했다는 점에서 가볍게 넘길 사안이 아니었다. 당연히 성종은 크게 화를 냈고, 김석산의 죄를 물어 의금부에 넘기라 명했다.

성종은 폐비 윤씨 묘가 '흉지'라는 말에 혹시 세자에게 무슨 일이 생길지도 모른다는 걱정에서인지 풍수에 조예가 있는 최호원과 서거정 등 대신들을 불러 폐비 묘를 다시 살펴보게 했다. 이에 최호원이 "김석산의 이론은 근거가 없긴 하지만, 폐비 윤씨 무덤 터가 보통 사람이 쓴다면 몰라도 나라에서 쓰기에는 합당하지 못하다"고 보고하자 성종은 이장을 지시했다.

풍수지리 사상은 원래 중국에서 유래한 것으로 전하지만 중국과 우리의 지리적 조건이 전혀 달라 우리에게 구체적인 영향을 미치지는 못했다. 우리의 풍수지리는 우리 땅을 배경으로 인간의 삶과 죽음을 해석하는 독창적인 유산으로 전승되어 '자생 풍수설'이라고도 한다.

유학을 숭상하는 조선에서도 건국 초기부터 정치와 관련하여 풍수 전문가들이 등장하는 등 각별한 인연이 전한다. 조선 건국 과정에서 태조가 신뢰한 풍수 전문가로는 무학대사가 있었고, 태종 대에는 하륜이 중요한 시기마다 풍수지리와 관련한 조언을 했다. 세종 대에는 이양달 등이 있었고, 성종 대에 관리를 지낸 최호원은 성종 12년(1481) 과거에 합격해 대구부사 등을 거쳐 정3품에 오르는 등 유학자이면서도 성종이 인정하고 신뢰할 정도로 당대 최고의 풍수 전문가였다.

이후 왕의 통치가 궤도에 오르고 사회가 점차 자리를 잡아가자 풍수지리에 대한 국가적인 논의는 사라지고 개인의 풍수설인 음택 풍수, 즉 무덤 자리로 중심이 옮겨져 후손들의 복을 비는 지극히 개인주의적이고, 이기주의적인 풍수로 변질되었다.

어느 날 성종이 최호원을 불러 "주변 사람들이 풍수가 망령된 술수라며 비난하는데, 그대의 생각은 어떤가?"라고 묻자, 그가 대답하기를 "풍수설이 망령된 것이라고 비난하는 이들도 그들의 부모를 장사 지낼 때는 풍수를 봅니다"라고 대답했다는 일화가 전하기도 한다.

최호원의 의견에 따라서 '제헌왕후의 능을 이장하라'는 성종의 명령에 힘이 실리는 듯했다. 그런데 대신들이 논의를 진행하는 과정에서 무슨 까닭에서인지 성종이 더 이상 언급을 하지 않아 폐비 묘의 이장은 실행에 옮겨지지 않았다. 아마도 폐비의 묘가 사람들의 입에 오르내리는 것 자체가 부담스러웠는지도 모른다. 다만 성종 20년(1489), 성종은 '윤씨지묘尹氏之墓'라는 묘비명을 세우고 묘지기를 두어 관리하며 절기마다 제사를 올리게 했다.

이후 연산군 3년(1497), 묘소를 현재의 서울 동대문구 회기동으로 이장하고 묘호를 회묘懷墓라고 했다. 연산군의 폭정이 극에 달하던 연산군 10년(1504) 갑자사화가 일어난 후 제헌왕후에 추숭되면서 그녀의 묘도 회릉懷陵으로 격상되었고, 왕릉 제도에 맞게 다시 조성되었다. 연산군 12년(1506), 중종반정으로 연산군이 폐위되자 회릉은 다시 회묘로 격하되었고, 350여 년이 지난 1969년 경기도 고양시 원당동의 서삼릉西三陵 안에 귀인과 숙의의 묘역 바로 뒤로 이장했다. 한때 폐비의 묘가 있었던 지금의 경희의료원과 경희여중고 일대는 20세기에 들어서서 회묘라는 지명이 좋지 않다고 하여 회기동으로 불리게 되었다는 이야기도 전한다.

이처럼 그녀는 죽어서도 편하게 잠들지 못하고 부침을 거듭했다. 그나마 현재 경기도 고양시 덕양구의 서삼릉 안에 조성된 그녀의 묘는 왕비의 예에 따라 능으로 조성되면서 봉분이 크고 석물도 갖추어졌지만, 그녀에게 위로가 되었는지는 확인할 길이 없다.

죽어서도 왕실과의 인연이 이어지다

"핑계 없는 무덤이 없다"는 우리 속담도 있지만, 서삼릉은 제헌왕후 외에도 왕실과 다양한 사연을 지닌 왕족들이 잠들어 있다. 서삼릉은 원래 중종의 제1계비 장경왕후의 희릉禧陵을 조성하려고 선택한 곳으로, 한때 중종의 정릉도 있었다.

이후 중종의 아들 인종과 그의 비 인성왕후의 효릉孝陵이 조성되었고, 고종 1년(1864) 철종과 그의 비 철인왕후의 예릉睿陵이 조성되어 3명의 왕과 왕비의 능이 들어서면서 희릉·효릉·예릉을 합쳐 서삼릉이 되었다.

이외에도 왕릉은 아니지만 인조 23년(1665) 소현세자가 사망하자 이곳에 안장하여 소경원昭慶園이 조성되었고, 소현세자의 장남 경선군과 차남 경완군을 포함해 숙종 이후 대한제국까지 왕자와 공주 그리고 역대 왕의 후궁의 묘 46기가 조성되어 있다.

이처럼 왕릉과 왕실 묘가 집단적으로 조성된 이유는 우리의 아픈 역사와도 관련 있다.

일반적으로 왕릉이 조성된 지역에는 왕자나 공주는 물론 후궁의 묘를 쓸 수 없어 이들이 사망하면 별도의 터를 조성했다. 하지만 경술국치로 조선이 멸망하고 3개월 만인 1910년 11월, 일제는 조선 왕실을 관리하기 위해 일본 국내성 소속으로 이왕직李王職을 설치했고, 서울과 경기 지역에 흩어져 있던 왕자와 공주 그리고 후궁의 분묘를 일괄적으로 관리한다는 명분을 내세워 모두 43기의 묘를 옮겨 서삼릉 경역 안에 집장지를 조성했다.

1944년 정조의 맏아들 문효세자의 효창원孝昌園과 1949년 영조의 손자이자 사도세자의 장남으로 3세에 세상을 떠난 의소세손의 의령원懿寧園도 이곳으로 옮겨왔고, 1969년에는 주변 개발에 따라 고종의 장남 완화군의 묘를 서삼릉 안에 조성된 후궁 묘로 옮겼다.

조선 왕실에서는 왕세자를 비롯하여 왕자와 세손 그리고 공주와 옹주가 태어나면 태胎를 석실石室에 담아 전국의 길지를 선택하여 봉안하고 태봉胎峰이라 하여 그 주변으로 방목과 벌채는 물론 개간을 금했다. 그러나 일제 강점기인 1930년대를 전후하여 태실 역시 집중 관리한다는 그럴듯한 명목으로 태조 이성계 등 왕의 태실 22기와 왕자 태실 32기 등 모두 54기를 서삼릉으로 옮겨왔다. 물론 이러한 조치는 서삼릉 일원을 공동 묘역으로 조성하여 왕릉으로서의 존엄성 등 품격을 낮추고 훼손하려는 간악한 의도가 담겨 있었다.

현대에 이르러 서삼릉 능역에 의친왕과 의친왕의 어머니 덕수 장씨의 묘가 조성되었으나 1996년 의친왕 묘가, 2009년에는 덕수 장씨의 묘가 홍유릉 경역으로 천장하여 서삼릉은 현재 3릉 3원 1묘 및 왕자·공주·후궁 등의 묘 46기, 태실 54기가 있다. 그외에 비구니가 된 후궁은 화장되기도 했고, 출가한 공주들은 시댁의 선산에 묻히기도 했다. 뿐만 아니라 역사에 이름이 알려지지 않은 왕실 종친들의 묘는 여기저기 흩어져 있다.

한편, 조선의 왕과 왕비 그리고 왕실 종친이 잠들어 있는 서삼릉에 제헌왕후의 묘가 뒤늦게 조성된 것은 분명 묘한 인연이 아닐 수 없다. 그녀에게 왕실은 결코 좋은 인연으로 남아 있지 않기 때문이다. 그런 점에서 뒤늦게 이곳에 들어와 함께 잠들어 있는 제헌왕후와 왕실 종친들이 서로 화해했는지 궁금하다.

기다림의 끝은 화려했다

정현왕후 윤씨 貞顯王后 尹氏

성종의 제2계비

궁중 여인은 어릴 때 뽑아야겠다

정현왕후는 왕비로서의 삶보다는 연산군 대에 피바람이 불었던 정국의 소용돌이에 휘말리지 않고 천수를 누린 자순대비慈順大妃로 기억하는 사람이 더 많다. 그녀는 제헌왕후가 쫓겨난 뒤 왕비 자리에 오르는 과정에서부터 왕실과 각별한 인연이 있었다.

성종은 재위 기간 중 세 명의 왕비를 맞이했다. 성종이 본격적으로 통치에 나섰던 즉위 7년(1476)에 두 번째 왕비 제헌왕후를 맞아들였고, 통치 기반을 견고하게 다지기 시작했던 즉위 11년(1480)에 세 번째 왕비 정현왕후를 맞아들였다.

정현왕후는 12세 나이로 성종 4년(1473) 숙의에 간택되어 궁궐 생활을 시작했다. 어린 나이에 궁궐로 들어온 그녀는 시어머니 인수대비의 가르침에 잘 따르며 좋은 인상을 남겼다. 실록에는 "성품이 총민聰敏하고 마음가짐이 순수하고 근신謹愼하여, 위로 정희·소혜 두 대비가 각별히 사랑하여 여자가 마땅히 지켜야 할 도리(婦道)를 가르치니 이를 잘 받들고 따라서 어김이 없으셨다"고 극찬했으며, 정희왕후 역시 "윤 숙의를 시험해보니, 궁중의 여인은 나이 어릴 때 뽑아야겠다. 그래야 가르침을 익히기가 쉽다"며 그녀의 침착한 성품과 총명함을 칭찬했다.

그녀가 후궁으로 간택되어 궁궐 생활을 시작한 시기에는 성종의 정비인 공혜왕후가 생존해 있었다. 1년 후에 공혜왕후가 사망했지만 그녀는 왕비의 후보로 거론되지 않을 정도로 주목받는 후궁은 아니었다. 오히려 함께 후궁 생활을 시작한 것으로 전하는 제헌왕후가 성종의 총애를 받았다. 따라서 그녀는 후궁으로 궁궐에서 삶을 마쳐야 할 운명이었지만, 성종 10년(1479), 제헌왕후가 폐서인이 되어 사제로 쫓겨나고 왕비 자리가 공석이 되자 그녀에게 뜻하지 않은 기회가 찾아왔다.

인수대비는 왕비 자리를 오래 비워둘 수 없다며 왕비의 간택을 서둘렀다. 당시 인수대비는 "원자가 더 자라서 생모에 대한 기억이 되살아나지 않게 하루라도 빨리 새 중전을 세워야 한다"며 왕비가 쫓겨난 초유의 사태를 하루빨리 지워버리고 정상을 되찾고자 서둘렀던 것이다.

당시 제헌왕후가 쫓겨나는 데 결정적 역할을 했던 후궁 엄씨나 정씨를 성종이 총애했다고 하지만, 이들 중에서 왕비를 간택하기에는 무리가 따랐다. 성종의 의지로 제헌왕후의 간택과 폐비가 이루어졌기 때문에 이번에도 자신의 의지대로 계비를 간택하기에는 부담이 있었던 것이다. 게다가 이미 왕자를 출산한 숙의 하씨와 숙의 홍씨 등 쟁쟁한 후궁들이 있었지만 이들 중에서 계비를 간택하면 세자의 왕위 계승에 위협이 될 수 있다는 우려도 무시할 수 없었다. 여러모로 숙의 윤씨가 가장 무난했다.

마침내 관례에 따라 성종의 후궁들 중에 계비를 선택하는 절차를 밟아 성종 11년(1480) 11월, 정현왕후가 19세의 나이로 왕비의 자리에 오르게 된다. 그녀는 19세의 젊은 나이라 언제든지 자식을 낳을 수 있었지만, 그녀의 간택에는 정치적 이유도 작용했던 터라 크게 문제되지 않았다. 오히려 폐비 사건으로 심적인 부담이 컸던 성종은 어수선한 분위기가 하루라도 빨리 정리되기를 원했다.

정현왕후는 세조 8년(1462) 파평 윤씨 집안의 병조 참지 윤호尹壕와 부인 전씨의 딸로 신창新昌 관아에서 출생했다. 「중종실록」에는 그녀가 태어난 관아 이름을 따서 그녀의 이름을 창년昌年으로 지었다고 기록되어 있지만, 정확한 사실은 확인할 수 없다. 대체로 조선 여성들은 이름없이 문중의 성씨만 전하며, 혼인한 뒤에는 남편의 지위를 호칭으로 사용했기 때문이다. 물론 왕비 이름이 전하는 대한제국 고종의 비 명성황후가 있지만, 그녀의 이름도 정확한 사실 여부는 확인하기 힘들다. 다만 당시 딸에게 이름을 지어주었다면, 아마 부모의 관심과 사랑이 지극했을 것으로 짐작할 뿐이다.

어머니와 아들이 왕실과 악연을 이어가다

정현왕후 집안은 세조의 즉위 과정에 적극적으로 참여했고, 세조의 측근 가문들과 혼인관계를 맺으며 세도가를 이룬 명문가였다. 당시 삼정승인 영의정 정창손, 좌의정 윤필상, 우의정 홍응 등이 모두 그녀의 집안과 사돈관계였고, 그녀의 둘째 할머니는 당시 세력가인 한명회의 고모였다. 시어머니 정희왕후 역시 같은 파평 윤씨 집안 출신이었다. 따라서 그녀가 숙의로 궁궐 생활을 하게 된 것도 그녀의 집안 배경과 관계없지 않았다.

당시 성종은 5명의 후궁이 후보에 올랐을 때 마음에 두었던 여인이 따로 있었다. 그럼에도 그녀가 간택된 것은 왕실 여인들의 적극적인 지지가 있었기에 가능했다. 이미 정치를 경험했던 왕실 어른들이 그녀의 개인적인 품성만이 아니라 그녀의 집안 배경도 주목했던 것이다. 이러한 까닭에 정현왕후가 친정아버지 윤호와 육촌인 윤필상 등과 함께 제헌왕후의 폐출에 일조했다는 이야기도 전한다.

하지만 제헌왕후가 폐출될 당시 18세인 정현왕후가 제헌왕후를 비롯하여 이미 궁궐에서 산전수전을 겪은 후궁들을 상대로 영향력을 행사하기에는 나이가 너무 어렸고, 궁궐 생활도 얼마 되지 않아 특별한 역할을 했다고 보기에는 무리가 따른다는 견해도 있다.

이러한 이야기의 사실 여부를 떠나 그녀의 아버지 윤호가 성종 때 막강한 권력을 행사했던 한명회를 견제할 수 있는 인물이라는 말들이 오르내릴 정도로 당시 그녀의 집안이 세간의 주목받고 있었음을 의미한다.

아무튼 누가 왕비에 간택되느냐에 따라 각 정파 간의 입장이 다를 수밖에 없었고, 폐비 윤씨의 아들인 세자도 민감한 문제였다. 새로 간택된 왕비가 폐비 사건과 상관없다 해도 왕비의 자리에 오른 이상 자유로울 수 없었다. 이러한 부담을 모를 리 없었던 정현왕후는 각별히 어린 세자에게 마음을 썼고, 세자도 그녀를 친어머니로 알고 잘 따랐다.

정현왕후는 왕비의 자리에 오른 후에 왕자를 낳았지만, 세자의 지위를 위협하지는 않았다. 세자 또한 별 탈 없이 성장했고, 성종의 뒤를 이어 즉위하는 과정도 순조롭게 진행되었다. 그러나 정현왕후 모자는 제헌왕후 모자와 최악의 인연을 역사에 남기게 된다.

이유야 어떻든 정현왕후는 연산군의 생모 제헌왕후가 쫓겨난 뒤 왕비의 자리에 올랐고, 정현왕후의 아들은 반정으로 연산군이 쫓겨난 뒤 왕위에 올랐기 때문이다. 이러한 운명은 그녀가 궁궐 생활을 시작하면서 이미 예견된 듯했다.

정현왕후가 왕비에 오른 때는 비로소 건국의 기틀이 완성되는 시기로, 건국 초기와 비교하면 상당히 복잡한 관계로 얽힌 사람들이 궁궐에서 생활했다. 무엇보다도 조선 최초로 세 번째 왕비에 간택된 그녀는 두 왕비가 남긴 그림자를 걷어내야 했고, 비록 그녀의 책임은 아니었지만 이후 발생할 일들도 그녀가 감당해야 할 몫이었다.

이렇듯 정현왕후는 역사적으로 가장 번성했던 시기부터 가장 불운했던 시기를 모두 거쳤다. 당시에는 조선의 역사에서 가장 주목받는 성종을 비롯해 다양한 사연을 지닌 왕실 여인들이 생존해 있었고, 폭군 연산군과 당대의 권세가였던 한명회, 신숙주 등과도 같은 시대를 살았다.

반면, 이 시기는 조선의 건국에 참여했던 역전의 용사들이 퇴장하고, 새로운 세대가 역사 무대에 등장하기 시작했다. 역성혁명이라는 조선 건국에 반발하여 산림에 묻혀 살던 선비들의 영향을 받은 제자들이 정치 무대에 등장하기 시작한 것이다.

현대에도 소설이나 영화 그리고 드라마에서 이미 우리에게 익숙한 역사적 인물이나 사건이 긴박하게 펼쳐지는, 변화와 도전이라는 과제를 놓고 갈등과 대립의 요인을 안고 있던 시기이기도 했다.

이러한 시기를 살았던 정현왕후와 관련한 구체적인 기록은 찾아보기 힘들다. 때문에 그녀는 상당히 소극적인 삶을 살았던 것으로 평가하기도 한다. 현대 사극에도 그녀는 성종과 연산군 사이에서 특별히 자기 목소리를 내는 경우는 찾아볼 수 없다. 다만 SBS-TV에서 2001~2002년에 방영된 「여인천하」에서 배우 이보희가 정현왕후, 즉 자순대비 역을 맡아 기존 사극과 달리, 자애로우면서도 중요한 사건에는 강단 있는 인물로 변신을 시도했던 것은 예외에 해당한다.

반쪽 삶만 주목받다

일반적으로 그녀의 삶을 설명할 때 '연산군으로 인해 궁궐에 피바람이 몰아쳤지만, 그녀는 연산군의 배려(?)로 무사할 수 있었다'는 등 주로 연산군의 폭정에 초점을 맞추는 경향이 발견된다. 정현왕후의 처지에서 보면 자신의 반쪽 삶만 역사에 전하고 있는 셈이다. 물론 이유가 없는 것은 아니다.

그녀는 어린 나이에 후궁으로 궁궐 생활을 시작하면서 온갖 음모와 정치적 사건·사고와 더불어 왕비가 쫓겨나 끝내 사약을 받는 감당하기 힘든 시련을 지켜봐야 했다. 그럼에도 평생을 궁궐에 갇혀 살아야 하는 그녀에게는 더욱 신중하게 처신하는 방법 외에는 뚜렷한 대안이 없었다.

덕분에 그녀는 '철의 여인'이라는 대가 센 시어머니 인수대비에게 인정받았고, 훗날 연산군이 어머니 폐비 윤씨의 복수극을 벌일 때에도 비켜갈 수 있었다. 뿐만 아니라 성종이 "투기하지 않는 사람이 드문데 다행히 어진 왕비를 얻어 평안하다"고 칭찬할 정도로 성종과도 원만한 관계를 이어갔다.

정현왕후와 성종과의 관계가 어떠했는지는 구체적으로 전하지 않지만, 그녀는 왕비의 자리에 오르기 전 후궁의 몸으로 장녀 순숙공주를 낳았고, 왕비에 오른 이듬해에 차녀 신숙공주를 낳았다. 이 두 공주는 모두 요절했지만 성종 19년(1488)에 진성대군을 낳은 것으로 보아 부부 사이가 좋았던 것으로 보인다. 이후 남편 성종이 사망하여 대비 자리에 오른 그녀는, 연산군 12년(1506) 성희안과 박원종 등이 반정을 일으켜 연산군을 폐위하고 강화도 교동에 유배한 뒤 자신의 아들 진성대군을 새로운 왕으로 옹립하자, 이를 허락하는 교지를 내렸다.

그녀는 중종반정에 직접 관여하지는 않았지만, 반정 세력이 그녀를 앞세운 이유는 왕실 어른이라는 그녀의 위상 때문이었다. 다만 반정 세력이 자신의 아들 진성대군을 왕으로 옹립하려고 하자 그녀는 "진성대군이 아직 어려 부족한 점이 많은데 어찌 나라를 이끌 수 있겠소"라며 조심스럽게 대응했지만, 아들의 즉위를 승낙하는 절차를 밟았다.

이후 그녀는 국정에 관여하지 않았고, 말년에는 불교에 적극적인 관심을 기울이며 여생을 보냈다. 그녀는 연산군 때 나락으로 떨어진 불교의 위상을 만회하기 위해 철폐한 절들을 복구하고 몰수한 절의 노비와 토지를 되돌려줄 것을 주장하기도 했다. 하지만 반정공신들의 반대에 부딪쳐 큰 영향력을 발휘하지 못했다.

정현왕후는 아들이 즉위한 뒤 25년 동안 극진한 효도를 받으며 평안하게 말년을 보내는 복을 누리다 중종 25년(1530) 8월 69세로 경복궁 동궁에서 사망했다. 그녀는 비록 세 번째 왕비였지만 남편 성종과 함께 묻혔고, 아들 중종도 사망한 뒤 인근에 능을 조성하여 죽어서도 가족과 함께 잠드는 행운을 누렸다.

그녀가 사망한 뒤 대신들이 시호를 정하는 자리에서 "크게 사려하여 능히 다스림(大慮克就)을 정貞이라 하고, 행실이 밖으로 드러남을 현顯이라 하는데, 대비는 혼란한 시국을 바로잡아 나라가 다시 흥성하게 되었고, 음험하고 부정한 청탁이 없이 덕을 베풀었다"고 그녀의 삶을 칭송하면서 시호를 정현왕후貞顯王后로 올렸다.

그녀의 능호는 선릉宣陵으로 현재 서울 강남구 삼성동에 자리하고 있다. 인근에 조성된 아들 중종의 능호가 정릉이라 두 능을 합쳐서 '선정릉'이라고도 한다. 정자각 앞에서 바라보면 서쪽 방향인 왼쪽 언덕에 성종의 능이, 동쪽 방향인 오른쪽 언덕에 정현왕후의 능이 조성되었다.

본래 이 자리는 세종의 아들 광평대군 묘역이었으나 선릉이 조성되면서 광평대군 묘역은 현재 서울 강남구 수서동으로 이장되었다. 이 지역은 현재 땅값이 가장 비싸고 가장 번화한 지역으로 변했지만, 능이 조성될 당시에는 뚝섬에서 배를 타고 나루 건너 봉은사를 지나야 하는, 도성에서 제법 멀리 떨어진 한적한 곳이었다.

선릉은 인조 3년(1625) 화재로 홍살문과 정자각이 완전히 타버렸고, 이듬해 2월에도 능침에 두 차례 화재가 발생하는 등 유난히 수난이 많았다. 특히 임진왜란 때에는 왜적들이 무덤을 파헤쳐 도굴해가는 시련을 겪기도 했다.

이 과정에서 정현왕후와 성종의 유해가 모두 불에 타서 지금 선릉에는 이들의 유해가 없다. 전쟁이 끝난 뒤 선조가 두 사람의 유해를 찾으려고 애를 썼지만, 끝내 찾지 못했다. 때문에 선조는 관을 새로 짜서 부장품으로 넣었던 옷을 태운 재를 담아 다시 안장했다. 당시 정현왕후와 성종의 넋이라도 다시 돌아왔는지 모를 일이다.

선릉 : 서울 강남구 선릉로 100길 1(삼성동 131)

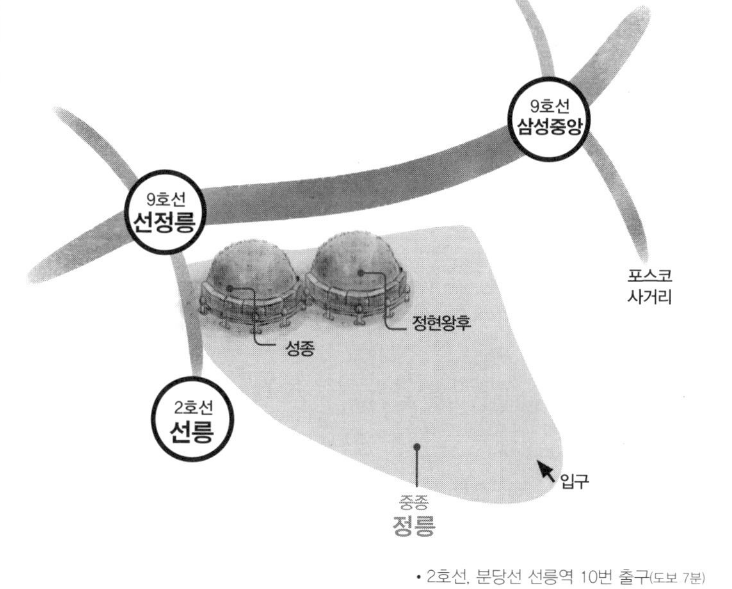

• 2호선, 분당선 선릉역 10번 출구(도보 7분)
• 9호선, 분당선 선정릉역 3번 출구(도보 16분)

2대에 걸친 왕실과의 인연이 불행으로 막을 내리다

거창군부인 신씨居昌郡夫人 申氏

연산군의 정비

장밋빛 희망을 안고 신혼생활을 시작하다

거창군부인 신씨는 연산군의 정비였지만, 1506년 중종반정으로 연산군이 폐위되면서 그녀도 함께 쫓겨났다. 이에 따라 연산군 11년(1505)에 올린 '제인원덕왕비齊仁元德王妃'라는 존호가 삭제되어 거창군부인居昌郡夫人으로 강등되었다. 때문에 왕비로서의 그녀에 대한 공식 기록은 찾아보기 힘들다.

연산군 대의 기록은 대부분 그의 악행과 관련이 있고, 그 결과 반정세력에 의해 쫓겨난 것으로 끝을 맺는다. 물론 가끔 연산군의 인간적 고통과 낭만적 성격에 주목하기도 하고, 이 과정에서 동정론이 담기기도 한다. 하지만 이미 연산군의 악행에 익숙해진 사람들의 관심을 끌기에는 한계가 있다. 이러한 까닭에 그의 악행과 관련이 있는 경우를 제외하면 특별히 주목받는 연산군 대의 인물은 거의 없다.

연산군의 비 거창군부인도 예외는 아니다. 그녀는 연산군의 유일한 왕비였지만, 남편의 그림자에 완전히 가려져 왕비로서의 그녀의 삶을 기억하는 사람들은 많지 않다. 그나마 그녀에 관한 기억은 조선 최초의 반정으로 남편과 함께 쫓겨난 비운의 여인, 폐비廢妃 신씨愼氏로 남아 있을 뿐이다.

거창군부인은 성종 7년(1476) 12월 거창 신씨 집안에서 신승선愼承善의 딸로 태어났다. 성종 19년(1488) 왕세자 연산군과 13세에 혼인하여 궁궐에서 세자빈으로 신혼생활을 시작했고, 19세인 1494년, 성종이 사망하자 남편 연산군이 왕위에 오를 때 왕비에 책봉되어 경복궁 자선당資善堂에서 경복궁 교태전交泰殿으로 처소를 옮겼다. 교태전은 왕비의 침전이었고, 왕의 침전은 강녕전이었다. 경복궁 창건 당시에는 없었지만, 세종 25년(1443)에 증축된 교태전은 궁궐 안 150여 채의 건물 가운데 가장 화려하게 치장된 곳으로, 왕비의 처소에 걸맞게 품격이 높다는 평가를 받는다. 따라서 이곳으로 처소를 옮긴다는 것은 왕비로서 화려한 궁궐 생활의 시작을 의미했다.

특히 실록에 왕비의 처소를 구체적으로 언급할 정도로 이 시기에 비로소 궁궐의 생활공간이 제도적으로 갖추어지게 된다. 그녀가 세자빈을 거쳐 왕비의 자리에 오르던 시기는 시아버지인 성종이 국가 기틀을 완성한 최대의 안정기였고, 경제적으로 그 어느 때보다도 풍족했다. 연산군이 즉위한 후 상상을 초월할 정도로 흥청망청 국고를 탕진했음에도 경제적 위기를 맞지 않았던 것도 이러한 기반이 있었기에 가능했다.

일주일 간격으로 두 왕비가 쫓겨나다

거창군부인의 아버지 신승선은 단종 2년(1454) 과거에 급제하여 관직 생활을 시작했다. 그는 두 번에 걸쳐 장원급제를 했고, 명나라에 사신으로 다녀오는 등, 실력을 갖춘 문신으로 인정받았다. 또한 세조 때 남이의 옥사 등을 처리한 공으로 공신에 올랐고, 성종의 즉위에도 공을 인정받아 공신에 올랐다. 이러한 과정에서 그의 집안은 왕실과 중첩된 혼인관계를 맺으며 명문가의 반열에 올라 왕실의 든든한 지원 세력이 되었다.

신승선은 세종의 넷째 아들 임영대군 구璆의 딸, 즉 세종의 손녀와 혼인하여 신수근·신수겸·신수영 등 3남 1녀를 두었다. 그의 아들 3형제도 성종 이후 주요 관직을 거치며 권력의 중심에서 활동했다. 장남 신수근은 두 번 결혼했는데, 첫 번째는 권람의 딸과 결혼하여 권람의 사위가 되었다. 권람은 세조에게 한명회를 추천한 인물로, 세조가 왕위에 오르는 과정에서 최측근으로 공을 세운 당대의 실력자였다. 그러나 권람의 딸이 병으로 일찍 세상을 떠나자, 신수근은 재혼하여 한충인의 사위가 되었다. 한충인은 세조와 사돈인 한확의 조카로, 성종의 생모 소혜왕후와는 사촌이었다. 따라서 성종에게는 외가의 오촌 아저씨가 된다.

연산군과 혼인한 신승선의 막내딸 거창군부인은 왕실의 혈통으로 따지면 세종의 외증손녀로, 연산군은 그녀의 칠촌 조카뻘이다. 게다가 신승선의 장남이자 거창군부인의 큰오빠 신수근의 딸은 연산군의 이복동생인 진성대군과 혼인했다. 진성대군은 정현왕후의 아들로, 반정으로 왕위에 오른 중종이다. 따라서 거창군부인과 중종의 부인은 친정에서는 고모와 조카 사이였고, 시집인 왕실에서는 동서지간이다. 중종은 거창군부인의 시동생이자 조카사위가 되고, 그녀의 큰오빠 신수근은 연산군의 손위 처남이자 중종의 장인이 되는 등 그녀 집안은 왕실과 중첩된 혼인으로 인척관계가 복잡했다.

이러한 관계는 중종반정이 일어나자 그녀의 집안에 걷잡을 수 없는 화를 불러왔다. 신수근을 비롯해 그의 족친이 '한양에 집단으로 모여 살 경우 문제가 발생할 수 있다'는 이유로 반정 세력에 의해 처형되거나 외지로 추방되는 등 집안이 몰락하고 말았다. 이와 관련하여 다음과 같은 유명한 일화가 전한다.

> 반정 세력의 핵심 인물인 박원종 등이 반정을 모의하면서 당시 좌의정 신수근에게 "누이와 딸 중에서 어느 쪽이 더 중요하느냐?"고 물었다. 누이는 반정 세력이 왕위에서 쫓아내려는 연산군의 왕비 거창군부인이었고, 딸은 반정 세력이 왕으로 옹립하려는 진성대군의 부인, 즉 신수근의 딸을 가리켰다. 따라서 어느 편도 들 수 없었던 신수근은 자리를 박차고 일어나면서 "임금은 비록 포악하나 총명한 세자를 믿고 살겠다"고 답하고는 자리를 떠났다.

그의 대답은 위기를 모면하기 위한 임기응변이었지만, 반정 세력은 신수근을 자기편으로 끌어들일 수 없다고 판단했다. 결국 이들은 반정을 일으킨 후 가장 먼저 사람을 보내 수각교水閣橋에서 신수근을 살해한 뒤 그의 동생 수겸과 수영도 함께 처형했다. 이후 연산군의 부인 거창군부인을 폐출했고, 중종이 왕위에 올랐음에도 그의 부인 역시 죄인 신수근의 딸이라는 이유로 쫓아냈다.

이처럼 그녀의 집안은 2대에 걸쳐 왕비를 배출할 기회를 얻지만, 연산군과 중종의 비인 신수근의 누이와 그의 딸 모두 일주일 간격으로 궁궐에서 쫓겨나고 말았다. 심지어 쫓겨난 두 사람이 친정에서 함께 지내는 묘한 상황까지 벌어졌다.

당시 두 여인의 마음이 어떠했는지 궁금하지만, 전하는 자료가 없어 구체적으로는 알 수 없다. 아마도 거창군부인, 즉 폐비 신씨가 바라보는 조카이자 손아래 동서에 대한 시선이나 고모이자 손위 동서를 바라보는 조카의 마음은 무척 복잡했을 것이다. 두 여인 모두 자신들의 잘못이 있는 것도 아니었고 자신들의 의지가 반영된 것도 아니었지만, 이 모두가 거창군부인의 남편 연산군을 몰아내고 조카의 남편 중종이 왕위에 오른 탓이었다.

굳이 따지자면, 두 사람은 정치적으로 피해자와 가해자의 관계였지만, 현실적으로는 두 여인 모두 역적 집안 출신이라는 이유로 하루아침에 궁궐에서 쫓겨난 처지였다.

죽어서야 남편과 만나다

거창군부인은 가족사 또한 유난히 불행했다. 그녀는 왕비에 책봉된 이듬해인 연산군 1년(1495) 휘순(徽順 또는 휘신徽愼)공주를 낳았고, 3년 뒤인 연산군 4년(1498) 왕자를 낳는 등 모두 5남 2녀 또는 7남 3녀를 낳은 것으로 전한다. 그러나 어린 나이에 왕자와 공주들이 요절하여 2남 1녀만 생존했고, 이들 역시 연산군이 폐위된 뒤에 처형되어 후손이 끊기고 말았다.

다만 장녀 휘순공주가 권신 구수영의 아들 구문경과 혼인하여 아들 하나를 두었다. 하지만 중종반정으로 아버지 연산군이 쫓겨나자 그녀는 시아버지 구수영의 강요로 이혼해야 했고, 그녀의 집과 재산은 반정공신 박원종과 유순정, 성희안에게 내려졌다. 이후 중종 3년(1508) 정광필, 유순정 등이 "출가한 딸은 친정아버지 죄에 연좌되지 않는다"며 그녀의 이혼이 부당하다고 주장하여 중종이 휘순공주와 구문경을 재결합시키고 집을 하사했다.

한편, 실록에 따르면 거창군부인은 "아랫사람들을 은혜로써 어루만졌으며, 한편으로는 대군과 공주 그리고 노비들에 이르기까지 엄하게 다스려 함부로 방자한 행동을 못하게 했고, 왕이 총애하는 사람이 있으면 왕비가 또한 더 후하게 대해 왕은 비록 미치고 포학하였지만 매우 소중히 여김을 받았다"며 그녀가 주변의 존경을 받았다고 기록했다.

그녀가 폐위되었을 때도 그녀를 따르던 노비들이 떠나지 않았을 정도였고, 중종반정 이후에도 그녀의 처형을 요구하는 사람들이 없었다. 오히려 중종 16년(1521)에는 죄를 지어 재산이 몰수된 안처겸의 집을 중종의 배려로 그녀에게 하사하는 등 중종과 대신들은 그녀를 후하게 대우해주었다.

그녀는 평소 남편 연산군과 사이가 좋았고, 때로는 충언을 아끼지 않았다. 실록에는 그녀가 "왕이 무고한 사람을 죽이고 음란하고 방종함이 한없음을 볼 적마다 밤낮으로 근심하였으며, 때론 울며 간하되 말뜻이 지극히 간곡하고 절실했는데, 왕이 비록 들어주지는 않았지만 그렇다고 화를 내지는 않았다"고 기록했고, 연산군이 그녀의 덕을 높이 사서 황금으로 쓴 비석을 세울 정도로 부인을 존중했다는 이야기도 전한다.

그럼에도 그녀는 남편 복이 없었다. 조선의 역대 왕 가운데 누구보다 좋은 환경에서 태어난 남편은 역사상 최악의 폭군이 됨으로써 부부가 끝까지 함께하지 못한 것은 물론, 그녀를 불행의 그림자 속에 영원히 가두어버렸다. 중종반종이 일어났을 때 남편 연산군이 폐위되어 유배되자 그녀가 울부짖으며 남편을 따라가겠다고 했지만, 받아들여지지 않았다.

이후 두 사람은 죽을 때까지 만나지 못했다. 연산군은 부인을 그리워하다 죽음을 앞두고 "부인 신씨가 보고 싶다"는 말을 남기고 유배된 지 두 달 만인 중종 1년(1506) 강화도 교동에서 31세로 생을 마감했다. 유배지에서 장사를 치른 연산군은 능이 아닌 묘로 조성되었고, 7년이 지난 중종 8년(1513) 거창군부인이 중종에게 간청하여 현재 서울 도봉구 방학동에 있는 거창군부인의 외할아버지 임영대군의 아들 오산군 묘역의 인근 지역으로 이장했다.

거창군부인은 중종 32년(1537) 4월 62세로 사망하여 연산군 옆에 묻혔다. 남편과 헤어진 지 30년도 더 지나 영혼이 되어 비로소 만나게 된 것이다. 그러나 그녀 역시 폐비 신분이라 무덤 앞에 '거창신씨지묘居昌愼氏之墓'라는 비석이 세워졌을 뿐이다. 따라서 이 부부의 무덤은 조선의 왕릉에 속하지 않아 유네스코 세계문화유산에 등재되어 있지 않다.

연산군 묘역에는 모두 5기의 묘가 조성되어 있다. 제일 위에 거창군부인과 남편 연산군의 묘가 쌍릉으로 조성되어 있고, 그 아래 의정궁주義貞宮主의 묘가 단릉으로 조성되어 있다. 제일 아래에는 거창군부인 신씨의 사위 구문경과 딸 휘순공주의 묘가 함께 조성되어 있다. 의정궁주는 태종의 후궁으로 간택되었으나 태종이 궁에 들이지 않아 빈으로 책봉되지 못하고 궁주 작위를 받았다. 혼인도 치르지 못한 그녀는 평생을 홀로 지내다 단종 2년(1454)에 세상을 떠났다. 세종의 넷째 아들 임영대군은 이곳을 나라에 큰 공을 세운 왕족이나 벼슬아치에게 내려주는 사패지賜牌地로 받으면서 세종의 명에 따라 후사가 없는 의정궁주의 제사를 모시게 되었던 것이다.

반면, 후손을 모두 잃은 거창군부인과 연산군 부부의 묘는 돌보는 사람이 없어 현대에 이르기까지 봉분이 심하게 훼손되는 등 거의 폐허 상태로 방치되었다. 때문에 인근 지역에 사는 아이들이 무서워서 근처에 가까이 가지 않았고, 일반인들에게도 잘 알려지지 않았다.

이후 1991년에 사적 제326호로 지정되기는 했지만, 문화재청에서 비공개로 관리하면서 일부 학술 연구와 취재 등을 목적으로 특별히 관람을 신청한 사람에게만 공개되다가 영화 「왕의 남자」로 연산군이 주목받으면서 연산군 묘에 대한 관심도 높아져 2006년 7월 일반인들에게 공개되었다. 폭정으로 역사에 묻혔던 거창군부인과 연산군 부부의 묘가 500여 년 만에 사람들의 주목을 받게 된 것이다.

왕비 아닌 왕비의 삶을 살다

단경왕후 신씨 端敬王后 愼氏

중종의 정비

반정으로 함께 궁궐에 들어가다

단경왕후는 중종의 조강지처였음에도 남편이 왕위에 오른 후 왕비로 인정받지 못했다. 따라서 그녀는 "조선에서 왕비는 정치적 상징성과 밀접하게 관련되어 있으며, 지위는 대단히 낮았다"는 사실을 확인시켜 준 여인이었다.

달리 말하면, 조선 건국 초기를 넘어서면서 왕비에게 왕에 대한 존경과 순종을 일방적으로 강요하기 시작했고, 사회적으로는 부인의 지위가 하락되는 본보기에 해당했다.

성종 18년(1487)에 태어난 단경왕후는 13세에 진성대군과 혼인했다. 당시 진성대군은 왕자 신분이었지만, 왕위 계승자가 아니었기에 궁궐 밖에서 신혼생활을 시작했다. 그러던 어느 날 뜻하지 않은 사건이 발생했다. 연산군의 폭정이 날이 갈수록 극악해지자, 조선 최초로 신하들이 왕을 쫓아내는 역사적 사건이 일어난 것이다. 마침내 반정이 성공하자 이 두 사람은 함께 궁궐로 들어갔고, 진성대군이 왕위에 올랐다. 이때 진성대군이 19세였고 단경왕후는 20세로, 결혼한 지 5년 만이었다.

반정공신들은 자신들에게 협조하지 않았던 단경왕후의 친정아버지 신수근과 그의 가족들을 처형했고, 그녀 또한 역적의 딸이라는 이유로 철저하게 외면했다. 중종이 즉위한 다음날, 대신들이 중종에게 왕비의 책봉을 묻자 중종은 "속히 대책을 마련하여 아뢰라"며 부인의 왕비 책봉을 서두를 것을 명했다.

하지만 반정공신들은 중종의 명을 곧바로 시행에 옮기지 않았고, 오히려 중종에게 부인을 궁궐에서 쫓아낼 것을 강력하게 청했다. 이에 중종은 "아뢴 일이 당연하나 조강지처를 어찌하겠는가?"라며 섭섭한 마음을 표하면서도 "종묘사직이 지중한데 어찌 사사로운 정에 얽매이겠느냐"며 결국 허락하게 된다.

단경왕후를 쫓아낸 다음날, 반정공신들은 새로운 왕비를 맞이하라며 간택 절차를 밟을 것을 청했고, 이에 중종은 "모두 아뢴 대로 하라"고 체념할 정도로 무기력했다. 이런 까닭에 중종의 첫 번째 공식 왕비에 대해서는 논란의 여지가 있다. 즉, 단경왕후가 공식적으로 왕비에 즉위했다는 기록이 없기 때문이다.

실록에 따르면, 그녀가 궁궐에서 쫓겨난 지 233년이 지난 영조 15년(1739), 복위와 함께 단경왕후라는 시호가 올려졌다. 그때까지 그녀는 정변政變으로 억울하게 희생된 중종의 조강지처였을 뿐이다. 남편은 왕위에 올랐을지라도 그녀를 끝까지 지켜주지 못했던 것이다. 진성대군은 성종이 세 번째 왕비로 맞아들인 정현왕후의 아들로, 연산군과는 이복형제였지만, 두 형제 모두 정식 왕비가 낳은 왕자였다.

연산군 재위 기간 동안 이복형제인 진성대군은 불안 속에서 지내야 했다. 연산군에게는 진성대군이 왕의 자리를 위협하는 가장 위험한 존재였기 때문에 연산군이 마음만 먹으면 왕권을 노렸다는 반역죄로 언제든 진성대군의 목에 칼을 겨눌 수 있었던 것이다.

더구나 연산군 치하에서 혼자만 조심한다고 생명을 보장받는 것도 아니었다. 주변의 숱한 눈과 입을 모두 통제할 수도 없었지만, 혼란한 정국을 이용해서 호시탐탐 기회를 노리는 사람들에게 진성대군은 좋은 먹잇감이었다.

비록 진성대군이 왕권에 전혀 욕심이 없다고 해도 그를 이용해 출세해보려는 기회주의자들에게 진성대군은 '더 큰 물고기로 더 큰 대가를 얻을 수 있는 기회를 제공하는 제물'이었던 것이다.

진성대군 또한 이러한 사실을 잘 알고 있었기에 늘 노심초사했고, 결혼한 뒤로는 부부가 함께 불안감을 안고 살아야 했다. 그나마 다행이라면 진성대군의 처가, 즉 부인 단경왕후의 친정이 당대의 세도가 집안으로 진성대군의 장인 신수근의 누이동생이 연산군의 정비라는 사실이었다.

이처럼 진성대군이 왕위에 오르기 전까지는 처가이자 단경왕후의 친정이 보호막이 되었지만, 중종반정이 일어나자 모든 것이 바뀌었다. 역적의 집안으로 몰린 단경왕후의 친정이 졸지에 모든 권세를 잃고 몰락했기 때문이다.

게다가 진성대군이 반정의 성공으로 왕위에 즉위하자 반정공신들의 위세에 눌려 왕권을 제대로 행사할 수 없었다. 『연려실기술』에는 "반정공신들이 조회가 끝나고 물러날 때면 중종이 자리에서 일어났다가 이들이 나간 뒤에 다시 자리에 앉았다"고 기록할 정도로 중종은 허수아비 국왕에 가까웠다.

7일 만에 궁궐에서 쫓겨나다

단경왕후는 왕비 자리에 오른 지 7일 만에 폐출되어 역사상 최단명 왕비로 전한다. 그녀는 남편과 함께 궁궐에 들어갔다가 7일 만에 혼자 궁궐 밖으로 쫓겨난 것이 전부였다.

단경왕후와 중종 부부는 반정 과정에서 한 일이 아무것도 없었다. 그저 자택에서 반정이 일어났다는 소식을 전해 듣고 혹시 화가 자신들에게 미칠 것을 우려해 불안 속에서 밤을 지새웠을 뿐, 사태가 어떻게 돌아가는지조차 알지 못했다.

반정이 일어난 날, 군사들이 진성대군의 집을 에워싸자 진성대군은 누군가 자신을 죽이려고 군사를 보낸 것으로 알고 자결을 시도했다고 한다. 당시 단경왕후는 남편에게 "상황을 좀 더 알아볼 필요가 있다"며 사람을 시켜 집 밖의 상황을 살펴보도록 했고, 군사들이 집을 향해 서 있는 것이 아니라 집을 등지고 둘러싸고 있다는 이야기를 듣고서야 비로소 안심했다고 한다. 군사들이 자신의 집으로 쳐들어오려는 것이 아니라 자신의 집을 보호하려고 경계를 서고 있다는 사실을 알게 된 것이다.

날이 밝자 반정 세력이 왕실 어른인 정현왕후의 허락을 받아 연산군을 폐위시키고, 새로운 왕으로 진성대군을 옹립했다. 그러나 단경왕후의 친정아버지와 형제들까지 처벌한 반정 세력은 그녀 역시 역적 집안 출신이라는 이유로 왕비의 자리에 오르는 것을 반대했다. 그녀가 왕비의 자리에 오른다면 언젠가 자신들에게 향할지도 모를 복수를 차단하기 위함이었다.

당시 중종이 반정 세력의 압력을 견뎌내기 힘들어하자 단경왕후는 "주상의 자리만 확고하다면 신첩이야 어디 간들 무슨 대수이겠습니까?"라며 오히려 중종을 위로할 정도로 의연했다고 한다. 단경왕후의 이 말은 단순히 의례적인 것이 아니라 진심이 담겨 있었다. 목숨만 붙어 있다면, 오래지 않아 남편이 나라의 최고 권력자인 왕으로 자리 잡은 후 자신을 다시 궁궐로 불러들이는 것은 시간 문제라고 생각했던 것이다. 더구나 왕실에는 이미 선례도 있었다.

원경왕후는 태종과 사이가 좋지 않았지만, "왕비의 폐출만은 막아야 한다"는 대신들의 반대로 끝까지 왕비 자리를 지킬 수 있었다. 그리고 세종의 비 소헌왕후의 경우, 왕권 강화를 위해 친정아버지 심온을 역모의 죄로 처형한 뒤 대신들이 "역적의 딸을 왕비의 자리에 둘 수 없다"며 그녀의 폐출을 주장했지만, 시아버지 태종이 직접 나서서 "평민의 딸도 시집가면 연좌되지 않는데 하물며 왕비를 어떻게 폐출시킬 수 있는가?"라며 대신들의 주장을 물리친 일도 있었다. 따라서 궁궐을 떠나는 단경왕후의 발걸음이 그리 무겁지만은 않았을 것이다.

실제로 반정 세력은 단경왕후의 폐출로 큰 곤혹을 치르기도 했다. 그들은 명나라에 중종의 즉위를 알리고 책봉을 받기 위한 사신을 보낼 때 자신들이 왕비를 쫓아낸 사실이 명나라에 알려지는 것을 걱정하기도 했다. 명나라가 반정에 대한 시빗거리로 삼지 않을까 우려했던 것이다.

이에 공신들은 '만일 명 황제가 왕비 책봉 여부를 물으면 임금이 잠저에 있을 때 부인이 병으로 죽어 아직 왕비를 들이지 않았다'고 대답하기로 모의했다.

후에 사관들은 이러한 사실을 「명종실록」에 기록하면서 "박원종 등은 신씨의 아비를 죽이고, 그 딸을 그대로 왕후로 둔다면 화가 미칠까 두려웠기에 강제로 군부君父를 위협하여 신씨를 폐출했다. 어찌 죄가 있어서 그랬겠는가. 역사에 의거하여 살펴본다면 박원종 등의 죄악은 자연히 드러날 것이다"라며 단경왕후를 쫓아낸 반정 세력을 맹렬하게 비판했다.

실록 등 정사에는 쫓겨난 단경왕후에 대한 중종의 태도와 관련해서 특별히 전하는 기록은 없지만, 민간에서는 중종이 "단경왕후를 잊지 못하고 그리워했다"는 이야기가 전한다.

이긍익의 『연려실기술』에는 "중종이 명나라 사신을 맞이하러 궁궐 밖으로 나올 때면 반드시 단경왕후가 거처하는 집 근처에서 잠시 멈춰서 타고 온 말을 보내면, 그녀가 늘 흰죽을 손수 쑤어서 말에게 먹인 다음 돌려보냈다"는 이야기로 그녀의 삶을 위로했다.

영원한 왕비로 기억되는 치마바위 전설

단경왕후의 복위 문제는 기회가 있을 때마다 논쟁을 일으켰고, 그녀가 사망한 후에도 훈구 세력과 사림 세력이 첨예한 논쟁을 벌일 정도로 정치적으로 민감한 사안이었다. 물론 단경왕후에 대한 논란은 '조강지처를 왕비로 복위시켜야 한다'는 것이 핵심이었다.

중종 10년(1515) 중종의 제1계비 장경왕후가 사망하자 단경왕후의 존재가 다시 뜨거운 감자로 떠올랐다. 이 시기는 국정을 좌우하던 반정공신 대부분이 세상을 떠났고, 중종은 집권 10년 차를 맞이하면서 국왕으로서의 위상을 다져가고 있었다. 따라서 중종이 적극적으로 나선다면 단경왕후의 복위를 기대해볼 만했다. 하지만 이제까지 거론되지 않았던 문제가 떠오르면서 그녀의 복위는 또다시 좌절되었다. 다름 아닌 중종의 뒤를 이을 후사 문제였다.

조선에서 왕실 보존을 위해 적장자를 낳는 일은 왕비의 가장 중요한 역할이었다. 때문에 왕비가 대를 이을 적장자를 낳으면 곧 세자의 생모라는 이유로 함부로 내치거나 작위를 빼앗을 수 없었다. 건국 초기에 태종의 정비 원경왕후나 세종의 정비 소헌왕후의 전례도 있었다. 중종반정이 일어난 원인도 연산군의 생모 제헌왕후의 폐비와 죽음이었고, 이로 인해 참담한 비극을 경험한 것이 불과 10년 전의 일이었다.

하지만 단경왕후는 중종과의 사이에서 후사를 두지 못했다. 반면 장경왕후는 왕비의 자리에 올랐다가 일찍 사망했지만, 중종의 뒤를 이을 적장자를 낳았다. 이러한 까닭에 장경왕후의 죽음으로 공석이 된 왕비 자리가 조강지처인 단경왕후에게 되돌아갈 수 있는 단순한 문제가 아니었다. 대신들은 오히려 조강지처였던 단경왕후가 왕비의 자리에 돌아온 이후의 일을 우려했던 것이다.

당시 훈구파는 만약 단경왕후가 왕비 자리에 돌아와 중종의 뒤를 이을 왕자를 낳는다면 장경왕후가 낳은 원자의 자리를 위협할 수도 있다는 우려에서 그녀의 복위를 반대하고 나섰다. 반면, 사림파는 "조강지처를 버릴 수 없다"며 그녀의 복위를 강력하게 주장하면서 성종 대에서 비롯된 사림과 훈구 세력의 대립이 격화되었다.

특히 훈구파의 주장에는 정치적 계산도 깔려 있었다. 즉, 그들은 단경왕후의 친정을 몰락시켰고 단경왕후까지 내쫓았다는 원죄에서 자유롭지 못했으며 한편으로는 사림 세력을 견제하려는 의도가 담겨 있었다. 때문에 훈구 세력은 한 치의 양보도 허락하지 않았다.

이때는 중종반정의 주요 공신들이 사망한 후였지만, 그들의 문중 후손과 제자 등이 조정에 진출하여 여전히 훈구 세력을 형성하고 있었고, 자신들의 기득권을 지키기 위해 정치 공작도 서슴지 않았다. 결국 의리를 내세워 단경왕후의 복위를 주장했던 조광조를 비롯해 사림파가 대거 유배되고 사약을 받는 기묘사화로 이어지면서 커다란 타격을 입게 된다.

중종 24년(1529) 9월, 부여의 선비 김식이 상소를 올려 단경왕후 폐출의 부당함을 주장했지만 무시되는 등, 그녀의 복위 논의는 물 밑으로 가라앉게 되었다.

끝내 그녀는 살아서 궁궐로 돌아가지 못하고 세상을 떠날 때까지 50여 년을 홀로 지내며 시련과 고통 속에서 살았다. 하지만 민간에서는 그녀를 왕비로 영원히 기억했고, 다음과 같은 치마바위 전설에서 그녀를 기억하며 불운한 삶을 위로하기도 했다.

궁궐에서 쫓겨난 단경왕후는 인왕산 아래에 있는 세조의 사위 정현조의 집에 머물렀다. 그녀는 남편 중종이 거처하는 경복궁을 바라보며 그리움을 달랬고, 혹시라도 궁궐에서 남편 중종이 자신을 볼지도 모른다는 생각에 집 뒤의 인왕산에 올라 바위에 다홍치마를 걸쳐놓았다고 한다. 하지만 그녀는 평생 남편을 만나지 못했고, 그녀가 치마를 걸쳐놓던 바위를 '인왕산 치마바위'라고 부르게 되었다는 유래담이 탄생했다.

이처럼 민간에서 단경왕후를 잊지 않고 기억한다는 사실은 반정공신들에게는 정치적인 부담이었다. 자신들에 대한 부정적인 여론이 형성될 가능성이 있었기 때문이다. 하지만 그럴수록 인왕산 치마바위 전설은 시간과 공간을 옮겨가며 같은 이야기 구조에 또 다른 살이 붙어 전해진다. 다음의 이야기도 그 예이다.

단경왕후는 처음에 정현조의 집에 머물렀다가 후에 할아버지 신승선의 집으로 거처를 옮겼고, 평소 부부 사이가 좋았던 중종은 혼자 궁궐에 남아 쫓겨난 부인이 그리울 때면 궁궐 안 높은 누각에 올라 그녀의 본가가 있는 쪽을 바라보았다고 한다. 이 사실을 알게 된 단경왕후는 남편이 알아볼 수 있게 뒷동산에 올라가 바위에 분홍색 치마를 펼쳐놓았다고 한다.

현대에 들어서도 이러한 이야기들을 바탕으로 사극들이 제작되었고, 2017년에 방영된 KBS- 2TV의 「7일의 왕비」에서는 단경왕후의 삶을 새롭게 담아내기도 했다.

233년 만에 왕실로 돌아오다

단경왕후는 중종반정으로 왕비의 자리에서 쫓겨났지만, 그녀가 대군의 부인으로 살 수 있는 삶까지 빼앗겼다는 점에서 그녀에게 중종반정은 잔인한 사건이었다. 그녀가 궁궐에서 쫓겨나는 과정이나 이후 그녀의 삶과 관련한 기록이 전하지 않아 그녀가 어떤 심정으로 살아갔는지는 짐작만 할 뿐이다. 다만 실록에 그녀가 어떤 대우를 받았는지에 관한 약간의 자료가 전한다.

그녀는 궁궐에서 쫓겨난 뒤 중종이 왕위에 오르기 전에 함께 살았던 집에서 거처했고, 중종 23년(1528) 1월 단경왕후의 집에 도둑이 침입할 것을 걱정하여 군사를 4명에서 6명으로 늘려 지키게 하는 등 나라에서 그녀의 생활을 보살펴주었다.

중종 39년(1544) 11월, 세자에게 왕위를 물려줄 정도로 중종이 매우 위독해졌고 다음날 오후부터 혼수상태에 빠지자 궁궐 문을 열어놓아 단경왕후를 궁궐로 불러들였다는 소문도 전한다. 그러나 실록에는 "당시 궁궐의 문을 열어놓았던 것은 여승들을 불러 기도드리기 위해서였다"고 해명하고 있다.

단경왕후는 중종이 사망하고 난 뒤에 인종과 명종에게서 예우를 받았다. 인종과 명종은 자신들의 생모가 그녀를 대신하여 왕비 자리에 올랐고, 자신들 역시 그녀의 복위에 걸림돌이 되었다는 사실에 미안함도 있었겠지만, 왕권의 정통성과 왕실의 질서를 유지하려면 어떤 방식으로든 그녀와 관련한 조치가 필요했기 때문이다. 따라서 단경왕후에 대한 예우에는 약간 의례적인 면이 없지 않았다. 인종과 명종이 단경왕후에 대한 예우를 높였다고는 하지만, 끝까지 왕비 예우를 하지 않았던 것이 그 예였다.

인종은 그녀가 거처하는 곳을 폐비궁廢妃宮이라 하여 아들이 없는 왕의 후궁들이 거처하던 자수궁처럼 궁으로 예우하면서 그녀의 생활을 보조해주었다. 명종 12년(1557) 12월, 그녀가 71세로 사망하자 명종은 왕후王后의 시부모 예에 따라 이등례二等禮로 장례를 치렀다. 때문에 그녀는 한동안 시호도 없이 폐비 신씨 또는 신비愼妃로 불렸고, 그녀보다 13년 먼저 사망한 중종의 곁에 묻히지도 못했다. 자식도 없이 평생 남편 중종만을 그리워하며 살다가 죽어서도 혼자 묻혔던 것이다.

단경왕후는 현재 경기도 양주시 장흥면 일영리에 있는 신씨 문중의 묘역에 잠들어 있어 일반인들에게 잘 알려져 있지 않다. 이후 숙종 24년(1698), 신규가 죽음을 각오하고 노산군의 복위와 중종반정으로 역적의 딸이라는 죄로 폐출된 그녀의 복위를 주장하는 상소문을 올려 다시 논란이 일어났다.

당시 조정에는 사림 정치가 힘을 얻으면서 그녀의 복위에도 힘이 실리는 듯했다. 하지만 단종의 복위 문제가 더 중요하게 다루어졌던 터라 노산군에게 단종이라는 존호가 올려졌고 묘를 장릉으로 추봉했지만, 그녀의 복위는 진전이 없었다.

이후 숙종이 연경궁 옛터에 사당을 지어 그녀를 위해 제사를 지냈고, 영조 15년(1739) 김태남의 상소로 비로소 단경왕후라는 시호와 함께 복위된 단종 능의 조성 양식에 따라 능역이 조성되어 온릉溫陵으로 추봉되었다. 그녀가 궁궐에서 쫓겨난 지 233년 만이었다. 당시 단경왕후의 신주를 종묘에 봉안하기 위해 작성된 『단경왕후복위부묘도감의궤』가 전한다.

소박하게 조성된 온릉은 일반인들에게 공개되지 않고 있다. 또한 온릉이 자리한 곳은 명당으로 전하지만, 그녀의 남편 중종이 묻힌 서울 삼성동의 정릉靖陵과는 정반대 방향에 있다. 마치 이승에서 생이별을 해야 했던 두 사람은 죽어서까지 멀리 떨어져 있어야 하는 기구한 운명을 말해주는 듯하다.

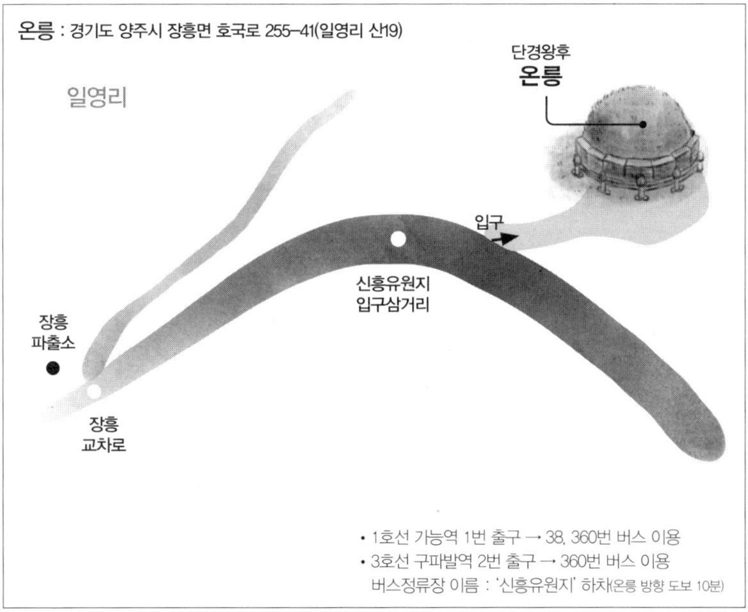

뜻하지 않게 기회가 찾아오다

장경왕후 윤씨章敬王后 尹氏

중종의 제1계비

25세의 젊은 나이에 요절하다

일반적으로 왕비의 간택은 전국의 16세 이하의 규수로, 반역에 가담하지 않은 가문과 이씨李氏 문중이 아닌 집안의 규수 중에서 이루어졌다. 이들을 대상으로 삼간택이라 해서 세 번의 심의를 거쳐 세 명을 선발한 뒤 이 가운데 한 사람을 왕비로 최종 간택했다. 이러한 왕비 간택 과정은 당시의 정국이 영향을 미치기도 했다.

장경왕후가 중종의 계비로 간택되는 과정 역시 예외는 아니었다. 단경왕후를 쫓아낸 반정공신들은 왕비 책봉을 서둘렀다. 단경왕후의 복위 가능성을 차단하려는 공동의 목표가 있었고, 다른 한편으로는 반정공신들이 자신의 집안에서 왕비를 배출하여 권력을 더욱 공고히 하려는 의도도 있었다.

이러한 의도를 모를 리 없던 왕실에서는 대비인 중종의 생모 정현왕후가 나서서 "왕비의 간택은 용모만 보아서는 안 되는 일이니, 두세 명의 처녀를 간택하여 후궁에 두었다가 그 행실을 보아 선발해야 한다"며 중재안을 내놓았다.

이처럼 정현왕후의 제안은 정비의 간택이 아니라 전례에 따른 계비의 간택 절차에 해당했다. 어쩌면 그녀는 조강지처인 단경왕후를 의식했는지도 모른다. 그러나 이를 거부할 만한 뚜렷한 명분이 없었던 공신들은 대비의 제안을 수용하여 숙의 윤씨·숙의 박씨·숙의 홍씨가 후궁으로 간택된다.

숙의 윤씨는 7세에 어머니가 세상을 떠나자 성종의 형 월산대군의 부인 박씨가 양육하여 어렸을 때부터 왕실과 인연이 있었던 것으로 전한다.

그리고 상주 출신으로 후궁 가운데 가장 먼저 궁에 들어온 숙의 박씨는 윤씨나 홍씨에 비해 매우 미천한 가문 출신이지만, 미모가 대단히 뛰어났다. 그녀는 이미 중종과의 사이에서 복성군을 낳는 등 중종의 총애를 받았고, 그녀가 왕비 후보로 선택된 시기에는 반정공신 박원종의 수양딸이라는 말이 나돌 정도로 박원종의 후원을 받고 있었다.

숙의 홍씨는 중종반정 때 군대 동원의 책임을 맡아 1등공신에 오른 홍경주의 딸이다. 홍경주는 훈구파의 일원으로 후에 조광조 등 사림파와 사이가 나빠지자 희빈 홍씨를 조종하여 기묘사화를 일으켜 조광조 등 사림 신진세력을 몰아낸 대표적 인물이기도 했다.

이처럼 간택된 후궁들은 모두 반정공신에 의해 간택되었을 정도로 그들만의 잔치였다. 심지어 박원종과 유순정 등 반정공신들은 후궁이 간택된 뒤에도 중종을 찾아가 “서둘러 중궁을 정하라”며 압박했고, 같은 해 5월에는 대간까지 동원하여 왕비 간택을 재촉했다. 특히 실권을 쥐고 있던 박원종은 중종 2년(1507) 1월 왕비의 간택 문제에 직접 나설 정도로 왕비 간택은 공신들의 최대 관심사였다.

결국 중종은 더 이상 버티지 못하고 6월 17일 숙의 윤씨를 왕비로 결정하고, 두 달 뒤인 8월 4일 근정전에서 책봉례를 거행했다. 그녀가 바로 장경왕후이다.

장경왕후는 성종 22년(1491) 파평 윤씨 집안에서 윤여필尹汝弼과 순천 박씨朴氏의 딸로 태어났다. 그녀는 어려서부터 “자애롭고 총명하며 어질고 효성이 깊다”는 평가를 받을 정도로 왕비로서의 자질을 인정받았으며, 그녀의 왕비 책봉은 반정공신 박원종의 입김이 크게 작용한 결과이기도 했다.

그녀는 중종 6년(1511)에 효혜공주를 낳았고, 중종 10년(1515)에 원자 이호를 낳는 등 중종과 사이가 좋았던 것으로 전한다. 특히 그녀는 왕자를 낳음으로써 쫓겨난 단경왕후의 그림자를 걷어내고 왕비로서의 위상을 확고하게 굳힌다.

그러나 중종은 여전히 정국을 장악하지 못했고, 장경왕후는 왕자를 출산한 며칠 뒤에 산후병을 이기지 못해 25세의 젊은 나이로 세상을 떠나고 말았다. 그녀의 갑작스러운 죽음으로 중종은 물론 정국을 주도하던 반정공신들은 혼란에 빠졌다. 또다시 왕비 자리가 공석이 됨으로써 정치적 이해관계에 따라 격렬한 논쟁이 벌어졌던 것이다.

다시 왕비 자리가 공석이 되다

중종은 장경왕후의 국상을 마치고 자신이 총애하던 숙의 박씨를 왕비로 책봉하려고 했으나 뜻을 이루지 못하고 심각한 논란만 불러일으켰다. 실록에 따르면, 숙의 박씨는 "성품이 공손하지도 않고 만족할 줄도 몰라서 사랑을 얻으려는 술책에만 힘썼다"고 비난받을 정도로 중종의 총애를 믿고 자기 멋대로 행동했으며, 욕심이 지나치게 많았다. 당시 그녀의 권세를 믿고 청탁하기 위해 찾아오는 사람들이 줄을 섰고, 청탁을 대가로 뇌물을 긁어모아 문제를 일으키기도 했다.

사관은 그녀와 관련한 기록을 실록에 남기면서 "경빈(숙의) 박씨의 소행은 그녀만의 죄가 아니라 왕이 지나치게 총애했기 때문이다"라고 평가할 정도로, 그녀에 대한 중종의 태도를 문제 삼았고, 숙의 박씨의 이러한 행동은 당시 실세였던 박원종과도 관련이 있었다.

숙의 박씨는 본관이 밀양으로, 아버지는 경상도 상주 지방의 사족 출신인 박수림朴秀林으로 전한다. 「중종실록」에는 그녀의 집안에 대해 "한미하고 궁색하여 정병正兵에 예속되어 있었다. 연산군 을축년(1505)에 채홍採紅의 일로 그 집에 아름다운 처녀가 있다는 것이 알려져 궁중에 들어왔다"라고 기록되어 있다.

이처럼 신분이 낮고 집안이 가난했던 그녀는 연산군 때 흥청興淸, 즉 연산군이 음주가무를 위해 궁궐에 모아들인 기생으로 선발되어 궁궐 생활을 시작했다. 흥청은 가무는 물론, 얼굴과 몸매가 뛰어나야 한다는 연산군의 강조로 전국에서 뛰어난 미모를 지닌 기녀들을 선발했다는 사실을 감안하면, 그녀의 미모를 미루어 짐작할 수 있다.

궁궐에는 그녀를 비롯하여 이미 3천여 명의 흥청이 있었지만 연산군은 이 흥청을 1만 명으로 늘릴 계획이었다. 그녀가 궁궐에 들어온 지 얼마 지나지 않아 중종반정으로 세상이 바뀌면서 그녀에게도 반전의 기회가 찾아오게 된다. 당시 박원종은 자신이 통제할 수 있는 중종의 후궁을 물색하다가 박씨를 만나 수양딸을 삼은 것으로 전한다.

그녀는 박원종의 지원으로 중종의 후궁이 되었고, 숙의로 있을 때 왕비 자리에 오른 장경왕후보다 앞서 중종 3년(1508)에 장남 서성군(瑞城君, 후에 복성군)을 낳았다. 이후 중종 7년(1512)에 혜순옹주와 2년 뒤인 중종 9년(1514)에 혜정옹주를 낳았다. 이처럼 숙의 박씨는 중종의 총애를 받기도 했지만, 후손이 귀했던 왕실에서 왕위를 이을 왕자를 낳았다는 사실만으로도 왕비로 선택받을 이유가 충분했다.

그러나 원로대신 정광필이 홍문관 관리들과 함께 박씨가 왕비 자리에 오르면 그녀가 낳은 복성군이 장경왕후가 낳은 원자의 자리를 흔들 것이라며 강력하게 반대했다. 비록 숙의 박씨가 왕비보다 먼저 왕자를 낳았지만 후궁의 신분이었고, 장경왕후는 숙의 박씨보다 늦게 왕자를 낳았어도 왕비의 신분이라 그 왕자가 적장자였다.

또한 이제까지 후궁이 왕비 자리에 오른 문종의 비 현덕왕후와 연산군의 생모 폐비 윤씨 그리고 중종의 생모 정현왕후는 집안이 명문가였거나 적어도 몰락한 양반가에 속했으므로 신분이 미천했던 박씨와는 비교할 수 없었다. 따라서 대신들의 주장을 무시할 수 없었던 중종은 마음을 바꾸어 그녀를 정1품 빈으로 승격하여 경빈敬嬪에 봉했다.

이렇게 해서 논란은 일단락되었지만, 여전히 왕비의 간택 절차가 남아 있었다. 더구나 간택 과정에서 뜻하지 않은 사건이 발생해 다시 논란에 휩싸였다. 당시 천재지변이 자주 발생했던 탓에 중종은 '구언교求言敎'를 내렸다. 구언교란 왕이 국정에 대하여 신하나 주위 사람들의 직언을 구하는 교시로, 이 과정에서 관리들의 불법행위와 현재 시행되는 국가 정책의 문제점을 지적하고, 그 해결책을 제시하기도 했다. 때로는 왕의 잘못을 문제 삼는가 하면, 정치적으로 민감한 사안들을 거론하며 논란을 불러일으키기도 했다.

이 무렵, 담양부사 박상과 순창군수 김정 그리고 무안현감 유옥이 "폐비된 단경왕후를 복위시키고, 중종을 위협하여 왕비를 폐출시킨 박원종에게 엄하게 죄를 물어야 한다"는 상소를 올려 조정에 파문을 일으켰다. 이미 박원종, 성희안, 유순정 등 중종반정을 주도했던 공신이 모두 세상을 떠났지만, 단경왕후의 복위는 사림이 중요하게 여기는 의리론과 함께 잘못을 저지르지도 않은 부부가 별거하는 문제를 성리학적인 관점에서 '천하의 질서를 어기는 부당한 일을 바로잡는다'는 의미가 담겨 있었고, 정치적으로는 기득권 세력에 대한 도전이기도 했다.

이들의 복위 상소로 정치적 입장이 다른 대간들 사이에 논란이 벌어졌다. 하지만 중종이 쉽게 결단을 내릴 수 있는 문제가 아니었다. 거슬러 올라가면 반정으로 왕위에 오른 자신이 반정공신을 처벌한다는 것은 자신의 즉위 자체를 부정하는 행위였기 때문이다. 이러지도 저러지도 못한 중종은 상소문을 일단 승정원에 보관하라고 명하며 처리를 보류했고, "앞으로 승정원에서 소를 올릴 때 덮어놓고 모두 올리지 말고 먼저 열람해서 선별하여 올리라"는 명까지 내렸다. 당시 중종의 심적 부담이 어느 정도였는지 짐작할 수 있다. 이것으로 사건이 마무리된 것은 아니었다.

삼인대 전설을 남기다

단경왕후의 복위와 반정공신의 처벌에 대한 주장은 훈구 세력의 정치력을 약화시키려는 사림의 정치적 의도가 담겨 있었다. 때문에 훈구 세력의 편에 선 대간들이 "상소문을 올린 자들을 처벌해야 한다"고 주장하자, 사림 세력은 "왕이 널리 의견을 구하는 절차에 따른 정당한 상소를 처벌하는 것은 부당하다"고 반박하면서 설전이 벌어졌다.

이에 중종은 "김정 등을 엄하게 다스려야 한다"는 주장을 받아들이지는 않았지만, 그들에게 죄를 물어 유배에 처할 것을 명하는 것으로 타협안을 제시했다. 이때가 중종 10년(1515) 8월이었다. 같은 해 11월, 조광조가 언로를 넓혀야 하는 대간들이 상소를 올린 사람들에게 거꾸로 죄를 청한 것은 잘못된 일이라며 관련자들의 파직을 청하면서 다시 조정이 시끄러워졌다.

해를 넘긴 중종 11년(1516) 4월 천재지변이 일어나자 중종이 다시 주변의 의견을 구하는 절차를 밟게 되었고, 이에 대신과 간관 등이 김정 등을 석방하여 언로를 넓힐 것을 주청하고 나섰다. 중종은 한 달 만에 김정 등의 죄를 용서하고 유배를 해제했지만, '단경왕후를 복위시켜야 한다'는 주장은 받아들이지 않았다.

그럼에도 사림의 입장에서는 적지 않은 의미가 있었다. 대표적인 예로 그녀의 복위를 주장하는 상소문을 올렸던 김정·박상·유옥은 사림에게 '사유가당지인師儒可當之人'이라 불리며 존경받았고, 이들의 행동은 '순창 삼인대의 신씨 복위 상소'라고 하여 조선 전기 사림 정신을 상징하는 대표적인 사건으로, 소릉 복위 상소와 함께 사림파의 결속력과 정치 참여의 계기를 마련했다는 평가를 받았다.

이때까지만 해도 신진 사림은 정치적 세력 집단으로 결집되지 않았고, 정치적 정서나 학문적 이해관계 등으로 심정적 연대를 이루는 정도였다. 하지만 김정 등의 상소를 계기로 단경왕후의 복위를 놓고 훈구 세력과 사림 세력의 격렬한 대립 과정에서 마침내 '사림'이라는 정치 집단으로 세력을 결속하게 된 것이다. 특히 관직에 들어선 지 석 달밖에 되지 않은 조광조가 대표적 인물로 부상하면서 강력한 정치 집단의 성격을 갖추게 되었고, 한편으로는 이 시기에 호남 출신의 사림이 집중적으로 배출되기도 했다.

상소를 올린 김정 등이 일찍이 전라북도 순창의 강천산 계곡에서 모여 목숨을 걸고 단경왕후의 복위 상소를 올리기로 결의하고, 각자의 관인을 소나무 가지에 걸어놓고 맹세했다는 등 다양한 이야기도 전한다. 당시 무안현감 유옥은 노모가 계셨지만 형제가 없는 처지라 순창군수 김정과 담양부사 박상이 "우리는 형제가 있으니 죽게 되어도 다른 형제가 부모를 모실 수 있지만, 그대가 만약 불행한 일을 당한다면 노모를 봉양할 사람이 없으니 그대의 이름을 빼는 것이 옳다"며 상소문에 유옥의 이름을 적지 않았다고 하며, 훗날 그들이 상소를 결의한 장소를 '삼인대三印臺'라고 했고, 그들이 올린 상소는 '삼인대 상소'라는 유래담으로 전한다. 현재 전북 순창군 청계리 산 271번지에 있는 삼인대는 전라북도 유형문화제 제27호로 지정되어 있다.

한편, 단경왕후의 복위와 관련한 논란이 가라앉는 듯하자 영의정 유순과 좌의정 정광필, 우의정 김응기 등이 새 왕비의 책봉을 건의하고 나섰다. 이에 중종은 "이미 국본(세자)이 정해졌으니 서두를 필요가 없다"며 왕위를 계승할 세자가 있다는 이유로 왕비 간택을 거절했다. 하지만 대신들의 집요한 설득으로 중종은 결국 허락했고, 대비 정현왕후의 주재로 17세의 어린 새 왕비가 간택되는데 바로 문정왕후이다.

정계 개편의 신호탄이 되다

장경왕후는 현재 경기도 고양시 덕양구 원당동의 서삼릉에 잠들어 있다. 그녀의 능호는 희릉禧陵이다. 처음부터 희릉이 이곳에 조성된 것은 아니다. 이곳에 그녀의 능을 조성하기까지 우여곡절을 겪었고, 이러한 과정에서 중종은 당시 권력의 핵심인 김안로를 축출하여 왕권을 강화하는 기회로 활용하는 등, 정계 개편이 이루어질 정도로 커다란 파장을 불러일으켰다.

중종은 장경왕후가 사망하자 그녀의 능을 자신이 사망하면 함께 묻히기 위해 쌍릉으로 조성하라고 명했다. 이에 따라 태종의 헌릉 인근의 대모산 아래(현재 서울시 서초구 내곡동)에 능을 조성하고, 능호를 희릉이라 했다. 그러나 풍수지리상으로 능의 위치가 불길하다는 의견이 있어 중종 32년(1537) 현재의 위치로 옮기게 되었다.

당시 희릉을 옮긴 이유에는 정치적인 의도가 깔려 있었다. 이 사건의 배후 조종자인 김안로는 자신의 아들 희가 효혜공주와 혼인하여 중종의 부마가 되자 권력을 남용하다가 영의정 남곤과 대사간 이항 등의 탄핵으로 유배된 적이 있었다.

이후 유배에서 풀려난 김안로는 조정에 복귀하면서 정적을 제거하기 위한 수단으로 장경왕후의 희릉을 옮겨야 한다는 천장론을 들고 나왔다. 당시 김안로는 “희릉의 봉분 밑에 큰 돌이 깔려 있는데도 그대로 공사를 진행했다”며 능의 조성 책임을 맡았던 정광필 등 관련자의 처벌을 주장했다.

중종이 소극적인 반응을 보이자 조정을 장악하고 있던 김안로는 더 적극적으로 몰아붙였고, 결국 중종은 ‘관련자를 처벌하라’는 교지를 내리게 된다. 이번에는 중종이 내린 교지에서 당시 예조판서 김전에게 가벼운 처벌을 내린 것을 간원들이 문제 삼으며 반발하고 나섰다. 청렴결백한 성품과 뛰어난 문장력을 인정받았지만, 기묘사화를 일으킨 배후 인물로 지목되어 후세에 많은 비난을 받았던 김전은 김안로의 숙부였다. 때문에 김안로의 입김이 작용했다고 보았던 것이다. 결국 희릉 천장에 관한 처벌 사건은 김안로에 대한 불신이 쌓였던 간원들의 상소로 벌어져 오히려 김안로가 정계에서 축출되는 역풍을 맞는다.

희릉과 관련한 논란은 이것으로 끝이 아니었다. 1544년 중종이 사망하자 희릉 옆에 그의 능을 조성하여 능호를 장경왕후의 희릉과 합쳐 정릉이라고 했다. 이후 중종의 정릉은 천릉을 단행하여 장경왕후의 능은 다시 희릉이 된다. 명종 17년(1562), 중종의 계비 문정왕후가 장경왕후의 능만 남겨두고 중종의 능을 현재의 서울 강남구 삼성동으로 옮긴 것이다.

문정왕후가 중종의 능을 옮긴 이유는 자신이 사망한 뒤 중종 곁에 묻혀 왕비로서의 자존심을 지키려는 조치이기도 했지만, 당시 정국과 관련한 정치적 의도가 강했다. 천릉을 단행함으로써 아들 명종의 왕권을 강화하고, 친정체제를 구축하는 기회로 삼고자 했던 것이다.

하지만 민간에서는 천릉에 따른 노역 등의 고통이 심했기 때문에

직·간접적으로 불만이 쌓일 수밖에 없었다. 또한 중종의 정릉을 잘못 옮긴 탓이라며, 천릉한 그다음 해에 명종의 적장자 순회세자가 사망했고, 2년 뒤에는 문정왕후 그리고 다시 2년 뒤에 명종이 사망했다는 이야기가 돌았고, 임진왜란 때는 왜적들에게 도굴을 당하는 수모까지 겪었다.

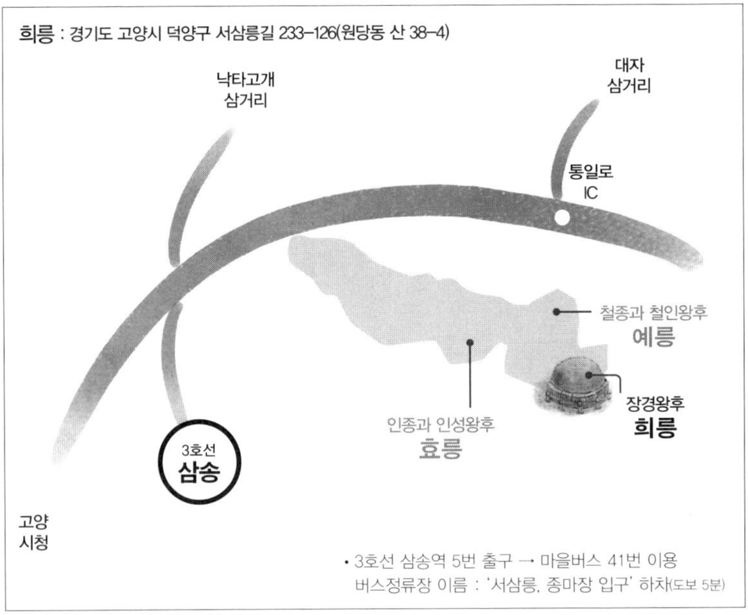

조선의 측천무후로 비판받다

문정왕후 윤씨 文定王后 尹氏

중종의 제2계비

'아들보다 뛰어나다'는 평을 듣다

문정왕후는 후대 사람들에게 최악의 비판을 받는 왕비이다. 사관들은 「명종실록」을 기록하면서 "윤씨는 천성이 강한剛狠하며…… 사직의 죄인이라고 할 만하다. 『서경書經』에 암탉이 새벽에 우는 것은 집안의 다함이다"라며 그녀를 나라가 망한 것에 비교할 정도로 죄인 취급하는가 하면, 측천무후·악녀·질투의 화신·악한 계모 등으로 비판하면서 욕설도 서슴지 않았다.

그녀와 가까이 지낸 인물들에 대한 평가도 예외가 아니다. 시대의 요물 정난정이나 권모술수 등으로 권력에 지나친 욕심을 부렸던 그녀의 동생 윤원형, 요승妖僧으로 평가받는 승려 보우에 이르기까지 하나같이 거센 비판을 받았다. 심지어 그녀의 그늘에서 벗어나지 못하고 눈물로 세월을 보냈다는 의미로 그녀의 아들 명종에게 붙인 '눈물의 왕'이라는 별명도 전한다. 명종은 재위 기간 동안 을사사화를 비롯하여 양재역 벽서 사건, 거듭되는 자연재해, 임꺽정의 출현과 왜구의 을묘왜변 등 사건과 사고로 얼룩진 세월 속에서 어머니의 호령을 들으면서 살았기 때문이다.

이처럼 격동의 시기를 살았던 문정왕후는 연산군 7년(1501) 파평 윤씨 윤지임尹之任과 부인 이씨의 둘째 딸로 태어났다. 그녀는 11세 되던 해에 어머니가 사망하자 힘든 집안일을 도맡았으며, 홀아비가 된 아버지를 어머니가 살아 계실 때처럼 섬겼다. 그리고 윤원개·윤원량·윤원필 세 명의 오빠와 윤원로·윤원형 두 명의 남동생 등 집안 형제들을 정성을 다해 보살펴 주변의 칭찬을 받았다.

실록에 따르면, 그녀는 "천성이 강하고 사나웠으며 문자를 알았다"고 하며, 특히 어려서부터 기억력이 남달라 당시 교육에서 배제되었던 여인들과는 달리, 글을 배우고 학문을 닦아 아버지 윤지임에게서 "아들들보다 뛰어나다"는 칭찬을 들을 만큼 실력이 출중했다. 또한 그녀는 "자존감이 강했고, 검소한 생활을 하면서 행동이 마치 어른과 같았다"고 평가받을 정도로 조숙했다. 이러한 집안 환경에서 성장한 그녀에 대한 평가는 그녀가 계비로 간택되는 과정에도 영향을 미쳤다.

장경왕후의 사망으로 다시 왕비 자리가 공석이 되자 궁궐 안팎에서는 눈에 보이지 않는 신경전이 치열하게 벌어졌다. 왕비 자리에 앉는다는 것은 천하를 얻는 것에 버금가며, 이 기회를 놓친다면 누군가에게 권력을 빼앗기는 것과도 같아 권력을 좇는 가문이나 정치 집단이라면 누구나 왕비 자리를 주목했다. 더구나 왕비 자리가 3년 동안 공석이었던 탓에 "하루빨리 왕비를 간택해야 한다"는 대신들의 목소리가 높아지면서 왕비 간택은 초미의 관심사로 떠올랐다.

당시 왕명에 따라 공식적인 왕비 간택 절차를 거쳐 이조판서를 지낸 윤근손의 딸과 6품관에 지나지 않은 윤지임의 딸이 최종 후보로 선택되었다. 두 사람 모두 파평 윤씨 문중의 규수였지만, 집안의 차이가 컸다. 따라서 누가 보아도 이미 결론 난 것이나 다름없어 보였다. 왕비 자리는 왕실의 위엄은 물론, 후에 태어날 왕자의 위상과 밀접한 관련이 있어 출신 집안도 대단히 중요했기 때문이다. 중종이 총애했던 경빈 박씨가 왕비에 선택되지 못한 것도 그녀가 미천한 집안 출신이라는 점이 그 이유였다.

그런데 죽은 장경왕후의 오빠 윤임尹任이 윤지임의 딸을 지지하고 나섰다. 그녀가 바로 문정왕후다. 이때가 그녀의 나이 17세로 중종 12년(1517)이었다.

외척 윤임의 지지로 선택되다

윤임이 문정왕후를 주목한 이유는 그녀의 성장 환경과 집안이었다. 그녀는 세조의 비 정희왕후의 후손으로 정경왕후와 9촌간이기도 했다. 또한 권세가의 집안이 아니었고, 그녀가 어머니 없이 일찍부터 집안 살림을 하며 성장했다는 사실에서 장경왕후가 낳은 원자를 잘 돌볼 것이라고 기대했다. 따라서 문정왕후의 간택은 궁궐 밖에서 왕실에 적합한 조건을 지닌 대상자를 물색했다는 데 의미가 있었고, 이후 계비의 간택 방식으로 정착된다.

이제까지 계비는 대부분 후궁 중에서 선발했다. 다만 시기적으로 왕비가 생존했을 때 후궁으로 궁궐에 들어왔다가 왕비 자리가 공석이 되었을 때 계비로 승격된 경우와, 왕비가 사망한 뒤 후궁으로 간택되어 궁궐에 들어왔다가 일정한 시간이 지난 뒤에 계비가 된 경우로 구분할 수 있다. 이들이 비록 후궁으로 궁궐에 들어왔지만 명문가의 자제라는 공통점이 있었다. 또한 이들은 왕비 자리가 공석이 되면 그 자리에 오를 수 있는 자격을 지닌 예비 후보이기도 했다. 물론 왕의 후궁 중에는 궁궐에서 일하다가 왕의 눈에 띄어 후궁이 된 미천한 집안 출신들도 있었다. 하지만 이들이 계비의 자리에 오르는 경우는 없었다.

왕비가 사망한 뒤 계비의 간택을 염두에 두고 후궁을 들이는 경우에는 먼저 궁궐 생활이라는 검증 절차를 거치는 간택 절차를 밟았다. 그러나 조선 전기를 넘어서면서 사림 세력이 정계에 진출하고, 이들이 성리학적 질서를 강조하면서 왕비와 후궁을 명확하게 구별하게 된다. 다시 말해, '첩을 처로 삼아서는 안 된다'는 인식이 강화된 것이다. 중종이 경빈 박씨를 계비로 삼으려고 했을 때 영의정과 좌의정 그리고 우의정까지 나서서 『대학연의大學衍義』를 인용하면서 "첩妾을 처妻로 삼을 수 없으니, 고례古例에 따라 후궁을 왕비로 삼아서는 안 된다"며 반대했고, 박순은 "후궁이 왕비가 되면 같은 무리로 있던 사람들이 존경하지 않을 것이고, 적처嫡妻를 다투는 일이 생길 것"이라며 반대한 것도 그 예였다.

다른 한편으로는 정치적 입장에 따라 계비 선정이 새로운 정국의 변수로 작용하면서 계비의 간택 방식에도 변화를 가져왔다. 특히 중종대에 들어서면서 왕과 대비 또는 사망한 왕비의 친정, 즉 왕실 외척과 대신 사이의 정치적 역학관계에 따라 계비의 조건이 좀 더 구체화되었다. 이러한 조건을 갖춘 대상자를 찾기 위해 궁궐이 아닌 외부에서 계비를 간택하는 절차를 밟게 되었고, 이후 선조가 이를 계승하면서 정착된다. 여기에 인조반정을 주도한 서인 세력이 이른바 '무실국혼無失國婚', 즉 '나라의 혼사는 절대 놓치지 않는다'고 서약한 이후 자신들의 세력을 확장하고 유지하기 위한 수단으로 왕비 자리를 활용하면서 조선 말기까지 왕실의 혼례는 정치 세력의 공식적인 개입이 두드러지게 나타난다.

따라서 계비의 간택은 정치권력과 불가분의 관계에 놓일 수밖에 없었다. 당쟁이 심화되던 숙종 대에 서인이 지원하는 인현왕후가 권력 교체로 폐위되었다가 복위되고, 남인의 지원을 받은 희빈 장씨가 왕비 자리에 올랐다가 폐위되어 사사된 사건도 이러한 분위기와 무관하지 않다.

숙종은 희빈 장씨가 사망하자 "이제부터 나라의 법전을 명백하게 정하여 후궁이 왕비의 자리에 오를 수 없게 하라"고 공표했고, 이후 조선의 마지막 왕인 순종 대까지 예외 없이 지켜지면서 후궁 출신이 왕비 자리에 오를 수 있는 기회가 원천적으로 봉쇄되었다. 고종의 경우 정비 명성황후가 사망한 뒤 후궁 엄씨가 귀비로 승격되었지만, 황제국인 대한제국을 선포하면서 승격된 것으로 칭호만 '비妃'일 뿐 후궁의 지위에서 벗어난 것은 아니었다.

계비 선정 방식의 변화는 계비의 위상에도 영향을 미쳤다. 이러한 현상은 문정왕후의 등장에서 비롯되었다. 문정왕후의 간택은 성리학적 이념을 정착시켜 통치 질서를 유지하려는 사회적 요구와 후궁 경빈 박씨에 대한 견제, 그리고 원자를 보호하려는 왕실의 다양한 요인 등이 결합된 결과였다. 특히 후궁들이 낳은 왕자들보다 어린 세 살짜리 원자를 양육하고 보호해야 한다는 책임과 권한을 부여받은 문정왕후의 존재감은 모두의 주목을 받을 수밖에 없었다.

그럼에도 그때까지 중종의 조강지처가 살아 있어 다시 논란이 일어나는 등, 계비 자리는 결코 안정적이지 않았다. 게다가 앞으로 궁궐 안에서 일어나는 모든 일을 해결해야 하는 것은 문정왕후 본인의 몫이었다.

흔들리는 왕비의 자리를 지키다

문정왕후의 간택 과정에서 중종이 총애했던 경빈 박씨가 주목받기도 했고, "왕실의 질서를 바로잡기 위해 중종의 조강지처인 단경왕후를 다시 복위해야 한다"는 상소로 논쟁이 벌어지기도 했지만, 단경왕후는 물론 경빈 박씨도 아닌 문정왕후가 계비로 간택됨으로써 그녀의 등장은 앞으로의 정국에 어떠한 방식으로든 영향을 미치는 변수가 되었다. 이 시기를 전후하여 정국 변화의 판이 짜였고, 왕비 자리는 이러한 변화를 비켜갈 수 있는 자리가 아니었기 때문이다.

문정왕후의 처지에서 보면, 비록 계비에 간택되어 궁궐에 들어왔지만 특별히 자신을 지원할 세력이 없었던 탓에 존재감이 미약할 수밖에 없었다. 그녀의 집안은 정승과 판서를 배출하기는 했지만, 아버지 윤지임 대에서 벼슬길이 끊기고 자식은 많아서 말 그대로 몰락한 양반가로 힘들게 살았다. 하지만 그녀는 궁궐에서 생활하면서 단순히 원자를 양육하는 역할에만 충실하지 않았다. 그녀는 궁궐 안에서 돌아가는 정국에 관심을 기울이는 등 스스로 정치를 배워나갔다.

당시 정국은 상황에 따라 훈구와 사림 세력의 갈등과 대립의 변화가 극심했다. 중종 10년(1515), 성균관 유생과 이조판서 안당의 추천으로 조정에 들어온 조광조를 대표로 하는 사림이 성리학적 질서를 정착시키기 위해 조정에서 적극적인 활동을 벌였고, 어느 정도 성과를 거두고 있었다. 하지만 사림들이 이상주의적인 왕도정치의 구현을 내세우며 저돌적이고 급진적으로 추진했던 탓에 훈구 대신들의 반발을 사기도 했다. 조광조는 철인군주哲人君主의 이상을 실천할 것을 중종에게 역설하면서 개혁에 적극 동참할 것을 요청했다.

그러나 이들의 주장을 받아들일 준비가 되지 않았던 중종은 염증을 느꼈고, 훈구파는 이러한 중종을 자극하여 반격에 나섰다. 결국 중종 14년(1519) 11월 기묘사화로 한 차례 피바람이 불었고, 중종 16년(1521) 10월에 다시 관상감 판관 송사련과 처남 정상이 공모하여 "안처겸의 어머니가 죽었을 때 역모를 꾀했다"는 무고로 안당·안처겸·안처근을 비롯하여 수많은 사림파 선비가 처형되는 신사무옥이 일어나는 등, 연이은 대형 옥사로 사림은 그야말로 철퇴를 맞고 몰락하게 된다.

이후 정권을 장악하면서 자신감을 얻은 훈구파가 정국을 주도하는 과정에서 중종의 후사를 놓고 장경왕후가 낳은 세자와 경빈 박씨가 낳은 복성군을 지지하는 세력으로 나누어져 치열한 암투가 벌어졌다. 당시 권신 김안로 등은 세자를 지지했고, 심곤과 남정 등은 복성군을 지지했다. 여기에 중종의 총애를 받기 위해 서로 경쟁했던 경빈 박씨·희빈 홍씨·창빈 안씨 등 중종과의 사이에서 왕자를 출산한 후궁들까지 자신을 지원하는 정치 세력을 등에 업고 왕비 자리를 노렸다.

반정공신 홍경주의 딸 희빈 홍씨는 정략적으로 후궁이 되었기에 궁궐 안에서의 영향력이 막강했다. 그녀는 이를 기반으로 자신이 낳은 봉성군을 앞세워 문정왕후를 뒤흔들었다. 또한 경빈 박씨는 중종의 총애를 내세우며 자신의 아들 복성군을 중종의 뒤를 이어 왕위에 올리겠다는 야심을 숨기지 않았다. 조정에는 드러내놓고 복성군을 지지하는 대신들까지 있었다.

문정왕후는 비록 왕비 자리에 있었지만 이들을 상대하기에는 무리가 있었다. 그녀는 후궁들보다 나이가 어렸고, 늦게 궁궐에 들어왔던 탓에 모든 것이 익숙하지도 않았다. 더구나 중종의 뒤를 이을 왕자를 낳은 것도 아니었고, 가문이나 용모가 빼어나지도 않았다. 그나마 다행이라면 그녀가 세자를 보호하고 있다는 사실이 후궁들을 견제하기에 좋은 명분이 되었다. 그렇다고 세자가 그녀의 완전한 보호막이 될 수는 없었다. 그녀는 중종이 총애했던 경빈 박씨와 아들 복성군이 정쟁이 휘말려 처형되는 것을 똑똑히 보았고, 자신이 아들을 낳게 되면 세자를 위협할 것을 우려하여 윤임의 견제를 받으리란 사실도 정확하게 예상하고 있었다. 국모의 자리에 있는 문정왕후에게는 그 무엇 하나 안심할 수 있는 것이 없었다.

사랑이 아니라, 남편의 권력이 필요하다

자존심이 강한 문정왕후에게 이 모든 상황이 굴욕과 비참함을 안겨주기에 충분했다. 때문에 그녀는 이때의 일을 결코 잊지 않았다. 명석한 그녀는 섣불리 나서는 법 없이 시련을 이겨내며 착실하게 앞날을 위한 준비를 했다. 무엇보다도 그녀는 세자를 친아들처럼 키웠고, 세자 역시 문정왕후에 대한 효성이 극진했다. 또한 중종이 후궁들의 처소를 들락거려도 그녀는 질투하는 내색을 보이지 않았다.

한편으로 그녀는 여성을 남성의 부속물로 취급하는 등 차별이 심한 당시 사회에서 자신의 존재감을 분명하게 보여주기도 했다. 글을 읽을 줄 아는 능력을 적극적으로 활용한 것이 대표적 예라 할 수 있다. 당시 양반가의 여성들이라 해도 글을 모르는 경우가 적지 않았고, 글을 안다 해도 대부분 정식 교육 과정을 거친 것이 아니라 언문이나 천자문 등 소통에 필요한 기본적인 문자 정도만 체득하는 것이 보통이었다.

게다가 혼인하게 되면 '남존여비男尊女卑'와 '삼종지도三從之道'라는 절대원칙에 따라 규방에 갇혀 가사노동에 종사하면서 오로지 남편에 순종하며 자식을 출산하여 양육하는 '현모양처'의 길을 걷는 데 도움이 되는 책을 읽었다. 대표적인 예로 아녀자의 덕목을 강조하는 『내훈』이나 『열녀전』 등이 필독서였다. 따라서 여성으로서 글을 읽을 줄 안다는 것은 분명 큰 장점이었지만, 철저하게 사회 질서에 적응하기 위한 도구로 활용되었다.

하지만 문정왕후는 달랐다. 그녀는 중종이 찾아오지 않는 날이면 여성의 필독서보다는 역사서인 『사기史記』와 정치에 나섰던 여성들과 관련한 『여장부전』, 『진성여왕전』, 『선덕여왕전』 등을 밤새워 가며 읽었다. 또한 『논어』를 강의하는 사대부와도 논쟁을 벌일 정도로 사서 및 유교 경전 공부에 매달리는 등 자신에게 부족한 정치 역량을 보강했다. 이러한 그녀의 노력은 훗날 현실정치에 참여할 때 단단한 토대가 되었다.

때를 기다리던 문정왕후에게 마침내 기회가 찾아왔다. 중종 18년(1523) 김안로가 남곤·심정·이항 등의 탄핵을 받아 지금의 개풍군인 경기도 풍덕으로 유배되었는데, 이때의 일로 앙심을 품은 김안로가 4년 뒤 아들 김희를 사주하여 이른바 '작서灼鼠의 변變'이라는 기묘한 사건을 일으킨 것이다. 이 사건은 김안로뿐만 아니라 중종의 후궁들이 관련한 사건으로 확대되었고, 문정왕후에게는 위협적인 후궁들을 제거할 수 있는 기회가 되었다.

사건 경위는 이랬다. 중종 22년(1527) 2월 25일 세자의 생일에 세자궁 북쪽 후원의 은행나무에 네 다리와 꼬리를 자르고 눈·코·귀·입을 불에 지져 삼(麻) 노끈으로 허리를 묶은 큰 쥐와 함께 진어(眞魚, 준치) 대가리와 물푸레나무가 매달려 있는 것이 발견되었다. 이후 3월에는 경복궁 대전 침실에서도 불로 지진 쥐가 발견되었다.

북쪽은 곧 해방亥方을 가리켰기 때문에 돼지띠(乙亥生)인 세자를 저주함이 분명했다. 이에 의금부가 나서서 대대적으로 수사를 벌인 끝에 경빈 박씨가 자신의 아들 복성군을 세자로 만들기 위해 세자를 저주한 범인으로 지목된다. 당시 경빈 박씨의 종 범덕이가 세자궁 주변을 수차례 오가는 것이 궁인들에게 목격되었고, 경빈 박씨의 딸 혜순옹주의 종들이 평소 인형을 만들어 세자를 저주했다는 증거까지 나왔다. 이에 분노한 중종은 경빈 박씨 모자를 폐하여 서인으로 삼고 유배를 보냈으며, 남곤과 심정 등도 유배되거나 사약이 내려졌다. 그러나 중종 27년 3월, 김안로를 배척하고 자신의 억울함을 밝힌 이종익의 옥중 상소로 이 사건의 진범이 김안로의 아들 김희로 밝혀졌다.

이것으로 끝이 아니었다. 중종 28년(1533) 5월 세자궁의 빈청에서 괴이한 인형이 발견되자 조정이 발칵 뒤집혔다. 사람 머리 모양으로 만든 인형 전체를 종이로 싸서 바르고 머리카락과 눈·코·귀·입을 분명히 새겨 목패木牌를 매달고 있었다. 목패의 앞면에는 '이와 같이 세자世子의 몸을 능지凌遲할 것. 이와 같이 세자 부주父主의 몸을 교살絞殺할 것. 이와 같이 중궁中宮을 참斬할 것'이라는 글씨가 써 있었고, 뒷면에는 '5월 16일 병조兵曹의 서리胥吏 한충보 등 15인이 행한 일임'이라고 쓰여 있었다. 그러나 의금부의 수사 결과, 경빈 박씨의 사위 홍여의 지시로 사헌부 서리 김형경이 처남 서수견·노비 강손·보모 효덕이 벌인 저주극으로 밝혀졌다. 이에 중종은 그들을 모두 능지처참하면서 경빈 박씨와 복성군도 함께 처형했다.

이처럼 문정왕후를 견제했던 세력들이 제거되기는 했지만, 궁궐 안에는 여전히 그녀의 자리를 노리는 자들이 적지 않았다. 때문에 그녀는 안심할 수 있는 처지가 아니었고, 남편의 사랑이 아니라 남편의 권력이 필요하다는 것을 절실하게 깨달았다. 이를 위해 그녀는 두 공주를 낳은 후에도 남편의 뒤를 이을 왕자를 낳는 일에 지극한 공을 들였다.

마침내 입궁한 지 17년 만인 중종 29년(1534) 34세의 늦은 나이에 왕자를 낳는다. 그가 바로 경원대군 이환으로, 13대 왕 명종이다. 하지만 문정왕후가 왕자를 낳았다 해도 모든 일이 순조롭게 풀리지 않았다. 주변에는 여전히 정적들이 존재했고, 문정왕후 역시 이러한 사실을 인식하고 있었기에 이들의 견제에 나서는 등 자신에게 필요한 것을 얻기 위해 더욱 적극적으로 움직였다.

계모가 그럴 리 없다

문정왕후가 경원대군을 출산한 시기에 세자는 이미 성년이 되어 있었다. 더구나 경원대군과 세자의 나이 차가 스무 살 가까이 되어 그녀가 낳은 왕자가 중종의 뒤를 이을 가능성은 거의 없었다. 그럼에도 그녀는 자신의 야심을 실현하기 위해 적극적으로 나섰다.

이에 대신들 사이에도 세자를 지지하는 대윤大尹과 경원대군을 지지하는 소윤小尹으로 나뉘게 된다. 대윤은 세자의 외숙부로 장경왕후의 오빠 윤임이 대표적 인물이었고, 소윤의 대표적 인물은 경원대군의 외숙부이자 문정왕후의 동생 윤원형이었다. 중종의 뒤를 이을 후계자를 놓고 왕실의 두 외척이 맞붙은 것이다.

대윤은 명분론에서 앞섰고, 소윤은 현직 왕비가 뒤에 있어 현실적인 면에서 유리한 조건이었다. 소윤을 대표하는 윤원형은 누나 문정왕후의 지원으로 사헌부 지평과 홍문관 응교 등 요직을 지내면서 청렴결백하다는 평판을 얻었고, 이를 토대로 젊은 관리들을 소윤으로 끌어들이며 지지기반을 넓혀나갔다. 이로써 시간이 지날수록 대윤과 소윤의 대립은 격렬해졌다. 중종 37년(1542), "두 외척이 각기 당파를 만들어 조정을 분열시킨다"는 공론이 불거지자 중종은 윤임을 귀양 보내고 윤원형을 파직했다. 하지만 윤원형은 곧 복직되어 중국 황제의 생일을 축하하는 성절사로 명나라에 다녀오는 등 요직을 두루 거치며 승승장구했다. 그리고 문정왕후가 김안로 제거에 나섰을 때 공격에 앞장서는 등 문정왕후의 돌격대장 역할을 충실하게 수행했다.

김안로는 왕실과의 혼인을 기반으로 세력을 점차 넓혀 최고의 권신으로 부상한 인물이었다. 이러한 김안로가 대윤의 윤임과 함께 세자를 보호해야 한다고 나서면서 문정왕후와의 알력을 겉으로 드러내기 시작했다. 이에 문정왕후는 그들을 상대하기 위해 친정 식구를 적극적으로 끌어들였고, 중종 32년(1537) 윤원형은 자신이 몸담았던 사헌부 관리들을 움직여 권신 김안로가 '문정왕후의 폐출을 기도했다'는 이유로 조정에서 축출할 정도로 뛰어난 정치력을 발휘했다. 그 뒤를 이어 문정왕후가 직접 나서서 '김안로가 자신을 폐위시키려고 한다'며 중종에게 읍소하자 결국 김안로에게 사약이 내려졌다.

문정왕후는 세자의 동향을 살펴보기 위해 오빠 윤원량의 딸을 세자의 후궁으로 들이기도 했다. 인종의 후궁 숙빈 윤씨가 바로 그녀이다. 중종 31년(1536) 세자의 후궁을 뽑기 위해 금혼령이 내려졌고, 일부에서는 숙빈 윤씨가 왕비의 조카이므로 후궁을 삼을 수 없다는 주장이 나왔으나 '한명회의 두 딸이 나란히 왕비에 책봉된 전례가 있었으니 문제가 없다'는 주장에 힘이 실려 입궁이 결정되었다.

심지어 문정왕후는 자신의 아들 경원대군을 왕위에 앉히기 위해 세자를 살해하려 했다는 혐의를 받기도 했다. 중종 38년(1543) 1월 새벽, 세자를 제거하려고 세자의 침전 밖에서 문을 걸어 잠그고 불을 질렀다는 것이다. 이때 세자는 어머니가 자식을 죽이려 하니 죽어주는 것이 도리라면서 방 안에서 꼼짝도 하지 않았다고 한다.

그러나 중종이 밖에서 다급하게 세자를 부르는 소리에 자신의 죽음이 어머니에게는 효행이지만 아버지에게는 불효라는 것을 깨닫고 빈궁과 함께 불길을 헤쳐 나왔다고도 하고, 세자의 후궁이 불길 속에서 세자를 구해냈다고도 한다. 이 일로 후궁 숙의 정씨가 공로를 인정받아 귀인으로 승격되었다고 한다.

실록에 따르면, 중종이 환관을 시켜 이 사건을 알아본 결과 무수리가 자기 방에 목면木綿을 보관해두고는 밤에 살펴보다가 자신도 모르게 등불을 떨어뜨려 불이 타올랐고, 당황한 무수리가 어찌할 바를 모르고 문을 바로 열지 못해 불길이 번졌다고 한다. 따라서 "그 불은 처음 잠긴 방에서 일어난 것이 매우 분명하다"며 중종은 이 사건을 단순한 실화 사건으로 마무리했다.

윤임은 화재 사건의 배후로 문정왕후를 지목하며 "뜬소문을 조작해 사람을 혹하게 하고, 내전을 모해하려는 증거가 명백하다"고 법에 따라 그녀에게 사약을 내려야 한다고 주장했다. 하지만 효심이 지극했던 세자는 "계모가 그럴 리 없다"며 문정왕후를 변호해서 폐출 위기를 모면했다고 한다.

이후로 문정왕후는 외아들이 암살당할까 봐 노심초사했고, 세자가 중종의 뒤를 이어 즉위한 뒤에는 왕(인종)에게 매를 드는 등 홀대하면서 자신과 아들 경원대군을 언제 죽일 거냐며 독설을 퍼부었다는 이야기도 전한다. 그녀는 요절한 인종의 죽음과 관련이 있다는 의혹을 받기도 했다. 인종이 즉위하고 나서 문안인사를 드리러 가자 대비인 문정왕후가 평소와 달리 인자한 미소를 띠며 떡을 내놓았는데 인종이 그 떡을 먹은 뒤 갑자기 앓다가 숨을 거두었기 때문이다. 이처럼 문정왕후와 인종의 관계를 전하는 이야기의 대부분은 그녀의 악행을 드러내는 데 초점이 맞춰져 있다.

효성이 지극했던 인종은 아버지 중종이 사망하자 병을 앓고 있음에도 식음을 전폐하고 소리를 내며 슬피 우는 등 몸을 돌보지 않았고, 그

와중에 명나라 사신을 친히 접대하기 위해 동분서주하면서 병세가 더욱 악화되어 사망한 것으로 전한다. 그리고 문정왕후가 인종을 죽음에 이르게 했다는 결정적인 증거는 찾기 어렵다. 즉, 심증은 있으나 물증이 확실하지 않다.

주상의 형세는 외롭고 위태로웠다

1544년 중종이 사망하고 뒤이어 세자가 인종으로 즉위하면서 문정왕후는 대비의 자리에 오르지만, 대윤과 소윤은 더욱 치열하게 대립했다. 대윤을 대표하는 윤임은 영남학파의 창시자로 추앙받는 이언적을 비롯해 사림 세력을 조정에 끌어들여 세력 확대를 시도했다. 반면, 소윤을 대표하는 윤원형은 예조참의로, 윤원로는 군기시 첨정으로 조정에 복귀하여 중추부지사 정순붕, 병조판서 이기, 호조판서 임백령, 공조판서 허자 등과 함께 대윤 제거 작업에 적극 나섰다. 이후 대윤과 소윤의 갈등과 대립은 점차 도를 넘어 목숨까지 내걸며 물불을 가리지 않았다.

인종이 즉위 8개월 만에 31세의 젊은 나이로 갑자기 세상을 떠났다. 후사를 두지 못했던 인종은 사망하기 전에 "경원대군에게 왕위를 물려준다"는 교지를 내려 마침내 문정왕후의 아들이 명종으로 즉위하게 된다. 이때 문정왕후는 45세, 아들 명종은 12세로, 문정왕후는 미성년자인 명종을 지원하기 위해 9년간 수렴청정에 나서게 된다. 당시 문정왕후의 수렴청정은 정희왕후에 이어 두 번째였지만, 정희왕후와는 중요한 차이가 있었다.

이때 비로소 대비가 발을 치고 정사에 참여하는 등 수렴청정의 형식과 절차가 갖춰졌다. 또 정희왕후는 직접 신하들과 만나 정무를 처리하기보다 간접적으로 정치에 참여했지만, 문정왕후는 왕이 참석하는 경연에 정기적으로 참여하는 절차를 마련하여 합법적으로 경연에서 대신들과 직접 국정을 논의하며 주도적으로 정치에 관여했다. 이러한 과정에서 그녀는 친정 동생인 윤원로와 윤원형 그리고 친정 사촌인 윤춘년 등을 기용하여 국왕의 고유 권한인 인사 문제까지 개입하는 등 '왕권을 능가했다'는 평가를 받을 정도로 막강한 권력을 행사했다.

또한 그녀는 "윤임과 인종의 비 박씨가 내통하여 역적모의를 했다"는 이유로 탄핵하는 교지를 내려 치열한 다툼을 일으키기도 했다. 즉, 중종이 사망하자 윤임이 희빈 홍씨의 소생으로 왕실 종친 가운데 명망이 높았던 봉성군 이완을 왕으로 옹립하려 했고, 인종이 사망했을 때는 월산대군의 손자 계림군 이유를 옹립하려고 했다는 소문이 돌자 이에 분노한 문정왕후가 윤임과 유인숙 등의 처벌에 나섰고, 대윤을 지지하던 사림이 '증거가 불충분하다'는 이유로 반대하고 나서면서 대윤과 소윤이 치열한 격론을 벌인 것을 가리킨다.

당시 사헌부 헌납 백인걸이 "대비의 밀지로 정당한 절차도 없이 대신들을 귀양 보내는 것은 지나치다"고 따지자, 윤원형은 "사림이 역적을 비호하고 대비를 능멸했다"며 엄벌에 처할 것을 주장하며 맞섰다. 이에 문정왕후는 사건을 더욱 확대하여 더 많은 정적들을 제거하는 기회로 삼았다. 결국 대윤의 윤임·유관·유인숙 등과 더불어 사림의 이휘·나숙·정희등·박광우 등 10여 명이 죽음을 당하고, 많은 관련자들이 파직되어 귀양을 갔다. 이 사건이 바로 조선의 4대 사화 중 하나로 명종 즉위년(1545)에 벌어진 을사사화乙巳士禍이다.

문정왕후와 소윤 일파는 이후에도 반대파의 숙청에 나섰고 6년 동안 100여 명이 목숨을 잃었다. 당시의 정황을 실록에는 명종이 "어린 나이로 왕위에 올라 문정왕후가 청정하게 되었으므로 정치가 외가에 의해 좌우되었다. 그리하여 뭇 간사한 사람이 득세해 선량한 신하들이 많이 귀양 가거나 살해되었으므로 주상(명종)의 형세는 외롭고 위태로웠다"고 기록하고 있다.

2흉凶 3간奸을 거느리다

명종 2년(1547) 9월 경기도 과천의 양재역에 "위로는 여주女主, 아래로는 간신 이기李芑가 권력을 휘두르니 나라가 곧 망할 것이다"라는 익명의 벽서가 붙었다. 남편을 따라 전라도로 시집가는 딸을 배웅하려고 양재에 갔다가 벽서를 발견한 부제학 정언각과 선전관 이로가 이를 조정에 보고했다.

정언각은 '권신 윤원형에 빌붙어 세도를 부리며 많은 사람을 모함하여 해를 입히는 등 성격이 음흉하고 악독하다'고 비판받는 인물이었다. 그는 전라도 관찰사로 재직할 때 남의 노비를 빼앗아 파직되었다가 곧 복직하여 명나라에 사신으로 다녀오기도 했고, 이후 경기도 관찰사로 있을 때 말에서 떨어져 말굽에 밟혀 죽었다. 백성들은 그의 죽음을 기뻐하며 그를 죽게 한 말을 의마義馬라고 칭송했다고 한다.

당시 사람들은 윤원형과 이기를 2흉凶이라 하고, 정순봉·임백령·정언각을 3간奸이라 비난했다. 따라서 정언각 등이 발견한 벽서 자체에 의혹의 눈길을 보내는 것은 당연했다.

윤원형은 이러한 사건이 일어나는 것은 대윤 일파의 제거 작업이 미비했기 때문이라 판단하고, 이 기회에 대윤 잔당을 척결하자고 문정왕후에게 건의했다. 이에 분개한 문정왕후는 윤임의 잔당 세력을 포함한 정적 제거에 나섰고, 결국 남아 있던 대윤 세력과 사림파가 대거 사약을 받거나 유배에 처해졌다. 이때 중종의 서자이자 희빈 홍씨의 아들 봉성군 이완도 역모의 빌미가 된다는 이유로 함께 제거되었다. 이 사건은 문정왕후가 사림 세력을 제거하기 위해 윤원형과 짜고 조작한 것으로 보기도 한다.

한편, 을사사화로 윤원로와 윤원형 형제는 확고부동한 권력을 움켜쥐었지만, 이후 두 사람 사이가 벌어지기 시작했다. 틈만 나면 윤원형은 자신을 음해한다며 형 윤원로에 맞섰고, 병조좌랑 윤춘년을 부추겨 "윤원로는 성품이 간사하고 기질이 방자하며, 한 가지 착함도 기록할 것이 없고, 만 가지 악한 것만 갖추어서 부귀를 생각하는 마음만 품고 있다. 또한 군신의 의리는 찾아볼 수 없고 스승의 가산을 파산시키고 종친의 땅을 빼앗았으며, 사람을 함부로 죽여 백성의 원성을 샀는가 하면 국모와 종사를 위태롭게 했다"며 탄핵 상소를 올리게 했다. 두 형제 사이에서 고민하던 문정왕후는 결국 윤원형의 손을 들어주었고, 윤원로를 남원으로 귀양 보냈다가 이듬해 사약을 내려 이 싸움을 끝냈다.

이때의 일로 윤원로의 아들 윤백원은 숙부 윤원형과 당숙 윤춘년에게 원한을 품고 명종 비 인순왕후의 외삼촌이자 효령대군의 후손으로 새로운 권신으로 부상한 이량 일파에게 붙는 등, 문정왕후의 친정 집안은 정치적인 소용돌이에 휘말렸다. 그럼에도 문정왕후와 윤원형은 형제까지 죽인 비정한 권력자라는 세간의 악평 속에서도 권력에 대한 욕구는 끝이 없는 듯했다.

명종 8년(1553), 명종이 20세가 되자 그녀는 수렴청정을 거두고 왕에게 권력을 돌려주는 절차를 밟았지만 형식에 지나지 않았다. 그녀는 수렴청정이 끝난 뒤에도 대신들의 부인을 궁궐 후원으로 불러들여 산해진미를 차려놓고 연회를 벌이기도 했다. 당시 그녀는 머리에 꽃을 꽂고 술을 권하는 등 흥취를 돋우며 놀면서 궁궐의 주인 행세를 했고, 윤원형 등 측근을 통해 조정에 지속적으로 영향력을 행사하면서 조정을 흔들어 놓았다는 비판을 받았다.

『연려실기술』에는 "문정왕후가 수렴청정에서 물러난 후에도 하고 싶은 일이 있으면, 국문國文으로 조목을 나열해 중관中官을 시켜서 외전으로 보냈다"고 기록하고 있다. 이에 명종은 쪽지를 보고 시행할 수 있는 일이면 곧바로 실천에 옮겼지만, 그럴 수 없는 일이면 얼굴에 수심이 가득하여 쪽지를 말아서 소매 속에 넣었다고 한다.

문정왕후는 자기 뜻대로 일이 진행되지 않으면 느닷없이 명종을 불러 그 이유를 따졌고, 그때마다 명종은 그 이유를 구체적으로 설명해야 했다. 하지만 그녀는 명종이 자신의 뜻을 거역한다며 "네가 왕이 된 것은 모두 친정 오라버니와 나의 힘이다"라며 명종에게 호통을 쳤고, 심한 경우 독설을 퍼부으며 왕의 뺨이나 종아리를 때렸다고도 한다. 때문에 명종은 늘 기운이 없었고 얼굴에는 수심이 가득했으며 때때로 눈물을 흘리기도 했다. 명종에게 '눈물의 왕'이라는 별명이 붙은 것은 이러한 연유에서였다.

이처럼 명종은 늘 어머니 그늘에 가려 왕으로서 자기 목소리를 제대로 내지 못했다. 그럼에도 당파 싸움의 폐해를 지켜본 명종은 친정체제에 나서면서 외척을 견제하고 인재를 고르게 등용하려고 애썼다. 또한 독자적인 세력을 구축하기 위해 왕비 인순왕후의 외삼촌 이량을 기용하여 외척 윤원형을 견제하고자 했지만 이량도 윤원형과 특별히 다를 것이 없었다.

이량은 명종의 뜻과는 달리, 이감과 신사헌 등 심복들을 앞세워 이문형·허엽·기대승·윤근수 등 당시 명망 있는 대신들을 탄핵하여 내쫓는 등 기회 있을 때마다 사림을 공격했고, 문무관의 인사권을 가진 이조와 병조를 장악한 뒤로는 매관매직으로 재물을 끌어모으는 데에만 혈안이 되었다.

이에 보다 못한 심의겸이 적극적으로 나섰고 홍문관 부제학 기대항의 탄핵을 받은 이량의 심복 이감은 함경도 경원으로 유배에 처해졌다. 이량 역시 도를 넘는 권력의 남용으로 사림파의 박소립과 윤두수가 비판하고 나서자 곧바로 윤원형이 합세했다. 이에 모처럼 정국을 주도하려던 명종은 하는 수 없이 그를 외직인 평안도 관찰사로 내보냈다가 얼마 후 다시 이조참판에 제수하여 중앙으로 불러들였다.

조정에 복귀한 이량은 여전히 정신을 차리지 못하고 예전보다 더 큰 탐욕을 부렸다. 그는 명종의 처가인 인순왕후의 심씨 집안에 적대적인 감정을 노골적으로 드러냈다가 심의겸 등의 탄핵을 받아 평안도 강계로 귀양 가서 그곳에서 죽었다. 이에 따라 명종의 개혁 의지는 힘을 잃었고, 이후 문정왕후가 사망하기 전까지 윤원형과 심의겸이라는 두 외척 세력이 정국을 좌우하게 되었다.

이 또한 나라를 위한 마음이다

문정왕후는 한번 마음먹은 일은 반드시 이루고야 마는 집요함과 강력한 추진력을 발휘하며 한 시대를 호령했다. 달리 말하면, 그녀는 중국의 측천무후 등 당대의 여걸에 비유될 정도로 조선 사회에서 특별한 존재감을 보여주었다. 세조의 비 정희왕후가 어린 성종이 즉위했을 때 수렴청정한 이후 조선 말기까지 일곱 차례 왕비들의 수렴청정이 있었지만, 문정왕후처럼 철저하게 정권을 장악한 왕비는 없었다. 그녀가 남녀의 구별이 명확했던 조선 사회에서 '강력한 독재 권력을 휘둘렀다'는 등 사대부들에게 최악의 인물로 비판받은 것도 이러한 이유 때문이었다.

문정왕후의 불교 중흥 정책 또한 유교를 숭상하던 당시 사회에서 그녀를 악녀로 규정하는 데 커다란 영향을 미쳤고, 일부에서는 그녀를 여왕이라고 부르며 조롱하기도 했다.

왕비 자리에 있을 때부터 보여준 그녀의 불심佛心은 그동안 조선 왕실 여인들이 보여준 신앙심과는 차원이 달랐다. 불교에 대한 왕실의 관심이 주로 개인적인 신앙 차원에서 이루어졌다면, 그녀는 불교정책을 국가 차원으로 확대하여 적극 지원했다. 그러자 성리학적 사회 질서를 중요하게 여겼던 사대부와 성균관 유생은 물론, 대간에서도 연일 고려시대 이후 벌어진 불교의 폐단과 토목공사의 부당함 등을 지적하며 강력하게 반발했다.

이에 그녀는 "불교는 곧 이단이니 마땅히 거절해야 한다. 다만 조종조 이래 아주 끊어버리지 않았으니 내가 어찌 유독 폐하랴. 내가 이 일 때문에 주상에게 부끄러움이 있으니, 이 또한 내가 나라를 위하는 성의이다"라며 불교 진흥에 투철한 사명감이 느껴질 정도로 주변의 반대를 단호하게 물리쳤다.

문정왕후는 만일의 사태에 대비해 윤원형과 이기 등을 움직여 승과 부활과 선교 양종 부활을 위해 불교 종단에 대한 조사를 지속하기도 했다. 당시 대신들은 윤춘년이 윤원형의 뜻을 받들어 문정왕후의 숭불 정책을 추진하고 있다는 사실을 눈치챘음에도 대충 넘어갔다. 을사사화와 정미사화의 피비린내 나는 살육을 목격한 대신들은 어떻게 처신해야 살아남을지 너무나 잘 알고 있었던 것이다.

문정왕후는 불교 정책을 추진하면서 승려 보우를 등용하여 군사 업무를 책임지는 병조판서에 임명하기도 했다. 이에 불교를 개혁하고 중흥하려는 원대한 포부를 가졌던 보우는 막강한 권력을 등에 업고 적극적으로 활동했다. 그는 『경국대전』의 규정에 따라 연산군 대에 폐지된 승과와 성종 대에 폐지된 도첩제度牒制, 즉 승려가 출가할 때 국가가 그 신분을 공인해주는 제도를 부활시켜 2년 동안 4천여 명의 승려를 선발하여 불교가 조선에 뿌리내리는 토대를 마련하기도 했다.

임진왜란 당시 승군을 이끌고 맹활약을 펼쳐 호국불교를 상징하는 서산대사 휴정과 사명당 유정도 이때 선발되어 승적에 이름을 올렸다. 또한 전국에 3백 개소의 사찰을 공인하면서 강제로 통합되었던 양종兩宗을 다시 분리해 봉은사에 선종을, 봉선사에 교종을 두기도 했다.

이러한 불교 진흥 정책을 추진하던 보우는 성리학을 중시하는 관료와 유생들에게 '권력에 빌붙어 불교를 일으키려는 요승妖僧'이라는 비판을 받았다. 심지어 보우가 자주 궁궐을 출입하자 '문정왕후와 보우가 불륜관계'라는 소문까지 돌았다. 명종이 이 소문을 듣고 어머니 문정왕후에게 보우의 궁궐 출입을 금해 달라고 청하자 그녀는 봉은사를 화려하게 중창하고 원당을 마련하여 보우를 만나기도 했고, 남편 중종의 능을 봉은사 근처로 옮겨왔다. 현재 강남구 삼성동에 있는 중종의 능은 명당 중의 명당으로 전하고 있으나 문정왕후는 능을 봉은사 근처로 옮기기 위해 일부러 물을 부어 능에서 물이 나오게 했다는 이야기도 전한다. 그러나 문정왕후의 비호 아래 승승장구하던 보우는 명종 20년(1565) 문정왕후가 사망하자 처단되었고, 15년 동안 추진되었던 불교중흥 정책도 모두 중단되었다.

백성이 없는 정치를 하다

문정왕후가 총애했던 정난정이 권세를 누릴 수 있었던 것도 불교와 인연이 있었기에 가능했다. 보우를 문정왕후에게 소개한 것으로 전하는 정난정은 불교를 매개로 윤원형은 물론 문정왕후와 신분을 뛰어넘는 동지가 되었고, 그녀에 대한 문정왕후의 후원 역시 도를 넘을 정도로 파격적이었다.

예를 들어 명종 6년(1551), 윤원형은 첩으로 맞이한 정난정을 정실로 맞이하기 위해 조강지처 김씨를 내쫓게 해달라고 주청했고 이를 허락해주었다. 명종 8년(1553)에는 문정왕후의 명에 따라 명종이 정난정에게 직첩을 내림으로써 합법적으로 윤원형의 정실부인으로 인정해주었다. 같은 해 10월, 윤원형은 정난정의 간청을 받아들여 영의정 심연원·좌의정 상진·우의정 윤개 등과 함께 서얼허통庶孼許通, 즉 서자들에게도 과거에 응시하도록 허락해달라는 상소를 올리기도 했다.

당시 상소문에는 "인재의 우열은 타고난 기질이 순수한지 아닌지에 좌우되는 것이지, 출생의 귀천과는 관계가 없습니다. 만일 재질이 뛰어난 사람이 첩의 몸에서 났는데 서얼이라 하여 등용하지 않는다면 어찌 왕자王者가 인재를 취함에 귀천을 가리지 않는 도라고 하겠습니까" 라며 서얼 차별의 부당함을 주장했다. 물론 맞는 말이었지만, 윤원형은 신분차별이라는 사회적 문제를 타파하려는 개혁적 의지보다는 자신과 정난정 사이에서 태어난 자식들을 양반으로 만들기 위한 개인적인 이유가 앞섰던 것이다.

이에 대간과 이조판서 안현 등이 나서서 극렬하게 반대했지만 서얼호통법이 통과되어 정난정의 자식들과 함께 그동안 차별받던 서얼들이 혜택을 받게 된다. 이후 정난정과 윤원형의 권세를 확인한 자들이 온갖 청탁거리를 들고 이들의 집에 드나들었다. 물론 정당하지 않은 청탁들이 대부분이었고, 적지 않은 대가가 오가는 뒷거래가 이루어졌다.

심지어 윤원형 부부는 부패한 인물을 청렴한 관리로 바꾸고, 청렴한 관리를 하루아침에 파면할 수도 있었다. 그리고 군선軍船을 전국에서 보내오는 뇌물 수송선으로 이용하는가 하면, 뇌물로 받은 쌀이 썩어 나가자 유기그릇으로 대신 받기도 했다. 그럼에도 두 사람의 욕심은 멈출 줄 몰랐고, 오히려 문정왕후의 총애를 등에 업고 날이 갈수록 대담해지는 등 부정비리가 더욱 심해졌다. 이로 인해 피해를 보는 것은 백성들이었고, 백성들은 윤원형 부부와 함께 이들의 권력 독점과 남용을 용인한 문정왕후를 악의 근원으로 지목했다.

물론 그녀에 대한 비판을 전제로 하지만, 정치가 남성의 전유물이었던 사회 분위기도 그녀를 곱지 않은 시선으로 보는 데 영향을 미쳤다. 여기에 자신의 한 몸을 보전하는 데 급급했던 위정자들의 처신도 문제였다.

또한 문정왕후의 적극적인 지원으로 불교 중흥 정책을 추진한 보우도 사대부들의 비판을 피할 수 없었지만, 문정왕후의 총애를 등에 업고 권력을 휘두르면서 부정과 부패를 저지른 그녀의 측근과는 적어도 같은 부류는 아니었다. 즉, 유교적 시각으로 보면 승려 보우는 지탄의 대상이지만, 불교계 입장에서 보면 보우는 불교가 위축된 조선에서 불교를 부활하고 중흥한 공을 높이 평가할 수 있기 때문이다.

결론적으로, 문정왕후는 시대를 잘못 타고난 여걸이거나 걸출한 정치인이 아니었다. 그녀는 자신의 입맛에 맞는 인물만 기용했고, 반대 의견을 전혀 듣지 않았다. 무엇보다도 그녀의 정치에는 백성을 중심으로 하는 공적인 의식이 없었다.

도적이 된 원인은 정치를 잘못했기 때문이다

조선은 16세기에 이르러 자연재해로 흉년이 겹치고 권력을 등에 업은 자들이 토지를 독점하는 등 사회구조적 모순이 심화되면서 백성의 삶은 더욱 피폐해졌다. 여기에 관리들까지 나서서 권력을 사적으로 남용하며 사회 혼란을 부추겼다. 때문에 먹고살기가 힘들어진 농민들이 삶의 터전을 버리고 스스로 도적 소굴로 들어가 전국적으로 도적 떼가 들끓었고, 크고 작은 민란도 끊이지 않았다.

명종 10년(1555)에는 대마도에 거주하던 왜인들이 배 70여 척을 이끌고 쳐들어와 전라도 일대에서 대대적으로 노략질한 을묘왜변乙卯倭變이 일어나는 등 왜구의 노략질도 백성들을 괴롭혔다.

명종 14년(1559)부터 명종 17년(1562)까지 3여 년에 걸쳐 양주 백정 임꺽정이 이끄는 무리가 황해도와 경기도 일대를 휘저었고, 점차 전국적으로 활동 범위를 넓혀 가면서 온 나라가 아수라장이 되었다. 조정에서는 임꺽정을 잡으려고 혈안이 되었지만, 임꺽정은 백성들 사이에서 의적義賊으로 불리며 비호를 받았다.

임꺽정의 등장과 평가는 당시 백성의 삶이 얼마나 피폐했는지를 보여주는 대표적 예였다. 「명종실록」에는 "국가에 선정善政이 없고 교화가 밝혀지지 않아 재상들의 횡포와 수령들이 몹시 잔인하고 난폭해서 백성들의 살과 뼈를 깎고 기름과 피를 말려 손발을 둘 곳이 없고 호소할 곳도 없으며, 굶주리고 헐벗어 배고프고 추위가 절박하여 하루도 살기가 어려워 잠시라도 목숨을 유지하려고 도적이 되었다면, 그 원인은 정치를 잘못하였기 때문이요, 그들의 죄가 아니다. 어찌 불쌍하지 않은가"라며 임꺽정이 등장한 원인이 정치를 잘못한 위정자들의 책임이라고 직설적으로 비판했다.

그럼에도 위정자들은 권력과 이익이 있는 곳을 기웃거리는 등 자기 살길에만 관심을 기울였고, 최소한의 책임감도 찾아보기 힘들었다. 이러한 와중에 권신 윤원형은 왕실과 혼인관계를 맺어 집안의 위상을 높이려는 욕심에서 정난정과의 사이에서 태어난 딸을 덕흥군(중종의 7남이자 서자庶子로, 선조의 아버지)의 아들과 혼인시키려고 시도했다가 대신들이 '종실과 혼인하는 것은 옳지 않다'는 이유로 반대하여 포기해야 했다. 때문에 민간에서는 문정왕후에 대해 더욱 말들이 많았다.

명종 20년(1565) 4월, 건강하던 문정왕후가 갑자기 병석에 눕더니 곧 세상을 떠나고 말았다. 이에 명종은 어머니의 그늘에서 벗어날 수 있는 기회를 맞이하게 되지만, 명종은 기회를 살리지 못하고 2년 후에 세상을 떠나고 만다.

조선 역사에서 가장 영민했던 왕비 문정왕후의 강력한 권위에 눌려 지내던 관리들은 그녀가 사망하자마자 그녀를 적극적으로 부정하기 시작했다. 먼저, 자기 아들을 왕위에 앉히려고 '의붓아들인 인종을 독살했다'고 의혹을 제기하는가 하면, '온갖 못된 음모를 꾸미고 피의 숙청을 서슴없이 자행했다'거나 '특별한 명분도 없이 단지 개인적인 감정을 앞세워 권세를 유지하려고 형제를 사주하여 또 다른 형제를 죽였다'는 등, 지나친 집권욕으로 '명종 대에 정국을 더욱 혼란으로 빠져들게 한 원인을 제공했다'고 평가했다.

「명종실록」에는 그녀와 윤원형을 "탐욕스럽고 사특하며 악독하게 해를 끼친 인물로 마치 늙은 여우 같았다. (윤원형이) 대비의 세력을 믿고 위사의 공을 청탁하면서 자기와 의견이 다른 자는 역적으로 몰아 죽였으니, 중종 50년 동안 배양한 인재가 이에 일망타진되었다"고 기록하기도 했다.

뿐만 아니라 그녀가 승려 보우를 등용하여 불교를 크게 일으킨 것과 관련해서 '내세에 대한 두려움 따위는 전혀 없는 냉혈 인간' 또는 '모질고 독살스러운 여인'이라고 비판하는 등, 그녀에 대한 사대부들의 비판은 조선이 망할 때까지 저주에 가까운 혹평으로 이어졌다.

태릉에 홀로 잠들다

문정왕후는 명종 20년(1565) 남편 중종의 능을 옮긴 뒤 세상을 떠났다. 당시 그녀는 대규모 무차대회無遮大會를 준비 중이었다. 무차대회란 승려·속인·남녀노소·귀천의 차별 없이 평등하게 널리 일반 대중을 대상으로 하여 잔치를 베풀고 물품을 골고루 나누어주면서 집행하는 법회를 말한다. 그녀는 이를 통해 일찍 세상을 떠난 세자의 명복을 빌고, 후사를 두지 못한 아들 명종의 왕위를 이을 왕자의 탄생을 기원하려고 했다. 그러나 문정왕후는 65세의 나이에 회암사에서 큰 재를 올리려고 찬물로 목욕재계를 하다가 쓰러져 영영 일어나지 못했다.

남편 중종의 곁에 안장되기를 원했던 문정왕후는 명종 17년(1562) 보우의 건의를 받아들여 장경왕후의 능 옆에 조성된 정릉을 보우가 주지로 있는 봉은사와 가까운 선릉 근처로 옮겼다. 그리고 그 옆에 자신이 묻힐 자리를 마련했다.

하지만 정릉은 지세와 도굴 등의 문제로 무리하게 천릉했다는 논란이 끊이지 않았다. 특히 중종의 능침자리가 땅이 낮아 흙을 쌓아 높이려고 했지만 지대가 워낙 낮아 해마다 비가 오면 흙이 쓸려가고 재실까지 물이 찼다. 따라서 비용만 많이 들고 개선되지 않아 결국 그녀의 능은 경기도 양주군 노해면 공릉리, 즉 현재의 서울시 노원구 공릉동에 조성되어 혼자 잠들어 있다. 그녀의 능호는 태릉泰陵이다.

문정왕후의 능과 관련하여 민간에서 다양한 이야기가 전할 정도로 그녀는 죽어서도 사람들의 입에 오르내렸다.

어느 날 중종이 아들 명종의 꿈에 나타나 "봉은사 인근은 내가 쉴 곳이 아니다"고 말해 능을 살펴보게 했더니 능에서 물이 나왔다고 한다. 이런 까닭에 그녀의 능은 중종의 능과 함께 조성되지 못하고 강 건너에 별도로 조성되었고, 이후 태릉에서 동쪽으로 약 1킬로미터 떨어진 곳에 아들 명종과 며느리 인순왕후의 강릉康陵이 조성되었다. 특이하게도 현재의 태릉선수촌을 사이에 두고 조성되어 있는 태릉과 강릉은 조선시대의 왕릉 중 유일하게 왕비 능이 왕릉 앞에 조성되어 있다. 비록 태릉이 왕의 어머니 능이기는 하지만 왕이 모든 것의 중심인 왕조 사회라는 점을 감안하면 어머니의 그림자에 가려 살았던 명종은 죽어서도 어머니 그림자에서 벗어나지 못한 듯하다.

태릉은 세조의 광릉, 성종의 선릉, 신덕왕후의 정릉, 명성황후의 홍릉과 더불어 지역의 이름이 된 왕릉이기도 하다. 게다가 왕비의 능호에 '클 태泰' 자를 썼고, 왕비의 단릉單陵이지만 웬만한 왕릉보다 웅장하게 조성되어 있다. 능 조성 당시 문정왕후의 권세가 어느 정도였는지를 충분히 짐작할 수 있다. 이 때문에 문정왕후의 능에 보물이 많다는 소문이 퍼져 도굴의 위협에 노출되기도 했다.

예를 들면, 당시 궁궐에 공급하는 음식물을 비롯하여 2품 이상의 벼슬아치들에게 주는 술과 안주 및 왜인과 여진인에게 주는 음식물과 옷감 등의 관리와 감독을 맡아보던 관청 내섬시內贍寺 노비로 일하다 왜군에게 기밀을 누설하는 등 간첩 행위를 한 대표적 인물 효인이 "태릉에 금은보화가 많이 매장되어 있다"고 밀고해서 선조 26년(1593) 1월 왜군이 기마병 50명을 동원하여 도굴을 시도했지만, 다행히 회灰가 너무 단단해 실패하기도 했다.

태릉은 현대 사회에 들어와서는 근처에 태릉선수촌이 들어서면서 다시 주목받았고, 조선 왕릉이 유네스코 세계문화유산으로 지정되면서 내부에 조선 왕릉 전시관이 조성되어 일반인들의 찾는 발길이 늘어났다.

한편, 문정왕후가 사망하자 20년 동안 권세를 휘둘렀던 윤원형은 사간원과 사헌부의 탄핵을 받아 명종 20년(1565) 8월에 삭탈 관직되었고, 문정왕후의 비호 아래 온갖 악행을 저지른 정난정과 함께 귀양길에 올랐다. 윤원형과 정난정의 귀양지 생활에 대해 율곡 이이는 『석담일기』에서 "윤원형이 강음으로 옮겨가 그의 첩 정난정과 매일 울분을 머금고 서로 마주보며 울기만 하였다"고 기록할 정도로 이들을 향한 비난은 후대까지 이어졌다.

또한 정난정이 유배지에 있을 때 '윤원형의 본처 김씨를 독살했다'는 고변이 형조에 올라오기도 했다. 쫓겨난 김씨가 음식을 구할 때 정난정이 김씨에게 독약을 넣은 음식을 주어 독살했다는 것이다. 이에 정난정은 자신의 목숨이 위태로워졌다는 불안감으로 하루하루를 보냈고, 집안의 노비에게 "금부도사가 오면 자신에게 먼저 알려달라"고 당부했다고 한다. 그러던 어느 날, 금부도사가 죄를 지은 평안도 장수를 체포하여 호송하던 중 금교역에서 말을 바꾸어 타는 것을 본 노비가 정난정을 잡으러 오는 줄 알고 그녀에게 알렸다고 한다. 이 말을 들은 그녀는 비상을 먹고 스스로 목숨을 끊었고, 충격을 받은 윤원형도 5일 뒤 같은 방법으로 자살했다는 이야기도 전한다.

『연려실기술』, 『석담일기』와 함께 임진왜란과 관련한 많은 이야기를 전하면서 정치인·현인·악인 등에 얽힌 기담奇談과 기이한 사건에 초점을 맞춰 기술하여 주목받는 『자해필담紫海筆談』 등에도 정난정과 관련한 이야기가 전한다. 이 책에는 윤원형이 자살을 계획하고 독약을 지니고 다니면서 정난정에게 "만약 나를 잡아오라는 명이 있으면 내게 먼저 알려달라"고 당부했다고 한다. 그러던 어느 날, 황해도로 가는 금부도사를 발견한 정난정이 윤원형을 잡으러 오는 줄 알고 윤원형에게 알려주자 윤원형은 독약을 먹고 자결했고, 정난정은 '다시 천한 신분의 기생으로 만들었다'고 한다. 정난정이 스스로 목숨을 끊었다는 앞의 이야기와 달리, 이렇듯 또 다른 이야기가 전하는 것은 아마도 그녀의 천한 신분을 다시 한 번 강조하려는 의도로 해석된다.

태릉 : 서울 노원구 화랑로 681(공릉동 산224)

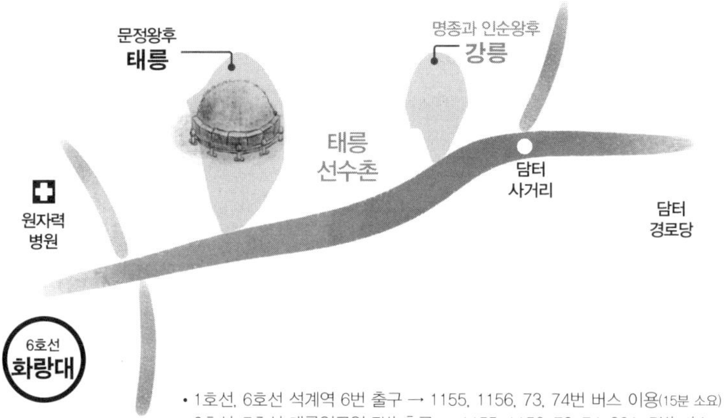

- 1호선, 6호선 석계역 6번 출구 → 1155, 1156, 73, 74번 버스 이용(15분 소요)
- 6호선, 7호선 태릉입구역 7번 출구 → 1155, 1156, 73, 74, 82A·B번 버스 이용(10분 소요)
- 6호선 화랑대역 1번 출구 → 202, 1155, 1156, 73, 74, 82A·B번 버스 이용(5분 소요)

버스정류장 이름 : '태릉' 하차
※강릉을 방문할 때는 '삼육대 앞' 하차

시어머니의 그림자에 가려진 삶을 살다

인성왕후 박씨仁聖王后 朴氏와 인순왕후 심씨仁順王后 沈氏

인종과 명종의 정비

그림자는 걷혔지만, 갈 길을 잃다

인성왕후와 인순왕후는 거대한 그림자에 가려져 존재감을 찾기 힘든 왕비이다. 두 여인의 남편은 이복형제로, 조선의 왕 가운데 재위 기간이 가장 짧았던 인종과 무기력한 왕으로 평가받는 명종이며, 시어머니는 문정왕후다. 따라서 두 여인은 동서지간으로 같은 왕비 자리에 올랐으면서도 전혀 다른 삶을 살았다.

지켜야 할 법도가 많고, 듣는 귀와 보는 눈 그리고 말하는 입이 많았던 궁궐에서 생활해야 했던 두 사람 모두 왕비로서의 삶은 결코 쉽지 않았다. 게다가 성장 과정이 평범하지 않았던 남편을 둔 두 왕비는 남편 복은 물론 자식 복까지 없었고, 강력한 권위를 지닌 시어머니까지 모셔야 했으니 숨 쉬기조차 힘들었을 듯하다.

특히 인성왕후에게 시어머니 문정왕후는 모순된 존재였다. 남편 인종을 갓난아이 때부터 키워준 고마운 시어머니이자 한편으로는 남편이 왕위에 오른 것에 불만을 숨기지 않은 악독한 계모로 불편한 존재였다. 더구나 남편이 왕위에 오른 지 채 1년도 못 되어 세상을 떠났고, 인성왕후는 홀로 궁궐에 남게 된다.

남편은, 살아 있을 때도 변변한 그늘이 되어주지 못했지만, 남편이 사망한 뒤 그녀의 존재감도 사라진 듯했다. 그녀에게는 자신을 지원해줄 확실한 친정이나 의지할 자식도 없었다. 만약 그녀에게 남편의 뒤를 이을 적장자가 있었다면 어찌 되었을까? 오로지 자신의 아들이 왕위에 오를 기회만 노렸던 시어머니에게 또 다른 시련을 겪었을 가능성이 충분했으니 어찌 보면 불행 중 다행인지도 모른다.

이와 달리 인순왕후는 시어머니가 그토록 아끼는 귀한 아들과 혼인했다. 그러나 그녀는 혼인하는 순간부터 아들을 왕위에 올리기 위해 모든 것을 걸었던 시어머니의 그늘에 가려졌다. 마침내 남편이 인종의 뒤를 이어 왕위에 올라 22년을 재위하지만, 시어머니 문정왕후는 20년을 정치에 관여할 만큼 혈기가 넘쳤다.

인순왕후가 비로소 시어머니의 그늘에서 벗어난 것은 시어머니가 사망한 후였다. 그러나 2년도 채 되지 않아 남편 명종이 사망하자 인순왕후 역시 모든 것을 잃었고, 의지할 자식도 없이 궁궐에 혼자 남겨졌다. 그나마 다행이라면 그녀에게는 의지할 친정이 있었다.

이렇듯 기구한 운명의 인성왕후와 인순왕후가 왕비 자리에 있었던 시기에는 나라 안팎으로 시련이 끊임없었다. 성종 대에 싹트기 시작한 훈구파와 사림파의 대립은 연산군 대에 이르러 무오사화와 갑자사화로 피바람을 몰고 왔고, 중종 대에 다시 기묘사화가 일어나면서 양측은 서로 화합이 불가능할 정도로 격렬했다. 이러한 시기에 왕비 자리에 있었던 인성왕후와 인순왕후의 삶 또한 결코 안정적이지 않았다.

인성왕후는 중종 9년(1514) 반남潘南 박씨 집안에서 금성부원군 박용朴墉의 딸로 태어났다. 그녀의 집안은 고려시대부터 명문가를 이루었고, 특히 고려 말기에 신학문인 성리학을 추종한 신진 사대부로 개혁 성향을 지녔던 박상충이 그녀의 5대조였다. 조선의 개국에 참여한 신흥 사대부의 선배 격이었던 박상충은 고려 말기에 친명 정책을 통한 개혁을 주장하다 장형을 받고 귀양길에서 사망했다. 이때의 충격으로 박상충의 부인마저 세상을 떠나자 박상충의 아들 박은은 여섯 살의 어린 나이에 고아가 되었다.

박은은 어려운 시절을 이겨내며 학문에 전념했고, 우왕 11년 문과에 2등으로 급제하여 관직 생활을 시작했다. 그 후 이성계의 측근으로 활약한 박은은 조선 건국 후 승진을 거듭하여 태종이 즉위한 뒤에 태종의 측근들을 제치고 재상의 자리에 오를 정도로 왕의 의중을 가장 잘 읽은 인물이기도 하다.

박은은 슬하에 규, 강, 훤을 두었는데 둘째 아들 박강은 세조의 즉위에 적극 참여하여 공신에 올랐다. 박은의 손자이자 박훤의 아들인 박숭질은 연산군의 폭정이 극에 달했던 연산군 10년(1504)에 재상의 자리에 있었으나 정치적 부담을 느껴 고의로 말에서 떨어져 관직에서 물러나기도 했다.

박은의 손자이자 박강의 아들인 인성왕후의 아버지 박용은 연산군 1년(1495) 사마시에 합격했지만, 여러 차례 대과大科에 실패해 공신 또는 현직 당상관의 자손 자격으로 과거를 치르지 않고도 관리에 채용되는 제도인 음보蔭補로 관직 생활을 시작했다. 평소 글씨를 잘 썼던 박용은 중국 원나라 조맹부의 서체인 송설체松雪體에 능한 것으로 전한다. 그러나 건강이 좋지 않았던 그는 딸이 세자와 혼인한 지 4개월 만에 세상을 떠나고 말았다.

20여 년을 세자빈, 그리고 30여 년을 대비로 살다

인성왕후는 중종 19년(1524) 나이 11세에 왕세자빈으로 책봉되어 경복궁 자선당資善堂에서 궁궐 생활을 시작했다. 그녀의 집안은 권문세가에 속하지는 않았지만, 그녀가 세자빈에 간택되었던 것은 세조의 즉위 과정에 참여했던 그녀의 집안과 세조와의 인연이 크게 작용했다.

이후 그녀는 20여 년을 세자빈으로 살았다. 중종의 재위 기간이 보통 조선 왕의 재위 기간보다 두 배에 이르렀기 때문이다. 왕조 사회에서 정국이 안정적일 때는 상관없지만, 정국이 불안정할 때는 비록 세자라 해도 본인의 의지와 상관없이 왕권을 둘러싸고 예기치 못한 사건과 사고로 위기에 처할 수도 있어 그녀가 20여 년 동안 세자빈으로 살았던 기간은 엄청난 고행의 세월이기도 했다. 더구나 그녀는 결코 평범하지 않았던 젊은 시어머니 문정왕후까지 모시며 생활해야 했다.

그나마 다행이라면 남편 인종은 세 살 때부터 글을 읽기 시작했고, 어린 나이에도 품행이 의젓하여 주변에서 "동방에 요순이 나셨다"고 찬사받을 정도로 일찍이 '이상적인 군주가 될 것'으로 기대를 모았다. 『연려실기술』에는 중국 사신이 인종을 만난 뒤 "공자에 견줄 성인이다"라고 찬탄했다는 이야기도 전한다. 따라서 이런 남편이 왕위에 오른다면 그녀에게도 한 가닥 희망은 있었다.

시간이 흐르면서 인종은 정국의 중심에서 밀려났고, 그와 혼인한 인성왕후 또한 크게 주목받지 못했다. 수도승이 연상될 정도로 욕심이 없었던 그녀의 남편은 주변 사람들에게 덕을 베푸는 인자한 성품이었지만, 그녀에게는 큰 힘이 되지 못했다. 오히려 계모인 문정왕후와 중종의 후궁 등 왕의 자리를 노리는 정적들이 궁궐 안팎에 도사리고 있었던 탓에 마음고생만 점점 더 심해졌다.

그럼에도 그녀는 오랜 시간을 잘 이겨냈고, 1544년 중종이 사망하자 남편이 왕위에 즉위하면서 경복궁 자선당에서 교태전으로 처소를 옮겨 왕비로서의 새로운 삶을 시작한다. 하지만 기쁨은 잠시였다. 남편이 즉위 8개월 만에 갑자기 사망하자 그녀는 32세 나이에 청상과부가 되고 말았다.

이후 그녀는 인종의 이복동생이자 시어머니 문정왕후의 친아들이 명종으로 즉위하면서 소외되기 시작했다. 그녀는 명종의 즉위로 왕대비에 올랐고 2년 뒤에 공의恭懿라는 존호를 받았지만, 권력에서 멀어진 그녀에게 관심을 기울이는 사람은 아무도 없었다. 비로소 모든 마음고생에서 벗어난 그녀는 홀가분하게 살면서 30여 년 동안 대비 자리를 지켰다. 그녀는 겨우 8개월 동안 왕비 자리에 있었지만, 세자빈과 왕비 그리고 왕대비 자리에 차례로 오르며 궁궐에서 무려 50여 년 동안 생활했던 것이다.

그녀는 선조 10년(1577) 12월 64세로 경복궁 교태전에서 세상을 떠났으며, 먼저 세상을 떠난 남편 인종이 있는 서삼릉 왼쪽에 비워둔 왕비 능에 안장되어 쌍릉으로 조성되었다. 인종은 자신이 사망하면 반드시 부모 곁에 묻으라는 유언에 따라 어머니 장경왕후의 희릉 옆 언덕에 묻혔고, 그의 지극한 효성을 기린다는 의미로 능호를 효릉孝陵이라고 했다.

효릉은, 백성들이 번거롭지 않게 검소하게 장례를 치르라는 인종의 유언에 따랐다고는 하지만, 그의 미약했던 왕권과도 관련 있다. 인종이 사망한 후 명종이 즉위하면서 소윤이 득세하자 위기감을 느낀 대윤은 윤원형의 형 윤원로를 탄핵하여 귀양을 보냈고, 이에 소윤은 대윤이 역모를 꾸미고 있다고 맞서면서 피바람을 몰고 와 을사사화를 일으켰다. 이때 인종의 외가와 처가는 물론 가까운 신하들이 모두 몰락했고, 그 결과 왕릉을 조성할 때 예우가 소홀했던 것이다.

이후 인성왕후가 세상을 떠나자 선조는 인종 곁에 그녀의 능을 조성하면서 왕릉을 바로잡으라고 명해 비로소 인종의 능에 병풍석이 둘러졌다. 병풍석 면석에 십이지신상과 귀퉁이 돌에는 구름무늬를 조각했는데 수많은 왕릉 조각 중에서 가장 뛰어나다는 평가를 받는다.

이후 숙종 30년(1704), 효릉에 검은담비가 나타나 수라간 아궁이 속으로 들어가자 노복 주명철이 불을 피워 연기를 내어 잡으려다가 불이 번져 왕릉이 타버리는 전례 없는 일이 벌어지기도 했다. 이에 숙종은 정전에 들지 않고 3일간 업무를 중단했고, 백관들은 위안제를 올리기도 했다. 당시 왕릉을 태운 노복은 사형에 처해졌으며 그의 가족과 관리자인 참봉 등은 천민으로 강등되어 귀양 가는 불운을 겪기도 했다.

비로소 주목받다

인순왕후는 조선 초기부터 왕실과 깊은 연연을 맺은 명문가 청송 심씨 집안 출신이었다. 그녀는 심덕부와 심온의 후손으로, 세종의 비 소헌왕후는 그녀의 5대조가 된다. 할아버지 심연원이 명종 대에도 주요 관직을 두루 거치며 영의정에 올랐지만 항상 가문의 융성함을 경계했고, 몸가짐과 행동을 조심하여 후손들에게 모범을 보였다. '평소에도 삼가고 자숙하며 겸손할 것'을 강조했던 그는 손자들의 이름에 '겸손할 겸謙' 자를 돌림자로 넣을 정도였다.

인순왕후는 중종 27년(1532) 아버지 심강沈鋼과 어머니 전주 이씨 사이에서 맏딸로 태어났다. 동·서 붕당의 원인을 제공한 심의겸과 심충겸은 그녀의 동생들이다. 그녀는 인종 1년(1544) 13세의 나이로 자신보다 두 살 어린 경원대군과 혼인하여 부부인이 되었다. 결혼한 지 1년 만에 1545년 인종이 자식을 두지 못하고 사망하자 남편 경원대군이 인종의 유지에 따라 명종으로 즉위하면서 그녀는 세자빈을 거치지 않고 곧바로 왕비 자리에 올랐다.

그렇다 해도 인순왕후의 주변 환경은 특별히 달라진 것이 없었다. 이 시기는 훈구 세력에서 사림으로 정권이 넘어가는 과도기였고, 윤원형 등 척신이 정국을 주도하고 있었다. 여기에 문정왕후가 아들의 즉위와 함께 수렴청정으로 정치에 직접 참여하면서 절대적인 권력을 행사했다. 때문에 비록 왕비의 자리에 올랐어도 인순왕후는 시어머니의 그늘에 가려 제대로 기를 펴지 못했다. 이후 20년 동안 소극적인 왕비 역할에 머물렀던 그녀는 문정왕후가 사망하자 비로소 양지로 나서는 듯했지만, 2년 뒤 1567년 남편 명종이 사망하고 말았다.

인순왕후는 명종 6년(1551) 5월에 왕자를 낳았다. 그가 바로 순회세자이다. 명종은 왕비 외에도 후궁 여섯 명을 두었지만, 단 한 명의 후사를 두지 못했다. 따라서 순회세자는 명종의 유일한 혈육이었고, 몸이 허약했던 탓에 보통의 세자들보다 모든 절차가 일찍 이루어졌다. 그는 명종 12년(1557) 나이 7세에 세자에 책봉되었고, 2년 후 9세 때 윤옥의 딸과 혼인했다. 너무 서둘렀던 탓이었을까, 순회세자는 명종 18년(1563) 13세의 나이로 요절하고 말았다. 물론 어린 나이에 사망한 순회세자는 자식을 두지 못했다.

명종이 사망하자 많은 사람들의 이목이 인순왕후에게 쏠렸다. 조선에서는 대비 또는 대왕대비에게 후사를 결정할 자격이 있었기 때문이다. 어느 순간, 왕실의 최고 어른 자리에 오른 그녀의 존재감이 이제까지와는 완전히 달라진 것이다. 모두의 관심 속에서 그녀는 명종의 후계자로 중종의 아홉째 아들 덕흥군의 3남 하성군河城君을 지목했다. 그가 바로 선조로, 중종은 두 명의 왕비 사이에서 태어난 왕자와 후궁 사이에서 태어난 왕자의 아들, 즉 손자가 왕위에 오르는 기록을 세우게 된다.

달라진 존재감을 확인하다

인순왕후가 하성군을 선택하는 과정이 일사천리로 순조롭게 진행되지는 않았다. 이때까지도 궁궐에는 명목상 왕실 최고 어른인 인종의 비 인성왕후가 생존해 있었다. 때문에 일부에서는 인성왕후가 명종의 뒤를 이을 후계자 선정 절차를 밟아야 한다는 주장도 있었다. 그러나 인성왕후는 주변에 지원 세력이 없었다.

반면, 당시 정계의 실세였던 영의정 이준경이 인순왕후가 후계자를 결정해야 한다며 적극적으로 나섰다. 이러한 분위기에서 인순왕후가 하성군을 지목한 것은 정치적 의도가 담겨 있었다. 다시 말해, 서자 출신이 왕위에 오를 수 있었던 데에는 인순왕후의 친정이 영향을 미쳤고, 덕분에 왕위에 오른 선조는 그들의 영향력에서 자유로울 수 없었다. 이러한 결정은 이미 정해진 수순인 듯했다.

실록에 따르면, 명종은 왕손들이 무지하여 사회적 물의를 일으키고, 심지어 중죄까지 저지르는 등 왕실 종친으로서의 품위를 손상시키는 것을 안타까워했다. 때문에 명종은 이들에게 학문과 예의를 가르칠 스승을 선발하여 풍산군 이종린, 하원군 이정, 하릉군 이인, 하성군 이균(후에 '이연'으로 개명) 등 왕손들의 교육에 관심을 기울였고, 시간이 날 때마다 이들과 가까이하면서 언행을 유심히 관찰하기도 했다.

그러던 어느 날 명종이 이들에게 익선관을 써 보라고 했다. 익선관은 국왕이 사용하는 관으로 익선관을 쓴다는 것은 대단한 영광이었다. 명종의 말이 끝나자 왕손들이 돌아가면서 익선관을 써 보았고 마지막으로 나이가 가장 어린 하성군 차례가 돌아왔다. 뜻밖에 하성군은 익선관을 쓰지 않고 두 손으로 관을 받들고는 "이것이 어찌 보통 사람이 쓰는 것이겠습니까?" 하며 명종 앞에 공손하게 내려놓았다. 이 일로 명종은 하성군을 더욱 눈여겨보게 되었다고 한다.

이후 명종은 즉위 20년(1565)에 심각한 병으로 자리에 눕게 된다. 당시 세자 자리가 공석이라 조정에서는 혹시라도 명종이 후계자 없이 사망하지 않을까 우려하고 있었다. 이에 더 이상 이 문제를 미룰 수 없다고 판단한 재상 이준경은 병석에 누워 있던 명종에게 양자를 들이는 문제에 대한 의견을 구했다.

병이 깊었던 명종이 이 말을 알아듣지 못하자 이준경은 왕비인 인순왕후에게 가서 이 문제를 상의했다. 이에 인순왕후가 명종이 평소 하성군을 마음에 두고 있다는 말을 전했다. 얼마 뒤 병석에서 일어난 명종이 당시의 일을 전해 듣고 "양자 얘기는 꺼내지도 말라"는 어명을 내렸다. 때문에 조정의 여론은 수면 아래로 가라앉는 듯했다. 하지만 명종이 다시 자리에 눕게 되었고, 이번에는 상태가 위독했다. 이에 왕실과 조정의 대신들은 명종의 뒤를 이을 후계자 문제로 신경을 곤두세웠다. 실록에는 당시의 상황을 다음과 같이 전한다.

명종이 위독하자 인순왕후는 영의정 이준경은 궐 안에 있었던 터라, 이미 퇴청한 두 정승을 비롯해 대신들을 입궐하라고 했다. 궐 안에 있던 영의정 이준경과 승지들이 왕의 처소에 도착했다. 이준경이 왕의 전교를 들으려고 했지만 왕은 괴로워하며 말을 잇지 못했다. 이에 이준경 등이 뒤를 이을 대상자의 이름을 크게 써서 보였으나 끝내 말을 하지 못했다. 그러자 이준경이 인순왕후에게 전교해 달라고 요청했다.

그녀는 2년 전 명종이 자리에 누웠을 때를 상기시키며 "그때 덕흥군의 셋째 아들 균을 후사로 삼은 일을 경도 알고 있다"고 말하자 이준경이 사간원, 사헌부의 장관들도 알아야 한다며 인순왕후에게 전교해달라고 다시 요청했다. 그러나 그녀는 "밤이 깊어 미안하니 서간으로 전한다"고 했다.

이준경 등이 물러나와 경회지(慶會池, 경복궁 경회루의 연못) 돌다리에 둘러앉아 뒤늦게 온 좌의정 이명 등 대신들과 왕비의 전교를 논의했다. 당시 사관은, 이들의 말을 들으려고 하자 개인적인 이야기이니 들을 필요 없다며 "내키지 않은 기색이 많았다"고 기록하면서 "사관이 가서 들으려고 한 것은 그 말을 꼭 듣고 싶어서가 아니라 사담하는 것을 미워해서였다"고 덧붙였다.

조선시대에 사관들은 왕의 일거수일투족을 기록으로 남겼다. 강력한 왕권을 행사했던 태종도 예외는 아니었다. 태종 대의 사관 민인생은 태종 몰래 병풍 뒤에 숨어서 왕의 말을 기록하기도 했고, 얼굴을 가리고 숨어들어 태종의 사냥놀이까지 기록했다. 이렇듯 공식석상은 물론, 비공식적인 술자리 등 시간과 장소를 가리지 않았다. 때문에 역대 왕들은 엄청난 스트레스를 받았다. 태종 2년(1402)에는 태종이 나들이를 가다가 말에서 떨어지자 재빨리 몸을 추스르며 일어나 곧바로 좌우를 살피고는 "이 사실을 사관이 알지 못하게 하라"는 엄명을 내렸는데, 사관은 이 말까지도 기록에 남겼다는 일화도 전한다.

이처럼 후임 왕의 결정에는 명종의 의지보다 인순왕후와 재상들의 의지가 작용했음을 시사하고 있다. 명종이 그 누구보다 아끼는 왕족이 하성군이라는 이유를 제시하기는 했지만, 적장자 우선의 원칙이 깨지면서 왕위가 방계로 이어지는 시초가 되기도 했다. 조선의 왕 27명 가운데 적장자가 왕위를 이은 경우는 문종·단종·연산군·인종·현종·숙종·순종 등 7명에 지나지 않지만, 명종 대까지는 모두 정비에게서 태어나 왕실의 적통을 이어받은 왕들이었다. 따라서 후궁에게서 태어난 하성군, 즉 선조와는 근본적으로 달랐다.

게다가 선조의 나이가 16세라 누가 수렴청정을 할 것인지도 문제였다. 당시 법도를 따지면 인종의 왕비 인성왕후가 왕실의 최고 어른으로 1순위였다. 그러나 선조는 인종과 직접적인 연결고리가 없었고, 인성왕후가 왕비 자리에 있던 기간은 1년도 채 되지 않아 왕실에서 존재감이 미약했다. 반면, 선조는 명종의 왕위를 물려받았고, 명종의 왕비 인순왕후의 친정이 정계에서 영향력을 지니고 있던 터라 논란은 그리 오래가지 않았다.

8개월 만에 물러나다

1567년 어린 선조가 즉위하면서 인순왕후는 왕대비로 수렴청정에 나섰다. 하지만 이와 관련한 기록을 찾아보기 힘들 정도로 그녀의 수렴청정은 주목받지 못했다. 수렴청정 기간이 8개월 만에 막을 내린 것이 가장 큰 이유였지만, 대비의 수렴청정에 대신들이 부정적이었던 당시 정국과도 연관이 있었다.

성종 대에 중앙정계로 진출하기 시작한 사림 세력은 연산군 대에서 명종 대에 이르기까지 네 차례의 사화士禍로 큰 타격을 받자 지방 서원이나 향약을 중심으로 힘을 키웠다. 이후 선조가 즉위한 뒤로 대거 정계에 진출하면서 성종과 명종 대와는 정국의 상황이 달라졌다. 특히 사림은 여성인 대비가 수렴청정을 하는 것에 부정적이었다. 숙종이 14세에 즉위했음에도 수렴청정을 시행하지 않은 것도 이러한 분위기와 무관하지 않았다.

선조 1년(1568), 태양의 한쪽으로 붉은 기운이 침범하는 변조가 나타나자 인순왕후는 "이는 여자가 정사에 관여하는 까닭이다" 하면서 정사를 선조에게 넘기고 스스로 물러났다. 정치에 대한 그녀의 부담이 어느 정도였는지를 미루어 짐작할 수 있다. 이러한 결정에는 그녀가 권문세가인 친정에서 자랄 때 간접적이나마 정치를 접했고, 궁궐에 들어와서는 시어머니 문정왕후를 모시면서 정치를 경험했던 것이 영향을 미쳤을 것으로 보인다. 그녀의 수렴청정에 관해 대신들의 평가가 긍정적이었던 것도 이러한 추론에 힘을 실어주고 있다.

인순왕후는 수렴청정을 하는 동안 자신의 의견을 내세우는 경우는 드물었고, 대신들의 의견을 존중했다고 한다. 또 친정의 이익을 대변했다고 지적받기도 했지만, 국사보다 위에 놓지는 않았다. 대표적인 예로 그녀는 왕권을 다시 세워 통치 질서를 회복하기 위해 무엇보다도 정권을 잡았던 소윤의 그늘에서 벗어나는 과제를 첫 번째로 꼽았다. 이에 척신 윤원형과 가까웠던 작은할아버지 심통원의 관직을 삭탈하는 등 척신정치에서 사림정치로 넘어가는 역사적 전환기에 영향력을 발휘하기도 했다.

인순왕후는 문정왕후의 사망 이후 지원 세력이 사라진 명종 주위로 친정 식구들을 불러들이면서도 한편으로는 정치적 영향력을 넓힌 사림파에 주목했다. 인순왕후를 중심으로 한 청송 심씨 가문의 인척들은 친親사림파 성향이었고, 척신정치가 붕괴되고 새로운 정치 질서 수립을 위한 움직임이 본격화된 명종 말기에 더욱 협조적인 관계로 발전했다. 명종이 위독해지자 대신들이 인순왕후의 전교를 요청했을 때 그녀가 선조를 지목한 것은 사림과의 암묵적인 협조로 이루어진 정치적 타협의 결과로 해석하는 것도 이러한 이유 때문이다.

중종의 아홉째 아들인 덕흥군은 후궁 창빈 안씨의 몸에서 태어났다.

따라서 덕흥군의 셋째 아들인 하성군, 즉 후궁 소생인 선조는 왕위 계승에 대한 명분이 매우 약했을 뿐만 아니라 지원 세력 기반이 없어 유약한 국왕이 될 가능성이 매우 높았다. 선조가 즉위한 뒤 부친 덕흥군을 왕으로 추대하려고 적극 나섰지만, 대신들의 반대로 끝내 성사시키지 못한 것이 한 예였다.

선조는 즉위할 당시 미혼이었고, 부모가 모두 사망하여 정치적 영향력을 행사할 인척들이 전혀 없었다. 따라서 명종 대에 문정왕후의 친정 식구들이 문정왕후를 등에 업고 전횡을 일삼는 등 척신정치를 겪었던 사림파로서는 선조의 즉위에 반대할 이유가 없었다. 또한 궁궐 밖에서 성장한 선조는 제왕 수업을 전혀 받지 않아 오히려 신권 강화의 기회로 삼으려는 대신들도 적지 않았다.

반면, 이 시기는 당쟁이 고개를 들기 시작한 매우 불안정한 정국이라 왕실 어른으로서 인순왕후의 존재는 더더욱 주목받을 수밖에 없었다.

준비되지 않은 왕을 위하여

인순왕후는 왕으로서 준비되지 않은 선조의 즉위로 일어날 수 있는 정치 공백을 메우기 위해 수렴청정에서 보호자 역할을 착실하게 수행했다. 특히 그녀는 과거의 정치를 청산하고 새 정치 질서를 세우는 데 적극적인 관심을 기울였다.

사림파 역시 왕과 신하가 함께 정치에 나서는 군신공치君臣共治의 이념을 토대로 유교적 이상주의를 실현하기 위해 노력했다. 이렇게 하여 사림은 인순왕후의 처지를 이해하고 수렴청정의 권한을 어느 정도 인정하면서 자신들의 정치적 의지를 하나하나 이루어 나갈 수 있었다.

이러한 관심과 노력은 뚜렷한 세력 기반과 정치 경험이 없었던 선조에게는 큰 부담이 되었고, 결과적으로 이전부터 이어져 온 왕권 약화에 영향을 미쳤다. 그럼에도 인순왕후의 역할은 여기까지였다. 그녀는 수렴청정을 거둔 후에도 정치에 관심을 기울이기는 했지만, 구체적인 활동은 하지 않았다.

선조 8년(1575) 2월, 그녀는 창경궁 통명전에서 44세의 나이로 세상을 떠났다. 그녀의 능은 현재 노원구 공릉동에 위치한 강릉康陵으로, 남편 명종과 함께 쌍릉으로 조성되어 있다(293쪽 참조). 능 가까이에 시어머니 문정왕후의 태릉이 있어 두 능을 합쳐 '태강릉'이라고도 한다.

태강릉이라는 능호에서 문정왕후의 존재감을 다시 한 번 확인할 수 있다. 왕실의 법도대로라면 왕의 능호를 앞에 붙여 강태릉이라고 하는 것이 일반적이다. 다시 말해, 강릉은 왕인 명종의 능이고, 문정왕후가 비록 명종의 어머니로 왕대비를 지냈다 할지라도 태릉은 왕비의 능이기 때문이다. 강릉은 원형 보존을 위해 일반인들에게 개방하지 않다가 2013년 1월에야 개방하기 시작한 탓에 그리 알려져 있지 않다. 심지어 인근의 주요 시설이나 식당까지 태릉이라는 이름을 붙여 간판을 내걸어도, 강릉을 붙이는 경우는 찾아볼 수 없다. 마치 인순왕후와 명종은 죽어서도 어머니의 품에서 벗어나지 못한 듯하다. 이런 남편 명종의 곁에 잠들어 있는 인순왕후의 심정이 어떠한지 궁금하기도 하다.

강릉에서 주목할 석물은 조선 초기의 건원릉(태조)과 헌릉(태종)을 본뜬 16세기 복고풍의 장명등長明燈이다. 화대火袋가 하대석下臺石보다 좁고 몸체 부분이 긴 형태의 장명등은 할아버지 성종의 선릉에서도 찾아볼 수 있다. 그리고 강릉이 조성된 자리는 풍수지리상 무후지지無後之地, 즉 후손이 끊기는 자리라는 이야기도 전한다. 그래서일까, 이곳에 묻힌 명종은 후사를 두지 못했고, 중종의 서자 덕흥대원군의 아들 하성군이 선조로 즉위하면서 방계 혈통이 왕위를 물려받았다.

선조 이후 인조와 현종 그리고 고종이 방계 출신으로 왕위에 올랐고, 후궁에게서 태어나 왕위에 오른 경우는 인조의 아버지 추존왕 원종元宗(선조의 후궁 인빈 김씨), 경종(숙종의 후궁 희빈 장씨), 영조(숙종의 후궁 숙빈 최씨), 사도세자의 형인 추존왕 진종眞宗(영조의 후궁 정빈 이씨), 추존왕 장조莊祖, 즉 사도세자(영조의 후궁 영빈 이씨), 순조(정조의 후궁 수빈 박씨), 영친왕(고종의 후궁 순헌황귀비 엄씨) 등이 있다.

효릉 : 경기도 고양시 덕양구 서삼릉길 233-126(원당동 산 38-4)

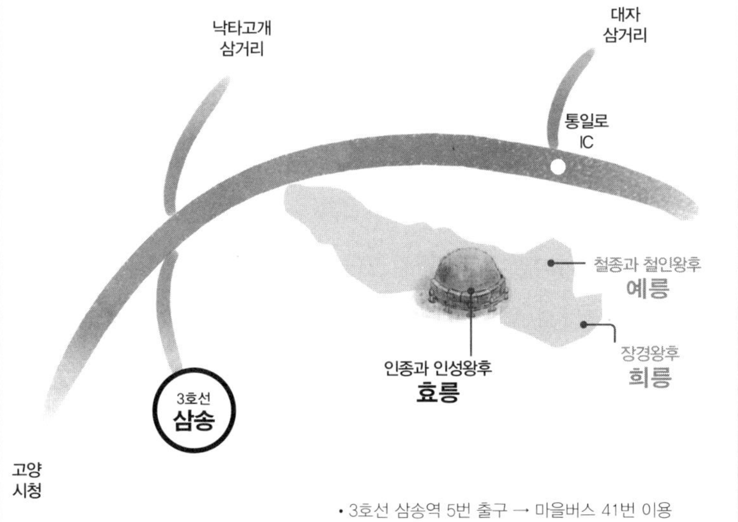

• 3호선 삼송역 5번 출구 → 마을버스 41번 이용
버스정류장 이름 : '서삼릉, 종마장 입구' 하차(도보 5분)

평생을 고독과 벗하며 살다

의인왕후 박씨懿仁王后 朴氏

선조의 정비

살아 있는 관음보살로 전하다

의인왕후는 '살아 있는 관음보살'이라는 별칭으로 유명한 왕비이다. 여기에는 그녀의 후덕한 성품을 칭찬하는 최고의 의미가 담겨 있지만, 한편으로는 그녀의 삶을 위로하는 슬픈 의미도 담겨 있다. 그녀의 남편 선조는 왕권을 유지하기 위해 정치를 잘 활용했는지는 몰라도 결코 훌륭한 군왕은 아니었다. 때문에 그녀는 이러한 남편으로 심한 마음고생을 겪어야 했고, 역사는 때때로 그녀의 희생적 삶을 이처럼 상징적으로 평가했던 것이다.

의인왕후의 성품은 친정아버지의 영향이 컸다고 한다. 그녀의 아버지 박응순朴應順은 왕의 장인이 되었지만, 성품이 부드러우면서도 청렴하여 권력에 의지하려는 사람들이 찾아오는 것을 늘 경계했다. 이러한 아버지 밑에서 성장한 의인왕후 역시 어려서부터 온화하면서도 침착한 성품으로 공과 사를 명확하게 구별했다. 그녀는 궁궐에 들어와서도 길쌈을 하는 도구일지라도 개인적으로 쌓아놓는 일이 없을 만큼 공과 사를 분명히 했고, 자신을 위해 재물을 모으는 일에도 전혀 관심을 기울이지 않았다. 그녀는 또한 나인이나 무수리에게 화를 내어 꾸짖거나 남편 선조의 후궁들에게 한번도 투기하지 않았다.

그녀는 당시 생존해 있던 인종의 비 인성왕후와 명종의 비 인순왕후를 극진하게 섬겼다. 또한 「선조실록」에 "후궁들의 자식을 지나치게 예뻐하였고, 선조가 장난삼아 질책하면 아이들은 왕후에게로 도망가 숨곤 했는데, 이때마다 왕후는 곧 치마폭을 당겨 그들을 가려주곤 했다"는 일화가 전할 정도로 선조의 모든 자식을 어머니의 마음으로 사랑한 착하고 어진 왕비였다.

그녀는 어린 나이에 어머니 공빈 김씨를 잃은 선조의 차남 광해군을 총애했고, 훗날 왕세자의 자리에 오를 수 있게 적극적으로 후원하는 등 왕실의 질서유지와 평안을 위해 각별한 관심을 기울였다. 이러한 그녀를 선조는 "왕비는 투기하는 마음, 의도적인 행동, 수식하는 말 같은 것은 마음에 두지도 않았고 권하여도 하지 않았으니, 인자하고 관후하며 유순하고 성실한 것이 모두 사실로 저 푸른 하늘에 맹세코 감히 한 글자도 과찬하지 않는다"고 극찬했으며, 자신보다 그녀가 일찍 세상을 떠나자 그녀의 높은 덕망을 칭송하며 매우 슬퍼한 것으로 전한다.

그럼에도 그녀가 선조와 혼인하여 궁궐 생활을 시작했던 시기는 사건과 사고가 끊이지 않은 역사적 전환기였다. 무엇보다도 후궁에게서 태어난 왕자의 혈육이 왕위를 잇는 초유의 사태를 맞이했고, 정국은 동서로 분열되어 당쟁이 극심했다. 심지어 임진왜란과 정유재란 등 국가의 존립을 위협하는 왜인의 침입이 잇따라 일어나기까지 했다.

따라서 의인왕후의 삶은 자신의 의지와 상관없이 모든 것이 시련이었다. 물론 그녀의 시련은 선조와의 혼인에서 비롯되었지만, 선조는 그녀의 보호막이 되지 못했고 모든 것이 온전히 그녀의 몫이었다.

불행의 그림자가 드리우다

의인왕후는 선조와 혼인은 했으나 부부 사이가 그다지 좋지 않았던 것으로 전한다. 특히 선조는 왕비의 처소를 찾지 않아 "그녀가 아이를 낳지 못하는 석녀였다"는 이야기가 전할 정도로 결혼생활은 시작부터 평탄하지 않았고, 그 책임 또한 그녀에게 있음을 의미했다. 비록 부부의 문제이긴 해도, 왕비와 왕의 관계는 한 나라의 국부와 국모라는 점에서 정치적인 이유가 영향을 미치지 않을 수 없었다. 문제의 근원은 선조의 즉위와 무관하지 않았다.

중종은 정비와의 사이에서 인종과 명종을 두었고, 후궁과의 사이에서 아들 7명을 낳아 모두 9명의 왕자가 있었다. 선조는, 그 왕자들 중 막내아들 덕흥군과 하동군부인 정씨 사이에서 셋째 아들로 태어났다. 따라서 왕위 계승 서열로 따지면 선조가 왕위를 물려받을 가능성은 거의 없었다.

그럼에도 그는 나이 16세에 왕위에 올라 1년도 되지 않는 수렴청정을 거친 뒤 역대 왕 중에서 가장 어린 나이에 정사를 돌보게 된다. 실록에는 총명한 선조가 "즉위 초기부터 학문은 물론 정사에도 적극적인 관심을 기울였다"고 전하지만, 선조는 왕이 되기 위한 기본적인 교육을 받은 적이 없었고, 자신을 지원해줄 가족이나 측근 세력도 없었다. 이에 따라 대신들은 선조의 즉위로 왕권을 통제하는 기회로 삼았고, 선조는 왕실과 왕권의 위상을 세우는 것을 중요한 과제로 삼았다. 선조가 아버지 덕흥대원군을 왕으로 추존하기 위해 여러 차례 시도한 것도 이러한 이유 때문이었다. 하지만 사림파의 맹렬한 반대에 부딪혀 결국 실현하지 못한 것은 신권이 강화된 당시 정국을 대표적으로 보여준 예라 할 수 있다.

조선 건국 초기에 왕권 강화를 위해 사돈 집안을 몰락시키는 등 극약 처방까지 동원했던 태종 이후 약 150년 만에 상황이 완전히 뒤바뀐 것이다. 더구나 선조는 후궁의 아들이라는 열등감에 시달리기까지 했다. 자신과 공빈 김씨 사이에서 태어난 차남 광해군이 이미 세자에 책봉되어 임진왜란 기간 동안 큰 활약을 하여 백성들에게 신망받고 있었지만, 계비 인목왕후와의 사이에서 영창대군이 태어나자 세자를 교체하려고 했던 것도 선조의 열등감과 무관하지 않다. 이러한 선조의 열등감은 일부 대신들이 영창대군을 추대하여 인목왕후의 섭정을 계획할 정도로 정국에도 영향을 미쳤다.

선조와 혼인한 의인왕후의 시련은 왕비 간택 과정에서 이미 예견된 듯했다. 명종의 양자로 입적되어 왕위를 물려받은 선조는 대비 인순왕후가 법적인 어머니였다. 대비 인순왕후의 집안과 선조의 비 의인왕후의 집안은 혼인하기 이전부터 친분이 있었다고 한다. 선조가 왕비로 맞아들인 의인왕후에게 마음을 주지 않은 것은 이와 연관이 있을 것이다. 구체적인 근거는 확인할 수 없지만, 적어도 선조가 왕비로 간택된 의인왕후에게 부담을 느꼈을 가능성이 충분했기 때문이다.

모든 것이 낯설고 익숙하지 않은 궁궐에 살게 되면서 선조는 왕실 최고 어른으로 수렴청정에 나선 대비가 불편할 수밖에 없었고, 정국의 흐름 또한 자신의 편이 아니었다. 때문에 점점 의심이 많아진 선조는 왕실 여인들이 적인지 동지인지 구별하기도 쉽지 않았다. 더구나 아직 혼인에 대한 마음의 준비도 되어 있지 않았다. 이러한 상황에서 선조는 의인왕후와의 혼인을 치르기도 전에 심리적 부담만 더욱 커져갔다.

왕실의 정통성을 보존하라

명종의 양자로 입적된 선조는 유교의 예에 따라 3년 상을 치러야 했다. 이 기간 동안에는 혼인도 할 수 없었다. 그렇다고 정식으로 왕비를 맞이하기 전에 후궁을 먼저 들이는 것도 예법에 어긋나는 일이었다. 게다가 후궁에게서 먼저 왕자가 태어난다면 그동안 지키려고 애써왔던 왕실의 존엄성과 왕권의 정통성에 또다시 흠집이 생길 수도 있었다.

하지만 선조의 후사에 대한 문제는 어디까지나 혹시 일어날지도 모르는 앞날의 일이었고, 현실적으로 혈기왕성한 선조에게 금욕적인 생활을 강요하기에는 무리였다. 더구나 궁궐 안에는 오직 왕만을 바라보며 살아가는 여인이 한둘이 아니었다. 결국 소주방 나인이 선조의 주목을 받았고, 임해군과 광해군을 낳는다. 그녀가 바로 공빈 김씨로 선조 10년(1577) 나이 27세에 병으로 사망하고 말았다.

이 시기는 이미 선조와 혼인한 의인왕후가 왕비 자리에 있었지만, 선조는 여전히 왕비를 가까이하지 않았고, 두 사람 사이에는 자식이 없었다. 반면, 다섯 명의 후궁 사이에서 연이어 자식들이 태어났고, 왕자를 낳은 후궁들끼리 치열한 경쟁이 벌어졌다. 이러한 상황에서 조선 왕실은 김씨 성을 가까이해서는 안 된다는 이야기가 돌았다. 금극목金克木이라 하여 김金씨 성을 가진 사람은 목성木姓인 이李씨에게 해를 끼친다는 것이 이유였다. 때문에 왕의 정비는 물론 후궁을 들일 때도 김씨를 멀리하는 경향이 있었다.

공교롭게도 선조가 마음에 두었던 여인 중에는 김씨가 많았다. 공빈 김씨를 비롯해, 그녀 다음으로 선조의 총애를 받았던 인빈 김씨와 순빈 김씨는 선조와의 사이에서 왕자를 출산하면서 차기 왕권에도 욕심을 냈다.

선조에게는 이미 장남 임해군이 있었지만, 성격이 광포하여 일찌감치 세자 후보에서 제외되었다. 반면, 차남인 광해군이 왕으로서의 자질을 인정받아 주목을 받았다. 그럼에도 정치적 야심이 강했던 인빈 김씨는 선조의 총애를 믿고 기회를 노렸다. 그녀는 보잘것없는 가문 출신이라 내세울 배경이 없었지만, 선조와의 사이에서 의안군과 신성군 등 왕자 넷과 공주 다섯을 낳을 정도로 선조의 총애가 남달랐다.

인빈 김씨는 이러한 선조의 총애를 내세워 대단한 권세를 부린 것으로도 유명했다. 그녀의 권세를 믿고 궁노들까지 횡포를 부릴 정도였다. 그들은 평소 사대부의 옷을 입고 다녔고, 때로는 거리에서 난장판을 벌이는가 하면, 자신들을 잡으러 온 사헌부 서리들과도 맞서는 등 거칠 것이 없었다. 당연히 문제가 생기면 인빈 김씨는 선조에게 고자질하여 문제를 해결했다. 선조가 후궁의 치마폭에서 벗어나지 못했다는 비판을 받는 것도 이러한 이유 때문이다.

불경에 의지하여 고독을 이겨내다

후궁들이 암투를 벌이는 동안 의인왕후는 궁궐에서 할 수 있는 일이 아무것도 없었다. 궁궐 여인들의 질서를 바로잡는 일은 왕비의 몫이었지만, 왕비로 간택되는 과정에서부터 소외된 그녀는 궁궐에서의 존재감이 이미 사라진 듯했다. 명종 10년(1555)에 태어난 그녀는 선조 2년(1569) 15세의 나이로 선조와 혼인하여 왕비에 책봉되지만, 이미 선조는 후궁인 공빈 김씨를 총애하고 있었다. 때문에 그녀는 결혼하면서부터 소외될 수밖에 없었고, 그러한 처지는 계속 이어졌다.

의인왕후는 강원도 건봉사乾鳳寺와 법주사 등 전국의 주요 사찰을 원찰로 삼아 수시로 재물을 베푸는 등 '불법佛法에 의지해 고독을 이겨낸 조선의 어머니'라는 평을 받을 정도로 평생 불경과 염주를 가까이하며 살았다. 궁중 여인들이 그녀를 '살아 있는 관세음보살'이라고 부른 것도 이러한 이유에서였다. 달리 말하면, 그녀는 불심에 몰두하면서 당시 상황에서 한발 물러나 있었던 것이다.

그럼에도 왕비가 적장자를 낳지 못한 상황은 그녀 혼자만의 문제가 아니었다. 더구나 정국은 본격적인 당쟁으로 이어지는 등 혼란이 더욱 깊어졌다. 선조 31년(1598)에 일어난 정여립의 사건도 한 예이다. 이 사건으로 동인이 실각하고 서인이 정권을 잡자 동인은 세자 책봉 문제를 이용하여 반전의 기회를 노렸고, 그 결과 예상보다 엄청난 폭풍을 몰고 왔다.

서인의 영수 정철은 의인왕후와 마찬가지로 광해군을 염두에 두고 있었다. 이와 달리 실권한 동인의 영수 이산해는 인빈 김씨와 손잡고 그녀의 차남 신성군을 세자로 책봉하여 권력을 장악하려고 시도했던 것으로 전한다. 야사에는 이산해가 "인빈 김씨의 마음을 사기 위해 그녀의 오라버니 김공량을 찾아가 등에 난 종기를 빨아주는 것도 사양하지 않았다"는 이야기도 전한다.

또한 세자 책봉과 관련하여 다음과 같은 이야기가 전하기도 한다.

좌의정 정철의 주도로 양측이 만나 논의한 결과, 광해군을 세자로 추대하기로 의견을 모으고 다음날 선조에게 고하기로 했다. 하지만 다음날 이산해는 몸이 아프다는 핑계로 나타나지 않았고, 대신 김공량을 찾아가 "정철이 광해군을 세자로 세운 후 신성군 모자와 김공량을 죽이려고 한다"며 거짓말을 전했다. 이에 놀란 김공량은 인빈 김씨에게 달려가 이 사실을 고했고, 인빈은 다시 선조에게 곧바로 전했다.

이러한 사실을 전혀 몰랐던 정철은 이산해가 나타나지 않자 혼자 선조를 만나 자신들이 논의한 결과를 보고했다. 당시 신성군을 마음에 두었던 선조는 정철의 보고를 받자 인빈 김씨의 말이 사실임을 확인하고, 정철을 유배 보내는 등 서인 세력을 탄압했다고 한다.

이러한 이야기는 동인을 공격하기 위해 서인 측에서 만들어냈을 것으로 추정될 정도로 양측의 대립이 치열했다.

한 예로, 경남 함양 출신 사대부 박여량이 광해군 즉위년(1608)부터 광해군 2년(1610) 사이 조정에서 벌어진 사건을 기록한 『감재일기感齋日記』에는 광해군 1년(1609) 1월 "이산해가 병을 이유로 사직 상소를 올리자 광해군이 내의원을 보내 위문하고 사직서를 반려했다"며 「광해군일기」와 「이산해문집」에 없는 내용이 전한다. 이 내용에 따르면, 광해군이 이산해를 신임했거나 적어도 광해군이 즉위한 후에도 이산해의 존재감이 살아 있음을 의미하기 때문이다.

한편, 임진왜란으로 한양이 함락되어 국왕이 피난을 떠나야 할 상황에서 세자 책봉 문제가 전면에 떠올라 선조는 결국 현실론을 좇아 광해군을 세자에 책봉했다. 이후 광해군은 세자의 신분으로 전쟁에 적극적으로 대처하여 차기 왕으로서의 자질을 검증받았고, 경쟁자인 신성군은 피난 도중 세상을 떠나 그를 지지했던 동인은 명분을 잃고 말았다.

이렇게 세자 책봉 문제는 가닥이 잡히는 듯했지만, 의인왕후로서는 크게 변한 것이 없었다. 여전히 그녀의 삶은 외롭고 쓸쓸한 생활이 이어졌을 뿐이다.

끝까지 선조에게 외면받다

의인왕후는 선조 25년(1592) 피난길에 나설 때도 선조의 외면을 받았다. 선조는 인빈 김씨와 함께 의주로 피난을 떠났고, 의인왕후는 선조와 떨어져 평안도 강계로 피난을 떠났다. 이후 한양이 수복되자 선조는 인빈 김씨를 데리고 한양으로 돌아왔지만, 의인왕후는 여전히 해주에 머물렀다. 선조 30년(1597), 다시 정유재란이 일어나자 이번에도 선조는 인빈 김씨를 데리고 피난을 떠났고, 의인왕후는 왕세자 광해군과 함께 피난길에 올랐다.

이에 백성들은 '이 모든 난리가 인빈 김씨 때문에 일어났다'며 궁궐에 돌을 던졌고, 피난 가는 선조의 행렬을 가로막고 항의하기도 했다. 여전히 인빈 김씨만 끼고 돌았던 선조는 왕비로서 의인왕후에 대한 기본적인 예우에는 신경 쓰지 않는 듯했다. 선조가 '우유부단하고 여인의 치마폭에서 갇혀 살았다'는 평가를 받는 것도 이러한 이유 때문이다.

관점을 달리하면, 선조는 현실에서의 고민거리나 고통스러운 것을 견디기 힘들어했던 극히 평범한 인간이었다. 그는 왕이었음에도 공과 사를 구별하고 이를 극복하기 위한 실행 방안을 찾기보다는 현실에서 보이는 것만 좇았다. 선조는 공빈 김씨가 살아 있을 때는 그녀와 그녀가 낳은 자식을 사랑했지만, 그녀가 세상을 떠나자 인빈 김씨와 그녀가 낳은 자식들을 사랑했다. 그런 인빈 김씨가 눈물을 흘리며 풀어놓는 하소연을 앞뒤 사정을 따져 판단하지 않고, 그녀의 말을 그냥 들어줌으로써 복잡한 고민에서 벗어나려고 했다.

뿐만 아니라 선조 대에는 성리학적 왕도정치를 구현하고 정국을 안정시키기 위해 훌륭한 인격과 학식을 겸비한 이황·이이·정철·이덕형·이항복 등 조선을 대표하는 대신들이 그를 보좌했고, 왜인의 침략을 받았을 때 목숨 걸고 싸운 충무공 이순신·홍의장군 곽재우·서애 유성룡 그리고 서산대사와 그의 제자 사명당 등이 전후방에서 뛰어난 능력을 발휘하여 조선 최대의 국난을 극복할 수 있었음에도 선조는 군왕으로서 이들을 적절하게 활용하지 못했다.

특히 선조를 중심으로 정국은 사림이 동인과 서인으로 분열되어 대립이 더욱 깊어졌고, 임진왜란으로 인적 손실은 물론 국토가 황폐화되는 등 전쟁의 상처가 오래도록 아물지 못해 혼란스러웠지만 선조는 이러한 상황을 오로지 자신의 왕권 유지에 활용했다.

선조는 왕세자의 자리를 놓고 자신의 감성적인 판단에 치우쳐 혼란을 자초하기도 했다. 광해군은 임진왜란 당시 세자 신분으로 의병을 모집하여, 한양을 버리고 의주로 피난을 떠난 선조의 행태로 말미암아

추락한 왕권과 국가의 위상 정립에 힘써 주변에서 유능한 군주라는 기대를 한 몸에 받았다. 그럼에도 우유부단한 선조가 폐세자를 거론할 때마다 광해군은 세자 자리를 위협받아야 했고, 이와 더불어 광해군은 신분적 열등감에 사로잡히게 되었다.

이러한 선조와는 달리 의인왕후는 광해군을 지원하며 의리를 지켰다. 그녀는 광해군의 즉위를 지켜보지 못하고 선조 33년(1600) 6월, 나이 46세로 정릉동 행궁에서 생을 마감했다. 그녀가 생존해 있던 선조 23년(1590) '장성章聖', 사망한 뒤인 선조 37년(1604) '휘렬徽烈'의 존호를 올렸고, 광해군 2년(1610) '정헌貞憲'과 고종 29년(1892) '경목敬穆'의 존호가 더해졌다.

의리는 지켰지만……

의인왕후의 죽음은 임진왜란과 정유재란을 겪으면서 몸과 마음이 극도로 쇠약해진 것이 원인이었다. 그녀는 마지막 가는 길마저도 순탄치 않았다. 임진왜란으로 선릉과 정릉 그리고 선조의 친아버지 덕흥대원군의 묘소까지 참변을 당해 선조와 조정 대신들은 이를 수습하느라 정신이 없었다. 게다가 의인왕후의 장례는 임진왜란 이후에 치른 첫 번째 국장으로, 이미 국고는 바닥이 났고 능을 조성할 인력 확보에도 어려움을 겪었다.

조정에서는 5개월 동안이나 의인왕후의 능지를 선정하지 못해 우왕좌왕했다. 선조가 길지를 찾으라고 수차례 지시했음에도 자신의 선영(先塋, 조상의 땅이나 무덤)을 선뜻 내놓는 대신이 없을 정도로 왕의 권위는 이미 땅에 떨어져 있었다. 다행히 뒤늦게나마 경기도 포천 신평에 장지를 정하고 공사를 시작했지만, 이번에는 풍수지리상 불길하다는 의견이 제기되어 공사가 중단되기도 했다.

선조는 왜란으로 폐허가 된 도성을 재건하면서 명나라의 풍수가 섭정국葉靖國을 불러들이기도 했다. 이처럼 명나라의 풍수가까지 끌어들인 이유는 임진왜란과도 관련이 있었다. 명나라는 조선에 군대를 파견하면서 전쟁에 대비한 진지를 구축하기 위해 풍수가도 함께 조선에 파견했던 것이다. 이들도 그리 도움이 되지 않았던지 대신들은 풍수와 관련된 전문 서적을 참고하면서 수개월 동안 논의를 벌였다.

선조 역시 결정을 내리지 못하다가 포천과 교하 두 곳을 결정하고, 5천여 명을 동원하여 40일 동안 공사를 진행했다. 그러나 다시 논란이 일어나 작업을 중단하고 새로운 터를 물색했다. 결국 동구릉 안에 태조의 건원릉 동쪽으로 장지를 정하고 공사를 시작했고, 의인왕후가 세상을 떠난 지 7개월 만인 선조 33년(1600) 12월에야 겨우 국장을 치르게 되었다. 능호는 유릉裕陵으로 올렸다.

선조는 그녀의 능을 조성하면서 자신이 사망하면 그녀의 곁에 묻히겠다고 명하여 쌍릉으로 조성했다. 선조가 사망하자 아들 광해군은 선조의 뜻에 따르지 않고, 이항복·이원익·이덕형 등 대신들과 논의한 끝에 건원릉 서쪽 다섯 번째 능선에 선조의 능을 조성했다.

처음에 숙릉肅陵이라는 능호를 올렸다가 정숙왕후(태조의 증조모)의 능호인 숙릉淑陵과 음이 같아 목릉穆陵으로 고쳤다. 이후 인조 8년(1630), 능에 물이 차고 터가 좋지 않다는 심명세의 상소로 그해 11월 인조가 직접 행차해 현장을 확인한 뒤 의인왕후 능침 왼쪽으로 천장하기로 결정했다. 하지만 천장하기 위해 능을 파자 물기가 전혀 없어 모두들 분개하는 등 논란이 벌어지기도 했다. 이때 의인왕후의 유릉과 합쳐 목릉이라고 했다.

이처럼 온갖 우여곡절을 겪으며 목릉이 태조의 건원릉 근처로 최종 결정된 이유 중에는 조선 왕실에서 최초의 방계 혈통이 즉위한 선조 이후 왕실이 조선을 개국한 태조의 음덕을 받아 왕조가 오래도록 이어가기를 기원하는 염원이 담겨 있었다.

한편, 민간에서는 의인왕후의 상여가 떠나던 날 상여꾼들이 발을 떼지 못할 만큼 날씨가 갑자기 추워져 어렵게 운구를 능까지 옮겨왔는데, 이번에는 상여를 모신 영악전靈幄殿에서 갑자기 불이 났다는 이야기가 전한다. 여기에는 그녀의 한 많은 삶이 마지막 가는 길까지 험난했다는 의미와 함께 그녀의 죽음을 위로하고 애도하는 마음이 담겨 있는 듯하다.

이후 목릉에 선조의 계비 인목왕후의 능이 함께 조성되어 선조는 죽어서 왕비와 계비가 함께 잠들어 있다. 남편 선조 곁에 인목왕후가 잠들어 있는 것을 의인왕후가 어떻게 받아들였을지 궁금하다.

목릉은 조선 왕릉 가운데 특이하게 능의 위치가 일반 상식과는 다르게 조성되어 있다. 조선 왕릉은 오른쪽이 왕의 자리이고 왼쪽에 정비와 계비의 능을 순서대로 배치한다. 이른바 '우상좌하右上左下라 해서 세종의 지시에 따라 정해진 것으로 전한다. 우리나라와 마찬가지로 유교 국가였던 중국과 베트남 등에는 왕의 자리는 가운데, 양쪽에 정비와 계비의 능을 배치하는 방식도 있다.

하지만 동구릉에서 가장 안쪽에 있는 목릉은 동원이강릉의 형태로 정자각에서 보면 세 언덕의 가운데에 의인왕후의 능을 중심으로 왼쪽에 선조의 능이, 오른쪽에 인목왕후의 능이 조성되어 있다. 목릉을 조성할 때 풍수지리에 따른 논란과 후에 인목왕후의 능을 별도로 조성하려다가 목릉에 능역을 합치면서 이처럼 오해(?)가 생겨났다.

선조의 능 역시 전란의 폐해를 겪은 뒤에 조성된 탓인지 문인석과 무인석이 3미터 내외로 크기만 할 뿐, 전체적으로 조형미가 떨어진다는 평가를 받는다. 목릉은 현재 수목원 보호를 위해 관람을 제한하고 있어 일반인들에게는 잘 알려져 있지 않다.

목릉 : 경기도 구리시 동구릉로 197(인창동 산4-3)

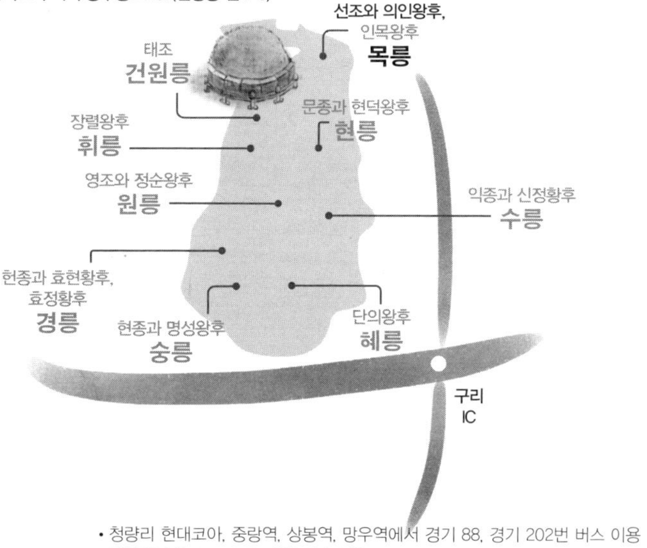

- 청량리 현대코아, 중랑역, 상봉역, 망우역에서 경기 88, 경기 202번 버스 이용
- 강변역에서 1, 1-1, 9-2번 버스 이용
- 경의중앙선 구리역에서 마을버스 2, 6번 버스 이용
  버스정류장 이름 : '우리나라 최대왕릉군인 동구릉'

중세적 흑백논리에 갇히다

인목왕후 김씨仁穆王后 金氏

선조의 계비

적장자의 출산으로 논란이 벌어지다

인목왕후는 선조의 계비이지만, 인조 대에 더 자주 거론되는 인물이다. 인목왕후보다 인목대비로 더 잘 알려졌으며, 역사에서는 그녀의 개인적 삶보다 당시 정치적 사건과 관련하여 더 주목하기 때문이다. 금강산 유점사에 그녀가 손수 쓴 『보문경普門經』의 일부가 전하고 있으며, 『인목왕후 필적첩』을 남길 정도로 글씨에 능했지만, 이를 기억하는 사람은 많지 않다.

인목왕후는 연안延安 김씨 집안에서 김제남金悌男의 딸로, 선조 17년(1584) 현재 아현동 일대에 해당하는 반송방盤松坊에서 태어났다. 그녀는 선조의 정비 의인왕후가 세상을 떠나고 2년 뒤인 선조 35년(1602) 계비로 책봉되어 궁궐 생활을 시작했다. 당시 그녀의 나이는 19세, 선조는 51세로, 나이 차가 32년이지만 두 사람 사이는 좋았던 것으로 전한다.

인목왕후는 혼인한 이듬해인 선조 36년(1603) 첫딸 정명공주를 낳았고, 3년 후인 선조 39년(1606) 영창대군을 낳았다. 선조에게는 이미 왕자가 많았지만, 즉위 40여 년 만에 왕비에게서 태어난 유일한 적통嫡統이었다. 따라서 영창대군의 탄생은 왕실은 물론, 나라의 경사였지만 당시 정국을 감안하면 적통자의 탄생이 모두의 축복은 아니었다.

당시 왕실에는 장성한 광해군이 이미 세자로 책봉되어 있었다. 또 세자 광해군을 포함해 모두가 서자 출신의 왕자였고, 여전히 세자 자리를 노리는 경쟁자들도 많았으니 세자 자리는 늘 불안했다. 더구나 광해군을 탐탁하게 생각하지 않았던 선조는 영창대군이 탄생한 이후 광해군이 문안인사를 가면 "명나라의 책봉도 받지 못했는데 어찌 세자 행세를 하는가? 다음부터는 문안하지 말라"며 꾸짖기도 했다.

이러한 선조의 지적은 단순한 트집이 아니었다. 조선은 세자 책봉도 명나라의 재가를 받아야 했는데 명나라에서는 광해군이 적자도 아니고 장남도 아니라는 이유로 세자 책봉의 재가를 미루고 있었던 것이다. 여기에는 조선을 길들이려는 정치적 의도가 짙게 깔려 있어 당시 세자 책봉은 외교적으로 민감한 문제였다.

이러한 상황에서 인목왕후가 적장자를 출산했으니 논란이 더욱 거세지기 시작했다. 이미 선조는 전쟁 중에 광해군을 세자로 삼아 나라의 근본을 세우겠다고 선언했고, 광해군은 세자로서의 역할을 충실하게 수행하며 백성들에게 신망받고 있었다. 하지만 임진왜란이 끝나자 선조는 광해군에 대한 마음을 싸늘하게 거두었고, 실권을 장악하고 있던 북인 사이에도 영창대군을 지지하는 소북파와 광해군을 지지하는 대북파로 갈라져 치열한 암투가 벌어졌다.

당시 소북 정권의 유영경은 적통론을 내세워 영창대군을 세자에 추대하려고 했다. 여기에는 선조의 의중이 영창대군에게 있다는 확신이 있었으므로 그의 주장에 힘이 실리는 듯했다. 그러나 선조 41년(1608) 2월, 선조가 정릉동 행궁에서 점심에 찹쌀밥을 먹고 기도가 막혀 갑자기 세상을 떠난다. 선조의 나이 57세였다. 어의御醫는 당대의 명의 허준이었으나 손을 쓸 수 없을 만큼 급박했던 것으로 전한다. 그리고 다음 날 세자 광해군이 곧바로 즉위했다.

광해군이 즉위하는 과정에서 논란이 없었던 것은 아니다. 유영경이 인목왕후에게 이제 세 살을 넘긴 영창대군을 즉위시키고 수렴청정을 해달라고 요청했다. 인목왕후는 왕실 최고의 어른이었고, 적장자인 영창대군의 생모라는 대의명분이 있었기 때문이다. 인목왕후는 세 살짜리 갓난아기를 왕위에 앉혀놓고 수렴청정을 한다는 것이 설득력이 약하다고 생각했는지, 광해군의 즉위를 허락하는 한글 교지를 내렸다. 나이 차가 서른한 살인 영창대군과 광해군의 관계를 고려하면 앞으로 자신은 물론 영창대군에게 미칠 화를 미리 차단하려는 판단이 앞섰던 것이다. 당연히 인목왕후 입장에서는 합리적인 판단이었다.

서궁에 유폐되다

인목왕후는 광해군의 즉위로 왕대비가 되었고, 조정에는 소북 정권이 물러나고 대북 정권이 들어서게 된다. 이들에게는 인목왕후와 영창대군의 존재가 부담이었다. 즉, 적자인 영창대군이 살아 있는 한 언젠가 그를 왕으로 추대하려는 역모가 일어날 것을 우려했던 것이다. 결국 대북 정권은 영창대군과 반대파 세력을 제거할 계획을 꾸몄고, 광해군 5년(1613) 계축옥사가 일어나 인목왕후의 친정아버지 김제남과 영창대군이 반역죄로 몰려 처형되었다.

사건의 발단은 전혀 뜻하지 않은 곳에서 터졌다. 박응서 등 명문가의 서자 7명이 조령고개에서 일으킨 은상인銀商人의 살인 사건을 역모 사건으로 확대해 영창대군과 인목왕후의 친정까지 엮은 것이었다. 당시 광해군이 친히 국문에 나섰고, 박응서는 이 자리에서 "참 용은 일어나지 않고, 거짓 여우가 먼저 울도다"라는 격문을 돌린 혐의가 밝혀졌다. 여기서 '참 용'은 영창대군이었고, '거짓 여우'는 광해군을 가리켰다.

뿐만 아니라 인목대비의 아버지 김제남과 연결해 영창대군을 추대하려고 했다는 자백에 이어서 모든 일을 김제남이 지휘했다는 자백까지 나왔다. 결국 김제남은 역적으로 몰려 형제들까지 처형되었고, 그의 부인이자 인목대비의 친정어머니 노씨는 제주도 관노비가 되었다. 하루아침에 그녀의 친정 집안이 몰락했고, 영창대군은 강화도로 유배를 떠났다.

불행은 여기에서 멈추지 않았다. 이듬해 여덟 살의 어린 나이에 영창대군이 밀폐된 방 안에서 불에 타 죽는 사건까지 발생했다. 이 사건은 영창대군이 살아 있으면 또다시 그를 추대하려는 움직임이 일어날 것을 우려한 누군가의 소행으로 의심되었다. 따라서 광해군도 이 사건에서 자유롭지 못했고, 민간에서는 광해군을 의심하는 말까지 돌았다.

영창대군이 사망한 지 4년 뒤, 인목왕후를 폐해야 한다는 논란이 일어났다. 인목왕후는 선조의 정식 왕비였고, 선조의 왕위를 물려받은 광해군은 법적으로 그녀의 아들이었다. 결국 "인목왕후를 폐하는 것은 있을 수 없다"고 반대한 이항복 등이 유배에 처해졌고, 인목왕후는 그녀의 존호를 폐한 뒤 서궁에 유폐되었다.

서궁은 선조 26년(1593) 피난 갔던 선조가 의주에서 돌아와 궁궐로 삼으면서 정릉동 행궁이라고도 했다. 이곳은 본래 세조의 장남 의경세자가 갑작스럽게 세상을 떠난 뒤에 궁궐에서 나와야 했던 의경세자의 유족을 위해 세조가 마련해준 사저私邸였다.

이후 서궁은 왕실에서 불행한 일이 일어날 때마다 주기적으로 등장하면서 왕실과 묘한 인연을 이어간다. 특히 광해군 대를 전후하여 서궁과의 인연은 더욱 각별했다. 서궁에서 선조와 의인왕후 부부가 사망했고, 뒤를 이어 광해군이 이곳에서 즉위식을 올렸다. 이후 인목대비와 영창대군이 함께 거처했다. 광해군 3년(1611)에 창덕궁을 증축하면서 광해군은 인목왕후와 영창대군 모자만 이곳에 남겨두고 창덕궁으로 옮겼고, 인목왕후는 영창대군이 강화도에 유배되어 세상을 떠난 뒤 혼자 서궁에서 지내다가 광해군 10년(1618)에 폐위되어 이곳에 갇히는 신세가 되고 말았다.

「광해군일기」에는 당시 인목왕후의 죄를 '의인왕후의 유릉裕陵을 저주한 죄, 영창대군으로 하여금 역모를 꾀한 죄' 등으로 기록하고 있다. 따라서 이 사건을 '유릉 저주 사건'이라고도 하지만, 사실 여부를 확인하는 것은 불가능하다. 이 사건과 관련하여 "영창대군을 보호해달라"는 부탁을 받은 이른바 유교칠신遺敎七臣의 한 사람으로, 대북파로부터 질시를 받았던 박동량이 계축옥사 때 역모 혐의로 심문을 받았지만 혐의를 끝까지 부인했고, 증거도 충분하지 않아 극형을 면하기도 했다. 다만 박동량은 대북파가 조작한 유릉 저주 사건을 시인하여 폐모의 구실을 제공했다는 비판을 받게 된다.

여러 관계 문헌을 수집·정리하여 인조 대에 저술한 박미의 『백세록白世錄』에는 유릉 저주 사건과 관련한 자료가 전한다. 이 책은 비록 박동량의 후손들이 조상의 무고함을 밝히려는 의도가 담겨 있지만, 대북파의 조작 등 계축옥사와 관련한 여러 상황을 구체적으로 살펴볼 수 있다는 점에서 귀중한 자료로 주목받는다.

이는 후대의 일이고, 사건이 일어난 당시에는 광해군이 최고의 권좌에 앉아 있는 현직 왕이었고, 그를 지원하는 대북파가 정권을 잡고 있었다. 따라서 실권이 없는 대비 인목왕후는 광해군의 정치적 배려가 없는 한 서궁에서 생을 마감해야 했다.

다시 희망이 찾아들다

서궁에 유폐된 인목왕후의 한과 복수심이 통했던지 그녀에게 다시 기회가 찾아왔다. 정권을 잃은 서인들이 성리학을 숭상하는 조선에서 어머니를 유폐시킨 것을 문제 삼아 대북 정권을 공격할 명분을 찾은 것이다. 마침내 광해군 15년(1623) 3월 서인이 정변을 일으켜 광해군을 쫓아내고 능양군을 왕으로 추대했다. 그가 바로 인조였으며, 이를 인조반정이라고 한다.

능양군은 선조와 후궁 인빈 김씨의 셋째 아들 정원군의 맏아들이다. 비록 유일한 적자 영창대군이 불에 타 죽는 불행을 겪었지만, 8명의 부인에게서 14남 11녀를 두었던 선조는 후궁에게서 태어난 두 아들, 즉 광해군과 인조가 왕위에 오르는 역사적인 기록을 남기게 된다.

이들의 즉위는 결과적으로 왕권보다 신권이 강화되었다는 점에서 역사적인 사건이기도 했다. 이러한 조짐은 중종 대에 이미 나타나기 시작했다. 중종 역시 반정으로 왕위에 올랐으며, 이후 적통이 끊어졌다는 사실은 대신들에게 가장 좋은 명분이었을 뿐 아니라 반정의 가능성이 잠재해 있었던 것이다. 즉, 왕은 절대 권력을 행사하지 못했고, 때로는 신하의 권력이 더 강했다.

또한 대신들은 왕권을 견제하기 위해 궁궐에서 생활하는 궁인과 인간관계를 맺어 그들과의 연결망을 적극적으로 활용하는 등, 궁궐 안의 분위기도 예전과 많이 달라졌다. 당시 상궁과 대신은 서로의 필요에 따라 의남매를 맺었고, 서로 다양한 방식으로 대가를 주고받으면서 더 많은 재물과 권력을 추구하기도 했다. 인조반정이 성공할 수 있었던 요인에도 반정 세력과 궁궐에 거처하는 궁인과의 사적인 관계가 크게 작용했다. 반정을 주도했던 김자점이 광해군과 가까운 김 상궁을 포섭했다는 다음과 같은 이야기가 전하는 것이 그 예이다.

당시 김 상궁은 상궁 중에서 최고의 지위인 제조상궁으로 영의정도 부럽지 않을 만큼 권세가 대단했다. 궁궐에서 생활하는 제조상궁의 역할은 다양했지만, 특히 지근거리에서 왕을 보필하면서 왕의 일거수일투족을 파악했다. 따라서 궁궐에서 대신들의 움직임 등 다양한 정보를 누구보다 빨리 접했고, 자신이 얻은 정보를 왕에게 전달할 기회도 자주 있었다. 때때로 궁녀들을 왕에게 소개하는 등 비공식적인 일까지 수행하면서 왕과 각별한 관계를 유지했다.

따라서 궁궐을 출입하는 많은 사람들이 그녀에게 줄을 대려고 모여들었고, 김 상궁은 이러한 기회를 적절하게 활용했다. 그녀는 상궁 시절부터 선조에게 광해군이 영특하다고 귀띔해주는 등 광해군이 세자 시절부터 지원했고, 광해군이 즉위한 후에는 두터운 신임을 받았다.

뿐만 아니라 김 상궁은 대북 정권의 실세인 이이첨과도 친밀한 관계를 유지해왔던 터라 선조의 갑작스러운 사망이 그녀와 이이첨의 소행이라는 의심을 받기도 했다. 또 광해군이 즉위한 뒤 그녀는 반대파에서 정변을 일으키려는 기미를 눈치채고 몇 차례 광해군에게 고했지만, 광해군은 그녀의 말을 듣지 않았다. 이 틈을 노려 김자점이 김 상궁을 자기편으로 끌어들여 광해군의 판단을 흐리게 하라고 사주했고, 결국 반정으로 광해군이 폐위되고 말았다.

반정에 성공한 세력들은 곧바로 유폐생활을 하던 인목왕후를 찾았다. 광해군을 폐하고 자신들이 옹립하려는 인조를 왕실 법도에 따라 대비에게 인정받는 형식적인 절차를 밟기 위해서였다. 인목왕후에게 다시 기회가 찾아온 것이다. 그녀는 36가지의 죄를 들어 광해군의 폐위를 허락했지만, 반정 세력의 반대로 광해군을 죽이지는 못했다. 그녀가 그토록 죽이고 싶어 했던 광해군은 그 후 18년을 더 살았다.

이후 그녀는 왕실 최고 어른으로서 인조의 후견인을 맡아 국정에도 관심을 보여 한글로 하교를 내리기도 했다. 하지만 그녀는 정치적 영향력을 발휘하지는 못했다. 당시 정국에서 그녀의 역할은 인조의 즉위까지였고, 그녀 또한 자신의 존재감에 대한 현실을 인식하는 데 오랜 시간이 걸리지 않았다.

중세적 흑백논리에 갇히다

인목왕후와 광해군의 인연은 대단한 악연이었다. 광해군은 패륜을 저지른 악의 상징으로, 인목왕후는 억울하게 핍박받은 선한 계모의 상징으로 전하는 것이 대표적이다. 그러나 이러한 시각과 해석에는 역사에서 최종 승자는 항상 선하고, 그 상대는 늘 악하다는 중세적 흑백논리의 영향도 없지 않았다. 인목왕후와 광해군의 관계에서 광해군의 생모에 주목하는 것이 그 예이기도 하다.

광해군은 후궁의 몸에서 태어난 서자로 태생적으로 어머니의 신분에 대한 열등감을 지니고 있어 적자를 낳은 인목왕후가 언제나 걸림돌이자 껄끄러운 존재였다. 광해군이 즉위한 후 생모를 왕후로 책봉하려고 시도하자 왕실에 선조의 정비 인목왕후가 생존해 있다는 이유로 '예법에 어긋난다'며 반대에 부딪히기도 했다. 심지어 대신들이 "명나라 황제의 책봉을 받은 적이 없는 후궁을 왕후로 추숭하는 것은 부당하다"고 반발하자 광해군이 곤혹을 치르기도 했다.

이처럼 광해군이 비록 왕의 자리에 오르기는 했지만, 자신의 생모는 사적인 관계일 뿐 공식적으로는 존재 자체를 인정받지 못했다. 반면, 인목왕후는 선조의 정비로 적자 영창대군을 낳아 한때 '선조의 뒤를 이어야 한다'며 광해군의 세자 자리를 불안하게 했다. 광해군이 즉위한 후에는 왕실의 최고 어른인 대비이자 광해군의 법적 어머니로 존재감을 분명히 했다.

따라서 광해군의 생모가 왕후로 추존되면 인목왕후의 법적 권한과 왕실의 서열 등에 영향을 미칠 만큼 광해군의 생모 문제는 인목왕후에 대한 견제와 불가분의 관계에 있었다. 대신들이 광해군에 대항하여 계축옥사를 문제 삼아 인목왕후를 보호해야 한다는 입장을 밝힌 것도 이러한 이유에서였다.

무려 7년에 걸쳐 생모를 왕후로 추존하는 문제로 대신들과 논쟁을 벌인 끝에 광해군의 승리로 일단락됨으로써 인목대비와 광해군의 관계에도 변화가 생기게 된다. 다시 말해, 인목대비는 광해군보다 아홉 살 어린 형식적인 대비에 지나지 않았다. 따라서 그녀를 폐하는 것은 어머니를 폐하는 패륜을 저지르는 것이 아니라 왕실에 있는 한 사람의 대비를 폐한다는 의미로도 해석할 수 있었다. 더구나 역모에 연루된 사건으로 처벌하는 것은 어머니를 처벌하는 것과는 전혀 다른 사안으로, 광해군의 윤리적 부담을 줄여주었다.

명나라에서 생모를 '왕후로 추존한다'는 허락을 받은 이후 광해군이 인목왕후를 더 이상 모후로 부르지 않고 대비라고 불렀다는 사실도 이러한 추론에 힘을 실어주고 있다. 즉, 모자관계의 호칭을 버리고 중립적 의미에서 대비라는 칭호를 사용했던 것이다. 인목왕후의 폐위와 관련하여 찬성하는 쪽이나 반대하는 쪽 모두 처음에는 그녀를 모후母后와 동일한 의미인 자전慈殿이라는 칭호를 사용했지만, 광해군의 생모를 '공성왕후'로 추존하는 작업이 완전하게 마무리되자 폐위론자들은 그녀를 '서궁'이라고 부르기 시작했다.

반면, 폐위에 반대하는 쪽에서는 그녀를 광해군의 어머니임을 강조하기 위해 모후나 자전이라는 칭호를 결코 포기하지 않았고, 오히려 더 자주 사용했다. 폐위론에 반대하는 쪽에서는 모후의 의미를 강조함으로써 인목왕후를 보호하고자 했던 것이다. 이들은 인목왕후를 지원하는 세력으로 분류되지만, 엄밀하게 따지면 정파적 입장을 따랐으므로 그녀를 지지하는 세력으로 보기에는 무리가 있었다. 그럼에도 광해군이 쫓겨나고 반정에 성공한 뒤 대비로 돌아온 그녀는 승자에 속하는 듯했다.

더 이상 끌려다니지 않겠다

인목왕후가 대비의 자격으로 인조의 즉위를 허락함으로써 반정은 성공적으로 마무리되었다. 이러한 절차는 사실 반정을 일으킨 서인들이 인목왕후를 정치적으로 지지하는 것이 아닌, 권력 장악을 위한 형식적인 절차에 지나지 않았다. 그들이 광해군의 처형을 주장하는 인목대비의 손을 들어줄 수 없었던 것도 바로 이러한 이유 때문이었다.

성리학의 예법을 명분으로 내세워 비록 자신들의 손으로 왕을 폐위시키기는 했지만, 15년 동안 재위했던 왕을 신하가 처형한다는 것은 전혀 다른 문제였다. 달리 말하면, 또 다른 빌미를 제공하지 않겠다는 정치적 판단이 우선했던 것이다.

이후의 작업으로 서인은 광해군 때 인목대비의 폐위를 주장했던 선조의 후궁 정빈 민씨의 아들 인성군을 제거하기 위해 인목대비를 끌어들였다. 인조 6년(1628) '류효립 등이 대북파의 잔당을 규합하여 역모를 기도하면서 인성군을 왕으로 추대하려고 했다'는 상소가 올라오자 그녀는 한글 교지를 내려 "미망인은 죽지 않고 다시 살아나 부형의 원수를 갚았다. 이제는 황천으로 가서 부형을 위로하고자 하였으나 자결할 수가 없어서 남아 있는데, 걸핏하면 역적의 입에 오르내리게 되니 분하고 원통한 마음 어찌할 바가 없구나. 인성군을 잡아다 국문하여 자결하게 하라"며 역모 사건이 자신과 아무 상관없음을 주장하면서 강력하게 반발했다. 마치 '더 이상 서인 세력에 끌려다니지 않겠다'는 의지가 느껴질 정도이다.

이처럼 인목왕후는 말년에 대비의 위상을 어느 정도 회복하기는 했지만, 대신들에게 정략적으로 이용당하다가 인조 10년(1632) 5월 인경궁仁慶宮 흠명전欽明殿에서 49세로 생을 마쳤다. 인조는 자신의 후견인이었던 인목대비가 사망하자 정성을 다해 장례를 치렀고, 그녀의 능을 동구릉의 건원릉 왼쪽 다섯 번째 산줄기인 목릉 능역에 조성했다. 능호는 목릉으로, 선조와 선조의 정비 의인왕후의 능보다 조금 뒤에 조성되어 어느 정도의 조형미를 갖추었다는 평가를 받는다.

정치적인 변화가 일어날 때마다 시련을 겪어야 했던 그녀의 삶은 그야말로 한 맺힌 삶이었고, 사람들은 이러한 그녀의 삶을 위로하는 기록을 남기기도 했다. 대표적인 예로, 인조반정 뒤에 쓴 것으로 광해군 5년(1613) 인목대비의 폐비 사건을 비롯해 궁중 비사를 다룬 『계축일기癸丑日記』에는 인목왕후가 임신했을 때 광해군의 장인 류자신 등이 왕자를 낳을 것을 우려하여 해코지했다든가, 그녀가 첫딸을 낳았을 때 잘못 전달되어 왕자가 태어났다는 소리에 류자신이 실망하여 한마디도 하지 않았는데, 다시 공주가 태어났다는 소식을 듣고 그제야 반색하며 축하 예물을 올렸다는 이야기도 전한다.

뿐만 아니라 이 책에는 인목왕후의 일대기와 함께 공빈 김씨의 소생인 광해군과 인목왕후의 소생인 영창대군을 둘러싼 붕당정치를 사실적으로 묘사하는 등, 당시 치열했던 붕당정치의 이면을 전하기도 한다. 또 순우리말로 궁중 생활을 섬세하게 기록하고 있어 조선 중기 궁중에서 전개되는 인정·풍속·생활상 등에 대한 보조 자료로도 주목받는다.

그럼에도 『계축일기』에는 광해군의 중립외교 정책이나 전란 극복 등은 다루지 않아 광해군이나 북인의 적대 세력이 쓴 것으로 추정하고 있다. 이제까지 이 책의 작자와 관련하여 인목왕후의 측근 나인이 썼다는 견해도 있지만, 인목대비의 술회문과 편지글이 실려 있고, 문장력을 감안하면 인목왕후가 직접 기록으로 남겼거나 딸 정명공주貞明公主와 나인들의 합작으로 보기도 한다.

목릉 : 경기도 구리시 동구릉로 197(인창동 산4-3)

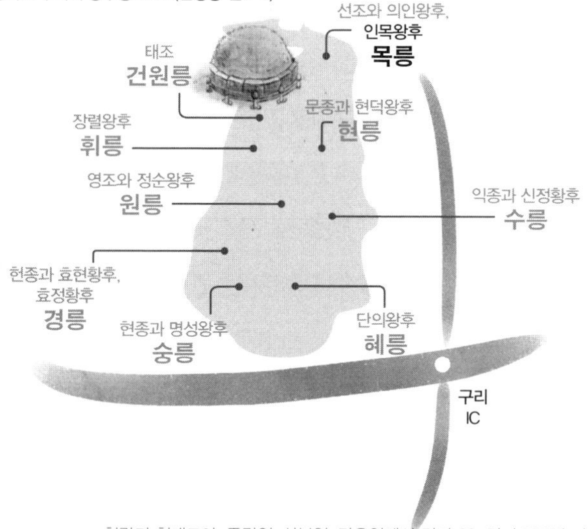

- 청량리 현대코아, 중랑역, 상봉역, 망우역에서 경기 88, 경기 202번 버스 이용
- 강변역에서 1, 1-1, 9-2번 버스 이용
- 경의중앙선 구리역에서 마을버스 2, 6번 버스 이용
  버스정류장 이름 : '우리나라 최대왕릉군인 동구릉'

3장

역사의 물꼬를 바꾸다

- 광해군의 정비 – 문성군부인 류씨
- 인조의 정비 – 인렬왕후 한씨
- 인조의 계비 – 장렬왕후 조씨
- 효종의 정비 – 인선왕후 장씨
- 현종의 정비 – 명성왕후 김씨
- 숙종의 정비 – 인경왕후 김씨
- 숙종의 계비 – 인현왕후 민씨와 희빈 장씨
- 숙종의 마지막 계비 – 인원왕후 김씨
- 경종의 정비와 계비 – 단의왕후 심씨와 선의왕후 어씨
- 영조의 정비와 계비 – 정성왕후 서씨와 정순왕후 김씨

- 15대 광해군 이혼
  - 문성군부인 류씨
- 16대 인조 이종
  - 정비 인렬왕후 한씨 — 차남 효종
  - 계비 장렬왕후 조씨
- 17대 효종 이호
  - 인선왕후 장씨 — 장남 현종
- 18대 현종 이연
  - 명성왕후 김씨 — 장남 숙종
- 19대 숙종 이순
  - 정비 인경왕후 김씨
  - 제1계비 인현왕후 민씨
  - 제2계비 인원왕후 김씨
  - 옥산부대빈 장씨 — 장남 경종
  - 숙빈 최씨 — 차남 영조
- 20대 경종 이윤
  - 정비 단의왕후 심씨
  - 계비 선의왕후 어씨
- 21대 영조 이금
  - 정비 정성왕후 서씨
  - 계비 정순왕후 김씨
  - 정빈 이씨 — 장남 효장세자(진종 추존)
  - 영빈 이씨 — 차남 사도세자(장조 추존)

영원한 이방인으로 기억에 남다

문성군부인 류씨 文城郡夫人 柳氏

광해군의 정비

국난 극복을 위해 남편을 내조하다

조선 왕비들은 사건과 사고를 많이 겪었고, 생을 마감하는 순간까지 마음고생이 심할 정도로 시련을 겪기도 했다. 따라서 민간에서는 다양한 이야기로 그들의 삶을 위로하기도 하고, 때로는 정치의 비정함을 조롱하기도 했다. 그들 가운데 자살했다는 이야기가 전하는 한 많은 삶을 살았던 왕비는 문성군부인이 유일하다.

역사에는 폐비 류씨로 기록된 그녀는 광해군과 혼인한 후 16년간 세자빈 자리에 있었고, 이후 광해군이 즉위하여 15년을 왕비 자리에 있는 등 그녀는 왕실에 시집와서 30년이 넘는 세월 동안 온갖 시련에 맞서 살아야 했지만, 끝까지 왕비 자리를 지키지 못하고 조선에서 세 번째로 폐비가 되는 불행을 겪었다.

그녀는 명문가 문화文化 류씨 집안 출신으로, 선조 9년(1576) 판윤 류자신柳自新의 6남 4녀 중 셋째 딸로 태어났다. 그녀의 어머니는 정광필의 증손녀로 어릴 때부터 시적詩的 능력이 뛰어나 여러 작품을 남겼고, 효종·현종·숙종·경종의 4대에 걸쳐 궁중에 출입하면서 보고 들은 역대의 아름다운 말과 선행 등을 모은 정재륜의 야사집 『공사견문록公私見聞錄』에 시詩 네 수가 전할 정도로 문학에 조예가 깊었다.

문성군부인 역시 어머니의 재능을 물려받아 학식과 덕망을 갖춘 여인이었다. 선조 20년(1587) 나이 12세에 선조의 차남 광해군과 혼인하여 문성군부인에 봉해졌고, 다시 광해군이 왕세자에 책봉되자 왕세자빈의 자리에 올랐다. 이후 1608년 선조의 뒤를 이어 광해군이 35세의 나이로 즉위하면서 왕비로 책봉되었다.

세자 시절의 광해군은 후궁의 몸에서 태어났고 적장자가 아니라는 이유로 기회 있을 때마다 세자 자리를 위협받았다. 뿐만 아니라 광해군이 세자로 있던 선조 25년(1592)에서 선조 41년(1608)까지 16년 동안 조정에서는 13차례에 걸쳐 명나라에 세자 책봉을 청하는 문제를 논의했고, 명나라에도 다섯 차례나 사신을 파견했음에도 세자 책봉을 거절하는 등 세자의 위상은 국내외적으로 불안정했다. 따라서 궁궐에서 문성군부인의 삶 또한 안정적이지 않았고, 남편 광해군 옆을 지키면서 심한 마음고생을 겪어야 했다.

그녀가 세자빈에 오르던 시기에는 임진왜란이 일어나 시아버지 선조가 도성을 버리고 피난을 가는 사태까지 벌어졌다. 당시 분노로 들끓는 민심을 수습하기 위해 대신들은 더 이상 세자 책봉을 미룰 수 없다며 왕을 압박했고, 끝까지 망설이던 선조는 결국 광해군을 세자로 책봉했다. 선조는 신성군을 세자 자리에 앉히고 싶었지만, 겨우 13세의 어린 나이라 전쟁을 치르는 비상시국에서 직무를 수행하기에는 무리라고 판단했던 것이다. 이후 광해군은 선조 25년(1592) 6월부터 이듬해 10월까지 임시로 세운 조정, 즉 분조分朝를 이끌며 왕실을 보존하고 민심을 수습하면서 군국기무를 맡아 민·관·군과 의병 활동까지 독려하는 등 세자의 직분은 물론, 왕이 해야 할 일까지 수행하며 동분서주했다.

특히 국왕이 도읍을 버리고 도망치는 상황에서 광해군의 활약은 돋보일 수밖에 없었다. 그녀 또한 국난 극복을 위해 남편 광해군을 적극적으로 내조했다. 이후에도 그녀는 좀처럼 시련에서 벗어나지 못했다. 시아버지 선조가 그녀보다 여덟 살이나 어린 왕비를 맞이하자 눈치를 봐야 했고, 인목왕후가 영창대군을 낳으면서 상황은 더욱 꼬여가는 듯했다. 이미 남편 광해군은 세자로 책봉된 상태였지만, 영창대군의 탄생으로 조정은 광해군을 지지하는 대북파와 영창대군을 지지하는 소북파로 갈라져 갈등과 대립을 벌였고, 차기 권력의 향배를 자신할 수 없을 정도였다.

그럼에도 주변의 도전과 위기를 잘 극복하고 왕으로 즉위한 광해군은 초기에 이덕형을 비롯해 영의정에 남인 이원익과 좌의정에는 서인 이항복 등 당색을 초월한 인재를 등용해 전쟁 피해를 복구하고 국정을 바로 세우는 것을 최우선 과제로 삼아 적극적인 노력을 기울였다.

그러나 아쉽게도 광해군이 즉위한 이후 문성군부인에 대한 기록은 찾아보기 힘들다. 다만 민간에서 그녀를 기억하는 이야기들이 전할 뿐이다.

여덟 살이나 어린 시어머니를 맞이하다

민간에서는 그녀와 인목왕후의 관계에 관심이 많았다. 그녀가 법적 시어머니 인목왕후보다 여덟 살이 많았으니 고부간의 문제는 물론, 두 사람의 삶이 반전을 거듭하며 서로 다른 길을 걸었기 때문이다.

선조가 왕위에 있을 때 인목왕후는 선조를 배경으로 왕비의 위상을 지킬 수 있었다. 반면, 문성군부인은 비록 세자빈이었지만 남편 광해군에게 마음을 열지 않는 시아버지 선조의 눈치를 보아야 했고, 인목왕후가 적자를 출산하자 마음고생이 더욱 심해졌다. 그렇다고 친정의 지원을 받는 데에도 한계가 있었다. 세도가를 경계할 정도로 성품이 청렴한 친정아버지는 주로 지방 수령을 지냈기 때문이다.

그런데 갑작스러운 선조의 사망으로 상황이 뒤바뀌었다. 광해군의 즉위로 인목왕후는 소외되었고, 끝내 서궁에 유폐되어 한 치의 앞날을 예측할 수 없는 인고의 세월을 보내야 했다. 하지만 반정이 일어나 광해군은 즉위 15년 만에 폐위되고, 인목왕후는 인조의 후견인으로 복귀하게 된다. 이때 왕비의 자격이 박탈된 문성군부인은 광해군과 함께 조선 왕비로는 처음으로 강화도에 유배되었다. 이후 그녀는 왕실과의 인연이 끊어진 영원한 이방인으로 남는다.

이처럼 서로 다른 길을 걸었던 문성군부인과 인목왕후를 민간에서는 일종의 정적관계로 보면서 두 여인 사이가 극도로 좋지 않았다는 다음과 같은 이야기가 전한다.

문성군부인은 광해군과의 사이에 아들 셋을 두었지만, 장남과 막내가 요절하여 둘째 아들 이지李祬만 생존했다. 어느 날, 둘째 아들이 병이 나자 그녀는 궁녀에게 왕을 치료하는 대전 약방에서 약을 가져오라고 일렀다. 세자를 위한 약방이 따로 있었지만, 그녀는 하나 남은 아들에게 더 좋은 처방을 받으려는 절박한 마음에 대전 약방으로 사람을 보냈던 것이다. 하지만 인목왕후의 세력을 믿었던지 콧대가 센 대전 약방의 궁녀는 그 궁녀를 그냥 돌려보냈다. 문성군부인은 하는 수 없이 동궁 약방에서 약을 가져오게 했지만 애석하게도 아들이 세상을 떠나고 말았다. 아들을 잃은 문성군부인의 분노는 당연히 시어머니 인목왕후에게로 향할 수밖에 없었다. 시아버지 선조가 살아 있는 한 그녀는 분노를 밖으로 드러내지도 못하고 속으로 삼켜야 했고, 두 여인 사이의 감정 골이 더 깊어졌다고 한다.

이러한 이야기는 민간에서 폐비된 문성군부인에게 관심을 보인 구체적 표현이기는 하지만, 사실을 바탕으로 한 것은 아니다. 민간의 관심이 주로 광해군에게는 조롱과 비판이라면, 그녀에게는 동정론에 끌리는 비극적인 삶으로 묘사했기 때문이다. 대표적인 예로 문성군부인이 병으로 사망한 것으로 공식 기록되어 있음에도 민간에는 다른 이야기가 전하기도 한다.

정사正史에 기록되지 않은 세간의 이야기들을 성현成俔을 비롯해 여러 저자가 쓴 글을 편찬한 야사집 『대동야승大東野乘』의 「일사기문逸史記聞」에는 그녀가 "굶는 방법으로 스스로 목숨을 끊었다"고 기록되어 있다. 여기에는 선조가 독살되었다는 내용과 광해군의 집정과 실정 그리고 영창대군의 폐출廢黜 등에 대한 극단적인 내용들도 담겨 있다.

또한 문성군부인과 광해군 부부에 관한 이야기에는 여론을 의식한 반정 세력의 정치적 의도도 담겨 있다. 비록 신성하고 절대 권력을 지닌 왕을 쫓아낸 이유로 그들이 신봉하는 성리학적 명분을 내세웠지만, 왕조 사회에서 왕을 쫓아낸다는 것은 단순히 무능함이나 한두 가지의 실정과 악행만으로는 명분이 약했기 때문이다.

예를 들면 광해군이 자신의 왕권을 지키려고 패륜을 저지른 군주, 즉 살제폐모殺弟廢母와 사대외교事大外交를 버리고 중립 외교를 취함으로써 명나라에 대한 불충을 저질렀다는 죄를 반정의 이유로 내세우면서 이야기들이 더해지거나 삭제되기도 했다. 그리고 정치적인 관점에서 보면, 광해군이 반정 세력들에 의해 폐출된 가장 큰 원인을 대북 세력의 독주에 따른 서인 세력의 반발이라 할 수 있다. 여기에 서인들에 의해 광해군이 왕권을 지키려는 욕심 때문에 대북 세력의 전횡을 묵과했다는 등의 이야기가 더해진다.

문성군부인과 관련하여 남편의 중립적 외교정책을 우려하며 명나라와의 사대외교를 건의하기도 했다는 이야기도 전한다. 이러한 행동은 그녀의 판단이 옳고 그름을 떠나 당시 정국에서 남편의 안전을 위해 노심초사했음을 의미하지만, 한편으로는 그녀 역시 남편의 잘못된 판단을 우려했음을 강조하려는 의미가 담겨 있다.

하지만 국난을 극복하고 국가의 안정을 되찾아 평화를 정착시키려는 광해군의 노력만큼은 제대로 평가할 필요가 있다. 광해군은 이이첨 등 대신들이 공개적으로 자신의 대외 정책에 반대하자 "적이 쳐들어오면 혀로 막을 것인가, 붓으로 막을 것인가?"라며 호통치기도 했고, "안으로 일에는 힘쓰지 않고 밖으로 큰소리치는 것만 일삼고 있다"고 힐난하는 등 누구보다 현실을 제대로 직시하고 있었다.

물론 명나라와 청나라 사이에서 실리주의적 등거리 외교를 추진했던 광해군의 외교정책은 이제까지 역대 왕들이 굳게 지켜왔던 명나라 중심의 사대외교 정책과는 확실한 차이가 있었다. 그럼에도 광해군은 세자 시절뿐만 아니라 왕으로 즉위한 이후 국내외적으로 왕권이 안정적이지 않았음에도 흔들리지 않고 당시 국내외 정세를 꿰뚫어보면서 정치를 주도하는 등, 분명 시대를 앞서간 왕이었다.

무속에도 의지해 보았지만……

명나라도 광해군의 왕권을 흔드는 데 한몫했다. 우여곡절 끝에 즉위한 광해군은 곧바로 명나라에 선조의 죽음과 자신의 즉위 사실을 알렸다. 그러나 광해군의 세자 책봉에 차일피일 시간을 끌었던 명나라는 그의 즉위에도 비협조적이었다.

명나라는 전쟁 당시 이미 광해군의 존재를 알고 있었고, 특히 전쟁 기간 동안 보여준 광해군의 활약에 칭찬을 아끼지 않았음에도 "장남인 임해군이 있는데 어떻게 차남인 광해군이 왕위에 오를 수 있는가"라며 광해군의 즉위를 문제 삼았다.

이에 당황한 사신 이호민이 "장남이 중풍에 걸려 왕위를 물려받을 수 없었다"고 변명하는 바람에 오히려 명나라의 의심을 더 사기도 했다. 당시 명나라 예부낭중은 "임해군이 병에 걸린 것이 사실이라면 그가 왕위를 사양하는 글을 가지고 오라"면서 사신을 압박했고, 임해군을 직접 만나 내막을 알아보겠다며 조사단까지 파견했다.

임해군은 선조의 장남으로 광해군의 친형이지만, 타고난 성품이 사납고 방자해서 선조도 그를 포기할 정도로 일찌감치 왕위 계승 경쟁에서 밀려난 인물이었다. 실록에 따르면, "임해군은 왕자의 품격이라고는 전혀 찾아볼 수 없으며, 어린 시절부터 민간인을 함부로 구타하거나 살해했고, 토지와 노비를 강탈하는 등 만행을 일삼았다"고 혹평하고 있다.

뿐만 아니라 임진왜란이 일어나자 함경도에서 근왕병을 모집하라는 어명을 받은 임해군은 현지에서 왕자의 신분을 내세워 이복동생 순화군과 함께 행패를 부리다 함경도민들에게 불만을 샀고, 결국 조정에 원한을 품고 이 지역에서 반란을 일으킨 향리 국경인과 그 친족 국세필 등에게 체포되어 북진하던 왜군 선봉장 가토 기요마사에게 넘겨져 조선군의 전쟁 수행에 큰 지장을 주기까지 했다.

광해군이 즉위한 1608년에는 "임해군이 몰래 사병을 양성하고 있으니 처벌해야 한다"는 상소가 올라오기도 했다. 결국 임해군은 경남 진도에 안치되었다가 강화도 교동으로 옮겼고, 이 사건과 관련된 자들은 처형되었다.

이러한 상황에서 임해군을 직접 만나겠다고 조선에 온 명나라 조사단을 맞이한 조정에서는 임해군을 설득하는 한편, 조사단에게 뇌물을 주는 등 적극적인 방어로 위기를 넘기며 광해군이 즉위한 이듬해인 1609년 3월, 겨우 명나라에서 책봉 조서를 받게 된다.

광해군이 즉위한 시기는 임진왜란을 겪은 지 얼마 되지 않아 나라가 어수선했다. 광해군은 동분서주했고, 문성군부인은 물론 그녀의 동생과 조카 등 친정 집안도 광해군을 지원하고 나섰다. 그러나 사건과 사고가 연이어 발생했다. 소실된 궁궐을 복구하는 과정에서 조도사調度使라는 관직을 얻어 지방으로 돌아다니며 재물을 받고 벼슬을 판다고 하여 벼슬행상이라는 말이 나돌았는데, 여기에 왕비의 친정이 관련되어 있었다.

특히 그녀의 친정 오라버니 류희분은 광해군이 즉위하자 왕의 처남으로 요직을 거치면서 이이첨 등과 함께 소북의 유영경 일파를 탄핵해 숙청했고, 그 뒤 정인홍과 함께 대북에 가담하여 정권을 좌우했다. 뿐만 아니라 임해군·영창대군·능창군 등을 무고하여 사사하는 데 가담하여 후에 익사공신翼社功臣 1등에 책봉되었고, 이이첨·박승종 등과 삼자동맹을 맺고 인목대비를 폐위하려고 대북에 속한 언관과 유생을 동원하기도 했다. 이후 폐모론을 일으켜 인목대비를 서궁에 유폐하는 과정에서 반대하는 관료와 유생을 투옥하고 유배에 처하는 등 권력을 남용하며 횡포를 저질렀다는 비판을 받았고, 결국 1623년 인조반정 때 참형되었다.

명나라에서 즉위를 허락받은 지 두 달여 만에 임해군이 유배지에서 사망하는 일이 벌어졌다. 임해군의 정확한 사망 원인은 전하지 않지만, 임해군을 지키던 군사들이 병사病死라고 보고했다. 그러나 1623년 인조반정 후 다시 조사한 결과 이이첨의 사주를 받은 강화부사가 보낸 자객에게 살해된 것으로 결론지었다. 임해군의 죽음에서 자유로울 수 없던 광해군은 '왕권을 지키기 위해 친형의 죽음을 방조한 패륜 군주'로 낙인찍혔다.

이 사건은 시작에 지나지 않았다. 임해군이 사망한 뒤에도 가장 위협적인 존재였던 광해군의 이복동생이자 적자인 어린 영창대군이 사망하는, 이른바 계축옥사를 비롯해 진릉군과 능창군 등 왕족과 관련한 대규모 옥사가 일어났다.

광해군 5년(1613), 이른바 '칠서七庶의 옥'으로 정국이 뒤흔들렸다. 이 사건은 능력은 있었지만 서얼 출신 차별로 관직에 나가지 못하고 강변칠우江邊七友 또는 죽림칠현竹林七賢을 자처하며 여주의 남한강가에 무륜당無倫堂을 짓고 시와 술로 교유했던 양반의 서자들로부터 비롯되었다. 평소 서얼 차별에 불만을 품었던 이들이 큰일을 도모하겠다며 자금을 모으려고 조령鳥嶺 지역에서 상인을 죽이고 은 수백 냥을 약탈하다가 모두 체포되었다. 이들의 이야기는 후에 이들과 교유했던 허균의 『홍길동전』의 주제가 되기도 했다.

당시 붙잡힌 서인의 거두 박순의 서자 박응서에게 이이첨의 친척인 이의숭의 사주를 받은 포도대장 한희길이 접근하여 이 사건에 "인목대비의 아버지 김제남이 연루되었다고 거짓 자백을 하면 목숨만은 살려주겠다"고 회유했다. 이에 박응서는 "김제남과 몰래 내통해 영창대군을 왕으로 옹립하려고 했다"고 거짓 자백을 하여 김제남이 삭탈관직되고 결국 처형되었다. 그러나 사건은 여기서 마무리되지 않았다.

박응서와 함께 잡혀 온 서양갑이 고문에 못 이겨 김제남은 물론 영창대군과 인목대비까지 역모에 가담했다고 거짓 자백했다. 이에 삼사와 유생들이 나서서 영창대군을 처단하라는 상소가 빗발쳤고, 인목대비의 폐모론까지 등장했다. 바로 '계축옥사'의 시작이었다.

이 사건의 배후로 전하는 이이첨은 자신들에게 동조하지 않는 서인에게 거리낌 없이 불만을 나타내면서 적극적으로 동조자를 끌어들였고, 이 과정에서 폐모론에 동조하지 않았던 이항복과 이덕형 등 정국의 정상화를 위해 노력했던 양식 있는 대북 출신들이 삭탈관직되어 유배되었다. 광해군 6년(1614), 아홉 살의 영창대군이 끝내 유배지에서 사망했고, 광해군 10년(1618) 1월, 인목대비도 폐위되어 서궁에 유폐되었다.

이러한 과정에서 문성군부인과 관련한 자료는 찾아보기 힘들다. 다만 그녀는 남편이 즉위한 뒤에도 계속 이어지는 시련에 따른 마음고생 때문인지 장안의 유명한 박수무당 복동을 불러 굿을 하기도 했고, 승려를 궁궐에 불러들여 부처에게 축수를 하는 등 도가 지나친 행동으로 세간의 구설수에 올랐다. 하지만 정국은 그녀의 기원과 바람대로 흘러가지는 않았다.

최초로 유배지에서 생을 마감하다

문성군부인이 왕비로 즉위한 이후, 남편 광해군의 적극적인 노력으로 나라는 전란의 후유증을 극복하면서 서서히 안정을 되찾기 시작했다. 즉위 초기에는 풍년이 들어 친정어머니를 모시고 궁궐에서 연회를 베풀며 즐거운 시간을 보내기도 했다. 이 연회에는 광해군과 세자 등이 함께 참석해 왕비의 친정어머니를 위해 시를 지어 올리는 등 화기애애한 분위였다고 전한다.

광해군 15년(1623), 문성군부인의 삶에서 가장 커다란 사건이 일어났다. 남편 광해군이 반정 세력에 의해 폐위된 것이다. 반정이 일어나던 날, 그녀는 사태를 파악하려고 이틀 동안이나 궁궐 후원에 숨어서 동태를 살폈다고 한다. 반정이 사직을 위한 것인지 아니면 소수의 권신들이 부귀영화를 누리기 위해 벌인 것인지를 판단하기 위해서였다. 이는 그녀에게 남편에 대한 믿음이 있었음을 의미했다.

그러나 정변이 사적인 욕심이 앞선 소수가 벌인 것이라면 상황이 반전될 수도 있다는 한 가닥 기대감만 있었을 뿐, 그녀에게 정변을 막을 힘이 있었던 것은 아니었다. 반정으로 궁궐에서 쫓겨난 그녀는 강화도에 유배된다. 그녀의 하나뿐인 20대 중반의 아들 이지 부부도 폐위되어 강화도에 함께 유배되었지만, 광해군 부부는 강화부의 동문 쪽에, 아들 부부는 서문 쪽에 거처했다.

민간에서는 유배지에서 그녀가 광해군에게 함께 자결할 것을 권했다는 이야기가 전한다. 현실에서 치욕을 당하느니 깨끗하게 죽는 게 낫다고 생각했던 것이다. 하지만 광해군의 반대로 실행에 옮기지는 못했다. 그녀와 달리 광해군은 살아서 언젠가 다시 치욕을 갚을 기회가 올 것으로 기대했던 것이다. 이러한 광해군의 기대와는 달리, 그녀의 가족들은 광해군을 제외하고 모두 유배지인 강화도에서 세상을 떠났다. 따라서 그녀는 역대 왕비 가운데 유배지에서 사망한 유일한 왕비이기도 하다. 이들의 사망과 관련하여 다음과 같은 이야기가 전한다.

어느 날 폐세자가 유배지에서 담 밑에 구멍을 뚫어 밖으로 빠져나가려다 잡혔다. 당시 그는 은덩어리와 쌀밥 그리고 황해도 감사에게 보내는 편지를 지니고 있었다. 은덩어리는 강화도를 빠져 나가는 비용으로 사용할 계획이었거나 외부의 동향을 살피기 위해 누군가와 내통할 때 뇌물로 사용하려던 것으로 보이지만, 그가 황해도 감사에게 보내려던 편지는 전하지 않아 구체적인 내용은 알 수 없다. 다만 광해군을 지지하던 황해도 감사와 함께 반정 세력을 몰아내려고 시도했을 것으로 추정하고 있다.

이에 처형될 것이 확실했던 폐세자는 스스로 목숨을 끊었다고 하고,

자결할 것을 명받고 목숨을 끊었다고도 한다. 그리고 폐세자가 외부와 내통을 시도할 때 나무 위에서 망을 보던 폐세자비는 남편이 잡혀서 다시 집으로 들어오는 것을 보고 놀라 나무에서 떨어졌고, 이후 스스로 목숨을 끊었다고 전한다. 문성군부인 역시 7개월 만에 '목을 매어 자결했다'고 한다.

문성군부인은 경기도 남양주군 진건면 송능리에 잠들어 있다. 그녀는 폐비 신분이라 능이 조성되지 않았다. 홀로 남은 광해군은 제주도로 유배지를 옮기는 등 여러 차례 죽을 고비를 넘기다가 인조 19년(1641) 유배생활 18년 만에 67세를 일기로 제주도에서 생을 마감한다.

광해군은 사망 후 남양주에 있는 문성군부인의 곁에 묻혔다. 죽어서 만난 두 사람이 무덤 속에서 무슨 말로 서로를 위로했을까?

역사의 물꼬를 바꾸다

인렬왕후 한씨仁烈王后 韓氏

인조의 정비

출발부터 순조롭지 못하다

인렬왕후는 격동의 시기를 살다간 통 큰 여인으로, 인조반정으로 왕위에 오른 능양군綾陽君이 그녀의 남편이다. 아버지 정원군定遠君은 선조가 가장 총애하던 후궁 인빈 김씨의 4남 3녀 중 셋째 아들로, 능양군은 그의 장남이었다. 따라서 능양군은 서자 출신에 장손도 아니었으니 왕으로 즉위할 가능성이 거의 없었다. 왕자라 해도 서자 출신들은 대신들까지 탐탁하게 생각하지 않을 정도로 인정받지도 못했다.

더구나 그녀가 능양군과 혼인할 무렵에는 왕실과의 혼인을 기피하는 분위기였다. 왕실과 사돈관계를 맺으면 권력의 편에 서서 부귀영화를 누릴 수도 있었지만, 정국이 안정적이지 않을 때는 자신의 의지와 상관없이 정치적 사건에 휘말려 집안이 몰락할 수도 있었다. 왕비의 친정 집안이 졸지에 몰락하는 역사적 경험은 이미 조선 초기부터 있었고, 선조의 정비 인목대비의 친정 집안의 몰락을 경험한 것도 바로 얼마 전의 일이었다. 특히 왕권이 미약하고 정치적으로 안정되지 않은 시기에 왕실과 사돈을 맺는 것은 위험을 자초할 가능성이 높아 기피하는 현상이 더욱 심했다.

반정 세력의 옹립으로 즉위한 인조가 이후 왕자를 혼인시키려고 처녀 단자를 받을 때 협조적인 분위기가 아니었던 이유도 인조의 왕권은 물론, 정국이 불안정했기 때문이다. 당시 한성부에서는 "처녀를 숨긴 집의 가장을 적발하여 죄를 다스려야 한다"고 요청할 정도였다. 이러한 분위기에서 왕실과 인렬왕후의 집안이 혼인관계를 맺었다는 것은 분명 평범한 일은 아니었다.

그녀의 집안은 명문가인 청주 한씨로, 아버지 한준겸은 선조가 재위하는 동안 내외의 요직을 두루 거치며 능력을 인정받은 관리였다. 뿐만 아니라 한준겸은 예학禮學과 국가의 고사故事에 밝았고 문장가로도 인정받았다. 그러나 그는 대쪽 같은 성격으로 정치적 시련을 겪기도 했다.

북인의 영수 정인홍은 왜란 때 의병활동을 적극적으로 펼쳤고, 지나치게 의리를 내세워 좌충우돌하는 성격이었다. 이에 율곡 이이는 "강직하나 식견이 밝지 못하니 용병에 비유한다면 돌격대장이 적격이다"며 혹평하기도 했다. 한준겸은 이런 정인홍을 대단히 싫어해서 그의 집 앞을 지나면서 한 번도 문안인사를 하지 않았다고 한다. 이러한 행동이 빌미가 되어 후에 파직되기도 했다. 또한 영창대군을 제거한 계축옥사에 관련되어 5년 동안 귀양살이를 하기도 했다.

선조의 두터운 신임을 받았던 한준겸은, 선조가 사망하기 전에 영창대군의 보필을 부탁한 유교칠신 중 한 사람이었다. 인렬왕후가 왕실과 인연을 맺게 된 것은 이러한 그녀의 집안 내력과 관련이 있었다.

인렬왕후가 14세 되던 선조 40년(1607), 능양군과의 혼인이 정해졌다. 능양군은 궁궐에서 성장할 정도로 선조가 각별히 사랑한 손자였다. 선조는 자신이 서자 출신이라는 사실을 의식했기 때문인지 왕비나 세자빈의 경우에만 양반가 규수를 궁궐로 입궐하여 간택하던 전례를 무시하고 후궁들이 낳은 왕자들의 배필도 같은 방식으로 간택했다.

특히 그녀와 능양군의 혼인은 영창대군을 보호해줄 왕실의 든든한 지원 세력을 만들려는 선조의 각별한 의지가 반영되어 있었다. 이러한 선조의 의지와는 달리 인렬왕후의 혼인은 시작부터 순조롭지 않았다. 마치 무언가 불행한 앞날을 예고하는 듯했다.

인렬왕후의 혼례를 준비하는 과정에서 선조가 갑자기 사망하여 혼인 절차가 중단된 것이다. 3년 동안 국상을 치르고 광해군 2년(1610) 다시 혼례 절차가 진행되었지만, 이번에는 그녀가 홍역에 걸려 다시 한 번 위기를 맞았다. 다행히 병이 회복되어 같은 해 9월 나이 17세에 능양군과 혼례를 치러 청성현부인淸城縣夫人에 봉해졌다.

그녀의 남편 능양군은 임진왜란 중인 선조 28년(1595) 피난처였던 황해도 해주에서 태어났고, 그녀보다 한 살 아래였다. 인렬왕후 역시 친정아버지 한준겸이 정치적 탄압으로 원주로 낙향했을 때 태어나 두 사람 모두 어려운 환경에서 태어난 셈이었다. 혼인한 뒤 궁궐 밖에서 시부모인 정원군 부부를 모시고 시동생들과 함께 사는 동안에도 마음 편하게 지내는 날이 많지 않았다. 특히 이 두 사람을 총애했던 선조가 사망한 후 정치적 사건에 휘말리는 등 우여곡절이 심했다.

시련을 기회로 만들다

광해군과 그를 지지하는 대북 세력은 광해군 즉위 초부터 왕권을 위협하는 요인들을 하나씩 제거해 나갔다. 따라서 선조의 두터운 신임을 받았던 인렬왕후의 집안이나 선조의 총애를 받았던 인빈 김씨와 그녀의 자녀들은 마음이 늘 불안했다.

다행이라면 정치력이 뛰어났던 인렬왕후의 시할머니 인빈 김씨가 다양한 방법을 동원하여 자식들의 보호막이 되려고 노력했다는 점이다. 인빈 김씨는 미색이 뛰어난 친정 언니의 딸을 궁으로 불러들여 세자 광해군의 총애를 얻게 했고, 선조 말년에 신임을 잃어 세자 자리가 불안했던 광해군이 왕위에 오르는 과정에서 지원하는 등 광해군이 즉위하기 이전부터 선조 이후를 대비했다.

그래서일까, 왕위에 오른 광해군은 그 보답으로 인빈 김씨는 물론 그녀의 소생인 이복동생들의 안전을 보장해주는 듯했다. 임해군 옥사가 일어난 뒤 익사공신 48명을 서훈할 때 인빈의 두 아들 정원군과 의창군이 포함되었던 것도 인빈 김씨의 노력 덕분이었다.

하지만 광해군과 인빈 김씨가 끝까지 우호적인 관계를 이어가기에는 한계가 있었다. 두 사람은 그야말로 애증이 교차하는 관계였기 때문이다. 광해군은 자신의 어머니 공빈 김씨에 대한 선조의 총애가 줄어든 원인이 인빈 김씨라는 생각으로 오래전부터 원망하는 마음이 컸다. 여기에 선조에게서 영창대군을 보호해줄 것을 부탁받은 유교칠신 유영경·한응인·박동량·서성·신흠·허성·한준겸 중에서 한응인을 제외한 여섯 명이 인빈 소생의 자녀와 혼맥을 유지하고 있었다.

광해군 4년(1612), 광해군을 축출하고 임해군의 아들 진릉군晉陵君을 왕으로 추대하려는 사건이 일어났다. 바로 '김직재의 옥사'였다. 이 사건은 영창대군을 후계자로 지지했던 소북파 100여 명이 처형되거나 유배된 '계축옥사'로 이어졌다. 광해군 5년(1613)에 그동안 방패막이 역할을 해주던 인빈 김씨가 사망하자 인렬왕후와 능양군 일가에도 어두운 그림자가 드리우기 시작했다. 광해군 7년(1615), 신경희가 '능창군을 왕으로 추대하려 했다'는 이른바 '신경희의 옥사'가 일어나 인렬왕후의 시댁에 최대의 위기가 찾아온다.

능창군은 능양군의 동생으로 인렬왕후에게는 시동생이었다. 그런데 언제부턴가 '능창군이 비범하다'거나 그의 아버지 '정원군의 집에 왕의 기운(王氣)이 매우 성하다' '인빈의 무덤 자리가 너무 좋다'는 등의 이야기가 떠돌았다. 이러한 이야기들이 능창군의 자질을 주목한 것인지, 아니면 반대편에서 그를 제거하기 위해 퍼뜨린 유언비어인지는 확인할 수 없지만, 광해군의 왕권을 위협하는 것으로 해석할 수 있어 사건의 파장은 클 수밖에 없었다.

인렬왕후와 능양군은 동생 능창군을 구명하기 위해 동분서주했다. 이때를 놓치지 않고 왕의 총애를 받던 권신들이 이 두 사람에게 접근하여 뇌물을 요구하기도 했다. 인렬왕후는 시집올 때 가지고 왔던 재화와 진귀한 물건들을 시집에 닥친 화에서 벗어나는 데 쓰면서 적극적으로 나섰다. 다행히 인렬왕후 부부는 화를 비켜갔지만, 이 사건으로 신경희는 신문을 받다가 곤장에 맞아 사망했고, 능창군은 강화도 교동으로 유배된 후 스스로 목을 매어 자결한 것으로 전한다. 또한 왕기가 서려 있다는 정원군의 새문동 집을 압수하여 경덕궁(경희궁)으로 개조했다. 새문동은 지금의 종로구 신문로 일대를 가리킨다.

이후 광해군 10년(1618) 허균의 역모 사건에 그녀의 시숙부인 선조의 8남 의창군義昌君이 관련되어 또 한 차례의 곤혹을 치른다. 의창군의 장인 허성은 허균의 이복형이다. 이에 정파를 달리하는 대신들이 의창군의 처벌을 주장하고 나서면서 그녀의 집안에 다시 위기가 닥친 것이다. 다행히 의창군만 유배에 처해졌고, 그녀의 집안에는 화가 미치지 않았다.

이처럼 인렬왕후는 능양군과 혼인한 이후 끊임없는 정치적 사건으로 인해 '아침에 해가 떠오르면 비로소 지난밤에 무사했다는 것을 알게 되었고, 해가 지면 그때서야 비로소 오늘도 무사하게 지나갔다'는 것을 다행으로 여기며 살았다. 그렇다고 그녀는 무기력하게 누군가의 지원을 손 놓고 기다리지 않았다.

반정에 직접 참여하다

조선 중기의 문신이자 학자 장유의 시문집 『계곡집谿谷集』과 「인조실록」에 따르면, 인렬왕후는 인조반정 과정에서 비밀 모의에 참석하는 등 반정에 적극 관여한 것으로 전한다. 청나라와의 대립이 치열했던 병자호란 전후한 시기에 척화파斥和派를 대표하던 대신 김상헌의 시문집인 『청음집淸陰集』에도 인조반정과 관련한 그녀의 이야기가 전한다.

특히 『청음집』은 당시의 정치 상황 등 시대상을 전하는 귀중한 자료로 평가받고 있어 그녀에 관한 내용은 눈여겨볼 만하다. 여기에는 "주상 전하께서 갑옷을 들어 입혀준 공을 생각하고……"라며, 인조가 자신을 왕위에 오르도록 도와준 인렬왕후의 공을 생각했다는 내용이 담겨 있다. 여기서 '갑옷을 입혀주었다'는 표현은 역사적으로 특별한 의미를 지니고 있다는 점에서 주목된다.

고려 태조 왕건이 궁예의 부하로 있을 때였다. 궁예의 폭정이 심해지자 배현경 등 왕건의 측근들이 궁예를 제거하고 왕건을 왕으로 추대하려고 나섰다. 그러나 왕건이 이를 거절하자 왕건의 부인 유씨가 갑옷을 왕건에게 입혀주며 독려해서 왕건이 대궐로 나아가 왕위에 오르는데 성공했다는 이야기가 전한다. 조선시대에는 계유정난 때 정희왕후과 관련하여 같은 내용이 등장하는데, 정희왕후가 정난에서 결정적인 공을 세울 정도로 능력을 발휘했다는 의미를 담고 있다. 따라서 인조반정과 관련하여 인렬왕후의 역할도 이와 비교할 수 있다.

심지어 인렬왕후의 역할을 십란十亂에 비교하기도 한다. 십란이란 주나라 무왕을 보좌하여 난을 다스린 열 명의 신하를 가리킨다. 여기에는 무왕의 어머니가 포함되기도 하고, 무왕의 왕비 읍강이 포함된 두 가지 설이 전한다. 따라서 인조반정에서 인렬왕후의 역할은 이들과 견줄 만큼 최고의 평가를 받고 있음을 의미한다.

인렬왕후는 왕비 자리에 오른 뒤에도 남편 인조에게 충언을 아끼지 않았다. 대표적인 예로 「인조실록」에는, 자신이 그린 「복주도覆舟圖」를 벽에 붙여 놓고 보고 있는 인조에게 인렬왕후는 "이 그림을 보면서 반드시 위태로움과 두려움을 생각하시고 한갓 눈요기로만 치부하지 마소서"라며 백성을 대하는 군주의 마음가짐에 힘쓰라고 조언했다는 내용이 전한다. 「복주도」는 배를 다섯 번씩 뒤집어 이상이 없는지 철저히 살핀 다음 배를 타고 나가 다랑어를 직접 잡아서 종묘에 올리고 보리가 익기를 기원하는 내용의 그림이다.

당시는 권력을 놓고 대신들의 당쟁이 치열했을 뿐만 아니라 왕권에 대한 견제로 대신들의 눈치를 볼 수밖에 없는 상황이었다. 인렬왕후는 이러한 상황 속에서 군사정변이라는 비상수단으로 남편이 왕위에 올랐고, 두 차례의 왜란 이후 국가 재건에 힘써야 할 때 일어난 반정이라 시기적으로 백성들에게 큰 지지를 받지 못했다는 사실을 잘 알고 있었던 것이다.

왕위에 오른 인조는 곧바로 흔들리는 왕권을 바로잡기 위해 아버지 정원군의 추숭을 꾸준히 시도했으나 예조와 삼사는 물론, 유생들까지 반대하고 나선 것은 당시 상황을 잘 보여주고 있다. 심지어 반정 세력이 인조를 왕으로 옹립하면서 할아버지 선조의 뒤를 잇는다는 명분을 내세웠던 터라 아버지 정원군의 관계에 대해 공신들 사이에 논쟁이 벌어지기도 했다. 다시 말해, 생부인 정원군을 '백부로 불러야 한다'는 주장과 '아버지로 불러도 무방하다'는 주장이 팽팽하게 맞섰다.

당시 산림처사山林處士로 명망 높았던 김장생은 왕조 예禮의 특수성을 들어 정원군을 숙부로 불러야 한다는 숙질론을 주장했는데, 이 주장에는 왕실의 서자를 왕으로 추존한 전례가 없다는 의미가 포함되어 있었다. 정원군의 추존 문제는 쉽게 결론을 내지 못하고 10년 넘게 논란이 이어졌다. 따라서 인조가 정권을 잡고 있던 '서인에게 멸시받고 있다'는 불만을 털어놓을 정도로 왕권이 대단히 위축되어 있었다.

인조 5년(1627), 경기도 양주군 곡촌리에 있던 정원군의 묘 흥경원을 어머니 계운궁 구씨의 묘인 김포 성산(현재 풍무동)의 육경원 근처로 옮겼다. 인조 10년(1632), 인조는 아버지 정원군을 원종으로, 어머니 계운궁 구씨를 인헌왕후로 추존하면서 흥경원과 육경원을 합쳐 장릉章陵이라는 능호를 올렸다. 물론 이러한 조치에는 인조가 자신의 정통성을 보완하려는 의도가 담겨 있었다.

이처럼 인렬왕후와 인조는 비록 왕비와 왕의 자리에 올랐지만, 앞날을 확신할 수 없었다. 그럼에도 그녀는 침착하게 상황을 판단하고 실천에 옮기는 외유내강형 여인이었다. 이러한 성품은 성장 과정에서 겪은 경험들이 기반이 되었고, 아버지 한준겸에게 배운 신중함과 겸손함이 그녀의 궁궐 생활에 큰 영향을 미쳤다.

동냥아치 중전마마로 불리다

인렬왕후의 시댁은 비록 왕실 종친이었지만 예우가 풍족하지는 않았다. 더구나 주기적으로 일어난 역모 사건에 시댁 식구들이 관련되어 시련을 겪었던 탓에 좀처럼 곤궁한 생활에서 벗어나지 못했다. 이러한 시댁 살림을 도맡았던 인렬왕후는 곤궁했던 생활이 몸에 밴 터라 궁궐로 들어와서도 궁녀들이 '동냥아치 중전마마'라고 비아냥거릴 정도로 검소한 생활을 했다.

그럼에도 그녀는 주변의 시선에 신경 쓰지 않고 의연했고, 인조에게도 검약한 생활을 강조하며 조언을 아끼지 않는 등, 정통성이 부족한 인조에게 경각심을 일깨워줌으로써 반정과 같은 불행한 일이 다시 일어나지 않도록 최선을 다해 내조했다.

인렬왕후와 인조는 부부 사이가 좋았지만, 당시 국내외 정세는 이들에게 끊임없이 시련을 안겨주었다. 즉위 초부터 반정의 논공행상論功

行賞에 불만을 품은 이괄이 난을 일으켜 왕이 피난을 가는 등 출발부터 순탄하지 않았다. 인조 5년(1627)에는 정묘호란이 일어나 오랫동안 오랑캐로 부르며 업신여기던 후금後金과 형제의 화의를 맺게 되었고, 인조 14년(1636)에는 병자호란으로 남한산성에서 청의淸衣를 입고 군신君臣의 예를 맺는 굴욕까지 당하는 등 몸과 마음이 극도로 지쳐갔다.

두 차례에 걸친 전쟁으로 백성들의 삶은 말로 표현하기 힘들 정도로 고통스럽고 비참했으며, 조정에서는 당쟁이 더욱 심해졌다. 그럼에도 그녀는 정쟁에 휘말리지 않도록 침착하게 행동했고, 궁궐의 질서를 바로잡고 민심 회복에 적극 나서는 등 왕비로서의 역할을 충실히 해냈다. 그 예로 상궁 한보향과 관련한 이야기를 꼽을 수 있다.

광해군과 폐비 류씨를 잊지 못한 궁녀들이 인렬왕후에 불만을 품고 은근히 무시하기도 했다. 한번은 어느 궁녀가 "한보향이라는 궁녀가 폐주(광해군)를 잊지 못하고 눈물을 흘리며 옛일을 생각한다"고 인렬왕후에게 고자질을 했다. 그러자 인렬왕후는 고자질한 궁녀를 매로 다스렸고, 상궁 한보향의 의리를 위로하며 셋째 아들 인평대군의 양육을 맡겼다. 이후 인렬왕후의 권위가 세워지고, 궁궐의 질서가 잡히기 시작했다고 한다.

이 이야기는 궁궐 생활을 시작할 무렵 인렬왕후에 대한 관심이 반영된 것이라 그녀의 궁궐 생활을 유추해볼 수는 있지만, 사실 여부를 확인하기는 힘들다.

『연려실기술』에 따르면, 원래 양가집 규수였던 한보향은 광해군 때 궁궐에 들어와 광해군의 총애를 받은 후궁 숙원 한씨로 전한다. 인조반정이 일어났을 때 궁을 탈출하지 못한 왕비가 궁녀 10여 명과 함께 후원에 숨었는데, 3일이 지나자 왕비가 "이렇게 숨어서 굴욕스럽게 사느니 차라리 군사들에게 알리는 게 낫겠다"고 하자, 한보향이 용감하게 앞에 나서서 "중전이 여기에 계신데 무례해서는 안 된다. ……새로운 왕이 누구인가? 이 거사가 종사宗社를 위한 것인가? 아니면 부귀를 위한 것인가? 의로움을 위해 거사했다면 어찌 전 왕비를 핍박할 수 있는가?"라며 군사들을 꾸짖었다고 한다.

이때의 일로 한보향은 주목을 받았고, 용모가 단정하고 성실한 그녀는 인조가 즉위한 뒤 다시 여관女官에 임명되어 인렬왕후의 총애를 받았다고 한다. 이에 한보향을 질투한 궁녀가 "옛 임금을 생각하며 남몰래 눈물을 흘린다"고 밀고하자 인렬왕후는 밀고자를 벌하고 의리를 지킨 한보향을 중용한 것으로 전한다.

하지만 광해군의 후궁 중에 숙원 한씨라는 인물은 찾아볼 수 없어 한보향은 광해군의 후궁이 아니라 궁녀로 추정된다. 그럼에도 그녀를 좀 더 중요한 인물로 묘사한 것은 인조반정으로 어수선했던 궁궐 안의 분위기를 바로잡으려는 인렬왕후의 포용력과 지도력을 극적으로 담아내려는 의도로 해석된다.

이외에도 인렬왕후가 인조에게 광해군을 죽이지 못하게 말렸다는 이야기도 전한다. 비록 쫓겨난 왕이지만 15년이란 기간 동안 왕위에 있던 전 왕을 처형함으로써 돌아오게 될 비난을 의식했던 것이다.

인목대비를 보필하라

궁궐 생활을 시작한 인렬왕후가 넘어야 할 산이 한둘이 아니었지만,

무엇보다도 가장 신경을 써야 할 부분은 인목왕후, 즉 인목대비였다. 서궁에 유폐된 인목왕후는 인조의 즉위로 유폐에서 풀려나 대비의 자리에 오른 왕실 최고 어른이었고, 법적으로는 인조의 할머니이자 인렬왕후의 시할머니였다. 그러나 인렬왕후 부부가 인목왕후를 모시는 일은 쉽지 않았다.

「인조실록」에는 인렬왕후 부부가 "엄격하고 급한 성격의 인목대비에게 뜻을 굽히고 안색을 살피며 조금도 어기는 일이 없이 효성과 공경을 다했다"고 기록되어 있다. '인목대비의 엄하고 급한 성격'이라는 표현에서 알 수 있듯이, 인목왕후는 인렬왕후 부부에게 적극적으로 협조하지 않았음을 추측할 수 있다. 이들의 관계와 관련하여 다음과 같은 이야기가 전한다.

반정이 성공하여 인조가 창덕궁 정전에서 즉위식을 준비했지만, 대왕대비인 인목왕후가 경운궁에서 즉위할 것을 고집하여 결국 그 뜻을 관철시켰다. 경운궁은 지난날 정릉동 행궁으로, 피난에서 돌아온 선조가 집무를 보던 곳이자 자신이 유폐생활을 했던 곳이라는 점에서 선조를 앞세워 그녀가 억울하게 유폐되었다는 사실을 재확인하는 의미가 담겨 있었다.

한편으로는 왕권이 교체되는 엄중한 시점에서 인조의 즉위에 대한 명분을 확보하려면 선조의 정비이며 대왕대비인 자신의 의견이 중요하다는 사실과 더불어 자신의 존재감을 분명하게 보여주려는 의도도 있었다. 달리 말하면 현실적인 가능성은 크지 않았지만, 인목왕후는 명분만 있으면 다른 왕을 옹립할 수 있는 자격을 지니고 있음을 대외적으로 보여준 것이다.

인조와 인렬왕후는 즉위 후에도 그녀를 정성을 다해 모심으로써 효의 근본을 실천하려고 노력했다. 그러나 두 사람의 노력에도 인목왕후는 결코 호락호락하지 않았다. 인조 초기, 조선 역사에서 최초로 반란군이 수도를 점령한 이괄의 난으로 피난길에 오르게 되었을 때 인렬왕후와 인목대비는 먼저 강화도로 피난을 떠나기로 하고, 인조는 사태를 보고 움직이기로 했지만 반란군 기세가 만만치 않았다. 반란군이 벌써 임진강을 건넜다는 전갈에 따라 모두 공주산성으로 떠나기로 결정하여 한강으로 거동했다. 하지만 인목대비를 수행하던 관원이 이미 양화도로 길을 잡아 강화로 향하는 것을 간신히 피난 행차를 돌린 일도 있었다.

「인조실록」에는 인목대비를 모셔오도록 명한 사람은 인렬왕후로 기록하고 있고, 『연려실기술』에는 이때의 일을 좀 더 자세히 기록하고 있다. 당시 이정구와 신익성이 인목대비에게 행차를 돌릴 것을 권하자 대비는 '그렇게 할 수 없다'며 고집을 부려서 난감한 상황이 벌어지기도 했다. "당시 신익성이 인목대비를 간신히 설득해서 행차를 돌려 수원에 이르렀을 때 인조가 기진맥진하였다"고 전할 정도로 고충이 컸다. 이러한 사실을 감안할 때 인목대비를 자주 접해야 했던 인렬왕후의 마음고생을 미루어 짐작할 수 있다. 더구나 인렬왕후의 친정아버지 한준겸과 인목대비의 친정아버지 김제남이 서로 사이가 좋지 않았다는 이야기도 전한다.

인조는 주변의 비난 여론에도 아랑곳하지 않고 인목대비의 딸 정명공주를 지나칠 정도로 예우했다. 정명공주는 인목왕후와 선조 사이에서 태어난 열 번째 공주였다. 그녀는 선조가 52세의 늦은 나이에 얻은 유일한 적녀로 선조의 각별한 사랑을 받았다. 그녀 또한 광해군이 어머니를 폐서인하여 유폐했을 때 함께 감금되어 고초를 겪었다. 이후 인조반정으로 복권되었고, 중추부동지사 홍영의 아들 홍주원과 혼례식을 올렸다. 이때 인목왕후는 사위 홍주원에게 왕만이 탈 수 있는 어승마御乘馬를 타고 궁에 들어오게 한 일로 조정에서 논란이 벌어졌지만, 인조는 인목왕후와 홍주원을 벌하지 않았다.

뿐만 아니라 광해군 때 인왕산 아래 인경궁을 짓다가 남은 재료를 인조의 명으로 공주의 개인 저택을 짓는 데 쓰도록 지원하기도 했다. 이에 대간에서 "궁궐을 지으려고 마련한 목재와 기와를 공주의 집을 짓는 데 쓰는 것은 부당하다"며 반대했지만, 인조의 엄명으로 공사가 진행되었다. 더구나 『경국대전』에 공주의 집이 50칸을 넘지 못하게 규정하고 있음에도 새로 지은 공주의 집은 100칸이 넘었다. 이외에도 인조는 정명공주에게 수많은 노비와 토지를 하사하는 등 그야말로 선물 공세를 멈추지 않았다. 정명공주가 하사받은 땅이 경상도에만 8076결, 즉 5천만 평에 이르러 구설수에 오르기도 했다.

하지만 정명공주에 대한 인조의 예우는 인목대비가 살아 있을 때까지였다. 자신을 폐위하고 다른 왕을 옹립할지도 모른다는 의심을 떨치지 못했던 인조는 대왕대비전에 첩자를 심어두었다는 이야기가 전할 정도로 인목대비를 경계했던 것이다.

10년에 걸친 정명공주의 밀월기간은 인목대비의 사망으로 막을 내렸고, 이후 17년 동안 정명공주는 인조의 의심을 받는 등 악몽 속에서 지내게 된다. 인조가 세상을 떠나자 정명공주는 다시 광명을 찾았고, 36년 동안 효종과 현종 그리고 숙종 대까지 왕실 어른으로 최고의 대접을 받으며 살다가 숙종 11년(1685) 83세를 일기로 세상을 떠났다.

이처럼 정명공주는 임진왜란 직후에 태어나 혼란스러운 역사와 함께 삶을 시작한 후 선조·광해군·인조·효종·현종·숙종 등 6대에 걸쳐 반전이 거듭된 삶을 살았다. 그럼에도 조선의 공주 가운데 가장 오래 살았던 그녀는 홍주원과의 사이에 7남 1녀를 두는 등 후손이 번성했고, 이후에도 왕실과 각별한 인연도 이어갔다. 사도세자의 장인 홍봉한은 그녀의 5대손, 홍봉한의 딸 혜경궁 홍씨는 그녀의 6대 손이다.

연이은 불행으로 몸과 마음이 지치다

인렬왕후는 인조와의 사이에서 태어난 어린 자식들을 지켜내지 못해 가슴에 슬픔을 안고 살았던 비운의 어머니이기도 하다.

그녀는 혼인한 지 2년 만인 광해군 4년(1612)에 장남 소현세자를 낳았고, 7년이 지난 광해군 11년(1619)에 둘째 아들 봉림대군을 낳았다. 광해군 14년(1622)에는 셋째 아들 인평대군을 낳아 왕비가 되기 전에 모두 세 아들을 두었다. 인조 2년(1624)에 넷째 아들 용성대군을 출산하는 등, 왕비 자리에 오른 뒤에도 왕자 셋과 공주 하나 그리고 성별을 알 수 없는 한 명 등 모두 다섯 아이를 출산한 것으로 전한다. 하지만 왕비 자리에 올라 출산한 자녀들은 모두 영유아기에 세상을 떠났다.

인렬왕후는 왕비의 자리에 오른 첫 출산부터 시련을 겪었다. 그녀가 용성대군을 출산했다는 사실에 의문을 제기하는 것이 그 예이다. 왕실에서 왕자의 출생은 매우 경사스러운 일이었음에도 「인조실록」에는 용성대군의 출산에 관한 기록이 전하지 않는다. 그러나 용성대군의 탄생은 분명한 사실이므로 그의 탄생 시기를 인조 즉위 초에 일어난 이괄의 난 무렵, 힘겨운 피난길에 올랐던 2월 초로 보기도 한다. 즉 인렬왕후는 임신을 한 상태에서 피난을 떠났고, 다시 환궁하는 무리한 일정이었던 상태라 용성대군의 출산 시기가 정확히 기록되지 않았던 것이다.

그녀가 다섯째를 임신했을 무렵 인조 3년(1625)에는 인조의 생모, 즉 계운궁 구씨가 병석에 누웠고, 결국 병세가 악화되어 이듬해인 인조 4년(1626) 1월에 세상을 떠났다. 당연히 인렬왕후는 임신한 몸으로 힘든 상례를 치러야 했다. 실록에 따르면, "윤6월에 건강에 이상이 생겨 약을 복용하기 시작했고, 7월에 태어난 지 얼마 안 된 공주가 요절하여 염려스러운 마음에 문안드린다"는 기록으로 보아 시어머니가 사망하고 얼마 지나지 않아 출산한 공주가 사망했음을 알 수 있다.

그 이듬해인 인조 5년(1627) 1월 새해 벽두부터 후금이 의주를 침공하면서 정묘호란이 일어났다. 그녀는 인목대비를 모시고 친정아버지 한준겸의 호위를 받으며 강화도로 피난을 떠났다. 이후 후금과 화친을 맺고 4월에 환궁할 때까지 피난 생활로 병세가 날로 심각해졌다. 여기에 마음의 병까지 더해져 어의마다 정확한 진단을 내리지 못해 여러 가지 약재를 복용할 정도였다.

이런 몸으로 7월에는 건강에 이상이 생긴 인목대비의 병간호까지 해야 했다. 7월 한 달 동안 그녀가 인목대비를 모시고 인경궁에 가서 약수 치료를 하는 와중에 7월 17일에 친정아버지 한준겸이 세상을 떠났다.

71세의 고령인 한준겸은 중풍에 걸린 몸으로 강화도로 피난 가는 왕비와 대비를 호종했고, 다시 왕세자의 분조分朝를 따라 전주로 가라는 명을 받들어 왕세자와 함께 길을 떠났다가 4월에 한성으로 돌아오는 등 무리한 일정을 소화해냈다. 결국 자리에 누운 한준겸은 세상을 떠났고, 인렬왕후는 자신의 몸을 돌볼 겨를도 없이 친정아버지의 상을 치러야 했다.

이듬해 12월 인렬왕후는 여섯 번째 왕자를 출산했다. 그러나 건강이 좋지 못한 상태에서 임신하고 출산한 탓인지 왕자는 태어난 지 9개월 만인 인조 7년(1629) 8월에 사망했고, 3개월 후인 11월에 여섯 살인 용성대군마저 천연두를 앓다가 갑자기 사망했다. 두 명의 왕자를 연이어 잃은 인렬왕후에게 인조 7년은 너무도 잔인한 해였지만, 이후에도 왕실의 슬픈 가족사는 그녀의 삶을 짓눌렀다.

인조 8년(1630), 인목대비가 수리를 끝낸 인경궁으로 거처를 옮긴 뒤에도 인렬왕후는 인조와 함께 자주 문안을 드리는 등 주변의 일들을 적극적으로 챙겼다. 인조 9년(1631), 일곱째 아이를 임신했다는 기록은 확인할 수 있으나 출산했다는 기록이 보이지 않는 것으로 보아 사산死産한 것으로 추정된다. 이듬해인 인조 10년(1632) 6월 인목대비가 사망했다. 이에 인렬왕후는 국상을 치러야 했고, 이때 병을 얻은 인조의 병간호까지 하면서 더욱 무리하게 된다.

이후 인조 13년(1635) 12월, 왕자를 출산했지만 곧바로 사망하자 이에 큰 충격을 받은 인렬왕후는 자리에서 일어나지 못했다. 왕비 자리에 올라 해마다 가족의 죽음으로 상을 치러야 했던 그녀는 병석에 누운지 나흘 만에 산후병으로 창경궁 여휘당麗輝堂에서 42세의 나이로 세상을 떠났다. 그러나 그녀가 사망한 뒤에도 그녀의 불행한 가족사는 멈추지 않았다.

슬픈 가족사를 가슴에 묻다

인렬왕후와 인조의 장남 소현세자는 인조 3년(1625) 14세의 나이에 왕세자로 책봉되었고, 왕실에서는 세자의 혼인을 서둘렀다. 당시 인렬왕후 부부는 남인 윤여립의 딸을 염두에 두고 있었다. 반정공신인 서인들을 견제하기 위해서라도 필요한 조치였지만, 당연히 서인이 반대하고 나섰다. 서인은 자신들의 정권을 유지하기 위해 왕비는 반드시 서인 집안에서 간택해야 한다는 원칙을 내세웠다. 서인을 무시할 수 없었던 인조는 결국 그들의 손을 들어주었다. 소현세자는 인조 5년(1627) 16세에 강석기의 딸과 혼례를 올렸다. 그녀가 바로 소현세자빈 강씨로, 남편 소현세자와 함께 청나라에서 볼모 생활을 하며 변화하는 세상 경험을 조선에 적용해서 꿈을 펼치고자 했던 당찬 여인이다.

둘째 아들 봉림대군은 인조 9년(1631) 13세에 장유의 둘째 딸과 혼례를 올렸고, 봉림대군과 유별나게 사이가 좋았던 셋째 아들 인평대군은 인조 12년(1634) 13세에 오단의 딸과 혼례를 올렸다. 인렬왕후는 왕비에 오르기 전 사가에서 낳은 세 아들이 모두 장성하여 대군에 봉해지고 혼례를 올려 가정을 꾸리는 기쁨을 누렸다.

그러나 늘 침착하면서도 강단 있었던 그녀의 부재를 확인이라도 하듯 그녀가 사망한 뒤 연이어 불행이 닥쳤다.

인조는 인렬왕후가 사망하자 그녀의 능을 한양 북쪽에 있는 현재의 경기도 파주시 문산읍 운천리에 조성했다. 왕비의 능을 조성하면서 주변의 700여 기에 이르는 백성의 묘를 강제로 파헤쳤다는 비난을 받는 등 수난을 겪기도 했다. 그녀가 사망한 해에 형제의 관계를 군신의 관계로 바꿀 것을 요구한 청나라가 조선에서 이를 거부하자 수많은 군사들을 이끌고 다시 쳐들어왔으니, 바로 병자호란이다.

당시 대신들은 척화파와 주화파로 나뉘어 격렬한 논쟁을 벌인 끝에 45일 만에 항복을 결정한 뒤, 삼전도(三田渡, 한양과 경기도 광주의 남한산성南漢山城을 잇는 나루)에서 군신의 예에 따라 인조가 무릎을 꿇고 엎드려 절하는 치욕을 겪는다. 그리고 소현세자 부부와 둘째 아들 봉림대군 부부가 모두 청나라에 볼모로 잡혀가게 된다.

소현세자 부부는 이후 8년 만에 그리던 고국에 돌아오지만, 세자 부부와 세 아들 그리고 세자빈의 친정 노모와 4형제까지 역모 죄로 몰려 집안이 몰락하고 말았다. 민간에서는 소현세자 부부의 안타까운 죽음과 관련하여 여러 이야기들이 전하고 있다.

왕권을 넘본다며 인조의 의심을 받은 소현세자가 귀국한 지 두 달 만에 갑자기 사망하자 독살되었다는 소문이 돌았고, 소현세자빈에게는 역모를 주동했다는 모함으로 사약이 내려졌다. 그녀의 죄는 인조의 음식에 독약을 넣었으며, 심양에 있을 때 대규모 농장을 운영하면서 국제 무역 등으로 모은 막대한 자금을 토대로 청을 지원 세력으로 끌어들여 인조를 왕위에서 쫓아내려는 계획을 은밀하게 세웠다는 것이었다.

이와 관련한 구체적인 근거는 찾아볼 수 없다. 다만 임진왜란 당시 명나라에서 선조에게 왕위를 교체하라고 압력을 넣어 선조와 세자 광해군 사이에 갈등이 깊어졌다는 전례가 있기는 했다. 소현세자가 사망한 후에도 인조의 의심은 더욱 깊어져 왕위를 이을 자격이 있던 소현세자 부부의 세 아들까지 견제했고, 끝내 12세와 8세 그리고 4세인 소현세자의 세 아들을 모두 제주에 유배했다. 유배된 이듬해 봄에 장남 석철이 사망했고, 같은 해 12월 둘째 석린도 사망했다. 다행히 셋째 아들 석견(경안군)만 목숨을 건져 효종이 즉위한 뒤 복위되었다.

당시 사관은 "단지 추측만으로 법을 집행하여 안팎의 민심이 수긍하지 않았다"며 인조를 '용렬한 왕'이라고 비판했다. 「인조실록」에는 석철의 죽음을 풍토병으로 기록하지만, 항간에는 그가 독살되었다는 의문을 제기하기도 했다. 소현세자가 사망하자 청나라의 용골대가 석철을 데려다 기르겠다고 했지만, 인조는 석철이 장성하면 청나라가 자신을 폐위하고 석철을 왕위에 올리려 한다고 의심했기 때문이다.

이러한 혼돈 속에서 차기 왕권을 노리던 인조의 후궁들까지 가세하여 내명부의 질서를 흔들었다. 그토록 왕권을 지키기 위해 고군분투하던 인조는 인렬왕후가 사망한 뒤 15세의 어린 계비를 들여 훗날 분란의 여지를 남겨놓고 세상을 떠났다. 인조와 함께 잠들어 있는 인렬왕후가 능에서 남편을 어떻게 대했을지 궁금하다.

인조는 인렬왕후의 능을 조성하면서 자신이 사망한 뒤 함께 묻힐 자리를 마련해두었고, 훗날 인조가 사망하자 쌍릉으로 조성되었다. 능호는 장릉長陵이다. 조선에서 능호가 장릉인 왕릉은 세 곳이다. 영월에 있는 단종의 장릉莊陵이 제일 먼저 조성되었고, 다음으로 인조가 아버지 정원군을 왕으로 추존하면서 김포에 조성한 장릉章陵, 그리고 인조와 인렬왕후 부부의 장릉長陵이다.

살아생전 피난길에 오르기도 했던 이 두 사람은 죽어서까지 능을 옮겨야 했다. 능 주변에 뱀과 전갈, 벌레 등이 집을 짓고 살아 불길하다는 이유로 영조 7년(1731) 경기도 파주군 탄현면 갈현리로 이장하여 합장릉으로 조성되었다. 당시 난간석은 땅에 묻고 석호石虎와 석양石羊은 가져왔으므로 장릉의 석물은 17세기와 18세기의 석물이 공존하는 특징을 보인다. 장릉은 워낙 외진 곳이라 일반인의 발길도 드물어 부부가 조용히 잠들어 있다.

'인을 베풀고 의를 따르는 것을 인仁 그리고 공로가 있고 백성을 편안하게 하는 것을 열烈'이라 하여 그녀에게 인렬仁烈이란 시호를 내렸다. 인조는 명헌明憲이라는 시호를 원했지만, 대사헌 김상헌이 '시호를 정하는 일을 군주의 의향대로 할 수 없다'는 이유를 들어 반대했다. 그리고 아들 효종이 '명덕정순明德貞順'의 휘호와 고종이 '정유正裕'의 휘호를 올렸다.

장릉 : 경기도 파주시 탄현면 장릉로 90(갈현리 산25-16)

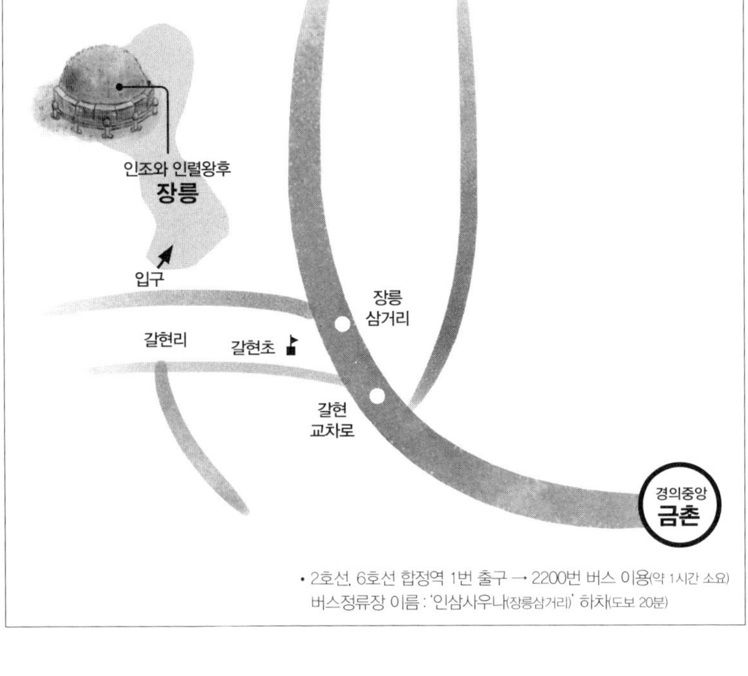

• 2호선, 6호선 합정역 1번 출구 → 2200번 버스 이용(약 1시간 소요)
버스정류장 이름 : '인삼사우나(장릉삼거리)' 하차(도보 20분)

여섯 번의 상복을 입으며 당쟁에 휘말리다

장렬왕후 조씨莊烈王后 趙氏

인조의 계비

모순된 삶이 지배하다

장렬왕후는 조선 중기 이후 격렬했던 당쟁의 중심에 서 있던 왕비이다. 그녀가 역사적인 논쟁의 중심에 선 것은 그녀의 의지와는 전혀 상관없이 각 정파에서 그녀를 당쟁에 활용했던 탓이다. 그녀는 외척을 세력화하지 않고 부덕婦德으로 평생을 무난하게 보냈음에도 당쟁이라는 혼란기에 벌어진 모순에서 결코 자유롭지 못했다. 그녀와 관련하여 벌어진 상복 논쟁이 대표적인 예이다.

장렬왕후가 계비로 간택되어 궁궐 생활을 하던 무렵은 남편 인조가 권력을 지키려고 도를 넘어서는 행동을 서슴지 않던 시기였다. 하지만 왕비로서 그녀의 존재감은 보잘것없었고, 이후 대비와 대왕대비의 자리에 올랐을 때도 자신의 거처에서 벗어나지 못하는 가택연금과 크게 다를 바 없는 처지였다. 한마디로 64년의 삶에서 50여 년 동안 궁궐에서 외로움과 벗하며 살았다.

장렬왕후는 인조 2년(1624) 양주楊州 조씨 집안에서 아버지 조창원趙昌遠과 어머니 전주 최씨 사이에서 태어났다. 조창원은 선조 25년(1592) 임진왜란이 일어나자 10세의 나이로 아버지를 따라 종군하기도 했고, 선조 34년(1601) 의금부도사가 되었으나 광해군이 즉위한 뒤 대북 세력이 정국을 주도하던 광해군 6년(1614), 신경희의 옥사에 아버지가 휘말려 화를 당하자 관직을 그만두고 시골로 내려와 아버지를 봉양하며 살았다. 이후 인조반정으로 다시 관직에 제수되었고, 직산현감 등 지방 수령을 지내면서 민심을 달래고 세금과 조세를 감면하는 등 많은 치적을 쌓으며 청렴한 관리로 인정받았다.

조창원이 직산현감을 지낼 때 태어난 그녀는 태몽과 관련하여 흥미로운 이야기가 전한다. 어머니가 어느 날 꿈을 꾸었는데, 상서로운 무지개가 방 안 가득하게 떠오르며 하늘에서 신선의 음악이 들렸다고 한다. 곧이어 수많은 옥녀玉女들이 화려한 색깔의 옷을 입고 향을 피우며 내려와 "귀부인이 이미 내려오셨으니 옥책이 장차 열려 이를 것입니다"라는 말을 남기고 사라졌다고 한다. 도교적 색채와 함께 신화를 연상시키는 그녀의 태몽은 주변의 관심을 끌기에 충분했고, 마치 왕비의 탄생을 예고하는 듯했다.

하지만 당시 정국을 감안하면 왕비가 될 태몽이 그리 좋은 것만은 아니었다. 왕비의 친정이 하루아침에 몰락할 정도로 정국이 대단히 불안했기 때문이다. 어쩌면 그녀의 태몽은 겉은 화려하지만, 속은 알 수 없는 모순된 삶을 예견하는 듯했다.

그래서일까, 그녀가 왕비 자리에 오르는 과정도 순탄하지 않았다. 인렬왕후의 사망으로 왕비 자리가 비어 있었지만, 3년이 지나서야 인조 16년(1638) 계비의 간택 절차가 이루어졌다. 불과 2년 전에 병자호란이 끝난 탓에 왕과 왕실의 권위가 밑바닥까지 떨어져 있었고, 민심이 상당히 좋지 않은 시기였다. 때문에 왕실 혼사에도 협조적이지 않았다. 왕비 간택을 위해 금혼령을 내린 지 3개월이 지났지만 각 지방마다 처녀들의 명단 제출을 기피했고, 심지어 강원도에서는 처녀 단자가 단 한 건도 올라오지 않았다.

이에 인조는 관원들을 추궁하는 한편, "대궐에서 나온 처녀들에게 모두 혼인을 허가한다"며 간택에서 탈락한 규수들이 일정기간 동안 혼인하지 못하게 했던 관행을 없애기도 했다. 이러한 과정을 거쳐 그녀가 인조의 계비로 간택된다. 당시 그녀의 나이 15세였고, 인조는 44세였다. 스물아홉 살이라는 나이 차를 어떻게 극복할지도 문제였지만, 어린 나이에 궁궐 생활을 시작하게 된 그녀의 앞날도 결코 낙관할 수 없었다.

정국은 어수선했고, 인조는 소용 조씨를 총애하고 있었다. 소용 조씨는 욕심이 많았을 뿐만 아니라 인조의 사랑을 독차지하기 위해 시기와 질투가 대단히 심했다. 누구든 눈에 거슬리면 제거의 대상으로 삼았고, 자신이 낳은 아들을 왕위에 올려놓으려고 모략과 이간질 등 온갖 술수를 서슴지 않았다. 소용 조씨는 궁궐의 안주인 행세를 하며 왕비와 다름없는 대접을 받았다.

이러한 소용 조씨의 권세를 보다 못해 소용 조씨보다 먼저 궁궐에 들어온 이 상궁이 애향이라는 궁녀에게 못마땅한 속내를 털어놓았는데,

이 사실을 어떻게 알았는지 조씨는 인조에게 "이들이 궁중에서 저주를 하고 있다"며 모략했다. 궁궐에서는 소용 조씨가 조작한 이야기라는 소문이 떠돌았지만, 인조는 그녀의 말만 듣고 다음날 이 상궁을 처단하기도 했다.

그녀는 인조와 소현세자를 이간질하여 두 사람 사이를 더 멀어지게 했다. 조선의 후궁 가운데 최악의 3인에 중종의 경빈 박씨와 숙종의 희빈 장씨 그리고 소용(귀인) 조씨를 꼽는 것도 이러한 이유 때문이다.

효종의 배려로 기회가 찾아오다

장렬왕후는 남편 인조와의 사이에 자식이 없어 소외감이 더욱 클 수밖에 없었다. 인조가 왕비의 처소를 찾을 때면 그녀가 중풍이 들었다며 거절했다는 이야기도 전한다. 어쩌면 자신이 아들을 낳으면 또다시 피바람이 일어날 것을 우려했기 때문인지도 모른다. 그녀가 궁궐에 들어와서 본 것만으로도 이러한 교훈을 얻기에 충분했을 것이다.

인조는 자신을 대하는 장렬왕후의 태도에 마음이 상했던지 그녀를 더욱 냉대했다. 인조 23년(1645) 그녀가 중풍에 걸렸다고 하자 인조는 '병이 전염된다'는 이유로 그녀의 거처를 창경궁에서 경덕궁으로 옮기게 했다. 대신들이 '법도에 어긋난다'며 반대했지만 소용이 없었다. 장렬왕후에게 하루도 빼놓지 않고 문안을 드렸던 세자 봉림대군에게도 '매일 문안하지 말라'는 엄명까지 내렸다.

장렬왕후가 거처를 옮기게 된 진짜 이유에는 왕비 자리를 탐내던 소용 조씨가 인조를 움직였다는 이야기가 전한다. 장렬왕후는 왕비의 예에 따라 창경궁의 통명전에 거처했고, 경춘전에 거처하던 소용 조씨가 이를 시기하여 인조를 부추겼다는 것이다. 그럼에도 장렬왕후는 궁궐에서 일어나는 일들을 애써 모른 척하며 조용히 지냈다.

그녀가 공식 절차를 밟아 15세의 어린 나이로 왕비 자리에 올랐지만, 국모이자 내명부의 최고 어른으로 궁궐의 질서를 잡기에는 무리가 있었다. 게다가 궁궐 안에는 왕 한 사람을 중심으로 모든 사람이 움직이는 듯했지만, 때때로 그들의 셈법은 상식을 초월할 정도로 이해관계에 따라 다양하고도 복잡했다.

더구나 인조는 나이 어린 왕비보다 자신의 마음을 잘 알아서 챙겨주는 소용 조씨를 좋아했다. 소용 조씨는 인조와의 사이에서 이미 아들 숭선군을 낳았고, 딸 효명옹주는 권신 김자점의 손자와 혼인하여 김자점의 적극적인 지원을 받고 있었다. 따라서 누구도 쉽게 소용 조씨를 상대할 수 없었다. 소용 조씨는 숙원에서 소의로 뛰어올랐고, 이때 청나라에 볼모로 잡혀갔다가 돌아온 소현세자빈 강씨와도 갈등을 일으키는 등 상대를 가리지 않았다. 이러한 상황에서 장렬왕후는 신중하게 처신했고, 덕분에 혼란스러운 정국에서도 큰 위기를 피해갈 수 있었다.

1649년, 귀인으로 삼은 조씨가 인조가 세상을 떠나던 날에도 인조 곁을 지켰을 뿐, 장렬왕후는 그 자리에 없었다. 이때 세자 봉림대군이 "왕비가 왕의 마지막 가시는 길을 지켜야 한다"며 장렬왕후를 모시고 오라고 명해서 인조의 임종을 지켜볼 수 있었다. 이러한 세자의 배려는 단순한 온정주의에서 나온 것이 아니었다. 당시 차기 왕으로서 첫 지시이기도 했던 세자의 조치는 장차 대비 자리에 오를 장렬왕후가 왕실의 최고 어른임을 보여줌으로써 왕실의 질서를 바로 세우려는 의미와 함께 귀인 조씨와 그녀를 지원하는 대신들에게 보내는 경고의 의미이기도 했다.

장렬왕후는 봉림대군이 효종으로 즉위하자 대비 자리에 올랐고, 효종 2년(1651) '자의'라는 존호를 받아 자의왕대비慈懿王大妃가 되었다. 나이 26세에 대비 자리에 오른 장렬왕후는 효종보다도 다섯 살이 어렸지만, 효종의 지극한 효도를 받으며 대비로서의 위상을 되찾게 된다.

효종은 즉위한 그해 5월 귀인 조씨와 그녀를 후원하는 김자점 등이 그녀의 장남 숭선군을 왕으로 추대하려 했다는 혐의로 처형하고, 숭선군을 귀양 보냄으로써 왕권에 도전하는 세력에게 강력한 경고를 보냈다. 따라서 대비에게는 그동안의 고생을 잊고 평온한 일상이 기다리는 듯했다. 단지 왕보다 젊은 대비가 조정에 어떤 논쟁을 불러올지 아무도 예측하지 못했을 뿐이었다.

상복을 여섯 차례 입다

장렬왕후의 행복은 그리 길지 않았다. 효종이 재위 10년 만인 1659년 5월에 사망하면서 서인과 남인 사이에 그녀가 상복을 입는 기간을 놓고 격렬하게 논쟁을 벌이면서 정국이 혼란에 빠져들었던 것이다. 이를 '1차 예송 논쟁禮訟論爭'이라고 한다.

당시 예학禮學의 일인자였던 서인 송시열은 효종이 장남이 아니기 때문에 대비는 상복을 1년 동안만 입어야 한다고 주장했다. 반면, 남인 윤휴는 차남일지라도 왕위에 오르면 장자가 될 수 있다는 논리를 내세위 3년을 주장하고 나섰다. 장남 소현세자와 그 자손이 있었으니 효종은 집안에서 둘째 아들이지만, 소현세자는 세자 시절에 사망했고 효종이 그의 뒤를 이어 세자의 자리에 올라 왕위를 계승했으므로 적자로 보아야 한다는 논리였다.

하지만 이러한 이유는 표면적인 것이었다. 이들의 논쟁은 정파 간의 주도권 다툼이라는 성격과 함께 왕권에 대한 신권의 견제라는 정치적 성격도 담겨 있었다. 왕조국가의 예를 따르면 남인의 주장이 설득력이 있지만, 왕조국가 이전에 사대부들이 숭상하는 성리학적 질서에 따른다면 서인의 주장에 힘을 실어줄 수도 있는 상황이었기 때문이다.

비록 조선이 성리학을 나라의 근간으로 삼기는 했지만, 왕권 강화를 시도했던 조선 전기라면 이러한 논쟁 자체가 일어날 가능성은 거의 없었다. 신하가 감히 적장자론을 내세워 왕의 자격을 거론하는 것 자체가 용납되지 않았기 때문이다. 하지만 효종의 뒤를 이어 왕위에 오른 현종은 노련한 대신들을 상대할 힘도 없는 19세의 어린 나이였고, 왕실을 지원하는 세력도 미약했다.

장렬왕후 역시 왕실 최고 어른인 대비의 자리에 있었음에도 늘 그래왔던 것처럼 논란을 지켜볼 수밖에 없었다. 그녀에게는 아무런 실권이 없었고, 누구도 그녀에게 의견을 묻지 않았기 때문이다.

논쟁은 대신들이 이끌어 갔고, 성리학이라는 국가 이념을 내세운 권신들의 1년 상에 힘이 실렸다. 결국 송시열의 주장을 받아들여 서인의 우세로 끝났지만, 효종을 적통으로 인정하지 않는다는 논란의 불씨를 남겨놓았다.

14년이 흐른 뒤 효종의 비 인선왕후가 사망하자 다시 장렬왕후가 상복을 입는 기간을 놓고 '2차 예송 논쟁'이 벌어졌다. 논쟁의 핵심은 여전히 왕권의 적통성과 관련 있다는 점에서 1차 예송 논쟁의 연장이었다. 당시 대신들은 맏며느리 상에는 1년 동안 상복을 입었고, 둘째 며느리 상에는 9개월 동안 상복을 입었던 고려의 예를 적용하여 대비인 장렬왕후가 상복을 입는 기간을 1년으로 하느냐 아니면 9개월로 하느냐의 문제로 논쟁을 벌였다.

당시 1차 논쟁에서 1년을 주장했던 서인이 9개월을 주장했다. 반면, 3년을 주장했던 남인은 인선왕후가 맏며느리인지 또는 둘째 며느리인지가 중요한 것이 아니라 나라의 왕비를 지냈으니 당연히 1년 상복을 입어야 한다고 주장했다. 이 논쟁은 1차 때보다 훨씬 심각했다. 1차 논쟁으로 세력이 꺾인 남인이 이 기회를 놓치지 않으려고 적극적으로 나섰기 때문이다.

결국 2차 예송 논쟁은 남인의 주장을 받아들였을 뿐만 아니라 14년 전의 상복도 3년으로 수정되었다. 이러한 결정에는 현종의 결단도 적지 않은 영향을 미쳤다. 처음 즉위했을 때와는 달리 14년이 지난 2차 논쟁에서는 정치력을 발휘할 정도로 성장한 그가 왕실의 존엄성과 왕권의 정통성을 지키기 위해 결단을 내린 것이다. 현종은 "신하가 되어 임금에게 박하게 대하면서 누구에게 후하게 할 것인가?"라며 대신들을 힐난하기까지 했다.

이후 서인이 쫓겨나고 남인이 대거 등용되면서 왕실의 법도가 바로 세워지는 듯했다. 그러나 인선왕후의 장례를 마치고 두 달여가 지난 8월 18일, 현종이 세상을 떠났다. 실록에는 현종이 과로로 발열과 설사가 심해 사망한 것으로 기록하고 있지만, 현종의 사망은 온갖 의문이 이어질 정도로 그야말로 갑작스러운 죽음이었다.

정국은 다시 격한 당쟁과 함께 혼란 속으로 빠져들었다. 현종 대의 실록은 현종이 사망한 직후 남인이 쓴 「현종실록」이 있었지만, 현종의 사망으로 다시 권력을 잡은 서인이 「현종개수실록」을 편찬하는가 하면, 생존해 있던 장렬왕후가 상복을 입는 문제로 또다시 첨예한 대립이 이어졌다.

이렇듯 장렬왕후는 인조·효종·현종·숙종에 이르기까지 4대에 걸쳐 오랜 기간 동안 정치적 풍파를 감내하며 궁궐 생활을 했다. 그 기간 동안 그녀는 소현세자, 남편 인조와 효종 부부 그리고 현종 부부가 먼저 세상을 떠나 여섯 차례나 상복을 입었다.

그녀는 역대 왕과 왕비 중에서 가장 많은 국상을 치르기도 했지만, 국상을 치를 때마다 논쟁의 중심에 섰고, 심지어 숙종 14년(1688) 그녀가 64세로 창경궁 별당인 내반원內班院에서 세상을 떠났을 때도 법적으로 증손자이자 상주인 숙종이 상복을 입는 문제로 또다시 논쟁이 벌어지기까지 했다. 당시 '친손자까지는 「오례의」에 따라 친자의 상복을 착용한다'는 규범이 있었지만 증손자부터는 기록은 물론, 선례가 없었던 것이다. 결국 논란은 일반 양반가의 예를 적용하여 상복을 입는 기간을 1년으로 결정하게 되었다.

그녀에게 '천리가 바르면서 뜻이 화평하고 덕을 갖고 선업을 준수했다'는 의미로 '장렬莊烈'이라는 존호가 올려졌다. 남편의 사랑을 제대로 받지 못하고 자식도 두지 못한 그녀는 죽어서도 인조와는 인연을 이어가지 못했다. 그녀의 능은 남편 인조의 능과는 정반대 방향인 경기도 구리시 인창동에 있는 동구릉에 조성되어 홀로 외롭게 잠들어 있다. 그녀의 능호는 휘릉徽陵으로, 태조의 건원릉 서쪽 언덕에 자리하고 있다. 마치 그녀는 죽어서까지 왕실에서의 반쪽 인생을 그대로 이어가는 듯하다.

휘릉 : 경기도 구리시 동구릉로 197(인창동 산5-2)

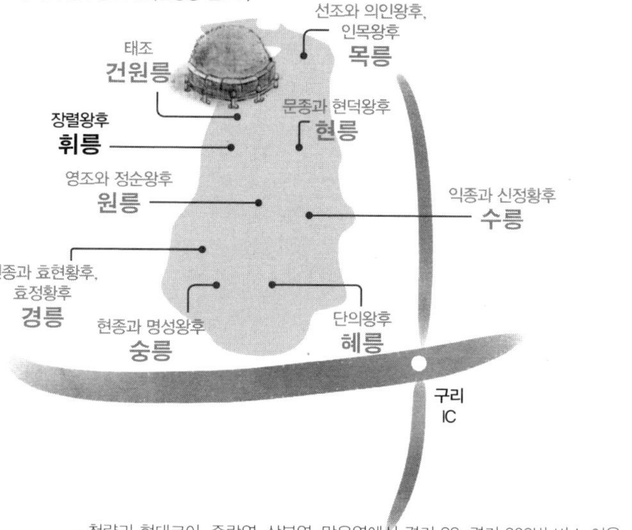

- 청량리 현대코아, 중랑역, 상봉역, 망우역에서 경기 88, 경기 202번 버스 이용
- 강변역에서 1, 1-1, 9-2번 버스 이용
- 경의중앙선 구리역에서 마을버스 2, 6번 버스 이용
  버스정류장 이름 : '우리나라 최대왕릉군인 동구릉'

예정에 없던 길을 걷다

인선왕후 장씨 仁宣王后 張氏

효종의 정비

엇갈린 형제의 삶으로 새로운 출발을 하다

'명나라와의 의리를 지키고 병자호란의 치욕을 갚기 위해 청나라와 전쟁을 준비해야 한다'는 북벌론과 '현실적인 여건을 감안해야 한다'는 실리 외교에 대한 논쟁은 조선 중기를 넘어서면서 최대 현안이었다. 여기에는 인조반정으로 쫓겨난 광해군이 그 중심에 있었다.

이제까지 조선은 명나라를 아버지의 예를 갖추어 사대외교를 해왔고, 변방의 여진족은 오랑캐의 나라라 하여 문화가 한참 뒤떨어진 야만족으로 취급했다. 그 여진족이 세력을 키워 후금을 세우고 명나라를 공격하여 세력을 확장해 나가면서 마침내 청나라를 건국했다. 광해군은 왜란 후 복구 사업으로 바쁜 일정을 소화하면서 주변국들과 외교 등, 앞으로의 국제 정세에도 관심을 기울였다.

광해군은 청나라가 조선을 침입하기 전에 잘 다독여 전쟁을 방지하고, 한편으로는 힘을 길러 만일의 사태에 대비하는 정책을 추구했다. 지금이야 학자들 사이에 북벌론이 현실적 여건을 감안하지 않고 이상론에 치우친 면이 없지 않았다고 지적하기도 하지만, 당시에는 현실적 여건을 감안한 실리 외교에 거부감이 컸다. 특히 실리 외교를 추구했던 광해군을 쫓아내고 즉위한 인조가 청나라에 역사적인 굴욕을 당함으로써 외교 문제를 현실적으로 접근하기보다 '굴욕을 씻어야 한다'는 명분을 내세운 대신들의 주장이 압도적으로 우세했다. 그 결과, 치러야 할 대가는 너무나 컸다.

인조의 장남 소현세자 부부와 차남 봉림대군 부부의 삶도 이러한 국내외 정세에 커다란 영향을 받았다. 이들은 모두 청나라에 볼모로 끌려가 처음으로 국경 너머 새로운 세상을 경험하게 되지만, 이후 두 형제의 삶은 전혀 다르게 펼쳐졌다.

소현세자 부부는 청나라에서의 경험을 토대로 실리 외교라는 대외 정책에 관심을 기울였고, 국제 경영의 개척자로 평가받을 정도로 선진 문화를 받아들이는 데 적극적인 태도를 보였다. 하지만 이러한 태도는 소현세자 부부의 죽음으로 몰고 가는 빌미가 되었고, 동생 봉림대군 부부에게는 왕과 왕비로 즉위하는 뜻하지 않는 기회가 되었다. 그들이 바로 효종과 인선왕후이다.

역사에서 살아남은 자는 승자를 의미했지만, 봉림대군 부부의 삶이 역사에서 승자였는지는 확신할 수 없다. 두 형제가 경쟁관계에 있었던 것도 아니었지만, 시간이 지날수록 후대 사람들은 효종과 인선왕후보다 비명횡사한 소현세자와 동지적 관계에 있던 세자빈 강씨를 더 주목했기 때문이다.

이처럼 형제의 엇갈린 삶은 어디서부터 비롯되었을까? 그 답을 찾기 위해 효종의 비 인선왕후에 주목할 필요가 있다. 그녀는 광해군 10년(1618) 덕수德水 장씨 집안의 안산 시골집에서 태어났다. 그녀의 아버지는 『계곡집谿谷集』을 지은 학자 장유張維이고, 친가와 외가 모두 곧은 절개로 유명한 집안이었다. 외가 쪽은 강경 척화파 집안으로, 외할아버지 김상용은 정묘효란 때 피난길에서 순절했고, 작은외조부 김상헌 또한 3년 동안 청나라 수도 심양에 갇혀 지내면서도 소신을 굽히지 않은 인물이었다. 이러한 집안 분위기에서 성장한 인선왕후 역시 청나라에 대한 반감이 강했음은 미루어 짐작할 수 있다.

그녀는 인조의 둘째 아들 봉림대군과 인조 9년(1631)에 혼인하여 풍안부부인으로 봉해졌다. 이때가 인선왕후 나이 14세였고 봉림대군은 그녀보다 한 살 어린 13세였다. 두 사람은 4년 동안 궁궐에서 살다가 사저로 나와 생활하게 된다. 인조 15년(1637), 조선이 청나라와의 전쟁에서 패하면서 인선왕후의 삶에 커다란 변화가 일어난다.

시아버지 인조는 청 태조에게 역사적인 굴욕을 당했고, 그녀는 남편 봉림대군과 시아주버니 소현세자 부부 그리고 시동생인 인평대군과 함께 청나라에 볼모로 끌려가게 된다. 당시 그녀의 심정을 전하는 자료가 없어 구체적으로 알 수는 없지만, 아마 도살장에 끌려가는 소의 심정과 다를 바 없었을 것이다. 오랑캐로 여겼던 청나라라는 전혀 낯선 곳에서 생활해야 하는 것도 막막했지만, 볼모란 언제 어떤 위기가 닥칠지 모르는 처지였기 때문이다. 게다가 청나라 수도 심양으로 가던 중 맏딸 숙신공주를 잃는 불행까지 겪어야 했다.

따라서 그녀는 어릴 때부터 집안 분위기로 체득했던 오랑캐에 대한 적대의식이 더욱 강해졌을 것이다. 훗날 봉림대군 부부가 귀국하여 청나라에 강력하게 반발했고, 이를 본 인조는 자신에게 굴욕을 안겨준 청나라에 복수할 수 있을 것이란 기대를 갖기에 충분했다. 이러한 인조의 기대감은 현실정치에도 적지 않은 영향을 미쳤다.

남편을 지원하며 북벌의 꿈을 키우다

청나라에 볼모로 잡혀 갔던 왕자 가운데 어린 인평대군이 이듬해 귀국했다. 그러나 소현세자와 봉림대군 부부의 귀국은, 청나라가 명나라를 무너뜨리고 더 이상 볼모가 필요하지 않다고 판단할 때까지 무려 8년의 시간이 걸렸다. 이때가 인조 23년(1645) 2월이었다. 청나라에서 8년 동안 생활하면서 두 부부의 가치관과 삶은 매우 달라졌고, 이러한 차이는 그들의 운명까지 바꾸어 놓았다.

소현세자 부부에게 청나라에서의 8년은 인질이라기보다 실질적인 외교관 역할을 비롯하여 새로운 경험을 맛보는 시기였다. 청나라와 직접 상대하기를 꺼렸던 인조를 대신해서 청나라의 파병 요구에 응대했고, 반청활동을 하다 끌려와 재판을 받는 조선의 반청인사들을 보호하는 등 많은 일들을 했다. 뿐만 아니라 세계 선진 문물의 수용과 실리 외교에 관심을 기울이는 등 소현세자 부부에게 청나라는 단순히 원수의 나라가 아니었다. 달리 말하면, 소현세자 부부는 고국에 대한 그리움만으로 시간을 허비하지 않았다. 특히 소현세자빈은 심양관에서 대규모 영농과 국제 무역으로 국제 경영의 개척자라는 평가를 받을 정도로 경제 문제에도 관심을 기울였다.

반면, 봉림대군 부부에게 청나라는 아버지 인조와 자신은 물론, 나라에 역사적인 굴욕을 안겨준 원수의 나라였다. 따라서 청나라에 거주하는 동안 이질감과 함께 증오심도 점점 깊어졌다. 이러한 차이는 이들이 조선에 돌아오면서 더욱 명확하게 드러났다.

너무도 극명한 두 아들 내외를 접한 인조는 굴욕을 안겨준 청나라에 우호적인 태도를 지닌 소현세자 부부를 용납할 수 없었고, 청나라가 소현세자를 왕으로 세우기 위해 자신을 쫓아낼지도 모른다는 의심까지 피어올랐다. 소현세자의 등장으로 강경파 입지도 흔들리는 듯했다.

소현세자가 귀국한 지 두 달 만에 갑자기 병으로 자리에 눕더니 3일 만에 세상을 떠났다. 그의 나이 34세였다. 소현세자가 사망한 지 3개월 만에 인조가 병이 나자 공석인 세자 자리에 둘째 아들 봉림대군을 책봉했다. 당시 소현세자의 장남을 세자로 책봉해야 한다는 주장도 있었지만, 인조의 뜻에 따라 봉림대군이 세자에 책봉되었고 인선왕후는 세자빈에 올랐다.

세자를 책봉한 뒤 인조는 5년을 더 살다가 세상을 떠났고, 봉림대군이 효종으로 즉위하면서 그녀도 왕비의 자리에 올랐다. 이때가 1649년 5월이었다. 효종은 즉위하자마자 성을 증축하고 군제를 개편했다. 또한 자신의 북벌 계획에 깊이 개입한 것으로 알려진 이완을 대장으로 임명하여 정예병 양성에 심혈을 기울였고, 바다에서 길을 잃고 표류하다 제주도에 도착한 하멜에게 신무기를 만들게 하는 등 전력 강화에 적극 나섰다.

그러나 왕의 권력이 지나치게 확장되는 것과 북벌 준비로 백성의 부담이 커지는 것을 우려한 대신들이 북벌론에 반대했다. 이에 효종은 척신 김자점 무리를 제거하면서 북벌에 동조하는 서인 세력의 송시열과 송준길 등을 등용했다. 이들을 등용하는 것이 곧 북벌 의지를 실행에 옮기기 위한 최우선의 조치라고 보기에는 무리가 있다. 이들은 주변에서 명망을 얻고 있었지만, 효종의 즉위에 대한 정통성 문제로 협조적이지 않았기 때문이다.

따라서 효종은 북벌에 대한 의지를 직접 실행에 옮기려고 했다기보다 이들이 중요하게 생각하는 원칙 중 하나인 명나라에 대한 의리를 지키는 사대의 예를 강조하기 위한 조치로 보기도 한다. 달리 말하면, 효종은 반청 기치를 내세워 이들을 결집하고 이를 자신의 통치 기반 강화에 활용하려는 의도였던 것이다. 효종이 강화도와 남한산성 등 병자호란 때 최후의 보루였던 곳에 힘을 쏟는 등 공격보다는 방어에 중점을 두었던 것도 이러한 이유에서였다.

이유야 어떻든 효종은 북벌을 내세워 조정과 백성에게 일치단결해서 검약하고 소박한 생활을 강조하는 등 일상생활의 개선에도 적극 나섰다. 이에 송시열은 효종과 북벌론을 논의하며 18조의 수칙을 올리기도 했다. 정유년에 올렸다고 하여 '정유봉사丁酉奉事'라고도 하는 이 수칙을 사회에 정착시키기 위해 인선왕후는 효종과 함께 모범을 보이며 적극적으로 실천했다.

효종 못지않은 북벌론자였던 인선왕후는 궁궐에서부터 솔선수범하여 퇴폐풍조를 없애고, 소박하고 검소한 생활을 독려하면서 10년 동안 남편 효종과 함께 북벌의 꿈을 키웠다. 그녀는 궁궐에서 산대놀이·투호놀이·무당굿 등 향락적인 행위를 금지하여 낭비를 줄이고 사회질서를 바로잡기 위해 적극적으로 노력했다.

또한 한 가지 색으로 만들던 이불을 빨간색과 파란색 천을 섞어 만들기도 했다. 당시 군복이 빨간색과 파란색이라 유사시에 군복으로 만들기 위해서였다. 효종 8년(1657), 효종은 장렬왕후를 위해 만수전萬壽殿을 지었고, 그녀는 대비를 정성을 다해 모심으로써 효의 모범을 보였다. 왕실의 법도를 세우고 궁궐 안의 기강을 확실하게 세움으로써 궁극적으로 왕권을 굳건히 하는 일도 북벌정책과 무관하지 않았기 때문이다.

하지만 그녀의 10년 노력은 물거품이 되고 말았다. 효종이 북벌 계획에 사림의 지원을 이끌어 내기 위해 사림의 영수 송시열과 독대한 지 2달 만에 41세의 나이로 갑자기 세상을 떠난 것이다. 당연히 효종의 죽음을 두고 이러저러한 말들이 돌았고, 그녀는 남편의 죽음에 강력하게 반발하며 "효종의 종기에 침을 놓다가 죽게 만든 자들을 당장 국문하여 처형하라"고 주장했다. 당시 수전증이 있는 신가귀라는 어의가 효종의 얼굴에 난 종기에 침을 놓은 직후 효종이 피를 쏟으며 죽었다고 해서 독살설이 제기되었기 때문이다.

이에 대신들은 "신가귀를 귀양 보내는 것으로 일단락 짓는 것이 좋겠다"며 절충안을 내놓았지만, 인선왕후가 한 발짝도 물러서지 않아 결국 신가귀를 처형하고 다른 어의들은 귀양을 보냈다. 이러한 조치로 인선왕후의 슬픔과 허망함을 되돌릴 수는 없었지만, 효종의 사망과 관련한 사건은 이렇게 해서 마무리되었다.

현실에서 아무것도 이루지 못하다

기록에 따르면 효종은 기골이 장대하여 보통 사람들이 쓰는 관의 크기가 맞지 않았고, 그가 사용한 월도月刀나 철퇴가 크고 무거워 장정도 쉽게 들지 못할 만큼 건장했으며 무인 기질을 타고난 것으로 전한다. 게다가 그는 명분이나 감정에 치우쳐서 일을 벌일 정도로 가볍게 처신하지 않았다. 그는 지극히 현실적인 감각을 지닌 군주였기에 그의 북벌론 준비를 아쉽게 생각하는 사람들이 적지 않았다.

인선왕후는 효종과의 사이에서 숙안공주·숙명공주·숙휘공주·숙정공주·숙경공주 등 딸 다섯과 왕자 연棩을 낳았다. 그가 효종의 뒤를 이어 왕위에 오른 현종이다. 그녀는 대비의 자리에 올라 효숙대비의 존호를 받았다. 이때까지도 북벌론을 포기하지 않았던 그녀는 내정 관여를 시도했지만, 뜻을 이루지는 못했다. 당시 현종은 19세의 나이로 이미 장성해 있었고, 현종은 어머니의 뜻과는 달리 아버지 효종이 믿었던 대신들의 의견을 존중하면서 공존을 모색했다.

이후 북벌론은 뒷전으로 밀려났고, 뜻을 이루지 못한 인선왕후는 대비전에 은거하며 여생을 보내다가 현종 15년(1674) 2월 57세를 일기로 세상을 떠났다. 이처럼 인선왕후는 현실에서 아무것도 이루지 못하고 세상을 떠났지만, 그녀의 죽음은 정국의 대전환을 몰고 올 정도로 커다란 파장을 일으켰다. 예송 논쟁이 다시 일어난 것이다.

논쟁 결과, 인조반정 이후 계속 집권했던 서인이 몰락하는 계기가 되었고, 그녀의 능을 조성하는 과정에서 논란이 벌어져 서인이 다시 한번 타격을 입는 등 인선왕후와 함께 북벌론을 지지했던 서인은 역사의 무대에서 뒷전으로 밀려나게 된다.

인선왕후는 남편 효종과 함께 경기도 여주에 있는 영릉寧陵에 잠들어 있다. 처음부터 이곳에 효종 부부의 능이 조성된 것은 아니었다. 효종의 능은 처음에 동구릉 안에 있는 태조의 건원릉 서쪽 산줄기에 조성되었다.

당시 영릉은 송시열 등 서인의 주장에 따라 조성되었는데, 15년 뒤 남인이 터가 불길하고 석물에 틈이 생겨 빗물이 스며들 염려가 있다는 이유로 천릉을 주장하고 나섰다. 이들의 천릉 주장에는 서인을 공격하려는 의도가 다분했다. 부정적인 이유로 왕릉을 옮기면 처음에 능지를 선택한 관련자들에게 그 책임을 물었기 때문이다.

결국 이들의 주장을 받아들여 서인이 줄줄이 물러나게 되었고, 인선왕후가 사망하기 한 해 전인 현종 14년(1673) 세종의 능이 있는 여주의 영릉英陵에서 약 700미터 떨어진 곳으로 옮겨졌다. 이후에 세상을 떠난 인선왕후는 시신을 정혈에 묻는 풍수이론에 따라 효종의 능 앞에 자리하여 효종과 함께 앞뒤로 나란히 쌍릉으로 조성되었다. 효종 부부의 능은 세종의 영릉과 함께 영녕릉이라고도 한다(103쪽 참조).

태몽부터 달랐던 여장부가 탄생하다

명성왕후 김씨明聖王后 金氏

현종의 정비

일찍부터 정치를 경험하다

조선의 왕비 가운데 존호가 비슷하여 혼동하는 경우가 종종 있다. 명성왕후와 명성황후가 대표적 예이다. 현렬왕대비顯烈王大妃라고도 불리는 명성왕후는 현종의 비이고, 민비로 더 잘 알려진 명성황후는 고종의 비이다. 또한 명성왕후는 현종의 유일한 부인으로, 조선시대는 물론, 왕조 사회에서 후궁을 두지 않은 왕으로는 현종이 유일하다.

현종이 후궁을 들이지 않은 이유에 대해서는 다양한 이야기가 전한다. 현종과 명성왕후의 사이가 좋았기 때문이라고 하고, 현종이 즉위한 시기는 왕권의 정통성이 약했고 사회적으로 전염병과 천재지변 등으로 빈민이 급증하여 모두가 어려움을 겪고 있어 고통을 나누는 차원에서 후궁을 두지 않았다고도 한다. 그런가 하면 명성왕후의 성격 때문이라는 다음과 같은 이야기도 전한다.

명성왕후는 머리가 비상하고 총명했지만 성격이 거칠고 사나웠다. 특히 현종의 총애를 받는 궁녀가 생기면 쥐도 새도 모르게 궁궐에서 사라졌는데 모두가 명성왕후를 의심했다. 때문에 누구도 현종에게 가까이 가지 않았고, 현종도 한눈을 팔지 않았다고 한다.

이러한 이야기를 증명할 수 있는 구체적인 사례는 찾아보기 힘들다. 다만 현종은 모든 일에 침착하고 신중하여 명성왕후와 성격이 대조적이었다는 것만은 사실이다. 현종의 이러한 성격은 그의 성장 과정과도 밀접하게 관련 있었다.

현종이 태어났을 때 아버지 봉림대군은 왕위에 오를 가능성이 없는 왕자였다. 아들인 현종 또한 왕위에 오를 가능성이 없었다. 더구나 현종은 인조 19년(1641) 아버지 봉림대군이 청나라에 볼모로 잡혀갔을 때 태어나 나라 밖에서 태어난 유일한 왕이기도 하다. 당연히 그의 성장 과정은 약소국이 당해야 했던 설움과 울분을 참아내며 모든 일에 조심하면서 살았던 집안의 분위기에 영향을 받았다.

뿐만 아니라 현종은 이미 어린 나이에 정치의 비정함도 경험했다. 현종이 5세 때인 인조 23년(1645) 부모를 따라 귀국한 뒤 청나라에서 함께 볼모 생활을 했던 큰아버지이자 할아버지 인조의 뒤를 이어 왕위에 오를 소현세자가 갑자기 사망하는 사건이 일어났고, 소현세자가 독살되었다는 의문까지 제기되었다.

「인조실록」에도 "(소현)세자는 본국에 돌아온 지 얼마 안 되어 병을 얻었고, 병이 난 지 수일 만에 죽었는데, 온몸이 전부 검은빛이었고 얼굴의 일곱 구멍에서 모두 선혈이 흘러나와 검은 천으로 얼굴 반쪽만 덮어 놓았으나 곁에 있는 사람도 알아볼 수 없을 정도로 마치 약물에 중독되어 죽은 사람과 같았다"며 당시 시신을 보았던 소현세자 외숙모의 진술을 기록하고 있다. 곧이어 큰어머니 소현세자빈과 그녀의 아들들, 즉 자신의 사촌 형제들의 죽음이 이어졌다.

반면, 현종의 아버지 봉림대군이 세자에 책봉되었고, 현종은 왕세손으로 책봉되었다. 아버지가 효종으로 즉위하자 현종은 세자의 자리에 올랐다. 이 시기는 국내외적으로 사정이 좋지 않았다. 극심한 당쟁으로 정국은 혼란스러웠고, 당파싸움에서 자유롭지 못했던 세자까지 목숨의 위협을 받을 정도였다.

이처럼 불안정한 정국에서 모든 일에 조심하며 살았던 현종은 세손 시절부터 극심한 피로감에 휩싸였고, 아버지 효종의 뒤를 이어 왕위에 오른 뒤에도 크게 달라진 것이 없었다. 현종의 처신은 나름대로 정국을 감안한 것이었지만, '우유부단한 성격으로 과단성 있는 정치를 펼치지 못했다'는 평가를 받기도 한다. 이와 달리 성격이 거침없었던 명성왕후는 남편 현종의 성격과 자주 비교되곤 했다. 단순히 여인의 질투와 시기심이 아니라 일찌감치 정치를 경험하면서 여장부의 기질을 지닌 그녀의 성격은 남성 중심 사회에서 주목받기에 충분했다.

그녀의 성격은 탄생과 성장 과정 그리고 궁궐 생활을 통한 왕비의 경험이 더해지면서 그녀가 정치인으로 평가받는 데 큰 영향을 미쳤다. 다만 그녀는 백성의 삶을 중심에 두었던 것이 아니라 왕권 강화를 위한 정치에 지속적인 관심을 기울였다. 그녀가 아들 숙종의 통치 기반을 확실하게 세워야 한다는 명분을 내걸고 정치에 참여한 것이 대표적 예라 할 수 있다. 요즘 말로 하면 그녀는 아들 숙종을 '엄친아'로 만들고 싶었는지도 모른다. 그러나 정국은 그녀의 바람대로 흘러가지 않았다.

태몽으로 기대를 모으다

명성왕후는 청풍 김씨 집안의 아버지 김우명金佑明과 어머니 송씨 사이에서 인조 20년(1642) 서울 중부 장통방長通坊에서 태어났다. 장통방은 현재 남대문로 1가·관철동·종로 1·2·3가·서린동·장사동·묘동·봉익동·관수동 일대에 해당한다. 친정아버지 김우명은 본래 서인 출신이지만 송시열과의 개인적인 불화로 한때 남인 허적에 동조하다가 이후로는 노골적으로 서인 편에서 남인 세력 추방에 관여했다.

그녀의 출생과 관련하여 특별한 태몽이 전한다. 어머니 송씨가 임신한 지 8개월이 되었을 때 새 한 마리가 옥玉을 물고 날아와 송씨의 처소에 떨어뜨리고 날아가는 꿈을 꾸었는데 할아버지가 점을 쳤더니 '어진 아기를 얻을 징조'라고 했다. 보통 '새가 알을 상징하는 무언가를 물어다 떨어뜨렸다'는 꿈은 우리나라를 포함한 동아시아의 신화에서 개국시조와 같은 영웅의 탄생을 예고했다. 개국은 인간의 힘만으로는 실현이 불가능하며 하늘의 뜻이 있어야 한다는 점에서 하늘의 계시를 의미하기도 했다. 따라서 그녀에 대한 집안의 기대가 남달랐음을 알 수 있다.

이처럼 집안의 기대 속에서 성장한 명성왕후는 효종 2년(1651) 10세 때 어의동於義洞 본궁本宮에서 세자 현종과 혼례를 올려 세자빈에 책봉되었다. 이어서 남편이 왕위에 오르자 함께 왕비 자리에 올라 15년 동안 왕비로 지내면서 왕자 광爌과 명선·명혜·명안 등 1남 3녀를 두었다.

현종 대에는 외적의 침입은 물론 내란과 같은 혼란이 일어나지 않았고, 전염병과 흉년이 이어져 백성들이 굶주림 등의 고통을 받기는 했지만 경제 재건에 적극적으로 관심을 기울여 조정은 어느 정도 안정을 되찾아가고 있었다. 그럼에도 현종의 재위 기간 동안 예송 논쟁으로 정국이 요동치는 등 왕보다 대신의 목소리가 더 클 정도로 여전히 왕권이 미약했다.

이러한 상황은 정치에 관심이 많았던 명성왕후로서는 불편할 수밖에 없었다. 현종이 즉위 15년 만인 1674년에 사망하고, 뒤를 이어 그녀의 외아들 숙종이 즉위하면서 대비의 자리에 오른 명성왕후의 존재감이 드러나기 시작했다.

숙종은 14세의 나이로 즉위했지만 수렴청정을 시행하지 않았다. 숙종은 어려서부터 매우 영특했고, 7세에 이미 공식 절차를 밟아 세자에 책봉되어 제왕 교육을 충실히 받았다. 게다가 11세에 혼인하여 성인으로 예우받았으니 굳이 대비의 수렴청정이 필요 없다는 판단에서였다. 한편으로는 당시 정치적 영향력을 지녔던 사림이 여성인 대비가 정치에 관여하는 것에 비판적인 분위기도 영향을 미쳤다.

엄밀히 말하면, 수렴청정을 권하지 않은 대신들의 속내에는 정치적 이해관계가 포함되어 있었다. 실제로 수렴청정을 한다면 왕실의 가장 웃어른인 대왕대비 장렬왕후에게 우선권이 있었다. 하지만 장렬왕후는 남인 성향이었고, 숙종의 생모인 왕대비 명성왕후는 서인 성향이 강해 남인과 서인의 갈등과 대립을 우려한 대신들이 수렴청정을 권하지 않았을 가능성이 높았다.

그러나 명성왕후는 숙종이 즉위하는 과정에서 당파적 입장이 작용하는 것은 물론, 남편 현종의 실록 편찬 작업을 제대로 진행하지 않는 선왕에 대한 신하들의 태도가 불만스러웠다. 왕이 사망하면 바로 실록 편찬 작업에 들어가는 관례에 따라 숙종 1년(1675) 5월 「현종실록」 편찬 작업이 시작되었지만, 중간에 정권을 장악한 서인이 몰락하고 남인이 조정을 장악하면서 편찬 작업이 일시 중단되었던 것이다.

이에 숙종은 실록 편찬 작업을 독촉했고, 2년이 지난 숙종 3년(1677)에 편찬 인원을 늘리고 '묘사유파의 법(卯仕酉罷法)', 즉 묘시(卯時, 오전 5~7시)에 출근하여 유시(酉時, 오후 5~7시)에 퇴근하는 법을 시행하여 3개월 만에 초고를 완성했고, 이를 바탕으로 4개월 뒤에 인쇄가 완료되었다. 이것으로 실록 편찬 작업이 완료된 것은 아니었다.

숙종 6년(1680), 이른바 경신대출척庚申大黜陟으로 남인을 대거 숙청하고 다시 조정을 장악한 서인은, 「현종실록」이 "왕의 독촉으로 3개월 만에 급하게 만들어져 오류가 많고 편파적으로 기술된 부분이 많다"는 이유로 개수改修 작업을 주장하고 나섰다. 숙종은 이들의 주장을 받아들여 실록개수청을 설치하라고 명했다. 곧바로 개수 작업에 들어가 3년 만인 숙종 9년(1683) 「현종개수실록」을 완성하게 된다. 하지만 「현종개수실록」 역시 당파적 성향에 따라 수정되었다는 이유로 긍정적인 평가를 받지 못했다.

조선시대 실록 가운데 수정이 이루어진 경우는 현종 외에도 「선조실록」과 「경종실록」이 있다. 특히 「선조실록」은 '가장 형편없다'고 평가받을 정도로 자료가 빈약하고, 기사가 아예 기록되지 않은 달이 있는 등 부실한 면이 많다. 임진왜란이 일어나 선조를 수행하던 사관들이 사초史草를 불구덩이에 던지고 피난을 갔던 탓에 선조 즉위년(1567)부터 임진왜란 직전인 1592년 2월까지의 기록이 사라졌던 것이다.

이후 광해군이 즉위한 뒤 「선조실록」의 편찬 책임자였던 이항복은 "잃어버린 25년의 기록을 찾아 기록으로 남기기 위해서는 10년이 걸려도 모자랄 것"이라며 "춘추관에 보관된 개인 일기는 물론 일반 사대부 집안에 있는 개인 일기를 찾아내고, 외지의 각 아문에 고증할 만한 문서도 모두 실어 보내도록 8도 감사들에게 명해야 한다"고 주장해서 다양한 자료들을 참고했지만, 「선조실록」을 완전하게 작성하기에는 한계가 있었다.

왕실에 불륜 사건이 일어나다

정치 감각이 뛰어났던 명성왕후는 아들 숙종이 즉위한 후 왕권이 신권보다 미약한 정국 상황이 우려되어 대신들의 논쟁에 관여하기 시작했다. 그녀는 여성의 정치 참여에 부정적인 대신들에게 "숙종이 즉위한 이후 공공연하게 정무에 간여했다"거나 "지능이 비상하고 성격이 과격하여 궁중의 일을 처리할 때 감정적이고 거칠었다"는 비판을 받았다. 숙종이 즉위한 지 1년 만에 일어난 '홍수의 변'이 대표적인 예였다.

명성왕후는 아들 숙종의 왕권에 위협이 된다고 판단되는 왕실 종친에도 민감하게 반응했다. 특히 남편 현종의 동생 인평대군의 아들 복창군·복평군·복선군 삼형제가 고민거리였다. 사람들은 이들을 '삼복三福'이라 불렀고, 시아버지 효종과 남편 현종은 이들 삼형제를 각별히 아껴 어릴 때부터 궁궐을 자유롭게 드나들게 했다. 성인이 된 이들은 여전히 궁궐을 드나들면서 왕을 가까이에서 보좌하는 환관이나 상궁과 계속 친분을 유지했다. 때문에 삼복이 환관이나 상궁을 통해 왕의 동정을 살피고 있다는 의혹을 받는 등, 주변의 견제를 받기도 했다.

삼복은 숙종의 유사시에 왕위에 오를 수 있는 서열에 있었고, 이들의 외숙부들은 남인 정권을 받치는 지주였다. 뿐만 아니라 궁궐 안팎으로 이들을 지지하는 세력도 있었다. 만에 하나 외숙부들이 모의해서 삼복 중 한 사람을 왕으로 세울 수도 있다는 우려를 떨쳐버릴 수 없었던 명성왕후는 어린 나이에 즉위한 외아들 숙종의 보호하기 위해 노심초사했다. 결국 그녀의 우려는 숙종 1년(1675), 이른바 '홍수紅袖의 변'이라는 사건으로 이어졌다.

홍수란 '붉은 옷소매'라는 뜻으로 궁녀를 가리켰고, '홍수의 변'은 궁녀들이 왕족과 일으킨 불륜 사건을 말한다. 즉, 효종의 비 인선왕후의 국상을 치를 때 복창군이 대비 처소의 무수리 김상업과 불륜을 저질렀고, 복평군도 궁녀 귀례와 불륜관계를 맺어 아이까지 낳았다는 추문이 문제가 된 것이다.

명성왕후는 친정아버지 김우명을 앞세워 궁녀와의 추문으로 왕실의 권위를 손상시킨 복창군 형제의 단죄에 나섰다. 이에 김우명은 숙종 1년(1675) 3월, 상소를 올려 조정에 큰 파문을 일으켰다. 왕의 여인인 궁녀와 관계 맺는 것은 불경죄에 해당했기 때문에 사실 여부에 떠나 어느 한 편은 목숨이 위태로울 수도 있는 사건이었다. 이에 숙종은 직접 복창군과 김상업 등 관련자를 가두고 심문했다. 그러나 사건 관계자들이 모두 간통 사실을 극구 부인하자 숙종은 "남의 말만 듣고 왕실 종친을 곤란하게 만들었다"며 다음날 모두 풀어주었다.

당시 숙종은 이미 이 사건의 내용을 알고 있었다고 전한다. 왕실 종친을 해치고 싶지 않았던 숙종이 복창군 형제를 비호하는 남인을 중용하면서 이들의 죄를 논하는 서인을 배척했다. 따라서 그들을 고발한 김우명이 무고죄로 처벌받게 될 위기에 처하게 되었다. 더구나 정국은 남인이 주도하고 있었고, 명성왕후의 친정 집안을 지원해줄 세력이 미약해 김우명에게는 특별한 대책이 없었다.

명성왕후가 친정아버지를 구원하기 위해 직접 나섰다. 그녀는 복창군 형제가 풀려난 다음날 저녁, 숙종이 집무를 보는 편전에 예고도 없이 나타나 대성통곡을 하며 "주상이 궁궐 내부의 일을 잘 모르겠지만, 인평대군의 아들들이 궁녀들과 불륜을 맺은 것은 진실인데, 주상이 어머니인 나까지 의심한다"며 억울함을 호소하면서 사건의 전말을 장황하게 설명했고, "진실을 밝혀 삼복 형제들의 죄를 묻기 위해 어쩔 수 없었다"며 자신의 행동을 합리화하기도 했다.

이 사건은 명성왕후의 성격을 단적으로 보여주는 예이기도 하지만, 그녀의 정치적 판단력도 엿볼 수 있다는 점에서 대단히 흥미롭다. 당시 명성왕후의 행동은 아들 숙종을 다그치기 위해 선택한 극단적인 방법이라는 비판을 받기에 충분했다. 그럼에도 숙종과 개인적으로 만나 담판을 벌이지 않고, 신료들이 모두 있는 자리에서 보여준 그녀의 행동은 복창군 형제의 문제를 공론화하려는 의도가 담겨 있었던 것이다. 다시 말해, 대비가 공개적으로 문제를 제기했으니 대신들도 이를 무시할 수 없으리란 점을 노린 것이다.

결국 신료들 가운데 복창군 형제를 국법에 따라 처리하자는 주장이 나왔고, 어머니를 외면할 수 없었던 숙종은 복창군은 영암, 복평군은 무안, 김상업은 삼수, 귀례는 갑산으로 귀양 보내는 것으로 사건을 마무리하려고 했다. 이번에는 대신들이 명성왕후의 행동을 문제 삼았다. 특히 남인은 명성왕후를 중종의 계비인 문정왕후에 빗대어 "문정왕후를 다시 보게 되었다"며 그녀의 행동을 비판했다.

또한 외손자 숙종을 위해 삼복 사건에 앞장섰다가 위기에 처하기도 했지만, 자신을 보호하려고 딸이 보여준 행동으로 큰 망신만 당했던 김우명은 수치심과 분노를 견디지 못해 관직에서 물러나 두문불출하다가 숙종 1년(1675) 6월, 결국 세상을 떠나고 말았다.

민간에서는 그가 자살이나 화병으로 사망했다고도 전한다. 명성왕후는 밤새 친정아버지의 죽음을 슬퍼하다가 자결하겠다는 언문 교지까지 내렸고, 이 일로 남인을 원수로 여기게 되었다.

그녀는 그해 9월에 유배지에서 풀려난 복창군 형제의 사건에서 커다란 교훈을 얻었다. 자신과 소수의 외척만으로는 당시 정국에서 목소리를 내고 뜻을 이루기에는 한계가 있음을 깨닫게 된 것이다.

폐하의 탓이기도 합니다

명성왕후의 행동을 놓고 벌어진 조정의 논란은 쉽게 가라앉지 않았다. 특히 남인은 왕이 대신들과 업무를 논하는 정청에 수렴청정도 하지 않는 대비가 나타난 것 자체가 법도에 어긋나는 일이라며 비판하고 나섰다. 당시 이조참의 윤휴는 숙종에게 다음과 같이 비판했다.

> "군신이 참석한 정청에 아무런 예고도 없이 대비가 친히 나와 신하들을 당황하게 한 것은 조종朝宗 3백 년에 전례 없는 일입니다. 이

는 폐하의 조관불능照管不能하신 듯하고, 이런 일이 다시 있게 되면 선례가 되어 악용될 수 있으니 다시는 이런 일이 있어서는 안 되겠습니다."

이처럼 남인은 어머니를 말리지 못한 숙종에게 책임을 물었다. 심지어 남인은 서인이 대비를 부추겼다고 공격했다. 이 사건이 일어났을 때 서인은 명성왕후의 행동이 삼복으로 세력을 굳히려던 남인에게 정치적 타격을 주었다고 판단했다. 때문에 명성왕후의 행동을 크게 문제 삼지 않았다. 그러나 자신들이 공격받게 되자 "대비가 직접 나서서 복창군 형제의 죄를 자세히 밝힌 것이야말로 신하들을 깨우쳐 나라의 법을 바로 세우는 일이었다"며 그녀의 행동을 옹호하고 나섰다.

서인 김수항이 대비를 옹호하는 상소를 올렸다. 이 일로 김수항은 탄핵을 받아 유배에 처해지기도 했지만, '대비가 조정에 간여하는 것이 옳지 않으므로 임금이 잘 보살피도록 하라(照管)'는 윤휴의 발언 역시 김수항 등이 패륜으로 지목하여 치열한 공방을 벌였고, 결국 윤휴·허목·홍우원·조사기 등의 발언들이 경신환국과 갑술환국의 빌미로 인용되면서 정국에 커다란 파장을 몰고 왔다.

명성왕후의 정치 개입을 둘러싸고 당파 간의 논쟁 과정에서 외척이 정치에 깊숙이 관여했다는 비판을 받기도 했다. 이에 남인의 등용 기회가 넓어지면서 서인의 정치적 입지가 흔들리는 등 당시 정국은 왕실에 협력하는 세력보다는 왕권을 견제하려는 세력이 더 강했다.

명성왕후는 친정아버지 김우명의 죽음과 자신에 대한 비난을 삼복형제와 남인 탓으로 돌리면서 송시열 계열의 서인 산당山黨을 회유하여 삼복 형제와 남인 타도에 나섰다. 그녀는 숙종에게 자신의 사촌 오라버니 김석주 등 외척을 중용하도록 권고하여 조정에 진출할 수 있는 길을 열어주면서 송시열 계열의 서인과 외척의 정치적 연대를 시도했다. 서인 역시 남인에게 빼앗긴 정권을 되찾으려면 왕실 외척과 연합이 필요하다고 판단했다. 이러한 과정에서 외척 김석주가 부상하게 된다.

외척 김석주는 숙종 3년(1677) 예송 논쟁이 일어났을 때 남인의 주장과 대립했던 송시열계의 서인을 보호했고, 숙종 6년(1680)에는 송시열계의 서인과 손을 잡고 경신환국庚申換局을 일으켰다. 사건의 발단은 다음과 같다.

남인 출신 영의정 허적이 자신의 할아버지 허잠이 '충정忠貞'의 시호를 받고, 자신 또한 왕에게 궤장을 받은 것을 축하하기 위해 잔치를 벌일 때 비가 내렸다. 이에 숙종은 궁중에서 쓰는 용봉차일龍鳳遮日, 즉 기름을 칠하여 물이 새지 않도록 만든 천막을 보내려고 했으나, 이미 허적이 왕의 허락도 받지 않고 가져갔다는 것을 알고 화가 단단히 났다.

이 기회를 놓치지 않고 반대 측에서 "허적이 잔치 날 무사들을 집결시켜 서인들을 일망타진하려고 한다"는 상소로 이어졌고, 허적의 서자 '허견이 삼복 형제와 결탁하여 역모를 꾀한다'는 고변까지 들어와 남인과 왕족이 연루된 역모 사건으로 확대되었다. 이에 남인을 갈아치우기로 결심한 숙종이 결단을 내려 결국 남인은 실각했다.

이른바 '삼복의 변'이라고도 하는 이 사건의 배후에 명성왕후의 사촌 김석주가 있었고, 명성왕후도 이 사건과 무관하지 않았던 것으로 전한다. 김석주는 천연두로 세상을 떠난 숙종의 정비 인경왕후의 국상을 마친 지 불과 한 달 만에 송시열의 혈친이며 그의 정치적 동반자인 송준길의 외손녀를 간택하여 숙종의 계비로 맞이하는 무리수를 두었다. 그녀가 바로 인현왕후로, 훗날 기사환국·갑술환국·무고의 옥·신임사화 등의 비극을 불러일으키는 불씨가 된다.

마지막까지 아들을 위하여

명성왕후는 남인과 삼복 형제를 제거하면서 궁궐 안의 남인 출신 여인들까지 쫓아냈다. 당시 그녀는 궁녀 출신으로 숙종이 각별하게 총애했던 희빈 장씨, 즉 장옥정을 쫓아내면서 "출신이 천하고 무식하며 성품이 극악하다"는 이유를 내세웠지만, 여기에는 '미모를 앞세워 왕을 유혹하기 위해 남인이 입궁시킨 간자間者'라는 이유가 포함되어 있었다.

실록에 따르면, 장옥정의 어머니 윤씨는 조사석 처가의 종으로, 젊었을 때 이미 조사석과 사통私通한 사이로 전한다. 이러한 조사석과 그의 사촌누이의 아들 동평군의 주선으로 궁녀로 들어온 희빈 장씨는 남인으로 분류되었다.

숙종과 희빈 장씨의 인연은 명성왕후의 시할머니이자 인조의 계비 장렬왕후에게서 비롯되었다는 이야기도 전한다. 남인 측에 속했던 장렬왕후는 비록 대왕대비였지만, 자식도 없이 홀로 지내는 힘없는 노인이었다. 반면 명성왕후는 서인 측이었고, 왕비를 거쳐 숙종의 생모로 대비 자리에 있었다. 따라서 장렬왕후와는 비교할 수 없을 정도로 권력과 가까이 있었다.

이후 장렬왕후는 명성왕후가 먼저 세상을 떠나자 3년 상을 치른 뒤 쫓겨난 장씨를 다시 궁 안으로 불러들였다. 왕의 승은을 입은 여인을 궁궐 밖에 둘 수 없다는 것이 이유였다. 장렬왕후는 자신이 인조의 후궁 귀인 조씨에게 온갖 고초를 겪었으면서도 장씨와 숙종을 연결해주는 역할을 한 것이다. 이 묘한 인연은 훗날 희빈 장씨에게 인현왕후가 궁에서 쫓겨나는 것으로 이어진다.

한편, 조선에서 왕세자빈－왕비－왕대비를 모두 거친 예는 정종의 비 정안왕후, 태종의 비 원경왕후, 인종의 비 인성왕후, 현종의 비 명성왕후 네 명뿐이다. 좀 더 엄밀하게 보면 정안왕후는 시동생인 태종에 의해 잠시 세자빈과 왕비 자리를 거쳤을 뿐이고, 원경왕후는 1년도 안 되는 짧은 기간 동안 의례적으로 세자빈 자리에 있었다. 그리고 인성왕후는 시어머니 문정왕후의 존재감에 완전히 가려져 있었다. 반면, 명성왕후는 남편 현종이 세자 시절에 혼인하여 세자빈에 오른 뒤 대비로 사망하기까지 정통 과정을 모두 거쳤다.

그녀는 세자빈이나 왕비보다 왕대비로 파란만장한 삶을 살다가 숙종 9년(1683) 12월 창경궁 저승전儲承殿에서 42세를 일기로 생을 마감했다. 그녀의 사망은 아들 숙종과 관계가 있었던 것으로 전할 정도로, 아들 숙종의 왕권 강화를 위해 마지막까지 악착같은 모습을 보여주었다.

숙종 9년, 아들 숙종이 원인 모를 이상한 병에 걸려 자리에 눕자 평소 무속을 신봉했던 그녀는 숙종의 무사 쾌유를 기원하는 굿을 벌였다. 당시 무당은 "주상에게 삼재三災가 있어 병을 앓고 있는 것이니 하루빨리 쾌유하려면 주상의 어머니가 삿갓을 쓰고 홑치마만 입은 채 물벼락을 맞는 물 벌을 서야 한다"는 황당한 주문을 했다. 명성왕후는 무당의 주문 대로 한겨울에 의식을 거행했고, 이때의 후유증으로 지독한 독감에 걸려 그해 12월에 세상을 떠나고 말았다.

조정에서는 명성왕후가 사망하자 "무녀가 평소에도 옥교(屋轎, 나무로 집처럼 꾸미고, 문과 창을 달아 만든 가마)를 타고 궁에 수시로 출입했다"는 등 평소 무당의 행동을 비판하면서 "명성왕후의 죽음에 대한 책임을 물어 처형해야 한다"고 주장했다. 하지만 숙종은 대신들의 주장을 받아들이지 않고 무녀를 유배 보내는 것으로 매듭지었다. 아마도 어머니가 믿었던 무녀에 대한 아들로서의 마지막 배려였을지도 모른다.

그녀의 능은 현종과 함께 쌍릉으로 조성되었으며, 능호는 숭릉崇陵이다. 동구릉 안에 조성되어 있는 숭릉은, 살아생전 파란만장했던 그녀의 삶과는 달리 가장 남쪽에 자리하고 있어 고즈넉하다.

숭릉 : 경기도 구리시 동구릉로 197(인창동 산11-2)

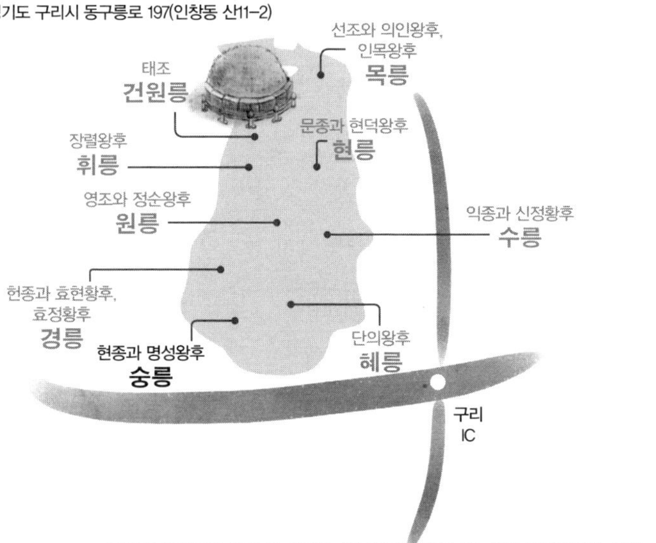

- 청량리 현대코아, 중랑역, 상봉역, 망우역에서 경기 88, 경기 202번 버스 이용
- 강변역에서 1, 1-1, 9-2번 버스 이용
- 경의중앙선 구리역에서 마을버스 2, 6번 버스 이용
  버스정류장 이름 : '우리나라 최대왕릉군인 동구릉'

궁녀의 존재감에 가려지다

인경왕후 김씨 仁敬王后 金氏

숙종의 정비

어린 나이에 결혼생활을 마감하다

인경왕후는 숙종의 정비였음에도 존재감은 대단히 미약했다. 숙종 대를 배경으로 하는 현대 사극에도 그녀보다는 희빈 장씨, 즉 장희빈을 비중 있게 다루고 있다. 물론 그녀가 왕비로 지낸 시간이 짧았고 특별히 정치적인 사건에도 연루되지 않았지만, 무엇보다 숙종이 희빈 장씨에 빠져 그녀를 거들떠보지 않은 것으로 전한다.

그러나 엄밀하게 살펴보면 인경왕후와 희빈 장씨는 시기적으로 부딪힐 일이 없었다. 인경왕후가 사망한 뒤 장옥정이 등장하여 숙종 12년(1686) 숙원이 되었고, 숙종 14년(1688) 소의로 품계가 올랐기 때문이다. 따라서 인경왕후의 존재감은 희빈 장씨보다는 숙종과의 관계에서 살펴볼 필요가 있다.

인경왕후와 숙종은 동갑으로 11세에 혼인하여 9년 동안 결혼생활을 했다. 두 사람 모두 어린 나이에 결혼생활을 시작했던 터라 어쩌면 숙종이 그녀에게 특별한 사랑을 느끼지 못했을 수도 있다. 인경왕후가 사망한 뒤 숙종이 그녀를 위해 뭔가 특별한 조치를 했다는 이야기를 찾아볼 수 없고, 숙종이 죽어서 계비 인현왕후와 나란히 묻혔다는 사실도 이러한 추론을 뒷받침해주고 있다.

숙종은 아버지 효종에 이어 외아들로 태어난 2대 독자였다. 따라서 비교적 안정적인 분위기에서 매우 귀하게 성장했다. 어머니 명성왕후조차 세자 시절의 숙종을 두고 "세자는 내 배로 낳았지만, 그 성질이 아침에 다르고 점심에 다르고 저녁에 다르니 나로서도 감당할 수가 없다"고 하소연할 정도로 그를 통제할 수 있는 사람은 없는 듯했다.

또한 숙종은 여인의 미모에 호불호가 분명했고, 인경왕후는 미인이 아니었던 것으로 전한다. 이러한 숙종의 눈에 동갑내기 인경왕후보다 성숙한 여인들이 먼저 띄었을 가능성도 충분했다.

그럼에도 인경왕후는 인덕을 갖췄을 뿐만 아니라, 사가에서 교육도 잘 받았던 터라 의연하게 궁궐 생활을 했다. 인경왕후의 평소 성품에 대해 "덕성이 온화하고 공손하며, 장엄하고 무게가 있다. 그리고 예의 범절과 효성이 지극하여 모든 이의 우러름의 대상이었다"고 평가하는가 하면, 인경왕후의 인경仁敬은 '인덕을 베풀고 정의를 행했으며 자나 깨나 항상 조심하고 가다듬는다'는 의미로, 그녀의 궁궐 생활을 미루어 짐작할 수 있다.

인경왕후는 현종 2년(1661) 광산光山 김씨 집안에서 김만기金萬基의 딸로 태어났다. 그녀의 집안은 강경 척화파로 분류된다. 그녀의 조부 김익겸은 생원과 진사 양시에서 각각 1등과 3등으로 합격한 수재였다. 인조 14년(1636), 후금의 태종이 국호를 청으로 고치고 황제로 칭한다고 선포했다. 이러한 사실을 알리기 위해 청나라 사신 용골대龍骨大가 조선에 오자 김익겸은 성균관 유생들과 함께 사신 용골대의 주살誅殺을 주장했다. 당시 이 말을 들은 청나라 사신이 민간의 말을 빼앗아 급하게 청나라로 돌아갔다는 일화도 전한다. 그는 병자호란 때 강화에서 항전했으나 전세가 불리해지자 화약통을 가져다 분신 자결했다. 인경왕후의 증조모 서씨 역시 강화도가 함락되자 스스로 목숨을 끊어 절개와 의리를 지킨 가문으로 명망이 높았다.

예학의 대가로 추앙받는 김장생金長生은 그녀의 고조할아버지였고, 강직하고 엄격한 성품을 지녔던 아버지 김만기는 효종과 현종 대에 정계에서 활동하며 송시열과 함께 서인을 대표하는 문인으로 주변의 존경을 받았다.

『사씨남정기謝氏南征記』와 『구운몽九雲夢』의 저자 서포 김만중은 김만기의 친동생으로 인경왕후에게는 작은아버지가 된다. 김만중 역시 19세 때 생원과 진사시에 장원으로 급제한 수재였고, 벼슬길에 오른 뒤에는 관료이자 학자로 능력을 인정받으며 승승장구했다. 그녀의 집안은 김만기와 김만중 형제를 포함해 7명의 대제학과 수많은 문하생을 배출했고, 현종과 숙종의 묘당에 공신으로 배향될 정도로 당대 최고의 명문가였다.

하지만 김만기는 "당론을 하는 자들의 영수였다"고 평가받으면서 서인과 남인 대립의 중심에 서기도 했다. 때문에 파직과 석방을 반복하다가 결국 남인의 탄핵으로 유배지에서 생을 마감한다. 그의 동생

김만중은 한때 유배지에 머물면서 세상의 부조리와 타협할 수 없었던 마음을 사회적 비판과 풍자를 담아 저술한 유명한 작품을 남겼다.

그의 대표 작품 『사씨남정기』에서 조카 인경왕후가 사망한 뒤 숙종을 둘러싸고 벌어진 궁중 여인들의 암투와 함께 계비였던 인현왕후를 쫓아낸 숙종을 간접적으로 비난하기도 했다. 그리고 어머니 윤씨 부인의 일대기를 기록한 『정경부인 윤씨행장』에는 인경왕후가 어린 시절 친할머니 윤씨 부인의 손에 자라면서 행실을 바르게 배운 덕에 세자빈에 간택되었고, 인경왕후가 궁궐에 들어와서도 주변 사람들이 모두 그녀를 존경했다는 이야기를 남겼다.

당쟁으로 얼룩진 친정의 시련이 이어지다

인경왕후는 현종 11년(1670) 10세가 되던 해에 세자빈으로 간택되어 어의동 별궁別宮에서 세자 숙종과 혼인 절차를 밟았고, 다음해 3월 숙종과 혼례식을 올리고 궁궐 생활을 시작했다. 이후 시아버지 현종이 1674년 즉위 15년 만에 사망하자 남편이 왕위에 오르면서 그녀 역시 왕비의 자리에 올랐다. 어린 숙종이 즉위한 시기는 정국이 안정적이지 않아 왕비 자리 역시 편치만은 않았다.

숙종 대의 조정은 남인·북인·노론·소론 등 사색 분당의 격전장이었다. 따라서 숙종 재위 기간 동안 세 차례에 걸쳐 붕당 간의 대립으로 '환국換局'이라는 정계 개편이 벌어지기도 했다. 물론 여기에는 왕에 대한 충성심을 강화하려는 의도가 담겨 있었지만, 윤휴·이원정·송시열·김수항 등 당대 거물들이 희생되기도 했다. 뿐만 아니라 숙종의 계비 인현왕후가 폐위되고 희빈 장씨가 왕비 자리에 오르는가 하면, 희빈 장씨 역시 폐위되어 사약을 받는 등 왕비 자리도 부침이 심했다.

그러나 인경왕후는 왕비 자리에 오른 지 6년 만에 요절했고, 그녀는 당파적 색채가 옅었던 터라 정치적 사건에 엮여 고초를 겪지는 않았다. 반면, 당파성이 분명했던 그녀의 친정 식구들은 숙종 대의 각종 정치적 사건·사고에 관련되어 고초를 겪었다. 특히 서인의 과격파 김익훈과 김석주 등이 남인을 몰아내기 위해 '남인 역모설'을 조작하자, 같은 서인인 한태동이 조지겸 등 소장파와 함께 이들의 음모를 폭로하며 처형을 주장하고 나섰다. 이 사건을 계기로 서인은 김익훈 등을 옹호하는 노장파 중심의 노론과 그의 처벌을 주장하는 소장파 중심의 소론으로 갈라졌다.

당시 그녀의 친정아버지 김만기는 송시열과 함께 노론의 대표적인 인물로 병권을 장악한 병조판서를 지냈고, 김수항의 천거로 대제학에 오르는 등 권력의 핵심 자리에 있었다. 그가 훈련대장으로 있었던 숙종 6년(1680)에 일어난 경신환국 때는 끝까지 남인과 맞섰고, 허적의 서자 허견이 왕실의 복창군 삼형제를 내세워 역모를 꾀한다는 고발이 들어왔을 때 이를 다스려 보사공신 1등에 올랐다. 그러나 숙종 15년(1689) 기사환국으로 남인 정권이 들어서면서 노론의 과격파로 지목되어 관직이 삭탈되는 시련을 겪기도 했다. 이렇듯 그녀의 집안은 사림 세력과 밀접하게 관련되어 있었던 탓에 편한 날이 없었다.

조선은 16세기에 이르러 성리학으로 무장한 사림들이 중앙정계에 등장했다. 양란을 경험한 17세기에는 예학과 성리학에 대한 이해가 더욱 깊어졌고, 이를 기반으로 사림이 현실정치에 적극 참여하며 이상사회의 실현을 추구했다. 특히 효종이 즉위하면서 이들이 대거 정계에 진출하면서 정국에 커다란 영향을 미치게 된다.

그러나 성리학에 대한 학문적 입장 차가 벌어지면서 붕당 간의 대립이 격해지고, 붕당정치에서 환국정치로 전환된 현종 대 이후의 정국은 서인과 남인, 노론과 소론으로 갈라져 치열한 갈등과 대립으로 치달았다. 그 중심에는 김장생과 김집의 문하생으로 학문과 정치적 식견을 인정받은 송시열과 송준길 등 '산당山黨'으로 불린 인물들과 김만기 등 광산 김씨 문중을 포함해 충청도 지역에 기반을 둔 제자들이 포진하고 있었다.

광산 김씨는 전라도 광산이 본관이지만, 15세기 초 김약채가 충청도 관찰사를 지내면서 그의 후손들이 충청도 연산連山 지역에 뿌리내린다. 이후 세조와 성종 대에 공신에 책봉된 김국광과 김겸광 형제가 좌의정과 우참찬에 올랐고, 김장생과 김집 대에는 전국적인 명문가로 부상했다. 김장생은 조선 예학의 종장宗匠으로 평가받았으며, 그의 예학적 전통은 아들 김집에게 계승되어 호서지역 사림의 학문적 전통을 세웠다. 이렇게 김장생의 아들과 손자 그리고 제자들이 중앙정계에 진출하여 영향력을 발휘하게 된다.

현종 대에 이르러 호서지역에 기반을 둔 산림이 정계에서 두각을 나타낸 시기에 광산 김씨 집안의 인경왕후가 세자빈으로 간택된다. 이때의 간택은 정치적 야합과 같은 저급한 의도로 왕실과 결탁한 간택과는 거리가 멀었다. 오히려 이 시기는 서인이 정국을 주도했으므로 산림을 기반으로 하는 산당 계열에서 활동하던 광산 김씨 문중이 왕실 외척이 되었다는 것이 의외의 사실이었다. 특히 산림은 권력의 핵심에 속한

훈척을 경계했고, 외척에 대해서도 부정적인 인식을 지니고 있었다. 그럼에도 이러한 집안의 여식을 세자빈으로 간택한 것은 아들 숙종이 즉위한 이후를 고려했던 현종의 의지가 작용했다.

끝까지 행운이 함께하지 못하다

현종은 예송 논쟁으로 대신들이 아버지 효종의 정통성을 문제 삼았다는 것 자체가 대단히 불쾌했다. 비록 효종은 인조의 차남이었지만, 장남이 사망한 뒤 적법한 절차에 따라 세자로 책봉된 후 왕위에 올랐음에도 논쟁이 벌어졌기 때문이다. 따라서 효종의 장남으로 왕위에 오른 자신의 뒤를 이어 차기 왕위에 오를 자격을 확실하게 갖춘 외아들 숙종이 왕실의 존엄성과 왕권의 정통성을 더욱 확고하게 세워줄 것을 기대했던 현종은 세자의 국혼에 각별한 관심을 기울였다.

세자의 혼인을 위해 현종 11년(1670) 7세에서 13세까지의 규수를 대상으로 금혼령이 반포되었다. 당시 한 집안에 대상자가 두 명 이상일 경우 그들 중 한 명을 정하지 못하면 모두 대상자로 삼는 등 현종 12년까지 1년 동안 간택 과정을 거칠 정도로 각별한 신경을 썼다. 그 결과 모두 32명의 간택 단자가 제출되었고, 이들 중 봉사·참봉·진사·유학자의 자녀 등 직책이 낮은 집안의 규수 23명을 제외한 9명이 1차로 선정되었다.

간택 과정에 관한 보고를 들은 현종은 탈락시킨 규수들의 이유를 작성하여 제출하라고 명해 결국 4명을 제외하고 모두 대상자로 명단에 올리게 된다. 당시 현종과 대신 사이에 의견 차이가 있었던 것은 나름의 이유가 있었다. 대신들은 정치적으로 뜻을 같이하는 명문가에서 세자빈을 간택하려고 했지만, 현종은 되도록이면 다양한 대상자들을 놓고 숙종에게 가장 적합한 배우자를 선택하려고 했다. 그 결과, 인경왕후가 간택되었다. 인경왕후의 집안인 광산 김씨는 현종의 비이자 숙종의 어머니 명성왕후의 친정인 청풍 김씨와 정치적으로 대립했지만, 그녀가 간택된 것은 현종의 의지가 반영된 결과였다.

남인 입장에서는 중앙정계에서 이미 세력을 이룬 산당과 광산 김씨 문중에 외척의 지위까지 더해준다는 점에서 민감할 수밖에 없었다. 반면, 정국을 주도하던 서인은 다음 왕위를 계승할 세자의 교육을 서둘렀다. 차기 정권에서도 주도권을 유지하기 위해서였다.

하지만 인경왕후는 당파적 색채가 약했고, 현명한 처신으로 정치적 논쟁에 휘말리지 않았다. 인경왕후는 남인이 득세했을 때도 이들의 보호로 안전할 수 있었고, 그녀의 작은아버지 김만중이 시어머니 명성왕후의 수렴청정을 공개적으로 반대했음에도 그녀는 무사할 수 있었다. 그리고 친정아버지 김만기의 처신도 적지 않은 영향을 미쳤다.

김만기는 현종 대에 서인의 핵심 인물로 남인과의 대립에서 선두에 있었지만, 사위 숙종이 즉위한 뒤에는 조정 일에 관여하지 않기 위해 관직에서 물러났다. 따라서 갑인 예송과 숙종의 즉위 이후 서인이 실각했을 때도 그는 왕의 국구國舅로서의 위상을 지킬 수 있었다.

세자빈으로 궁궐 생활을 시작한 인경왕후는 왕실에 생존해 있던 대왕대비 장렬왕후와 왕대비 인선왕후 그리고 대비이자 시어머니 명성왕후 등 왕실 어른들을 잘 모시며 원만한 관계를 유지했다. 그러나 인경왕후에게 행운은 끝까지 함께하지 않았다.

잔혹한 왕비사로 이어지다

그녀는 왕비의 자리에 오른 지 6년 만인 숙종 6년(1680) 10월 천연두로 자리에 눕고 말았다. 천연두를 앓지 않은 숙종은 약방도제조 김수항의 건의에 따라 거처를 창덕궁으로 옮겼고, 그녀는 발병 8일 만에 경덕궁에서 20세의 젊은 나이로 세상을 떠났다. 남편 숙종보다 40년이나 앞서 세상을 떠난 것이다. 그녀는 숙종과의 사이에 자식을 남기지 못했다. 그녀가 두 명의 공주를 출산한 것으로 전하지만, 정확한 기록이 전하지 않아 모두 일찍 사망한 것으로 추정할 뿐이다.

인경왕후의 능호는 익릉翼陵으로, 경기도 고양시 신도읍 용두리 서오릉에서 가장 높은 곳에 위치하고 있다. 익릉은 왕릉을 간소하게 조성하라는 숙종의 명이 있기 전에 조성되어 봉분이 웅장하며, 익릉이라는 이름에 걸맞게 마치 하늘로 날아오르는 제트기의 모습이 연상될 정도로 장엄하다.

『국조오례의國朝五禮儀』에 따라 조성된 익릉은 임진왜란 이후의 양식을 보이며, 꽃무늬가 새겨져 있는 장명등과 무덤 앞 양쪽에 세우는 한 쌍의 돌기둥인 망주석은 균형감과 정교함이 뛰어난 걸작으로 평가받고 있다. 이러한 평가들이 요절한 그녀에게 얼마나 위로가 되었는지는 확인할 길이 없다.

인경왕후가 20세의 나이로 요절한 이후 숙종의 왕비들은 모두 '잔혹한 왕비사'를 남기며 비운의 삶을 살았다. 숙종은 공식적으로 왕비 네 명을 맞아들이는 기록을 세웠다. 왕비가 폐출되었다가 다시 복위되는 역사상 초유의 일이 벌어졌고, 미천한 집안 출신인 궁녀가 왕비 자리에 오르는 영광을 누렸지만 결국 사약을 받기도 했다.

흥미롭게도, 이런 일들을 거치면서 왕권이 흔들린 것이 아니라 오히려 확고해졌다. 만약 이러한 사건들이 의도적이었다면 숙종은 왕비 자리를 가장 정략적으로 이용한 왕으로 평가할 만하다. 어떤 학자는 숙종을 정치 10단이라고도 평가하지만, 그의 정치력은 왕권에 중심을 두었다는 점에서 '권력의 달인'이라는 표현이 더 정확할지도 모른다.

인경왕후가 사망한 뒤 숙종 39년(1713)에 광렬光烈, 경종 2년(1722)에 효장명현孝莊明顯, 영조 29년(1753) 선목宣穆과 영조 52년(1776) 혜성惠聖, 고종 27년(1890) 순의純懿라는 존호를 각각 올려 공식 시호는 '광렬선목혜성순의효장명현 인경왕후光烈宣穆惠聖純懿孝莊明顯仁敬王后'이다.

익릉 : 경기도 고양시 덕양구 서오릉로 334-32(용두동 475-89)

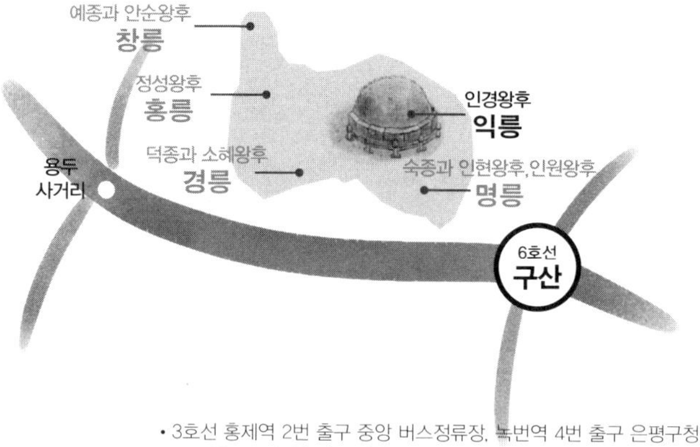

- 3호선 홍제역 2번 출구 중앙 버스정류장, 녹번역 4번 출구 은평구청 방향 → 702A, 9701번 버스 이용
- 3호선 원당역 3번 출구 서울 방향 → 9701번 버스 이용
- 6호선 역촌역 2번 출구, 구산역 1번 출구 → 9701번 버스 이용
  버스정류장 이름 : '서오릉 입구'

현대 사극의 단골손님으로 주목받다

인현왕후 민씨仁顯王后 閔氏와 희빈 장씨禧嬪 張氏

숙종의 계비

전형적인 고전소설의 여주인공이 탄생하다

인현왕후는 숙종과 희빈 장씨 사이에서 마음고생을 하다가 폐비가 되었고, 생전에 다시 복위한 유일한 왕비이다. 때문에 그녀와 관련하여 '남편 숙종에게 버림받았고 후궁 희빈 장씨에게 무시당한 박복한 여인'이면서 '자식을 두지 못하고 젊은 나이로 요절한 비련의 여인'이라는 평가와 함께 대부분 불행했던 삶에 얽힌 내용들이 전한다.

그녀의 삶은 한글 소설『인현왕후전仁顯王后傳』으로 더 잘 알려져 있다.『인현왕후전』에는 그녀는 자식을 낳지 못했고 숙종의 총애를 받지 못했지만 "예의 바르고 덕성이 높았으며, 인자하고 후덕하여 백성들의 존경을 받았다"고 기록하고 있다.

반면, 희빈 장씨는 온갖 모략을 동원하여 숙종으로 하여금 인현왕후를 폐출하게 했고, 마침내 자신이 왕비 자리에 올라 아들을 세자에 책봉시키는 등 악의 화신으로 묘사하고 있다. 시간이 흐르면서 희빈 장씨의 악한 인간성이 점차 드러나자 폐출되었고, 다시 '모략으로 남을 해치려고 했다'는 죄로 사약을 받았다.

폐비된 후 5년 동안 아무도 원망하지 않고 조용히 살던 인현왕후는 왕비로 복위되지만, 심한 마음고생 때문인지 건강을 되찾지 못하고 젊은 나이에 생을 마감하기에 이른다. 이처럼 인현왕후는 전형적인 고전소설의 여성 주인공에 걸맞은 모든 특징을 갖추고 있다.

특히 그녀는 유교 사회에서 요구하는 남성 중심의 이념에 충실한 여인으로 평가받는다. 그녀가 '예의 바르고 정숙했으며, 출생할 때 향기가 났다'고 묘사하는 『인현왕후전』은 물론, 『사씨남정기』에도 그녀는 매우 현숙하고 부덕이 높은 여군자로 묘사되고 있다.

그럼에도 이 작품들이 모두 객관적인 사료의 가치가 있다고 보기에는 무리가 있다. 소설에서 전하는 내용이 실록의 내용과 일치하지 않는 부분이 적지 않고, 사건과 인명 표기에도 오류가 많기 때문이다. 또한 이 작품들은 인현왕후의 덕행을 소설화하면서 파란만장한 그녀의 삶을 통해 흥미뿐만 아니라 일종의 권선징악을 전하는 교훈서로 널리 읽혔고, 여기에는 정치적 의도도 담겨 있었다.

『인현왕후전』은 궁녀가 화자話者인 전지적 작가 시점의 소설로, 영조 말기에서 정조 초기에 등장해 엄청난 주목을 받았다. 특히 한글로 쓴 소설이라 민간에도 널리 읽혀 그녀를 동정하는 여론이 형성되었고, 한편으로는 노론에 대한 부정적 여론 형성에도 영향을 미쳤다.

최근 연구에 따르면, 『인현왕후전』은 영·정조 대에 그녀의 폐비를 반대했던 서인 출신의 작품이라는 설에 무게가 실리고 있다. 인현왕후의 친족으로 기사환국 때 서인을 대변했고, 인현왕후의 폐위를 강력히 반대하다 고문을 당한 뒤 유배지인 진도로 가던 도중 노량에서 사망한 박태보의 후예가 쓴 것이라는 주장이 대표적인 예이다. 박태보가 주인공으로 등장하는 작자 미상의 필사본 고전소설 『박태보전朴泰輔傳』과 활자본 『박태보실기』가 전하는 것도 이러한 추론에 힘을 실어주고 있다.

또한 인현왕후의 폐출 사건을 연상시키는 『사씨남정기』는 인경왕후의 작은아버지로 조선 중기의 문신이자 학자인 김만중이 말년에 유배지에서 쓴 한글 소설이다. 소설의 주인공 사씨는 성품이 곱고 후덕한 여인으로, 한림학사인 남편 유연수의 교활한 첩 교씨가 아들을 낳은 뒤 정실부인이 되기 위해 계략을 꾸며 그녀를 쫓아냈지만, 소설의 마지막 부분에서 누명을 썼던 사씨가 귀양지에서 돌아오고 악행이 들통난 교씨는 처형된다는 권선징악의 교훈을 담고 있다. 김만중은 이 작품을 통해 인현왕후 폐위의 부당함을 밝히면서 숙종을 비판하려는 의도를 담고 있었다.

일설에 따르면, 숙종이 김만중이 쓴 『사씨남정기』를 본 뒤 마음이 바뀌어 희빈 장씨를 내쫓고 인현왕후의 복위를 결심하게 되었다고도 한다. 그러나 김만중은 끝내 인현왕후가 복위되는 것을 보지 못한 채 유배지에서 세상을 떠나고 말았다.

이처럼 인현왕후의 폐위는 한 여인의 불행한 삶뿐만 아니라, 정치적으로 많은 사람들이 고초를 겪은 비극적인 사건이었다. 이러한 비극의 시작은 희빈 장씨의 등장과도 관련이 있었다.

희빈 장씨의 등장으로 악연이 시작되다

현대에 들어서 1961년 영화 「장희빈」이 상영된 이후 지금까지 희빈 장씨를 주인공으로 하는 영화와 TV 연속극 등이 주기적으로 제작되어 시청자들의 주목을 받았다. 특히 희빈 장씨 역을 맡은 연기자들은 모두 당대를 대표했고, 작품이 발표될 때마다 연기의 변신을 시도하면서 세간의 관심을 불러일으켰다.

반면, 인현왕후는 대부분 단아하고 청순한 이미지의 연기자들이 배역을 맡았고, 희빈 장씨의 연기가 표독스러울수록 인현왕후라는 인물이 돋보이는 한계에서 벗어나지 못했다. 이제까지 주요 작품에서 인현왕후의 배역을 맡았던 연기자에 대한 평가를 정리하면 다음과 같다.

연도	구분	작품명	연기자	평가
1961	영화	장희빈	조미령	고전적 매력으로 인현왕후 역을 훌륭하게 소화해냈다는 평과 함께 박수갈채를 받았다. 특히 그녀의 연기는 이후 작품에서 인현왕후의 표본으로 평가받았다.
1969	영화	요화 장희빈	태현실	기품 있고 인내심이 강한 내유외강형 성격을 표현해 연기의 차별화 시도에 성공했지만, 큰 틀에서는 기존의 인현왕후 이미지에서 벗어나지 못했다.
1971. 07.18. ~1972. 01.31.	드라마 (MBC)	장희빈	김민정	전국의 시청자들이 인현왕후 역의 김민정에게 격려하는 선물들을 보낼 정도로 그녀를 동정했고, 그녀가 죽는 장면이 방영되던 날에는 시청자들의 항의 전화가 빗발쳐서 방송국 업무가 마비될 정도로 측은지심을 적극적으로 표현했다. 반면, 장희빈 역을 맡았던 윤여정은 시청자들의 항의로 광고 모델에서 하차해야 했고, 거리를 돌아다니지 못할 정도로 비난을 받았다.

1981. 10.05. ~1982. 04.30.	드라마 (MBC)	여인열전 (1화 장희빈)	이혜숙	표독스러운 장희빈에 맞서는 고고한 이미지로 인현왕후를 소화해냈다는 평가를 받았다
1988. 01.13 ~10.13.	드라마 (MBC)	조선왕조 500년- 인현왕후	박순애	단아한 이미지로 자신의 삶을 수용하는 모습을 잘 표현했다는 평을 받았다.
2002. 11.06 ~2003. 10.23.	드라마 (KBS)	장희빈	박선영	기존의 단아하고 온화한 이미지에서 벗어나 내명부의 수장으로서 권위를 발휘하며 후궁들을 강단 있게 다스리는 모습을 보여주었지만, 이제까지의 이미지에서 벗어나 새로운 개성을 표현하지 못했다는 평가를 받았다.

이외에도 인현왕후 역을 맡은 SBS 드라마 「장희빈」(1995)의 김원희, MBC 드라마 「동이」(2010)의 박화선, tvN 드라마 「인현왕후의 남자」(2012)의 유인나, SBS 드라마 「장옥정, 사랑에 빠지다」(2013)의 홍수현 등이 있지만, 이제까지 보여준 이미지에서 벗어나지는 못했다.

이처럼 영화 「장희빈」이 제작된 후 60여 년이 넘는 기간 동안 다양한 작품들이 발표되었지만, 대부분 희빈 장씨와 인현왕후 사이의 갈등과 대립은 모두 희빈 장씨가 일방적으로 일으켰고, 이 모든 것이 숙종의 사랑을 받기 위한 것으로 묘사하고 있어 사회성이 포함되어 있지 않다는 한계를 보이기도 했다.

두 사람은 출생에서부터 성장 환경과 집안 배경 등 모든 면에서 차이가 있었다. 특히 신분제를 토대로 남존여비라는 유교 이념이 질서유지의 기초가 되었던 조선사회에서 인현왕후는 확실한 기득권 계층에 속했다. 반면, 희빈 장씨는 사회적으로 가진 것이 없는 약자에 속했다.

일반적으로 약자를 더 동정하는 것이 인지상정이지만, 희빈 장씨가 그토록 수많은 비난을 받은 것은 겸손할 줄 모르는 성격과 지나친 욕심이 때문이었다. 즉, 인현왕후가 가정교육을 잘 받고 자신을 절제할 줄 아는 요조숙녀였다면, 희빈 장씨는 자신의 욕망을 감추지 않았고 이를 성취하기 위해 적극적으로 행동에 옮긴 시대를 앞선 여인으로 해석할 수 있다.

궁궐 안의 왕의 여자들은 법적으로 위계질서가 정해졌고, 이들을 통제하기 위한 '내명부'가 존재했다. 최고 지위에 있는 왕비는 품계를 따로 정하지 않았지만, 왕비 이외의 왕실 여인들은 왕비 아래 정1품인 빈嬪과 종1품인 귀인貴人, 그 아래 정2품인 소의昭儀와 종2품인 숙의淑儀, 정3품인 소용昭容과 종3품인 숙용淑容, 정4품인 소원昭媛과 종4품인 숙원淑媛의 순으로 품계가 정해져 있었다.

희빈 장씨는 굶주림을 해결하려고 가장 낮은 신분인 궁녀로 궁궐 생활을 시작한 이후 내명부의 품계를 차근차근 밟아가며 왕비 자리에까지 오른 여인이었다. 그러나 명문가에서 태어난 인현왕후는 출발부터 달랐다. 그녀는 바로 왕비에 간택되어 궁궐 생활을 시작했다.

물론 이러한 이유로 희빈 장씨를 더 동정해야 한다는 것은 아니다. 다만 모든 면에서 너무나 달랐던 두 사람을 남성 중심 사회의 관점에서 바라보기에는 무리가 있는 듯하다. 인현왕후와 희빈 장씨는 모두 숙종과의 인연으로 제명을 다하지 못하고 생을 마쳤다는 점에서 불행하다고 할 수 있기 때문이다.

노론을 이끌었던 친정 식구들

인현왕후가 계비에 간택된 이유는 시어머니 명성왕후와 친정아버지 민유중의 영향력이 적지 않게 작용했다. 서인 집안 출신인 그녀는 인경왕후의 간택 과정과는 달리 2주 만에 세 번의 간택 절차를 마치고 국혼이 이루어질 정도로 신속하게 진행되었다.

인현왕후는 여흥驪興 민씨 집안의 민유중閔維重과 은진恩津 송씨의 딸로 현종 8년(1667) 지금의 서대문구 일대인 한양의 서부 반송방 사저에서 태어났다. 그녀는 어머니가 일찍 세상을 떠나 계모 조씨의 슬하에서 성장했지만, 그녀의 집안은 당시 명문가와 겹사돈을 맺을 정도로 폭넓은 인맥을 형성한 명문가였다.

인현왕후의 친정아버지 민유중은 서인이면서도 노론의 중진으로 활약하는 등 정치적으로 활동의 폭이 넓었고, 어머니 역시 명문가 출신으로, 일찍이 스승 김장생이 예학의 종장이 되리라 예언했던 송준길의 딸이었다. 곧 인현왕후는 송준길의 외손녀로, 숙종의 정비 인경왕후와 촌수로 따지면 11촌 사이였다. 송준길의 외조부인 김은휘는 인경왕후의 5대조인 김계휘의 아우로 송준길의 어머니에게는 숙부가 된다. 그리고 인경왕후의 친정아버지 김만기와 작은아버지 김만중과는 4종형제(10촌) 사이였다.

작은오빠 민진원은 후에 노론을 이끈 영수로, 숙종 12년(1686) 나라에 경사가 있을 때 치렀던 특별채용시험인 증광시增廣試 문과文科에 급제했다. 하지만 그는 숙종 15년(1689) 기사환국 이후 인현왕후가 유폐되고 노론이 크게 탄압을 받자 등용되지 못했다. 때문에 소론에 적대감을 갖게 되었고, 숙종 20년(1694) 갑술옥사로 희빈 장씨가 쫓겨나고 인현왕후가 복위하면서 노론이 집권하자 이듬해 예문관 검열에 기용되었다. 이후 그는 노론으로 활동하면서 최고 강경파가 되었다.

민진원은 친형 민진후가 세상을 떠난 해에 숙종의 사망으로 경종이 즉위하자 경종의 법적 외숙부임을 내세우며 죽은 형의 실권을 장악하면서 실질적 노론 영수가 되었다. 이후 그는 숙빈 최씨의 아들 연잉군을 왕세제로 책봉할 것을 종용했고, 경종이 이를 주저하자 조정 백관 앞에서 "경종은 효심과 군주로서의 자질이 부족하니 서둘러 연잉군을 왕세제로 삼는다는 교지를 내리고 정사에서 물러나라"는 과격한 발언으로 소론의 공분을 사기도 했다.

결국 그는 경종 1년(1721) 성주로 유배되었고, 경종 2년(1722) '삼수三手의 옥獄'이라는 목호룡의 고변으로 노론 4대신인 김창집·조태채·이이명·이건명 등이 처형되는 신임옥사로 노론은 결정적인 타격을 입게 되었다.

1725년 영조가 즉위하자 유배령에서 풀려난 민진원은 예조와 공조 판서를 거쳐 지경연사와 빈객 그리고 우의정과 좌의정에 오르게 된다. 그러나 그는 탕평책으로 당쟁을 종식시키려는 영조의 노력에 동조하지 않고 끝까지 소론을 배격하는 노론의 선봉장으로 활약하다가 영조 12년(1736) 노론의 강경파이자 공동 수장인 정호와 함께 세상을 떠났다.

민진원은 인현왕후가 만든 놀이판을 기록으로 남겨 후대에 전하기도 했다. 이 놀이는 「규문수지여행지도閨門須知女行之圖」로, 줄여서 '여행도 놀이'라고도 한다. 인현왕후가 폐출되어 사가에 있을 때 소일거리 겸 친정 여자아이들의 교육을 위해 직접 만든 놀이였다. 「승경도陞卿圖」가 조선 관직이 등장하는 놀이라면, 이 놀이는 규방에서 꼭 알아야 할 여인의 행실을 그림놀이로 만든 놀이였다.

놀이판 가장 아랫줄에 '악녀 난정' 등이 쓰여 있고, 위로 올라갈수록 지체가 높아지면서 조선과 중국 역사에 전하는 열녀·효녀들의 이름이 등장한다. 마지막 가장 윗줄에는 '여성 중 최고의 성인'으로 추앙받는 주나라 문왕의 어머니 태임太任이 있다. 승경도는 사약에 걸리면 놀이가 끝나지만, 이 놀이는 주사위를 굴려 제일 아래의 금수禽獸→김아金娥→난정蘭貞에서 시작하여 위로 맹모→경강→태임에 먼저 오르는 것으로 승부를 가린다.

왕비가 된 장희빈에 빗대어 정실부인을 쫓아낸 악녀 정난정으로 표기한 이 놀이에는 인현왕후의 마지막 자존감이 담겨 있다고 보기도 한다.

미나리는 사철이요, 장다리는 한 철일세

인현왕후는 사망한 인경왕후의 뒤를 이어 왕비 자리에 올랐지만, 숙종은 어머니 명성왕후에게 쫓겨난 장옥정을 잊지 못했다. 장옥정 역시 비록 쫓겨난 신세였지만, 다시 궁궐로 돌아가리란 의지를 굽히지 않았다. 그녀는 인조의 후궁 귀인 조씨의 아들인 숭선군의 집을 자주 드나들면서 궁궐로 돌아갈 기회를 엿보았다.

그러던 어느 날, 마침내 그녀에게 기회가 찾아왔다. 자신을 내쫓은 명성왕후가 세상을 떠난 것이다. 숙종은 그날로 그녀를 궁으로 불러들였고, 왕비를 가까이하지 않고 그녀만 총애했다. 이에 왕비보다 장옥정이 먼저 왕자를 출산할지도 모른다는 우려에서 서인은 왕비에게서 후사를 보기 어렵다면 서인 출신 집안에서 후궁을 뽑아 후사를 보아야 한다며 숙종 12년(1686) 2월 숙종에게 후궁을 들일 것을 공식적으로 제안했다. 숙종은 이 제안을 수락했고, 영의정 김수항의 형의 손녀이자 김창국의 딸이 후궁으로 간택되었다. 그러나 김씨는 몸이 허약했기 때문인지 숙종의 관심을 끌지 못했다. 숙종은 장옥정을 숙원으로 책봉했으며, 여전히 그녀에게만 관심이 있는 듯했다.

때문에 김씨는 같은 서인 출신이면서 처지가 비슷한 인현왕후를 자주 찾았고, 시간이 지날수록 두 사람 사이는 더욱 가까워졌다. 하지만 두 사람의 존재는 여전히 숙원 장씨의 그림자에 가려져 있었고, 당시 정국에 특별한 영향을 미치지는 못했다.

시간이 흐르면서 정국에도 변화의 조짐이 나타나기 시작했다. 무엇보다 조정에 몸담았던 강경파 서인 출신들이 차례로 세상을 떠났다. 숙종은 이를 계기로 왕권 강화를 시도했고, 숙종 14년(1688) 1월에 조사석을 좌의정으로 등용했다. 같은 해 10월, 소의에 오른 장씨가 왕자를 낳았다. 그가 바로 숙종의 뒤를 이어 즉위한 경종이다. 소의 장씨가 왕자를 낳자 숙종의 총애는 더욱 깊어졌고, 조정에는 그녀의 정치적 후견인 좌의정 조사석까지 버티고 있어 그녀의 세도는 대단해졌다.

소의 장씨의 친정어머니 윤씨가 딸의 산후조리를 돕겠다며 옥교를 타고 궁궐 출입을 하다가 사헌부 관리에게 옥교를 빼앗기고, 노비들이 매를 맞고 체포되는 사건이 발생했다. 신분이 미천한 윤씨가 옥교를 타고 궁궐을 출입하는 것이 예법에 어긋났기 때문이다. 하지만 왕의 아들을 낳은 내명부 정2품인 소의昭儀 장씨와 그녀의 어머니 윤씨는 이 일을 치욕으로 받아들였다. 결국 이 사건은 숙종의 귀에 들어갔고, 숙종은 왕의 장모와 다름없는 윤씨를 능멸한 것은 곧 자신을 능멸한 것이라며 이들의 배후로 서인을 지목하고 적극적인 공세에 나섰다.

이에 서인 세력인 노론과 소론이 모두 강력하게 반발했고, 숙종은 소의 장씨를 내명부 정1품 희빈으로 봉하고 3개월밖에 되지 않은 아들을 원자로 책봉하는 강수로 맞섰다. 당시 대신들은 "인현왕후가 아직 젊으니 원자를 빨리 결정할 필요까지는 없다"며 반대했지만, 숙종은 강경하게 밀어붙였다. 당시 낙향해 있던 송시열까지 원자의 책봉은 성급한 조치라는 상소를 올렸지만, 송시열의 상소는 결과적으로 서인이 몰락하는 계기가 되고 말았다. 숙종은 원자를 보호하기 위해 서인 세력인 노론과 소론을 모두 몰아내고 남인을 대거 등용했던 것이다. 숙종 15년(1689)에 일어난 이 사건을 '기사환국己巳換局'이라고 한다.

이후 희빈 장씨의 간계로 숙종은 인현왕후를 폐출시키고 희빈 장씨를 왕비로 책봉했다. 당시 인현왕후는 숙종이 빨리 나가라고 재촉한 탓에 폐비 절차도 밟지 못하고 폐서인이 되어 일반 평민이 사용하는 작은 가마를 타고 궁궐을 나왔다고도 하고, 『인현왕후전』에는 숙종의 재촉으로 가마도 제대로 갖추어지지 않아 걸어서 궁궐을 나왔다고 한다.

숙종은 "인현왕후와 가례를 올리던 날 지진이 있어서 어쩐지 불길했다"는 말까지 하면서 궁궐 안에 있는 인현왕후의 물건들을 모두 불에 태워버리라고 명했다. 이틀 뒤에는 폐비 조치를 태묘에 고하고 교지를 반포했다. 숙종은 마치 인현왕후의 모든 것을 궁궐에서 완전히 지워버리려는 듯했다.

궁궐에서 나온 인현왕후는 지금의 덕성여고 자리에 있던 본가에 거처하면서 인고의 세월을 보냈다. 당시 인현왕후의 폐위와 더불어 희빈 장씨에 관한 여러 말들이 돌았다. 민간에서는 "미나리는 사철이요 / 장다리는 한 철일세 / 철을 잊은 호랑나비 / 오락가락 노닐으니 / 제철

가면 어이 놀까 / 제철 가면 어이 놀까"라는 노래가 유행하기도 했다. 여기서 미나리는 인현왕후를 뜻했고, 장다리와 호랑나비는 각각 희빈 장씨와 숙종을 뜻했다. 숙종이 희빈 장씨에 빠져 인현왕후를 내쫓은 사실을 풍자하여 '인현왕후는 영원하지만, 장옥정의 부귀영화는 한 철에 불과하다'는 예언적 의미가 담겨 있었다. 그런데 묘하게도 시간이 지나자 숙종은 희빈 장씨에게 애정이 식으면서 인현왕후를 폐비한 것을 후회하게 된다.

숙종의 심경 변화는 결국 갑술환국(甲戌換局, 1694)으로 이어졌고, 소론이 폐비 인현왕후의 복위 운동에 성공하여 남인 세력이 실각하고 서인이 다시 정권을 장악했다. 숙종은 희빈 장씨를 왕비에서 빈으로 강등하면서 "이후 빈이 후비(后妃), 즉 계비에 오르지 못하도록 국법으로 정하라"는 명을 내려 조선 말기까지 이 법이 지켜지게 된다.

빈으로 강등된 희빈 장씨는 이번에도 포기하지 않고 오빠 장희재와 재기의 기회를 노렸다. 희빈 장씨에게는 세자의 생모라는 명분이 있었고, 남인이 정권을 되찾기 위해 그녀를 지원한다면 희망이 있다고 판단했던 것이다. 마침내 인현왕후가 궁으로 돌아온 지 7년 만에 세상을 떠나자 왕비 자리가 공석이 되면서 희빈 장씨에게 다시 기회가 찾아오는 듯했다. 그러나 재기를 노린 희빈 장씨의 노력은 오히려 화禍가 되어 돌아왔다. 취선당에 거처했던 희빈 장씨가 '인현왕후를 저주하며 사망하기를 기원했다'는 사실이 발각된 것이다.

이에 대신들은 세자의 생모라는 사실을 감안하여 관대하게 처분해 줄 것을 요청했지만, 인현왕후가 사망한 지 두 달 만인 숙종 27년(1701) 10월 숙종은 그녀에게 자결할 것을 명했다. 그러나 희빈 장씨가 이를 거부하자 결국 사약을 받기에 이른다. 이때 그녀의 나이 43세였다. 그리고 숙종은 제주도에 유배했던 그녀의 오빠 장희재를 처형하라는 명을 내림으로써 엄격한 신분사회에서 사랑으로 신분을 뛰어넘으려던 희빈 장씨의 노력은 실패로 막을 내리게 된다.

애증이 교차하다

실록에는 희빈 장씨가 궁에 복귀한 지 얼마 되지 않아 숙종과 희롱을 하다가 왕비가 거처하는 내전 앞으로 뛰어가서 "저를 살려주십시오" 라고 했다는 기록이 전한다. 당시 희빈 장씨가 왕비가 있는 내전의 기색을 살피기 위함이었다고 전할 정도로 대단히 무례한 행동이었다. 때문에 사람들은 인현왕후와 희빈 장씨 사이에 질투심으로 인한 갈등이 있었을 가능성에 주목하기도 한다.

실록에는 숙종이 인현왕후를 폐출하면서 '죽은 시부모의 계시를 빙자하여 왕에게 거짓을 고한 죄, 왕의 육체를 조롱한 죄, 투기로 내전의 일을 조정으로 확대하여 국정을 어지럽힌 죄, 내전에서 궁인의 당파를 나누어 붕당을 일으킨 죄' 등 그녀의 질투심에 대해 죄를 물었고, 실제로 인현왕후는 자신의 꿈에 죽은 시부모, 즉 현종 부부가 나타나 '희빈 장씨를 경계하라'고 경고했다며 숙종에게 말했다는 기록이 전한다. 그럼에도 숙종의 진술 외에는 이와 관련한 근거를 찾아보기 힘들고, 인현왕후의 죄를 구체적으로 살펴보면 부부만이 알 수 있는 내용이라 사실 여부를 확인하기 힘들다.

반면, 숙종이 희빈 장씨를 대단히 총애한 것은 사실이었고, 한편으로 숙종은 주기적으로 정국의 전환을 꾀하기 위해 환국이라는 방법을 동원했다. 그는 이를 통해 정권을 교체하면서 붕당 간의 대립을 촉발하여 그 반대급부로 왕에 대한 충성을 강요하는 등 왕권 강화를 시도했다. 즉, 누구보다 붕당의 한계성을 정확하게 꿰뚫고 있었던 숙종은 군주의 지지를 바탕으로 하지 않으면 붕당은 반드시 몰락하게 된다는 약점을 시의적절하게 이용하면서 특정 정파가 지나치게 힘이 강해지면 정국의 전환을 시도했다. 그 결과 숙종이 즉위하면서 남인이 정권을 잡은 이후 20년 동안 집권 세력이 네 차례나 바뀌었다.

첫 번째는 숙종이 즉위하던 1674년, 2차 예송 논쟁으로 갑인환국이 일어나 서인이 밀려나고 남인이 정권을 잡았다. 두 번째는 숙종 6년(1680) 경신환국으로 남인이 축출되고 서인이 다시 정권을 잡았다. 세 번째는 숙종 15년(1689) 희빈 장씨가 낳은 왕자 윤의 세자 책봉을 반대하다가 서인 세력인 노론과 소론이 대거 제거되고 남인이 다시 집권하는 기사환국이 일어났다. 네 번째는 폐비 인현왕후 문제로 숙종 20년(1694) 남인이 실각하고 서인이 재집권하는 갑술환국이 일어났으며, 이어서 숙종 27년(1701) 희빈 장씨가 취선당에 거처하면서 왕비의 죽음을 기원한 것이 발각되어 갑술환국의 연장선상에서 발생한 '무고의 옥'으로 소론의 정치적 입지가 약화되었고, 남인은 정계에서 완전히 제거되었다.

숙종의 여성 편력도 정국에 적지 않은 영향을 미쳤다. 숙종이 희빈 장씨에게 애정이 완전히 식었다고 보이는 시기에 궁녀 최씨에게 애정을 쏟은 것이 한 예라 할 수 있다. 이때 궁녀 최씨가 낳은 왕자가 후에 영조로 즉위하는 연잉군으로, 숙종 이후 왕위 계승을 놓고 정국이 논란에 휩싸이게 된다. 숙종은 네 명의 왕비를 맞이했지만, 한때 왕비 자리에 올랐던 궁녀 출신 희빈 장씨를 제외하고는 세 명의 왕비에게서 후사를 두지 못했다. 때문에 후궁 사이에서 태어난 두 아들이 경종과 영조로 즉위하지만, 이들의 즉위 과정은 결코 순탄치 않았다.

한편, 숙종의 왕비들은 단명했지만 숙종과 아들 영조는 조선의 왕 중에서 가장 오랜 기간 동안 재위했다. 조선 역대 국왕의 평균 수명은 47세, 평균 재위기간이 약 19년인 것에 비해 숙종은 46년 동안 즉위했고, 숙종의 아들 영조는 52년 동안 왕위에 있었다. 여기에 숙종의 또 다른 아들 경종의 재위기간 4년을 더하면 이들 세 부자가 100년이 넘는 기간 동안 재위하여 조선 500년 역사에서 5분의 1에 해당하는 기록을 세웠다.

죽어서 함께했지만, 화해는 했는지……

인현왕후가 복위한 뒤 희빈 장씨가 낳은 왕세자는 인현왕후의 아들로 입적되었다. 이러한 조치는 '서자로서 아비의 뒤를 잇는 자는 적모에게 입적한다'는 예에 따른 것으로, 숙종이 희빈 장씨에게서 아들을 빼앗아 인현왕후에게 준 것은 아니었다. 그러나 인현왕후는 아들의 즉위를 지켜보지 못하고 하반신이 부풀어 오르는 괴질로 신체가 썩어 들어가는 고통 속에서 시름시름 앓다가 복위 7년 만인 숙종 27년(1701) 8월 35세의 나이로 창경궁 경춘전에서 세상을 떠났다.

인현왕후의 능은 서오릉에 숙종과 함께 쌍릉으로 조성되었고, 능호는 명릉明陵이다. 명릉은 자신이 묻힐 오른쪽을 비워둘 것과 인조의 장릉을 모방하여 단출하게 조성하라는 숙종의 명에 따라 조성되었다. 따라서 여느 능의 석물들과 달리 문인석과 석마 한 쌍의 높이가 170센티미터 정도로 실물 크기와 비슷하고 부장품의 수량도 줄여 다소 작게 보이지만, 조각 솜씨는 대단히 사실적인 편으로 18세기 양식을 보여준다는 평가를 받는다.

숙종은 왕비 자리에서 쫓겨나는 수모를 겪었던 인현왕후가 세상을 떠나자 미안한 마음이 들었던지 성대하게 장례를 치렀고, 자신도 그녀 곁에 묻혔다. 인현왕후는 남편 숙종과 살아서는 함께하지 못했지만, 죽어서야 함께하게 된 것이다.

그러나 두 사람의 인연이 정말 깊지 못한 것은 아닐까. 서오릉에는 인현왕후 외에도 그녀의 뒤를 이어 왕비로 간택된 인원왕후와 정비 인경왕후 그리고 희빈 장씨까지 숙종의 왕비 네 명이 모두 함께 잠들어 있다. 11대 왕인 중종이 세 명의 왕비를 두었지만, 모두 다른 곳에 능이 조성된 것과 비교된다. 마치 살아생전에 보여준 숙종의 여성 편력을 죽어서도 보여주고 있다는 느낌이 들기도 하지만, 숙종의 의지가 반영된 것은 아니었다.

숙종의 마지막 계비 인원왕후는 숙종 곁에 묻히기를 원했고, 희빈 장씨의 경우도 이곳에 오기까지 250여 년이라는 오랜 시간이 걸렸다. 경릉에서 홍릉으로 들어가는 왼쪽 후미진 곳에 작은 규모로 조성된 희빈 장씨의 묘는 처음에 경기도 양주 인장리에 있었으나 묘에 물기가 있다는 상소가 있어 숙종 45년(1719) 경기도 광주 진해촌으로 옮겼고, 현대에 들어서 1969년 묘소를 통과하는 도로가 놓이면서 1970년 서오릉으로 이전하게 되었다.

한때 왕비였고 숙종의 사랑을 받으며 화려한 삶을 살았던 희빈 장씨는 능이 아닌 대빈묘로 조성되어 있다. 왕을 낳은 생모가 사망하면 묘에서 원으로 격상하는 것이 일반적이지만, 그녀는 왕의 생모임에도 폐비 신분이었기 때문이다. 경종 2년(1722), 아들 경종은 희빈 장씨를 옥산부대빈玉山府大嬪으로 추숭했다. 그러나 묘의 위치나 작은 석물 등 전체적으로 일반 사대부 묘보다 초라해서 희빈 장씨에 대한 후대인들의 평가를 짐작케 한다.

명릉과 대빈묘 : 경기도 고양시 덕양구 서오릉로 334-32(용두동 475-94)

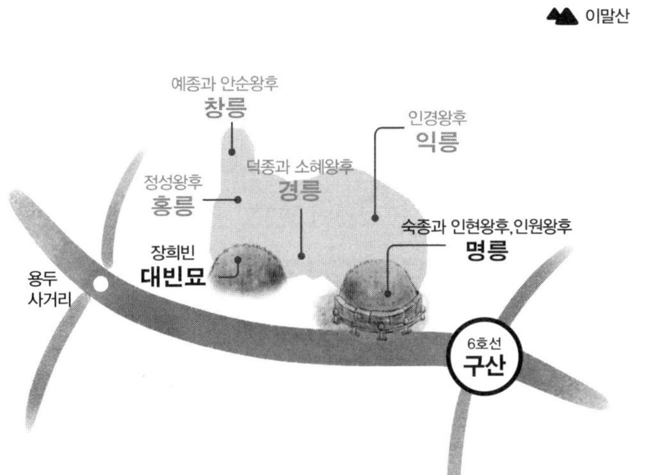

- 3호선 홍제역 2번 출구 중앙 버스정류장, 녹번역 4번 출구 은평구청 방향 → 702A, 9701번 버스 이용
- 3호선 원당역 3번 출구 서울 방향 → 9701번 버스 이용
- 6호선 역촌역 2번 출구, 구산역 1번 출구 → 9701번 버스 이용
  버스정류장 이름 : '서오릉 입구'

정치적 소신까지 바꾸며 왕실을 지키다

인원왕후 김씨仁元王后 金氏

숙종의 마지막 계비

의외의 선택으로 왕실과의 인연이 시작되다

인원왕후는 경주 김씨 집안의 아버지 김주신金柱臣과 어머니 임천林川 조씨 사이에서 2남 3녀 중 차녀로, 숙종 13년(1687) 순화방順化坊 사저 양정재養正齋에서 태어났다. 그녀의 5대조 김명원이 선조 대에 좌의정을 역임했고, 증조부 김남중은 효종 대에 예조판서를 역임했다. 하지만 김주신이 5세였을 때 성균관 생원이었던 아버지 김일진이 사망하자 가세가 기울었다. 따라서 숙종의 두 왕비들의 집안에 비해 처지기는 했지만, 숙종의 왕비들이 주로 노론계였다는 사실을 감안하면, 김주신이 소론계라는 점도 의외였다.

인현왕후가 세상을 떠난 지 1년이 지나자마자 숙종이 왕비 간택을 서둘렀다. 그러자 판윤 이인엽 등 재야 서인들이 계비를 간택하면 별궁에 모셨다가 인현왕후의 3년 상이 끝난 후에 혼례식을 거행할 것을 청하는 상소를 올렸다. 이에 숙종은 국혼을 막고 희롱하려는 의도라며 이인엽을 파직하라고 했다가 하루 만에 철회하고, 대신과 의논하지 않고 왕비 간택 절차를 진행하겠다는 뜻을 분명히 했다. 숙종은 남인이 세자의 생모인 희빈 장씨를 왕비 자리에 복위시키려고 했던 과거의 경험에서 공석이 된 왕비 자리를 오래 비워둘수록 유리할 것이 없다고 판단했던 것이다.

뿐만 아니라 왕실 내명부의 최고 어른인 대비와 대왕대비도 없었고, 폐비되어 사약을 받은 세자의 생모에 대한 흔적을 하루빨리 지워버리고 안정을 되찾아야 했기 때문에 숙종이 직접 나설 수밖에 없었다. 숙종은 곧바로 금혼령을 내리고 계비의 간택 절차에 들어갔고, 숙종 28년(1702) 10월, 마침내 인원왕후가 16세의 나이로 왕비 자리에 올랐다. 숙종보다 무려 스물여섯 살이나 어린 나이였다.

인원왕후의 성장 과정은 구체적으로 전하지 않는다. 다만 최근 한글로 궁중 생활을 기록한 『션균유사』, 『션비유사』, 『뉵아육장』 등 그녀의 저서가 발견되어 주목받고 있다. 『선군유사先君遺事』와 『선비유사先妣遺事』는 각각 친정아버지와 어머니의 일화를 담고 있으며, 『뉵아육장』은 『시경』에 나오는 내용으로, 낳고 길러주신 부모의 은혜에 감사하는 자식의 마음을 담고 있다. 그리고 『선군유사』에 인원왕후가 훗날 이 기록을 친정에 보내 후손들에게 귀감이 되도록 했다는 내용이 담겨 있다.

따라서 세 권의 문집은 인원왕후가 노년에 썼을 것으로 추정하며, 단아하면서도 기품 있는 글 솜씨에서 그녀의 학문과 독서의 깊이를 가늠할 수 있다는 평가를 받는다.

인원왕후는 비록 숙종과의 사이에 자식을 두지 못했지만, 젊고 건강했던 그녀는 숙종이 사망한 뒤에도 궁궐에서 오랜 세월 동안 왕실 최고 어른의 자리를 지키면서 숙종의 뜻을 가장 잘 이행한 왕실 보존에 숨은 공로자로 평가할 만하다. 달리 말하면, 숙종의 선택이 성공적이었음을 의미한다.

어렵게 왕비에 간택되다

인원왕후의 간택 절차는 민간에서 적극적으로 협조하지 않아 순조롭게 진행되지 않았다. 숙종에게는 이미 세 번째 왕비를 맞이하는 국혼이었고, 후궁도 있었던 탓에 여기에 참여할 수 있는 대상자의 범위도 제한되었다. 당시 예조판서 김진귀가 "이번 간택은 전과 다름이 있으니 두 왕비의 친족은 촌수를 한정해야만 하고 후궁도 마땅히 구별해야 한다"고 말한 것이 그 예였다.

또한 숙종 22년(1696)에 세자빈 간택 절차를 밟았으므로 이때 세자빈 후보로 선발된 규수는 간택 단자를 들이지 말라고 했다. 당시 10대 초반의 나이에 세자빈 간택 절차에 참여했다면, 숙종의 계비 간택 시기에는 10대 후반의 나이가 되었을 것이라 며느리감 후보였던 규수가 왕비 후보로 간택될 가능성을 배제하기 위해서였다.

당시의 정국도 왕비의 간택 과정에 영향을 미쳤다. 숙종 대에는 경신환국과 기사환국 그리고 갑술환국 등 크고 작은 옥사와 사건들로 왕비의 친정은 물론 적지 않은 대신들의 가문이 몰락하기도 했다. 따라서 계비의 대상 가문이 줄어들기도 했지만, 왕실 외척이 되지 않으려고 몸을 사리는 경향도 있었다. 일반적으로 왕비로 간택된다는 것은 국모가 되고 친정이 왕실 외척이 된다는 점에서 가문에 더없는 영광이지만, 당시 정국을 감안하면 집안이 몰락할 위험도 있었기 때문이다.

심지어 대상자들이 초간택에 참석하지 못하는 일이 벌어지기도 했다. 인원왕후 역시 아버지 김주신이 순안 현령으로 재직하고 있어 초간택에 참석하려고 지방에서 서둘러 출발했지만, 중간에 병이 나서 초간택 날짜에 맞춰 한양에 도착하지 못했다. 초간택이 있고 사흘 후에 대상자들을 입궐하게 했지만, 이때까지도 한양에 도착하지 못한 규수가 있어 제외되는 등 왕비의 간택 절차가 어수선했다. 숙종은 초간택에 참여하지 못한 규수들에게도 금혼령을 내렸다.

이어서 몇 가지 확인 절차도 거쳤다. 먼저 간택에 참여한 규수들에게 천연두를 앓았는지의 여부를 확인했다. 첫 번째 왕비가 천연두로 사망했고, 두 번째 왕비도 몸이 허약했기에 건강한 왕비를 선택하려는 의도였다.

또한 후보자들 집안의 도덕성에 대한 검증도 있었다. 숙종 25년(1699) 단종 복위를 기념하는 증광시에서 부정사건이 있었는데, 당시 맹만택의 처가가 이 사건과 관련이 있다고 하여 그의 딸을 재간택에서 제외해야 한다는 상소가 올라와 빼기도 했다.

그러나 인원왕후는 초간택에 늦게 도착했음에도 천연두를 앓았는지에 대한 대답도 듣지 않고 재간택에 참여시켰다. 그녀에 대해서만은 관대함이 느껴지지만 당시 조정 분위기는 인원왕후의 집안에 우호적이지 않았던 것으로 보인다.

정통 주류가 아닌 집안을 선택하다

「숙종실록」에는 인원왕후와 숙종이 혼인한 이듬해에 그녀의 친정아버지 김주신이 호위대장에 임명되자 사관이 우려를 표명했다는 기록이 전한다. 아마도 인원왕후의 집안이 앞선 왕비들보다 상대적으로 열세에 있었고, 김주신이 실각한 소론 출신이라는 정파적 관점이 반영되었을 것으로 보인다. 김주신은 관리로서의 능력은 인정받았지만, 교유관계나 학문적 이력은 조정에서 정통 주류 세력과 차이가 있었다.

김주신은 숙종 12년(1686) 생원시에 장원으로 급제했고, 이후 숙종 26년(1700) 순안 현령을 지내면서 명관名官으로 주변의 칭송을 받았다. 또 굳은 지조와 깊고 무게감 있는 문장으로 인정받은 그는 당대의 문사 최석정·김창협·서종태 등과 교유했고, 학문적으로는 정통 주자학과 다른 학설을 펴서 사문난적斯文亂賊으로 배척받은 진보적 인물 서계 박세당의 문인이었다.

김주신은 자신을 추천하여 관직의 길로 들어서게 했던 최석정과 남다른 인연을 유지했다. 모두 여덟 차례나 영의정에 오른 최석정은 관직 생활을 하면서 단순히 의리론이나 명분론에 집착하지 않고 백성의 어려움과 정치적 폐단을 형편과 경우에 따라 융통성 있게 처리하려고 노력했던 탁월한 행정가였으며, 당쟁의 화를 되도록 줄이려고 힘썼던 정치가로 평가받는 인물이었다.

김주신의 문집 『수곡집壽谷集』에 따르면, 김주신은 스승 박세당이 배척될 것을 걱정하기도 했고, 박세당의 아들 박태보가 기사환국 때 인현왕후의 폐위를 강력히 반대하며 주동적으로 상소를 올렸다가 심한 고문을 받고 진도로 유배 가는 도중 노량 육신사六臣祠 길에 이르러 사망하자 그에게 애도의 시를 지어 바칠 정도로 의리를 지켰다. 박태보는 "비리를 보고 그냥 넘기지 않았고, 시비를 가리는 데 논리가 정연했다"는 평가받는 인물로, 김주신과 마찬가지로 최석정과도 교유했다.

김주신은 또한 최석정의 스승이면서 자신의 백부 김홍진 그리고 숙부 김필진과 함께 수학한 동문이기도 했던 남구만과도 깊은 인연이 있었다. 소론의 영수로 지목받았던 남구만은 당시 정국의 중심에 서 있었고, 정치·경제·형정·군정·인재 등용·의례 등 국정 전반에 걸쳐 경륜을 펼친 인물이었다. 그는 희빈 장씨에게 중형을 내려야 한다는 노론의 주장에 맞서 세자의 생모라는 이유로 반대했지만, 그녀에게 사약이 내려지자 사직하고 낙향해버리기도 했다. 이러한 인연을 알고 있었던 숙종은 남구만이 사망하자 그와 절친했던 김주신에게 친필로 '약천집藥泉集'이라는 제명題名을 내리면서 남구만의 문집을 찾아 들이라고 명하기도 했다.

이처럼 학문은 물론, 정치적 입장과 인간관계를 감안하면 김주신의 딸이 왕비로 간택된 것은 분명 의외였다. 인조반정 이후 대부분의 왕비는 서인 가문에서 배출되었고, 서인은 왕실과의 혼인으로 자신들의 세력 기반을 다져왔다. 그럼에도 숙종이 주관한 간택에서 김주신의 딸이 왕비에 간택된 이유는 갑술환국 이후 변화된 정국과도 연관이 있었다. 즉, 환국으로 왕권 강화를 시도했던 숙종은 갑술환국에서 자신이 주도했던 중요한 문제들이 처리되면서 다시 한 번 왕권 강화를 시도했고, 이후 박세채가 지어올린 탕평론을 수용했다.

갑술환국 이후 남인과 희빈 장씨의 오빠 장희재의 처벌에 대한 논의가 일어나자 소론계 대신들은 남인의 처벌이 보복에 치우쳐서는 안 되며 세자를 보호해야 한다는 이유로 희빈 장씨의 처벌에 반대했다. 반면, 노론은 남인에 대한 철저한 처벌을 주장했다. 이 과정에서 희빈 장씨의 처벌에 반대했던 소론은 관직을 박탈당하고 유배에 처해지거나 스스로 관직을 버리고 낙향하기도 했다. 최석정과 남구만 등 김주신과 교유했던 인물들이 여기에 포함되어 있었다.

이처럼 소론이 중앙정계에서 적지 않은 타격을 입은 상황에서 숙종이 소론계인 김주신을 선택한 데에는 특별한 이유가 있었다. 숙종은 '세자를 보호해야 한다'는 그들의 주장에 주목했고, 외척의 경계라는 이중二重의 의도가 있었던 것이다.

외척의 귀감으로 인정받다

숙종 대에는 중요한 사건이 발생할 때마다 외척이 관련될 정도로 외척의 정치활동이 활발했다. 그러나 부작용도 만만치 않았다. 특히 경신환국 때 숙종의 외삼촌 김석익이 정탐정치를 했다는 혐의를 받았고, 숙종 8년(1682)에는 인경왕후의 작은할아버지 김익훈의 고변사건으로 노론과 소론으로 분열되는 원인을 제공하기도 했다. 신사옥辛巳獄에는 인경왕후의 조카 김춘택과 노론이 관여하는 등 외척이 정국에 부정적인 영향을 미쳤다.

때문에 숙종은 외척의 영향력을 경계하지 않을 수 없었다. 외척이 왕권을 지원하는 세력이 될 수도 있지만, 외척이 왕권을 등에 업고 강력한 혈연관계를 형성하면 결과적으로 왕권을 제약할 수 있는 위험 요소가 될 수도 있었다. 숙종이 왕권을 지원해줄 외척을 원했다면 얼마든지 당대의 명문가에서 대상자를 물색했겠지만, 특별히 그렇게 할 필요가 없었다. 달리 말하면, 숙종은 정국을 감안하여 물의를 일으키지 않는 가문을 선택했던 것이다. 계비의 간택 과정에서 도덕성을 강조했던 이유도 여기에 있었다.

또한 '세자를 보호해야 한다'는 정치적 과제도 대단히 중요했다. 갑술환국 이후 노론보다 세자 보호를 당론으로 내세운 소론 측 인사들이 요직에 많이 중용된 것도 이러한 이유에서였다.

여기에 왕실의 문제는 국왕이 선택할 사안이라는 숙종의 태도에 주목할 필요가 있다. 숙종은 인현왕후가 폐위되고 복위되는 과정에서 대신들에게 왕비 교체에 개입할 사안이 아니라는 점을 분명히 했다. 따라서 왕비 간택 역시 대신들이 당론을 앞세워 의견을 펼칠 문제가 아니었다. 더구나 내명부의 최고 어른인 왕대비나 대왕대비가 없었기 때문에 숙종이 직접 나섰고, 숙종의 선택은 시간이 지나면서 그 의미가 증명된다.

김주신은 국왕의 장인으로 예우받았지만, 항상 처신에 각별히 신경을 썼다. 게다가 그의 친족이 조정에 나와 활동하지 않았고, 딸이 왕비 자리에 오른 후에도 '권세를 탐하지 않았다'는 평가를 받을 정도로 청렴했다. 그는 소론에 대한 의리를 유지하면서 왕의 뜻에 따르는 과정에서 필요에 따라 노론과도 교류하는 등 당론에 얽매이지 않았다.

김주신이 사망한 뒤에도 소론 측은 그를 비판하지 않았고, 후대에 이르기까지 김주신과 그의 집안이 외척의 귀감이 된 것은 모두 이러한 이유 때문이다. 외척의 정치 개입에 대단히 민감했던 정조까지도 "외척의 훌륭함이 국가의 복이라는 말은 바로 이 집안을 위해서 만들어진 것이다"라며 극찬했다.

김주신의 이러한 처신은 숙종이 사망한 이후에도 인원왕후에게 적지 않은 영향을 미쳤다.

숙종의 유지를 계승하며 왕실을 지키다

인원왕후는 1720년 숙종이 사망하고 경종이 즉위하자 34세의 나이로 왕실 최고 어른인 대비 자리에 올라 왕실을 지켰다. 그녀는 남편 숙종이 사망하자 내수사의 은자銀子를 국장도감에 내놓아 비용으로 쓰라며 지원했고, 숙종의 어제御製를 간행하라는 하교를 내려 교정청이 구성되는 등 선왕의 뜻을 계승하여 국왕의 권위와 왕실의 위상 강화에 적극적인 관심을 기울였다.

인원왕후보다 겨우 한 살이 적은 경종도 그녀를 극진하게 대했다. 하지만 숙종 말년에 노론의 손을 들어준 병신처분丙申處分과 세자의 대리청정 그리고 노론에게 세자를 부탁한 숙종의 유지로 노론과 소론이 대립했고, 결국 경종이 즉위한 뒤 신임옥사辛壬獄事로 이어졌다.

이러한 정국에서 인원왕후는 희빈 장씨의 아들 경종 그리고 숙종과 숙빈 최씨 사이에서 태어난 연잉군에게 어머니의 사랑을 베풀었고, 숙종의 후궁 숙빈 최씨와 영빈 김씨와도 가까이 지내며 대비로서의 존재감을 분명하게 보여주었다. 그녀는 또한 정치적으로 민감했던 경종의 후계 구도와 관련한 논란을 잠재우기 위해 적극 나섰다.

경종 1년(1721), 그녀는 연잉군을 자신의 양자로 입적한 뒤 노론이 주장한 세제 책봉에 관한 언문 교지를 내렸다. 물론 경종이 즉위한 지 1년도 되지 않았던 탓에 시기적으로 서두르는 경향이 없지 않았다. 더구나 경종이 아직 자식을 두지 못했지만 34세의 젊은 나이였고, 경종의 비는 17세였다. 그럼에도 인원왕후는 노론의 주장을 수용하여 논란을 잠재우기 위해 노력했다. 때문에 세제 책봉을 반대하는 상소를 올렸다가 되레 국문을 당하는 등 힘을 얻지 못했다. 그렇다 해도 이것으로 연잉군이 차기 왕권을 확실하게 보장받은 것은 아니었다.

노론은 세제 책봉으로 당론을 이루자 다음 단계로 세제의 대리청정을 주장하고 나섰다. 이에 경종이 세제의 대리청정을 수락하자 소론인 최석항이 왕을 설득하여 청정을 철회했다. 이후 소론 측의 공격이 이어졌고, 결국 노론이 축출되는 신축환국辛丑換局으로 소론이 정계에 대거 진출하여 정국에 변화를 예고했다.

이러한 상황에서 경종 2년(1722), 1월 환관 박상검 등 궁인들이 왕세제를 제거하려는 사건이 발생했다. 당시 박상검은 김일경에게 받은 은화 수천 냥으로 환관과 궁녀들을 매수하여 정보를 입수하는 한편, 궁녀들로 하여금 왕세제를 헐뜯는 말을 궁궐 안에 퍼뜨려 부정적인 분위기를 조성했다. 뿐만 아니라 궁 안에 돌아다니는 여우를 잡는다는 구실을 내세워 청휘문淸暉門에 여우 덫을 놓고 함정을 파놓아 왕세제 연잉군이 경종에게 문안 가는 길을 막아 버리기도 했다. 경종과 왕세제 사이를 갈라놓아 궁극적으로 왕세제를 제거하려는 의도였다.

졸지에 고립된 연잉군은 목숨까지 위태롭다는 위기의식에서 그날 밤 "환관 한두 명이 나를 제거하려 하니 이를 피하기 위해 세제 자리에서 물러나겠다"고 선언했다. 이에 인원왕후는 연잉군이 궁 밖으로 나가서 사는 것을 허락하는 언문 교지를 내렸다. 이러한 조치가 곧 연잉군이 세제 자리에서 물러나는 것을 찬성한다는 것은 아니었다. 그녀는 연잉군이 목숨을 위협받는 것보다는 차라리 잠시 피하는 것이 좋겠다고 판단했던 것이다.

이후 그녀는 연잉군을 고립시킨 환관과 궁인들을 법에 따라 처벌하도록 조치를 취하여 연잉군을 위험에서 구했다. 그리고 이 문제가 정치적으로 확대되는 것을 차단하면서 '연잉군의 세제 책봉은 선왕 숙종의 유지를 받들어 경종이 친히 결정한 일로, 자신이 대신들에게 하교하여 정당한 절차에 따랐다'는 사실을 언문 교서에서 다시 한 번 분명히 밝혔다.

이어서 "주모자를 색출하라"는 경종의 명으로 국문이 시작되었다. 당시 세제가 지목한 박상검과 환관 문유도는 곧바로 처형되었고, 나인 석렬과 필정은 자살해 사건의 전모가 밝혀지기도 전에 일단락되었다.

이후 노론이 경종의 건강을 이유로 세제 연잉군의 대리청정을 시도하자 소론의 거두 김일경은 이를 반대하며 노론 탄압에 앞장섰다. 결국 노론 4대신이 사사되고 수백 명이 살해되거나 추방되었다. 그러나 김일경은 연잉군이 즉위하면서 노론이 재집권하자 신임사화가 무고로 조작되었다는 노론의 집중적인 탄핵을 받아 투옥되어 처형되었다. 뿐만 아니라 박상검과 김일경 등이 일으킨 사건의 전모가 영조 1년(1725) 환관 손형좌를 국문하는 과정에서 드러나게 된다.

이러한 과정에서 인원왕후는 왕실 어른으로서의 위상과 명분을 지켰고, 연잉군을 보호하기 위해 자신의 정치적 소신까지 바꿀 정도로 왕실의 든든한 방패막이가 되어주었다.

왕실의 씨를 말려 버리겠다

조선시대에 명문화된 대비의 권한은 없었다. 하지만 역사적으로 전하는 대비의 활동에는 크게 세 가지 특징이 있다

첫 번째는 선왕의 뒤를 이어 새로운 왕이 즉위하면 이를 승인하고 대내외적으로 알려 왕위 계승의 정통성을 확인하는 역할을 수행했고, 두 번째는 왕실의 가장 웃어른으로 왕비나 왕세자빈을 결정하는 권한을 행사했다. 중전이 적장자를 낳지 못하면 왕위 계승을 위해 후궁 간택을 명하는 것도 대비의 몫이었다. 마지막 세 번째는 왕이 어리거나 친정을 하기 어려운 경우 왕을 지원하기 위해 수렴청정을 하는 것이었다. 대비가 수렴청정으로 정치에 참여할 때 선왕의 아내로서 존엄성이 주어지는 만큼, 선왕의 유지에 따라 정국을 운영함으로써 명분과 힘을 동시에 얻을 수 있었던 것이다.

경종이 즉위한 뒤 인원왕후가 보여준 행동도 이러한 범위에서 벗어나지 않았다. 인원왕후가 연잉군을 왕세제로 결정하는 과정에서 노론 편에 서서 그들의 손을 들어주는 단순한 역할만 했던 것이 아니라 선왕의 뜻임을 분명하게 밝히면서 연잉군을 왕세제로 책봉했다. 한편으로는 이복형제인 경종과 연잉군 사이를 이간질시키려는 음모를 제거하고, 경종의 왕권이 흔들리지 않게 안정적인 후계 구도를 마련했다. 건강이 좋지 않았고, 후사를 두지 못했던 경종의 후계 구도에 대한 불안이 왕권의 약화로 이어지는 것을 우려했기 때문이다.

환관 박상검 사건 처리도 이러한 관점에서 살펴볼 필요가 있다. 일개 환관과 궁인이 독단적으로 왕세제 연잉군을 위협하는 행위는 현실적

으로 불가능했다. 따라서 그들의 배후에는 반드시 정치적 목적을 지닌 세력이 있을 가능성이 충분했다.

그럼에도 인원왕후가 배후에 대한 조사를 명하지 않고, 환관과 궁인들의 이름을 직접 거론하여 그들을 처벌하는 선에서 사건을 마무리 지은 데에는 이유가 있었다. 이 사건으로 정파 간의 대립이 더 이상 확산되는 것을 막고, 왕과 왕세제 사이가 벌어질 수 있는 원인을 차단하려는 의도가 담겨 있었던 것이다.

경종의 건강 문제와 그가 아이를 낳지 못한 이유와 관련하여 민간에서는 생모 희빈 장씨 때문이라는 이야기가 전할 정도로 그는 늘 희빈 장씨의 그늘에 가려서 살았다.

희빈 장씨에게 사약이 내려졌을 때 그녀는 마지막으로 세자를 한 번만 보게 해달라고 간청했다. 희빈 장씨는 아들을 만나 "왕실의 씨를 말려 버리겠다"고 저주하며 아들의 국부를 잡아당겨 성구불자로 만들었다는 이야기가 대표적이다.

이러한 이야기는 폐비가 되어 사약을 받았던 연산군 어머니의 역사적 경험이 더해져 경종의 즉위를 부정적으로 인식하는 데에도 영향을 미쳤다. 즉, 그가 왕위에 올라 권력을 장악하면 다시 복수의 피바람이 불지도 모른다는 우려를 뜻했다. 선왕인 숙종도 이 사건에서 자유롭지 못할 정도로 경종의 즉위는 당시 정국에서 미묘한 사안이었다.

그런 점에서 경종의 즉위와 관련하여 인원왕후가 보여준 정치력은 친정아버지 김주신이 보여준 정치적 행보의 연장이기도 했다. 그 결과, 그녀가 왕권과 왕실의 안정에 기여했다는 평가로 이어졌다.

편안한 말년을 보내다

경종의 건강에 대한 이야기는 희빈 장씨의 간악한 성격을 비난하기 위해 민간에서 지어냈을 가능성도 있었지만, 한편으로는 경종이 왕의 직무를 수행하기 힘들 정도로 건강에 문제가 있었고, 특히 그가 후사를 두지 못했다는 점을 강조함으로써 연잉군을 세제로 삼으려는 노론이 전략적으로 퍼뜨린 소문일 가능성도 있었다.

노론이 연잉군을 지지하게 된 것과 관련하여 이른바 '정유독대'라 하여 숙종이 정유년(1717)에 관례를 어기고 노론의 거두이자 숙종의 신임을 한 몸에 받았던 이이명을 불러 단 둘이 밀담을 나누었다는 이야기가 전한다.

왕이 신하를 만날 때 반드시 사관과 당직 승지를 대동해야 했지만, 숙종이 이러한 규정을 어기면서까지 대신과 밀담을 한 이유는 왕위를 계승할 세자와 관련한 문제로 전한다. 희빈 장씨와의 사이에서 태어난 세자가 왕위를 물려받았을 때 벌어질 수 있는 우려에서 숙종은 당시 노론의 실력자인 이이명과의 밀담에서 둘째 아들 연잉군과 셋째 아들 연령군을 특별히 부탁했다고 한다.

당시 숙종의 당부는 밀담으로 이루어졌기 때문에 구체적인 내용은 확인할 수 없다. 따라서 연잉군과 연령군을 혹시 발생할지도 모르는 불상사로부터 보호해 달라는 당부인지, 또는 불상사를 사전에 예방하기 위해 세자를 바꾸어야 한다는 당부인지 해석을 달리할 수 있었다.

하지만 말년에 병석에 누운 숙종의 변을 직접 맛을 보며 상태를 살필 정도로 지극한 효성으로 병수발을 들던 연령군이 병에 걸려 자리에 누웠으나 끝내 일어나지 못하고 1719년 세상을 떠났고, 이어서 숙종도 갑자기 세상을 떠났다.

따라서 연잉군을 지지하는 노론의 주장에는 숙종의 당부를 정파적 입장에서 해석하는 경향이 없지 않았다. 그런데 노론이 미처 손을 쓰기도 전에 희빈 장씨의 아들이 경종으로 즉위했고, 노론은 위기를 맞이하게 된다. 당시 경종의 비 선의왕후가 왕실 종친 중에서 양자를 들이려고 했다는 이야기도 전한다. 이에 노론에서는 연잉군을 왕세제로 책봉할 것을 서둘렀다.

이때 왕실 최고 어른인 왕대비 인원왕후가 전면에서 문제 해결에 나섰다. 그녀는 노론의 정언 이정소에게 "경종이 자식을 낳을 수 없으니, 하루 속히 왕세제를 책봉해야 한다"는 상소를 올리게 했다. 경종에게 자식이 없었고, 연령군은 이미 사망했기에 연잉군을 의식한 상소였다. 소론은 연잉군의 세제 책봉에 강력하게 반발했지만, 왕대비인 인원왕후의 명분이 더 컸으므로 논란을 잠재우며 결국 연잉군이 왕세제에 책봉되었다.

경종이 즉위 4년 만에 사망하자 1724년 연잉군이 즉위했고, 인원왕후는 38세의 나이로 대왕대비 자리에 올랐다. 그녀는 영조와 나이 차가 일곱 살밖에 나지 않았지만, 법적 아들과 며느리인 영조와 정성왕후의 효도 속에서 편안한 말년을 보냈다. 그녀는 '매사에 엄격하고 강력한 결단력으로 조선 후기 궁중의 법도를 스스로 실천하며 궁궐의 질서를 바로잡았다'는 평가처럼, 대왕대비의 역할을 충실하게 해냈다.

그녀는 초기에 "천연두·홍역·치통·종기 등을 앓았다"는 기록이 있는 것으로 보아 건강한 체질은 아니었던 것으로 보인다. 그러나 무사히 위기를 넘기고 영조가 즉위한 뒤에도 33년을 더 살다가 영조 33년(1757) 5월 창덕궁 영모당에서 71세로 세상을 떠났다. 그녀의 능은 서오릉에 조성된 숙종과 계비 인현왕후의 능인 명릉에 함께 조성되었다.

명릉을 정면에서 바라보면 정자각 옆의 비각에 두 개의 비석이 각각 문을 달리해 세워져 있는데, 왼쪽은 숙종과 인현왕후의 비이고 오른쪽이 인원왕후의 비이다. 쌍릉인 명릉을 정면에서 보았을 때 왼쪽이 숙종의 능이고 오른쪽이 인현왕후의 능이다. 뒤늦게 조성된 인원왕후의 능은 단릉(433쪽 참조)으로 정면 오른쪽 언덕의 높은 자리에 있지만, 한편으로는 외따로 초라하게 조성되어 있다는 느낌이 들기도 한다.

이처럼 명릉이 특이하게 보이는 이유는 영조와도 관련이 있다. 생전에 숙종 곁에 묻히기를 원했던 인원왕후가 숙종의 능에서 400보 정도 떨어진 곳에 자신이 묻힐 자리를 잡아 놓았지만, 영조가 인원왕후의 능을 지금의 자리인 오른쪽 언덕으로 옮겨 조성하고, 능호도 숙종의 능호인 명릉을 그대로 사용했다. 당시 인원왕후보다 한 달 먼저 사망한 영조의 비 정성왕후의 능을 조성하는 공사가 거창하게 진행되던 터라 영조는 인원왕후의 능 조성에 신경 쓸 겨를이 없었던 것이다.

그녀가 궁궐을 지키며 평생을 살면서 왕실 보존에 숨은 공로자였다는 사실을 감안하면 초라하게 마무리된 그녀의 삶을 다시 한 번 되돌아보게 한다. 그나마 위안이라면 그녀에게 '혜순자경헌렬광선현익강성정덕수창영복륭화휘정정운정의장목 인원왕후惠順慈敬獻烈光宣顯翼康聖貞德壽昌永福隆化徽靖正運定懿章穆 仁元王后'라는 최고의 의미를 담은 시호가 올려졌다는 점이다. 물론 이러한 시호가 그녀의 영혼에 얼마나 위로가 되었을지는 확인할 길이 없다.

권력의 무상함을 보여주다

단의왕후 심씨 端懿王后 沈氏 와 선의왕후 어씨 宣懿王后 魚氏

경종의 정비와 계비

병을 달고 살아가다

단의왕후는 숙종 22년(1696) 경종이 세자 시절에 혼인하여 세자빈 자리에 올랐다. 당시 그녀는 11세였고, 경종은 9세였다. 그녀는 경종이 즉위하기 2년 전에 사망하여 왕비 자리에 오르지는 못했지만, 조선에서 가장 오랜 기간인 22년 동안 세자빈 자리를 지켰고, 순탄하지 못한 궁궐 생활을 하면서 마음고생 또한 대단히 심했다.

그녀와 관련하여 "궁궐에 들어와 조용히 살다가 안타깝게 요절했다"는 내용 외에는 구체적인 기록을 찾아볼 수 없다. 실록에도 "세자빈 심씨는 품성이 어질고 어릴 때부터 총명했으며, 덕을 갖추어 왕(숙종)과 왕비 그리고 병약한 세자를 섬기는 데 손색이 없었다"고 기록했지만, 그녀의 삶을 온전하게 담고 있지는 못하다.

단의왕후는 세자빈 시절 병약했던 남편의 수발을 들어야 했고, 주변으로부터는 차기 왕권에 대한 도전에 시달렸다. 더구나 남편 경종은 7세의 어린 나이에 갑술환국으로 어머니가 희빈 장씨에서 인현왕후로 바뀌었고, 겨우 14세의 나이에 왕비 자리에서 쫓겨난 생모가 사약을 받고 사망하는 모습을 지켜봐야 하는 등, 이미 어린 나이에 아버지 숙종과 생모인 희빈 장씨 그리고 왕비인 인현왕후 사이에서 감당하기 힘든 시련과 충격을 겪으며 마음속에 커다란 응어리를 담고 성장했다.

심지어 경종은 조금만 실수를 해도 '누구 아들인데 그렇지 않겠느냐'며 한창 감수성이 예민한 10대에 아버지 숙종의 냉대 속에서 눈치를 보며 성장했다. 때문에 경종은 마음의 병이 깊어질 수밖에 없었고, 이러한 경종과 혼인한 단의왕후는 숙종과 경종 부자 사이에서 편치 않은 생활을 하면서도 '반드시 공경하고 곡진하게 예절을 갖추었다'고 평가받을 정도로 남편 경종을 성심으로 내조했다.

그녀는 궁궐에 들어와서 남편의 생모인 희빈 장씨를 비롯해 인현왕후·숙빈 최씨·명빈 박씨 등 적지 않은 왕실 여인들을 지극한 효심으로 모셨고, 숙종 말년에는 자신보다 한 살 어린 시어머니 인원왕후까지 모시게 되었다.

뿐만 아니라 그녀가 세자빈으로 궁궐 생활을 시작할 무렵에는 서인과 남인이 치열하게 권력 투쟁을 벌였던 시기로 왕실 역시 이러한 정국의 흐름에서 자유롭지 못했다. 대표적인 예로 소론의 지지를 받았던 남편 경종과 노론의 지지를 받았던 시동생 연잉군을 두고 권력 투쟁이 날이 갈수록 심해졌던 탓에 말하지 못할 마음고생도 심했다.

때문인지 그녀는 남편이 즉위하기 2년 전인 숙종 44년(1718) 3월, 나이 33세에 세상을 떠나고 말았다. 그녀의 사망과 관련하여 "갑자기 혼절하여 돌연사하였다"는 기록만 전한다. 그녀의 사망은 병약한 남편을 간호하다 급환으로 사망한 것으로 보이지만, 「숙종실록」에 따르면, 왕세자는 건강한 편이었고, 오히려 단의왕후가 병약해 평소 병치레를 자주 했다고 한다.

그녀는 오랫동안 풍질風疾을 앓았고, 혼례식 때도 갑자기 극심한 복통을 일으켜 혼례식 취소 소동을 일으킬 정도로 몸이 약했다. 뿐만 아니라 숙종 27년(1701) 8월에 병이 나서 시어머니 인현왕후의 상사喪事에 예를 갖추지 못했고, 9월에는 말을 횡설수설하는 증상을 보여 내의원에서 약의 처방을 의논했다는 기록도 전한다. 그러나 그녀가 사망하던 시기에 전국적으로 전염병이 창궐하여 궁궐에서도 숙종과 세자가 경덕궁(경희궁)으로 급히 옮겼다는 기록으로 보아 몸이 약한 그녀가 전염병에 걸려 사망했을 가능성도 없지 않다.

능호는 혜릉惠陵으로, 후사도 없이 사망한 그녀는 경종과 함께 묻히지 못하고 조선의 최대 왕릉인 동구릉에 능이 조성되어 혼자 잠들어 있다. 혜릉은 당시 경종의 왕권을 보여주듯 동구릉 안의 17기 능 중에서 비교적 낮은 구릉에 있으며, 능역이 전반적으로 좁고 다른 능에 있는 홍살문도 없이 가장 작은 규모로 조성되어 있다. 다만 규모가 작은 대신 석물이 사실적으로 묘사되어 당시의 시대상인 실사구시의 뜻이 담겼다는 평가를 받는다.

조선 왕릉은 대부분 북침인데 혜릉은 서쪽에 머리를 두고 다리가 동쪽으로 향해 있다. 즉, 혜릉의 좌향은 유좌묘향酉坐卯向으로 서쪽을 등지고 동쪽을 바라보는 지세이다. 때문에 남편 경종이 묻힌 의릉이 혜릉의 서쪽에 있어 남편을 향한 그리움이 담겨 있다고 해석하기도 한다. 그러나 의릉은 혜릉이 조성되고 6년이 지난 뒤에 조성되어 단지 후대 사람들의 안타까운 마음이 담긴 이야기일 뿐이다.

단의왕후가 사망하자 왕세자였던 경종은 손수 지문을 지으며 통곡할 정도로 부부 사이가 좋았다. 시아버지 숙종은 며느리의 죽음을 비통해하며 단의端懿라는 시호를 내리고 단의빈으로 삼았다. 이후 경종이 즉위한 1720년 왕비로 추존되어 단의왕후라는 존호를 올렸고, 영조가 '공효정목恭孝定穆'의 휘호를 올렸다.

이러한 조치들은 그녀의 기구한 삶을 위로하는 의미가 담겨 있지만, 당시 정국과도 무관하지 않다. 존호를 올리는 것은 왕실 어른에 대한 예우 차원이었고, 한편으로는 왕실의 존엄성을 최고로 끌어올림으로써 궁극적으로 왕에 대한 신료들의 충성을 이끌어내기 위한 정치적인 의미도 담겨 있었기 때문이다.

어렵게 세자빈에 선택되다

단의왕후는 숙종 12년(1686) 청송靑松 심씨 집안에서 심호沈浩의 딸로 태어났다. 그녀의 집안은 조선이 건국된 이후 왕실과 각별한 인연을 맺은 명문가로, 그녀는 세종의 국구 심온의 12대손이며 명종의 국구 심강의 7대손이다. 그리고 동서분당의 원인을 제공한 심충겸의 6대손이었고, 그녀가 세자빈으로 책봉될 당시 서인의 핵심 인물인 증조부 심권沈權이 생존해 있었다. 그녀가 세자빈으로 간택된 것은 이러한 그녀의 집안을 고려한 숙종의 의지가 반영되어 있었다.

숙종의 기대와는 달리 그녀는 왕실을 위해 특별한 역할을 하지는 못했고, 경종과의 사이에 후사도 두지 못하고 세상을 떠났다. 이에 숙종은 자신이 죽기 전에 세자의 혼인을 서둘렀다. 그러나 간택 절차는 순조롭지 못했다.

세자빈 간택을 위해 간택 단자를 7월 10일 한양과 경기를 시작으로 7월 25일까지 전국에서 거두어들이면서 대상자의 나이를 18세에서 22세까지로 했다. 예상과 달리 대상자가 두세 명에 그치자 숙종은 대상자 나이를 16세에서 19세로 낮추었지만 여전히 지지부진했고, 다시 14세에서 19세까지 대상자를 확대했다. 당시 간택 대상자의 나이를 조정한 것은 31세인 세자의 나이와 함께 곧바로 임신이 가능한 나이를 고려한 것이었다.

그럼에도 대상자가 적었던 이유는 이 시기에 이미 13세에 혼인을 의논할 수 있는 조혼제도가 자리 잡아가던 것과 관련이 있었다. 결국 우여곡절 끝에 간택 대상자 중 가장 어린 14세의 어유구의 딸이 최종 간택되었다. 이후 그녀는 어의동 별궁에 머물며 혼례에 따른 의식과 준비 절차를 거쳐 그해 9월 세자와 혼인했다. 조선시대에는 혼례식과 성인식을 구분했기 때문에 그녀와 경종의 혼인 의식이 일 년 동안 두 차례에 걸쳐 거행된 것이다.

보통 민간의 여성들은 혼례로 관례를 대신했지만, 어린 나이에 혼인을 한 왕실의 여성과 사대부 여성은 가례나 혼례를 올린 뒤에 15세에 별도로 관례를 올렸다. 『주자가례』의 법도에 따라 여성은 15세를 넘긴 후에야 합방이 가능했기 때문이다. 『한중록』에도 혜경궁 홍씨가 15세에 관례를 치른 뒤 사도세자와 첫날밤을 보냈다는 내용이 전하는 것도 이러한 이유에서였다.

그녀는 혼인한 지 2년 후인 1720년 숙종의 사망으로 남편 경종이 뒤를 이어 즉위하면서 함께 왕비 자리에 올랐다. 그녀가 바로 선의왕후이다.

선의왕후는 숙종 31년(1705) 함종咸從 어씨 집안의 어유구魚有龜와 전주 이씨의 딸로 한양의 숭교방崇教坊에서 태어났다. 숭교방은 지금의 명륜동1·2·3가와 혜화동 일대를 가리킨다. 그녀의 집안은 조선에서 꾸준히 인재를 배출한 명문가에 속했다.

선의왕후는 어려서부터 성품이 온화했다고 전하며, 함종 어씨 집안에서 배출한 조선의 유일한 왕비였다. 그녀의 친정아버지 어유구는 노론 영수 김창집의 제자였고, 일가가 노론의 핵심 인물들과 학연과 혼맥을 형성할 정도로 그녀의 집안은 모두 노론계였다. 따라서 숙종 42년(1716) '병신처분'으로 노론이 정국의 주도권을 잡고 있던 상황에서 그녀의 집안에서 세자빈에 선택된 것은 특별한 일이 아니었다.

그러나 어유구는 사위 경종이 즉위한 뒤 연잉군을 세제로 책봉하고 대리청정을 추진하려는 노론계의 행보에 동조하지 않는 등 끝까지 노론과 함께하지 않아 노론의 지지를 받지 못했다. 그렇다고 어유구가 노론에 적대적이었거나 소론으로 변절한 것은 아니었다. 어유구는 자신의 딸이자 왕비의 처지를 생각하지 않을 수 없었고, 이러한 사실을 인지하고 있던 노론도 연잉군의 세제 책봉과 대리청정을 주장하고 나설 때 어유구에게 이를 전하지 않았다고 한다.

한편, 당시 정국과 경종의 건강 등을 감안하면 믿을 곳이라고는 남편밖에 없었던 선의왕후에게는 불안한 출발이기도 했다. 한 가닥 희망이 있다면 경종은 이미 숙종이 아파서 누워 있던 3년 동안 대리청정으로 국정을 돌본 경험이 있었고, 특히 숙종 말년에 강행하여 경종이 즉위한 1720년에 비로소 완성된 양전사업量田事業, 즉 농지를 조사·측량하여 실제 작황을 파악하던 제도를 대리청정 중인 경종이 민진후와 김창집 등 노론의 반발을 무릅쓰고 시행하는 추진력을 보여주었다는 사실이다.

불안한 출발을 하다

선의왕후는 왕비 자리에 오르기는 했지만, 청나라에서 그녀의 왕비 책봉에 문제를 제기하는 등 왕비로서 그녀의 삶은 시작부터 순탄하지 못한 앞날을 예고하는 듯했다. 당시 조선은 이미 사망한 세자빈을 단의왕후로 추봉하는 것과 그녀를 왕비로 책봉하는 것을 동시에 주청했다. 그런데 청나라는 이를 트집 잡으며 시간을 끌다가 경종이 즉위한 이듬해인 1721년에 고명(誥命, 임명장)을 내렸다.

뿐만 아니라 남편 경종의 이복동생이자 자신에게는 시동생인 연잉군이 왕세제에 책봉되었고, 이어서 경종 즉위 초에 연잉군의 대리청정을 무리하게 추진한 신축옥사辛丑獄事가 일어났다. 이어서 경종 2년(1722) 노론이 경종을 폐위하려는 역모 사건으로 임인옥사壬寅獄事가 일어나는 등 계속되는 정쟁으로 숙청의 피바람이 몰아쳤다.

변변한 지원 세력도 없이 이들과 상대해야 했던 경종의 정치적 시련은 적장자가 없다는 사실도 커다란 영향을 미쳤다. 하지만 왕세제 논의 당시 선의왕후는 겨우 17세였고, 숙종의 사망으로 국상 중이라 왕과 왕비의 합방이 금지된 상태였다.

시아버지 숙종이 태어난 지 석 달밖에 되지 않은 아들을 세자에 책봉하려고 했을 때 대신들은 "아직 왕비의 나이가 20대 초반으로 충분히 후사를 낳을 수 있다"는 이유를 들어 반대했던 일도 있었다. 그때 석 달 된 왕자가 바로 남편 경종이었다. 따라서 선의왕후 입장에서는 억울한 면이 있었지만 문제는 왕비가 아니라 경종이었다.

인현왕후의 동생 민진원이 숙종 6년(1680)부터 영조 4년(1728)까지 궁중에서 일어난 사건을 연대순으로 간추려 기록한 『단암만록丹巖萬錄』에는 다음과 같은 내용이 전한다.

> 경종은 숙종의 상喪에서 곡哭을 해야 할 때 소리를 내지 않고 고개를 숙이고 엎드려 있다가 까닭 없이 웃었고 오줌을 쌌으며, 머리를 빗지 않아 두발이 엉켜 붙어 있는 등 자신을 돌보지 않았다. 경연을 하지 않았고, 정사를 처리하기 위해 신료들의 보고를 받을 때도 내용을 파악하지 못했다. 또한 경종은 세자 시절 하체의 기운이 마비되어 남녀의 일을 알지 못하여 나이가 30이 되어도 여색을 가까이할 수 없었다.

이 내용에 따르면, 경종이 왕으로서 직무 수행은 물론 후사를 두는 일이 불가능했던 것으로 보인다. 그러나 민진원은 당시 연잉군의 대리청정을 주장한 노론계였으며, 이 책 역시 왕실의 틈바구니에 끼어 치열했던 당쟁과 이에 따른 인현왕후의 복위와 장희빈 사건 등 다양한 정치적 사건을 노론의 시각에서 기록했다. 따라서 당쟁 연구에는 도움이 되지만, 경종과 관련한 내용을 전적으로 신뢰하기에는 무리가 있다.

선의왕후 역시 연잉군을 세제에 책봉하려는 노론의 주장에 반대했다. 따라서 그녀에게 어떤 대안이 있었을 가능성도 추론해볼 수 있다. 다시 말해, 그녀가 경종과의 사이에서 후사를 낳을 수 있다고 생각했거나 전하는 이야기처럼, 연잉군의 세제 책봉에 반대했던 세력과 일부 왕실 종친이 연합하여 왕실 후손 중에서 양자를 입양하려는 계획을 세웠을 수도 있다.

당시 인조의 장남 소현세자의 손자인 임창군 이혼의 장남 밀풍군 이탄과 밀풍군의 아들 이관석이 거론되기도 했다. 훗날 영조 4년(1728) 소론 이인좌 등이 반란을 일으켰을 때 밀풍군 이탄을 왕으로 추대하려 했다는 사실이 밝혀져 난이 평정된 뒤 밀풍군은 자결하라는 명에 따라 억울하게 죽음을 맞이했다. 이인좌 등은 궁녀 출신의 후궁 소생인 연잉군이 즉위하면 '효종·현종·숙종'으로 이어진 적장자의 혈맥이 끊어진다며 적장자인 소현세자의 혈통으로 세자를 책봉해야 한다는 정통론을 명분으로 내세웠던 것이다.

하지만 선의왕후가 양자를 염두에 두었다는 내용은 구체적으로 확인할 수 없고, 이 계획이 사실이었다 해도 성공할 가능성은 크지 않았다. 적장자의 왕위 계승은 명분은 있었지만, 궁궐에서 성장하면서 제왕 수업을 받은 연잉군과 그를 지지하는 세력이 형성되어 있는 상황에서 몇몇 사람의 의지만으로 뜻을 이루기에는 무리가 있었기 때문이다. 특히 왕권이 미약한 상황에서 노론의 정치적 공세를 막아내는 것도 쉬운 일이 아니었다.

경종 4년(1724) 8월, 갑자기 경종이 세상을 떠나자 정국은 다시 급박하게 돌아갔다. 심지어 영조가 경종을 독살했다는 이야기까지 퍼져나갔다. 물론 충분히 의심되는 일이었지만 물증은 찾기 힘들었다.

왕실의 씨가 바뀌었으니 바로잡으라

갑자기 복통이 시작된 경종은 심각한 탈수와 구토, 설사 증세를 보이다가 창경궁에서 새벽 3시경에 사망했다. 당시 경종에게 특별한 병증이 없었다는 이유를 들어 독살 의혹이 제기되었다. 특히 왕세제인 연잉군이 보낸 음식을 먹은 뒤 경종이 고통을 호소했다고 하면서 소론 측 일부는 연잉군이 경종을 독살했다고 주장했다.

평소 시름시름 앓는 날이 많았고 항상 피곤해하던 경종을 위해 연잉군이 게장을 올렸는데, 경종이 입맛이 돌았는지 수라를 조금씩 들었다고 한다. 연잉군은 다시 생감을 올렸다. 한의학에서는 게장과 생감은 서로 궁합이 맞지 않는 음식이었다. 어의가 만류했지만, 연잉군이 고집을 부려 생감을 올렸는데 이틀이 지난 뒤 경종이 심한 복통을 호소하자 연잉군은 다시 인삼을 올렸다.

이에 어의가 '기氣를 되돌리지 못하여 상태가 더 악화될 것'이라며 반대했지만, 왕세제의 명령이라 거역하지 못하고 그대로 따랐다. 그 후 인삼을 세 번 더 올렸고, 다음날 새벽에 경종이 급사했다. 때문에 연잉군에 의한 경종의 독살설은 쉽게 가라앉지 않았다.

신임사화를 주도한 소론의 거두 김일경의 잔당이 밀풍군 이탄을 추대하며 청주성을 중심으로 정권 쟁탈을 꾀했던 이인좌의 난이 일어났을 때에도 영조가 경종을 독살했다는 의혹을 제기했다.

영조 31년(1755), 나주 괘서사건이 있은 직후 역모 사건의 관련자들을 영조가 친국했다. 이때 신치운은 "신은 갑진년부터 게장을 먹지 않습니다"라며, 경종이 사망하고 영조가 즉위했던 1724년의 일을 빗대어 경종이 독살되었다고 주장했다. 이에 영조는 분통을 터뜨리며 눈물을 흘렸고, 같은 해 10월에 경종의 승하에 대해 직접 진술하는 글을 남길 정도로 오랜 세월 동안 경종의 독살설에 시달렸다.

경종의 독살설에 선의왕후와 관련한 이야기도 전한다. 먼저 세상을 떠난 단의왕후의 동생 심유현은 "경종이 노론 측 환관들에 유폐된 뒤 독살되었다"고 주장하며 이인좌의 난에 동참하여 반란 세력을 대표했으며, 당시 선의왕후가 이인좌 등에게 비밀리에 언문 교서를 보내 "왕실의 씨가 바뀌었으니 바로잡으라"고 하교를 내렸다고 전한다.

그러나 이 내용은 실록에서 찾아볼 수 없다. 다만 이인좌 등이 왕대비의 밀명을 받았다고 주장한 흔적만 「영조실록」에 수차례 등장할 뿐이다.

훗날 영조는 장남 효장세자가 갑작스럽게 병을 앓다가 사망하자 "저들이 몹쓸 것을 먹였다"며 타살 의혹을 제기하면서 선의왕후가 궁녀를 시켜 독살했다거나 영조의 딸 화순옹주가 홍역을 앓은 뒤 하혈하는 증세를 포함하여 당시 태어난 네 명의 옹주에게도 독약을 먹였다는 이야기도 전한다.

영조 6년(1730) 3월, 이인좌 잔당의 지시를 받은 궁녀 박순정과 김순혜 그리고 무당 태자 등이 뼛가루를 창경궁의 양화당과 세자궁, 빈궁의 침실 등에 묻고, 세자와 옹주에게 타 먹이며 저주 행위를 하다가 들키는 등 극단적인 사건이 발생하면서 조정을 뒤흔들어 놓기도 했다.

이러한 이야기들은 구체적인 근거를 찾아보기 힘들지만 경종의 독살설과 무관하지 않았고, 경종의 사망으로 선의왕후와 영조의 관계가 원만하지 않았음을 의미한다.

의문을 남기고 세상을 떠나다

경종의 사망으로 선의왕후는 20세의 나이에 청상과부가 되어 왕대비 자리에 올랐다. 여전히 영향력이 없던 선의왕후는 남편의 뒤를 이어 즉위한 영조가 부담스러웠다. 반면, 영조는 자신의 형수인 선의왕후를 부모로 예우했다. 물론 여기에는 영조가 적법한 절차에 따라 경종의 뒤를 이어 즉위했고, 왕으로서의 자비로운 성품을 보여주려는 정치적 계산이 깔려 있었다.

때문인지 선의왕후는 영조와 관련한 예식과 절차를 자주 거부했고, 이에 영조는 왕대비인 선의왕후에게 올리는 물품을 매번 줄여 국고나 백성에게 돌렸다고 한다. 선의왕후는 영조 2년(1726) 대비전이 있는 창덕궁이 아닌 경종이 세자 시절에 거처하던 창경궁 저승전에서 지내기도 했다. 여기에는 남편을 그리워하는 마음도 담겨 있었지만, 한편으로는 왕대비로서 영조에게 협력하지 않겠다는 시위의 뜻도 있었다.

선의왕후의 죽음은 생각보다 빨리 찾아왔다. 그녀는 영조 6년(1730) 6월, 26세의 젊은 나이에 경덕궁(경희궁) 어조당에서 세상을 떠났다. 그녀의 죽음으로 영조는 커다란 부담을 더는 듯했으나 선의왕후의 죽음과 관련하여 또다시 세간의 구설수에 올랐다.

그녀가 사망하자 영조는 부모의 예를 갖추어 머리를 풀고 곡을 해서 신료들의 눈총을 받았다. 그녀가 가는 마지막까지 왕권의 정통성 유지와 경종의 사망에 대한 의심에서 벗어나려고 했다는 것이 그 이유였다.

영조는 평소 책을 좋아했던 그녀를 위해 부장품으로 『예기禮記』와 『시경』을 챙겨 관에 넣어주었고, 친히 행록을 작성하여 선의왕후의 인간적인 성품을 추모하면서 그동안의 사건들에 대해 언급하는 등 선의왕후와 사이가 좋았다는 기록을 함께 남겼다.

그러나 선의왕후의 사망 원인이 구체적으로 밝혀지지 않아 영조를 의심하기도 했다. 그녀가 죽기 직전까지 눈물을 흘리거나 몸을 떨며 통곡하자 영조가 의관들에게 이러한 증후를 본 적이 있는지 묻자 중관이 "헛소리를 하는 것입니다"라고 대답했다고 한다. 당시 선의왕후는 더운 날씨에 경종의 상을 치르면서 병에 걸렸고, 이후에도 건강이 좋지 않았다는 기록이 보이지만, 영조와의 갈등이 원인이었다는 이야기도 있다.

민간에서는 영조의 처소에 자객이 침범하여 암살을 시도했지만 실패했고, 이 사건이 선의왕후의 죽음과 관련 있다는 이야기로 이어지기도 했다. 즉, 선의왕후가 사망한 것은 오랜 지병을 앓아서가 아니라 영조 6년(1730) 4월에 발생한 영조 암살 사건의 주모자로 지목되어 어조당에 유폐되었고, 분개한 선의왕후가 음식을 거부해 끝내 굶어 죽었다는 것이다.

선의왕후는 현재 남편 경종과 함께 서울시 성북구 석관동에 있는 의릉懿陵에 잠들어 있다. 의릉은 풍수지리상으로 생기가 왕성한 정혈에서 벗어날 것을 우려하여 봉분을 앞뒤로 배치해서 쌍릉으로 조성했다.

특히 의릉은 정자각에서 보면 앞의 능은 선의왕후 능이고 뒤의 능은 경종의 능을 명확하게 구별할 수 있을 정도로, 여주에 있는 효종의 영릉보다 더 정확하게 앞뒤로 조성되어 있다. 다만 의릉은 영릉보다 규모가 작고 간소하게 조성되어 있어 경종의 왕권과 비례하는 듯하다.

의릉 : 서울 성북구 화랑로 32길 146-20(석관동 산1-5)

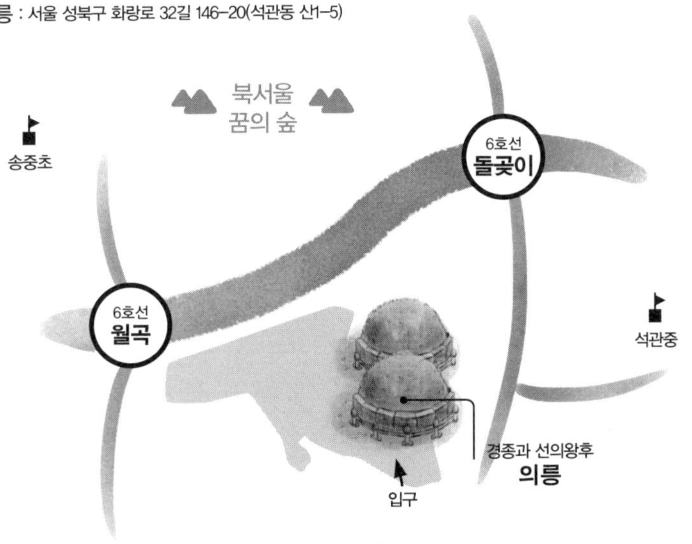

- 1호선 신이문역 1번 출구(도보 약 15분)
- 6호선 돌곶이역 7번 출구(도보 약 15분)
- 청량리역 환승센터, 돌곶이역 7번 출구 → 120, 147, 261번 버스 이용
  버스정류장 이름 : '의릉입구' 하차(도보 4분)

역대 왕비들과 대조적인 삶을 살다

정성왕후 서씨 貞聖王后 徐氏 와 정순왕후 김씨 貞純王后 金氏

영조의 정비와 계비

최장수 왕비가 탄생하다

정성왕후와 정순왕후는 영조의 정비와 계비로, 모두 조선의 역사에 각별한 인연을 남겼다. 정성왕후는 왕실과 인연을 맺은 뒤 50여 년을 남편 영조와 함께 살면서 무려 33년 동안 왕비 자리를 지킨 조선 왕비 가운데 왕과 가장 긴 시간을 함께한 왕비이다. 하지만 그녀는 정치와 거리를 두고 살아서인지 남편이 우여곡절 끝에 세제 자리에 오르고 마침내 왕위에 오르는 과정에서 그녀와 관련한 내용은 찾아보기 힘들다.

반면, 정성왕후가 사망한 뒤 영조의 계비로 간택된 정순왕후는 영조 이후 50여 년간 정조와 순조 대에 최고 권력을 행사하는 등 조선 말기 역사에서 가장 큰 영향력을 발휘했다. 그런 점에서 정순왕후는 정성왕후와는 상당히 대조적인 삶을 살았다.

정성왕후와 영조는 부부 사이가 좋았던 것으로 전한다. 영조는 그녀가 사망했을 때 "오랜 왕궁 생활 동안 늘 미소 띤 얼굴로 맞아주고, 왕실 어른들을 극진히 모시며 게으른 빛이 없었다"고 극찬했고, '혜경장신강선공익인휘소헌원렬단목장화 정성왕후惠敬莊愼康宣恭翼仁徽昭獻元烈端穆章和貞聖王后'라는 정중하면서도 상당히 길고 화려한 그녀의 시호에서도 그녀에 대한 평가를 짐작할 수 있다. 물론 이처럼 장황한 그녀의 시호는 한 번에 결정된 것은 아니었다.

영조 16년(1740) 그녀에게 혜경惠敬이라는 존호를 올린 뒤 생전에 장신莊愼과 강선康宣 등의 존호를 올렸고, 사망 이후 영조 48년(1772) 공익恭翼을 비롯해 이후 인휘仁徽와 소헌昭獻이라는 존호를 올렸다. 그리고 정조 2년(1778) 단목장화端穆章和, 고종 27년(1890) 원렬元烈의 존호가 추가되었다. 그녀에게 이렇듯 오랜 기간 동안 지속적으로 존호를 올린 것은 50여 년이라는 오랜 세월 동안 궁궐 생활을 하면서 시어머니 숙빈 최씨를 비롯하여 영빈 김씨, 숙종의 계비 인원왕후, 경종의 정비 단의왕후와 계비 선의왕후에 이르기까지 왕실 어른을 잘 모시고 궁궐의 질서를 안정적으로 이끌었음을 의미했다. 한마디로 50여 년 동안 왕실을 지켜왔다는 그녀의 이력이 담겨 있었다.

그럼에도 정성왕후는 역사에서 주목받는 왕비는 아니다. 그녀가 사망한 뒤에 왕비 자리에 오른 정순왕후가 오히려 더 주목받고 있다. 그래서인지 정성왕후는 영조와 사이가 좋지 않았다는 상반된 이야기도 전한다. 그녀가 52세의 나이에 '몸이 좋지 않다'고 영조에게 말하자 영조는 '고작 담증을 핑계로 엄살을 떤다'며 무시했다거나, 그녀의 환갑을 영조가 망쳐 놓았다는 이야기도 있다. 심지어 영조는 정성왕후를 창덕궁으로 보내고 자신은 경희궁에 머물렀고, 정성왕후를 찾는 일이 거의 없었다고도 한다. 이처럼 두 사람이 사이가 좋지 않게 된 이유를 놓고 민간에서는 다음과 같은 이야기가 전한다.

영조의 왕자 시절, 혼인 첫날밤이었다. 왕자가 그녀의 손을 보고는 "왜 이리 곱냐"고 묻자 "고생하지 않은 덕분에 손에 물을 묻히지 않아 그러하다"고 대답했다. 이 말을 들은 그는 궁궐에서 궂은일을 했던 생모 숙빈 최씨를 업신여긴 것으로 받아들여 이후 그녀를 찾지 않았다고 한다. 무수리 출신의 자식이라는 영조의 열등감에서 비롯된 반발심에서였지만, 그의 출생 신분은 당시 사회에서 대단히 민감한 문제였다.

예를 들어, 인조 16년(1638) 서경우가 호조의 보고를 토대로 올린 계에는 "중전이 쓰는 출산 비용이 100냥인데 후궁인 숙원이 출산하기 위해 산실청에서 쓰는 비용도 100냥이라면 이는 차등이 없으며, 형편에 맞지 않으니 등급의 구분이 있어야 한다"고 주장할 정도로 후궁은 출산하는 과정에서도 차별을 받았고, 후궁이 낳은 왕자가 왕위에 올라도 대비가 될 수 없었다.

또한 경종 2년, 신임옥사에서 정성왕후 오빠의 아들, 즉 그녀의 조카 서덕수가 관련되어 처벌받았고, 그녀의 오빠 서명백에게도 죄를 물어 영암군으로 유배한 일이 있었다. 당시 왕세제였던 영조는 이 사건으로 경종에게 몸을 부르르 떨면서 자신을 세제 자리에서 물리칠 것을 자청할 정도로 그에게는 대단히 심각한 사건이었다. 때문에 평소 사도세자를 아꼈던 정성왕후가 세상을 떠났을 때 사도세자가 눈물을 쏟으며 통곡하는 모습을 뒤늦게 도착한 영조가 보고, 사도세자에게 "너의 옷차림이 그게 무어냐?"며 나무랐다는 이야기도 전한다.

죽어서도 왕실 어른을 모시다

정성왕후는 숙종 18년(1692) 달성達城 서씨 집안에서 서종제徐宗悌의 딸로 한양 북부 가회방嘉會坊에서 태어났다. 가회방은 지금의 종로구 가회동에서 안국동 일대를 가리킨다. 그녀는 세조 때 정승을 지낸 서거정의 후손이며, 근대 시기에 활동한 서재필과 서재창의 8대조가 된다. 그러나 정성왕후가 태어난 시기를 전후하여 고위직 관리를 배출하지 못해 권세가에 속하지 않아 그녀의 집안에 관한 자료는 많지 않다.

그녀는 13세 되던 해인 숙종 30년(1704), 숙종의 네 번째 왕자로 자신보다 두 살 아래인 연잉군과 혼인했다. 그때만 해도 연잉군이 왕위에 오를 가능성은 아무도 확신할 수 없는 상황이었다. 이후 그녀의 신변에 변화가 일어난 것은 혼인한 지 무려 17년이 지난 경종 1년(1721)이었다. 당시 남편 연잉군이 우여곡절 끝에 왕세제로 책봉되면서 그녀 역시 세제빈 자리에 올랐다. 3년 후에 경종이 사망하자 연잉군이 뒤를 이어 왕위로 오르자 그녀도 왕비 자리에 오르게 된다. 이후 그녀는 33년 동안 왕비 자리를 지켰지만, 영조와의 사이에 자식을 두지 못했다.

그녀는 영조의 후궁 정빈 이씨 소생인 효장세자와 영빈 이씨 소생인 사도세자를 친아들처럼 아꼈다. 그녀가 세상을 떠났을 때 사도세자가 그토록 슬퍼한 것도 평소 그녀가 베풀었던 관심과 사랑 때문이었다. 영조 30년(1754), 강원도에 있는 건봉사에 "상궁 이씨와 안씨를 보내 석가상을 조성하고 팔상전을 세워 원당으로 정했고, 8월에는 영조가 숙종의 어제절함도御製折檻圖와 어필서御筆書를 내려 어실각御室閣에 봉안하고 요역을 면제해주었다"는 내용으로 보아 일찍부터 구중궁궐에 갇혀 외로운 생활을 하던 그녀가 마음의 위안을 얻기 위해 불교에 심취한 것으로 보인다.

그녀는 창덕궁昌德宮의 관리합觀理閤에서 영조 33년(1757) 2월, 66세 나이에 시어머니인 인원왕후보다 먼저 세상에 떠났다. 그녀의 능은 현재 서오릉에 조성되어 있다. 능호는 홍릉弘陵으로 영조가 직접 터를 고른 것으로 전한다. 당시 영조는 정성왕후의 능을 아버지인 숙종의 명릉明陵 근처에 조성하고, 훗날 자신도 함께 묻히기 위해 정성왕후 능의 오른쪽 정혈에 돌을 십자로 새겨 묻었다고 한다. 하지만 영조가 사망한 뒤 현재의 동구릉에 원릉元陵을 조성하였고, 후에 계비 정순왕후의 능이 조성되어 함께 잠들어 있다.

이처럼 정성왕후는 죽어서 천하의 명당을 차지했지만, 끝내 남편과 함께하지 못했다. 정성왕후가 홀로 잠들어 있는 홍릉은 석물 배치 등이 쌍릉 형식으로 조성되었지만, 오른쪽 왕의 자리가 평지로 조선 왕릉 42기 중 유일하게 왕의 유택이 지금까지 비어 있다. 그리고 문인 공간과 무인 공간을 구분한 마지막 능침이기도 하다.

서오릉에는 시아버지 숙종과 비록 계모이지만 시어머니 인경왕후, 작은시어머니 인현왕후가 함께 잠들어 있다. 여기에 희빈 장씨의 묘가 1970년에 이곳으로 옮겨져 죽어서도 네 분의 시부모를 모시고 있다. 후대 사람들은 그녀의 능을 보면서 '지금도 시부모들의 사랑을 받고 있는지, 또는 죽어서 시집살이에 시달리지는 않는지' 그녀의 영혼에게 질문을 던지기도 하고, 옆자리를 비워놓고 영원히 떠난 남편 영조를 원망하는 것은 아닌지 위로의 말을 건네기도 한다. 정성왕후가 죽어서 영조와 함께하지 못한 이유에는 여러 이야기가 전할 정도로 말들이 많았기 때문이다.

대표적인 예로, 정조는 홍릉이 풍수가 좋지 않다는 이유로 동구릉 안 건원릉 서쪽 두 번째 산줄기에 영조의 원릉을 조성한 것으로 전한다. 그곳은 원래 효종이 묻혔던 옛 영릉 자리였다. 하지만 능에 균열이 발견되어 비가 샐 우려가 있었고, 심지어 석물이 해를 거르지 않고 기우는 등 최악의 자리라는 평가에 따라 여주 영릉으로 이장했던 것이다.

뿐만 아니라 한번 묘를 썼다가 파헤친 자리는 땅의 기운이 다했다고 해서 다시 묘로 쓰지 않았다. 경종이 사망했을 때 이곳에 능을 조성하자는 대신들의 주청에 영조는 "국장에 어떻게 파묘 자리를 쓰겠느냐"며 물리쳤던 것도 이러한 이유에서였다.

그럼에도 정조가 그 자리에 영조의 능을 조성한 것은 아버지 사도세자를 뒤주에 가두어 죽게 한 할아버지 영조에 대한 원망 때문이었다고 한다. 그런가 하면 영조의 계비 정순왕후와 관련된 이야기도 전한다. 영조가 사망하자 생존해 있던 정순왕후의 존재를 의식하지 않을 수 없었던 정조는 그녀가 영조와 함께 묻히기를 원해 정성왕후와 합장하지 않고 현재의 동구릉에 영조와 정순왕후의 능을 조성했다고 한다.

그 밖에도 풍수지리와 관련한 이야기도 있다. 정조는 할아버지의 능을 조성하기 위해 좋은 자리를 찾으라고 명했고, 대신들은 동구릉에 있는 옛 영릉이 태조의 능인 건원릉에 버금가는 길지라며 적극 추천했다. 그 자리는 본래 효종의 능침으로 한번 썼던 자리라 관례에 어긋나지만 풍수에 대한 새로운 해석으로 영조의 능침이 조성되었다. 즉, 정조는 할아버지가 조강지처와 함께 묻히는 것도 의미 있는 일이지만,

풍수지리상 왕실의 길지를 선택함으로써 왕실이 더욱 번성하기를 기대했던 것이다.

준비된 왕비의 탄생을 알리다

정성왕후가 사망한 뒤 정순왕후가 간택되어 왕비 자리에 올랐다. 정순왕후는 경주慶州 김씨 집안에서 영조 21년(1745) 김한구金漢耉의 딸로 태어났다. 그녀의 5대조 김홍욱은 조선 중기의 문신으로 병자호란 때 인조를 남한산성에 호종하여 강경론을 주장했고, 홍충도 관찰사洪忠道觀察使 시절에는 호서지방에 대동법을 처음 실시할 정도로 능력과 강단을 지닌 관리였다.

또한 그는 황해도 관찰사로 있을 때 소현세자빈 강씨의 억울한 죽음을 호소하며 원한을 풀어줄 것을 상소하기도 했다. 소현세자 부부의 죽음은 효종의 왕위 계승과도 관련이 있는 민감한 문제라 화가 난 효종이 그를 하옥시킨 뒤 친국을 했고, 끝내 장살杖殺되었다. 그는 죽기 전에 "어찌하여 말하지 않는가. 옛날부터 말한 자를 죽이고도 망하지 않은 나라가 있었습니까? 신은 용방(龍逄, 관용방關龍逄으로 하나라 걸왕 때의 충신)이 비간(比干, 은나라 주왕 때의 충신)과 더불어 지하에서 함께 놀겠습니다. 내가 죽거든 내 눈을 빼내어 도성 문에 걸어두면 나라가 망해가는 것을 보겠습니다"라며 "언론을 막고 망하지 않는 나라가 없다"는 유명한 말을 남기기도 했다.

그녀의 집안은 김홍욱의 사망으로 가세가 기울었지만, 이후 김홍욱의 증손 김흥경이 영조 대에 영의정을 지냈고, 김흥경의 아들 김한신이 영조의 2녀 화순옹주와 혼인하여 왕실과 인연을 맺기도 했다. 노론계로 분류되는 김홍욱의 후손들은 충청도 지방의 산림 가문으로 학문적 능력을 인정받았다.

경기도 여주에서 태어난 정순왕후의 생가가 충남 서산에 있는 것도 이러한 연유에서였다. 즉, 기록에 따라 그녀의 출생지와 생가가 혼동되는 이유는 그녀의 집안 기반이 서산 지역이었기 때문이다.

민간에서는 그녀와 관련한 다양한 이야기들이 전한다. 1926년 강효석이 조선시대 역대 인물들의 전기와 일화를 뽑아 엮은 『대동기문大東奇聞』에는 정순왕후가 "어려서부터 총명하고 생각이 깊었다"고 평가하면서 그녀가 태어나던 날 집 주변에 상서로운 기가 맴돌면서 아름다운 새들이 집으로 날아들어 마을 주민들이 '장차 뛰어난 인물이 탄생할 징조'라며 기뻐했다는 이야기가 실려 있다.

그녀의 본관인 신라의 수도 경주에서 전하는 김알지와 알영의 탄생 신화가 연상되는 그녀의 탄생담은 이미 '준비된 왕비의 탄생'을 예고하는 듯하다. 그녀가 왕비에 간택되는 과정과 관련하여 다음과 같은 이야기도 전한다.

화려한 비단옷을 입고 곱게 치장한 명문가의 딸들이 자신의 집안에서 준비한 방석 위에 앉아 간택 절차를 밟고 있었다. 영조가 간택을 시작했을 때 한 규수만 서 있었다. 영조가 그 규수에게 이유를 묻자, 규수는 "아무리 간택하는 자리라고 하지만, 방석 위에 어버이의 성함을 써놓았으니, 그것을 어떻게 깔고 앉을 수가 있겠습니까?"라고 대답했다. 다시 말해, 간택하는 자리에 어느 집안의 딸인지를 알아볼 수 있도록 방석에 아버지의 이름을 써놓은 것을 말한다.

간택이 진행되면서 음식상이 들어오자 영조는 규수들에게 "무슨 음식이 가장 맛이 있는가?"라고 물었다. 이에 규수들은 떡이나 국수 또는 식혜 등 당시 귀한 음식을 꼽았는데, 그녀는 소금이라고 답했다. 영조는 다시 "무슨 꽃이 제일 아름답다고 생각하느냐?"고 묻자 규수들은 매화·국화·모란·연꽃 등 자신들이 좋아하는 꽃을 말했다. 그런데 그녀는 "사람의 의복을 만드는 면화가 으뜸입니다"라고 답했다. 영조가 그 이유를 묻자 "목화 꽃은 비록 멋과 향기는 빼어나지 않으나 백성을 따뜻하게 해주는 꽃이니 가장 아름답다"고 답해 영조를 감탄하게 했다. 이어서 영조가 "세상에 무엇이 제일 깊은가?"라고 묻자 규수들은 산·물·꿈 등 다양한 답변을 했는데 정순왕후는 '사람의 마음'이라고 답했다. 이에 영조는 정순왕후를 주목하게 되었고, 결국 그녀가 왕비에 간택되었다.

그 밖에도 그녀가 왕비에 책봉된 뒤 상궁이 옷의 치수를 재기 위해 잠시 돌아서 달라고 하자 단호한 어조로 "네가 돌아서면 되지 않느냐"며 추상같이 답해 '어린 나이에도 왕비의 체통을 중시하였다'는 주변의 평가 등으로 그녀가 이미 '준비된 왕비'였음을 전하고 있다.

46년 간 정국의 중심에 서다

정순왕후가 왕실과 인연을 맺은 것은 영조의 결단이 있었기에 가능했다. 영조는 정성왕후가 세상을 떠난 후 부왕인 숙종의 유지에 따라 후궁 중에서 새 왕비를 책봉하지 않았다. 왕비의 자리를 2년 동안 비워둔 영조는 외부에서 간택 절차를 밟아 영조 35년(1759) 6월 정순왕후와 창경궁에서 혼례를 올렸다. 당시 정순왕후는 15세, 영조는 그보다 쉰 한 살 많은 66세로 조선 개국 이후 가장 나이 차가 큰 왕과 왕비였다. 정순왕후는 영조의 아들 사도세자와 며느리 혜경궁 홍씨보다 열 살이나 어렸고, 궁궐 여인들의 최고 어른이었지만 나이는 가장 어렸다.

하지만 그녀는 주변의 시선에 신경 쓰지 않고, 17년 동안 왕비 자리를 지키며 정치를 배워 나갔다. 이러한 그녀의 태도는 궁궐에서의 생존 문제와도 관련이 있었다. 당시 남편 영조는 66세로 나이가 많아 앞으로 얼마나 더 살지 알 수 없었고, 자신은 10대 중반의 어린 나이에 지나지 않았기 때문이다.

조선 왕비 중에는 정순왕후가 두 명으로, 단종의 정비 정순왕후定順王后 송씨宋氏와 영조의 계비 정순왕후貞純王后 김씨金氏가 있다. 이 두 왕비의 삶은 극과 극이었다. 단종의 비 정순왕후는 짧은 기간 동안 왕비 자리에 있다가 계유정난으로 쫓겨나면서 어린 나이에 남편과 헤어진 후 80 평생을 궁궐 밖에서 혼자 외롭게 살았다. 반면, 영조의 계비 정순왕후는 어린 나이에 궁궐 생활을 시작해 남편 영조가 먼저 세상을 떠났지만, 최고의 권력을 행사하며 오래도록 궁궐을 지켰다. 앞의 정순왕후가 정치의 희생양이었다면, 뒤의 정순왕후는 그야말로 정치를 주무른 당사자였다.

이러한 평가는 이후의 일이고, 정순왕후가 영조와 혼인할 당시에는 정치를 접할 기회가 거의 없었다. 하지만 총명하고 논리적이었으며, 결단력도 있었던 그녀는 나이에 걸맞지 않게 속이 깊고 야심도 있었으며, 정치에서 중요하게 여기는 명분도 챙길 줄 알았다. 그녀는 이러한 기질을 바탕으로, 남편 영조가 궁녀 출신 소생이라는 출생의 한계를 극복하면서 주변의 정치적 공세를 정면으로 돌파하고 상황에 따라 온건론을 펼치며 탁월한 정치력을 발휘하는 과정을 지켜보면서 현실정치를 경험하게 된다. 이러한 경험은 이후 정조와 순조 대에 왕대비와 대왕대비의 지위를 누리며 46년간 정국의 중심에 설 때 큰 힘을 발휘하게 된다.

그녀가 영조와 혼인했을 당시 조정은 소론에 우호적인 사도세자가 대리청정을 하고 있었다. 반면, 영조는 노론의 지지로 왕위에 올랐기 때문에 노론과 가까운 편이었다. 이러한 상황에서 사도세자의 대리청정으로 위기의식을 느낀 노론 측은 새로운 정치적 동반자로 정순왕후를 주목했다. 이후 사도세자의 제거 과정에서 정순왕후의 친정이 노론 벽파의 핵심으로 떠오르면서 사도세자의 죽음에 개입했다고도 한다.

영조 37년(1761) 봄, 사도세자가 극비리에 평안도를 여행한 적이 있었다. 당시 세자의 평양행은 유사시 정휘량이 지휘하는 군사의 지원을 확보하려는 목적에서 이루어진 것으로 전한다. 그러나 이 여행은 훗날 사도세자가 뒤주에 갇혀 비극적인 죽음에 이르는 빌미가 되었고, 그 중심에는 정순왕후의 친정이 있었다.

정순왕후의 오빠 김귀주가 영조에게 밀봉한 편지를 올려 '사도세자의 장인 홍봉한은 세자의 평양행을 말리지 않았고, 소론계 정익량은 주상께 이 사실을 보고하지 않았다'고 비판했다. 이어서 정순왕후의 아버지 김한구는 형조판서 윤급의 종 나경언을 사주하여 사도세자의 비행을 열 가지로 과장하여 형조에 고발했다.

당시 비밀에 부친 사도세자의 평양행을 김귀주에게 일려준 배후 인물로 정순왕후가 지목되었고, 이들의 고발이 발단이 되어 결국 사도세자는 뒤주에 갇혀 굶어 죽고 말았다.

이후 홍봉한이 영조의 신임을 받아 중용되자 이번에는 정순왕후의 친정 경주 김씨 세력과 홍봉한의 집안, 즉 또 다른 왕실 외척인 풍산 홍씨 집안 사이에 균열이 생기게 된다. 정순왕후의 오빠 김귀주는 홍봉한을 정계에서 물러나게 하기 위해 온갖 애를 쓰지만 영조는 며느리 혜경궁 홍씨, 즉 혜빈을 위해 홍봉한을 끝까지 감싼다.

이처럼 정국은 노론과 소론의 당쟁 외에도 왕실 외척들이 대립하는 상황이었다. 정순왕후의 오빠 김귀주는 영조 39년(1763) 과거에 급제하여 관직에 진출한 뒤 빠른 속도로 승진을 거듭했고, 영조의 총애도 남달랐다. 이후 김귀주는 세손, 즉 사도세자의 아들 정조가 왕위를 계승하는 것에 반대하는 등 벽파의 중심 세력으로 활동하면서 외척의 선두에 선다.

당시 최고 관심사는 영조의 뒤를 이어 누가 왕위에 오를 것인가였다. 영조의 손자이자 죽은 사도세자의 아들, 즉 정조가 왕세손으로 법적인 우선권이 있었지만, 사도세자의 죽음과 관련이 있는 정파들은 사도세자의 아들이 즉위할 경우 자신들에게 화가 닥칠 것을 우려하지 않을 수 없었다. 물론 정순왕후의 집안도 예외는 아니었다. 때문에 이들은 왕실에 양자를 들여 김씨 집안의 정권을 강화하고, 왕세손의 외할아버지 홍봉한을 정계에서 몰아내려 했다.

이러한 시기에 정순왕후의 오빠 김귀주가 등장했고, 그 상대는 훗날 정조로 즉위하는 이산이었다. 때문에 김귀주의 든든한 배경인 정순왕후는 당시 왕세손이었던 정조와 사이가 좋지 않았던 것으로 전한다.

다양한 정치력을 발휘하다

1776년 영조가 83세로 사망하자 마침내 25세의 나이로 정조가 즉위했다. 당시 정순왕후는 32세의 나이에 대왕대비가 되어 왕실 최고 어른의 자리에 올랐다. 그러나 강력한 권위를 지녔고 적극적인 후원자였던 남편 영조의 사망은 그녀에게 위기였다. 이제 그녀는 혼자 가장 큰 산인 정조와 상대해야 했다.

그럼에도 정순왕후는 자신의 지위를 활용하여 다양한 방법을 동원하는 등 정치력을 발휘했다. 때문에 그녀는 노론 벽파의 강력한 후원자이면서 수장으로, 권력의 화신이라는 평가를 받기도 한다. 이러한 평가는 그녀의 정치적 행동을 모두 긍정적으로 평가한다는 의미는 아니다. 그녀의 정치력이 당파성이라는 한계를 뛰어넘지 못했기 때문이다. 2007년 MBC 사극 「이산」에서 그녀는 최고의 악녀로 등장하여 정조와 대립하는 것으로 그려지기도 했다.

그녀는 영조의 유언에 따라 왕실 최고 어른인 대왕대비의 예우를 받았다. 영조는 마지막 눈을 감으면서 세손인 정조에게 정순왕후의 목숨만은 보전해 달라는 유언을 남겼고, 정조는 할아버지의 유훈을 지켜 자신보다 겨우 일곱 살 많은 정순왕후를 대왕대비, 즉 할머니로 예우했다.

이후 그녀는 그동안의 경험을 바탕으로 정국의 움직임을 예의주시하며 언문 교지로 하교하면서 국정에 관여하기도 했다. 그녀는 정조가 재위했던 24년 동안 모두 14차례의 언문 교지를 통해 하교한 것으로 전한다.

그녀의 하교는 왕실 최고 어른의 자격이었지만, 여기에는 정치적으로 정조와 대립한 내용도 있었다. 정순왕후가 정조의 핵심 측근인 홍국영 일당의 토벌을 주장한 것이 한 예이다. 홍국영은 영조 말년에 외척 김귀주 일파를 몰아내는 과정에서 큰 역할을 하는 등 정조를 적극 지원하며 최측근으로 활약한 인물이다.

영조 재위 당시, 성격이 교활하고 간사했던 화완옹주와 그녀의 양자 정후겸이 영조의 총애를 업고 외척 김귀주와 세도가이자 혜경궁 홍씨의 작은아버지 홍인한과 더불어 국정을 좌우했다. 이들은 정조가 세손 시절에 세손의 대리청정을 반대했고, 심지어 세손의 일거수일투족을 감시하는가 하면, 유언비어를 퍼뜨려 세손을 모해하기까지 했다.

이 과정에서 정후겸은 세손을 보호하려던 홍국영을 탄핵하는 등 세손을 지원하는 측근들 제거에 나서기도 했다. 그러나 정조가 즉위하면서 정후겸은 유배에 처해졌고, 결국 처형되고 말았다.

또한 정조의 세손 시절, 외종조부 홍인한은 외척 신분을 이용해 정후겸과 화완옹주 모자 등과 결탁하여 위세를 부렸고, 세손을 보호한다는 구실을 내세워 군신의 예에서 벗어나는 언행까지 했다. 결국 세손의 미움을 받아 사이가 벌어진 홍인한은 외척 풍산 홍씨들이 시파에 가담하여 세손을 보호할 때 그는 벽파에 가담하여 세손의 즉위에 반대했다. 이런 홍인한도 정조가 즉위한 뒤 여산에 유배되었다가 결국 사사된다.

정조는 자신을 공격하는 세력 견제에 나서면서 정순왕후를 견제하기 위해 다양한 방법을 동원했다. 정조는 즉위와 함께 "척신을 등용하지 않겠다"고 선언했고, 홍인한과 정후겸의 처리가 마무리되자 김귀주가 자신의 어머니인 "혜경궁 홍씨에게 문안하지 않았다"는 이유로 흑산도로 귀양을 보냈다. 그리고 그날 열린 회의에서 김귀주를 귀양 보낸 것은 영조 때 그가 외조부 홍봉한을 탄핵했기 때문이라고 밝히기도 했다. 이에 따라 정조와 정순왕후의 관계를 외척 대표와 왕실을 대표하는 정조의 대립으로 해석하기도 한다.

정조가 즉위한 후 경주 김씨 가문의 활동이 위축될 정도로 척신 세력을 제거하려는 정조의 정책에 힘이 실렸다. 하지만 정순왕후와 정조 사이에 어떤 긴장관계가 벌어졌는지는 구체적으로 전하지 않는다. 오히려 정순왕후와 정조의 사이가 좋았다는 기록도 있다.

정조가 세손 시절에 대리청정을 반대한 홍인한·정후겸 등을 역적으로 처형하고 정조를 옹위한 홍국영 등의 충절을 널리 알리는 등 이 사건의 전말을 공표하기 위해 즉위년(1776)에 편찬한 『명의록明義錄』에서 "세손(정조)이 위기에 처했을 때 내전(정순왕후)이 안에서 도와 세손이 무사하게 되었다"며 정순왕후가 정조의 즉위에 공이 있음을 공식적으로 밝혔고, 이 내용은 정조가 사망한 후 간행된 「정종대왕행장」과 정순왕후 사후에 간행된 행장 등에서도 재확인할 수 있다.

「순조실록」에도 사도세자의 친동생이자 정조의 고모인 화환옹주가 양자 정후겸과 모의한 뒤 홍인한과 결탁하여 세손 정조의 대리청정을 반대하고 세손의 지위를 위협하자 정순왕후가 세손을 보호했다는 기록이 있다.

뿐만 아니라 정조 5년(1781)부터 정조 10년(1786)까지 정조와 규장각 문신들의 대화를 기록한 『일득록日得錄』에도 정조가 정순왕후에게 친밀한 감정을 드러낸 내용이 있으며, 정순왕후 역시 정조의 행록을 쓰면서 정조가 자신을 극진히 봉양했다는 사실을 기록으로 남겼다.

또 정순왕후는 정조가 후사를 두지 못하자 이를 걱정하여 후궁을 들일 것을 하교하는 등 왕실 어른으로서의 역할을 다한 것으로 전한다.

심지어 사도세자가 비극적인 죽음을 맞이한 사건이 발생했을 때 그녀는 계비가 된 지 3년밖에 되지 않았고, 나이도 어려 정국에 영향력을 발휘하기에는 한계가 있었다는 견해도 있다. 그녀의 친정 경주 김씨 가문 역시 영조 대에 중앙정계로 진출한 것은 사실이지만, 사도세자가 사망하던 시기는 정치적으로 세력을 형성하기에는 이른 시기였으므로 그녀의 가문이 사도세자의 죽음에 적극 개입하기에는 한계가 있었다고 보기도 한다.

그럼에도 정순왕후가 정조를 이해하고 적극적으로 지원했다고 보기에는 무리가 있다. 그녀는 기본적으로 정국을 바라보는 관점이 정조와 달랐다. 특히 왕권과 왕실에 대한 시각에 차이가 있었다.

정조는 이복동생 은언군이 역모 죄로 강화도로 귀양 가자 한양 근교까지 그를 불러 만나기도 했고, 귀양지에서 불편하지 않게 관심을 기울이는 등 왕실 종친을 각별하게 예우했다. 이에 대신들은 아무리 동생이지만 역적 죄인이라며 반발했고, 정순왕후 역시 식사를 거부하고 "사저로 나가 살겠다"며 돈화문까지 행차하는 소동을 벌이는 등 노론 벽파와 정치적 입장을 함께했다.

당시 외척과 관련하여 정조의 생모 혜경궁 홍씨의 친정 풍산 홍씨 가문과 정순왕후의 관계도 눈여겨볼 필요가 있다.

양대 외척의 대립이 표면화되다

영조 집권 후기부터 양대 외척인 정순왕후의 친정과, 사도세자의 부인이자 정조의 생모 혜경궁 홍씨의 친정 사이에 갈등이 싹트기 시작했다. 그러나 정조가 즉위와 함께 외척 세력의 배제를 정치의 첫 번째 원칙으로 내세우면서 경주 김씨 가문과 벽파 세력에 위기가 찾아온다. 반면, 정조의 생모 혜경궁 홍씨가 정치적으로 유리한 위치에 서게 된다.

혜경궁 홍씨는 세자빈으로 궁궐에 들어와 구성원이 다양했던 왕실에서 신중하게 처신했고, 시아버지 영조를 섬기며 남편 사도세자를 적극 내조했다. 그리고 남편의 뒤를 이을 적장자, 즉 정조를 낳아 왕실에 안정적인 후계 구도를 마련하는 등 세자빈으로서의 소임을 충실하게 수행했다.

특별한 일이 일어나지 않는 한 시간이 흐르면 영조의 뒤를 이어 남편 사도세자가 왕위에 오르고, 자신은 왕비 자리에 오르게 되어 있었다. 조선 왕실에서 세자빈의 역할은 세자를 내조하고 왕실 어른들을 잘 섬기며 왕위를 계승할 적장자를 낳는 것이 무엇보다도 중요했으니까 그녀에게는 문제될 것이 아무것도 없는 듯했다.

전혀 뜻밖에, 남편 사도세자가 당파 싸움의 희생양으로 아버지 영조에 의해 세상을 떠나자 그녀의 운명도 뒤바뀌었다. 바로 사도세자가 뒤주에 갇혀 세상을 떠난 조선 왕실 최대의 비극 '임오화변壬午禍變'이 일어난 것이다.

이후 혜경궁 홍씨는 아들 정조 덕분에 훌륭한 어머니로 일반인들에게 기억되지만, 남편 사도세자의 죽음은 그녀의 친정과 관련이 있는 것으로 전하며, 그녀 역시 세자를 보호하기 위해 남편의 죽음을 묵인했다는 의혹에서 자유롭지 못했다. 그럼에도 아들 정조가 즉위하자 혜경궁 홍씨에게 그동안의 시련을 모두 잊고 새로운 삶이 기다리고 있는 듯했다.

아들 정조가 그토록 애를 썼지만 남편 사도세자는 곧바로 왕으로 추숭되지 못했고, 비록 왕의 생모였음에도 법적인 의례도 제대로 받지 못하는 등 왕실에서 그녀의 존재감과 위상은 애매했다. 게다가 남편 세도세자의 죽음은 여전히 당시 정국에서 지뢰밭이었다.

다행히 효심이 지극했던 정조는 어머니 혜경궁 홍씨의 위상을 차근차근 풀어나가는 과정에서 아버지 사도세자에 대한 신료들의 인정과 동시에 충성을 이끌어냈다. 이러한 분위기 속에 정순왕후도 거부할 명분이 없어 혜경궁 홍씨를 며느리로 예우하게 되었다. 또한 혜경궁 홍씨의 친정아버지 홍봉한 역시 죄는 있으나 딸을 위해 엄한 처벌을 받지 않았다. 반면 정조는 정순왕후의 친정 오빠 김귀주를 흑산도로 유배에 처했고, 홍봉한에게 시호를 내린 정조 8년(1784) 김귀주는 나주로 유배지를 옮긴 뒤 2년 만에 사망한다.

이처럼 정조의 강력한 척신 배제로 경주 김씨 가문은 조정에서 활동이 위축되었고, 벽파 역시 수세에 몰렸다. 하지만 정조의 사망으로 순조가 즉위하면서 정순왕후에게 다시 기회가 찾아왔다. 정조의 뒤를 이어 순조가 11세의 어린 나이에 즉위하자 정순왕후가 대왕대비 자격으로 수렴청정에 나선다. 그녀의 친정 경주 김씨 가문이 혜경궁 홍씨의 친정 풍산 홍씨 가문보다 유리한 위치에 서게 된 것이다.

반면 혜경궁 홍씨는 순조가 비록 친손자였음에도 법적인 지위를 인정받을 수 없었다. 아들 정조가 즉위하면서 영조의 장남 효장세자의 양자로 입적되어 법적인 혈통이 인정되지 않았던 것이다.

또한 그녀는 공식적으로 왕비 자리에 오르지 못해 대비나 대왕대비 자리에도 오를 수 없었다. 대왕대비의 자리에 오른 정순왕후가 손자며느리이자 정조의 비로 왕대비 자리에 오른 효의왕후를 서열상 혜경궁 홍씨보다 위에 둔 것도 이러한 이유에서였다. 당시 혜경궁 홍씨의 며느리인 효의왕후는 이를 사양했지만, 정순왕후는 자신이 정한 서열을 따르도록 했다.

수렴청정에 나선 정순왕후는 선왕의 교지를 계승할 것을 밝히며 의리론을 천명했다. 그녀가 거론한 선왕은 곧 남편 영조를 가리켰다. 따라서 정조의 통치는 우선순위에서 밀려났고, 혜경궁 홍씨와 그녀의 친정도 안전할 수 없었다.

정순왕후의 하교 이후 바로 혜경궁 홍씨의 친정 동생 홍낙임의 탄핵이 신호탄이었다. 이미 홍봉한과 홍인한이 사망하여 홍낙임을 탄핵한 것이지만, 궁극적으로는 혜경궁 홍씨의 친정을 겨냥한 것이었다. 결국 홍낙임은 처형되고 말았다.

그럼에도 혜경궁 홍씨는 81세까지 장수했다. 그녀는 말년에 영조 후반부터 순조 초반의 정국을 기록한 『한중록閑中錄』이라는 귀중한 자료를 남겼다. 『한중록』은 아들 정조가 사망하고 손자 순조가 즉위하자 혜경궁 홍씨가 친정을 다시 일으켜 세우려는 뜻에서 사도세자의 죽음과 자신의 친정은 전혀 관계가 없다는 사실을 기록으로 남겼다고 평가하기도 한다.

내가 여주女主로 조정에 임한다

정순왕후가 수렴청정을 하며 공식적으로 정치의 전면에 나선 것은 19세기가 시작되는 1800년이었다. 정순왕후에게 이러한 기회가 찾아온 것은 정조의 갑작스러운 죽음이었다. 때문에 정조가 독살되었다는 의문이 제기되기도 했다.

조선 후기 실학자 정약용의 서거 100주년을 맞아 여기저기 흩어져 있는 그의 저술들을 후학들이 총정리한 문집 『여유당전서與猶堂全書』에도 구체적인 물증을 제시하지는 않았지만, 정조의 독살설에 대한 개연성과 심증을 밝히고 있다.

실록에 따르면, 정조는 등에 난 종기를 치료하는 과정에서 사망했다고 전한다. 그러나 치료 과정에 의문이 발견되는 것은 사실이다. 등창의 환부를 직접 짜내도 되는데 수은 중독의 위험이 있는 연훈방烟熏方을 굳이 처방한 점과, 왕이 사망할 때 사관과 승지가 배석하는 것이 관례이지만 정조가 사망할 때 아무도 배석하지 않았다고 한다.

뿐만 아니라 정순왕후는 이미 정조의 죽음을 예견한 듯 군대로 하여금 궁성을 호위하게 했고, 약방제조 등 대신을 물리치고 혼자 약을 들고 정조의 침전에 들어간 뒤 바로 곡소리가 들렸다고 한다. 곧이어 정조의 사망이 선포되었고 왕세자인 순조가 11세의 어린 나이에 정조의 뒤를 이어 즉위하게 된다.

대신들은 그녀에게 수렴청정을 요청하는 절차를 밟았고, 대왕대비의 자리에 오른 그녀는 의례적으로 사양하다 마지못해 허락하는 형식을 통해 희정당熙政堂에서 수렴청정을 시작한다.

「순조실록」에는 정순왕후가 수렴청정을 수락하면서 "주상의 나이가 어리니 내가 여주女主로서 조정에 임한다"는 기록이 전한다. 정순왕후가 스스로 '여주'를 선언한 것은 정치에 참여할 의지를 적극적으로 표명했음을 뜻한다.

하지만 그녀가 선언한 여주를 여군女君 또는 여왕女王과 동일한 의미로 해석하기에는 무리가 있다. 여주는 동양권에서 왕후王后의 의미로도 사용되었고, 조선시대에는 정순왕후 외에 다른 대비들이 사용한 전례도 있다.

그럼에도 정순왕후가 수렴청정을 제도적으로 완성했다고 평가하기도 한다. 그녀의 수렴청정 초기에 이제까지 시행된 수렴청정의 내용들을 참고하여 절차와 방법 및 대왕대비의 지위 등을 규정한 「수렴청정절목」이 제정되었고, 19세기 이후 시행된 수렴청정에 이를 지침으로 삼았다. 따라서 정순왕후의 수렴청정에 따른 정치 참여는 법적으로 공인받은 것과 다름없었다.

실제로 그녀는 중요한 사안에 대해 직접 특지特旨 형태로 하교를 내리는 등 '4년의 수렴청정 기간은 왕의 직접 통치와 다를 바 없었다'고 평가할 정도로 국정의 전반에 걸쳐 수렴청정이 이루어졌다. 참고로 그녀가 수렴청정 기간 동안 하교를 명한 총 480건의 성격을 분류하면 다음과 같다.

	외례	인사	훈계	정무 처리	죄인 처벌	민생	합계
하교 횟수	97	143	46	50	124	20	480
비율(%)	20.2	29.8	9.6	10.4	25.8	4.2	100

출처: 임혜련, 「순조 초반 정순왕후의 수렴청정과 정국변화」, 〈조선시사학보〉 15권, 2000

정순왕후의 하교는 관리의 포상이 비교적 많았다. 비변사에 암행어사를 뽑아 올리라는 하교나 자신의 뜻을 충실하게 수행하지 않은 승지를 처벌하는 등 주로 인사 문제와 죄인 처벌에 집중되었고, 과거시험의 부정이나 관리의 기강 해이와 탐학 등 당시 심각한 사회문제를 엄하게 다스렸다. 한편으로는 왕실의 가장 큰 어른으로서 순조의 비를 맞이하는 절차를 직접 지휘하는 등 왕권 강화와 왕실의 존엄성 확립에도 각별한 관심을 기울였다.

포용과 견제의 전략을 구사하다

정순왕후의 수렴청정 기간에는 그녀의 친정 경주 김씨 가문도 정치에 적극적으로 관여했다. 일반적으로 왕조 사회에서 가장 중요한 후계자 임명권과 수렴청정의 권한을 여성에게 준 이유는 왕위 찬탈을 예방하려는 의도가 담겨 있었다. 당시 사회에서 여성이 정치 세력을 형성하는 것이 불가능했기 때문이다.

이렇듯 정치 경험이 없는 대비가 수렴청정을 하려면 신뢰할 수 있는 지원 세력이 필요했다. 따라서 친정 집안이 대비가 전적으로 의지할 수 있는 지원 세력으로, 왕실 외척이 새로운 정치 세력을 형성하게 된다.

그녀는 수렴청정 초기에 아량을 베풀며 정조의 총애를 받던 관리들을 우대했고, 혜경궁 홍씨의 친정 식구에게도 호의를 베풀었다. 하지만 정조의 장례가 끝난 뒤 정조의 치세 기간 동안 유배지에서 죽은 오빠 김귀주와 숙부 김한록을 사면했고, 김용주·김관주·김일주 등 친인척을 포함해 정조가 내쳤던 노론 벽파 관료들을 대거 등용했다.

이러한 과정에서 그녀는 나름의 명분을 내세우는 것도 잊지 않았다. 그녀는 순조 즉위년(1800) 12월 언문 교서에서 사도세자의 죽음과 관련하여 신하들의 행동을 '대의'로 규정했던 '임오 의리론'을 내세우는 등, 자신이 선왕 영조의 유지를 따르고 있다는 명분을 강조했다.

반면, 정조 대에 측근으로 활동하던 인물들은 의리를 어겼다는 죄목으로 제거되고, 의리를 지킨 노론 벽파들을 다시 등용했다. 여기에 왕실 외척 안동 김씨 가문의 김조순과 박준원을 등용했고, 심환지를 영의정으로 임명하면서 노론 벽파의 세력 확장을 지원했다.

김조순은 순조의 비 순원왕후의 친정아버지이고, 박준원은 순조의 생모인 수빈 박씨의 친정아버지였다. 정순왕후가 이들을 불러들인 의도에는 안동 김씨와 반남 박씨 등 왕실 외척 가문에 대한 포용과 견제라는 두 가지 전략이 담겨 있었다.

즉, 수렴청정의 가장 기본적인 목적이 어린 국왕의 보호에 있었으므로 순조의 외가인 반남 박씨 가문을 포함해 외척에 관대할 필요가 있었고, 한편으로는 이를 바탕으로 가장 강력한 정치 세력인 왕실 외척 안동 김씨를 견제하려고 했다.

따라서 남인은 오랫동안 정권에서 소외되었고, 이 시기에 남인들은 새로운 학문과 선진 문화의 유입 차원에서 서학西學, 즉 천주교에 관심을 기울였다. 정조는 서학을 이단 취급하면서도 "사교邪教는 자기자멸自起自滅할 것이며 유학의 진흥으로 사학邪學을 막을 수 있다"는 논리를 내세워 천주교의 박해에 적극적으로 나서지 않았다. 당시 남인 출신 재상 채제공 등이 이러한 정조를 지원했다.

그러나 정조가 사망하고 수렴청정에 나선 정순왕후는 노론 벽파와 함께 천주교에 대한 대대적인 탄압에 나서면서 반대파인 남인과 소론 시파를 축출했다. 게다가 왕실을 안정시킨다는 명분을 내세워 정조의 이복동생 은언군과 혜경궁 홍씨의 동생 홍낙임을 처형하는 등 정적 제거도 병행했다.

그 결과 순조 즉위 초기의 정국은 정치와 군사 등 여러 방면에서 정조가 쌓아올린 탕평정치의 기반이 무너졌고, 정조가 키운 개혁 세력이 대거 후퇴하고 정순왕후를 주축으로 노론 벽파와 그녀의 친정이 왕실 종친을 능가하는 왕실 외척 세력으로 떠올랐다.

이처럼 정순왕후는 수렴청정의 특징을 누구보다 확실하게 보여주었다. 하지만 그녀의 수렴청정은 대내외적으로 개혁이 필요했던 시기에 경주 김씨와 노론 벽파가 권력의 중심에 서면서 정치가 당파 중심에서 외척 중심의 발판이 되는 등, 조선 역사가 퇴보하는 결과를 가져왔다는 비판으로부터 자유롭지 못했다.

최고의 존호를 받다

정순왕후는 순조 3년(1803) 12월에 수렴청정을 거두었다. 이때가 순조의 나이 14세였다. 당시 그녀는 "다음해에 주상이 15세가 되므로 수렴청정을 거둔다"고 이유를 밝혔다. 아직 순조가 성년이 아님에도 수렴청정을 거둔 이유에 대해서는 구체적으로 전하지 않지만, 몇 가지 이유로 추측해볼 수 있다.

기본적으로 대신들은 여성이 정치에 참여하는 것에 부정적이었다. 여기에는 숙종이 14세에 즉위했지만 수렴청정을 하지 않았던 전례도 영향을 미쳤다. 그리고 순조의 제왕 교육에 적극적인 관심을 쏟았던 정순왕후는 자신의 수렴청정 기간 동안 순조가 왕으로서의 자질을 충분히 갖추었다는 점을 강조하려는 의도가 있었다.

순조 곁에는 정승의 반열에 오른 김관주 등 경주 김씨 세력이 포진하고 있었다. 달리 말해, 그녀는 표면상 수렴청정을 거두었을 뿐 정치에서 완전히 물러날 의사가 있었던 것은 아니었다. 그녀가 수렴청정을 거둔다고 하교했지만 "군국軍國에 관한 대정령大政令과 형상刑賞 그리고 의리에 관계되는 일은 그대로 주관한다"며 정국에서 완전히 물러날 의사가 없음을 밝힌 것이 그 예이다.

이외에도 이 시기에 천재지변과 인정전에 화재가 일어나는 등 대형 사건에 따른 심적 부담도 적지 않았고, 정순왕후가 수렴청정을 거둔 지 1년 만에 사망한 것으로 보아 건강 문제도 있었을 것으로 보인다. 그러나 이후의 정국은 정순왕후의 바람대로 흘러가지 않았다.

정순왕후가 수렴청정을 하던 순조 즉위 초반은 조선 후기 정치사의 흐름으로 볼 때 탕평정치에서 세도정치로 이행하는 과도기였다. 이러한 상황에서 실권자인 정순왕후가 수렴청정을 거두자 친정인 경주 김씨 벽파 세력에도 여파가 나타났다. 때문에 정순왕후가 다시 수렴청정을 시도했지만, 대신들의 거센 반발로 뜻을 이루지 못했다. 얼마 되지 않아 정순왕후가 사망하자 벽파 세력에 대한 공격이 더욱 거세졌다. 결국 그녀를 따르던 노론 벽파는 몰락의 길을 걷는다.

순조 6년(1806)부터 또 다른 외척인 안동 김씨 세력이 주도권을 장악해 본격적인 세도정치가 시작되면서 그 중심에 순조의 장인인 안동 김씨 문중의 김조순이 부상한다.

정순왕후는 순조 5년(1805) 2월, 61세의 나이로 경복궁 교태전交泰殿에서 세상을 떠났다. 그야말로 한 시대를 쥐고 흔들던 여인이었지만, 죽음 앞에서는 그녀도 어쩔 수 없었다. 살아생전에 그녀의 존재감은 존호에서도 확인할 수 있다.

정순왕후의 존호는 모두 16자나 되었고, 순조는 그녀의 국상을 치르면서 열 번째 존호를 올려 그녀의 정식 시호는 '예순성철장희혜휘익렬명선수경광헌륭인정현소숙정헌 정순왕후睿順聖哲莊僖惠徽翼烈明宣綏敬光獻隆仁正顯昭肅靖憲貞純王后'이다.

정순왕후의 능은 동구릉에 조성되어 영조와 함께 잠들어 있다. 능호는 원릉元陵이다. 그녀가 사망했을 때 대신들은 원릉의 위쪽 왼쪽이 대길지大吉地라며 적극 추천했고, 순조는 그들의 말대로 정순왕후의 능침을 정했다.

따라서 원릉은 쌍릉으로 조성되었으며, 주변의 자연 경관과 능원의 조화가 잘 이루어져 있어 동구릉에서 아담하면서도 장엄함이 돋보이는 대표적 능으로 평가받고 있다.

한편, 조선 초기에는 왕릉을 조성하면서 부장품을 대량으로 함께 넣었지만, 영조 대부터 사람 형상의 부장품을 모두 제외하고, 금속이나 나전칠기와 같은 사치품도 제한하는 대신 기물을 토기로 제작하여 부장했다. 검소하게 왕릉을 조성하려는 사회적 분위기에 영향을 받았지만, 한편으로는 도굴을 우려한 조치였다.

홍릉 : 경기도 고양시 덕양구 서오릉로 334-32(용두동 475-98)

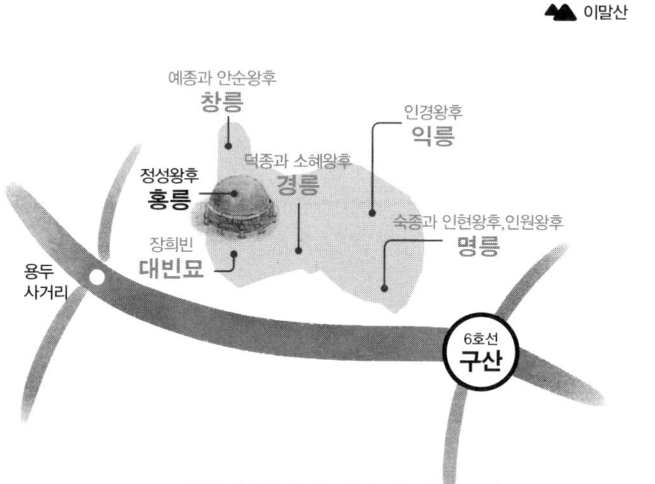

- 3호선 홍제역 2번 출구 중앙 버스정류장, 녹번역 4번 출구 은평구청 방향 → 702A, 9701번 버스 이용
- 3호선 원당역 3번 출구 서울 방향 → 9701번 버스 이용
- 6호선 역촌역 2번 출구, 구산역 1번 출구 → 9701번 버스 이용
  버스정류장 이름 : '서오릉 입구'

원릉 : 경기도 구리시 동구릉로 197(인창동 산8-2)

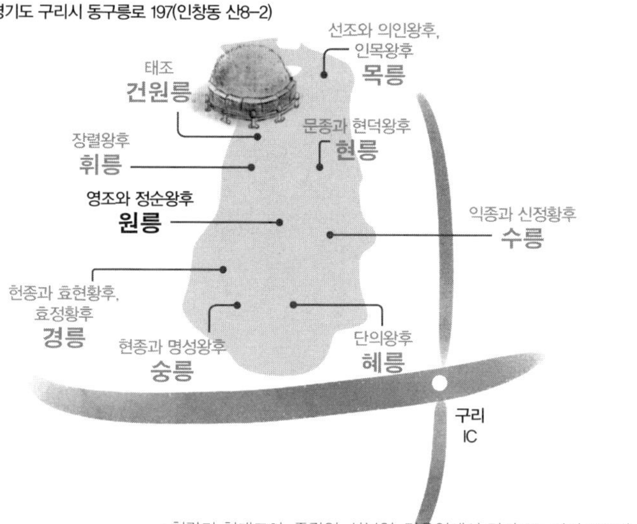

- 청량리 현대코아, 중랑역, 상봉역, 망우역에서 경기 88, 경기 202번 버스 이용
- 강변역에서 1, 1-1, 9-2번 버스 이용
- 경의중앙선 구리역에서 마을버스 2, 6번 버스 이용
  버스정류장 이름 : '우리나라 최대왕릉군인 동구릉'

4장

꺼져 가는 불씨를 살리기 위해…

- 정조의 정비 – 효의왕후 김씨
- 순조의 정비 – 순원왕후 김씨
- 헌종의 정비와 계비 – 효현왕후 김씨와 효정왕후 홍씨
- 철종의 정비 – 철인왕후 김씨
- 익종(효명세자)의 비 – 신정왕후 조씨
- 고종의 정비 – 명성황후 민씨
- 순종의 정비와 계비 – 순명효황후 민씨와 순정효황후 윤씨

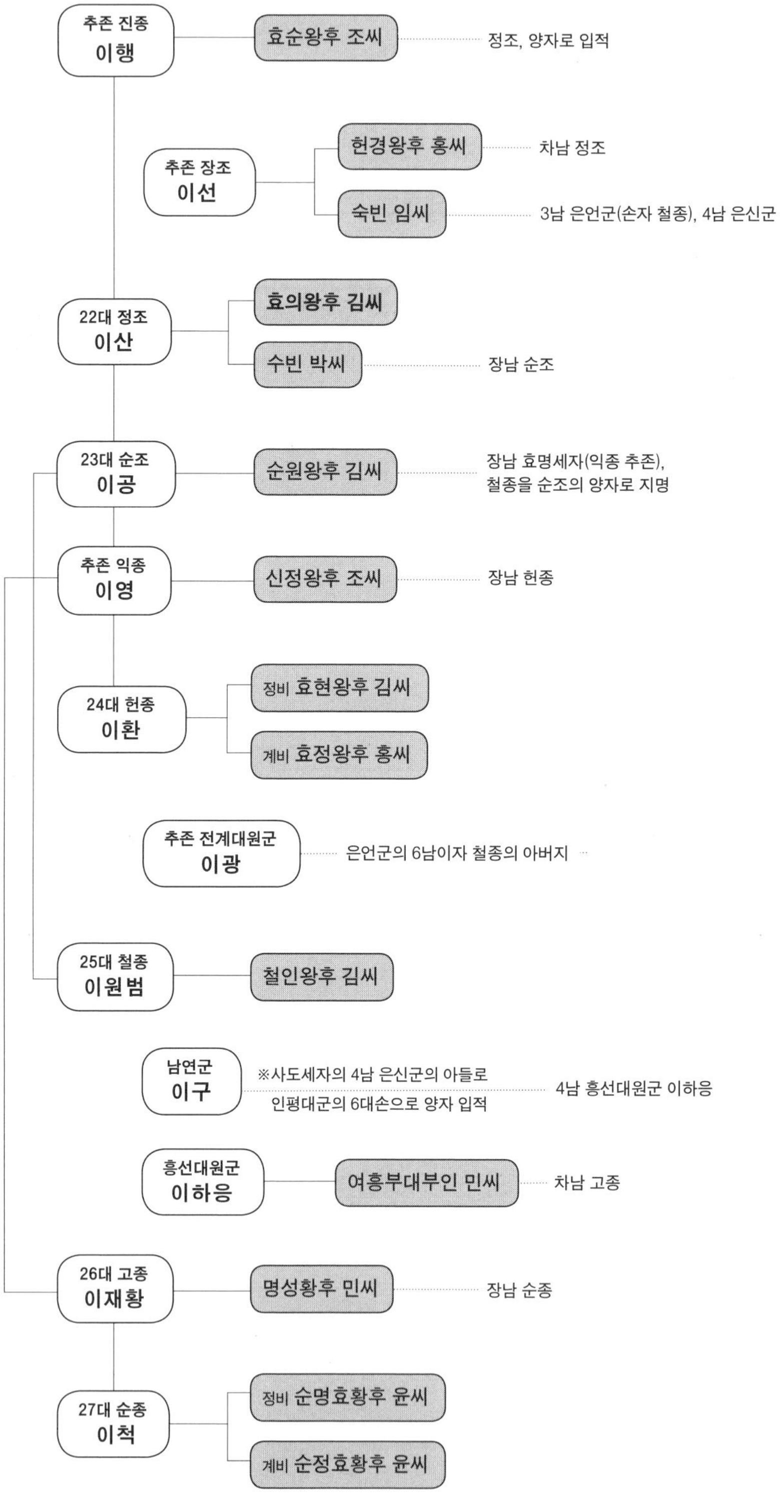

추존 진종
이행
효순왕후 조씨
정조, 양자로 입적
추존 장조
이선
헌경왕후 홍씨
차남 정조
숙빈 임씨
3남 은언군(손자 철종), 4남 은신군
22대 정조
이산
효의왕후 김씨
수빈 박씨
장남 순조
23대 순조
이공
순원왕후 김씨
장남 효명세자(익종 추존),
철종을 순조의 양자로 지명
추존 익종
이영
신정왕후 조씨
장남 헌종
24대 헌종
이환
정비 효현왕후 김씨
계비 효정왕후 홍씨
추존 전계대원군
이광
은언군의 6남이자 철종의 아버지
25대 철종
이원범
철인왕후 김씨
남연군
이구
※사도세자의 4남 은신군의 아들로
인평대군의 6대손으로 양자 입적
4남 흥선대원군 이하응
흥선대원군
이하응
여흥부대부인 민씨
차남 고종
26대 고종
이재황
명성황후 민씨
장남 순종
27대 순종
이척
정비 순명효황후 윤씨
계비 순정효황후 윤씨

역사에서 가장 주목받는 배우자와 혼인하다

효의왕후 김씨 孝懿王后 金氏

정조의 정비

왕실의 모범을 보이며 시련을 이겨내다

효의왕후는 남편이 조선 역사에서 가장 주목받는 정조였음에도 가장 인지도가 낮은 왕비이다. 그녀가 살았던 시기에는 정조를 중심으로 대비에서 상궁에 이르기까지 많은 왕실 여인들이 사건·사고와 관련하여 등장하지만, 그녀와 관련한 내용은 찾아보기 힘들 정도이다.

현대 사극에도 그녀의 남편인 정조가 주인공으로 등장하는 작품은 많지만, 그녀는 그저 조용하면서도 후덕한 모습으로 잠시 등장할 뿐이다. 이런 점에서 왕비로서 그녀의 삶은 시할머니 영조의 정비 정성왕후가 연상되기도 한다.

그녀의 성품과 관련한 이야기에 따르면, 그녀가 어렸을 때 "어떤 아이가 자라나는 풀을 뽑는 것을 말릴 정도로 심성이 고왔다"고 한다. 이후 그녀가 왕비 자리에 올라 궁궐 생활을 하는 동안에도 "왕후는 태어나서부터 순수하고 인정이 두터웠고, 성장하면서 효성과 공손함이 더욱 독실하여 어른들이 가르치는 말씀을 순종하여 그 행실이 자연히 법도에 맞았다"며 극찬했다. 그야말로 당시 사회에서 요구하는 전형적인 여성상이 그대로 담겨 있다. 그녀의 친정 역시 '친척 중에서 벼슬길에 나온 자가 있더라도 반드시 경계하고 겸손해서 사람들이 왕실 외척인 줄 몰랐다'고 할 정도로 신중한 처신으로 주변의 신뢰를 받았다.

그러나 그녀의 궁궐 생활은 결코 평탄하지 않았다. 그녀는 시할아버지 영조가 각 정파와 날카로운 신경전을 펼치며 정치를 이끌어 나가는 것을 지켜보았고, 혼인한 지 불과 4개월 만에 시아버지 사도세자가 당쟁에 휘말려 뒤주 속에서 비명횡사하는 비극을 통해 정치의 비정함도 몸소 체험했다. 남편 정조 역시 세손 시절부터 정적들의 도전으로 왕위 후계자 자리를 위협받았고, 심지어 목숨을 위협받기까지 했다. 이렇듯 어린 나이에 궁궐 생활을 시작한 효의왕후는 남편 세손과 함께 인고의 시간을 견디며 살아야 했다.

그럼에도 그녀는 차기 국모로서의 자질을 인정받으며 현명하게 궁궐 생활을 해냈다. 영조가 홀로 된 혜경궁 홍씨에게 궁궐 밖으로 나가 살라고 하자 그녀는 영조에게 시어머니 혜경궁 홍씨와 같이 있게 해달라고 간청했다. 이에 영조는 어린 효의왕후를 매우 기특하게 여겼고, 이후에도 그녀가 지극한 효성으로 시어머니 혜경궁 홍씨를 잘 섬겨 영조의 총애를 받았다.

그녀는 시누이들과도 우애가 깊었고, 50여 년 동안 시어머니 혜경궁 홍씨를 극진하게 모셨다. 또한 그녀는 평소 공적인 일과 사적인 일을 분명하게 구별하는 등 검소하면서도 엄격한 생활을 스스로 실천하며 살았다. 시어머니 혜경궁 홍씨가 병석에서 일어나지 못하자 직접 약시중과 반찬을 챙기면서 수진궁과 어의궁에 음식이 남아도 "궁중의 재물은 공적인 재산이니 개인적으로 이용할 수 없다"며 손끝 하나 건드리지 않았다는 일화도 전한다.

대신들은 이러한 그녀의 성품을 기리기 위해 생전에 여러 차례 존호를 올렸으나 모두 거절했고, 순조 20년(1820), 68세를 맞이하여 그녀의 건강과 장수를 축하하는 잔치를 열려고 했을 때도 "번거롭게 하기 싫다"며 사양하는 등 어려운 시기에 내명부 수장으로서 흔들리지 않고 왕실을 지켰다. 그럼에도 남편 정조의 존재감이 워낙 큰 탓에 그녀의 삶은 늘 정조의 그늘에 가려졌다.

상상 임신으로 웃지 못할 일이 벌어지다

효의왕후는 청풍 김씨 집안 출신으로, 영조 29년(1753) 한성부 가회방에서 김시묵金時默의 딸로 태어났다. 김시묵은 현종의 비 명성왕후의 친정아버지 김우명의 고손자이다. 그녀는 영조 37년(1761) 삼간택을 거쳐 이듬해 2월 자신보다 한 살 위인 11세의 왕세손 정조와 혼인하여 세손빈世孫嬪이 되었다. 이후 그녀의 사촌여동생도 시어머니 혜경궁 홍씨의 남동생과 혼인하여 왕실이자 시댁과 겹사돈이 되었다. 1776년 영조가 사망하자 그 뒤를 이어 정조가 왕위에 오를 때 왕비에 책봉되었다.

민간에서는 효의왕후가 어렸을 때 천연두를 앓아 곰보였다는 이야기가 전한다. 혜경궁 홍씨의 『한중록』에는 두 번째 간택이 끝난 뒤 마마를 앓았다고 하고, 「순조실록」에도 그녀가 별궁에 거처할 때 마마를 앓았다고 기록되어 있다. 따라서 그녀가 힘든 병마를 이겨낼 만큼 강인한 정신력과 건강한 체질이었음을 알 수 있지만, 그녀의 외모는 아름답지 않았던 것으로 보인다.

그럼에도 그녀가 왕세손의 배우자로 간택된 것은 시할아버지 영조의 의지가 적극 반영되었기 때문이다. 영조는 후궁 소생인 자신과 경종이 왕위를 물려받았다는 사실에 몹시 신경이 쓰였던 터라 왕실의 보위를 적통으로 잇고 싶어 했다. 따라서 그녀가 숙종을 낳아 적장자로 왕위를 잇게 한 현종의 비 명성왕후의 후손이라는 점에 주목했다. 그러나 영조의 기대와는 달리, 그녀는 정조와의 사이에 후사를 두지 못했다.

「정조실록」 등에는 효의왕후의 친정에서 "정조가 효의왕후는 물론 가까이하는 궁인이 없어 우려했다"는 말을 빌려 효의왕후와 정조가 자식을 두지 못한 이유를 전한다. 즉, 두 사람이 특별히 부부 사이가 좋지 않았던 것이 아니라 정조가 평소 효의왕후뿐만 아니라 주변의 후궁들도 가까이하지 않았던 것이다.

때문에 정조는 30세가 다 되도록 자식이 없었다. 이에 후사를 걱정한 정순왕후의 명에 따라 명문가 규수 중에서 후궁을 간택한다. 이때 삼간택을 거쳐 원빈 홍씨·화빈 윤씨·수빈 박씨가 차례로 궁궐에 들어오게 된다. 이후 정조는 네 명의 후궁에게서 2남 1녀를 낳았고, 궁인이었던 의빈 성씨가 낳은 장남 문효세자를 세자로 책봉했으나 일찍 세상을 떠나고 말았다.

마지막 간택 후궁인 수빈 박씨가 정조 14년(1790) 훗날 순조로 즉위하는 왕자와, 홍선표가 지은 『조선요리학』(1940)에 "무를 썰어 만든 요리를 왕(순조)에게 올려 크게 칭찬을 받았다"며 깍두기를 처음 만든 것으로 전하는 숙선옹주 등 1남 1녀를 낳았다.

이렇듯 손이 귀했던 정조의 재위 기간 동안에는 후사에 대한 기대가 남달랐다. 「정조실록」에 따르면, 후궁들은 물론 효의왕후에 이르기까지 임신과 출산에 얽힌 웃지 못할 일들이 벌어지기도 했다.

정조 7년(1783) 3월, 대사간 신응현은 "왕실의 임산부 관리와 출산을 위해 산실청을 설치하여 20여 개월이나 두었으나 아이가 태어나지 않았다"는 상소를 올린 일도 있었다. 심지어 왕실에서 첫 임신 소식을 전한 후궁 화빈 윤씨의 경우 정조 5년(1781) 1월 곧바로 산실청을 설치했지만, 아이를 낳지 못해 산실청이 30여 개월이나 방치되기도 했다. 이에 정조는 산실청을 해산달에 설치하도록 명했다.

정조 11년(1787) 9월 효의왕후의 임신 소식이 알려졌을 때도 대신들이 산실청을 설치하자고 건의했지만, 정조가 두 번이나 거절하다가 해산달이 되어서야 산실청을 설치했다. 실록의 「정조대왕천릉지문」이나 효의왕후의 행장에 "중년의 나이에 효의왕후가 갑자기 임신한 것 같자 정조는 매우 기뻐했다"는 내용이 전하는 것으로 보아 당시 정조가 효의왕후의 임신이 반갑지 않았기 때문이 아니라 6년 전 화빈 윤씨의 경험에 비추어 신중했던 것이다. 이때에도 산실청이 1년 넘게 지속되었으나 효의왕후가 출산했다는 기록은 보이지 않는다. 이후 정조 12년(1788) 12월에 산실청을 철수한 것으로 보아 유산을 했거나 효의왕후가 임신에 대한 부담감으로 상상 임신을 했을 가능성도 없지 않다.

효의왕후는 상상 임신을 할 만큼 왕실에서 그토록 바라는 원자를 낳지 못해 심리적 고통에 시달렸다. 때문인지 그녀는 정조의 후궁을 들이는 일에 직접 관심을 기울였고, 좋은 관계를 유지했다. 그러나 모든 후궁들과 사이가 좋은 것은 아니었다. 그녀가 후사를 두지 못했다는 사실은 정치적 사건으로 이어질 정도로 심각한 약점이었기 때문이다.

홍국영의 야망과 정조의 후궁들

정조 2년(1778), 대비 정순왕후는 정조가 30세가 다 되도록 자식이 없는 것을 우려해 대신들에게 후궁을 간택하라는 언문 교지를 내렸다. 이때 홍국영은 자신의 여동생을 정조의 후궁으로 들여보냈다. 그녀가 바로 원빈 홍씨로 정조가 첫 번째로 간택한 후궁이었다. 원빈 홍씨는 자존심이 강하고 정치적 야심도 있었다. 때문에 원빈 홍씨는 간택 과정에서부터 주변의 비난을 받았고, 궁궐에 들어와서도 논란이 이어졌다.

당시 박재원은 효의왕후의 난임을 치료하자고 건의하며 홍국영의 여동생을 정조의 후궁으로 들이는 것에 강하게 반대했다. 이 말을 들은 홍국영은 공식 석상에서 박재원에게 욕을 퍼부었고, 이후 박재원은 홍국영에게 온갖 고난을 겪는다.

홍국영의 동생은 엄연히 정궁인 왕비가 있음에도 '으뜸 원元'을 빈호로 받는 등 오빠의 권력을 등에 업고 권세가 하늘을 찔렀다. 보통 고관대작들이 궁궐에 들어오면 먼저 왕과 왕비에게 차례로 인사를 올렸는데, 홍국영 남매에게 아부하려는 자들이 원빈에게도 문안인사를 올리는 새로운 의례가 생겨날 정도였다.

이러한 와중에 중국에 사신으로 갔다가 귀국한 재상 채제공이 궁궐에 들어와 왕과 왕비에게 귀국 인사를 하고 나오자 환관이 원빈에게도 인사를 해야 한다고 귀띔해주었다. 이 말을 들은 채제공은 "하늘에 해가 두 개일 수 없는데 어찌 중궁이 아닌 사람에게 문안인사를 할 수 있는가?" 하며 곧바로 퇴청했다고 한다.

효의왕후 또한 원빈 홍씨를 부담스러워했다는 이야기도 전한다. 홍국영 집안 출신이 지은 것으로 전하는 고전소설 『숙창궁 입궐일기淑昌宮入闕日記』에는 원빈 홍씨가 혼례를 올린 뒤 효의왕후에게 인사를 올리려고 했지만, 효의왕후는 6월의 더위를 핑계로 받지 않았다고 한다. 이러한 상황을 알게 된 대비 정순왕후가 중간에 나섰고 효의왕후는 마지못해 인사를 받았다.

그러나 원빈이 1년도 채 되지 않아 갑자기 세상을 떠나자 이성을 잃은 홍국영은 여동생의 죽음 뒤에 효의왕후가 있다며 모함했고, 효의왕후의 궁녀들을 함부로 잡아다 문초하는 등 만행을 저질렀다. 뿐만 아니라 은언군의 아들 이담李湛을 죽은 원빈의 양자로 삼아 완풍군에 봉하고 세자로 책봉하려다가 여의치 않자 이담을 모반죄로 몰았고, 이담은 유폐되어 끝내 정조 10년(1786)에 음독자살하고 말았다.

분노를 이기지 못한 홍국영은 정계를 은퇴하고 이리저리 떠돌다가 효의왕후의 수라에 비상을 타서 독살을 시도했다는 죄상이 드러나 정조 4년(1780) 2월, 재산이 몰수되고 강릉으로 쫓겨나고 말았다. 이후 홍국영은 실의에 잠겨 지내다가 정조 5년(1781) 34세의 나이로 병사하고 말았다.

정조 4년(1780), 두 번째 간택 후궁으로 화빈 윤씨가 궁궐에 들어왔다. 화빈 윤씨는 대비 정순왕후가 직접 천거한 후궁이었다. 정순왕후는 화빈에게 숙종·영조·정조로 이어지는 '삼종의 혈맥'을 반드시 잇기를 기대했다. 하지만 그녀의 염원은 이루어지지 않았다. 정조 대의 문신 황윤석이 저술한 『이재난고頤齋亂藁』에 따르면, 화빈 윤씨가 효의왕후를 심하게 질투하는가 하면, 의빈 성씨를 큰 소리로 부르짖으며 저주하여 "화빈 윤씨에게 죄를 물어 궁궐 안에 엄히 가두었다"고 한다.

의빈 성씨는 정조의 세 번째 후궁으로, 유일한 궁녀 출신이었다. 의빈 성씨의 본명은 성덕임成德任으로, 여자에 관심이 없던 정조가 유일하게 스스로 선택한 후궁이면서 정조가 열다섯 살 때의 첫사랑이었다고 하며, 화빈 윤씨의 나인 성송연이라는 이야기도 전한다. 드라마 「이산」에 등장했던 성송연이 바로 그녀이다. 그러나 실록에는 그녀에 관한 내용이 전하지 않아 구체적인 사실은 알 수 없다. 다만 정조가 화빈의 처소를 드나들면서 의빈 성씨를 눈여겨본 것은 사실이지만, 정조를 놓고 화빈과 성송연이 경쟁했다거나 정순왕후가 성송연을 제거하려고 의도적으로 화빈 윤씨를 소개했다는 내용은 사실과 다르다.

의빈 성씨와 우애를 쌓아가다

의빈 성씨는 모두가 그토록 고대하던 정조의 첫아들 문효세자를 낳았다. 비록 그녀의 집안은 보잘것없고 당파도 없었지만, 그녀가 아들을 낳은 지 3개월 만에 세자 책봉이 거론되면서 그녀 역시 정3품 소용으로 책봉되었다. 그리고 다시 3개월이 지난 이듬해 2월 정1품 의빈으로 책봉되었다. 그러나 애석하게도 문효세자는 3세 때 홍역에 걸려 치료를 받던 중 갑자기 병이 악화되어 세상을 떠났고, 그 충격으로 당시 임신 5개월이었던 의빈 성씨마저 갑작스럽게 세상을 떠났다.

충격을 받은 정조는 20여 일 동안 정사를 돌보지 못해 조정이 어수선해질 정도였다. 정조는 성품이 곱고 욕심이 없었던 의빈 성씨에게 애정을 쏟았고, 효의왕후 역시 그녀와 가까이 지낸 것으로 전한다. 효의왕후와 의빈 성씨는 영조 29년(1753)에 태어난 동갑이었고, 입궁 시기도 10세 때인 영조 38년(1762)으로 같아 궁궐에서 각별한 인연을 지닌 사이였다.

정조가 직접 쓴 「어제의빈묘지명御製宜嬪墓誌銘」에 따르면, 정조가 처음에 의빈 성씨에게 승은을 내리려고 하자 의빈 성씨는 "효의왕후가 아직 임신하지 못했다"고 거절했다고 하며, 그녀가 죽기 전날 밤에도 정조에게 "앞으로는 효의왕후 처소에 들러 아들을 낳을 것을 간청했다"고 한다. 그리고 "의빈이 죽은 날 효의왕후가 슬피 울었는데, 대단히 우애가 좋은 형제를 잃고 근심하는 것과 다름이 없었다"고 한다.

민간에서도 의빈 성씨 모자의 죽음과 관련하여 정조의 애절한 마음이 담긴 이야기도 있다. 정조는 문효세자와 의빈 성씨를 잊지 못해 이들의 묘에 행차하곤 했는데, 이후 의빈 성씨 모자의 묘가 조성된 용산구 효창동에 왕의 행차를 의미하는 '거둥'이라는 단어가 붙은 '거둥고개'가 생겨났다는 유래담이 전한다. 효창원의 봉분을 멀리서 보면 마치 홍예, 즉 무지개처럼 보여 '홍예분紅霓墳'이라고도 했는데, 의빈 성씨 모자의 묘소가 조성된 효창원으로 가는 길목인 마포구 신공덕동에 홍예동이라는 마을 이름도 전한다.

의빈 성씨와 문효세자의 갑작스러운 죽음은, 대비 정순왕후가 독살설을 제기하면서 "진짜 역적을 찾아내야 한다"는 한글 교서를 내릴 정도로 충격적인 사건이었고, 실록에도 이들의 죽음에 "이는 대체로 의빈의 병 증세가 심상치 않았으므로 당시 사람들이 무슨 빌미가 있는가 의심하였다고 하였다"고 기록했다. 일부에서는 정순왕후가 이들의 죽음과 관련 있을 것이라는 추측이 떠돌기도 했다.

50여 년 동안 궁궐을 지키다

효의왕후와 함께 화빈 윤씨와 수빈 박씨는 정조가 사망한 뒤에도 약 20여 년을 더 살다가 모두 60세를 전후한 나이에 효의왕후가 사망하자 1, 2년 사이로 그 뒤를 따라 세상을 떠났다.

효의왕후는 순조 21년(1821) 4월 69세를 일기로 창덕궁 자경전慈慶殿에서 50여 년을 묵묵히 왕실 보존과 궁궐의 질서를 지켜냈던 삶을 마감했다. 현재 그녀의 능은 경기도 화성시 태안읍에 조성되어 있다. 처음에 그녀의 능호는 정릉이었으나 정조의 건릉健陵에 합장되면서 능호를 따로 쓰지 않고 건릉이라고 했다. 능호에서 건健은 '쉬지 않고 가는 하늘의 도'라는 뜻으로, 평소 그녀가 보여주었던 삶을 위로하는 듯하다.

건릉은 사도세자의 능인 융릉 동쪽으로 두 언덕 사이에 조성되어 있어 함께 융건릉이라고도 한다. 원래 사도세자의 능은 경기도 양주 배봉산 자락(현재 서울시립대학 뒷산)에 조성하여 영무원이라 이름 붙였지만 자리가 좋지 않다고 하여 수원의 현재 자리로 이장하면서 '현륭원'이라고 이름 붙였다. 이후 고종이 대한제국을 선포한 광무 3년(1899)에 사도세자를 장조, 혜경궁 홍씨를 헌경왕후로 추숭하면서 '융릉'이라는 능호를 올렸다.

생전에 아버지 사도세자의 묘소를 자주 찾았던 정조는 영의정 채제공에게 "내가 죽거든 현륭원 근처에 묻어달라"고 당부했다. 이에 처음에는 아버지 능의 동쪽에 능을 조성하려 했으나 풍수지리상 자리가 좋지 않다는 의견에 따라 효의왕후가 사망한 뒤 이장하여 현재의 위치에 합장되었다.

건릉은 융릉과 비슷하지만 아버지의 융릉처럼 장대하지는 않다. 융릉은 사도세자가 사후에서나마 제왕의 지위를 누릴 수 있게 아들 정조가 효심을 담아 조성했지만, 정조의 능은 그의 사후 유신들이 소극적이었던 탓이다. 그럼에도 건릉은 왕릉 형식을 모두 갖추었고, 특히 문무석은 사실적이며 안정감이 돋보이는 뛰어난 조각품으로 19세기 무덤의 석물제도에서 새로운 표본을 제시했다는 평가를 받는다.

효의왕후는 중국 한나라 때 효와 예를 몸소 실천한 만석군萬石君 석분石奮의 행적을 담은 『사기史記』의 「만석군전萬石君傳」과, 평생을 무관으로 공을 세우며 칭송받았던 당나라 무장 곽자의의 행적을 기록한 『신당서新唐書』 「곽자의전郭子儀傳」을 자신의 이복오빠 김기대의 아들 김종선에게 우리말로 번역하게 한 다음, 자신이 직접 한글로 옮겨 쓰기도 했다. 이 책 마지막 부분에는 그녀가 이 글을 친필로 쓰게 된 동기와 취지를 적은 발문을 비롯해 청풍 김씨 가문에 하사한 경위를 적은 김기후와 김기상의 발문이 수록되어 있다.

왕실과 인척관계였던 김기후는 60년 동안 관직에 올라 궁궐을 출입하면서 집안사람들에게 궁궐 안의 일을 말하지 않을 정도로 항상 언행에 조심했고, 영비營費, 즉 공금의 사용에도 조금의 낭비 없이 맡은 임무를 충실하게 수행하여 왕에게 두터운 신임을 받았다는 기록으로 보아 특별히 그녀가 집안에 공인으로서의 마음가짐과 실천에 대해 교훈을 남기려는 의도인 것으로 보인다.

효의왕후는 광무 3년(1899) 고종이 정조를 선황제宣皇帝로 추존하면서 함께 효의선황후孝懿宣皇后로 추존되었다.

건릉 : 경기도 화성시 효행로 481번길 21(안녕동 187-45)

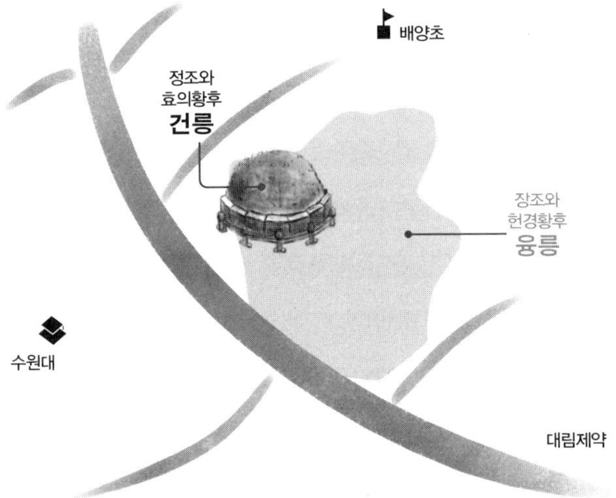

- 1호선 병점역 2번 출구 → 34, 34-1, 35-1, 46, 50번 버스 이용(15분 소요)
- 북문, 남문, 수원역에서 46번 버스 이용(40분 소요)
- 신영통, 영통, 봉담에서 34, 34-1번 (30분 소요)
  버스정류장 이름 : '융건릉'

60년 세도정치의 문을 열다

순원왕후 김씨 純元王后 金氏

순조의 정비

종묘사직의 복이 오늘부터 다시 시작되는구나

순원왕후는 60년 동안 안동安東 김씨 가문의 세도정치의 문을 연 장본인이었고, 그녀의 남편 순조는 왕조국가의 명운이 쇠락하는 시기를 상징하는 왕이었다. 순원왕후와 그녀의 친정 안동 김씨 가문이 왕권을 능가하는 세도정치의 중심에 서게 된 계기는 그녀가 세자였던 순조와 혼인하면서 비롯되었다. 그리고 그녀가 세자빈에 선택될 수 있었던 것도 그녀의 집안과 연관이 있었다.

그녀의 집안은 노론 시파 계열로, 일찍이 정조의 주목을 받았다. 특히 그녀의 세자빈 간택 절차는 형식에 지나지 않을 정도로 친정아버지 김조순은 정조의 두터운 신임을 받는 최측근으로 활약했다. 정조 24년(1800) 2월 세자빈 초간택에서 김조순의 딸과 함께 서기수·신집·

윤수만의 딸이 뽑히자 정조는 대신들이 있는 자리에서 다음과 같이 말했다.

> "내가 김조순 가문에 대해 처음에는 별로 마음에 두지 않았었는데 현륭원 참배를 하던 날 밤에 꿈이 너무 좋아 마치 직접 나를 대하여 그렇게 하라고 하신 것 같았다. ……오늘 간택 때도 그가 들어왔을 때 보니 얼굴에는 복이 가득하고 행동거지도 타고나, 궁중 사람들 모두가 관심이 쏠렸으며 자전과 자궁도 한번 보시고는 첫눈에 좋아하셨다. 종묘사직의 끝없는 복이 오늘부터 다시 시작되는 것이다."

정조는 마치 꿈속에서 아버지 사도세자의 유훈을 받은 것처럼 김조순의 딸을 극찬했다. 심지어 정조는 김조순에게 따로 편지를 보내 그의 딸이 세자빈으로 결정되었음을 암시하기도 했다. 그러나 예상과 달리 그녀의 세자빈 간택은 순조롭지 못했다.

정조는 세자빈 간택 절차를 마치면 그해 12월 혼례를 올릴 계획이라고 밝혔지만, 정조가 그해 6월 갑자기 세상을 떠나 3년 동안 국상을 치러야 했으므로 세자빈 간택 절차는 3년이나 늦춰졌다. 3년이 지난 뒤, 또다시 뜻하지 않은 난관에 부딪혔다. 정조의 뒤를 이어 왕으로 즉위한 순조의 혼례가 세자빈 간택에서 왕비의 간택으로 성격이 바뀌었던 것이다. 더구나 조정은 노론 벽파가 우세한 상황에서 그녀의 왕비 간택을 자신할 수 없었다.

어린 순조를 대신해 수렴청정에 나선 영조의 계비 정순왕후의 친정 경주 김씨 집안에서도 순조의 즉위를 기회로 위축된 가문을 되살리기 위해 자신들의 문중에서 왕비를 배출하려고 서둘렀다. 노론 벽파의 영수인 영의정 심환지는 김조순의 딸이 왕비에 간택되는 것에 반대하고 나섰고, 순조 1년(1801) 벽파의 언론을 주도했던 권유가 순원왕후와 순조의 국혼에 반대하는 소를 올리기도 했다.

권유는 안동 김씨 가문이 권력을 잡는 것을 우려했고, 그 뒤에는 정순왕후의 오빠 김관주가 있었다. 이에 노론 시파는 "국가의 가장 큰 행사인 대혼을 저지하여 선왕 정조의 뜻을 거스른 역적을 처벌하라"며 강력하게 반발하여 벽파와 격렬한 논쟁을 벌였다.

당시 수렴청정을 하던 정순왕후의 친정 경주 김씨 가문은 벽파였고, 순원왕후의 친정아버지 김조순은 벽파와 노선이 달랐다. 이때 정순왕후는 뜻밖에도 "선왕인 정조의 유지를 받들어야 한다"는 명분을 내세우면서 왕비 간택에 관대한 입장을 보였다. 어쩌면 그녀는 왕실 권위를 스스로 부정하는 행위에 더 신경이 쓰였는지도 모른다. 마침내 순조 2년(1802) 10월 김조순의 딸이 순조와 혼인하여 왕비에 책봉되었고, 이후 30대 중반의 김조순은 장용영 대장과 병조판서 등 요직에 제수되어 정계의 중심으로 떠올랐다.

이처럼 정파와 가문이 달랐던 정순왕후가 왕실 외척으로 김조순의 손을 들어준 데에는 나름 이유가 있었다. 김조순이 비록 세도정치가 시작되는 시기에 떠오른 인물이지만 부정축재 등과는 거리가 멀었고, 국정 운영에도 능력을 인정받는 관리였다. 정순왕후는 김조순의 나이가 아직 젊고 지지 세력이 약해 오히려 자신의 지원 세력이 될 것이라 기대했던 것이다.

그러나 정순왕후의 기대와는 달리, 안동 김씨 가문에서의 왕비 배출은 경주 김씨와 반남 박씨의 외척 세력, 이후 왕비를 배출하는 풍양 조씨 가문 사이에 수성과 도전이 펼쳐지는 본격적인 세도정치 시대를 알리는 서막이었다.

정순왕후가 순조 3년(1803) 12월에 수렴청정을 거두자 이번에는 순조의 혼인을 방해했다며 그녀를 비난하는 등 정국은 외척을 둘러싼 갈등과 대립이 점차 수면 위로 떠올랐다. 오죽했으면 수렴청정을 거둔 지 6개월 만에 정순왕후가 다시 수렴청정을 시도할 정도였을까.

하지만 대신들의 반대로 수렴청정은 실현되지는 않았다. 때문에 그녀는 "내가 대혼을 저지하려 한 것이 아니라, 오히려 내가 대혼 저지 기도를 막았다"고 해명하기도 했다. 이는 순원왕후와 순조의 혼인으로 정국의 무게 중심에 변화가 일어나고 있음을 의미했다. 다만 올바른 방향으로의 변화와는 거리가 있었다.

60년 세도정치의 문이 열리다

순원왕후의 남편 순조는 완벽한 조건 속에서 태어나고 성장했다. 「정조실록」에는 순조의 탄생과 관련해서 "이날 새벽 금림禁林에는 붉은 광채가 땅에 내리비쳤고 한낮이 되자 무지개가 태묘太廟의 우물 속에서 일어나 오색광채를 이루었다. 백성들은 앞을 다투어 구경하면서 특이한 상서라며 모두들 뛰면서 기뻐했다"라고 기록했다.

금림과 붉은 광채, 우물과 오색 광채 등은 모두 고대국가의 건국신화에서 하늘의 뜻으로 지상에 개국시조의 탄생을 알리는 상징적 의미들이다. 그리고 "백성들이 모두 뛰면서 기뻐했다"는 의미 역시 신화에서

'백성들이 모두 신성하게 태어난 영웅을 새 지도자로 받아들인다'는 적극적인 의지의 표현으로 순조의 탄생은 대단히 경사스럽고 커다란 축복 속에서의 새로운 출발을 의미했다.

오랜 기다림 끝에 태어난 장남이 요절한 뒤, 순조가 태어나자 정조 또한 "비로소 아버지가 되었다"며 기쁨을 감추지 않았다. 순조는 역대 왕 중에서 가장 뛰어난 개혁 군주로 평가받는 정조의 아들이었다는 사실만으로도 주목받기에 충분했지만, 정조는 아버지 사도세자의 비극적인 죽음을 겪었던 터라 순조는 아버지의 지극한 관심과 사랑을 받으며 성장했다.

그러나 순조가 아직 어린 나이에 정조가 갑자기 세상을 떠나자 정국에 먹구름이 몰려오게 시작했다. 당시 조정에는 어린 나이에 즉위한 순조를 지원해줄 관료집단이 미약했고, 왕실 세력이라고는 순조의 증조할머니 격인 영조의 계비 정순왕후와 친할머니 혜경궁 홍씨 그리고 친어머니 수빈 박씨와 어머니 격인 정조의 비 효의왕후가 생존해 있어 그야말로 '여인 천하'를 이루고 있었을 뿐이다.

여기에 순조가 정비를 맞아들이면서 왕실에는 4대에 걸친 다섯 여인과 그들의 친정 가문인 외척 세력이 순조를 에워싸고 있었고, 왕실 외척들의 정치적 입장이 같지 않아 왕을 중심으로 원만한 관계를 유지한 것도 아니었다.

순조와 혼인한 순원왕후 역시 왕실 어른들이 버티고 있는 층층시하에서 궁궐 생활을 시작해야 했고, 왕비로서의 위상도 안정적이지 않았다. 특히 영조 즉위 후반기에 혜경궁 홍씨의 친정인 풍산 홍씨 가문과 정치적으로 대립하던 경주 김씨 집안의 정순왕후는 수렴청정과 함께 정조 대에 벼슬길에서 물러난 김관주를 비롯해 심환지를 대표로 하는 노론 벽파 세력들을 끌어들이면서 친정체제를 구축해 나갔다.

이들은 순조 1년(1801), 세계 천주교 역사에서 가장 큰 사건으로 평가하는 신유사옥을 일으켰고, 이 과정에서 천주교도인 이가환과 정약용 등 정조가 차세대 친위 관리로 양성한 남인 출신 인재들이 처형당하거나 유배에 처해졌고, 정적이었던 혜경궁 홍씨의 친동생 홍낙임도 이때 처형되었다.

왕권에 위협이 된다는 이유로 왕실 종친도 무사하지 못했다. 정조가 그토록 보호하려고 애썼던 은언군이 끝내 처형되었고, 은신군 역시 집요한 탄핵으로 유배되었다가 제주도에서 세상을 떠났다. 이제 순조 주위에는 지원 세력이 없는 듯했다.

반면, 순원왕후의 친정아버지 김조순은 병조판서·비변사 제조·어영대장 등 요직을 거치면서 정국의 중심에 서게 된다. 노론 벽파의 몇몇 인사들이 "안동 김씨가 지금은 은인자중하고 있지만, 외척이 되면 요원의 불꽃처럼 활활 타는 기세로 돌변할 것이다"라며 일찌감치 우려했던 상황이 현실이 된 것이다.

이후 순조 4년(1804) 2월, 대왕대비 정순왕후가 수렴청정을 거두면서 순조의 친정이 선포되었고, 이듬해인 순조 5년(1805) 1월, 대왕대비 정순왕후가 세상을 떠났다. 순조 6년(1806), 병인경화丙寅更化로 김관주와 김달순 등 경주 김씨와 벽파가 모두 제거되었다. 그들이 물러난 자리에 김이익과 김이도 등 안동 김씨와 그들의 추종자들이 대거 등용되어 이조와 병조 그리고 사헌부·사간원·홍문관 등 주요 관직을 장악했다.

김조순이 이끄는 안동 김씨 세력이 국왕의 인사권을 무력화할 정도로 확고하게 권력 장악에 나서며 바야흐로 안동 김씨 세도정치의 문이 활짝 열렸다.

세도정치世道政治란 본래 '세상을 바르게 다스리는 도리를 현실정치에 펼치는 것'으로, 중종 때 사림을 대표한 조광조 등이 표방한 통치원리였다. 그러나 정조 초기에 세도의 책임을 부여받은 홍국영이 위임받은 권력으로 독재를 저지르기 시작하면서 '왕의 총애를 받은 신하나 외척이 독단으로 권력을 휘두른다'는 부정적 의미로 변질되었다.

순조 대에는 김조순이 세도정치의 대명사로, 외척이 막강한 권력을 휘두르는 것을 의미하게 되었다. 세도정치를 대표하는 안동 김씨가 조정의 요직을 차지한 결과 인재 등용의 기본인 과거제도와 인사제도가 문란해지고, 뇌물을 받는 행위가 일상화되면서 나라의 정치 기강이 무너졌다.

이처럼 김조순의 세도정치가 깊게 뿌리내릴 수 있었던 것은 왕비의 지원도 영향을 미쳤다. 때문에 순조는 뛰어난 군주로 평가받는 아버지 정조와 비교해 그 어느 왕보다도 유약한 군주로 평가받는다.

민심은 단지 수단에 지나지 않는다

순조의 친정이 시작되었지만, 정국은 특별하게 나아진 것이 없었다. 더구나 궁궐에 잇따라 화재가 발생했고, 서부 지역에는 전염병이 크게 돌아 사망자가 속출했다. 이처럼 순조 재위 기간 34년 동안 19차례나 수재水災가 일어나는 등 크고 작은 재난이 끊이지 않았다. 이에 민생은 도탄에 빠졌고, 이 틈을 노려 민심을 현혹하는 각종 예언서들이 나도는 등 전국적으로 민심이 요동치고 민란이 일어나 곳곳에서 물리적 충돌이 벌어졌다.

평안도 용강에 사는 홍경래가 농민들과 함께 부농富農과 사상私商 등을 규합해서 일으킨 민란이 대표적인 예였다. 순조 11년(1811) 12월, 전국적으로 대흉년이 들고 특히 평안도의 피해가 극심해지자 홍경래는 격문을 돌려 봉기할 것을 대외적으로 천명했다. 그가 작성한 격문에는 다음과 같이 심각한 지역 차별에 대한 울분도 담겨 있었다.

> 조정에서는 서토(평안도)를 버림이 더러운 땅과 다름이 없다. 심지어 권세 가문의 노비들도 서토의 인사를 보면 반드시 평민 놈이라 일컫는다. 서토에 있는 자, 어찌 억울하고 원통하지 않겠는가. 막상 급한 일을 당해서는 반드시 서토의 힘에 의지하고 또한 과거를 볼 때는 반드시 서토의 문장을 빌렸으니 400년 이래 서쪽 사람들이 조정을 저버린 일이 있는가.

홍경래군의 기세는 대단했다. 그들은 평안도 일대를 점령하여 본거지로 삼은 뒤 정주·선천·태천·철산·용천·박천 등지로 세력을 넓히며 정부군을 위협했다. 이듬해 4월, 홍경래가 정주성에서 전사하고 지도부를 비롯한 약 2,938명의 봉기군이 체포되면서 반란이 진압되었다.

민심은 여전히 홍경래를 잊지 못했다. 민간에서는 "정주성에서 죽은 홍경래는 가짜 홍경래다. 진짜 홍경래는 살아 있다"라며 홍경래의 죽음을 믿지 않을 정도였다.

홍경래의 난은 단순한 농민 반란이 아니라 정치적 변혁을 시도한 사건으로, 핍박받던 민중에게 홍경래는 저항과 변혁의 상징이면서 동시에 희망의 등불이었던 것이다. 달리 말하면 비록 난은 실패했지만, 그들은 홍경래를 통해 자신들의 삶에 대한 변혁의 꿈을 꾸게 되었다는 점에서 커다란 의미가 있었다.

그러나 중앙에서는 이러한 민심을 읽지 못했다. 그들에게 중요한 것은 오로지 권력이었고, 민심은 수단에 지나지 않았다.

순조는 도탄에 빠진 백성들의 삶을 안타까워했고, 순조 26년(1826) 봄, 굶주리는 백성들을 보며 이렇게 한탄했다.

> "집집마다 들어가 보면 텅 비어 있고 마을마다 나가보면 밥 짓는 연기가 끊겼다. 백성의 부모가 되어서 백성들로 하여금 충분히 먹고 배를 두드리는 즐거움을 누리게 하지는 못할지언정 흉년이 들어 굶주려 죽는 이들조차 구제하지 못하니, 내가 무슨 마음으로 쌀밥과 비단옷을 편안하고 아름답게 느끼겠는가?"

순조는 굶주리는 백성들의 처참한 상황을 타개하기 위해 왕실 재산을 털어 구제에 나서는 등 나름대로 백성들을 보살피기 위해 관심을 기울이기도 했다. 하지만 역부족이었다. 당시 다산 정약용은 나라를 사람의 신체에 비유하여 "털끝 하나도 썩고 병들지 않은 곳이 없다"며 나라가 망할 지경에 놓였다고 한탄하는 등, 이미 왕조 사회는 몰락의 길로 들어서고 있었다.

그럼에도 당시 정국은 민생은 물론 정치가 사라지고 오로지 가문과 권력만이 남아 있는 듯했다.

가족을 모두 앞세워 보내다

조선에서 일찍부터 명문가를 이루었던 안동 김씨 가문은 중기에 들어서면서 척화론을 대표하는 인물들을 배출하기도 했다. 대표적인 인물로 병자호란 때 김상용이 강화도에서 순직했고, 김상헌은 인조 13년(1635) 대사헌으로 재기용되어 군비 확보와 북방 군사 시설의 확충을 주장했다. 이듬해 병자호란이 일어나자 김상헌은 예조판서로 주화론을 배척하고 끝까지 주전론을 펼치다 대세가 항복하는 쪽으로 기울자 최명길이 작성한 항복문서를 찢고 통곡했다고 한다.

이후 식음을 전폐하고 자결을 기도했으나 실패하여 안동으로 내려가 두문불출하던 김상헌은 인조 17년(1639) 청나라가 명나라를 공격하기 위해 조선에 병력 지원을 요청하자 반대하는 상소를 올렸다가 청나라에 위험인물로 지목되어 심양에 압송되었다. 그는 6년 후에 풀려나 귀국할 때까지 절의를 꺾지 않았고, 이에 나라에 대한 충성심과 절의를 상징하는 집안으로 추앙받는다.

이들이 곧 16세기경 한양 자하동과 청풍계 일대에서 대대로 살던 노론 명문가 안동 김씨였다. 청풍계는 인왕산 동쪽 기슭의 북쪽에 속하는 종로구 청운동 52번지 일대의 골짜기를 가리킨다. 이곳에 병자호란 때 강화도를 지키다 순절한 안동 김씨 문중의 김상용 별장이 조성되면서 '맑은 바람이 부는 계곡'이라는 의미로 청풍계淸風溪라고 불렸고, 진경산수화의 대가 겸재 정선이 스승의 집안 터라 해서 그림으로 남기기도 했다. 이후 자하동은 장동이 되었고, 이들이 세도정치를 펼친 안동 김씨 가문이다. 따라서 세도정치의 대명사인 안동 김씨 세력과 안동

지역이 거점인 가문과는 어느 정도 거리가 있다.

한편, 일찍이 정조의 주목을 받은 그녀의 친정아버지 김조순은 정조 9년(1785) 정시 문과에 급제했다. 정조는 낙순洛淳이라는 이름을 조순祖淳으로 바꿔서 내릴 정도로 각별한 관심을 기울였고, 김조순을 중용하여 아들 순조의 스승으로 삼기도 했다. 이후 정조는 김조순의 딸을 자신의 며느리로 낙점했다. 정조는 순조가 즉위하면 노론 시파에서 순조를 보호하고 지원하는 역할을 해줄 것으로 기대했던 것이다.

민간에서는 순조가 어린 시절 김조순의 집에 갔다가 자신보다 한 살 연상인 순원왕후를 보고 첫눈에 반해 아버지 정조에게 "김조순의 딸이 아니면 장가가지 않겠다"고 졸랐다는 이야기도 전한다. 순원왕후 역시 "어린 시절부터 품행이 바르고 스승의 가르침을 받아 중국 후한시대에 『한서漢書』를 편찬한 반고의 누이동생 반소가 정숙한 부녀의 도道를 논술한 『여계女誡』와 『내훈』 등 여러 서적에 통달했고 스스로 학문을 깨우칠 정도로 똑똑했다"는 등 어려서부터 왕비로서의 자질과 품성을 지녔다고 한다. 이러한 이야기에는 정치적 의도를 감추는 대신 순조와 순원왕후의 인연은 하늘이 정해준 천생연분이라는 의미를 강조하려는 의도가 담겨 있다.

순원왕후는 정조 13년(1789) 한양 양생방養生坊에서 태어났다. 양생방은 현재 남창동·서소문동·태평로2가·남대문로3·4가 일대에 속한다. 본가는 안동 김씨, 외가는 청송 심씨 집안으로 모두 명문가였다. 그녀의 오빠로 김유근과 김원근이 있고, 영의정을 세 번씩이나 지내며 안동 김씨 세도정치의 중심에 섰던 김좌근은 동생이다.

그녀는 순조와 혼인한 뒤 7년 만인 순조 9년(1809) 21세에 왕실에서 그토록 기다리는 왕자를 낳았다. 바로 효명세자이다. 뒤이어 명온明溫·복온福溫·덕온德溫 공주를 출산하며 다복한 가정을 이루었다. 효명세자는 현종 2년(1661) 명성왕후가 숙종을 낳은 뒤 150여 년 만에 정비의 몸에서 태어난 왕자였다. 또한 현종 이후에 왕비들이 공주를 출산했지만, 모두 첫돌이 되기 전에 세상을 떠나 공주로 봉해지지 않아 왕실에는 후궁들이 낳은 옹주들만 있었다. 순조 이후에도 고종의 정비 명성황후가 딸을 낳았으나 첫돌이 되기 전에 세상을 떠나 조선 왕실에서 공주는 순원왕후의 딸들이 조선의 마지막 공주인 셈이었다.

이렇듯 순원왕후가 낳은 대군과 공주의 탄생은 역사적인 의미가 있었다. 그러나 그녀가 40대에 들어서면서 외아들 효명세자를 비롯해 딸들과 남편이 차례로 세상을 떠나는 불행이 이어졌다.

효명세자는 순조 27년(1827) 19세 나이에 대리청정으로 군왕으로서의 자질을 인정받았지만, 대리청정 4년 만인 순조 30년(1830) 22세의 나이에 요절하고 말았다. 2년 뒤에는 23세의 명온공주와 15세의 복온공주가 한 달 사이로 세상을 떠났고, 2년 뒤인 1834년 남편 순조가 세상을 떠났다. 유일한 혈육 막내 덕온공주는 헌종 10년(1844) 23세에 세상을 떠나 외아들과 공주들이 모두 20대에 요절했다.

남편의 뒤를 이어 왕위에 오를 세자이기도 했지만, 평소 어머니 순원왕후에게 다정다감했던 효명세자의 죽음은 그녀에게 말로 다할 수 없는 충격이었다. 효명세자는 순조 28년(1828) 순원왕후가 친정어머니의 사망 소식을 듣고 슬픔과 충격을 가누지 못해 몸져눕자 문 밖에 차일을 치고 맨발로 오가며 어머니를 간호했다. 이후 하루에 두 차례 순원왕후를 찾아가 문안을 드리고 날이 어두워지면 이부자리를 깔아드리고 돌아오는 대단한 효자였다.

이처럼 남편과 자식들을 먼저 떠나보내고 우울증에 시달렸던 그녀는 소설을 듣거나 가족들에게 편지 보내는 것으로 위안을 삼았다. 당시 궁궐의 여인들 사이에 문학 열풍이 일었고, 목소리가 고운 지밀나인이 소설을 즐겼던 왕비를 모시고 소설을 읽어주는 일이 자주 있었다. '소설을 듣는다'고 표현한 것도 이러한 까닭이다.

그녀가 가족들에게 보내는 편지에는 가족의 건강을 묻거나 일상의 소소한 내용과 함께 때로는 국정과 관련한 견해 등 평소 그녀의 정치적 소신도 담겨 있었다. 순원왕후는 유독 문필을 좋아하여 손수 읽고 쓰는 예가 많았고, 그녀의 셋째 딸 덕온공주도 시집갈 때 국문과 한문으로 된 책 4천 권을 가지고 갈 정도로 책을 좋아했다.

그녀가 낳은 왕자와 공주가 모두 요절하기는 했지만, 왕실의 손이 끊어지지는 않았다. 다행히 단명한 효명세자가 아들을 두었던 것이다. 순조가 사망하자 효명세자의 아들, 즉 순원왕후의 손자가 헌종으로 즉위했다. 그럼에도 효명세자의 죽음은 나라의 운명을 걱정하는 사람이라면 모두가 안타까워했고, 국가적으로 대단히 애석한 일이었다.

조선의 마지막 희망이 지다

효명세자는 순조 9년(1809) 창덕궁 대조전에서 태어났다. 이때 순조의 나이 20세로 혼인한 지 7년 만이었다. 당시 대신들이 "억만 년을 이어갈 아름다운 일로 전국의 신민들이 기뻐서 춤추고 좋아한다"고 축하했던 그야말로 국가적인 경사였다.

효명세자는 태몽부터 남달랐다. 순원왕후가 효명세자를 임신했을 때 용꿈을 꾸었는데 '아이가 태어나자 이마가 튀어나온 귀상이었고 영기英氣 어린 용안을 지녔다'고 해서 나이 든 궁인들은 '아기가 할아버지 정조와 닮았다'며 일찍부터 기대를 모았다. 순조 또한 기쁨을 주체할 수 없어 아들이 태어난 그날 바로 원자로 책봉했다.

어릴 때부터 총명했던 효명세자는 순조의 귀여움을 받으며 성장했고, 순조 12년(1812) 세자에 책봉되었다. 이후 순조는 대제학을 역임한 남공철을 세자의 스승으로 삼아 제왕 교육에도 적극적인 관심을 기울였다. 남공철은 정조가 발굴한 인재였다. 평소 인재 양성에 심혈을 기울였던 그는 아홉 차례나 이조판서에 올랐고, 순조 17년(1817) 우의정에 임명된 후 14년간 재상을 역임하는 등 학식과 덕망이 높았다. 따라서 효명세자가 어떤 교육을 받았는지 미루어 짐작할 수 있다.

효명세자가 19세가 되던 순조 27년(1827) 2월, 순조의 명으로 대리청정에 나서게 된다. 순조가 효명세자의 대리청정을 명했을 때 이에 반대하는 신하는 거의 없었다. 당시 조정에는 안동 김씨와 그들의 추종자들이 사적인 이익을 추구하며 국정을 농단했고, 지방에는 탐관오리들의 부정비리로 민생은 도탄에 빠져 있었다. 이에 왕권은 땅에 떨어져 있었고, 정사에 염증을 느끼고 있었던 순조는 효명세자에게 대리청정을 명했다.

비록 효명세자는 어린 나이였지만, 대리청정 2년 차를 맞이하면서 일반 신하는 물론 정승까지 직접 임명하는 등 실질적인 왕의 역할을 수행했다. 또한 관리들의 태만함을 질책하며 조정의 기강잡기에 나섰고, 한편으로는 능력 있는 인재를 등용하고 형벌과 감옥에 대한 처리를 신중하게 하는 등 국가 질서를 바로잡고 백성을 위한 정책 시행을 적극적으로 펼쳤다.

그는 또한 춤에도 상당한 식견을 지니고 있는 등 역대 세자 가운데 예술적 감성이 가장 풍부했고, 문학에 조예가 뛰어나다는 평가를 받았다. 이러한 예술적 소양을 예악禮樂에 접목하여 세도 정권의 일방 독재로 유명무실해진 왕권 회복을 시도하기도 했다.

연산군 이후 조선에서 예악이란 '어리석은 군주의 상징이자 말세의 표상'이었지만, 효명세자는 아버지 순조에 대한 효성을 명분으로 내세우며 전례 없이 화려한 궁중 연회를 주관했다. 이를 통해 이름만 남아있던 정재呈才, 즉 대궐 안에서 잔치 때 펼쳐지던 춤과 노래를 되살리고 연향의 규모를 확대함으로써 왕실의 존엄성과 군신 간의 질서를 바로잡는 데 활용했던 것이다. 이전의 정재가 국가 창업의 정당성을 과시하는 춤이었다면 효명세자는 이를 국왕의 권위와 왕실의 영광을 재현하려는 고도의 정치적 수단으로 활용하여 순조 부부를 받들면서 기세등등한 대신들의 복종을 이끌어냈다.

순조는 안동 김씨 세력을 견제하기 위해 순조 19년(1819) 풍양 조씨 집안의 조만영의 딸을 효명세자의 세자빈으로 맞아들였다. 효명세자는 이러한 순조의 뜻을 헤아려 안동 김씨 세력의 견제에도 각별한 관심을 기울이는 등 순조 27년(1827) 2월부터 순조 30년(1830) 5월까지 3년 3개월 동안 의욕적으로 대리청정에 임했다.

그러던 어느 날, 효명세자가 갑자기 각혈을 하기 시작했고, 약을 복용했지만 소용이 없었다. 결국 허무한 그의 죽음에 모처럼 맞이한 기회가 다시 물거품으로 돌아갔다. 주변에서는 그의 죽음을 "조선의 마지막 희망이 졌다"며 아쉬워했고, 후대 사람들은 효명세자와 소현세자의 요절을 조선 역사에서 가장 애통한 사건으로 꼽기도 한다. 심지어 대리청정 기간 중에 벌어진 갑작스러운 그의 죽음에 대해 구체적인 기록이 전하지 않는다는 점에서 그가 독살되었다는 의혹을 제기하기도 한다.

이유야 어떻든 기대를 모았던 효명세자는 사망했고, 순조가 다시 친정에 나서게 된다. 그러나 당파 정치에 지쳤던 탓인지 순조도 4년 뒤에 세상을 떠났고, 어린 세손이 8세의 나이에 할아버지 순조의 뒤를 이어 헌종으로 즉위한다. 순조가 11세, 명종이 12세, 성종이 13세의 어린 나이에 즉위하기는 했지만 헌종은 10세 미만의 나이에 즉위한, 조선 역사에서 유일한 왕이었다.

헌종이 즉위하자 아버지 효명세자는 익종으로 추존되었다. 순원왕후 역시 대비가 된 지 얼마 되지 않아 다시 대왕대비에 올라 왕실 최고 어른의 자격으로 수렴청정이라는 공식적인 정치 무대에 서게 된다.

순원왕후는 19세기 이후에 집중적으로 펼쳐진 수렴청정의 첫 번째 주자였고, 스스로 권력을 행사하며 정치에 적극 참여했다. 그녀는 가문의 뜻에 따라 아버지 김조순과 7촌간인 김조근의 딸을 헌종의 비로 간택했고, 헌종에 이어 철종까지 두 차례에 걸쳐 10여 년 동안 수렴청정을 하면서 안동 김씨 세도 정권을 더욱 굳건하게 다졌다.

그녀의 수렴청정 기간은 조선 정치사에서 가장 긴 기간이기도 했지만, 헌종과 철종이 재위했던 20여 년은 사실상 그녀의 영향력 아래에 있었을 만큼 그녀는 오랜 기간 동안 정치의 중심에 있었다.

현실정치의 벽을 넘지 못하다

헌종이 즉위할 무렵 효명세자의 세자빈으로 헌종의 친모인 신정왕후도 생존해 있었다. 하지만 왕실 최고 어른이 수렴청정을 하는 것이 관례였고, 신정왕후는 남편이 세자 신분으로 요절하여 왕비 자리에 오르지 못해 자격이 없었다. 따라서 대신들은 순원왕후에게 수렴청정을 요청했고, 그녀는 "세손이 비록 나이가 어리나 천부적인 자질을 지니고 있고 영명하여 종사와 신인의 의탁을 맡을 것"이라며 사양했다.

이러한 순원왕후의 발언은 의례적인 면이 있었지만, 보통의 왕후가 세 번 거절한 것과는 달리 그녀는 일곱 번이나 대신들의 요청을 거절하다가 결국 수락했다. 어쩌면 그녀도 당시의 정국에서 수렴청정에 나서는 것이 부담스러웠는지 모른다.

수렴청정을 하면서 순원왕후는 선왕인 순조의 유지를 따르고 있음을 여러 차례 밝혔고, 왕실의 존엄성 회복에 적극적인 관심을 기울였다. 종묘를 증축하고 효명세자를 익종으로 추숭해 헌종의 왕위에 대한 정통성과 함께 왕대비에서 대왕대비로 자신의 지위를 높인 것이 그 예이다. 이후 그녀는 공식 절차를 거쳐 정국 현안을 파악했지만, 한편으로는 친정 식구를 통해 조선 팔도의 정보들을 파악하여 정국 운영에 참조하는 등 다양한 방식을 활용했다. 그녀는 전라감사로 부임하는 김흥근에게 "구중궁궐이 깊다 하지만 본디 소문이 들어오는 길이 있다"며 자신의 정보력을 강조하면서 지방 관리들에게 경고하기도 했다.

순정왕후는 민생 현안에도 관심을 기울였다. 그녀는 서북민의 등용과 헌종 즉위년에 자연재해 등으로 고통 받는 백성의 조세를 탕감해주었다. 그리고 흉년을 겪은 기호지방에는 다른 지역의 곡식으로 지원하고 부족한 재정은 왕실 재정으로 채우기도 했다. 이처럼 그녀가 여러 차례 민생을 걱정했다는 기록이 전하지만, 실제 행동이나 구체적인 정책 의지는 이에 미치지 못해 대부분의 시책은 부분적인 효과에 그쳤다. 그녀가 왕실 위상을 세우려는 목적에서 호화로운 잔치를 벌여 왕실 지출이 늘어나 거센 비판을 받은 것이 그 예였다.

순조와 헌종의 재위 기간 동안 자연재해와 기상 이변으로 농업 생산량이 급격하게 줄어들었고, 전국 각지에서 굶주림으로 목숨을 잃는 백성들이 속출하는 가운데 전국적으로 폭동이 끊이지 않았다. 그럼에도 그녀의 수렴청정은 처음부터 한계가 있었다.

특히 탐관오리가 온갖 부정과 비리를 저질러도 통제할 수 없었던 근본적인 이유는 그들 뒤에 세도 정치가들이 있었고, 그녀의 친정이 여기에 깊숙이 개입되어 있었기 때문이다. 따라서 그녀는 이들의 결탁을 용인할 수밖에 없었고, 그녀가 친정 오빠들을 정치적 동반자로 하여 정국 운영에 나선 탓에 시간이 흐를수록 안동 김씨의 세도정치는 더욱더 굳건해졌다. 그녀가 비록 왕실에 대한 자긍심과 절제력을 갖추었다고 해도 좁은 안목으로 민생을 도탄에 빠뜨린 조선 최악의 대왕대비로 평가받는 것도 이러한 이유에서였다.

그녀가 1840년부터 1850년대 중반 사이에 쓴 것으로 보이는 33통의 편지글인 「순원왕후어필봉서純元王后御筆封書」에도 다양한 내용을 확인할 수 있다. 현재 문화재로 지정된 이 자료는 그녀가 친정에 보낸 편지로, 당시 정국에 대한 관심사와 궁중 생활의 이면사는 물론, 친정인 안동 김씨에 대한 애틋한 소감이 솔직하게 담겨 있다.

뿐만 아니라 그녀가 수렴청정 기간 동안 백성들의 생활에 관심을 쏟았고, 지방에서 벌어지는 폐해를 없애고 인재 등용에 힘썼으며, 철종이 왕 역할을 수행할 수 있도록 제왕 교육에 관심을 기울였고, 왕릉을 옮기면서까지 왕실의 권위를 높이려고 적극적으로 노력했다는 내용이 담겨 있다. 그 밖에도 "팔자가 험해 가당치도 않은 짐을 지었는데 그 짐을 벗으니 종사를 위해 경축할 만한 일이다"라며 수렴청정을 끝내면서 홀가분한 마음을 드러낸 글도 보인다.

그녀의 편지글에는 공적 의식보다 사적 의식이 앞선 한계를 분명하게 보여주고 있다. 대표적인 예로, 순원왕후에게 헌종은 여전히 어린 손자에 지나지 않았다. 때문에 7년 만에 수렴청정이 끝나고 헌종이 친히 정사를 살피면서 친위대를 강화하고 그녀의 친정인 안동 김씨의 견제에 나서자 그녀와 헌종 사이가 불편해지기도 했다.

당시 그녀는 "헌종이 남을 곧이곧대로 믿지 않고 의심이 많으며 시기심이 강하다"고 지적하기도 했다. 반면, 그녀는 친정인 안동 김씨 가문을 일컬을 때 '우리 가문' 그리고 왕실을 일컬을 때는 '내 가문'이라고 표현하는 등 친정에 대한 그녀의 각별한 애정을 엿볼 수 있다.

이외에도 그녀가 정치와 관련하여 가족주의에서 벗어나지 못한 한계를 분명하게 보여주는 기록도 전한다. 영조 36년(1760) 1월부터 융희 4년(1910) 8월까지 151년 동안 주로 국왕의 동정과 국정을 기록한 일기이자 공식 정부 기록으로 가치를 인정받은 『일성록日省錄』에 따르면, 그녀는 안동 김씨 가문의 김홍근이 유배되었을 때 "김홍근이 떳떳하다면 유배는 금방 지나갈 액운이며, 우리 가문이 흥하는 것은 오히려 하늘의 경계이니라. 더욱 조심해야 할 것이다"라며 위로하기도 했다.

왕실 세력이 미약한 현실에서 어쩌면 그녀는 친정에 의존하는 것으로 위안을 삼았는지 모르지만, 이러한 그녀의 태도는 근본적인 문제 해결이 아니라 오히려 사회의 구조적 모순을 더욱 깊어지게 하는 결과를 가져왔다는 비판에서 결코 자유로울 수 없다.

이씨의 나라인가, 김씨의 나라인가?

순원왕후는 조선에서 시행된 일곱 차례의 수렴청정 가운데 유일하게 두 차례에 걸쳐 수렴청정을 했다. 그녀가 이처럼 특이한 이력을 갖게 된 것은 헌종이 후사를 두지 못하고 재위 15년 만인 1849년 23세의 젊은 나이로 세상을 떠났고, 당시 왕실 외척으로 세도정치의 중심에 있는 안동 김씨와 풍양 조씨의 세력 다툼이 변수로 작용했기 때문이다. 순원왕후는 강화도에서 농사짓던 이원범을 지목했고, 이에 따라 친정 안동 김씨 가문이 마음대로 국정을 농단했다는 비판을 받는다.

순원왕후는 헌종 14년(1848) 새해부터 헌종의 건강이 악화되자 은밀하게 후계자 물색에 나섰다. 3대 독자 헌종 주변에 6촌 이내의 친족이 남아 있지 않아 헌종의 사망에 대비하여 그 뒤를 잇는 일을 서둘렀던 것이다. 헌종이 사망했을 때 순원왕후가 곧바로 옥새부터 찾았다는 이야기가 전하는 것도 이러한 상황과 맞물린다. 그녀는 친정인 안동 김씨 세력과 결탁하여 후계자를 물색하지만 그녀가 처음부터 이원범을 주목한 것은 아니었다.

순원왕후는, 덕흥대원군의 종손으로 광해군의 총애를 받았으나 인조반정 이후 폐모론의 원흉으로 몰려 죽음을 당한 완창군 이시인의 아들이하전을 주목한 것으로 전한다. 중종과 후궁 창빈 안씨 사이에서 태어난 덕흥대원군은 이미 셋째 아들 하성군이 명종의 뒤를 이어 선조로 즉위한 조선 최초의 대원군이었다. 선조가 아버지 덕흥대원군을 왕으로 추존하려고 적극적으로 나섰음에도 대신들의 반대로 실패했지만, 그의 직계 후손에서 이미 왕이 배출되어 명분이 없는 것은 아니었다.

이하전은 안동 김씨의 세도정치가 기승을 부리던 시절 "이 나라가 이씨의 나라인가, 김씨의 나라인가"라고 비판하는 기개도 있었다. 그의 항렬이 헌종의 조카뻘이라 순원왕후는 '인손'이라 이름을 지어주고 손자로 내정할 정도로 관심을 기울였다. 하지만 친정 안동 김씨의 반대가 있었고, 그해 6월 헌종이 갑자기 사망하자 생각을 바꾸었다.

그녀는 강화도에 살던 사도세자의 서자이자 정조의 이복동생인 은언군의 손자 원범을 궁궐로 데려와 덕완군으로 책봉하고 순조의 양자로 입적하여 왕위를 물려받게 했다. 그가 바로 철종이다. 조선 후기에 가장 강력한 왕권을 행사했던 영조의 혈통을 앞세워 정조의 유지를 받들고, 또 종사를 보존하는 계기를 만들겠다는 명분을 내세웠다. 하지만 철종의 선택은 여러 가지 면에서 부담스러운 것이 사실이었다.

먼저 항렬로 보면 철종은 헌종의 7촌 아저씨뻘이라 자연스럽지 못했다. 강화도령으로 잘 알려진 이원범은 나이가 19세였지만, 나이만 성인에 가까울 뿐 왕위를 물려받기에는 모든 면에서 자격 미달이었다. 철종이 제왕 교육을 전혀 받지 못한 것이 큰 문제였지만, 그는 왕자의 군호도 없었고 궁궐 생활이 너무 낯설었다. 더구나 어려서 글을 거의 읽지 않아 처음부터 제왕 교육에서 어려움을 겪는 등 학문적 성취도 쉽지 않았다.

이처럼 철종이 온갖 악조건 속에서 즉위한 탓인지 순원왕후는 대신들이 수렴청정을 청하자 사양하는 절차도 밟지 않고 곧바로 승낙했다. 그녀는 이미 한 차례 수렴청정의 경험이 있어 철종이 잘 따라준다면 오히려 상황이 나쁘지 않을 것이라고 생각했을 가능성도 충분했다.

실제로 순원왕후는 수렴청정 기간 동안 전혀 준비되지 않은 철종을 왕으로 만들기 위해 심혈을 기울였고, 그녀의 한글 편지에도 제왕 교육이 전혀 되어 있지 않은 철종을 안타까워하면서 그의 교육에 '특별한 관심을 갖고 지켜보았으며, 아침저녁으로 철종을 위해 기원했다'는 내용을 발견할 수 있다.

그녀는 순조의 인릉과 효명세자의 수릉을 옮기는 천릉도 단행했다. 천릉은 많은 시간과 비용이 들어가 백성들의 불평을 사는 등의 이유로 대신들이 부정적인 반응을 보였지만, 그녀는 오히려 이들에게 불편한 심기를 드러내면서 천릉을 추진했다. 왕릉 조성은 나라의 성쇠를 나타내는 상징이었고, 특히 풍수사상을 토대로 어디에 왕릉을 쓸지의 문제는 왕권과 왕실의 존엄성과 직결되는 문제였기 때문이다.

당시 경기도 파주 교하에 있던 인릉은 풍수지리상 불길하다는 이유로 태종의 헌릉 옆으로 옮겼고, 경기도 양주 용마산, 즉 현재의 광진구 용마산 아래 있던 수릉은 철종 6년(1855) 동구릉 안에 태조의 건원릉 서쪽 산줄기에 있는 헌종의 경릉과 함께 조성했다. 여기에는 조선의 역대 왕 가운데 강력한 권위를 지닌 왕 주변으로 왕릉을 옮김으로써 선대 왕들의 상징적 힘을 빌려 미약한 왕실의 권위를 강화하고 이후에도 왕실이 지속되기를 바라는 기대감이 담겨 있었다.

하지만 철종의 즉위에 복잡한 정치적 계산이 깔려 있었던 탓에 이미 수렴청정을 한 번 경험한 순원왕후라 해도 큰 영향력을 발휘하지 못했다. 끊임없이 철종의 즉위와 관련하여 말들이 많았고, 순원왕후는 철종이 군왕 역할을 제대로 수행하지 못할 것을 염려하여 친정인 안동 김씨 가문에 '철종을 제대로 이끌고 도와달라'는 편지를 보내기도 했다. 철종이 즉위한 지 2년 뒤인 1851년에 김문근의 딸을 철종의 비로 책봉하여 안동 김씨 가문에서 순조·헌종·철종 3대에 걸쳐 왕비를 배출하면서 세도정치의 절정기를 이룬다.

외척을 제물로 삼은 태종과 죽어서 만나다

순원왕후는 순조 2년(1802) 궁궐 생활을 시작해 32년 동안 왕비 자리를 지켰고, 이어서 손자 헌종이 즉위하여 7년 동안 수렴청정을 했다. 그리고 헌종에 이어 철종이 즉위하자 다시 2년이 넘는 기간 동안 수렴청정을 했으며, 안동 김씨의 세도정치가 절정에 이르던 철종 8년(1857) 8월에 사망할 때까지 55년 동안 조선 말기의 왕실을 지켰다.

창덕궁 양심합養心閤에서 69세를 일기로 세상을 떠난 그녀는 현재 서울 서초구에 있는 순조의 인릉仁陵에 합장되었다. 따라서 인릉은 봉분이 하나이며, 봉분 앞의 석상도 하나만 조성되어 있다. 인릉 비각에는 비석이 두 개로, 그중 하나는 순원왕후를 순조와 합장하여 능을 조성할 때 철종이 자신을 왕으로 발탁해준 그녀에게 고마운 마음을 담아 직접 표석에 글을 써서 세웠다고 한다. 문인석과 무인석 4기는 생김새가 각각 다르지만 표정이 생기 있고, 이목구비 등이 사실적이면서도 섬세하고 아름다워 18세기 후반의 사실주의적 양식을 잘 표현했다는 평가를 받는 등 조선 후기 석물 조각의 대표작으로 꼽힌다.

그녀가 사망한 뒤 순조와 합장하여 인릉이 조성되기까지 우여곡절을 겪기도 했다. 순조가 사망한 뒤 인조와 인렬왕후의 능이 있는 파주 교하의 장릉 왼쪽 산줄기에 '을좌신향乙坐申向,' 즉 동남쪽 방향을 등지고 북서향으로 능이 조성되었다. 당시 지관들은 이곳을 '혈이 뭉친 곳이 풍만하고 십분대길十分大吉'이라고 호평했다. 원래 이 자리는 400여 년 전 세종과 소헌왕후의 능침이 있던 자리로, 풍수상 좋지 않다는 논란이 일어나 결국 예종 때 옮긴 터였다.

이에 다시 풍수지리상 불길하다는 논란이 일어나 철종 7년(1856) 현재 서울의 서초구 내곡동 헌릉 서쪽 언덕에 '자좌오향子坐午向', 즉 북쪽을 등지고 남향으로 조성되었고, 이듬해에 순원왕후가 사망하자 함께 합장되었다. 이때 순종이었던 묘호가 순조로 바뀌었다.

조선에서 태조·세조·선조·인조에 이어 다섯 번째였다. 태조는 조선의 왕업을 열었고, 세조와 인조는 정권을 교체했다는 이유로, 선조는 임진왜란 등을 평정한 공적을 인정받았고, 순조는 홍경래의 난 등을 평정한 공적을 인정받은 것이다.

한편, 순조의 능원 조성 과정에서 시작된 풍수지리에 대한 논란은 정치적 이유도 포함되어 있었다. 당시 세도정치 세력이 순조의 능묘에 대한 풍수 논리를 부정적으로 몰아 풍양 조씨 줄에 섰던 "상지관相地官 이시복은 산릉의 흠빛을 은폐했다"는 이유로 참형에 처해졌고, 산릉도감을 맡았던 이면승은 2중 공사를 견디지 못해 현장에서 과로사했다는 이야기도 있다. 이렇게 조성된 인릉은 400여 년 전에 조성된 태종의 헌릉과 함께 헌인릉이라고도 한다.

조선의 3대 왕 태종은 외척의 발호를 막고 왕권 강화를 위해 망설임 없이 자신의 처가는 물론 며느리의 친정까지도 희생물로 삼았던 왕이었다. 반면, 태종이 잠들어 있는 능 근처에 조성된 인릉의 주인공 순원왕후와 순조 부부는 외척의 발호로 세도정치의 문을 연 당사자였다는 점에서 묘한 인연을 보여준다. 태종이 지하에서 까마득한 두 후손에게 무어라 조언했을지 궁금하다.

이후 순원왕후는 대한제국 광무 4년(1900), 남편 순조가 순조숙황제純祖肅皇帝로 추존되면서 순원숙황후純元肅皇后로 추존되었고, 순원왕후와 순조의 인릉에는 '대한 순조숙황제 인릉 순원숙황후 부좌大韓 純祖肅皇帝 仁陵 純元肅皇后 祔左'라는 묘비가 새로 세워졌다.

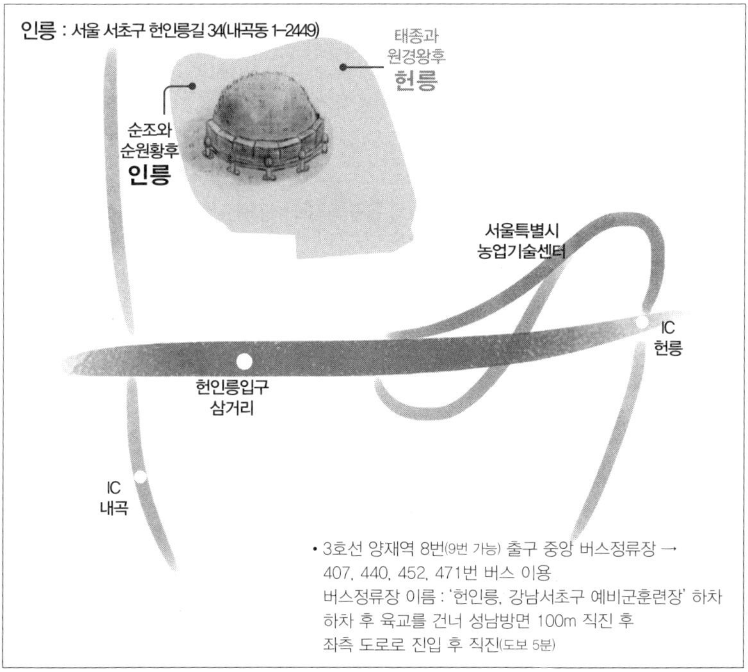

역사에

이름만 남기다

효현왕후 김씨孝顯王后 金氏와 효정왕후 홍씨孝定王后 洪氏

헌종의 정비와 계비

세도정치에 묻히다

효현왕후는 역사에 이름만 남겼을 뿐, 조선 왕실에서 거의 주목받지 못했다. 그녀는 왕실에 들어와 시할머니와 시어머니 등 억센 왕실 여인들의 그림자에 완전히 묻혀 살았고, 그녀가 왕비 자리에 있던 시기는 세도정치의 절정기로 오히려 그녀의 친정아버지 김조근이 더 주목받았다. 더구나 그녀는 남편 헌종에게 사랑받지 못했고, 왕비 자리에 오른 지 2년 만에 병으로 세상을 떠나 왕비로 있던 기간도 아주 짧았다.

반면, 남편 헌종은 효명세자의 아들로 태어나 왕실 적통으로 기대를 모았지만 그에게는 시간이 촉박했다. 그가 4세 되던 해에 아버지 효명세자가 요절하자 곧바로 왕세손으로 책봉되었고, 6세 때부터 강연에 참석하여 제왕 교육을 받아야 했다. 2년 뒤, 사망한 할아버지 순조의 뒤를 이어 8세의 어린 나이에 왕위에 오르게 된다. 효현왕후는 헌종 3년(1837), 헌종보다 한 살 어린 10세 나이로 왕비에 책봉되었고, 4년 뒤 수렴청정이 끝나고 헌종이 섭정하게 된 헌종 7년(1841)에 가례를 올려 비로소 왕비 자리에 올랐다.

효현왕후는 순조 28년(1828) 안국동 외가에서 태어났다. 그녀는 세도정치의 중심에 있었던 안동 김씨 집안 출신으로, 아버지는 김조근이었다. 김조근은 순조 16년(1816) 생원이 되었고, 음보로 의령과 광주 등 지방 판관을 거쳐 딸이 왕비에 책봉된 해인 헌종 3년에 승지가 되었다. 이후 호위대장과 어영대장 등을 역임하며 승승장구했다.

물론 김조근의 출세에는 세도정치와 밀접한 관련이 있었다. 순조 때 김조순을 중심으로 한 안동 김씨 세력을 견제하기 위해 또 다른 외척 풍양 조씨 세력이 새롭게 떠올랐고, 김조근은 이들에 대항하기 위한 안동 김씨의 핵심으로 활동했다. 그의 딸이 헌종의 비로 간택되었던 것도 이러한 집안 내력과 함께 당시 수렴청정을 하던 순원왕후의 친정 가문에 대한 배려의 의미도 있었다. 효현왕후에 대해 "성품이 조용하고 온화해 언제나 예법에 맞는 말만 했다"는 의례적인 내용 외에 그녀와 관련한 구체적인 기록을 찾아볼 수 없는 것은 왕비 간택 과정에서 특별히 주변의 시선을 의식하지 않았음을 의미했다. 때문인지 헌종은 그녀에게 그다지 관심을 갖지 않았던 것으로 전한다.

헌종은 성장하면서 외모가 더욱 빛이 났고, 아름다운 궁녀들과 모두 관계를 맺을 정도로 여자를 좋아했다는 이야기가 전한다. 따라서 헌종은 나이가 어린 효현왕후에게 관심을 보일 리 없었고, 효현왕후는 왕비 자리에 오른 지 겨우 2년 만에 후사도 두지 못하고 세상을 떠나고 말았다. 그리고 그녀는 바로 기억 속에서 사라졌다. 헌종 즉위 초부터 국내외적으로 시련이 계속되기도 했지만, 그녀의 죽음으로 차질이 생긴 안동 김씨 가문은 앞으로 권력의 향배에 더욱 신경을 써야 했기 때문이다.

순조가 생존했을 때 헌종의 지원을 특별히 부탁받은 외척 조인영이 헌종이 즉위하자마자 곧바로 이조판서에 기용된 뒤 요직을 두루 거치면서 군사권을 장악한 형 조만영과 함께 풍양 조씨 세도정치의 토대를 마련했다. 따라서 안동 김씨와 헌종의 외가인 풍양 조씨 사이에 협력과 경쟁이 벌어졌다.

이후 헌종이 즉위 7년(1841)부터 친정을 시작하자 조만영 등이 주축이 되어 풍양 조씨의 본격적인 세도정치가 시작된다. 그러나 헌종 12년(1846), 조인영의 형 조만영이 사망하자 안동 김씨가 다시 권력을 장악해 안동 김씨의 세도정치로 이어졌다.

미완의 군주를 남겨두고 요절하다

순원왕후가 수렴청정을 거두고 친정에 나선 헌종은 유력한 가문의 틈바구니 속에서도 국정 운영의 주체가 되려고 노력했다. 헌종은 나름 현명했고, 성군의 자질도 갖추고 있었다. 글씨에도 뛰어났던 헌종은 한문 서예체 가운데 예서를 잘 썼고, 문학에도 재능이 있어 『원헌집元軒集』이란 문집을 남겼다.

그는 왕을 지원하는 인재를 양성하기 위해 정조가 사망한 이후 처음으로 나이가 어린 문신을 선발하여 규장각에서 재교육 과정을 밟게 하는 초계문신제抄啓文臣制를 도입했고, 총위영을 설치하여 군사력 양성에도 관심을 기울였다. 하지만 헌종의 이러한 노력은 유력한 가문의 이해를 조정하고 견제하는 수준을 넘지 못했고, 견제 세력이 없는 세도정치의 폐단이 이어지면서 오히려 현실정치에서 밀려났다.

심지어 헌종의 재위 기간 동안 영국·미국·프랑스 군함들이 출몰하여 통상과 천주교 탄압 중지 등을 요구하며 행패를 부렸다. 이러한 상황이 벌어졌는데도 조정에서는 합당한 대책을 제대로 세우지 못했고, 오로지 척사 정책을 고수하는 것만이 그들이 할 수 있는 전부인 듯했다. 또한 정권을 장악한 풍양 조씨 세력은 척사 정책의 하나로 천주교 박해를 주도하면서 천주교에 비교적 관대했던 안동 김씨 세력을 함께 제거하기에 이른다.

어느덧 청년으로 성장한 헌종은 점차 외척 풍양 조씨의 세도정치에 염증을 느끼게 되었다. 헌종은 궁궐로 들어온 외숙이자 세도정치의 중심에 있던 신정왕후의 오빠 조병구를 불러 "외숙의 목에는 칼이 들어가지 않습니까?"라고 경고하기도 했다. 하지만 세도정치가 왕권을 능가했던 시기에 헌종은 구체적인 영향력을 행사하지 못했다.

헌종 역시 이러한 한계를 절감했는지 점차 음주가 과해졌고, 지나칠 정도로 여색을 가까이했다. 결국 몸을 돌보지 않아 젊은 나이에 세상을 떠났으니, 치마폭에 싸인 힘없는 왕이라는 평가를 받는 것도 어쩌면 시대를 잘못 타고난 운명 때문인지도 모른다.

효현왕후는 이러한 나라의 불행을 헌종과 함께 겪지는 않았다. 그녀는 왕비 자리에 오른 지 불과 2년 만인 헌종 9년(1843) 8월, 16세의 어린 나이에 창덕궁昌德宮의 대조전大造殿에서 헌종보다 먼저 세상을 떠났다.

그녀의 능은 동구릉 안에 조성되어 있으며, 능호는 경릉景陵이다. 이후 즉위 15년 만인 1849년 23세의 나이로 창덕궁 중희당重熙堂에서 사망한 남편 헌종이 그녀 곁에 묻혔다.

태조의 건원릉 서쪽으로 다섯 번째 줄기에 있는 경릉은 원래 선조의 목릉이 있던 자리였다. 효현왕후가 사망하자 이곳에 안장했고, 이어서 헌종과 계비 효정왕후의 능이 차례로 조성되었다. 선조의 목릉과 숙종의 명릉처럼 왕과 함께 원비와 계비의 능이 한 곳에 조성되었는데 영조 34년(1758) 홍계희 등이 편찬한 『상례보편喪禮補編』에 따른 것으로 전한다.

능 주변의 문·무인석은 선명한 눈꺼풀과 눈동자를 비롯해 입술 선이 입체적으로 표현되는 등 다른 능에서는 보이지 않는 섬세하면서도 이색적인 모습으로 18세기 이후 양식을 잘 따르고 있다는 평가를 받는다.

목릉과 명릉이 동원이강 또는 변형된 동원이강의 형식으로 조성된 반면, 경릉은 3개의 봉분을 병풍석 없이 난간석으로 연결한 뒤 나란히 옆으로 배치한 조선 왕릉에서 유일한 삼연릉三連陵 형태로, 정면에서 보면 제일 왼쪽에 헌종이, 가운데가 효현왕후 그리고 오른쪽이 계비 효정왕후의 능이 나란히 조성되어 있다.

혼인과 함께 외면당하다

효현왕후가 세상을 떠난 이듬해, 14세의 나이로 효정왕후가 계비에 간택되었다. 그녀는 순조 31년(1831) 남양南陽 홍씨 집안에서 홍재룡洪在龍

의 딸로 태어났다. 실록에는 대왕대비 순원왕후가 계비 간택을 서둘러 진행한 것으로 전한다. 당시 헌종은 최종적으로 계비 후보에 오른 세 명의 규수 가운데 마음에 둔 여인이 따로 있었지만, 대왕대비 순원왕후가 세력이 약한 남양 홍씨 집안의 효정왕후를 간택했다.

때문인지 헌종은 그녀를 찾지 않았고, 헌종이 마음에 둔 여인과 다시 인연을 맺는다. 효정왕후가 헌종과 혼인한 지 3년이 지나도록 후사를 두지 못하자 헌종은 '왕비가 자식을 낳을 가능성이 없다'는 이유를 내세워 대왕대비의 허락을 받아 삼간택에서 떨어진 김재청의 딸을 후궁으로 맞아들인 것이다. 그녀가 바로 경빈 김씨다. 하지만 헌종은 경빈 김씨와의 사이에서도 후사를 두지 못했다.

헌종은 경빈 김씨와의 인연을 왕실에 확실하게 남길 만큼 그녀를 사랑했다. 헌종 14년(1848) 창덕궁 낙선재樂善齋 동쪽에 석복헌錫福軒을 지어 그녀의 거처를 마련해준 헌종은 2년 후 세상을 떠날 때까지 그녀와 함께 이곳에 머물면서 풍류를 벗 삼아 지냈다. 새로 지은 석복헌과 고쳐 지은 수강재가 옆으로 길게 이어져 있어 이 세 건물을 아울러서 낙선재라고 부르기도 한다.

『승정원일기』에 영조 32년(1756) 사도세자가 거처하던 낙선당에 화재가 발생하는 등 정조 대까지 쇠락한 낙선재에 관한 기록 등으로 보아 낙선재는 본래 세자를 위해 세운 것으로 추정된다. 이후 헌종 14년, 정기세의 조언에 따라 병조에서 사람을 고용하여 낙선재를 수리하게 했다고 한다. 당시 낙선재에 대해 헌종은 자신의 문집 『원헌집』에 다음과 같이 기록했다.

> 듣건대, 순舜 임금은 선善을 보면 기뻐하여 황하가 쏟아지는 듯하였다. ……붉은 흙을 바르지 않음은 규모가 과도하지 않게 하기 위함이고, 화려한 서까래를 놓지 않음은 소박함을 앞세우는 뜻을 보인 것이다.

이처럼 낙선재는 궁궐의 여느 침전과 달리 단청을 하지 않은 수수한 사대부 가옥의 형식이지만, 다양한 자재들을 솜씨 있게 가다듬어 섬세하게 장식한 모습이 무척 아름다워 궁궐의 권위와 위엄이 잘 드러나 있다는 평가를 받는다.

이후 낙선재는 조선의 마지막 왕실과 묘한 인연으로 이어졌다. 갑신정변 직후 고종이 이곳을 집무소로 사용했고, 일제에 국권을 빼앗긴 이후 순종이 머물기도 했다. 1926년 순종이 사망한 뒤 조선의 마지막 황후인 순정효황후가 1966년까지 이곳에서 은거하다 별세했고, 1963년 일본에서 돌아온 영친왕의 비 이방자 여사가 1989년까지 이곳에서 생활하다 세상을 떠났다. 또한 일본에서 힘겹게 살았던 덕혜옹주 역시 1962년에 돌아와 수강재에서 여생을 보내다가 1989년에 낙선재에서 눈을 감는 등 조선의 마지막 왕실 종친들 대부분 이곳에서 생활하다가 생을 마감했다.

한편, 남편에게 관심을 받지 못했던 효정왕후는 어린 나이에 궁궐로 들어와 강력한 권위를 지닌 시어머니 신정왕후인 대비와 대왕대비 등 층층시하에서 생활했다. 그럼에도 그녀는 항상 온화한 기색을 잃지 않았고, 헌종이 경빈 김씨를 가까이할 때도 시기나 질투를 하지 않는 등 편치 않은 주변 환경을 잘 이겨내며 생활한 것으로 전한다.

여인천하를 이루고 있던 왕실은 헌종이 세상을 떠난 뒤 철종이 즉위하자 관계가 더욱 복잡해졌다. 당시 왕실에는 선선선대 왕비인 순조의 비 순원왕후, 순조의 아들 효명세자가 익종으로 추존되면서 왕비 자리에 오른 선선대 왕비 신정황후, 그리고 선대 왕비 헌종의 비 효정왕후가 살아 있었다. 이때까지 대비는 왕대비의 줄임말로 공식 칭호는 아니었기 때문에 남편이 사망한 왕비의 서열은 왕의 어머니와 할머니, 즉 왕대비와 대왕대비의 두 단계뿐이었다.

이 시기에는 왕대비 아래 대비 칭호를 공식적으로 두어 선대 왕비의 서열이 '대비-왕대비-대왕대비'의 3단계로 정해졌다. 효정왕후가 왕대비가 아닌 대비 자리에 오른 것도 이러한 서열에서였다.

이후 효정왕후는 철종 8년(1857) 시할머니이자 대왕대비 순원왕후가 사망하자 왕대비에 올랐고, 고종 27년(1890) 대왕대비 신정왕후의 사망으로 왕실 최고 어른인 대왕대비 자리에 오른다. 광무 1년(1897) 대한제국이 선포되고 고종이 황제로 즉위하자 조선 왕비 중 유일하게 살아서 황후에 책봉된다. 이후 그녀는 마치 남편 헌종에게 소외받은 삶을 보기 좋게 물리치기라도 하듯 73세까지 장수했다.

그녀는 헌종과의 사이에서 공주를 낳았으나 일찍 세상을 떠났고, 이후 자식 없이 화초와 새를 키우며 생활했다. 왕대비에 오른 뒤에는 무료함을 달래기 위해 대비인 철인왕후와 함께 어린 궁녀를 대비전에서 돌보았다고 한다. 그 아이가 조선의 마지막 궁녀 천일청千一淸 상궁이다. 철종에 이어 고종이 즉위하여 대왕대비의 자리에 오른 뒤에는 고종의 비 명성황후와 동서지간처럼 친밀하게 지낸 것으로 전한다.

효정왕후는 광무 7년(1903) 11월 경운궁 수인당壽仁堂에서 세상을 떠났다. 그녀의 능은 동구릉 안에 있으며, 능호는 경릉景陵으로 남편 헌종과 헌종의 정비 효현왕후와 함께 잠들어 있다. 효정왕후는 대비 시절 '명헌明憲'이란 존호를 올려 일부 자료에는 그녀를 명헌왕후明憲王后로 기록하고 있으며, 대한제국 개창 후에는 명헌태후明憲太后라는 기록도 전한다.

경릉 : 경기도 구리시 동구릉로 197(인창동 산9-2)

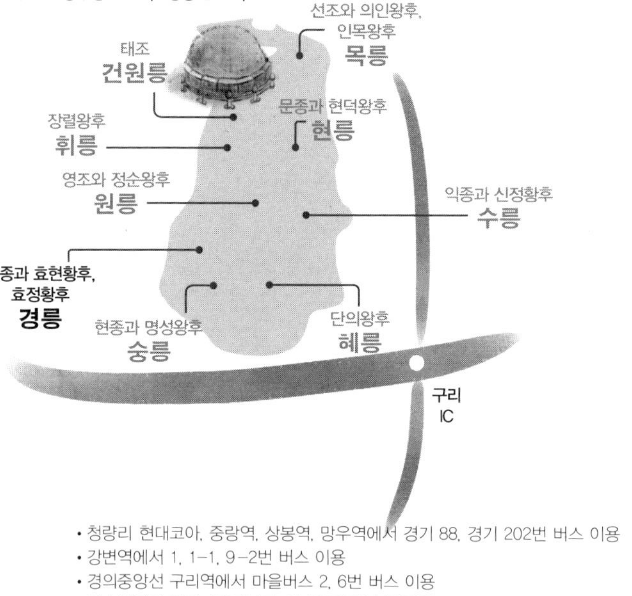

- 청량리 현대코아, 중랑역, 상봉역, 망우역에서 경기 88, 경기 202번 버스 이용
- 강변역에서 1, 1-1, 9-2번 버스 이용
- 경의중앙선 구리역에서 마을버스 2, 6번 버스 이용
  버스정류장 이름 : '우리나라 최대왕릉군인 동구릉'

부부가 역사의 주변부에 머물다

철인왕후 김씨哲仁王后 金氏

철종의 정비

부부가 역사의 주변부에 머물다

철인왕후는 역사의 주변부에 머물렀다고 표현해도 될 만큼 그녀의 존재감을 전하는 내용을 찾아보기 힘들다. 현대에 들어서 시청자들의 주목을 받았던 KBS-2TV 드라마 「명성황후」(2001-2002)에서도 철인왕후는 항상 시할머니와 시어머니 등과 함께 나란히 앉아서 어른들의 말에 고개를 끄덕이는 반응을 보이는 역할 정도였다.

철인왕후의 이러한 존재감은 그녀의 성품과도 관련이 있다. 그녀는 평소 조용하고 유순한 성격으로 정치에는 전혀 관여하지 않았고, 주변 사람들과 잘 어울리는 활달한 성격도 아니었다. 역사에서 그녀를 기억하는 것은 단지 철종을 통해서다. 철종이 술과 여자를 가까이해서 '철인왕후가 마음고생이 심했다'든가, 세도정치의 틈바구니에서 아무런 영향력도 발휘할 수 없던 '철종의 왕비로 소외된 삶을 살다가 세상을 떠났다'는 등의 평가가 대표적인 예이다.

그녀의 남편 철종 역시 극적인 즉위 과정을 제외하면 당시 정국에서의 존재감은 철인왕후와 크게 다르지 않다. 현대 사극에도 철종이 가끔씩 등장하지만, 세도정치의 절정기에 해당하는 이 시기에 다만 사회구조적인 모순에 빠진 왕조 사회를 상징하는 왕으로, 그저 무지렁이였던 강화도령이 주지육림酒池肉林에 빠졌다가 결국 사망하는 것이 전부이다. 철인왕후와 철종의 혼인 역시 세도정치 세력과 밀접한 관련이 있었다.

그녀는 헌종 3년(1837) 안동 김씨 집안에서 김문근金汶根과 여흥 민씨의 딸로 태어났다. 이후 그녀는 안동 김씨의 세도 정권 유지를 위한 방편으로 철종 2년(1851) 왕비에 책봉되었다. 당시 그녀는 15세였고, 철종은 21세였다. 하지만 역사는 철종과 혼인한 철인왕후의 등장보다 그녀의 집안에 더 주목한다. 남편 철종 역시 자신의 의지와는 상관없이 안동 김씨 세도 정권에 의해 선택된 왕이었으니 두 사람의 처지는 특별히 다를 게 없었다.

헌종의 뒤를 이어 즉위한 철종의 왕실 혈통은 영조와 이어진다. 철종의 아버지는 전계대원군 이광, 할아버지는 은언군 이인이다. 은언군은 사도세자의 아들이고, 사도세자는 영조의 아들이다. 그리고 철종이 강화도에 살게 된 것은 왕권과 관련한 불행한 가족사에서 비롯되었다.

철종의 할아버지 은언군이 상인들에게 빚을 진 사실이 영조에게 알려져 영조 47년(1771) 직산을 거쳐 제주도에 유배되었다가 영조 50년(1774)에 풀려났다. 그리고 큰아버지 상계군 이담은 정조 3년(1779) 홍국영의 음모에 걸려 모반죄로 강화도에 유배되었다가 정조 10년(1786) 자결했다. 뿐만 아니라 순조 1년(1801) 천주교도를 박해한 신유사옥이 일어나자 천주교 신자였던 그의 부인과 며느리가 함께 처형되었다. 이후 헌종 10년(1844) 철종의 형 회평군이 반역 사건에 연루되어 처형되었고, 당시 어린아이였던 철종은 가족과 함께 강화도로 유배되어 왕위에 즉위할 때까지 농사를 지으며 생활한 것으로 전한다.

정략적으로 왕비에 간택되다

왕위에 오른 철종에게는 안동 김씨 집안의 딸과 혼인하는 절차가 기다리고 있었다. 철인왕후의 친정아버지 김문근은 대왕대비 순원왕후의 친정 근친으로 사익 추구에 뛰어난 수완을 지닌 탐욕스러운 인물이었다. 음보로 관직 생활을 시작한 그는 딸이 왕비가 된 후 요직을 두루 거치며 정치에 적극적으로 참여하게 된다. 이 과정에서 그는 철종의 왕권을 위협할 소지가 있는 유력한 왕족을 모략으로 처벌받게 하는 등 제2차 안동 김씨 세도정치의 중심인물로 떠오른다.

이러한 아버지와 달리 철인왕후는 감정을 쉽게 드러내지 않는 조용한 성격이었고, 주변에서 후덕한 인품으로 칭송받았다고 전한다. 그녀는 친정을 특별히 두둔하지 않았다. 그러나 민간에서는 그녀가 왕비가 된 뒤 친정을 위해 철종에게 무언가를 부탁했다가 철종에게서 신뢰를 잃었고, 이후 철종이 그녀를 찾지 않았다는 이야기가 있다.

이 내용은 사실일 가능성이 매우 낮다. 철종은 대왕대비인 순원왕후에 의해 왕위에 올랐고, 곧바로 수렴청정이 이루어졌기 때문에 권력에서 소외된 허수아비 왕이라는 사실은 알 만한 사람은 모두 알고 있었다. 더구나 막강한 권력을 쥐고 있는 친정을 위해 철종에게 부탁할 일이 무엇이 있었는지도 의문이다.

철인왕후가 철종에게 무언가를 부탁했다는 이야기가 사실이라면, 어려서부터 친정의 세도정치를 경험한 그녀가 왕비의 자격으로 남편을 내조하려는 의도에서 철종에게 조언했을 가능성은 충분하다. 하지만 궁궐 예법은 물론, 돌아가는 정국에 관심이 없던 철종은 왕비의 조언이 그리 달갑지 않았을 것이다.

이처럼 이들과 관련한 이야기는 사실이라기보다는 주변의 지나친 관심이 빚어낸 이야기가 더 많았다. 철종이 강화도에서 농사지으며 성장한 일자무식으로 알려진 것이 대표적인 예였다. 철종은 한양에서 태어나 성장하다가 큰형의 역모 죄에 연루되어 14세의 나이에 강화도로 유배되었고, 이후 강화도에 살던 기간은 겨우 4년이었다. 따라서 그는 강화도에서 태어나고 자란 무지렁이 농사꾼이 아니다. 또한 그를 왕위에 올리려고 궁궐에서 사람들이 오는 것을 보고 자신을 죽이러 오는 것으로 착각하여 도망치다가 다리를 다쳤다는 이야기도 전한다.

이러한 사실들에 비춰볼 때 철종이 정치에 무지했다기보다 어린 시절 가족이 연이어 정치적 사건에 연루되어 목숨을 잃는 시련을 겪으면서 정치의 비정함을 이미 경험했기 때문에 의도적으로 정치에 무관심했을 가능성도 없지 않다.

민간에서 철인왕후를 비롯해 철종 주변의 여인들에 대한 관심이 집중된 이유 역시 궁궐의 상황과도 무관하지 않았다. 즉, 철종의 주변에는 당대의 역사를 주름 잡았던 주연급 왕실 여인들이 즐비했다. 당시 순조의 비 순원왕후와 효명세자의 비 신정왕후 그리고 헌종의 비 효정왕후 등 모두 세도정치의 중심에 서 있던 안동 김씨와 풍양 조씨 집안 출신의 여인들이 생존해 있었다. 따라서 낯선 궁궐에서 생활해야 했던 철종에게는 그야말로 숨 막히는 환경이 아닐 수 없었다.

이들이 철종에게 궁궐의 예법, 왕으로서의 처신 등을 조언했다면, 비록 애정이 담겨 있었다고 해도 철종에게는 불편할 수밖에 없었을 것이다. 철종이 철인왕후를 가까이하지 않은 이유도 왕비 역시 이들과 다를 바 없다고 생각했을 가능성이 충분하다.

반면, 철종이 강화도에 살던 시절에 사랑했던 여인이 주목받기도 하지만, 그녀의 존재 여부는 사실을 확인할 수 없다.

마지막 대비로 역사에 이름을 남기다

철종 대는 철옹성 같은 안동 김씨 가문의 세도정치가 절정기에 이르렀지만, 한편으로는 세도정치의 모순들이 노출되기 시작했다. 대표적인 예로 탐관오리들의 수탈을 견디다 못한 농민의 저항이 전국적으로 이어졌고, 결국 안동 김씨 세도 권력이 몰락하는 요인으로 이어졌다.

그러나 철종은 당시 정국에 아무런 영향력을 미치지 못하고 재위 14년 만인 1863년 33세의 나이로 세상을 떠났다. 이때 철인왕후는 27세로 대비 자리에 오르게 되지만 그녀는 여전히 정국에서 소외되었고, 시어머니 신정왕후에 이어 정국의 중요인물로 고종의 친아버지 흥선대원군이 등장한다.

사실상 그녀는 조선 왕조의 마지막 대비였다. 고종의 비 명성황후와 순종의 비 순명효황후는 남편보다 먼저 세상을 떠나 대비 자리에 오르지 못했고, 순종의 계비 순정효황후는 고종이 재위 기간 중에 대한제국을 선포하여 대비 자리에 오를 수 없었기 때문이다.

철인왕후는 철종 9년(1858) 원자를 낳았으나 태어난 지 6개월 만에 세상을 떠난 뒤 자식을 두지 못했다. 이후 그녀는 고종 15년(1878), 42세의 나이로 창경궁 양화당養和堂에서 생을 마감했고, 서삼릉 안에 조성된 철종의 예릉睿陵에 합장되었다. 쌍릉으로 조성된 예릉은 서삼릉에 조성된 세 번째 왕릉이면서 조선 왕실의 예에 따라 조성된 마지막 왕릉이다. 철종의 뒤를 이어 즉위한 고종과 순종은 황제로 사망해서 왕릉의 법식이 아닌 황제릉의 법식에 따랐기 때문이다.

한편, 철인왕후 부부의 능을 조성하면서 대왕대비 신정왕후가 중종의 정릉 초장지에 매몰되었다가 땅 밖으로 나온 석물을 다시 사용하라고 명한 것으로 전한다. 현종의 숭릉과 순조의 인릉 등을 조성하면서 선대의 석물을 다시 사용하기도 했지만, 예릉은 오래된 선대의 석물을 그대로 사용했다는 점에서 차이가 있다.

철인왕후 부부는 왕비와 왕으로 있을 때도 존재감이 미약했지만, 자식 없이 사망한 이들을 홀대한 느낌을 떨칠 수 없다. 예릉의 석물들이 조선 중기의 석물 특징이 그대로 담은 거창하고 웅장하다는 점에서 그나마 위안이랄까.

이 석물들은 예릉 가까이에 있는 중종의 계비 장경왕후의 희릉에 조성된 석물과 같은 시기의 것으로, 문·무석의 형태가 비슷하다. 또한 예릉을 조성할 때 제왕이나 왕비의 죽음을 애도하는 글을 적은 옥판과 중종의 애책문哀冊文과 유택에 넣었던 옥과 비단인 증옥백贈玉帛이 발견되어 중종의 능인 정릉의 초장지였다는 사실이 밝혀지기도 했다.

한편, 예릉 왼쪽에는 정조의 장남 문효세자의 묘소인 효창원과, 영조의 아들 사도세자와 혜경궁 홍씨의 장남이자 정조의 형 의소세손의 묘소인 의령원이 있다. 효창원은 서울 용산구 청파동 효창공원 안에 있었으나 일제 강점기인 1944년 이곳으로 이장되었고, 의령원은 서울 서대문구 북아현동에 있었으나 1949년 이곳으로 이장되었다. 따라서 현재 서삼릉에는 비운의 삶을 살다 생을 마감한 왕실 종친들이 마치 서로를 위로하며 잠들어 있는 듯하다.

예릉 : 경기도 고양시 덕양구 서삼릉길 233-126(원당동 산37-3)

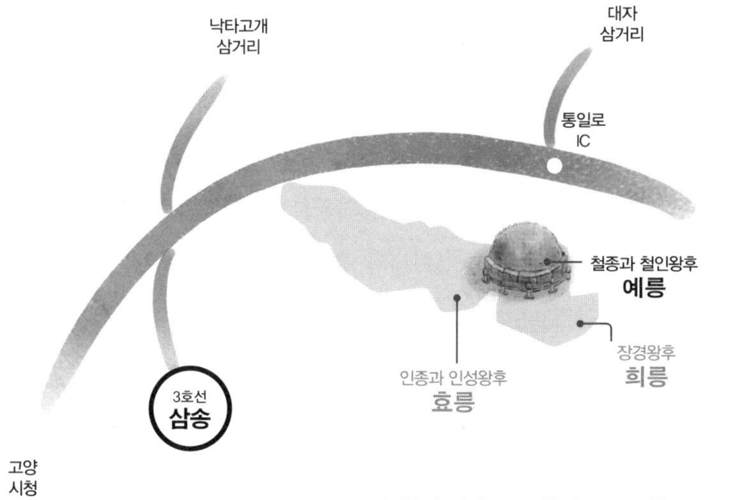

• 3호선 삼송역 5번 출구 → 마을버스 41번 이용
버스정류장 이름 : '서삼릉, 종마장 입구' 하차(도보 5분)

조선과 마지막을 함께하다

신정왕후 조씨 神貞王后 趙氏

익종(효명세자)의 비

왕이 네 번이나 바뀌는 격동의 시기를 살다

신정왕후는 조선과 마지막을 함께한 왕실 여인이었다. 그러나 그녀는 남편 효명세자가 대리청정 중에 세상을 떠나 정식으로 왕비 자리에 오르지는 못했다. 그럼에도 그녀는 아들이 할아버지 순조의 뒤를 이어 왕으로 즉위한 후 아버지 효명세자를 왕으로 추존하여 왕비 자격을 갖추게 되었고, 마침내 대비 자리에 올랐다.

이후 시어머니 순원왕후가 사망한 뒤 왕대비 자리에 올라 왕실 최고 어른으로 그녀의 가문과 함께 세도정치의 한 축을 형성하면서 역사에도 이름을 남기며 존재감을 분명히 했다.

19세기에 들어서면서 왕위를 계승할 후계자를 두지 못하고 왕들이 일찍 세상을 떠나자 왕실 종친 중에서 준비되지 않은 국왕이 즉위했다. 따라서 명목상 후계자의 선정과 함께 수렴청정의 자격을 지닌 왕대비나 대왕대비와 함께 그들의 친정에서 새로 즉위한 왕을 후원하면서 외척 가문이 정국을 주도하기에 이르렀다.

그런 점에서 신정왕후와 효명세자의 혼인은 19세기에 안동 김씨와 그녀의 친정 풍양 조씨 집안이 정국의 주도 세력으로 등장하는 계기가 되었고, 신정왕후 개인적으로는 효명세자와 혼인하여 궁궐 생활을 시작한 이후로 왕이 네 번이나 바뀌며 정국이 요동치던 시기를 살면서 온갖 우여곡절을 겪었다.

19세기에는 순조·헌종·철종·고종의 4대에 걸쳐 수렴청정이 실시되었다. 특히 철종 대에는 양대 외척인 풍양 조씨와 안동 김씨의 대립이 격화되었고, 시간이 지나면서 풍양 조씨 세력이 약해졌다.

철종이 사망한 뒤 왕대비 자리에 있던 신정왕후는 이러한 전세를 역전시키는 그야말로 묘수를 두면서 정치의 전면에 나선다. 철종이 후사를 두지 못하고 세상을 떠나자 그녀는 왕족 흥선대원군을 끌어들여 그의 둘째 아들 이재황李載晃을 왕위에 오르게 한 후 대왕대비의 자격으로 4년 동안 수렴청정에 나선 것이다. 조선시대에 실시한 일곱 번의 수렴청정 중 마지막 수렴청정이었다.

그녀는 수렴청정으로 폭넓게 국정에 참여하면서 왕권 강화와 왕실의 존엄성 회복에 적극적인 관심을 기울였다. 이에 따라 과거제도의 폐단을 개선하고 탐관오리를 근절하는 등 사회적 폐단을 개선하여 국가 기강을 확립하고자 했고, 한편으로는 경복궁 중건으로 조선 건국을 강조함으로써 왕권과 왕실의 존엄성을 회복하고자 했다.

당시 신정왕후가 관심을 기울인 정책 대부분이 남편 효명세자가 대리청정을 할 때 추진한 정책들을 계승한 것이기도 했다.

효명세자는 안동 김씨 세도정치의 핵심기구인 비변사를 혁파했고, 비록 시행에 옮기지는 못했지만, 왕권과 왕실의 존엄성 회복을 위해 경복궁 중건사업을 계획하기도 했다. 그리고 세도 가문의 등용문으로 변질된 과거제도의 부정과 비리를 혁파하고, 50여 차례 과거를 실시하여 전국의 인재들을 끌어모았다. 김로·이인부·홍기섭·김노경 등 신진 세력이 조정에 대거 진출한 것도 이 시기였다.

김로는 평안도 암행어사로 민정을 살피며 탐관오리를 징계했고, 병조와 호조 등의 판서를 지냈음에도 항상 검소하고 근면한 생활을 한 인물이었다. 이인부는 경연석상에서 수령의 임용 방안을 진언하면서 "세력이 있는 자는 피폐한 고을에, 세력이 없는 자는 좋은 고을에 임용하자"고 건의할 정도로 개혁적인 인물로, 강원도에 암행어사로 파견되어 관리들의 치적을 상세히 살펴보고 공물의 징수를 현지의 실정에 맞게 재조정할 것을 촉구하는 등 지역민들의 생활 안정에 적극적인 관심을 기울였다.

뿐만 아니라 그는 군사를 정비하여 국력 신장의 공을 인정받았고, 정치를 공평하게 하고 각종 송사訟事를 이치에 맞게 처리하여 "비록 어리석은 사람이라도 그의 덕망에 감복하지 않은 사람이 없었다"는 평가를 받았다. 김노경은 "효명세자가 대리청정을 할 때 홍기섭 등과 전권을 행사했다"는 이유로 탄핵을 받아 유배에 처했던, 효명세자의 대리청정 기간 동안 국정에 적극 참여한 인물이었다.

이처럼 효명세자가 대리청정을 하게 된 이유는 정국을 변화시켜 안동 김씨 세력을 견제하고 왕권을 강화하려는 순조의 의도에서였다. 효명세자의 정책을 계승한 신정왕후 또한 수렴청정 기간 동안 사회적 폐단을 개선하여 사회기강을 바로잡음으로써 궁극적으로 왕권과 왕실의 위상을 강화할 수 있을 것으로 기대했다. 하지만 효명세자의 대리청정이 그랬듯이 신정왕후의 수렴청정에도 한계가 있었다.

19세의 젊은 나이에 국정을 위임받은 효명세자는 조만영과 조인영 등 외척 풍양 조씨 인사들의 조력을 받아 개혁을 추진하며 자연스럽게 왕권 신장을 노렸고, 신권의 최고 전성기를 누리던 안동 김씨 세력에 타격을 가하는 듯했다. 하지만 김씨 세력의 조직적인 반격과 연이은 천재지변으로 개혁에 제동이 걸렸다. 더구나 효명세자가 대리청정 4년 만에 세상을 떠나면서 모든 것이 물거품이 되고 말았다.

신정왕후 역시 수렴청정 기간 동안 실시한 정책들에 무리가 따랐다. 이미 효명세자의 대리청정 이전부터 국가 기강이 무너지기 시작해 고종이 즉위한 시기에는 사회의 구조적 모순이 이전보다 더욱 심화되어 있었고, 한편으로는 이제까지 경험하지 못했던 근대라는 대격변기에 접어들고 있었다. 그녀는 또한 고종을 왕위에 올리면서 고종의 아버지 대원군이 국정에 적극적으로 참여할 수 있는 길을 마련하여 정치적으로 대원군의 시대가 열리게 된다.

모두의 기대 속에 왕실과 인연을 맺다

신정왕후는 풍양豊壤 조씨 집안 출신으로, 풍양은 지금의 경기도 남양주시를 말한다. 그녀는 순조 8년(1808) 아버지 조만영趙萬永과 어머니 은진 송씨 사이에서 지금 서울의 옥수동 한강변, 곧 동호대교 북단인 두

모포豆毛浦 쌍호정雙湖亭에서 태어났다. 쌍호정은 본래 '호수 호湖' 자를 쓰다가 신정왕후가 태어나던 날 밤에 집 앞에 호랑이 두 마리가 나타나 '범 호虎' 자로 바꾸었다는 이야기가 전한다. 물론 이러한 이야기는 사실 여부를 떠나 신정왕후에 대한 남다른 기대감이 담겨 있다. 그녀는 순조 19년(1819) 12세에 효명세자와 혼인하여 세자빈에 책봉된다.

'국조國朝에 100여 년 만에 처음 있는 경사'라며 효명세자의 탄생을 누구보다 기뻐했던 순조는 아들의 성장 과정에 각별한 관심을 기울였고, 효명세자가 성장하여 혼인할 나이에 이르자 세자의 배우자에 대해 순조는 물론 주변의 관심이 집중될 수밖에 없었다. 이런 상황에서 왕실과 혼인하여 인연을 맺은 신정왕후와 그녀의 집안은 모두의 기대를 한 몸에 받았다.

풍양 조씨 집안이 왕실과 혼인하여 인연을 맺은 것은 영조 대에 효장세자의 배우자로 조문명의 딸이 세자빈으로 간택된 이후 두 번째였다. 조문명은 본래 소론 출신이지만 당쟁에 따른 폐해를 걱정하여 붕당 타파와 탕평 실현을 정치 목표로 하여 적극적으로 활동했던 인물이었다.

그는 민생 문제에도 큰 관심을 기울였고, 왕세제로 책봉된 연잉군 보호에 힘썼다. 이후 영조가 즉위한 뒤 영조의 탕평시책을 적극 지원하여 정치적 안정과 왕권 확립에 기여했다는 평가를 받았다. 그러나 효장세자가 왕위에 오르기 전에 사망하여 조문명의 딸은 왕비 자리에 오르지 못하고 후에 효순왕후孝順王后로 추숭되었을 뿐, 왕실과 오랜 인연을 이어가지 못했다.

반면, 신정왕후가 세자빈으로 간택된 데에는 할아버지 조진관의 활동과 관련이 있었다. 대마도에서 구황작물로 고구마를 들여온 조엄의 아들이기도 한 조진관은 영동·관서 지방에 재해를 입은 고을에 대동포나 대동삼의 납부 기간을 연기해주는 한편, 전錢으로 대납하게 하거나 분납을 시행케 하여 농민의 어려움을 덜어주는 등 일찍이 중신들에게 강직한 성격과 관리로서의 능력을 인정받았다.

「정조실록」에 따르면, 정조 즉위 초에 조진관의 아버지 조엄이 홍국영 일당의 무고로 억울하게 죄인의 누명을 쓰고 변방에 내칠 위기에 처했다. 조진관은 신문고를 두드려 아버지의 원통함을 호소했지만, 오히려 그 죄로 감옥에 갇히자 옥중에서 칼로 자해를 시도했다. 이후 조엄의 혐의가 무고로 드러났고, 강직한 성품을 지닌 조진관은 정조에게서 두터운 신임을 받았다.

그는 노론 벽파의 당색을 지녔지만, 강경파는 아니었다. 그가 수원유수로 재임하던 순조 6년(1806) 병인경화가 일어나 노론 벽파 대부분이 조정에서 쫓겨나 몰락하지만, 그는 탄핵받지 않고 예조판서와 호조판서 등의 요직을 거치며 관료사회에서 청렴한 성품을 인정받았다.

순조 대에 경제 관료로 활동한 조진명의 아들 조득영도 주목할 만하다. 조득영은 신정왕후의 아버지 조만영과는 사촌 형제로, 안동 김씨와 협력관계를 유지할 정도로 교유관계가 폭넓었다. 특히 효명세자가 대리청정을 하기 이전부터 세자의 핵심 관료가 될 인물들과 세자가 긴밀한 관계를 이어갈 수 있도록 각별한 신경을 썼던 순조는 조만영과 조인영 등 풍양 조씨 집안을 주목했다.

그녀가 간택되던 날, 순조는 숭정전에 나아가 신하들의 하례를 받고 교문을 발표하면서 며느리를 맞는 기쁨을 숨기지 않았을 정도로 그 기대가 남달랐다.

행복과 불행이 되풀이되다

효명세자가 대리청정을 하던 순조 27년(1827) 그녀는 적장자를 출산했다. 오랜만에 맞이한 왕실의 커다란 경사였다. 그러나 행운은 끝까지 그녀 곁에 머물지 않았지만, 그녀에게서 완전히 떠나지도 않았다. 왕실과 그녀의 인연은 마치 꺼질 것 같은 심지에 다시 불꽃이 살아나는 생을 반복하는 듯했다.

그녀에게 가장 큰 불행이 찾아온 것은 그녀가 23세 되던 해, 남편 효명세자의 죽음이었다. 그녀는 왕비 자리에 오를 기회를 완전히 상실했고, 왕실에서 존재감도 위축될 수밖에 없었다. 다행히 아들 헌종이 있었고, 헌종이 즉위한 날 아버지 효명세자를 익종翼宗으로 추숭하여 그녀도 함께 대비로 존숭되어 왕실 생활을 이어갈 수 있었다.

그러나 아들 헌종이 재위 15년 만에 사망함으로써 세도정치의 한 축을 맡았던 친정도 위기에 처했다. 신정왕후는 다시 몸을 낮추며 인고의 나날을 견뎌내야 했다.

이후 철종 8년(1857) 시어머니이자 대왕대비 순원왕후가 세상을 떠난 뒤 대왕대비의 자리에 올라 왕실 최고 어른이 되었고, 1863년 12월 철종이 재위 14년 만에 후사를 두지 못하고 사망하면서 새로운 기회를 맞이하게 된다. 12세의 고종이 즉위하자 신정왕후가 수렴청정에 나선 것이다.

고종은 인조의 셋째 아들 인평대군의 6대손인 남연군 이병원의 손자였다. 거슬러 올라가면, 사도세자의 서자이자 정조의 이복동생 은신군은 왕손 추대 사건에 연루되기도 했고, 영조 때 형 은언군과 함께 왕손들이 시전 상인들에게 빚을 지는 등 분수에 어긋나는 생활을 한다고 비판받아 제주도로 귀양 가는 등 이러저러한 곡절을 겪은 끝에 후사를 남기지 못하고 사망했다. 이에 순조 13년(1813), 남연군이 은신군의 양자로 입적되었다.

따라서 은신군은 고종의 증조부에 해당하고, 가계의 촌수로 따지면 고종과 철종은 5촌 숙질간, 헌종과는 8촌 형제간이다. 남연군이 입적되기 전의 혈연관계로 따지면 헌종이나 철종과의 혈연관계는 더 멀었다. 당시 왕위에 오를 자격을 갖춘 왕실 종친을 찾기가 쉽지 않았던 현실적 여건을 감안한 신정왕후는 혈연적으로 가장 가까운 왕실 종친으로 남연군의 후손들을 주목했다.

남연군의 후손은 이미 3대 전에 왕실 종친에 대한 예우가 끝나 왕실과의 혈연관계가 가깝지 않았지만, 남연군이 은신군에게 입적되면서 왕실 종친으로 다시 편입되었다. 이에 그녀는 고종을 남편 효명세자와 자신의 양자로 입적하여 헌종과 같은 항렬에 올려놓음으로써 고종은 순조의 장남이자 세자 자리에 올랐던 효명세자의 뒤를 잇게 되었다.

반면, 시어머니 순원왕후가 양자로 삼았던 철종은 종계從系로 밀려났다. 철종을 즉위시킨 순원왕후에 대한 신정왕후의 개인적인 감정을 엿볼 수 있기도 하지만, 한편으로는 익종으로 추존된 효명세자의 두 아들이 즉위함으로써 왕위의 정통성을 강화하고 신정왕후의 위상 또한 강화될 것으로 기대했던 것이다.

남연군은 흥녕군·흥완군·흥인군·흥선군 등 아들 넷을 두었다. 장남 흥녕군은 자식 없이 일찍 사망했고, 이 형제들과 신정왕후의 남편 익종과 항렬이 같았다. 이들에겐 이미 장성한 아들이 여럿 있고 나이가 들어 왕으로 즉위하기에는 무리가 있었다. 신정왕후는 다음 세대인 남연군의 손자들을 주목했지만, 손자들은 후사를 두지 못한 왕실 종친의 후손으로 입양되는 등 복잡한 관계로 얽혀 있었다.

세도정치가 정국을 주도하는 상황에서 왕위를 물려받으려면 몇 가지 불문율이 있었다. 먼저, 왕실과 혈연적으로 가까운 것이 1순위였지만, 혈연적으로 거리가 멀면 왕실 양자로 입양하여 왕위를 계승하게 했다. 그리고 형제가 많을 때는 되도록 나이가 어린 막내를 선택했다. 나이가 어리면 대신들에게 명령 체계가 서지 않을 가능성도 있었지만, 대비나 대왕대비 등 왕실 어른들의 지원으로 극복할 수 있었다.

중요한 것은 제왕 교육을 통해 왕의 자질을 갖출 수 있는가였다. 나이가 많을수록 사가에서의 생활 습관을 바꾸기가 쉽지 않아 제왕 교육에 장애가 되기 때문이었다. 뿐만 아니라 신하들 또한 사가에서 한낱 종친으로 지냈던 인물이 어느 날 갑자기 왕으로 즉위하는 것을 곧바로 인정하고 명령에 따르기가 쉽지 않았다. 물론 나라를 개국한 태조나 강력한 권력을 토대로 통치했던 태종과 세조라면 상황이 다르겠지만, 철종이 사망한 시기에 이러한 인물을 찾아내는 것은 불가능에 가까웠다.

안동 김씨 세도가의 견제를 받았던 신정왕후는 안동 김씨 측에서 후사 결정 과정에 개입하기 전에 재빨리 손을 썼다. 당시 그녀는 영의정 조두순과 헌종 비 효정왕후 집안의 홍순목과 논의하여 흥선군의 차남 이재황을 선택하여 익종의 양자로 삼아 헌종의 왕위를 계승하도록 모의한 것으로 전한다.

이러한 선택에는 흥선군의 존재도 영향을 미쳤다. 흥선군은 철종 대부터 왕실 종친과 관련한 일을 맡아 궁중 의례를 주관하는 등 정치권에서 가장 모범적인 왕실 종친으로 평가받았다. 또한 친효명세자계로 분류되었고, 풍양 조씨 가문과도 친밀한 관계를 이어가고 있었다.

이처럼 고종의 즉위와 관련하여 일방적으로 신정왕후의 의지가 반영되었다기보다 다양한 정치적 배경이 작용했고, 무엇보다 흥선군의 정치력 등 그의 노력이 적지 않은 영향을 미쳤다. 흥선군은 신정왕후에게 접근하기 위해 궁녀와 환관 등을 자기편으로 끌어들여 궁궐 안의 정보를 끊임없이 입수했고, 이를 토대로 신정왕후에게 비밀리에 계책을 전달하기도 했다.

흥선군은 안동 김씨 가문과도 밀약을 주고받는 등 치밀하게 움직였던 것으로 전한다. 철종의 장인 김문근의 조카로 세도가의 한 축을 장악하던 김병학은 자신의 딸을 흥선군이 왕비로 간택하면 외척 지위를 유지할 수 있을 것으로 기대하고 흥선군에게 협조적이었다. 하지만 고종이 즉위하고 흥선군이 정치에 참여하면서 김병학과의 약속은 지켜지지 않았다.

이미 준비된 수렴청정이 시작되다

신정왕후의 정치 참여 의지는 상당히 구체적이었다. 그녀는 수렴청정에 나서면서 대비 이상의 지위와 국왕의 어머니라는 확실한 명분을 확보하기 위해 고종을 아들로 입양하여 고종의 법적인 어머니가 되었고, 한편으로는 왕실 종친의 지지를 이끌어내기 위해 고종의 생부인 흥선군에게 정국에 참여할 수 있는 길을 열어주었다.

철종 대 이후 안동 김씨를 대신하여 국왕을 보좌해줄 새로운 정치 세력을 갈망했던 그녀는 그 대안으로 왕실 종친에 주목했던 것이다. 왕실 종친은 상황에 따라 왕권을 위협할 수도 있었지만, 당시의 정국 상황에서는 왕권 강화의 지원 세력이 될 것으로 기대했기 때문이다.

수렴청정에 앞서, 신하들이 먼저 수렴청정을 청하고 대비 또는 대왕대비가 몇 차례 사양하는 절차를 거쳐 겸양의 자세를 보이는 것이 관례였지만, 신정왕후는 철종이 사망한 날 이미 발을 치고 신하들과 대면했다. 그녀는 그 자리에서 언문으로 작성한 교서로 고종의 즉위를 발표했다. 이는 당시 정국을 비상시국으로 인식했음을 의미했다.

그녀는 고종 3년(1866) 2월까지 4년 동안 수렴청정을 하면서 신하들의 의견을 듣고 윤허하는 방식으로 국정에 적극적으로 참여했다. 『승정원일기』에 따르면, 당시 고종과 그녀가 내린 명·하교는 다음과 같다.

	인사	사회·경제	제도 개혁	정무 처리	옥사·처분	훈계	포상	외교	계
대왕대비	17	21	8	8	4	5	19	1	83
고종	4	6	1			2		1	14

출처: 임혜련, 「19세기 신정왕후 조씨의 생애와 수렴청정」, 〈한국인물사연구〉 제10호

이처럼 신정왕후가 내린 명·하교가 고종보다 훨씬 많듯이 그녀는 국정 운영에 주도적으로 참여했다. 특히 민생을 바로잡아 왕권 회복에 심혈을 기울이면서 관리를 비롯하여 사회 구성원의 동기 부여 차원에서 각종 포상을 시행했고, 인재 등용을 위한 인사 분야에도 적극적으로 나섰다. 그녀가 지방관이나 사신 그리고 암행어사 임무를 수행한 관리들과 자주 만나 현지 상황에 귀를 기울이거나, 과거제도와 인사문제 등에 따른 각종 사회적 폐단을 개선하라고 여러 차례 하교한 것을 예로 꼽을 수 있다.

인재등용 차원에서 서얼의 등용 문제에도 관심을 기울였고, 부정비리 등 관리들의 횡포로 백성들이 고통 받지 않도록 강경하게 대처했다. 관리가 부정을 저질렀다는 암행어사의 보고를 받은 그녀는 "군사를 일으켜 난을 불러온 것과 다름없다"며 잡아가둔 다음 "곤장을 칠 때 백관이 모두 서서 보게 하라"고 명해 수령들에게 엄격히 경고하기도 했고, "군민들을 모아놓고 조리를 돌린 뒤에 죽지 않을 정도로 곤장 30대를 친 다음 멀고 험한 섬에서 죽을 때까지 노비로 살 것"을 명해 징계의 본보기로 삼기도 했다.

그럼에도 당시 사회적 폐단은 상상을 초월할 정도로 꼬리를 물고 이어졌다. 과거시험의 경우, 서로 좋은 자리를 차지하겠다며 응시자를 따라온 수행원들이 무리 지어 고함지르며 소란을 피우기도 했고, 시험장이 좁다는 핑계로 길거리에 앉아 시험을 치르겠다며 허락 없이 시험장을 벗어나는가 하면, 시험장에 수행자를 동행하여 부정을 저지르기도 했다. 심지어 시험장 단속이 제대로 되지 않아 시험장 밖에서 답안을 작성하여 제출하거나 시험 문제를 훔쳐내기도 했다.

70여 년의 궁궐 생활을 마감하다

신정왕후는 4년에 걸친 수렴청정 기간 동안 조선 후기의 마지막 개혁 의지를 불태웠다. 마치 그녀는 갑작스러운 죽음으로 개혁을 이루지 못한 남편의 꿈을 대신 이루려는 듯했다. 그녀를 조선 후기의 국정을 좌지우지한 여장부로 평가하는 것도 이러한 이유에서였다.

그러나 그녀는 고종의 생부 흥선대원군이 정치적인 입지를 점점 넓혀감에 따라 자연스럽게 정계에서 한발 물러서게 된다. 이 과정에서 안동 김씨 가문에 빼앗긴 권세를 풍양 조씨 가문에서 되찾기 위해 친정 일가인 조면호의 딸을 왕비로 책봉하려고 했지만, 흥선대원군의 반대로 무산되기도 했다.

이후 그녀는 궁궐에서 여생을 보내며 22세에 요절한 남편 효명세자의 몫까지 살기라도 하듯 조선 왕비 가운데 최고령인 83세로, 고종 27년(1890) 4월 경복궁 흥복전에서 70여 년의 궁중 생활을 마감했다.

그녀는 광무 3년(1899) 남편 효명세자가 문조익황제文祖翼皇帝로 추존되면서 신정익황후神貞翼皇后로 추존되어 정식시호는 '효유헌성선경정인자혜홍덕순화문광원성숙렬명수협천륭목수녕희강현정휘안흠륜홍경태운창복희상의모예헌돈장계지경훈철범 신정왕후孝裕獻聖宣敬正仁慈惠弘德純化文光元成肅烈明粹協天隆穆壽寧禧康顯定徽安欽倫洪慶泰運昌福熙祥懿謨睿憲敦章啓祉景勳哲範神貞王后'로 조선 역대 왕후 중에서 시호가 가장 길고 화려하다. 조선 말기의 역사에서 그녀의 존재감을 다시 한 번 확인할 수 있다.

그녀의 능은 먼저 세상을 떠난 남편 효명세자와 합장하여 동구릉에 조성되었고, 능호는 수릉綏陵이다. 수릉이 처음부터 이곳에 조성된 것은 아니다. 순조의 기대를 한 몸에 받던 효명세자가 요절하자 비통해 하던 순조는 현재 서울 석관동에 자리한 의릉 근처에 효명세자의 연경묘를 조성했다. 이후 헌종이 왕위에 오른 뒤 익종으로 추존하면서 능호를 수릉이라 했다.

수릉 자리가 풍수지리상 좋지 않다는 의견에 따라 헌종 12년(1846) 당시 경기도 양주 지역, 즉 현재의 광진구 용마산 아래로 옮겼고, 철종 6년(1855) 다시 동구릉 경내에 태조의 건원릉 왼쪽으로 옮겼다. 이후 고종 27년(1890) 신정왕후가 사망하자 합장하게 되었고, 당시 수릉은 단릉처럼 봉분과 영혼이 나와 노니는 돌이라는 의미를 지닌 혼유석魂遊石을 하나만 마련했다. 수릉은 왕릉으로 화려하게 조성되었지만, 일반인들에게 공개되지 않아 잘 알려져 있지 않다.

수릉 : 경기도 구리시 동구릉로 197(인창동 산7-1)

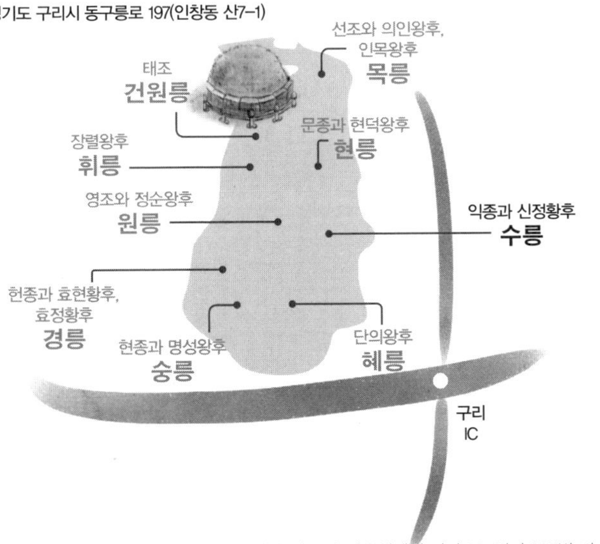

• 청량리 현대코아, 중랑역, 상봉역, 망우역에서 경기 88, 경기 202번 버스 이용
• 강변역에서 1, 1-1, 9-2번 버스 이용
• 경의중앙선 구리역에서 마을버스 2, 6번 버스 이용
버스정류장 이름 : '우리나라 최대왕릉군인 동구릉'

근대와 전근대의 경계에 서다

명성황후 민씨 明成皇后 閔氏

고종의 정비

정사보다는 비사의 주인공으로 주목받다

명성황후는 근대로 접어드는 시기에 왕비 자리에 올라 조선 후기 역사에서 가장 주목받는 인물이다. 그러나 그녀를 바라보는 시각은 대부분 부정적이었다. 현대 사회에 들어서도 그녀는 '일제 강점기가 시작되는 시기에 조선 왕실의 망국적 책임론'에서부터 '사치와 부패의 중심에 섰던 수구론자로 조선을 망친 여인' 또는 '시아버지 흥선대원군과 추악한 권력 투쟁을 벌인 부덕한 며느리이자 고종을 허수아비로 만든 권력욕의 화신' 등 주로 비판적인 평가를 받았다.

최근에는 '조선을 지키기 위해 혼신의 노력을 다하다 순절한 영명한 조선 국모' 또는 '개항 이후 열강의 각축 속에서 조선을 근대화의 방향으로 이끌어가려고 했던 개화의 선각자'로 평가받는가 하면, 일본이 어떤 대가를 치르더라도 제거해야 했던 최대의 걸림돌로, '일제의 국권 침탈에 저항한 국모'라는 새로운 평가가 이루어지고 있다.

이처럼 명성황후의 평가가 극단적으로 엇갈리는 이유는 당시 정국에서 그녀의 존재 자체가 대단히 민감했음을 의미했다. 그녀는 임오군란이 일어났을 때 민중의 손에 죽음을 당할 위기에 처하기도 했지만, 훗날 일본 낭인들의 손에 무참하게 살해되자 국모 시해의 복수를 기치로 내걸고 보수 유생들이 을미 의병을 일으키기도 했다. 즉, 누구보다도 그녀의 정치 참여에 비판적이었던 위정척사파 지식인들로부터 국모 자리를 다시 되찾은 것이다.

따라서 그녀의 삶을 평가한다는 것은 간단한 문제가 아니다. 그녀는 단순히 왕조 사회에 존재했던 한 사람의 왕비가 아니라 근대의 대격변기인 제국주의 침략에서부터 한국 민족주의의 형성 과정에 이르기까지 복잡다단한 우리 근대사의 중심에 서 있는 인물이기 때문이다.

더구나 그녀는 왕실 여성이 공식적으로 정치에 참여할 수 있는 왕대비 또는 대왕대비의 자격으로 수렴청정에 나선 것이 아니라 왕비의 자격으로 왕이 생존해 있음에도 스스로 직접적이고도 구체적으로 국정에 관여한 유일한 왕비이자 최초의 근대 여성 정치인이었다.

여성의 정치 참여가 배제된 왕조시대의 사료는 왕 중심의 공식적인 통치 사료라서 왕비의 정치적 언행에 관한 기록은 찾아보기 힘들다. 그나마 그녀에 관한 사료는 대부분 남성의 시각으로 볼 때 비정상적인 왕비의 정치 관여 행위를 비난하는 등, 부정적인 선입견에서 출발하는 경향이 있다. 여기에 본격적인 식민지 통치가 시작되자 일제는 악의적인 왜곡으로 그녀를 '총명하나 부덕하고 간악한 왕비'로, 남편 고종은

'무능하고 유약한 군주'로 부부에게 망국의 책임을 떠넘기기도 했다.

이처럼 결코 순탄하지 않았던 그녀의 삶은 현재까지도 재조명 작업이 진행되고 있지만, 아직도 완전하게 정리되지 않은 상태이다. 심지어 그녀의 사진을 둘러싼 진위 논란이 현재까지 이어질 정도로 그녀에 대한 평가는 여전히 민간에서 전하는 '풍문의 역사'에 의존하고 있다. 달리 말하면 그녀는 정사正史보다도 비사秘史의 주인공으로 주목받고 있음을 의미한다.

그녀가 살았던 시기는 개화와 수구의 갈등과 대립, 제국주의 열강의 각축까지 겹친 우리 역사상 최대의 격변기로, 사료에 정치적인 의도를 덧붙이기도 했고, 민간에서 떠돌던 온갖 상반된 이야기들이 검증 과정 없이 수용되기도 했다.

조선 말기의 야사집 황현의 『매천야록梅泉野錄』이 대표적인 예이다. 전형적인 유교 지식인으로 평가받는 황현은 "명성황후는 총명하고 기억력이 좋아 사람을 기용할 때 당색이나 문벌 등을 모두 암기하고 있다가 이를 활용했고, 제가문諸家文과 『사기』에도 통달하여 관리들이 왕에게 올린 글을 친히 보았고, 당나라 8대 문장가의 글을 읽기 좋아해서 북경에서 구해다 읽을 정도로 지적 능력이 있었다"며 그녀의 능력을 인정하지만, 한편으로는 "20년 동안 정치에 간섭하면서 나라를 망치게 하고 이제까지 경험하지 못한 변을 당했다"고 그녀의 정치 참여를 왕비의 월권행위로 규정하면서 '전통적인 가족윤리'나 '유교적 도덕관념'을 담아 비판하고 있다.

현대에 들어서도 명성황후에 대한 평가는 객관적인 사료보다 그동안 발표된 소설이나 드라마 등에 적지 않은 영향을 받았다. 1970년대 TV

드라마에서 그녀를 '시아버지 대원군에 맞서 싸운 표독한 여인'으로 묘사하여 흥미를 끈 것이 대표적이다.

그러나 1995년 명성황후 시해 100년을 기리기 위해 제작된 뮤지컬 「명성황후」가 크게 성공을 거두면서 그녀에 관한 재평가가 이루어지는 획기적인 변화가 일어난다. 물론 그녀가 "내가 조선의 국모다"라는 말을 남긴 것은 사실이 아니지만, 뮤지컬의 장엄한 종막에서 "일어나라 백성이여"라고 비장하게 노래하는 명성황후는 개화의 선각자이며, 현명한 고종의 참모로 일제의 국권 침탈에 저항하다 처참한 최후를 맞이한 여장부이자 국모로서 대중에게 강렬한 인상을 남겼다.

이에 "명성황후를 지나치게 미화하고 과대평가하는 것에 경계해야 한다"는 우려가 있는 것도 사실이다.

풍문의 역사와 기록의 역사 사이를 넘나들다

최근 경기도 여주 생가에 명성황후 기념관이 들어서고 해마다 추모행사가 열리는 등 그녀에 대한 관심이 대중적으로 확산되고 있다. 특히 뮤지컬 「명성황후」의 상업적 성공 이후로 그녀의 일생을 다양하게 조명한 뮤지컬·영화·드라마 등이 제작되어 국내는 물론, 해외의 대중문화 시장에서 한류 문화 창출에 기여하는 등, 주목받는 한국의 문화 상품으로 떠올랐다.

그럼에도 여전히 그녀에 대해 적지 않은 오해와 논란이 이어지고 있다. 그녀의 칭호에 대한 문제가 한 예이다. 지금은 그녀를 명성황후라 부르는 것이 자연스러워졌지만, 이전까지는 민비로 더 잘 알려져 있었다. 민비라는 칭호는 일제 강점기에 조선 왕조와 함께 그녀를 폄하하려는 의도가 강했다. 반면, 그녀가 사망한 뒤 고종 34년(1897) 10월 대한제국 선포와 함께 고종이 황제로 즉위하면서 그녀에게 황후의 존칭을 올려 명성황후가 되었기 때문에 그녀가 생존했을 때의 행적으로 보면 명성황후라는 호칭이 적합하지 않다는 견해도 있지만, 현재는 명성황후라는 호칭이 일반적으로 사용되고 있다.

명성황후는 태어나자마자 어머니를 잃고 계모 밑에서 성장했다거나, 가문이 몰락하여 천애 고아가 된 어린 그녀가 우연히 대원군의 눈에 들어 왕비 자리에 올랐다는 이야기가 전하지만, 사실과 다르다.

명성황후는 여흥 민씨 집안에서 민치록閔致祿과 한산 이씨의 딸로 철종 2년(1851) 경기도 여주시 근동면 섬락리에서 태어났다. 민치록은 첫 번째 부인이 자식을 낳지 못하고 36세로 세상을 떠나자 두 번째 부인 한산 이씨와 혼인했으며, 이씨와의 사이에서 1남 3녀를 두었으나 모두 일찍 세상을 떠나고 막내딸 하나만 살아남았다. 그녀가 바로 명성황후로 민치록의 유일한 혈육이었다. 50세가 넘어서 딸을 낳은 민치록은 직접 공부를 가르칠 정도로 그녀에 대한 사랑이 남달랐다.

명성황후의 이름은 집안 항렬에 따라 호鎬 자를 써서 정호貞鎬라고 하고, 어릴 때 이름은 자영(紫英 또는 慈英)으로도 전한다. 항렬에 따른 이름은 주로 남자들에게 적용되었고, 여자들은 예외가 많아 확실하지 않다. 사료에도 그녀의 이름이 전하지 않으며, 자영이라는 이름은 작가 정비석의 소설에 나오는 이름이다. 명성황후가 태어나던 날 밤 '붉은빛이 비치면서 이상한 향기가 방 안에 가득 찼다'는 고종이 지은 행록行錄을 토대로 창작한 것으로 전한다.

그녀의 집안은 태종의 비 원경왕후와 숙종의 비 인현왕후를 배출했고, 인현왕후의 아버지 민유중은 그녀의 6대조가 된다. 또한 명성황후의 할아버지 민기현은 대사헌과 도승지 등 요직을 거치며 온건한 처신으로 주변의 칭송을 받았고, 아버지를 봉양하며 여주에 은거할 정도로 효성이 지극했다.

이후 크게 이름을 떨친 인물을 배출하지 못해 가세가 기울었고, 그녀의 아버지 민치록은 음보로 관직에 나가 장릉 참봉으로 관직 생활을 시작했다. 민치록이 현감과 군수 등 지방 외직을 전전하다 병을 얻어 관직을 그만두고 고향에 살던 시기에 명성황후가 태어났다. 이후 철종 9년(1858) 60세의 나이로 민치록이 세상을 떠나자 8세의 어린 소녀 명성황후는 어머니와 함께 살았다.

이처럼 그녀는 천애 고아가 아니었고, 그녀의 집안이 대단히 보잘것없다는 구체적인 근거도 찾아볼 수 없다. 어린 명성황후에게는 오빠 민승호도 있었다. 아버지가 생전에 집안의 대를 이으려고 민치구의 아들 민승호를 양자로 삼았던 것이다. 따라서 명성황후의 아버지가 사망했을 무렵에는 이미 가족이나 다름없었고, 명성황후가 어머니와 함께 한양에서 생활하게 된 것도 민승호와 관련 있었을 것으로 보인다.

인생의 전환점이 된 한양 생활을 시작하다

명성황후의 삶에 전환기가 찾아온 것은 아버지의 사망으로 한양에서 생활하면서부터였다. 그녀가 언제 여주에서 한양으로 올라왔는지는 구체적으로 알 수 없지만, 그녀는 고종과 혼인하기 전 안국동의 감고당感古堂에서 살았다. 감고당은 숙종의 비 인현왕후가 태어나고 자란 친정집으로, 인현왕후가 폐비되어 궁에서 쫓겨났을 때 머물기도 했다. 이후 감고당은 민유중의 5대손인 민치록 대에 이르기까지 직계 후손이 대대로 물려받은 본가였다.

현재 덕성여고 자리에 있던 감고당은 대원군의 사저인 운현궁과 거리가 가까웠다. 그리고 명성황후를 대원군의 부인 민씨가 대원군에게 추천한 것으로 알려졌지만, 그 중간에 그녀의 양오라버니 민승호가 개입했을 가능성이 높다.

민승호는 고종 1년(1864)에 과거에 급제하여 관직 생활을 시작했다. 이후 명성황후가 왕비 자리에 오르자 관직에 중용되어 대원군의 축출 공작에 적극 나서는 등 그녀의 최측근으로 활동하게 된다. 민승호는 정치적 야심이 컸다고 전하며, 고종 10년(1873) 이후 민씨 족당의 수령으로 명성황후의 배후인물이라는 비판을 받는다. 그러나 민승호는 고종이 친정에 나선 고종 11년(1874), 집에서 선물로 받은 상자를 열어 보다가 명성황후의 생모 이씨 그리고 민승호의 어린 세 아들과 함께 폭사한다. 당시 폭약 상자는 정적인 대원군이 보낸 것으로 추정되지만, 확실한 증거가 발견되지 않았다. 이 사건은 시간이 제법 흐른 뒤의 일이고, 명성황후가 한양 생활을 시작하던 시기에는 민승호와 대원군 사이에 특별한 문제가 없었다.

민승호의 친아버지 민치구는 대원군의 장인으로, 민승호의 누이가 곧 대원군의 부인이다. 따라서 민승호와 대원군은 처남과 매부 사이였고, 고종에게 민승호는 외삼촌이다. 명성황후와 대원군의 부인은 같은 여흥 민씨 집안 출신으로 12촌 자매간이었다. 따라서 고종이 즉위하면서 과거에 급제하여 관직 생활을 시작한 민승호가 매형인 대원군이나 친누이이자 고종의 생모인 대원군의 부인 민씨에게 자신이 양자로 있는 집안의 누이동생을 적극 추천했을 가능성은 충분하다.

대원군 역시 어린 명성황후를 부담스럽지 않게 받아들였을 것으로 보인다. 대원군은 순조·헌종·철종 3대에 걸친 60년 세도정치의 폐단으로 왕실이 안정되지 못했고, 사회적 혼란이 더욱 깊어졌다는 사실을 절실하게 느끼고 있었다. 게다가 누구보다 왕실 외척의 전횡으로 피해를 본 당사자이기도 했다. 때문에 며느리이자 왕비 선택에 매우 신중했던 대원군에게 명성황후는 최고의 적임자였을 것이다.

명성황후는 숙종의 비 인현왕후의 직계 손으로 노론 집안의 명문가 출신이었고, 외척이 세력을 형성할 친정아버지나 남자 형제도 없었다. 더구나 대원군의 어머니와 부인 모두 여흥 민씨 집안 출신이라 민씨 가문은 대원군에게 외가이자 처가였다. 물론 명성황후의 양오빠 민승호가 있었지만, 대원군에게는 나이 어린 처남에 지나지 않았다.

명성황후의 삶이 새롭게 펼쳐진 데에는 그녀와 감고당의 인연도 영향을 미쳤다. 감고당에 얽힌 이야기는 다음과 같다. 영조가 태어난 해에 인현왕후가 복위되었다. 영조 37년(1761), 영조는 이렇듯 자신에게 특별한 의미가 있었던 인현왕후를 기리면서 인현왕후의 사가를 찾았다. 그녀가 머물던 곳에 '감고당感古堂'이라는 이름과 아울러 친필로 현판을 내렸고, 영조 이후 역대 왕들이 관심을 기울이는 공간이 되었다. 따라서 국모를 배출한 명문가 출신으로 자존감이 강했던 명성황후가 감고당에 살게 되면서 분명 야망을 가질 만했다.

고종이 지은 명성황후 행록에는, 고종 2년(1865) 감고당에서 명성황후와 그녀의 어머니가 꿈을 꾸었는데, 인현왕후가 명성황후의 꿈에 나타나 "너는 마땅히 내 자리에 앉게 될 것이다. 너에게 복을 주어 자손에게 미치게 하니 영원히 우리나라를 편안하게 하라"고 말했다고 하며, 어머니 꿈에서는 "이 아이를 잘 가르쳐야 할 것이다. 나는 나라를 위하여 크게 기대한다"는 이야기도 전한다.

명성황후는 8세 때 죽은 아버지의 시신을 씻긴 뒤 수의를 갈아입히고 베로 묶는 염습殮襲을 할 때, 어른들이 "나이가 어리니 자리를 비우는 것이 좋겠다"고 권했지만 이를 거절하고 끝까지 지켜보면서 지성으로 곡을 할 정도로 어려서부터 대단히 강인했고, 이러한 성격은 그녀가 왕비 자리에 오른 뒤에도 매 시기마다 빛을 발했다.

임오군란이 일어났을 때는 당황하지 않고 기지를 발휘하여 위기를 모면하고 장호원까지 피난 갔다가 50여 일 만에 궁으로 돌아왔는가 하면, 갑신정변 때에도 당황한 고종 옆에서 침착하게 환궁을 주장하여 개화파의 정변을 무력화시키는 대반전을 이끌어내기도 했다.

고종 31년(1894) 6월, 일본군이 경복궁을 포위하고 개화 정권을 세우고자 쿠데타를 일으킨 갑오경장 때에도 고종이 그녀에게 태자와 함께 건청궁乾淸宮으로 피신하라고 권했지만, 그녀는 "한 궁궐 안에서 가면 어디로 가겠습니까? 차라리 여기 있으면서 여러 사람들의 심정을 안정시키겠습니다. 지금 칼자루를 잃어서 역적의 머리를 베지 못할 바에야 우선 포용해서 그 흉악한 칼날을 늦추어 놓아야겠습니다"라며 위급한 상황에서도 침착했고, 불리함을 역이용할 줄 아는 승부사의 기질도 지니고 있었던 것으로 전한다.

앞날을 위해 준비하다

고종 3년(1866) 철종의 3년 상이 끝나고 대왕대비 신정왕후는 고종의 배우자를 간택하기 위해 전국의 12세에서 17세에 해당하는 규수들의 금혼령을 내렸다. 마침내 왕비의 간택이 이루어지자 "왕비로 간택된 규수가 거처할 별궁을 대원군의 집인 운현궁으로 하라"는 전교를 내렸다. 당연히 왕비에 간택된 규수는 명성황후였다. 1월 초에 시작된 간택 절차가 신속하게 진행되어 3월 21일, 백성에게 배우자를 중요하게 여기는 마음을 보여주기 위해 고종이 직접 별궁에 가서 신부를 맞이하여 창덕궁으로 돌아오는 친영례親迎禮를 거행한 것이다. 당시 그녀의 나이는 16세였고, 고종은 한 살 어린 15세였다.

이처럼 왕비의 간택 절차가 3개월도 안 되는 기간에 마무리되었다는 것은 이미 왕실에서 명성황후를 마음에 두고 있었음을 의미했다. 당시 그녀가 무슨 생각을 했는지는 알 수 없지만, 그녀는 궁궐 생활에 최선을 다했다.

그녀가 궁궐에서 맞이한 일상은 역대 왕비들과 다르지 않았다. 그녀는 대왕대비 신정왕후를 비롯하여 헌종 비와 철종 비 등 왕실 어른을 모시는 일에서부터 각종 제사 의례에 참석하거나 주관했다. 그녀는 남편 고종이 신정왕후의 아들로 입적되어 왕위에 올랐기에 법적 시어머니인 신정왕후를 극진하게 모셨다. 신정왕후는 자신을 지성으로 섬기는 명성황후의 효성을 칭찬하면서 "궁궐 내의 대소사를 모두 왕비에게 맡긴다"는 전교를 내려 신임하게 된 것도 그녀의 노력에 대한 결과였다.

두뇌가 명석했던 그녀는 궁궐 안에서 오로지 자신밖에 믿을 사람이 없으며, 스스로 능력을 키워나가는 수밖에 없다는 사실을 깨닫는 데 그리 오랜 시간이 걸리지 않았다. 때문에 그녀는 국내외 정세에도 관심을 기울였고, 어떤 사물이라도 한 번 듣거나 보기만 해도 빠짐없이 모두 알 수 있을 정도로 기억력이 뛰어났던 그녀는 독서로 지식을 쌓았다.

그녀는 왕비에 간택되어 별궁에서 왕비 수업을 받을 때 『소학小學』, 『효경孝經』, 『여훈女訓』 등 왕실 여인으로 살아가는 데 필요한 서적과 함께 제국의 흥망성쇠를 담은 역사책을 밤을 새워가며 열심히 공부했다. 덕분에 그녀는 혼란에 빠진 세상을 다스린 역사적 경험 등 국가의 고사와 역대 왕들의 사적에 눈을 뜨게 되었고 역사책에 기록되지 않은 것까지 알게 되었다고 한다.

뿐만 아니라 이러한 지식을 바탕으로 조선을 방문한 서양인들을 통해 국제 정세와 문화 등 서양의 지식까지 차근차근 쌓아갔다. 그녀를 만난 대부분의 서양인들이 그녀에 대해 "학문적으로 우수하고 총명하며 날카로운 기지를 지녔다"고 평가했다. 또한 그녀의 성격은 외모에서도 잘 드러난 것으로 전한다. 그녀의 총애를 받으며 을미사변이 일어나기 전까지 어의御醫로 활동하면서 누구보다 그녀를 자주 만난 언더우드 여사는, "명성황후는 가냘픈 몸매에 창백한 얼굴, 날카로운 눈과 뚜렷한 이목구비 그리고 전체적으로 총명해 보이는 인상이었다"고 증언하고 있다.

명성황후는 친숙하지 않은 사람들과는 거리를 두었던 탓에 그녀의 생김새는 정확하게 전하지 않는다. 1902년에서 1903년까지 한양에 주재한 이탈리아 총영사 카를로 로제티Carlo Rossetti가 쓴 『코레아 코레아니Corea e Coreani』(1904)에 '대례복 차림의 왕비'라는 제목의 사진이 원형으로 실려 있지만, 이 사진의 실제인물에 대해 '일본인들이 의도적으로 궁녀의 사진을 명성황후 사진으로 둔갑시켜 놓았다'는 주장이 제기되고 있다. 또한 명성황후의 장례를 치르기 위해 고종이 현상금을 내걸고 그녀의 사진을 구하려고 애썼다는 이야기도 전하며, 이승만 전 대통령이 1904년 한성감옥에서 집필한 『독립정신』에 명성황후의 사진을 실었지만, 명성황후가 확실하지 않다는 등 현재까지 논란이 끊이지 않고 있다.

고종과 순종의 사진이 남아 있는 것과 달리, 유독 명성황후의 사진이 진위 논란에 휩싸인 이유는 그녀가 자신의 사진을 의도적으로 남기지 않으려고 상당히 신중하게 처신했기 때문인 것으로 전한다. 그녀는 가까운 친척이 아니면 만나지 않았고, 초상화나 사진 찍기를 피해 어의조차 명성황후의 사진을 찍지 못했다고 한다.

그녀에게 노출 기피증·대인 기피증·암살 공포증 등이 있었다는 견해도 있다. 특히 임오군란을 겪은 이후 사진 촬영을 기피하게 되었고, 이후 흥선대원군의 추종 세력에 의해 가족이 암살되는 사건이 일어나면서부터 더욱 심해졌다고 한다. 따라서 명성황후를 직접 만나지 못한 상태에서 자료의 확인 절차를 거치지 않고 그녀에 대한 평가가 이루어지기도 하여 명성황후의 외모와 성격 등과 관련한 자료들의 편차가 크고, 부정적인 평가가 많은 것은 어쩌면 당연한 것인지도 모른다.

서양인들로부터 주목받다

명성황후의 인상에 대해 일본인들이 남긴 기록은 부정적인 평가가 대부분이다. 이와 달리, 그녀와 공식 회견을 했던 유럽이나 미국 등 서양 여성들은 그녀에게 '세계 여러 나라의 문화에 대해 깊은 관심을 지닌 왕비로, 강한 매력을 느꼈다'는 공통점을 발견할 수 있다. 서양인들이 남긴 기록은 선교사나 외교관이 그녀를 만난 뒤 소감을 정리한 내용이 압도적으로 많으며, 정치적 이해관계에 예민하지 않은 민간인일수록 평범하지 않은 그녀의 인상을 우호적으로 소개하고 있다. 다음은 대표적인 사례를 정리한 내용이다.

성명	국적	출생/사망	직업	방문 시기	평가
앨런 H. N. Allen	미국	1858/1932	의료 선교사	1884~1916	냉정하고 침착한 비운의 왕비
묄렌도르프 P. G. Möllendorf	독일	1847/1901	외교 고문	1882~1885	정치 지향적 인물
묄렌도르프 부인 R. von. Möllendorf	독일	?	외교관 부인	1882~1885	매력적이고 섬세하며 지적인 인상
언더우드 L. H. Underwood	미국	1851/1921	의사	1888~1921	지적이고 사려 깊은 친절함과 진보적이고 유능한 외교가
프랑댕 Hippolyre Frandin	프랑스	1852/1924	외교관	1892~1894	정치 지향적 인물, 종교 맹신
비숍 Isabella B. Bishop	영국	1831/1904	지리학자 여행가	1894~1897	명민하고 이지적. 정치적인 방자함. 종교에 대한 맹신

출처 : 장영숙, 「서양인의 견문기를 통해 본 명성황후의 정치적 위상과 역할」, 〈한국근현대사연구〉 겨울호 제35집, 2005.

이처럼 서양인들이 명성황후를 만난 첫인상은 대부분 '지적이면서도 우아함을 지니고 있으며, 정치 지향적 인물'로 평가하고 있다. 이들은 그녀와 고종과의 대화를 통해 부부 사이의 의사 결정권 문제, 정치 지향적인 자세에서 병약한 순종을 위해 무속에 빠져드는 맹신적인 어머니의 모습에 이르기까지 구체적인 소감을 기록으로 남겼다.

미국 공사관 서기인 윌리엄 프랭클린 샌즈William Franklin Sands는 그녀를 "뛰어난 학문과 지성적이면서 강한 개성 그리고 굽힐 줄 모르는 의지력을 지녔으며, 시대를 앞선 정치가이자 외교가로 조선의 독립을 위해 애쓴 분이었다"고 평가하는가 하면, 한국을 네 차례 방문했고, 영국 왕립지리학회 회원으로 지리학자이자 여행가로 『조선과 그 이웃 나라들Korea and Her Neighbours』이라는 견문기를 남긴 이사벨라 버드 비숍은 고종 32년(1895) 두 번째 방문에서 네 차례에 걸쳐 명성황후를 접견한 뒤의 인상을 다음과 같이 기록했다.

> 그녀는 첫눈에도 예사로운 여성이 아니라는 생각이 들었다. 눈매가 날카롭고 매서웠으며 두뇌 회전 또한 기민해 보였다. 성격도 대단히 차분하고 냉철하게 느껴졌다. 왕비는 마흔 살을 넘긴 듯했고 퍽 우아한 자태에 늘씬한 여성이었다. 머리카락은 윤이 나는 흑단이었고 피부는 투명하여 진줏빛을 띠었다. 눈빛은 차갑고 예리했으며 반짝이는 지성미를 풍기고 있었다.

비록 통역자를 거쳐 나눈 대화였지만, 명성황후의 탁월한 화법에 감탄하면서 "그녀의 기묘한 정치적 영향력 그리고 왕뿐만 아니라 그 외의 많은 사람들을 수하에 거느리고 지휘하는 통치력을 충분히 이해하게 되었다"고 덧붙였다. 정치와 관련한 다음의 내용도 흥미를 끈다.

왕비 주위는 온통 적들로 둘러싸여 있었다. 그 우두머리는 왕의 아버지인 대원군이었다. 왕비가 그녀의 재능과 권력으로 조정의 고위 관직에 친인척을 등용하여 거의 석권했으므로 그녀에 대한 대원군의 반감은 엄청났다.

명성황후는 고종과 함께 서양의 사정에 대해서도 적극적인 관심을 기울였다. 그녀는 영국의 왕과 내각의 관계, 관리등용제도, 귀족의 권한 등을 비숍에게 자세히 물었고, 왕실의 비용 문제를 포함해 왕비가 사용하는 비용을 개인적으로 부담하는지 아니면 국가에서 재무장관이 제재하는지, 왕비가 장관을 해임할 수 있는지 등을 집요하게 질문하여 대답하기 곤란한 지경이었다고 한다.

명성황후는 또한 비숍이 여행한 지역에 관심을 보이면서 시베리아와 일본 철도의 건설비, 일본인들이 청일전쟁에 대해 느끼는 감정 등 주변국의 사정에도 매우 구체적으로 질문했다고 한다.

언더우드 여사 역시 명성황후를 지성과 기품을 갖춘 왕비로 다음과 같이 평가하고 있다.

우아하고 근엄하다. 체형은 수척하고 얼굴은 창백했으며 눈빛은 날카롭고 초롱초롱했다. 순수하면서도 뛰어난 기지와 매력을 지닌 분으로 서양의 기준에서 볼 때에도 완벽한 귀부인이다. 그녀는 세계 강대국과 그 정부에 대해 잘 알고 있었다. 섬세한 감각을 가진 유능한 외교관이었고 반대 세력의 허를 찌르는 데 능했다. 일본을 반대했고 애국적이었으며 조선의 이익을 위해 몸을 바치고 있었다. 그녀는

> 아시아의 그 어떤 왕후와 비교해도 그들의 수준을 훨씬 뛰어넘는 여인이었다.

하지만 명성황후에 대한 서양인들의 평가를 모두 그대로 신뢰하기에는 무리가 있다. 대표적인 예로 언더우드 여사의 경우 명성황후의 자상한 배려 속에서 특별한 관계를 유지했기 때문에 냉정하고 객관적 평가가 이루어졌다고 보기 어렵다. 그럼에도 그녀는 누구보다 가까이에서 비교적 많은 시간을 명성황후와 함께 보내며 대화했다는 점에서 참고 자료로서의 의미는 충분하다.

고종과 사안에 따라 적절한 관계를 유지하다

명성황후에 대한 서양인들의 평가가 모두 긍정적인 것은 아니었다. 특히 그녀는 진맥을 받을 때 팔 위의 맥박이 1인치만 보이도록 팔에 천을 감싸고 진료를 받았으며, 칸막이에 뚫린 구멍으로 혀를 내밀어 검진을 받았다고 한다. 또한 병을 달고 살았던 아들을 위해 굿판을 벌이고, 심지어 무당들에게 참판이나 승지 벼슬을 내리는 등 지나친 자식 사랑으로 무속에 빠져든 그녀의 모습을 이해하기 쉽지 않았을 것이다.

이 시기에 동양에 대한 서양인들의 시각은 대체로 가난하고 지적으로 열등하며 세계사의 흐름에 뒤처져 있는 비서구 지역의 야만인들이었다. 따라서 이들을 교화해야 한다는 도덕적 확신을 지니고 있었던 서양인들의 눈에는 지적인 면모를 지닌 명성황후의 미신적 종교활동이 당연히 비과학적이고 미개한 태도로 보였을 것이다. 뿐만 아니라 자식을 향한 부모의 사랑은 동서양이 다르지 않다고는 하지만, 부모에게서 독립할 나이가 훨씬 지난 아들에 대한 지나친 사랑도 서구의 교육 문화와는 차이가 컸을 것으로 보인다.

따라서 비판을 전제로 하지만, 문화적 차이에 따른 서양인들의 정서로 보면 명성황후의 모습은 부정적일 수밖에 없었다. 서양인들은 한국을 포함해 동양의 신앙에 대한 이해가 부족했고, 기독교 이외의 신앙을 인정하지 않았기 때문에 총명해 보이는 왕비가 미신에 깊이 빠져 있다는 사실은 분명 계몽의 대상이었을 것이다. 도덕적으로 우월한 기독교가 세상을 문명사회로 이끌 것이라는 믿음을 지닌 서양인들은, 기독교가 자신들을 문명화로 이끌었듯이 미개하고 야만적인 조선을 문명사회로 이끌어주는 계몽의 빛으로 생각하는 것은 당연했다.

또한 지금까지 고종은 유약하고 지도력이 부족했으며, 반면 명성황후는 권력의 막후에서 남편의 의사 결정권을 대리했던 것으로 전한다. 즉, 고종은 국왕이었음에도 자신의 의견을 강력하게 제시하지 못했고, 적극적이면서 추진력을 지닌 명성황후가 부부 사이의 의사 결정권을 행사했던 것으로 알려져 있다.

비숍이 국왕 내외의 관계에 대해 "왕은 천성이 온화하기 이를 데 없는 인물로, 알현하고 있는 동안 왕비가 왕을 몹시 채근하여 적극적인 대화를 앞장서서 유도했다"고 기록한 것에서도 이를 알 수 있다. 그러나 또 다른 기록에 따르면, 평소에는 이러한 관계가 유지되지 않았던 것으로 보인다. 비숍이 고종과 관련하여 기록한 다음과 같은 내용이 그 예이다.

> 왕의 표정은 온화했다. 왕은 놀라운 기억력을 가지고 있었으며 조선의 역사에 대해 지식이 상당했다. 그는 어떤 종류의 질문을 해도 역사적인 사건이 일어난 지역과 연고까지 정확하게 설명할 수 있는 기억력을 지니고 있었다. ……그는 통치자로서 지극히 근면한 사람이며 각 부처의 모든 일을 잘 파악하고 있었고, 많은 신하들의 갖가지 보고에도 지치지 않고 정성으로 이들을 수렴했다.

이처럼 이제까지 알려진 고종의 모습과 전혀 다른 내용과 함께 프랑댕은 "명성황후가 부분적으로 국사를 뒤에서 조종하지만, 불가피하게 나서는 자리에도 표면에 나서지 않았다"라며 명성황후의 또 다른 모습을 기록하고 있다. 동양학 연구자인 그리피스 역시 명성황후가 고종을 유능하게 보좌했던 것으로 평가했다.

이러한 평가들을 종합하면, 명성황후가 자신과 친근한 여성인 비숍과 대화할 때는 좀 더 적극적으로 나섰지만, 자신과 친분관계가 없고 특히 남성인 프랑댕과 대화할 때는 남편을 앞세운 것으로 해석할 수 있다. 다시 말해, 명성황후와 고종의 관계는 어느 한쪽이 일방적으로 이끌었던 것이 아니라 상황에 따라 두 사람이 적절하게 처신했음을 알 수 있다.

고도의 국가 전술에 말려들다

뛰어난 정치적 안목을 지녔던 명성황후는 개국과 개방에도 관심을 기울였다. 언더우드 여사는 "황후는 늘 조선도 미국처럼 자유롭고 힘이 있으며, 행복했으면 좋겠다"고 희망했으며, "서구와의 친교를 적극적으로 모색했다"고 회상하는 등 당시 외국인의 눈에는 그녀가 개화파로 보일 정도로 서양에 우호적이었다.

그녀는 미국 외에도 러시아 공사 베베르Karl Ivanovich Veber 등을 자주 만나 러시아 정세에도 관심을 기울였다. 러시아를 끌어들여 일본을 견제하려다 끝내 을미 시해사건으로 이어지기도 했지만, 단순하게 그녀를 친미적 또는 친러적이라고 단정하기에는 무리가 있다.

그녀는 개방적인 시각으로 국제 정세 등을 고려하면서 시기와 상황에 따라 탄력적으로 외세를 활용하려는 정치 성향을 지녔던 것으로 볼 수 있다.

고종 역시 정치적으로 아버지 대원군보다는 명성황후와 함께했다. 이와 관련하여 캐나다 출신의 영국 기자 매켄지는 "명성황후가 남편 고종에게 엄청난 영향력을 행사하면서 일본 교관의 지휘를 받고 있는 훈련대를 해산시키려 했고, 심지어 그녀가 친일 성향을 지닌 대신들을 몰아내고 모든 권력을 장악하려는 계획을 세우고 있었다"고 기록했다.

이러한 사실을 알게 된 일본은 '그녀를 제거하지 않고는 조선에서 자신들의 영향력을 발휘하기 힘들다'고 판단한다. 이후 일본은 명성황후와 대원군의 불화를 자신들에게 유리하게 이용하면서 그녀가 더 이상 국정에 간섭하지 못하도록 적극 나섰다. 헐버트·그리피스·묄렌도르프 등도 이러한 분석을 기록으로 남겼다. 이와 관련한 주요 내용을 정리하면 다음과 같다.

성명(국명)	출생/사망	직업	방문 시기	평가
헐버트 (H. B. Hulbert, 미국)	1863~ 1949	선교사	1886~1891, 1893~1907	문호 개방주의자로 권력 지향적이며, 강한 기질을 지녔고, 대원군과 적대적 관계
게일 (J. S. Gale, 캐나다)	1863~ 1937	선교사	1888~1897, 1898-1928	비운의 왕비로 을미 시해의 피해자
그리피스 (W. E. Griffis, 미국)	1843~ 1928	신학자	1차 ?, 1926~1927	재색을 겸비한 권력 지향적 인물
매켄지 (F. A. Mackenzie, 영국)	1869~ 1931	신문 기자	1904, 1906~1907	권력 지향적이고 야심이 강한 기질과 냉정하고 침착하며 야심적인 문호 개방주의자
로세티 (Carlo Rossetti, 이탈리아)	1876~ 1948	외교관	1902~1903	일본과 적대적 관계이며 강한 기질로 고종에 영향력 행사

출처 : 장영숙, 「서양인의 견문기를 통해 본 명성황후의 정치적 위상과 역할」, 〈한국근현대사연구〉 겨울호 제35집, 2005.

이처럼 일본 외에도 명성황후의 평가에 부정적인 내용이 더 많은 또 다른 이유는 그녀에 관한 자료를 직접 확인하지 않고 인용하거나 당시 떠돌던 풍문들을 그대로 수용했기 때문이다. 헐버트는 이러한 현상에 대해 "단기간 서울을 방문한 외국 여행자들이 주로 황제 부부의 어느 한 모습을 묘사하면서 당시 시류에 편승하여 과장한 부분이 있다"며 무책임한 가십거리 기사에 우려를 나타내기도 했다.

명성황후에 대한 서양인들의 평가는 대부분 그녀가 사망한 이후에 이루어졌으며, 식민지 정책으로 일본이 조선에서 영향력을 극대화하던 시기라는 점에 주목할 필요가 있다. 대표적인 예로 일본 화가들이 그린 명성황후의 삽화는 모두 뚱뚱하고 심술궂은 모습이며, 일본 외교관들은 그녀를 '여우'라고 불렀고, 조선을 방문했던 대부분의 서양인들은 사실 관계를 확인하지 않고 이러한 평가를 그대로 인용했다.

심지어 명성황후가 일본에 적대적이었기 때문에 을미 시해의 변을 당했다는 일본 측의 주장을 전혀 의심하지 않고 그대로 받아들였고, 정치적 야심이 큰 그녀가 권력 장악을 시도하면서 대원군과 갈등의 골이 깊어졌다고 강조하기도 했다. 그 결과 고종은 무기력한 군주로, 명성황후는 국정을 농단한 왕비로, 대원군은 권력욕에 집착한 노회한 정치인으로 이미지가 굳어졌다. 결과적으로 조선 침략을 용이하게 하려는 일본의 치밀한 국가 전술이 성공한 것이다.

세 사람의 관계가 미묘하고 불편해지다

명성황후와 시아버지 대원군의 정치적 대립에 관해 구체적으로 살펴보려면 먼저 두 사람의 당시 위상을 살펴볼 필요가 있다. 두 사람 모두 국가 권력의 공식적인 주관자가 아니기 때문이다. 달리 말하면 고종을 배제하고 두 사람의 관계에만 주목하는 것은 정치적 모순이라 할 수 있다. 어린 왕이 즉위하면 수렴청정으로 현실정치에 참여하는 대비나 대왕대비를 제외하고, 왕비는 물론 왕의 인척들은 공식적으로 정치에 참여할 수 없었다. 이때는 세도정치의 지독한 폐해를 경험했던 탓에 이들이 정치에 관심을 기울이는 것 자체가 비판받을 수밖에 없었다.

홍선대원군은 조선 500년 역사에서 유일하게 살아 있는 왕의 아버지였다. 조선에서 왕의 아버지인 대원군은 모두 네 명 있었지만, 홍선대원군 외에는 아버지가 사망한 이후에 아들이 왕으로 즉위했기에 현실정치에서 왕의 아버지를 특별하게 신경 쓸 일이 없었다.

그러나 고종은 달랐다. 비록 고종이 국가 최고 권력자 자리에 있었고, 명성황후는 남편 고종을 내조해야 하는 책무가 있는 왕비였지만,

살아 있는 흥선대원군은 조선에서 최고의 가치로 꼽는 효孝로써 그들이 받들어야 할 존재였다. 유교 사회인 조선에서 효의 원리는, 시기와 상대에 따라 가치가 달리 적용되는 충忠보다 더 우위에 있는 가장 기본적인 가치였기 때문이다.

더구나 고종은 전혀 준비되지 않은 어린 왕이었고, 흥선대원군은 당시의 정국을 구체적으로 꿰뚫고 있다고 자부했다. 고종의 즉위에는 이러한 대원군의 뒷받침이 있었기에 가능했고, 흥선대원군의 존재와 역할은 누구도 부정할 수 없었다.

서슬 퍼런 안동 김씨 세력은 자신들의 권력을 넘보거나 또는 방지 차원에서 기회 있을 때마다 왕실 종친을 제거했다. 이처럼 왕실 종친으로 살아가는 것조차 힘든 시기에 대원군의 아버지 남연군은 난봉꾼처럼 생활하여 세도정치의 칼날을 피해갈 수 있었고, 대원군 역시 시정잡배들과 어울리며 몸을 낮추고 살았다. 덕분에 안동 김씨 세력은 그를 대수롭지 않게 여겼고, '궁도령'이라고 부르면서 조롱했다.

철종이 재위 14년 만에 왕통을 이을 적장자를 두지 못하고 자리에 눕자 때를 기다리던 대원군이 바쁘게 움직이기 시작했다. 그는 먼저 안동 김씨 세력에 밀려나 있던 외척 풍양 조씨 가문에 접근했다. 풍양 조씨는 비록 권력에서 밀려나 있었지만, 효명세자의 비인 신정왕후가 왕실 어른으로 여전히 자리를 지키고 있었다. 자신을 지원해줄 정치 세력이 필요했던 신정왕후 또한 왕실 종친인 흥선대원군을 주목했다. 이에 두 사람은 안동 김씨보다 먼저 철종의 뒤를 이을 후계자를 물색했고, 그 결과 대원군의 둘째 아들이 12세의 어린 나이에 즉위하여 대왕대비 조씨가 수렴청정에 나서게 된다. 4년 뒤, 섭정을 거둔다는 하교에 따라 흥선대원군이 적극적으로 국정을 주도하게 된다. 당시 대원군은 제왕 교육을 제대로 받지 못한 어린 아들이 정국을 감당하기에는 무리가 있을 것으로 판단하여 정치는 자신의 몫이라고 생각했던 것이다.

이후 흥선대원군은 10년 동안 권력을 쥐고 자신의 의지대로 정사를 운영했다. 이 과정에서 세도정치에 나섰던 안동 김씨 세력을 조정에서 몰아내고 남인 계열과 서·북인 등 그동안 권력에서 소외된 인물들을 조정으로 불러들였다. 또한 당쟁의 온상이었던 서원을 철폐하고 왕실의 존엄성과 왕권 강화를 위해 경복궁 중건사업을 벌였다. 경복궁은 조선이 건국된 직후인 1395년에 창건되었고, 건국의 기틀을 마련한 정도전이 유교 이념을 담아 각 건물마다 이름을 붙인 명실상부한 조선 제일의 법궁法宮이었다.

그러나 경복궁은 임진왜란(1592) 때 모두 불에 타버렸고, 이후 270여 년 동안 방치되었다가 마침내 대원군이 복원 사업을 일으키게 된 것이다. 대원군은 또한 밀려들어 오는 제국주의 열강들을 상대로 강력한 쇄국정책을 펼쳤다.

이러한 과정에서 대원군은 며느리인 명성황후가 남편 고종의 옆에서 내조하는 배우자의 역할을 충실하게 해준다면 자신의 위상도 함께 안정적으로 자리 잡고 국정 운영에 힘이 실릴 것으로 기대했다. 이 모든 것은 대원군의 생각일 뿐, 현실은 그의 생각대로 움직이지 않았다. 시간이 흐르면서 정국에 대한 명성황후와 고종의 생각이 그의 기대와는 다르게 바뀌어갔기 때문이다.

10년 세월 동안 정치를 배우다

명성황후가 역사에 등장하게 된 계기는 고종과의 혼인이었고, 이 시기의 국내외 정세는 대격변기이자 위기의 시대였다. 즉, 서세동점西勢東漸의 거친 파도가 정신없이 국내로 밀려들어 왔고, 일본 제국주의의 야심이 서서히 고개를 들면서 조선을 위협했다. 조선은 국내외적으로 모든 면에서 희망을 찾기 어려우리만치 그야말로 풍전등화의 시기였다.

이러한 시기에 즉위한 고종은 제왕 교육을 전혀 받지 않았던 탓에 군주로서의 자질을 갖추기 위한 경연수업에 집중했다. 고종이 즉위한 뒤 10년 동안 경연수업은 정규 강의 754회, 특별 강의 544회 등 총 1298회로 1년에 평균 130회, 한 달 평균 13회로 2~3일에 한 번꼴로 열린 셈이었다. 국왕의 일상이 각종 제사와 의례는 물론 국정과 관련한 일정을 소화해내야 했다는 사실을 감안하면 상당한 강행군이었다.

고종의 경연은 학문을 좋아하는 군주로 일컫는 세종과 영조와도 견줄 정도였다. 세종의 경우 재위 기간 32년 중 전반기 16년 동안 매일 경연에 참석하는 것을 원칙으로 하여 연평균 100회가 넘었고, 영조의 경우 재위 기간 52년 동안 3500여 회의 경연을 열어 연평균 67회를 실시했다. 특히 영조는 즉위 후반기에 경연을 대폭 확대하여 즉위 39년(1763) 209회, 40년(1764)에는 188회를 실시했다.

이처럼 역대 왕들은 경연을 통해 기본적으로 필요한 군주의 자질을 익혔고, 더 나아가 정치에서 추구해야 할 전통적인 유교 가치 체계를 배웠다. 그러나 군주의 자질은 하루아침에 익힐 수 있는 것이 아니었고, 현실정치 또한 고정된 것이 아니라 살아 숨 쉬는 변화무쌍한 것이라 감당하기가 쉽지 않았다. 때문에 경연을 더욱 중요하게 여겼고, 고종 역시 예외는 아니었다. 이러한 자리에서 고종은 정치권력이 사적으로 남용되어 국가의 근본인 백성의 생활이 도탄에 빠지게 되었고, 위민정치爲民政治의 실천이 군주인 자신에게 부여된 정치적 책임이라는 것을 깊이 깨닫게 되었다. 이미 살펴보았듯이 명성황후도 궁궐에 들어오기 전부터 국내외 역사와 정치를 공부하며 차츰 정국을 보는 나름의 시각을 지니게 되었다.

「고종실록」에 따르면, 명성황후와 고종은 혼란한 사회질서를 바로잡으려면 '국가의 변란 등 각종 무고에 대해 엄정하게 조사해서 법을 적용해야 한다'는 입장을 견지하면서도 '죄가 있다고 판명되었을 때 벌을 주고, 판단이 서지 않으면 용서해야 한다'며 형벌의 적용에 신중하여 '세상에 억울함이 쌓이지 않도록 해야 한다'는 인식을 지니고 있었다. 이에 대신들은 법 기강을 엄격히 하기 위해 "가혹한 형벌도 불사하지 않으면 안 된다"고 반대했지만, 고종은 "죄인들을 심판하고 형벌을 내리는 데 보다 신중해야 한다"며 법령의 남용을 경계하라고 명했다.

또한 「고종실록」에는 고종이 고대부터 근대에 이르기까지 우리 역사를 나라 안의 누구보다도 더 많이 알고 있었다고 기록하고 있다. 대신들이 옛 관습 등 지난 일들에 관해 모르는 것이 있으면 고종에게 물었고, 고종은 어떤 역사적 사건이 일어난 시기와 특별한 점을 정확하게 지적해주기도 했다.

고종의 이러한 관심은 평소 명성황후가 보였던 관심과 비슷하다는 점에서 그녀의 조언이 적지 않은 영향을 미쳤을 것으로 보인다. 이를 토대로 고종은 국내외 각종 사건과 정보를 접하면서 명성황후와 함께 좀 더 적극적이고 구체적으로 대외 상황을 이해하고 극복하려는 노력으로 이어졌다. 이렇게 10년을 보낸 두 사람 앞에는 여전히 큰 산이 버티고 있었다. 다름 아닌 흥선대원군과 그의 철권정치였다.

길은 어디에……

명성황후와 대원군은 며느리와 시아버지 관계였음에도 시간이 지날수록 함께할 수 없는 정적으로 변한 것으로 전하지만, 두 사람의 관계는 복잡하게 얽힌 국내외 정세와도 관련 있었다. 두 사람의 관계는 기본적으로 다음과 같은 몇 가지 요인이 작용했다.

첫 번째로, 시간이라는 물리적인 요인을 꼽을 수 있다. 최근까지의 수렴청정은 8세에 즉위한 헌종 대의 7년이 가장 길었고, 모든 면에서 부족했던 철종이 즉위했을 때도 3년 동안의 수렴청정이 고작이었다. 반면, 고종은 즉위한 뒤 신정왕후가 4년 동안 수렴청정을 한 이후로도 대원군이 정국을 장악하여 철권정치를 행하면서 10년이라는 시간이 흘렀다. 어느덧 고종은 20대 중반의 성년이 되어 있었고, 오랜 시간 동안 왕비와 제왕 수업을 받아온 명성황후와 고종은 대원군의 통치에 불편함을 느끼기 시작했다.

두 번째는, 당시 국내외 정세를 바라보는 두 사람의 인식 차이도 문제였다. 누구보다 돌아가는 정세를 정확하게 알고 있다고 자부한 흥선대원군은 국내 정치의 개혁과 함께 대외적으로는 강력한 쇄국정책을 내세웠다. 반면, 명성황후는 서양의 사정에 관심을 기울이는 등 개방정책에 관심을 기울이면서 인식 차이가 더욱 벌어졌다.

세 번째, 왕실에서 가장 기본적이면서 민감한 왕의 후사와 관련하여 세자 책봉 문제도 영향을 미쳤다. 16세에 혼인한 명성황후는 5년이 지나도록 자식을 낳지 못했다. 남편 고종은 가례를 올린 첫날부터 왕비의 처소에 들지 않고 귀인 이씨의 처소에 드는 등 후궁 이씨를 총애했다. 고종 5년(1868) 윤4월, 귀인 이씨가 완화군을 낳았다. 고종의 뒤를 이을 손자를 기다리던 대원군은 고종의 첫아들이자 자신의 첫손자 완화군과, 손자를 낳은 귀인 이씨를 총애했고, 완화군을 세자에 책봉하려는 움직임까지 보였다.

왕실 안정을 위해 고종의 후계자를 하루빨리 정하는 것이 중요했지만, 흥선대원군이 서두르는 감이 없지 않았다. 왕비인 명성황후가 있었고, 그녀는 아직 젊었기 때문이다. 더구나 후궁에게서 태어난 왕자를 세자에 책봉하는 것은 자식을 낳지 못한 명성황후에게는 위기로 받아들일 수 있는 민감한 사안이기도 했다. 우리나라는 물론 중국 왕조의 역사에도 관심이 깊었던 그녀가 결코 안정적이지 않은 정국에서 후궁이 출산한 왕자를 세자에 책봉한다는 것이 무엇을 의미하는지 모를리 없었기 때문이다.

결국 명성황후의 견제로 완화군의 세자 책봉은 이루어지지 못했고, 후궁 이씨가 왕자를 낳은 지 3년 만인 고종 8년(1871) 11월 명성황후는 그토록 기다리던 왕자를 낳았다. 그러나 왕자는 항문이 막히는 선천적인 기형으로 5일 만에 세상을 떠나고 말았다. 그토록 기다리던 적장자의 죽음은 국가적으로는 물론 그녀에게 이루 말할 수 없는 슬픔이었다. 때문에 왕자의 죽음과 관련하여 많은 이야기들이 전한다.

특히 왕자가 태어나자 대원군이 산삼을 보냈는데, 약재에 산삼이 너무 많이 들어가 왕자가 목숨을 잃었다는 이야기가 대표적이다. 이때부터 대원군에 대한 명성황후의 적개심이 더욱 커지게 되었고, 후궁 이씨가 낳은 완화군이 사망하자 명성황후가 이씨를 궁에서 내쫓았다거나 명성황후가 독살했다는 등, '증오의 칼날을 갈며 처첩 간의 투기로 비화'된 이야기는 야사에서 단골로 등장한다.

현대 사극에서도 현명하고 순종적이었던 명성황후가 표독스럽게 돌변하여 고종에게 시기와 질투를 일삼고, 시아버지와 권력을 놓고 암투를 벌이는 대반전이 일어나게 된 것도 왕자의 죽음에서 시작된다. 물론 이러한 이야기는 일반 사람들의 흥미를 자극하기에 더없이 좋은 소재라서 사실 여부와 관계없이 꼬리를 물고 이어졌다.

불행한 가족사가 다시 이어지다

명성황후는 이미 형제들이 모두 앞서 세상을 떠났고, 혼인한 뒤에도 불행한 가족사가 이어졌다. 조선왕실 족보인 『선원계보기략璿源系譜紀略』에 따르면, 그녀는 고종과의 사이에서 모두 4남 1녀를 출산한 것으로 전한다.

첫아들은 태어난 지 5일 만에 사망했고, 2년 후인 고종 10년(1873) 공주를 낳았으나 22일 만에 사망했다. 이듬해인 고종 11년(1874) 2월 둘째 왕자가 태어났고, 다시 1년 후인 고종 12년(1875) 셋째 왕자를 낳았으나 14일 만에 사망했다. 3년 후인 고종 15년(1878) 넷째 왕자를 출산했으나 105일 만에 사망하는 등 왕자 한 명을 제외하고 모두 1년을 넘기지 못하고 세상을 떠났다.

이처럼 왕실 혈육의 단명短命은 그녀만의 불행이 아니라 조선 말기 왕실의 비극이기도 했다. 헌종은 후사를 두지 못했고, 뒤를 이어 즉위한 철종 역시 정비를 포함하여 후궁들과의 사이에서 5남 6녀를 두었으나 훗날 박영효의 부인이 된 영혜옹주를 제외하고 모두 일찍 사망했다. 영혜옹주 역시 혼인한 지 3개월 만에 사망하여 후사를 잇지 못했다. 철종의 뒤를 이어 즉위한 고종 역시 정비인 명성황후와 후궁 사이에서 모두 9남 4녀를 두었으나 3남 1녀만이 살아남았다. 그나마 불행 중 다행으로 둘째 왕자가 살아남아 후에 고종의 뒤를 이으니 그가 곧 순종이다. 하지만 순종은 태어날 때부터 병약했다. 어려서 천연두를 앓았고 옆구리 담증으로 고생하는 등 잔병치레가 끊이지 않았다.

이처럼 병약한 세자를 지키려고 수단과 방법을 가리지 않았던 명성황후는 전국의 유명한 무당들을 궁궐로 불러들였고, 점쟁이에게 아들을 맡기는가 하면, 절에 바치는 시주도 점점 늘어만 갔다. 아들의 건강을 기원하기 위해 '금강산 일만이천봉에 쌀가마를 하나씩 올려놓았다'는 등 무당에 의존하여 명산대천에 수만 냥의 거금을 써가며 기도를 드렸다는 이야기도 전한다.

그녀가 병약한 아들을 마냥 감싸기만 한 것은 아니었다. 그녀는 서연書筵을 열어 어린 아들에게 공부를 가르치게 했고, 매번 강론한 내용을 질문하며 확인할 정도로 훈육을 게을리하지 않았다. 유일하게 살아남은 아들에게 이렇듯 신경을 쓴 이유는 남편 고종의 뒤를 이어 왕위를 물려받을 후계자였고, 대원군의 존재도 의식했을 것으로 보인다.

고종 10년(1873)을 넘어서면서 고종을 사이에 두고 명성황후와 흥선대원군의 관계가 벌어지기 시작했고, 노론 세력과 새로 등용된 남인 그리고 일부 북인을 중심으로 한 세력 간의 정치적 갈등도 두 사람의 관계에 영향을 미쳤다. 여기에 대원군의 최대 정적인 안동 김씨 세력과 대원군의 장남 이재면을 중심으로 한 신흥 세력, 그리고 최익현을 중심으로 모인 유림 세력 등 정치적 입장이 다른 여러 정파가 이합집산하며 가세하게 된다. 여기에 사적인 이익을 취하려는 자들까지 고종과 흥선대원군 사이를 갈라놓으려고 비열한 방법까지 끌어들이는 등 정국은 더욱 혼돈 속으로 빠져들었다.

주인공 아닌 주인공으로 주목받다

남편 고종과의 관계가 회복되는 가운데, 영민하고 정치 감각이 뛰어난 명성황후는 고종에게만 의지한 채 정국을 그저 바라보고만 있지 않았다. 이러한 시기에 시아버지 흥선대원군과의 불화설이 떠돌기 시작했다. 당시 사회 분위기를 감안하면 명성황후의 모습은 '누구보다 권력욕이 강한 여인'으로 비쳤을 수도 있다. 그럼에도 권력을 놓고 보면 그 중심은 왕인 고종이었고, 명성황후와 흥선대원군은 조연에 해당했다.

고종이 아버지 흥선대원군에게 왕권을 가져오는 과정에서 명성황후가 적극적으로 고종을 지원하면서 대원군과의 갈등과 대립이 본격화되었을 가능성도 충분했다. 관점을 달리하면, 명성황후가 고종과 대원군 사이에서 정치적 희생양 역할을 했다고 볼 수도 있다. 다시 말해, 아무리 왕이라 해도 아버지인 대원군에게 정면으로 도전하기가 어려웠던 고종이 불효자로 낙인찍히지 않으려는 전략적 판단으로 명성황후를 전면에 내세웠을 수도 있었다. 또는 효를 근본으로 하는 유교 사회의 가치를 누구보다 잘 알고 있던 명성황후가 남편 고종이 왕권과 아버지 대원군에 대한 효의 도리 사이에서 갈등을 겪자 대신 나서서 고종과 대원군 사이에 방파제 역할을 했을 가능성도 있었다.

이 두 가지 견해는 비록 의미가 같진 않지만, 당시 정국에서 명성황후가 남편 고종을 지원하는 역할을 했다는 공통점이 있다. 세자 책봉을 둘러싸고 마음에 깊은 상처를 받았던 명성황후는 고종 10년(1873)을 넘기면서 둘째 아이를 임신하여 출산을 앞두고 있었던 상황이라 왕권을 지키려면 무언가가 필요하다고 깨닫는 시기였다.

사실 여부와 관계없이 명성황후와 흥선대원군은 서로 목숨을 위협할 정도로 관계가 악화되었다는 이야기까지 전한다. 예를 들면, 고종이 친정을 선언한 직후인 고종 10년(1873) 12월, 명성황후의 침전인 자경전에 폭약을 설치하여 경복궁에 대화재가 일어난 사건의 배후가 흥선대원군이었다고도 하고, 이듬해인 고종 11년(1874) 11월 명성황후의 양오빠 민승호와 그녀의 어머니가 집으로 배달된 상자를 열어보다가 폭약이 터져 사망한 사건을 흥선대원군의 범행으로 추정하기도 한다.

뿐만 아니라 정씨 성을 가진 소경이 명성황후의 사주를 받아 나무로 허수아비를 만들어 대원군을 저주하다 처형되기도 했고, 자객으로 추정되는 자가 대원군이 거처하는 운현궁에 침범하여 대원군을 공격한 사건이 발생하기도 했다. 이 사건은 명성황후 일파를 공격하려고 대원군이 꾸민 일로 추정하기도 하지만, 일어난 사건들 모두 두 사람의 배후설에 관한 구체적인 증거가 전하지 않는다.

사실 여부를 떠나 두 사람과 관련한 극단적인 이야기들이 떠돌았다는 것은 그만큼 이들을 많은 사람들이 주목했고, 이러한 관심은 시간이 지날수록 점점 확장되었음을 의미했다. 정치가이자 독립운동가인 윤효정의 『풍운한말비사風雲韓末秘史』와 황현의 『매천야록』에는 고종 19년(1882) 임오군란 당시 명성황후의 측근인 민겸호가 대원군에게 도움을 요청했지만, 대원군이 냉소만 띨 뿐 도와주지 않았다고 기록하는 등 두 사람의 갈등이 오래도록 지속된 것으로 전한다.

당시 정국은 두 사람의 갈등만으로 설명할 수 없는 복잡한 상황으로 전개되었다. 특히 고종의 존재를 무시하고 명성황후와 대원군만 주목하여 며느리와 시아버지의 권력 다툼이라는 패륜적 사건으로 당시 정국을 모두 설명할 수 있는 것은 아니다.

무엇보다 명성황후와 대원군은 정치권력을 장악할 수 있는 합법적 근거나 제도 그리고 명분이 없었다. 합법적 근거나 명분은 오로지 왕인 고종에게 있었다. 따라서 두 사람 중 살아남는 사람이 최후의 승자가 되는 것도 아니었다. 비록 을미 시해사건으로 명성황후가 사망했지만, 그날 일본 낭인들과 함께 궁에 들어온 76세의 노정객 대원군 역시 일본의 꼭두각시에 지나지 않았다. 대원군은 며느리의 죽음에 암묵적으로 동의했다는 거센 비난을 받았을 뿐 권력을 손에 쥘 수 없었다.

명성황후와 대원군은 현재도 한국 정치사에서 평가가 가장 극단적으로 엇갈리는 인물들이다. 명성황후가 국가 권력을 사적으로 남용하면서 외세에 기대어 권력 유지에 급급했던 인물로 비판받는가 하면, 외세의 틈바구니에서 국권을 수호하기 위해 헌신하다 숨진 비범한 인물로 평가받기도 한다.

대원군 또한 과감한 개혁을 추진한 인물로 평가받는가 하면, 국제 정세에 대한 판단이 부족하여 변화의 기회를 놓치고 철저한 쇄국정책과 철권통치를 실시한 인물로 비판받기도 한다. 그리고 두 사람 사이에서 갈등했던 고종은 유약하고 심지어 무능한 전제군주로 평가받기도 한다. 그러나 고종을 중심에 놓고 보면 또 다른 해석이 가능하다.

최초의 근대 여성 정치인으로 평가받다

명성황후의 정치 참여는 고종 없이는 설명하기 힘들다. 명성황후는 말년에 '고종의 왕권을 유린하면서 국정을 농단했다'며 혹독한 비판을 받지만, 최근 연구에 따르면 두 사람은 정치적 동반자로 명성황후는 고종의 충실한 참모였다는 견해도 있다.

명성황후의 정치 참여를 고종이 반대했다면 어떤 식으로든 폐비를 검토할 수 있는 등 여전히 왕비 자리는 확고부동하지 않았다. 따라서 명성황후의 행동은 남편이자 국왕인 고종의 지지가 있었기에 가능했다. 고종이 친정을 선언하며 정치 일선에 나섰지만, 변변한 지원 세력이 없는 상황에서 명성황후는 가장 믿을 만한 지원자였기 때문이다.

당시 조정에는 대원군이 10년 동안 집권하면서 다져놓은 세력이 존재했지만, 고종은 자신의 집안은 물론 왕실 종친의 지지를 이끌어내기에는 한계가 있었다. 대표적인 예로 대원군은 물론 대원군의 서자인 이재선이나 대원군의 장남 이재면의 아들이자 대원군의 장손자 이준용 등이 고종의 왕위를 노린 모반 사건으로 왕권을 흔들었다.

따라서 고종은 명성황후의 정치적 조언과 그녀의 친정인 민씨 일족의 지원에 의지할 수밖에 없었다. 고종에게 민씨 일족은 처가일 뿐만 아니라 외가였고, 또 할머니의 친정 가문이기도 하여 누구보다 신뢰할 수 있었던 것이다. 더구나 명성황후의 친정아버지가 일찍 사망해서 왕의 장인이 없다는 점도 마음의 부담을 덜어주었다. 즉, 민씨 일족이 집결한다 해도 가문의 어른이 없으니 안동 김씨 등의 기세등등한 세도정치 세력처럼 왕권을 제약하면서 국정을 농단하기보다 왕을 보좌하는 형식으로 친위세력을 형성할 수 있을 것으로 기대했다.

명성황후가 사망한 뒤 고종이 친히 지은 「어제행록」에서도 그녀의 역할이 고종의 의도에서 크게 벗어나지 않았음을 보여준다.

> 집안에서 대대로 의리를 강론하니 황후가 어려서부터 배운 점이 있어서 착하고 간사한 것을 판별하고 옳고 그른 것을 밝혀내는 데는 과단성이 있었는데, 마치 못과 쇠를 쪼개는 듯이 하였고 슬기로운 지혜는 타고난 천성이어서 기미를 아는 것이 귀신같았다. 어려운 때를 만난 다음부터는 더욱 살뜰히 도왔으므로 짐의 기분이 언짢은 것이 있으면 반드시 아침까지 기다리고 앉아 있었으며 짐이 근심하고 경계하는 것이 있으면 대책을 세워 풀어주었다. 심지어 교섭하는 문제가 제기되었을 때는 짐을 권해서 먼 곳을 안정시키도록 하니 각국에서 돌아온 사신들이 아뢰기를, '다른 나라 사람들이 모두 감복한다' 라고 하였다. 또한 황후가 일찍이 짐을 도와서 말한 것이 있는데 근년에 지내면서 보니 모두 황후가 일찍이 말한 것이 일마다 다 징험되어 딱딱 들어맞았다. 심원한 생각으로 미래에 대한 일을 잘 요량하는 황후의 통달한 지식은 고금에 따를 사람이 없으며 사람들이 미칠 바가 아니다.

이 내용은 죽은 사람에 대한 예우 차원에서 생전의 일들을 작성한 글이라는 점을 감안해도 명성황후와 고종의 관계를 파악하는 데 참고할 만하다. 사망한 자의 행적을 아름다운 말로 포장하는 등 약간의 과장이 있다 해도, 전혀 없는 사실을 기록하는 것은 죽은 사람에 대한 예의가 아니기 때문이다. 따라서 30여 년을 고종과 함께 내우외환을 겪으며 살았던 명성황후에 대한 고종의 애도는 기본적으로 그녀가 고종을 적극적으로 내조했고, 고종은 '그녀의 능력을 믿고 의지했다'는 사실을 확인할 수 있다.

고종은 또한 명성황후의 장례를 여러 차례 연기하다가 대한제국을 선포한 뒤 황후로 추존하여 황후의 예로 정성을 다해 장례를 치르면서 그녀의 죽음을 대단히 애통해했고, 그녀가 사망한 뒤에 엄비가 그 역할을 대신했지만, 고종은 끝까지 새 왕비를 책봉하지 않고 명성황후에 대한 의리를 지켰다.

여성의 정치 참여를 부정적으로 평가했던 유학자 황현 역시 『매천야록』에서 "황후는 총민하고 정략도 풍부하였으며, 언제나 고종의 좌우를 떠나지 않고 고종이 미치지 못하는 일을 도와주었다"고 평가했다. 그녀가 생존했을 때 가까이에서 자주 접했던 윤치호는 자신의 일기에서 "명성황후의 기민함과 총명함에 대해서는 인정하지만, 그녀가 사사로운 이익보다 조선을 위해 능력을 발휘했다면 큰 축복이 되었을 것"이라며 비판적으로 평가했지만, 그녀가 사망한 뒤 자포자기한 듯한 고종을 보면서 "왕후가 살아 있을 때는 그녀가 모든 악의 근원이라 생각했으나, 이제 보니 단지 왕을 기분 좋게 하기 위해 많은 해로운 일을 하게 된 것임을 알겠다"고 기록했다.

이외에도 조선에 거주하던 외교관들이 본국 정부에 보고하는 정보의 대부분이 고종과 관련한 것일 뿐, 명성황후에 대한 정보는 매우 제한적이었다는 사실도 눈길을 끈다. 이는 명성황후가 국정에 관여한 것은 사실이지만, 그녀가 극단적으로 정치의 전면에 나선 것이 아니라 고종을 의식하면서 고종의 정책 수행을 지지해주고 조력하는 내조자였음을 의미한다.

그렇다고 그녀가 오랜 기간 동안 정사에 관여하며 국정의 파행에 영향을 미쳤다는 사실을 부정하는 것은 아니다. 다만 고종과 명성황후 그리고 대원군의 관계는 당시의 정국을 감안하여 파악할 필요가 있으며, 특히 이들에 대해 일제가 단편화하고 왜곡했다는 사실에 유념할 필요가 있다.

정치적 사망선고를 당하다

명성황후는 자신의 인척을 기반으로 대원군의 장기 집권에 반발한 세력과 주로 협력관계를 맺었다. 민씨 집안의 민승호, 신정왕후의 조카로 대원군이 실각시킨 풍양 조씨 집안의 조영하, 안동 김씨 집안의 김병기 그리고 대원군의 형인 흥인군 이최응, 서원 철폐에 불만을 품은 유림의 거두 최익현 등이 그들이다.

이들의 협력은 기본적으로 고종의 지지와 신뢰가 있었기에 가능했지만, 처음부터 명성황후를 적극적으로 지원한 것은 아니었다. 이들 중에는 명성황후의 친정 집안 출신의 등용이나 그녀의 정치 참여에 비판적인 인물도 있었지만, 대원군의 장기 집권에 대한 문제가 최대 현안이었기 때문에 연대가 가능했다. 즉, 대원군의 퇴진 분위기가 고조되자 대원군의 섭정 중지와 동시에 고종의 친정을 요구하는 상소를 이끌어낸 것은 최익현으로 대표되는 유림 세력이었고, 명성황후는 탁월한 정치력을 발휘하여 이들과 연대했던 것이다.

당시 고종은 창덕궁에서 운현궁으로 직접 통하는 대원군의 전용 출입문을 폐쇄했다. 20대 중반의 청년 고종이 친히 정사를 돌보겠다는데 이를 반박할 명분이 약했던 대원군은 결국 집권 10년 만에 권력에서 물러나 경기도 양주군 시둔면 곧은골(直谷)에 은둔한다.

이후 명성황후는 고종 11년(1874) 둘째 왕자를 출산했고, 이듬해 아들이 왕세자에 책봉됨으로써 왕권이 안정적으로 자리 잡는 듯했다. 그녀는 민씨 일가를 적극적으로 끌어들였고, 외세의 동향에도 관심을 기울였다. 다만 이러한 조치들이 정국 안정과 한반도를 둘러싼 국제 정세에 얼마나 효과적인 대응이었는지에 대한 평가는 별개의 문제이다.

이 무렵 개화정책을 추진하는 과정에서 많은 위협이 뒤따랐다. 고종 12년(1875) 운양호 사건, 고종 13년(1876) 불평등조약인 강화도조약 체결 등으로 외세의 침탈이 현실화되는 등 국내외 정세는 명성황후와 고종에게 유리하게 돌아가지 않았다. 고종 18년(1881), 대원군의 서자인 이재선을 왕으로 추대하려는 역모 사건이 일어났고, 정권을 회복하려는 대원군 일파의 공격도 더욱 면밀하고 거칠어졌다. 고종 19년(1882), 임오군란으로 명성황후가 쫓겨나고 대원군이 다시 10년 만에 돌아와 정치의 전면에 나선다. 이때 대원군은 명성황후의 행방을 알 수 없는 상태에서 왕비가 죽었다고 공표하자마자 국장을 치렀다. 그녀가 살아있다 해도 다시 궁궐로 돌아올 수 없게 정치적 사망선고를 한 것이다.

당시 명성황후에 대한 민중의 반감도 만만치 않았다. 국상 절차에 따라 설치된 분향소에 국모의 죽음을 애도하려고 찾아오는 조문객들을 길에서 가로막고 모욕을 주며 가마를 부수는 소동이 일어나기도 했다. 민중이 그녀에게 반감을 지니게 된 이유에 대해서는 좀 더 구체적으로 살펴보아야 할 문제이지만, 개항 이후 물가 폭등으로 누군가에게 화풀이할 대상이 필요할 정도로 지독한 생활고를 겪어야 했다. 그럼에도 명성황후는 병약한 세자를 위한 기도에 들이는 비용을 국고에서 사용했고, 근대화를 추진하기 위한 새로운 정부 기구의 요직을 그녀의 친족이 모두 차지하여 이들에 대한 불신이 극에 달했던 것이다. 이러한 반감은 결국 반개화적 정서로 이어졌다.

한편, 위기를 모면하고 충주 장호원으로 피신했던 명성황후는 50여 일 만에 경복궁으로의 복귀를 시도하며 청나라에 지원을 요청했다. 청나라는 이를 기회로 조선에 군대를 파견했고, 그녀는 이들의 보호를 받으며 한양으로 들어왔다. 이때 대원군은 청나라에서 파견한 군대에 납치되어 3년 동안 중국에서 유폐생활을 하게 된다. 다시 돌아온 명성황후는 친청정책을 시행하지만, 여전히 상황이 좋지 않았다.

고종 21년(1884) 10월, 우정국 개국축하 만찬회에 맞추어 거사를 일으킨 갑신정변이 3일 천하로 끝나면서 위기를 넘기기도 했다. 당시 명성황후는 청나라와 더 가까이 지내면서 한편으로는 서양 세력에도 관심을 기울였다. 고종 22년(1885) 거문도사건 등을 처리하면서 그녀가 러시아와 일본 그리고 영국 등과 접촉한 것을 그 예로 꼽을 수 있다.

하지만 그녀의 대외 정책은 성공적이지 않았고, 국내 정세 역시 호전되지 않았다. 고종 30년(1893), 충청도 보은집회에 2만 명의 동학교도가 모여 탐관오리의 척결과 생활난 타개 그리고 척양척왜 등을 전면에 내걸었고, 이듬해 2월 고부군수 조병갑의 전횡을 계기로 전봉준이 이끄는 농민전쟁으로 확산되었다.

처참한 최후를 맞이하다

갑신정변 이후 명성황후는 외교적으로 여러 통로를 개척하면서 국정에 참여했지만 외척의 득세로 국가 재정이 바닥나고 백성의 삶은 피폐해졌다. 이러한 사회 구조적 모순에 대한 불만들이 쌓이고 쌓여 마침내 동학농민혁명으로 이어졌다. 혁명군은 전주를 점령하고 충청도까지 위협하며 마치 타오르는 들불처럼 순식간에 전국으로 퍼져나갔다.

명성황후는 청나라에 도움을 요청했고, 일본도 청나라를 견제하기 위해 대규모 병력을 조선에 파병했다. 두 나라 군대는 우리 땅에서 싸움을 벌였고, 일본의 승리로 막을 내렸다. 이에 명성황후는 포기하지 않고 일본의 노골적인 내정간섭을 견제하기 위해 러시아를 끌어들였다.

당시 러시아는 프랑스·독일 등과 손을 잡고 일본 견제에 나섰고, 열강들을 상대하기에 힘이 부족했던 일본은 이들이 요청한 요동반도를 반환하는 등의 조치를 취하면서 한발 물러났다. 그녀의 친러정책이 어느 정도 효과가 나타나는 듯했다. 하지만 일본과 청나라에 이어 러시아까지 조선 침탈의 기회를 노리면서 분주하게 움직이자 한반도는 열강들이 세력을 다투는 각축장이 되고 말았다.

그러자 조선의 정치인들 가운데 자신의 정치적 계산에 따라 열강들 사이를 오가며 생존을 모색하는 자들이 생겨났다. 이러한 과정에서 명성황후를 조선 침략에 가장 큰 걸림돌이라고 판단한 일본은 은밀하게 그녀를 제거할 계획을 세웠다.

암살이라는 극단적인 방법을 선택한 일본은 고종 32년(1895) 10월 8일, 이른바 을미사변을 일으켰다. 일본 공사 미우라가 조선에서 일본이 밀려날 것을 우려하여 친일파와 짜고 명성황후와 친러 세력을 제거하려고 일본 군인과 정치 낭인들을 불러들인 것이다. 이들은 대원군을 내세워 왕궁을 습격하고 명성황후를 시해한 뒤 정권을 탈취했다. 동원된 낭인들은 새벽에 광화문 담을 넘어 경복궁으로 들이닥쳐 명성황후를 살해한 뒤 시체를 불살랐고, 고종으로 하여금 명성황후를 서인으로 폐하도록 강요했다. 하지만 고종은 바로 그다음 날 조령을 내리기를, "짐朕은 왕태자王太子의 정성과 효성, 정리情理를 고려하여 폐서인廢庶人 민씨閔氏에게 빈嬪의 칭호를 특사特賜하노라"고 대응했다.

일본 외무성 부설 외교사료관의 『한국왕비살해일건』 제2권에는 그녀가 장안당과 곤녕합坤寧閤 사이의 뜰에서 시해되었고, 그녀의 시신은 곤녕합 동쪽의 옥호루玉壺樓에 잠깐 안치되었다가 건청궁 동쪽의 녹산鹿山에서 불태워졌다고 한다. 이후 현장 인멸에 적극적으로 나선 일제는 1909년 건청궁을 경복궁 전각 가운데 가장 먼저 훼손했고, 1939년 그 자리에 조선총독부 미술관을 세웠다. 광복 후 그 건물은 국립현대미술관과 국립민속박물관으로 사용되다가 1998년에 헐렸고, 2007년 10월 관문각을 제외한 건청궁 전각이 98년 만에 복원되었다.

이처럼 밀려오는 외세에 맞서며 기울어져 가는 나라를 일으키려던 비운의 여인 명성황후는 45세의 나이로 생을 마감했다. 당시 황후의 시해 소식이 전해지자 전국에서 의병이 일어났고, 일본에 대한 국제사회의 비난이 거세게 일었다. 궁지에 몰린 일본은 범인들을 체포하여 일본에 압송한 뒤 재판에 회부했지만, 형식적인 절차에 지나지 않았다. 40여 명의 파렴치한 시해범들은 1896년 1월 일본 히로시마廣島에서 재판을 받았으나 증거 부족이라는 이유로 모두 석방되었고, 이후 이들은 승승장구하며 일본 사회에서 명사로 자리 잡고 살았다.

한편, 을미사변으로 신변에 위험을 느낀 고종이 아들 순종과 함께 일본의 눈을 피해 러시아 공사관으로 피신하는, 이른바 아관파천俄館播遷이 일어나 정국의 주도권은 러시아로 넘어간다. 고종은 처참하게 죽은 아내를 지켜주지 못한 것을 두고두고 후회하며 스스로를 질책했다.

명성황후는 살아 있었다?

명성황후는 "1895년 10월 8일 새벽 경복궁 건청궁에서 살해되었다"는 것이 학계의 정설이다. 일부에서는 당시 그녀가 생존했을 가능성에 무게를 두기도 한다. 그 근거로 그녀의 시체를 찾지 못했고, 고종이 그녀의 국장 중지와 재개를 다섯 차례나 되풀이했으며, 효자로 알려진 순종이 곡을 하지 않았다는 등의 이유와 함께 외교문서를 비롯해서 명성황후 암살을 주도한 인물의 일기나 일본 정치 문서 등에 주목한다.

당시 '명성황후의 행적이 묘연하다'고 전하는 외교문서나 '명성황후가 죽지 않고 살아 있을 것'이라는 주요 외신들의 보도가 전하기도 한다. 미국의 〈뉴욕타임스〉와 일본의 〈마이니치 신문〉에는 명성황후의 평소 성격으로 볼 때 그녀가 어떻게든 대피로를 확보해두었을 가능성을 점쳤다. 즉, 그녀의 얼굴을 알고 있는 사람이 극소수라 명성황후로 지목된 궁녀 중 한 사람이 잡혀 살해되는 소란을 틈타 그녀가 충분히 대피할 시간이 있었을 것으로 추정하고 있다.

최근에는 독일 외교부 정치문서보관소와 영국 국립문서보관소에서 "한국의 왕비가 아직 살아 있다"는 외교문서가 발견되어 눈길을 끌기도 했다. 이 문서는 1896년 2월 6일 러시아 주재 독일 공사 후고 라돌린이 자국의 총리 앞으로 보낸 비밀문서로 "러시아 외교부 장관 로바노프가 자신의 정보에 따르면, 죽었다고 전하는 한국의 왕비가 아직 살아 있다고 나에게 말했다. 서울 주재 러시아 공사 베베르는 왕비가 러시아 공사관으로 피신할 수 있는지를 한 명의 한국인으로부터 매우 비밀리에 요청받았다"고 기록되어 있다.

1895년 10월 9일, 을미사변이 일어난 다음날, 서울 주재 영국 총영사 월터 힐리어는 베이징 주재 영국 공사 니콜라스 오커너에게 보낸 문서에서 "일본인들이 궁녀 서너 명을 죽였으며 왕비는 사라졌는데 탈출한 것으로 보인다"고 보고했다. 이어서 힐리어는 베베르의 방문을 받았을 때 베베르가 "왕비의 생존 가능성이 있다"고 말했다는 보고서를 본국에 보내기도 했다. 마지막으로, 힐리어가 1896년 2월 11일 아관파천이 일어난 나흘 뒤인 2월 15일, 베이징 주재 영국 대리공사 뷰클럭에게 보낸 문서에 "왕(고종)은 여전히 왕비(명성황후)가 살았는지 죽었는지를 말하지 않고 있다"고 적었다.

이처럼 명성황후의 생존과 관련하여 당시 최강대국 독일과 영국이 구체적인 확인 작업도 없이 본국에 "그녀가 살아 있다"고 보고하지는 않았을 것이라는 점에서 명성황후의 생존설이 관심을 끌고 있다. 명성황후가 스스로 생존 사실을 밝히지 못한 이유는 일본의 재암살 시도를 피하기 위해 숨어서 살다가 사망했을 것으로 추정하고 있다.

하지만 명성황후의 생존과 관련하여 구체적인 사료가 더 이상 발굴되지 않아 당시 그녀가 살아 있었을 것으로 단정하기에는 무리가 있는 등, 명성황후의 생존설에 대해서는 부정적인 시각이 지배적이다. 만약 그녀가 탈출에 성공했다면 이후라도 자신의 존재를 알리는 것이 상식적이었다. 즉, 당시 정국을 감안하면 자신의 존재를 알리는 것이 더 안전할 수 있었고, 일본에 대응할 기회를 마련할 수 있었기 때문이다.

그럼에도 명성황후의 생존 가능성이 유포된 이유는 일본이 이 사건을 무마하기 위해 외교가를 대상으로 역선전을 했을 가능성이 높다. 다시 말해, 명성황후의 생존설은 일본이 자국의 책임을 회피하려는 의도에서 외교가에 퍼뜨린 풍문이라는 뜻이다. 영국이나 독일 외교문서가 신뢰성이 높다는 점은 부정할 수 없지만, 라돌린의 문서가 고종의 아관파천 무렵인 것으로 보아 러시아 공사관으로 대피를 원한 사람이 왕비가 아니라 왕의 오기이거나 착각했을 것으로 보고 있다.

시신 없는 장례식이 거행되다

고종은 임오군란 때 사망한 줄 알았던 명성황후가 다시 살아 돌아왔듯이 그녀가 반드시 살아서 돌아올 것이라는 기대를 버리지 않았다. 하지만 2년을 기다려도 그녀가 돌아오지 않자 결국 고종 34년(1897) 11월 국장으로 시신 없는 장례식을 치렀다. 고종은 그녀를 위해 『주역』, 『자치통감강목』, 『춘추좌전』 등 평소 그녀가 즐겨 읽던 책들을 함께 매장했고, 대한제국을 선포하여 고종이 황제 자리에 오르면서 그녀 역시 황후로 추존되었다. 그녀의 시호는 효자원성정화합천홍공성덕제휘렬목 명성태황후孝慈元聖正化合天洪功誠德齊徽烈穆明成太皇后이다.

명성황후의 능은 처음에 동구릉 내 숭릉의 오른쪽 산등성이로 정하려 했지만 아관파천 등의 불안한 국내 정세로 중단되었다가 마침내 고종 34년(1897) 11월, 경기도 양주군 청량리의 천장산(현재 서울 동대문구 회기동과 성북구 석관동에 있는 산)에 능을 조성하고 능호를 홍릉洪陵이라고 했다.

고종 37년(1900), 특진관特進官 이재순이 능의 자리가 좋지 못하다고 상소를 올렸다. 이에 따라 양주군 미금면 금곡리에 능 조성을 위한 공사를 시작했지만 정치적인 상황으로 공사가 중단되었다. 그 후 고종이 1919년에 세상을 떠나자 중단되었던 금곡의 홍릉 자리를 다시 공사한 뒤 명성황후의 능을 먼저 천장한 후 고종을 합장하여 능을 조성했다.

조선의 역대 왕릉 가운데 명성황후와 고종이 묻힌 홍릉과 그의 아들 순종이 묻힌 유릉에만 조선 왕릉의 표본인 정자각丁字閣이 없다. 건물의 평면이 정丁 자 모양이라 이름 붙인 정자각은 선대왕들의 제사를 모시는 왕릉의 핵심 구조로, 왕릉 입구인 홍살문과 봉분 사이에 있다.

홍릉과 유릉에는 정자각 대신 평면이 일一 자 모양의 침전寢殿이 있다. 고종 34년 명성황후의 능을 조성할 무렵 고종은 대한제국을 선포하여 중국과 대등한 황제의 나라임을 천명했고, 대한제국의 첫 연호인 '광무光武'를 사용했으며, 능 또한 왕릉 형식이 아닌 황제릉 형식에 따라 조성했기 때문이다. 홍릉은 명나라 황제 태조의 효릉 조성 방식을 따르면서 능침의 호석인 석양과 석호 대신 능침 앞에서부터 기린·코끼리·사자·해치·낙타 등이 각 1쌍씩 배치되는 등 지금까지 볼 수 없었던 구조물이 대폭 확장되었다.

1905년, 미국 26대 대통령 시어도어 루스벨트의 딸 앨리스 루스벨트가 대한제국을 방문했을 때 승마복 차림으로 수행원들과 함께 홍릉에 들러 이 석물에 올라타고 인증샷을 찍어 논란에 휩싸이기도 했다. 명성황후는 죽어서도 여전히 열강의 틈바구니에 끼어 있다는 느낌을 떨칠 수 없다.

조선의 그 어떤 왕비보다 영특했고, 정치에 뛰어들어 능력을 발휘했던 명성황후는 분명 한 시대를 풍미한 여걸이었다. 그녀의 정책 노선에 대해 '정국의 상황에 따라 보수와 진보 사이를 오가면서 균형을 이루려고 노력했다'는 평가를 내리기도 하지만, 그녀는 왕실의 척족정치의 악순환을 되풀이하는 등, 밀려드는 열강들 속에서 왕실과 백성이 모두 살아남는 길을 찾지 못했다는 비판으로부터 자유로울 수 없다.

홍릉 : 경기도 남양주시 홍유릉로 352-1(금곡동 141-3)

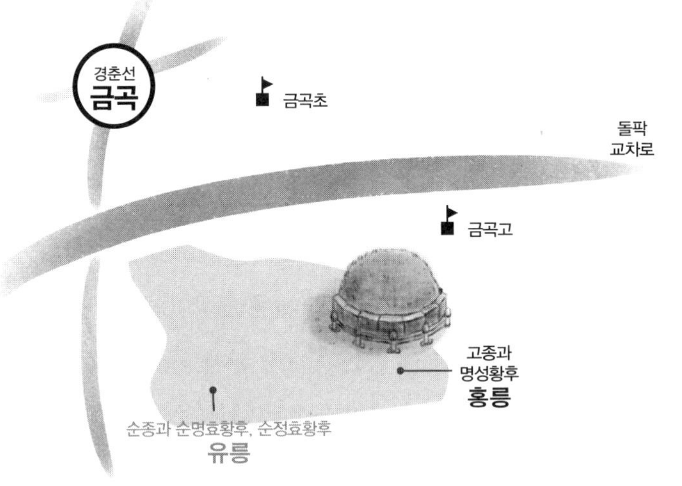

- 경춘선 금곡역에서 하차(도보 15분)
- 청량리에서 30, 65, 330-1, 1330-2, 1330-3, 1330-4, 1330-44 버스 이용
- 강변역에서 93번 버스 이용
  버스정류장 이름 : '홍유릉, 금곡동주민센터'

4대가 왕실과 혼인하다

순명효황후 민씨純明孝皇后 閔氏와 순정효황후 윤씨純貞孝皇后 尹氏

순종의 정비와 계비

최초의 황태자비가 탄생하다

순명효황후는 조선의 마지막 세자빈이면서 대한제국 최초의 황태자비로 역사에 이름을 남겼다. 그녀의 시호에 '효孝' 자가 붙은 것은 순종의 시호가 효황제였으므로 이 규범에 따른 것이다.

그녀의 집안인 여흥 민씨는 대원군의 아버지 남연군과 대원군 그리고 대원군의 아들 고종에 이어 고종의 아들 순종과 혼인함으로써 4대째 왕실과 인연을 맺게 된다. 따라서 여흥 민씨 집안은 국왕의 처가이자 외가이면서 사돈이라는 진기한 기록을 세운다.

순명효황후는 민태호閔台鎬의 딸로, 고종 9년(1872) 한양 양덕방陽德坊 계동 사저에서 태어났다. 여흥 민씨 가문은 조선의 건국 시기부터 명망 있는 권문세족에 속했고, 조선 말기에는 명성황후가 정치에 적극 참여하면서 새로운 세도 가문으로 떠올랐다. 하지만 흥선대원군이 물러난 이후 왕실 외척으로 세도정치를 펼쳤다는 비판을 받았고, 순명효황후의 아버지 민태호는 외척 수구세력의 대표였다.

그녀는 명성황후의 추천으로 고종 19년(1882) 11세의 나이에 9세의 순종과 혼인했다. 명성황후는 그녀의 13촌 고모뻘로 여기에 시어머니와 며느리 관계가 더해져 복잡한 인척관계로 얽혀 있다. 그녀의 오빠 민영익은 명성황후의 양오빠 민승호의 양자가 되었다.

「고종실록」에는 "순명비는 유순하고 온화하며, 덕스러운 용모를 타고났다. 어렸을 때부터 한번 보기만 하면 누구나 범상하지 않음을 알았다"고 기록하는 등 순명효황후는 나이에 비해 상당히 조숙했던 것으로 전한다. 또한 명문가의 후손답게 유교적 교양을 몸에 익혀 성격이 조용하고 유순하면서도 강단이 있었다. 다만 나이에 비해 키가 작은 것이 흠이었지만, 시어머니 명성황후가 있었기에 그녀가 세자빈에 간택되는 과정에 어려움이 없었다.

순명효왕후가 궁궐 생활을 시작한 지 불과 4개월 만에 임오군란이 일어나 마치 불행의 그림자가 기다렸다는 듯 그녀의 삶 속으로 파고들었다. 당시 개화파의 중심에 서 있던 명성황후를 제거하려고 난에 가담한 자들이 대궐을 뒤지고 다녔다. 이때 명성황후는 상궁 옷으로 갈아입고 대궐 밖으로 피신했지만, 미처 피하지 못한 순명효황후의 집안 사람 민겸호 등을 비롯해 개화파가 속속 살해되었다.

2년 뒤인 고종 21년(1884) 10월에는 갑신정변이 일어났다. 그녀는 한양 동성 밖의 각심사로 몸을 피해 화를 모면했지만, 친청파 중심에 있던 친정아버지 민태호가 김옥균 등 개화파에 처참하게 살해되었다. 고종 27년(1890)에는 대왕대비 신정왕후가 사망했고, 동학농민운동과 청일전쟁 등으로 정신과 육체적으로 혹독한 시련이 이어졌다.

불행은 여기서 멈추지 않았다. 고종 32년(1895) 을미사변이 일어나 그녀는 물론, 조선은 커다란 충격에 휩싸였다. 당시 그녀는 명성황후를 해치려는 일본 낭인들을 막아서다가 넘어지면서 허리를 다쳐 이후 고질병으로 죽을 때까지 고생했다는 이야기가 전한다. 또한 일설에 따르면, 그녀가 누구의 것인지도 모르는 피를 뒤집어쓰고 시어머니 명성황후의 죽음을 막으려고 나섰다고도 하며, 갑자기 닥친 변란으로 갈팡질팡하는 궁인들을 꾸짖어 진정시켰다고도 한다.

이러한 이야기들의 사실 여부는 확인할 수 없지만, 적어도 그녀는 시어머니 명성황후가 일인들의 칼에 살해되는 것을 지켜보면서 큰 충격을 받았을 것으로 추정된다. 이렇듯 젊은 나이에 겪은 온갖 충격과 마음고생 때문인지 그녀는 남편 순종과의 사이에 자식을 두지 못했다.

모든 것을 숙명으로 받아들이다

순명효황후는 궁궐에 들어온 이후 정치에 관여하지 않았고, 시어머니 명성황후에게 의지하며 살았던 것으로 전한다. 시어머니가 사망한 뒤에는 마땅히 의지할 곳이 없었지만, 모든 것을 숙명처럼 받아들이면서 평생을 조용하게 지내며 궁궐을 지켰다.

최근에 그녀가 지인에게 보낸 편지가 발견되어 관심을 끌고 있다. 그녀의 글씨는 상당히 유려하고 시원시원하여 남성의 글씨처럼 활달함이 느껴진다는 평을 받는다. 평소 병약했던 그녀는 시어머니 명성황후의 그늘에서 살았던 가녀린 왕실 여인으로 연상되지만, 그녀가 순종의 세자 시절 스승이었던 김상덕에게 보낸 편지에는 세상 돌아가는 물정과 조정의 인사 문제까지 상세하게 적혀 있어 외세의 침탈로 위기에 처한 대한제국을 걱정하는 황태자비의 모습을 엿볼 수 있다. 김상덕은 갑오개혁 이후 벼슬을 버리고 충남 보령 궁포리에서 은거생활을 했고, 1910년 나라가 망하자 상복을 입고 집에 가시나무를 세 겹으로 둘러싸고 외딴섬에 유배된 것과 같은 생활을 하다가 1924년 세상을 떠난 강직한 인물이었다.

순명효황후는 고종 34년(1897) 10월, 고종이 대한제국을 선포하면서 대한제국 최초의 황태자비로 책봉된다. 그러나 황태자비 즉위는 상징적인 의미일 뿐, 그녀는 그동안 겪었던 엄청난 충격과 자식을 두지 못한 불행 등을 곱씹으며 살아야 했다. 광무 7년(1903) 11월, 조선의 마지막 대왕대비인 헌종의 계비 효정왕후가 세상을 떠났다. 그녀는 이듬해 2월 국장을 치르면서 몸이 쇠약해져 그해 10월 병상에 누웠고, 한 달 만인 11월 33세의 젊은 나이로 22년 동안의 파란만장했던 궁궐 생활을 마감한다. 어쩌면 그녀의 죽음은 스스로의 감정을 밖으로 표출하지 못해 한이 쌓인 것이 더 큰 원인이었는지도 모른다.

그녀는 왕비 자리에 오르지 못하고 사망했던 터라 대한제국의 황태자비로 국장을 치렀다. 그녀의 능은 지금의 뚝섬 앞 용마산 기슭에 조성하여 대한제국의 황태자비 능으로 유강원裕康園이라 했다. 이후 1907년 순종이 황제에 즉위하면서 황제비로 추숭되었고, 순명효황후純明孝皇后라는 시호를 올렸으며 능호를 유릉裕陵이라고 했다. 1926년 순종이 사망하자 경기도 남양주시 금곡동으로 이장하여 순종과 함께 합장되었다. 그녀의 능을 처음 조성했을 당시 혼유석이 아름답지 못해 다시 다듬어서 세울 것을 논의했고, 이후 광무 9년(1905) 새로운 혼유석을 배치하면서 기존의 석물을 철거하여 땅에 묻었다. 융희 1년(1907), 헌종의 후궁 경빈 김씨가 사망하면서 묘를 조성할 때 이것을 꺼내 다시 사용했다고 한다.

옥새를 치마 속에 감추다

순정효황후는 순명효황후가 사망한 지 2년이 지난 광무 11년(1907) 1월에 순종과 혼인하여 황태자빈의 자리에 올랐다. 그해 7월, 고종이 헤이그에 밀사를 파견했다는 이유로 일제의 강압에 따라 아들 순종에게 양위하여 순종이 황제로 즉위하면서 그녀도 황후에 책봉된다. 따라서 그녀는 살아서 황후로 즉위한 유일한 인물이자 대한제국의 마지막 황후로, 일제에 의한 국권 침탈이라는 불행한 역사적 사건을 겪었다.

순정효황후는 고종 31년(1894) 해평海平 윤씨 집안에서 윤택영尹澤榮의 딸로 태어났다. 그녀의 집안은 선조 때 재상을 지낸 윤두수의 후손으로, 아버지 윤택영은 욕심이 많고 사치가 심해 '채무왕債務王' 또는 '차금대왕借金大王'이라는 별명으로 불렸고, 부채 때문에 베이징으로 도망쳐 결국 객사하고 말았다. 그는 친일반민족행위자 명단에도 이름이 올라 있다.

반면 그의 아들, 즉 순정효황후의 오빠 윤홍섭은 창씨개명을 끝까지 거부했고, 독립운동에 투신하며 아버지와는 전혀 다른 삶을 살았다. 순정효황후는 오빠 윤홍섭을 통해 독립운동을 물심양면으로 지원하기도 했다. 1910년 국권 침탈 때 순종에게 강요하여 병자수호조약에 옥새玉璽를 찍게 한 친일파로 유명한 윤덕영은 그녀의 큰아버지이다.

그녀는 14세의 나이에 34세의 순종과 혼인했다. 나이 차가 무려 스무 살이던 이 두 사람을 바라보는 민간의 시선이 곱지만은 않았다. 순정효황후가 순종과 결혼한 것은 친일파의 계략이라는 이야기와 함께, 그녀의 아버지 윤택영이 자신의 딸을 황제비로 만들려고 순헌귀비 엄씨에게 거액의 뇌물을 바쳤다고 수군거리기도 했다. 그럼에도 순정효황후는 대한제국 황후로서의 자존심을 지키려고 끝까지 노력했다.

순정효황후는 남편 순종과 사이가 좋았지만, 자식을 두지는 못했다. 그 이유에 대해서도 말들이 많았다. 그 가운데, 고종과 순종은 커피를 즐겨 마셨는데 고종 35년(1898) 역관 김홍륙이 러시아와의 통상에서 거액을 착복한 사실이 드러나 흑산도로 유배되어 떠나기 직전, 앙심을 품고 커피에 아편을 탔다는 이야기가 가장 유명하다. 당시 고종은 워낙 커피를 즐겨 마셔 한 모금만 마시고도 독이 들어 있다는 사실을 알고 바로 뱉어냈지만, 순종은 단숨에 마셔서 이가 모두 상했을 뿐만 아니라 심한 복통을 앓았고, 이후 바보가 되었다는 소문이 떠돌기도 했다.

순정효황후가 황후의 자리에 오른 지 3년 만인 1910년 일본이 국권을 강탈한 경술국치가 일어났다. 당시 그녀는 병풍 뒤에서 어전회의를 엿듣다가 친일파들이 순종에게 합방조약에 옥새를 찍어 날인하라고 강요하자 이를 저지하기 위해 뛰쳐나와 치마 속에 옥새를 감추고 내놓지 않았다고 한다. 이에 친일파들이 당황해서 어찌할 바를 모르고 있을 때 그녀의 큰아버지 윤덕영이 치마 속에 감춘 옥새를 빼앗았고, 결국 일본이 대한제국을 강제로 병합하면서 그녀는 대한제국 황실의 마지막 국모가 되고 말았다.

그녀는 1926년 순종이 사망하자 33세의 나이에 과부가 되었고, "상을 당한 여인은 단청 입힌 집에 머무를 수 없다"며 스스로 낙선재로 거처를 옮겼다. 이후 그녀는 시간을 보내기 위해 한글 소설들을 쌓아두고 읽었는데. 분량이 89종 2000여 책에 달한다. 이 책들은 그녀가 사망한 뒤 한국학중앙연구원으로 옮겨져 '낙선재본 소설'이라는 이름으로 소장되어 있다.

마지막 황후로 당당하게 살아가다

그녀는 광복이 된 후에도 대한제국의 마지막 황후로 당당하게 살았다. 그러나 낙선재에서 그녀의 삶은 고난으로 이어졌다. 특히 왕실 후손임을 내세웠던 당시 이승만 대통령은 대한제국 황실을 싫어했고, 낙선재에 살고 있던 순정효황후 역시 달가워하지 않았던 것으로 전한다.

대한민국 정부의 무관심 속에 6·25 전쟁이 일어났을 때는 피난을 가지 못해 서울에 남게 되었고, 3일 뒤 서울이 함락되던 날 인민군이 다발총을 앞세우고 창덕궁 내전에 들이닥쳤다고 한다. 다행히 그녀는 창덕궁 뒷문으로 빠져나가 운현궁으로 피신했고, 인민군이 서울을 점령한 동안에는 관리인 김택수가 공산당에 가입하여 부역까지 해가면서 보호한 덕분에 극적으로 살아남을 수 있었다.

당시 그녀는 낙선재로 쳐들어온 인민군들에게 "이곳은 나라의 어머니가 사는 곳이다"라며 호통 쳐서 내쫓았다는 일화도 전한다. 1950년

9월 28일 서울이 수복되어 다시 창덕궁 낙선재로 돌아왔지만, 1951년 1·4 후퇴 때 비행기 편으로 부산 동래에 있는 경상남도지사의 사택으로 피난을 떠났다. 하지만 그곳에 오래 머물지 못하고 한 시민의 추천으로 구포 민가에서 서민들과 함께 피난생활을 하면서도 황후로서의 자존심을 잃지 않았다.

1953년 7월 휴전협정이 체결되어 정부가 서울로 환도하자 그녀는 다시 창덕궁 낙선재로 돌아가려고 했지만, 창덕궁이 국유재산이라는 이유로 이승만 정부에서 승낙하지 않아 정릉에 있는 개인 소유 가옥인 인수재(仁修齋)에서 지내게 된다. 당시 생활비를 지급받기로 되어 있었지만 구황실재산사무총국의 온갖 비리로 생활에 어려움을 겪었고, 아무도 돌보아주는 사람이 없이 가난과 고독한 생활을 해야만 했다.

이 시기에 그녀와 함께 생활했던 사람들이 그녀의 곁을 떠났고, 궁녀 셋만이 그녀를 지켰다. 게다가 미국 닉슨 부통령의 방문 당시 구황실재산사무총국에서 인수재에 고급 물건들을 들여놓았다가 부통령의 방문이 끝나자 다시 환수해가는 수모를 겪기도 했다. 이후 그녀는 4·19혁명으로 이승만 정권이 무너진 뒤 낙선재를 전면 수리하여 1960년 5월 내외기자들의 카메라 플래시 세례를 받으며 낙선재로 돌아왔다.

격동의 한국 근현대사를 겪으면서 대한제국 마지막 황후로서 기품을 잃지 않으려고 노력했던 그녀는 말년에 일본어와 영어는 물론 불경 공부를 열심히 했다. 또한 인수재에서 생활할 당시 근처에 있는 홍천사를 매일 찾아가 왕가의 며느리로서 왕조를 지켜내지 못한 것을 사죄했던 그녀는 세상에 대한 허망함을 떨치기 위해 불교에 귀의해 대지월(大

智月이라는 법명을 받기도 했다.

고난의 역사를 뒤로하고 잠들다

순정효황후는 1966년 2월 낙선재 석복헌에서 73세를 일기로 세상을 떠났다. 그녀는 생전에 자신이 죽으면 조용히 장례를 치르라고 당부하면서 장례 치르고 여유가 되면, 자신을 따르며 시중들었던 상궁들을 챙겨달라는 유언을 남겼다.

그녀는 사망한 뒤 남편 순종이 잠든 유릉裕陵에 합장되었다. 유릉은 고종과 명성황후의 능인 홍릉과 합쳐 '홍유릉'이라고도 한다. 홍유릉은 대한제국의 황제가 묻힌 황제릉이면서 한편으로는 조선의 마지막 왕과 왕후가 모두 이곳에 묻힘으로써 조선 역사도 함께 잠들게 된다.

유릉은 조선 왕릉 중에서 황제와 황후 두 명의 재궁이 함께 있는 능이다. 재궁이란 관을 뜻하며, 이렇듯 하나의 봉분에 세 명의 재궁이 합장된 유일한 동봉삼실릉同封三室陵으로 조성되었다. 가운데에 순종의 재궁이 있고, 순정효황후와 순명효황후의 재궁이 각각 오른쪽과 왼쪽에 있어 중국 황제릉의 제도를 따르고 있다. 유릉은 황제릉답게 일반 왕릉과 비교하여 화려하지만, 그녀의 삶만큼이나 불운했던 역사를 간직이라도 한 듯 조성 과정에서부터 논란이 이어졌다.

유릉을 조성하는 산릉주감山陵主監은 조선인이었지만, 실무 책임자는 도쿄대 교수이면서 메이지신궁 등을 지은 일본인 건축가 이토 주타였다. 당시 일본인들은 유릉의 석조물을 일본식으로 조각하기를 고집했다. 1927년 6월 24일자 〈동아일보〉 기사에 따르면, 유릉의 침전 앞

석물을 조성하는 과정에 대해 "모형을 신라시대부터 이어온 조선식에 근대 일본식을 가미한 절충식으로 한다"고 보도하고 있다. 여기에는 일제가 처음부터 조선의 전통 기술을 무시하고 조선의 문화를 짓밟으려는 의도가 담겨 있었다.

따라서 일본식으로 하자는 의견이 반영된 유릉은 동물의 다리를 드러내고 선을 일본식으로 조각했으며, 고종의 황릉 앞 석물은 중국식을 가미한 것으로 졸렬하다는 평가를 받고 있다. 뿐만 아니라 문·무인석은 현대적인 조각법을 가미하여 정교하고 세밀하기는 하지만, 단순히 유럽의 조각 기술을 도입해 석고로 본을 떠서 만드는 새로운 기술을 시험한 결과로, 근거 없는 유럽식이라는 혹평을 받고 있다. 즉, 검증되지 않은 서구의 기술을 시험적으로 도입하면서 일본 문화의 우수성을 강조하려는 의도적 행위로, 조선이나 중국의 문화는 쇠퇴하고 일본의 문화가 앞서고 있음을 보여주려고 했던 것이다.

유릉은 풍수지리와 관련한 논란도 이어지고 있다. 유릉이 명당이라는 사람도 있지만, 홍유릉은 일본의 계략으로 흉지를 선택했다는 지적도 있다. 당시 조선총독부 자료집인 『조선의 풍수』에 친일인사들이 선정되었는데, 이들이 능지를 선정할 때 "흉지에 매장해 후손이 끊기게 하고, 조선의 부흥에 대한 꿈도 꾸지 못하게 하려는 일제의 음모가 작용했다"는 이야기가 전한다. 때문인지 유릉은 혈처가 아닌 내룡의 중간에 있는데, 『장서葬書』에서 장사를 지내서는 안 될 산 가운데 하나가 이와 같은 '과산過山'으로, 혈처 앞이 낮은 언덕으로 되어 있어 흉지로 여길 수밖에 없는 '역룡逆龍'에 해당된다는 비판을 받기도 한다.

한편, 대한제국 기간에 고종과 순종 외에도 여덟 명의 황제가 탄생했다. 생전에 왕위에 오르지 못한 영조의 장남 진종(효장세자)과 영조의 차남 장조(사도세자), 순조의 장남 익종(효명세자, 익종)이 각각 진종소황제·장조의황제·문조익황제로 추존되었고, 정조·순조·헌종·철종도 각각 정조선황제·순조숙황제·헌종성황제·철종장황제로 추존되었다. 그리고 건국 시조인 태조 이성계는 태조고황제에 추존되었다. 이들은 모두 대한제국의 황제인 고종과 순종의 세계世系와 직·간접적으로 관련 있었고, 대한제국의 정통성과 황실의 존엄성을 확립하려는 의도가 담겨 있었다.

유릉 : 경기도 남양주시 홍유릉로 352-1(금곡동 141-2)

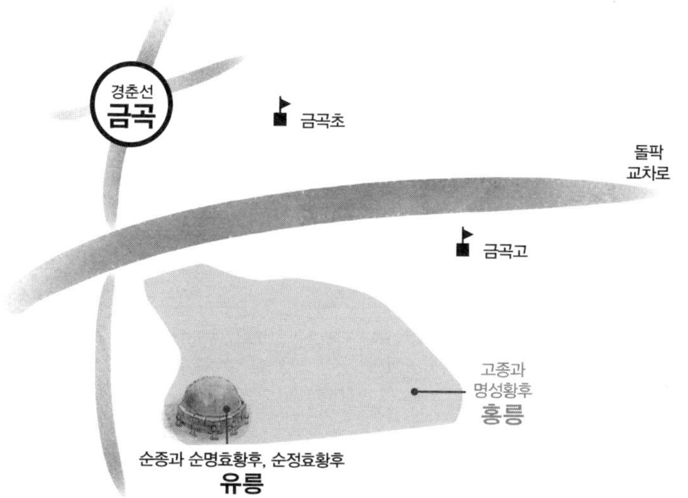

- 경춘선 금곡역에서 하차(도보 15분)
- 청량리에서 30, 65, 330-1, 1330-2, 1330-3, 1330-4, 1330-44 버스 이용
- 강변역에서 93번 버스 이용

  버스정류장 이름 : '홍유릉, 금곡동주민센터'

이 책에 등장하는 조선의 역대 왕비 정리

왕비 시호	왕 묘호	생몰	재위 (세자빈 포함)	본관	자녀	정식 시호	능호	능 형식
신의왕후 神懿王后	태조	1337~1391	—	안변 한씨	6남 2녀	승인순성 신의고황후 承仁順聖神懿高皇后	제릉 齊陵	단릉 (건국 전 사망)
신덕왕후 神德王后		1356~1396	1392~1396	곡산 강씨	2남 1녀	순원현경 신덕고황후 順元顯敬神德高皇后	정릉 貞陵	단릉
정안왕후 定安王后	정종	1355~1412	1398~1400	경주 김씨	—	순덕온명장의 정안왕후 順德溫明莊懿定安王后	후릉 厚陵	쌍릉
원경왕후 元敬王后	태종	1365~1420	1400~1418	여흥 민씨	4남 4녀	창덕소렬 원경왕후 彰德昭烈元敬王后	헌릉 獻陵	쌍릉
소헌왕후 昭憲王后	세종	1395~1446	1418~1446	청송 심씨	8남 2녀	선인제성 소헌왕후 宣仁齊聖昭憲王后	영릉 英陵	합장릉
현덕왕후 顯德王后	문종	1418~1441	1437~1441	안동 권씨	1남 1녀	인효순혜 현덕왕후 仁孝順惠顯德王后	현릉 顯陵	동원 이강릉 (추존)
정순왕후 定順王后	단종	1440~1521	1454~1455	여산 송씨	—	의덕단량제경 정순왕후 懿德端良齊敬定順王后	사릉 思陵	단릉
정희왕후 貞熹王后	세조	1418~1483	1455~1468	파평 윤씨	2남 1녀	자성흠인경덕선렬명순원숙휘신혜의신헌 정희왕후 慈聖欽仁景德宣烈明順元淑徽愼惠懿神憲貞熹王后	광릉 光陵	동원 이강릉
소혜왕후 昭惠王后	덕종	1437~1504	—	청주 한씨	2남 1녀	휘숙명의 소혜왕후 徽淑明懿昭惠王后	경릉 敬陵	동원 이강릉 (추존)
장순왕후 章順王后	예종	1445~1461	1460~1461	청주 한씨	1남	휘인소덕 장순왕후 徽仁昭德章順王后	공릉 恭陵	단릉 (추존)
안순왕후 安順王后		1445~1498	1463~1469	청주 한씨	2남 1녀	소휘제숙 안순왕후 昭徽齊淑安順王后	창릉 昌陵	동원 이강릉
공혜왕후 恭惠王后	성종	1456~1474	1469~1474	청주 한씨	—	휘의신숙 공혜왕후 徽懿愼肅恭惠王后	순릉 順陵	단릉
제헌왕후 齊獻王后		1455~1482	1476~1479	함안 윤씨	1남	—	회묘 懷墓	단분 (폐비)

왕비 시호	왕 묘호	생몰	재위 (세자빈 포함)	본관	자녀	정식 시호	능호	능 형식
정현왕후 貞顯王后	성종	1462~ 1530	1480~ 1494	파평 윤씨	1남 1녀	소의흠숙 정현왕후 昭懿欽淑貞顯王后	선릉 宣陵	동원 이강릉
거창군 부인 居昌郡夫人	연산군	1476~ 1537	1488~ 1506	거창 신씨	2남 1녀	—	연산 군묘	쌍분 (폐비)
단경왕후 端敬王后	중종	1487~ 1557	1506~ 1506	거창 신씨	—	공소순렬 단경왕후 恭昭順烈端敬王后	온릉 溫陵	단릉
장경왕후 章敬王后		1491~ 1515	1507~ 1515	파평 윤씨	1남 1녀	선소의숙 장경왕후 宣昭懿淑章敬王后	희릉 禧陵	단릉
문정왕후 文定王后		1501~ 1565	1517~ 1544	파평 윤씨	1남 4녀	성렬인명 문정왕후 聖烈仁明文定王后	태릉 泰陵	단릉
인성왕후 仁聖王后	인종	1514~ 1577	1524~ 1545	반남 박씨	—	효순공의 인성왕후 孝順恭懿仁聖王后	효릉 孝陵	쌍릉
인순왕후 仁順王后	명종	1532~ 1575	1545~ 1567	청송 심씨	1 남	선렬의성 인순왕후 宣烈懿聖仁順王后	강릉 康陵	쌍릉
의인왕후 懿仁王后	선조	1555~ 1600	1569~ 1600	반남 박씨	—	장성휘렬정헌경목 의인왕후 章聖徽烈貞憲敬穆懿仁王后	목릉 穆陵	동원 이강릉
인목왕후 仁穆王后		1584~ 1632	1602~ 1608	연안 김씨	1남 1녀	소성정의명렬정숙광숙 장정 인목왕후 昭聖貞懿明烈正肅光淑 莊定仁穆王后		
문성군 부인 文城郡夫人	광해군	1576~ 1623	1592~ 1623	문화 류씨	3 남	—	광해 군묘	쌍분 (폐비)
인렬왕후 仁烈王后	인조	1594~ 1635	1623~ 1635	청주 한씨	4 남	정유명덕정순 인렬왕후 正裕明德貞順仁烈王后	장릉 長陵	합장릉
장렬왕후 莊烈王后		1624~ 1688	1638~ 1649	양주 조씨	—	자의공신휘헌강인숙목 정숙온혜 장렬왕후 慈懿恭愼徽獻康仁淑穆 貞肅溫惠莊烈王后	휘릉 徽陵	단릉
인선왕후 仁宣王后	효종	1618~ 1674	1646~ 1659	덕수 장씨	1남 5녀	효숙정범경렬명헌 인선왕후 孝肅貞範敬烈明獻仁宣王后	영릉 寧陵	쌍릉

왕비 시호	왕 묘호	생몰	재위 (세자빈 포함)	본관	자녀	정식 시호	능호	능 형식
명성왕후 明聖王后	현종	1642~ 1683	1651~ 1674	청풍 김씨	1남 3녀	현렬희인정헌문덕 명성왕후 顯烈禧仁貞獻文德明聖王后	숭릉 崇陵	쌍릉
인경왕후 仁敬王后	숙종	1661~ 1680	1671~ 1680	광산 김씨	2녀	광렬선목혜성순의 효장명현 인경왕후 光烈宣穆惠聖純懿 孝莊明顯仁敬王后	익릉 翼陵	단릉
인현왕후 仁顯王后		1667~ 1701	1681~ 1689, 1694~ 1701	여흥 민씨	—	효경숙성장순원화의렬 정목 인현왕후 孝敬淑聖莊純元化懿烈 貞穆仁顯王后	명릉 明陵	동원 이강릉의 쌍릉
희빈장씨 禧嬪 張氏		1659~ 1701	1689~ 1694	인동 장씨	1남	—	—	대빈묘 (폐비)
인원왕후 仁元王后		1687~ 1757	1702~ 1720	경주 김씨	—	혜순자경헌렬광선현익 강성정덕수창영복륭화 휘정정운정의장목 인원왕후 惠順慈敬獻烈光宣顯翼康聖貞德 壽昌永福隆化徽靖正運定懿章穆 仁元王后	명릉 明陵	동원 이강릉의 단릉
단의왕후 端懿王后	경종	1686~ 1718	1696~ 1718	청송 심씨	—	공효정목 단의왕후 恭孝定穆端懿王后	혜릉 惠陵	단릉 (추존)
선의왕후 宣懿王后		1705~ 1730	1718~ 1724	함종 어씨	—	경순효인혜목 선의왕후 敬純孝仁惠穆宣懿王后	의릉 懿陵	쌍릉
정성왕후 貞聖王后	영조	1692~ 1757	1721~ 1757	달성 서씨	—	혜경장신강선공익인휘 소헌원렬단목장화 정성왕후 惠敬莊愼康宣恭翼仁徽昭獻元烈 端穆章和貞聖王后	홍릉 弘陵	단릉
정순왕후 貞純王后		1745~ 1805	1759~ 1776	경주 김씨	—	예순성철장희혜휘익렬 명선수경광헌륭인정현 소숙정헌 정순왕후 睿順聖哲莊僖惠徽翼烈明宣綏敬 光獻隆仁正顯昭肅靖憲貞純王后	원릉 元陵	쌍릉
효의왕후 孝懿王后	정조	1753~ 1821	1762~ 1800	청풍 김씨	—	장휘예경자수 효의선황후 莊徽睿敬慈粹孝懿宣皇后	건릉 健陵	합장릉

왕비 시호	왕 묘호	생몰	재위 (세자빈 포함)	본관	자녀	정식 시호	능호	능 형식
순원왕후 純元王后	순조	1789~ 1857	1802~ 1834	안동 김씨	2남 3녀	명경문인광성륭희정렬 선휘영덕자헌현륜홍화 신운수목예성홍정 순원숙황후 明敬文仁光聖隆禧正烈宣徽英德 慈獻顯倫洪化神運粹穆睿成弘定 純元肅皇后	인릉 仁陵	합장릉
신정왕후 神貞王后	익종 (추존)	1808~ 1890	—	풍양 조씨	1 남	효유헌성선경정인자혜 홍덕순화문광원성숙렬 명수협천륭목수녕희강 현정휘안흠륜홍경태운 창복희상의모예헌돈장 계지경훈철범 신정익황후 孝裕獻聖宣敬正仁慈惠弘德純化 文光元成肅烈明粹協天隆穆壽寧 禧康顯定徽安欽倫洪慶泰運昌福 熙祥懿謨睿憲敦章啓祉景勳哲範 神貞翼皇后	수릉 綏陵	합장릉 (추존)
효현왕후 孝顯王后	헌종	1828~ 1843	1837~ 1843	안동 김씨	—	단성수원경혜정순 효현성황후 端聖粹元敬惠靖順孝顯成皇后	경릉 景陵	삼연릉
효정왕후 孝定王后		1831~ 1903	1844~ 1849	남양 홍씨	—	명헌숙경예인정목홍성 장순정휘장소단희수현 의헌강수유녕자온공안 효정왕후 明憲淑敬睿仁正穆弘聖章純貞徽 莊昭端禧粹顯懿獻康綏裕寧慈溫 恭安孝定王后		
철인왕후 哲仁王后	철종	1837~ 1878	1851~ 1863	안동 김씨	1남	명순휘성정원수녕경헌 장목 철인왕후 明純徽聖正元粹寧敬獻莊穆 哲仁王后	예릉 睿陵	쌍릉
명성황후 明成皇后	고종	1851~ 1895	1866~ 1895	여흥 민씨	4남 1녀	효자원성정화합천홍공 성덕제휘렬목 명성태황후 孝慈元聖正化合天洪功誠德齊徽 烈穆明成太皇后	홍릉 弘陵	합장릉
순명효 황후 純明孝皇后	순종	1872~ 1904	1882~ 1904	여흥 민씨	—	경현성휘 순명효황후 敬顯誠徽 純明孝皇后	유릉 裕陵	합장릉
순정효 황후 純貞孝皇后		1894~ 1966	1907~ 1926	해평 윤씨	—	—		

참고문헌

고전 및 사전

『국어대사전』

『국조인물고』

『연려실기술』

『조선왕조실록』(한글번역본), 국사편찬위원회

『한국민족문화대백과사전』, 국사편찬위원회

단행본

강홍빈, 『공간과 일상 창신동』, 서울역사박물관, 2011.

김영곤, 『왕비열전』, 고려출판사, 1978.

김우기, 『조선중기 척신정치연구』, 집문당, 2001.

김재영, 『조선의 인물 뒤집어 읽기』, 도서출판 삼인, 1999.

김종성, 『왕의 여자』, 역사의 아침, 2011.

김진섭, 『조선건국기 재상열전』, 지성사, 1998.

———, 『정도전의 선택』, 아이필드, 2013.

문화재청, 『조선 왕릉 답사 수첩』, 미술문화, 2006.

박문국, 『조선의 왕 이야기(상·하)』, 소라주, 2015.

박영규, 『한권으로 읽는 조선왕조실록』, 도서출판 들녘, 1996.

———, 『조선의 왕실과 외척』, 김영사, 2003.

변원림, 『조선의 왕후』 일지사, 2006.

숙명여대박물관, 『조선여인의 삶과 생각』, 숙명여대박물관, 1996.

신명호, 『조선왕비실록』, 역사의 아침, 2007.

신명호 외, 『조선의 역사를 지켜온 왕실여성』, 국립고궁박물관, 2014.

심재우 외, 『조선의 왕으로 살아가기』, 돌베개, 2011, 2013
유승환, 『한권으로 읽는 조선 왕비열전』, 글로북스, 2010.
윤정란, 『조선의 왕비』, 차림, 1999.
———, 『조선의 왕비 오백년사』, 이가출판사, 2008.
이덕일, 『여인열전』, 김영사, 2003.
———, 『조선왕 독살사건』, 다산글방, 2009.
이성무, 『조선국왕전』, 청아출판사, 2013.
이수광, 『조선을 뒤흔든 16인의 왕후들』, 다산초당, 2008.
이종호, 『과학문화유산답사기 1』, 북카라반, 2014.
이태진, 『고종시대의 재조명』, 태학사, 2000.
임중웅, 『새롭게 꾸민 왕비열전』, 김영사, 2003.
지두환, 『조선의 왕실 6 인조대왕과 친인척』, 도서출판 역사문화, 2000.
———, 『조선의 왕실 26 고종황제와 친인척』, 도서출판 역사문화, 2009.
최선경, 『왕을 낳은 후궁들』, 김영사, 2007.
한명기, 『광해군: 탁월한 외교정책을 펼친 군주』, 역사비평사, 2000.
한영우, 『명성황후와 대한제국』, 효형출판, 2001.
황원갑, 『한국사 여걸열전』, 도서출판 바움, 2008.

논문

강상규, 「명성왕후와 대원군의 정치적 관계 연구」, 〈한국정치학회보〉 제40집 제2호, 2006.
계승범, 「공빈 추숭 과정과 광해군의 모후 문제」, 〈민족문화연구〉 제48호, 2008.
김문식, 「효명세자의 대리청정」, 〈문헌과 해석〉, 2011.
김우기, 「문정왕후의 정치참여와 정국운영」, 〈역사교육논집〉 23 · 24합집, 1999.
———, 「16세기 중엽 인순왕후의 정치참여와 수렴청정」, 〈역사교육〉 88, 2003.
———, 「조선 성종대 정희왕후의 수렴청정」, 〈조선사연구〉 제10집, 2001.
김수경, 「17세기 후반 종친의 정치적 활동과 위상」, 〈이대사원〉 30권, 1997
김인숙, 「인조비 인렬왕후의 내조와 실패한 육아」, 〈한국인물사연구〉 제18호, 2012.
———, 「인조대의 궁중저주사건과 그 정치적 의미」, 〈조선시대사학보〉 제31집, 2004.
———, 「인조의 계비 장렬왕후 별궁 유폐고」, 〈한국인물사연구〉 5, 2006.

박　경, 「조선초기 왕실 가족질서 정비의 특징」, 〈여성과 역사〉 창간호, 2004.
박　주, 「조선후기 정순왕후 김씨의 정치적 리더쉽에 대한 재조명」, 〈여성과 역사〉 제15집 2012.
서미화, 「'정순왕후 송씨'를 둘러싼 기억과 그 거리」, 〈한국고전여성문학연구〉 32, 2016.
서영희, 「명성왕후 재평가」, 〈역사비평〉, 2002.
――――, 「명성왕후 연구」, 〈역사비평〉, 2001.
신재훈, 「조선 전기 천능의 과정과 정치적 성격」, 〈조선시대사학보〉 58, 2011.
양웅렬, 「15세기 왕비 가문의 변천과 성격」, 〈한국학논총〉 36, 2011.
――――, 「16세기 왕비 가문의 변천과 성격」, 〈한국사상과 문화〉 제60집, 2011.
윤두수, 「신덕왕후에 관한 연구」, 〈석당논총〉 제15집,1989.
윤혜민, 「조선 전기 계비 선정 방식과 그 의미」, 〈조선시대사학보〉 65, 2013.
어강석, 「장서각 소장 '순명효황후 관련 한글 간찰'의 내용과 가치」, 〈장서각〉 제17집, 2007.
이기대, 「한글편지에 나타난 순원왕후의 일상과 가족」, 〈한국고전여성문학연구〉 18, 2008.
――――, 「한글편지에 나타난 순원왕후의 수렴청정과 정치적 지향」, 〈국제어문〉 제47집, 2009.
이기운, 「조선시대 왕실의 비구니원 설치와 신행」, 〈역사학보〉 178, 2003.
이미선, 「조선 초기의 후궁」, 〈사학연구〉 제96집, 2009.
――――, 「조선 후궁 연구」, 한국학중앙연구원 한국학대학원 박사학위논문, 2012.
이배용, 「개화기 명성황후 민비의 정치적 역할」, 〈국사관논총〉 제66호, 1995.
이태진, 「15세기 후반기의 '거족'과 명족의식」, 〈한국사론〉 3, 1976.
임혜련, 「조선시대 수렴청정의 정비과정」, 〈조선시대사학사〉 27, 2003.
――――, 「조선후기 헌종대 순원왕후의 수렴청정」, 〈한국인물사연구〉 3호. 2005.
――――, 「순조 초반 정순왕후의 수렴청정과 정국변화」, 〈조선시대사학보〉 15, 2000.
――――, 「조선 숙종비 인원왕후의 가례와 정치적 역할」, 〈한국인물사연구〉 제 13호, 2010.
――――, 「세종비 소헌왕후의 위상 정립과 역할」, 〈한국인물사연구〉 제18호, 2012.
――――, 「1671년 숙종비 인경왕후의 국혼과 광산 김문 세력」, 〈역사와 담론〉 제71집, 2014.
――――, 「영조-순조 대 혜경궁의 위상과 변화」, 〈조선시대사학보〉 74, 2015.
――――, 「숙종-영조 년간 경종비 선의왕후의 지위와 입장」, 〈한국사학보〉 제64호, 2016.
장경희, 「순종비 순명효황후의 생애와 유릉 연구」, 〈한국인물사연구〉 제12호, 2009.
장영숙, 「서양인의 견문기를 통해 본 명성왕후의 정치적 위상과 역할」, 〈한국근현대사연구〉 겨울호 제35집, 2005.
정재훈, 「조선초기 왕실혼과 왕실세력의 형성」, 〈한국사연구〉 95, 1996.

조인수, 「조선시대 왕릉의 현상과 특징:명청대 황릉과의 비교를 중심으로」, 〈미술사학연구〉 제62집, 2009.
한지희, 「숙종 초 '홍유의 변'과 명성왕후 김씨의 정치적 역할」, 〈한국사학보〉 제31호, 2008.
한희숙, 「중종비 폐비 신씨의 처지와 그 복위논의」, 〈한국인물사연구〉 제7호, 2007.
———, 「조선초기 소혜왕후의 생애와 『내훈』」, 〈한국사상과 문화〉 27, 2005.
———, 「조선 성종대 폐비 · 폐출 논의 과정」, 〈한국사인물연구〉 제4집, 2005.
———, 「조선 태조 · 세종대 세자빈 폐출 사건의 의미」, 〈한국인물사연구〉 제14집, 2010.
———, 「조선 초기 대군들의 이혼사례와 처의 지위」, 〈여성과 역사〉 22, 2015.
———, 「조선 초 명 선덕제 후궁 공신부인 한씨가 조선에 끼친 영향」, 〈여성과 역사〉 제26집, 2017.
홍순민, 「19세기 왕위의 승계과정과 정통성」, 〈국사관논총〉 40, 1992.
———, 「조선시대 여성 의례와 궁녀」, 〈역사비평〉 70, 2005.